Deutsch als Fremdsprache –
Spracherwerblich reflektierte Unterrichtspraxis

von

Rolf Koeppel

2., überarbeitete Auflage 2013

Schneider Verlag Hohengehren

Umschlag:
Regina Herrmann, Esslingen

Titelbild:
© iStockphoto.com/track5

Leider ist es uns nicht gelungen, die Rechteinhaber aller Texte und Abbildungen zu ermitteln bzw. mit ihnen in Kontakt zu kommen.
Berechtigte Ansprüche werden selbstverständlich im Rahmen der üblichen Vereinbarungen abgegolten.

Bibliografische Information der Deutschen Nationalbibliothek
Die Deutsche Nationalbibliothek verzeichnet diese Publikation in der Deutschen Nationalbibliografie; detaillierte bibliografische Daten sind im Internet über http://dnb.d-nb.de abrufbar.

ISBN: 978-3-8340-1185-5

Schneider Verlag Hohengehren
Wilhelmstrasse 13
D-73666 Baltmannsweiler

homepage: www.paedagogik.de

Alle Rechte, insbesondere das Recht der Vervielfältigung sowie der Übersetzung, vorbehalten. Kein Teil des Werkes darf in irgendeiner Form (durch Fotokopie, Mikrofilm oder ein anderes Verfahren) ohne schriftliche Genehmigung des Verlages reproduziert werden.
© Schneider Verlag Hohengehren, 2013.
 Printed in Germany
 Druck: Stückle, Ettenheim

Vorwort

Das vorliegende Buch wendet sich an Studierende des Fachs Deutsch als Fremdsprache, an angehende Sprachlehrer, an bereits Lehrende, die ihre Praxis überprüfen und ihr didaktisch-methodisches Repertoire erweitern wollen, an Dozenten in der Lehreraus- und -fortbildung sowie an alle, die sich allgemein für Fremd- und Zweitspracherwerb, neue Lernformen und Unterrichtsmedien interessieren. Mit dem Ziel der Praxisorientierung werden Überlegungen und Modelle zu zentralen didaktischen Fragen vorgestellt: Welche Lernprobleme bieten Aussprache, Wortschatz und Grammatik des Deutschen, wie sind sie lehr- und lernbar? (Kapitel 3–5) Wie lassen sich die Fertigkeiten Lesen, Hören – einschließlich Hör-Sehen –, Schreiben und Sprechen in der Fremdsprache entwickeln? (Kapitel 6–9) Wie sind interkulturelle Sensibilität und die Fähigkeit zu autonomem Lernen zu fördern?

Eine neue Darstellung dieser Bereiche ist aus mehreren Gründen notwendig: Die Fremdsprachendidaktik hat eine weite Palette vielfältiger neuer Übungs- und Aufgabenformen entwickelt, die noch nicht didaktisches Allgemeingut geworden sind. Audiovisuelle Medien und Computernutzung drängen immer stärker in den Unterricht und ermöglichen Kontakt- und Lernmöglichkeiten, die zu sichten und in ihren unterschiedlichen Funktionen für den Spracherwerb zu reflektieren sind (Kapitel 10). Die Linguistik beschreibt Eigenschaften des Deutschen zunehmend in typologischer Sicht und unter Markiertheitsaspekten, was der Vermittlung neue Perspektiven eröffnet. Die Psycholinguistik kann immer genauere Auskünfte geben, wie Sprache in Rezeption und Produktion verarbeitet wird. Und vor allem hat die Spracherwerbsforschung mittlerweile substantielle Beiträge dazu geliefert, wie welche Bereiche der Sprache erworben werden.

Fremdsprachendidaktik und Spracherwerbsforschung hatten sich lange (bestenfalls) nichts zu sagen, ein Umstand, der die Entwicklung beider Gebiete behindert, besonders aber die Sprachdidaktik. Ein Lehrer kann nicht sinnvoll planen, was warum wie unterrichtet werden soll, wenn er nicht weiß, wie Sprache verarbeitet und gelernt wird. Die Schere zwischen dem, was gelehrt wird, und dem, was davon oft ankommt, ist aus einer verengten anwendungsdidaktischen Sicht Mangel oder Unfall, in der Unterrichtspraxis aber alltäglich; eine spracherwerbliche Sicht erlaubt hier zumindest teilweise Interpretationen und Erklärungen.

Bei allem Praxisbezug beabsichtigt dieses Buch daher stets auch eine spracherwerblich reflektierte Auseinandersetzung mit den Mitteln, die konstitutiv für Fremdsprachenunterricht sind und doch immer wieder für Kontroversen sorgen: Welcher Grad an Bewusstheit über das zu Erwerbende ist für welche Lernenden unter welchen Bedingungen hilfreich? Welche Formen der Bewusstmachung gibt es? Wie und in welchem Ausmaß soll die fremde Sprache gefiltert, der Input gestaltet werden? Was bewirkt eine bestimmte Übung oder Aufgabe im Erwerbsprozess? Wie können Lernergebnisse interpretiert werden? Den theoretischen Rahmen zur Beantwortung dieser Fragen vermittelt Kapitel 1.

Aus der Fokussierung auf die Lernenden und ihre Wege zur fremden Sprache sind dem Unterricht neue Aufgaben erwachsen, die sich seit den neunziger Jahren in Forderungen nach dem „Lernen des Lernens" und der Förderung des Autonomen Lernens niederschlagen. Ebenso muss sich – das ist allerdings eine weit ältere Forderung – die Gestaltung des Unterrichts im Hinblick auf mehr Lernerzentriertheit ändern. Beides thematisiert Kapitel 2, schafft somit die didaktisch-methodischen Grundlagen für die Vermittlung der Kenntnisse und Fertigkeiten, und illustriert zugleich praktische Umsetzungsmöglichkeiten.

Alle Kapitel enthalten Unterrichtsskizzen, Stundenprotokolle oder Transkripte, welche die vorgestellten Modelle und das Diskutierte an die Praxis binden. Kapitel 11 vermittelt außerdem die Grundlagen von Unterrichtsplanung und -beobachtung, ausführlich illustriert an Stundenentwürfen, um den Blick auf das Geschehen im Unterricht zu schärfen und die Planung eigener Stunden zu erleichtern.

Manche Gegenstände der fremdsprachendidaktischen Diskussion werden nicht behandelt bzw. nur gestreift. Das betrifft Landeskunde, Literatur und die Rolle literarischer Texte für die Sprachentwicklung, Übersetzen, Spiele, Motivation, die Geschichte der Methoden u. a. Anders das Thema Interkulturalität: Wegen seiner übergreifenden Bedeutung – hier sind sowohl die Kenntnisbereiche und Fertigkeiten betroffen als auch Mediennutzung und didaktisch-methodisches Vorgehen – ist ihm kein eigenes Kapitel gewidmet. Vielmehr werden kulturelle Spezifika, interkulturelles Wissen und Verstehen durchgehend angesprochen; aufzufinden sind die unterschiedlichen Aspekte der (Inter)Kulturalität über die entsprechenden Indexeinträge.

Aufgaben und ausführliche Lösungshinweise können zur Seminardiskussion beitragen, ermöglichen aber auch Selbststudium und eigenständige Weiterbildung außerhalb von Lehrgängen.

Das Buch ist entstanden aus einem Dutzend Jahre in der Lehre und Ausbildung angehender Deutschlehrer am Seminar für Deutsch als Fremdsprachenphilologie der Universität Heidelberg und in Lehrerfortbildungskursen im In- und Ausland. Meine Studenten waren die ersten kritischen Leser; ihren Rückmeldungen und engagierten Unterrichtsversuchen verdanke ich viele Anregungen. Mein Dank gilt auch meiner Kollegin Barbara Scheiner für das Lesen des Manuskripts und ihre Anregungen, Herrn Schneider für die Aufnahme in sein Verlagsprogramm und den Verlagen, aus deren Lehrwerken oder sonstigen Veröffentlichungen viele der Beispiele stammen, für die Abdruckerlaubnis.

Zum Formalen: Das Buch folgt der derzeit geltenden neuen Rechtschreibung, behält aber die Schreibung der Zitate und der Beispiele aus Lehrwerken bei. Um die Rezeption nicht unnötig zu erschweren, werden die kürzeren maskulinen Formen verwendet, auch wenn Personen beiderlei Geschlechts gemeint sind.

Heidelberg, im März 2010

Vorwort zur 2., überarbeiteten und ergänzten Auflage

Durch die Neuauflage konnten einige Fehler korrigiert und Aktualisierungen vorgenommen werden. Ergänzungen finden sich in allen Kapiteln, wobei die Kapitel Wortschatz und Medien die umfangreichsten Erweiterungen erfahren haben.

Heidelberg, im Januar 2013

Inhalt

SPRACHERWERBLICHE UND DIDAKTISCHE GRUNDLAGEN

1 Spracherwerbliche Grundlagen   3
1.1 Fremdsprache – Zweitsprache – Tertiärsprache: Lernkontexte und Lernprozesse 3
1.2 Zur Relevanz der Zweitspracherwerbsforschung für die Fremdsprachendidaktik 7
    1.2.1 Lernersprachen und ihre Analyse 9
    1.2.2 Entwicklungssequenzen am Beispiel des Wortstellungserwerbs 14
1.3 Spracherwerb im Fremdsprachenunterricht 23
    1.3.0 *Design features* des Unterrichts 23
    1.3.1 Zur Rolle der Grammatik 23
    1.3.1.1 Das Monitormodell von Krashen 25
    1.3.1.2 Formale Grammatik als Erleichterung des Spracherwerbs: Zum Verhältnis
            von explizitem und implizitem Wissen 29
    1.3.1.3 Notwendigkeit von Grammatik 35
    1.3.1.4 Resümee: Was bringt Grammatikarbeit? 36
    1.3.1.5 Formeln und Routinen (*chunks*) als Vorläufer von Grammatik 40
    1.3.2 Zur Rolle von Input und Interaktion 42
    1.3.3 Zum Üben 50
1.4 Lösungshinweise zu den Aufgaben 55

2 Prinzipien des lernerzentrierten Fremdsprachenunterrichts   57
2.1 Lehrer- und Lernerzentriertheit in der Allgemeinen Didaktik 57
2.2 Lernerzentriertheit im Fremdsprachenunterricht 61
    2.2.1 Veränderung des Rollenverhaltens von Lehrer und Lernern 62
    2.2.2 Einschränkung und Optimierung von Lehrerfragen 63
    2.2.3 Förderung der Interaktion innerhalb der Lerngruppe 66
2.3 Lernstrategien und Autonomes Lernen 69
    2.3.1 Zur Definition von Lernstrategien 70
    2.3.2 Klassifikation von Lernstrategien 71
    2.3.3 Verfahren der Vermittlung von Lernstrategien 74
    2.3.4 Offene Fragen 81
2.4 Lösungshinweise zu den Aufgaben 83

LERNGEGENSTAND SPRACHSYSTEM

3 Aussprache   87
3.1 Der Lerngegenstand Standardaussprache 89
    3.1.1 Transfer und Markiertheit 90
    3.1.2 Zum Lautsystem des Deutschen 91
    3.1.3 Zur Prosodie des Deutschen 95
3.2 Didaktische Überlegungen 98
    3.2.1 Zur Rolle der Bewusstheit 99
    3.2.2 Zur Progression 100
3.3 Verfahren der Ausssprachschulung 103
    3.3.1 Übungstypen 103

	3.3.2	Wege zu „schwierigen" Lauten 109
	3.3.3	Integration von Übungen zu Aussprache und anderen Sprachebenen 113
3.4	Lernerautonomie bei der Arbeit an der Aussprache 114
3.5	Lösungshinweise zu den Aufgaben 116

4 Wortschatz 117

4.1	Zum mentalen Lexikon und seinem Erwerb 117
	4.1.1 Erwerb eines L1-Lexikons 119
	4.1.2 Erwerb eines L2-Lexikons 122
	4.1.3 Das L2-Lexikon im Verhältnis zum L1-Lexikon 126
	4.1.4 Ein psycholinguistisches Phasenmodell des Erwerbs von L2-Wörtern 129
4.2	Steuerung des Lexikonerwerbs durch den Fremdsprachenunterricht 132
	4.2.1 Wortschatzauswahl..132
	4.2.2 Fokussierte Wortschatzarbeit im Unterricht..134
	4.2.2.1 Einführung und Semantisierung 135
	4.2.2.2 Festigungsübungen und Abrufbarkeit 141
	4.2.2.3 Erweiterung von Wortschatz: Wortbildung 147
	4.2.2.4 Sensibilisierung für kulturspezifische Bedeutungen 157
4.3	Förderung des autonomen Wortschatzlernens 159
	4.3.1 Beiläufiger Wortschatzerwerb durch Erschließen im Kontext........................159
	4.3.2 Vermittlung von Strategien des Wortschatzlernens 166
	4.3.3 Zum Umgang mit Lernerwörterbüchern 167
4.4	Lösungshinweise zu den Aufgaben 175

5 Grammatik 179

5.1	Zur Einführung...179
	5.1.1 Möglichkeiten und Grenzen des Grammatikunterrichts 179
	5.1.2 Pädagogische vs. wissenschaftliche Grammatik 182
	5.1.3 Einbettung von Grammatikarbeit 185
	5.1.4 Rezeptions- vs. Produktionsgrammatik...187
5.2	Formen der Grammatikarbeit – Grade von Bewusstmachung.......................................191
	5.2.1 Visualisierung grammatischer Regeln...191
	5.2.2 Paradigmen – Lösung oder Problem? 197
	5.2.3 Merksprüche, Faustregeln, Strukturerkenntnis durch die Muttersprache 202
	5.2.3.1 Das Genus der Substantive im Deutschen: Ein Fall für Faustregeln 203
	5.2.3.2 Strukturerkenntnis durch die Muttersprache 205
5.3	Lernerautonomie in der Grammatikarbeit 207
	5.3.1 Grammatische Regeln – selbständig erarbeitet 207
	5.3.2 Zum Umgang mit Lernergrammatiken..212
5.3	Lösungshinweise zu den Aufgaben 217

AUSBAU DER FERTIGKEITEN IN DER FREMDSPRACHE

6 Lesen 221

6.1	Fertigkeiten und sprachliche Mittel 221
6.2	Leseverstehen...222
	6.2.1 Arten des Lesens und Lesestile 222
	6.2.2 Verstehensprozesse in Mutter- und Fremdsprache 224

	6.2.3	Didaktische Konsequenzen	228
6.3		Aufgaben zu Leseverstehenstexten	230
	6.3.1	Aufgaben zum Training wissensgeleiteter Strategien	230
	6.3.2	Aufgaben zum Training datengeleiteter Strategien	232
	6.3.3	Inhaltsbezogene Lehrerfragen – ein Fallbeispiel	236
6.4		Zum Umgang mit Leseverstehenstexten	239
	6.4.1	Phasen bei der Arbeit mit Leseverstehenstexten	239
	6.4.2	Zur Präsentation von Lesetexten	240
	6.4.3	Unbekannte Wörter	241
6.5		Lösungshinweise zu den Aufgaben	243

7 Hören   247

7.1	Hören und Lesen – Gemeinsamkeiten und Unterschiede	247
7.2	Didaktische Konsequenzen	248
7.3	Aufgaben zu Hörverstehenstexten	250
	7.3.1 Aufgaben vor dem Hören	251
	7.3.2 Aufgaben während des Hörens	254
	7.3.3 Aufgaben nach dem Hören	255
7.4	Aufgaben zum intensiven Hören	258
7.5	Komponenten- und Hilfsübungen	260
	7.5.1 Komponentenübungen	260
	7.5.2 Fertigkeitsunspezifische Hilfsübungen	262
7.6	Zur Präsentation von Hörtexten und zum Einsatz des Schriftbilds	264
7.7	Lösungshinweise zu den Aufgaben	265

8 Schreiben   269

8.1	Gründe für das Schreiben im Fremdsprachenunterricht	269
8.2	Schreiben als Prozess	272
	8.2.1 Produkt vs. Prozess	272
	8.2.2 Was ist Schreiben?	272
	8.2.3 Prozessmodell des kompetenten Schreibens	273
	8.2.4 Schreiben in der L2 vs. L1	275
8.3	Prozessorientierte Schreibdidaktik im Fremdsprachenunterricht	276
	8.3.1 Ein didaktisches Phasenmodell	276
	8.3.2 Unterrichtsbeispiel aus der Grundstufe	279
8.4	Zur Entwicklung von Teilfertigkeiten	282
	8.4.1 Übungen zu den Vertextungsmitteln	282
	8.4.2 Zum Überarbeiten von Texten; Schreiben und Überarbeiten per Computer	291
8.5	Schreibanlässe	293
8.6	Lösungshinweise zu den Aufgaben	297

9 Sprechen   299

9.1	Sprechen und gesprochene Sprache in der jüngeren Fremdsprachendidaktik	299
9.2	Zum Prozess des Sprechens	302
	9.2.1 Unterschiede zwischen Sprechen und Schreiben	302
	9.2.2 Ein Produktionsmodell des Sprechens	303
	9.2.3 Didaktische Konsequenzen	307
9.3	Dialogisches Sprechen in Alltagssituationen	310
9.4	Unterricht und Lernen als authentische Sprechanlässe	318

9.5	Monologisches Sprechen und Diskussionsbeiträge	323
9.6	Zum Abschluss noch einmal: Sprechen und Schreiben	329
	9.6.1 Wider eine Hierarchisierung der produktiven Fertigkeiten	329
	9.6.2 Unterrichtsgespräch über einen literarischen Text	330
9.7	Lösungshinweise zu den Aufgaben	331

MEDIENEINSATZ UND UNTERRICHTSPLANUNG

10 Medien im Fremdsprachenunterricht — 337
10.1 Die Basismedien des Unterrichts 338
    10.1.1 Lehrbuch und Arbeitsblatt 338
    10.1.2 Tafel, Overheadprojektor, Beamer/Visualizer und Smartboard 339
    10.1.3 Karten 342
10.2 Zum Einsatz von Filmen 345
10.3 Computer 354
    10.3.1 „Computer" – Was ist eigentlich gemeint? 354
    10.3.2 Computer in / neben / statt Fremdsprachenunterricht 356
    10.3.3 Funktionen der Arbeit mit dem Computer 357
    10.3.3.1 Funktionen aus Sicht des Lehrenden 358
    10.3.3.2 Funktionen aus Sicht des Lernenden 364
        Arbeiten mit Lernprogrammen 365
        Computer als Werkzeug 370
        Zur Arbeit mit dem Digitalen Wörterbuch der deutschen Sprache (DWDS) ... 371
        Computer als Kommunikationsmittel 378
10.4 Lösungshinweise zu den Aufgaben 381

11 Unterrichtsplanung — 387
11.1 Prinzipien der Unterrichtsplanung 387
    11.1.1 Ein Modell der Unterrichtsplanung aus der allgemeinen Didaktik ... 389
    Exkurs: Lernziele und der *Gemeinsame Europäische Referenzrahmen* 395
    11.1.2 Ein Modell der Unterrichtsplanung für den Fremdsprachenunterricht ... 400
    11.1.2.1 Planungsschritte 400
    11.1.2.2 Einführungs-, Präsentations-, Semantisierungs- und Übungsphase ... 401
    11.1.3 Fachübergreifende und fachspezifische Phasenmodelle im Vergleich ... 403
11.2 Der Unterrichtsentwurf 404
    11.2.1 Planung des Stundenverlaufs 405
    11.2.2 Planung des Tafelbilds 406
    11.2.3 Planung einer Stunde „Farben und ihre interkulturelle Bedeutung" ... 408
    11.2.4 Stundenplanung und Lernerzentriertheit 413
11.3 Unterrichtsplanung und Unterrichtsbeobachtung 415
11.4 Lösungshinweise zu den Aufgaben 418

12 Gute Ratschläge — 419

13 Literaturverzeichnis — 423
13.1 Gesamtverzeichnis 423
13.2 Zitierte Lehr- und Lernmaterialien, Nachschlagewerke, Autorenprogramme ... 435

14 Sachregister — 439

SPRACHERWERBLICHE UND DIDAKTISCHE GRUNDLAGEN

1 Spracherwerbliche Grundlagen

1.1 Fremdsprache – Zweitsprache – Tertiärsprache: Lernkontexte und Lernprozesse

Das Lernen einer *Fremdsprache* in Schule oder Hochschule im Heimatland ist nur ein Erwerbskontext, wenn auch ein prototypischer, und das Unterrichten in einem solchen Kontext ist lediglich eine Ausprägung des Sprachlehrens, wenn auch eine, der in den meisten Gesellschaften ein fest umrissenes Berufsbild entspricht und das im Bildungswesen institutionell verankert ist. Dem steht als ebenfalls prototypischer Erwerbskontext der Erwerb einer *Zweitsprache* gegenüber, der sich im Zielsprachenland vollzieht und bei dem der Lernende der fremden Sprache im Alltag, bei der Arbeit oder – im Fall von noch nicht Erwachsenen – in Kindergarten und Schule ausgesetzt ist. In diesen Situationen muss er seine kommunikativen und sozialen Bedürfnisse zu befriedigen versuchen, wie gut oder schlecht er die Sprache auch beherrscht.

Die Fremdsprachendidaktik hat den Zweitspracherwerb und seine Erforschung lange Zeit nicht zur Kenntnis genommen, und aus der Sicht eines angehenden Fremdsprachenlehrers mag dieser Bereich auf den ersten Blick als marginal erscheinen, findet doch im geschilderten Fall kein Unterricht statt. Jedoch sind in der Realität moderner Gesellschaften, insbesondere auch der deutschsprachigen, Kontexte des Sprachlernens und -lehrens verbreitet, die zwischen den genannten Polen liegen: Deutschunterricht kann in Form von Ferienkursen, Aufenthalten an Goethe-Instituten oder Schulungen multinationaler Unternehmen und Institutionen auch im Zielsprachenland stattfinden, und Migranten können aus freien Stücken oder durch Integrationsmaßnahmen veranlasst Sprachkurse besuchen. In beiden Fällen mischen sich die Lernkontexte, die in den prototypischen Fällen getrennt sind.

Zur Klärung der Begriffe Fremd- und Zweitsprache angesichts solcher nicht prototypischer Situationen werden oft der jeweilige Lernkontext und die Art der ablaufenden Lernprozesse, der Lernort sowie psychosoziale Bestimmungselemente herangezogen (vgl. Rösler 1994: 5–13, Dietrich 2004b). Was die Lernkontexte betrifft, so ist zwischen natürlichen und institutionell gesteuerten Kontexten zu unterscheiden, was die Lernprozesse betrifft, so ist zwischen ungesteuerten, unbewussten, beiläufigen Prozessen einerseits und gesteuerten, bewussten Prozessen andererseits zu unterscheiden. Als Lernorte kommen typischerweise das Zielsprachen- oder das Heimatland in Frage.

Das Fremdsprachenlernen ist nun immer an institutionell gesteuerte Kontexte gebunden, es ist aber hinsichtlich des Lernortes offen. Es kann sowohl innerhalb des Zielsprachenlandes als auch außerhalb stattfinden. Der Zweitspracherwerb findet in aller Regel im Land der Zielsprache statt, es ist aber offen, ob er durch den Besuch von Sprachkursen auch institutionell gesteuert begleitet wird oder nicht. Außerhalb eines etwa speziellen Deutsch als Zweitsprache-Angebots vollzieht sich der Zweitspracherwerb meist beiläufig, kann aber auch bewusste Elemente enthalten, wenn der Lerner z. B. kompetente Gesprächspartner nach der Bedeutung eines Worts fragt, nach der Korrektheit einer verwendeten Struktur oder nach den Möglichkeiten, eine bestimmte sprachliche Handlung zu bewältigen. Weiter kann ein gewisses Maß an

Steuerung auch von Anpassungen des kompetenten Gesprächspartners an das Sprachvermögen des Lerners ausgehen. Umgekehrt findet im Fremdsprachenunterricht nicht nur gesteuertes, bewusstes, sondern auch unbewusstes, beiläufiges, von Lehrer und Lehrwerk nicht geplantes Lernen statt. Wenn im bisherigen Verlauf der Charakterisierung von Fremdsprache und Zweitsprache mit Ersterer oft das Verb lernen verbunden war und mit Letzterer das Verb erwerben, so liegt das daran, dass mit Lernen in erster Linie die bewussteren Prozesse verbunden werden, mit Erwerben die weniger bewussten; keinesfalls soll aber eine Dichotomie von Lernen einerseits und Erwerben andererseits nahegelegt werden, wie sie zum Teil vertreten wurde (vgl. die Kontroverse um Krashens Monitorhypothese in 1.3.1.1).

Aber auch die vorangegangenen Bestimmungen können nicht in jedem Fall Klarheit schaffen. Was ist Deutsch für einen Studenten, der die Sprache im Heimatland institutionell gesteuert gelernt hat, nun aber an einer Universität in Deutschland studiert, oder für den Mitarbeiter einer Firma oder Institution, der sich aus beruflichen Gründen für einen längeren Zeitraum in einem der Zielsprachenländer aufhält und lebt: Fremd- oder Zweitsprache? In diesem Fall müssen noch psychosoziale Gesichtspunkte berücksichtigt werden: Wenn die fremde Sprache „eine für das Leben (und Überleben) in einer bestimmten Gesellschaft unverzichtbare Rolle spielt, dann haben wir es mit einer Zweitsprache zu tun ..." (Edmondson/House ^{3}2006: 9). Eine Fremdsprache kann zur Zweitsprache werden, wenn sie „bei der Erlangung, Aufrechterhaltung oder Veränderung der Identität des Lernenden eine wichtige Rolle spielt" (Rösler 1994: 8) und unmittelbar kommunikativ relevant ist. Sie kann nach dem Verlassen des Zielsprachenlandes aber auch wieder zur Fremdsprache werden.

Die Skizze der Erwerbskontexte zeigt, dass der ungesteuerte Zweitspracherwerb im Zielsprachenland und das institutionell gesteuerte Fremdsprachenlernen im Heimatland lediglich Pole auf einem Kontinuum jeweils zu spezifizierender Lernsituationen bilden; gemeinsam ist ihnen, dass ein Prozess der Aneignung einer fremden Sprache stattfindet. Sollen die Gemeinsamkeiten in den Blick kommen, wird als Oberbegriff zu Fremd- und Zweitsprache oft L2 verwendet. So soll auch im Folgenden verfahren werden; von einigen Autoren wird allerdings auch der Terminus Zweitsprache als Oberbegriff gebraucht.

Jeder L2-Erwerb setzt per definitionem den vorangegangenen Erwerb einer Erstsprache (L1) voraus. Dieser Terminus wird in der wissenschaftlichen Literatur gegenüber dem umgangssprachlichen „Muttersprache" bevorzugt, weil er neutraler ist und nicht die Konnotation eines besonders engen emotionalen Verhältnisses zur betreffenden Sprache trägt; auch ist die entscheidende Bezugsperson im Spracherwerb nicht notwendigerweise die Mutter. Dies gilt vor allem nicht bei einem weiteren Spracherwerbstyp, dem bilingualen Erstspracherwerb, in dessen einer Ausprägung eher von Mutter- und Vatersprache zu reden wäre als von zwei Muttersprachen, in dessen anderer Ausprägung Familien- vs. Umgebungssprache die angemessenere Differenzierung bilden. Vom bilingualen Erstspracherwerb und dem Zweitspracherwerb ist weiterhin abzugrenzen der frühe Zweitspracherwerb im Kindesalter, ab etwa dem vierten bis fünften Lebensjahr. Er vollzieht sich, bevor die Strukturentwicklung der Erstsprache abgeschlossen ist, kann aber schon auf sprachlichem und kognitivem Wissen fußen, das mit der Erstsprache erworben wurde. Aus fremdsprachendidaktischer Perspektive muss auf die beiden letzten Spracherwerbstypen nicht weiter eingegangen werden, womit sie aber keineswegs marginalisiert werden sollen.[1] Gleichwohl sind Erkenntnisse über Erwerb, Speicherung und Gebrauch zweier Sprachen aber immer auf ihre Relevanz für didaktische Fragen zu reflektieren, unabhängig davon, in welchem Kontext die beiden Sprachen erworben werden.

Seit etwa 15 Jahren wird in der Fremdsprachendidaktik auch der Begriff *Tertiärsprache* verwendet.[2] Er trägt der Tatsache Rechnung, dass eine Fremdsprache für den Lerner nicht seine zweite Sprache sein muss, sondern auch seine dritte, vierte usw. sein kann. In schulischen und universitären Lernkontexten außerhalb der englischsprachigen Länder ist Deutsch heutzutage nur selten die erste Fremdsprache, es wird meist nach Englisch gelernt. Was das für den Lerner bedeuten kann, sei am Beispiel eines Chinesen mit L1-Mandarin illustriert. Im Deutschen begegnet er sprachtypologischen Erscheinungen, die sich stark von denen seiner Erstsprache unterscheiden, die ihm aber vom Englischen her bekannt sind und daher nicht mehr erworben werden müssen: Wörter werden mithilfe von Endungen oder Veränderungen des Stamms flektiert, es gibt eine obligatorische Tempusmarkierung am Verb und Artikel beim Substantiv, ein pronominales Subjekt darf nicht wegfallen, Fragen weisen gegenüber Aussagen eine permutierte Stellung von Subjekt und Verb auf usw. Nicht zuletzt ist ihm schon eine beträchtliche Zahl von Wörtern bekannt, zum einen aus dem gemeingermanischen Teil des deutschen Wortschatzes (*Haus – house, kalt – cold, singen – sing*) zum anderen aus dem eurolateinischen Teil (*Problem – problem, intensiv – intensive, diskutieren – discuss*). In der beschriebenen Sprachkonstellation bestehen also beträchtliche Transfer-, aber auch Interferenzmöglichkeiten aus der ersten Fremdsprache.

Wie stark eine bereits gelernte Sprache den Erwerb einer weiteren Sprache beeinflusst, hängt nicht davon ab, ob sie die Muttersprache ist oder nicht. Unter der Voraussetzung, dass sie in genügendem Ausmaß beherrscht wird, um überhaupt Einfluss auszuüben, ist vielmehr die Nähe entscheidend, die ein Lerner zwischen einem bestimmten Bereich der Zielsprache und dem entsprechenden Bereich einer seiner zuvor angeeigneten Sprachen sieht, mithin die – subjektive – Psychotypologie.

In der Auseinandersetzung mit einer Tertiärsprache kann der Lerner aber nicht nur auf ein umfangreiches sprachliches Wissen rekurrieren, er vermag auch – im Falle einer zweiten Fremdsprache – auf Sprachlernerfahrungen im Unterricht zurückzugreifen und bisher aufgebaute Lernstrategien zu transferieren. Insgesamt hat es ein Unterricht „Deutsch nach Englisch" zumeist mit älteren, bewusster vorgehenden, sprachlernerfahrenen und sich Erfolg zutrauenden Lernern zu tun – andernfalls wäre kaum eine zweite Fremdsprache gewählt worden –, die oft in kürzerer Zeit größere Erfolge erzielen als in der ersten Fremdsprache. Allerdings – und darauf hat die Tertiärsprachenforschung zurecht aufmerksam gemacht – berücksichtigen Lehrwerke diese Lernsituation in der Regel nicht. Auch Lehrer tun oft so, als sei „ihre" Fremdsprache für die Lerner die einzige, wenn sie sich nicht sogar deren Versuchen, andere Fremdsprachen explizit in ihr Lernen einzubeziehen, ablehnend gegenüber verhalten.

---

[1] Klein (2001: 606) vermutet, der bilinguale Erstspracherwerb sei „weltweit gesehen vielleicht sogar der häufigere Fall als der monolinguale Erstspracherwerb".
[2] Einen Überblick über die Tertiärsprachenforschung gibt Hufeisen (2001).

Im Unterricht scheinen unbewusste Beeinflussung wie bewusster Vergleich von Deutsch und vorher gelernter Fremdsprache immer wieder durch, wie die folgenden Transkripte ungarischer Gymnasiasten zeigen, die Deutsch nach Englisch lernen.

Transkript 1:

- L.: Das Gesicht, Ági?
- B.: Schmal, oval (mit *englischer Aussprache*)
- L.: Nicht aber Englisch, auf Deutsch!
- B.: Schmal, *oval (mit deutscher Aussprache)*, rund.

Boócz-Barna (2007: 129); L.: Lehrer, B.: Schülerin

Transkript 2:

- L.: Was bedeutet dieses Schild?
- S1: Hier dürfen Sie nicht rauchen.
- L.: Hier dürfen Sie, oder darf man. Ja, OK. Nächstes.
- S2: Tanárnő! Visszatérve, hogy van a cigi németül? [Frau Lehrerin! Auf das Vorherige zurückkommend: wie heißt ‚Zigarette' auf Deutsch?]
- L.: Zigarette. Aber eine Zigarette rauchen! Ja? Also (sie schreibt das Wort an die Tafel) die Zigarette ...
- S2: Ja, z-vel? [Ach so, mit Z?]
- L.: Ja. Also eine Zigarette rauchen.

Boócz-Barna (2007: 112); L.: Lehrer, S1: Schüler 1, S2: Schüler 2

In der ersten Szene hängt es wohl stark vom Ton ab, mit dem *Nicht aber Englisch, auf Deutsch!* gesprochen wird, ob die Schülerin einen hilfreichen Hinweis auf ihren Fehler und seine Korrektur erhält oder ob sie für das „Eindringen" des Englischen kritisiert wird. In der zweiten Szene scheint die Lehrerin nicht zu bemerken, dass der Schüler sich Unterschiede in der Schreibung des Internationalismus bewusst macht. Es ist ein Verdienst der Tertiärsprachenforschung, in der Theorie wie für die Unterrichtspraxis, für die Neuner/Hufeisen u. a. (2009) zahlreiche Anregungen geben, den Blick stärker auf solche individuellen Lernprozesse gerichtet zu haben. Sie bildet damit – wie auch die Zweitspracherwerbsforschung – ein notwendiges Korrektiv zu Tendenzen in der Fremdsprachendidaktik, die Lehrperspektive zu verabsolutieren.

Es läge in der Logik der bisherigen Ausführungen, von einer Tertiärsprache L3 gegebenenfalls weiter eine Quartärsprache L4, eine L5 usw. zu unterscheiden, denn schließlich ändern sich mit jeder weiteren Sprache die Lernvoraussetzungen: das sprachliche Wissen, auf das zurückgegriffen werden kann, die Sprachbewusstheit und die Sprachlernerfahrungen. Allerdings sind die Änderungen bei den letzten beiden Faktoren nur noch gradueller Natur, so dass Hufeisen (2001: 649) davon spricht, im Falle einer L4 erweitere sich der Bereich der Lernvoraussetzungen „nicht mehr so fundamental wie zwischen L2 und L3." Nicht nur aus diesem Grund, sondern auch um die Übersichtlichkeit nicht zu gefährden, soll im Folgenden eine weitere terminologische Differenzierung unterbleiben. Des weiteren soll, wie in der Spracherwerbsforschung üblich, weiterhin L2 als Oberbegriff für eine Fremd- oder Zweitsprache beibehalten werden, auch wenn es sich im konkreten Fall um eine L3 oder Ln handelt. Damit soll aber keinesfalls in Abrede gestellt werden, dass bereits gelernte Sprachen in spracherwerblicher und didaktischer Sicht unbedingt zu berücksichtigende Lernvoraussetzungen einer so verstandenen L2 bilden. Sofern es im weiteren Verlauf nötig ist, wird die jeweilige Sprachkonstellation expliziert.

1.2 Zur Relevanz der Zweitspracherwerbsforschung für die Fremdsprachendidaktik

Wie der Abgrenzungsversuch zwischen Fremd- und Zweitsprache bereits gezeigt hat, ist der Lehrer, wenn der Unterricht im Zielsprachenland stattfindet, mit Lernern konfrontiert, deren Kontaktintensität mit der Zielsprache außerhalb des Unterrichts in der Regel die innerhalb des Unterrichts übersteigen dürfte. Aber auch im Unterricht im Heimatland sind Lehrer und Lehrwerk bei weitem nicht mehr der einzige Zugang zur fremden Sprache: Neue Medien wie das Satellitenfernsehen und das Internet ermöglichen jederzeit Sprachkontakt, Chat und Email auch sprachlich interaktiven, Filme auf DVD können eine deutsche Tonspur haben und die sprunghaft gestiegene Mobilität von Touristen, Geschäftsleuten oder in der Ausbildung Befindlichen eröffnet leichter auch direkten Kontakt mit Muttersprachlern. Sofern Deutsch an einer Universität gelernt wird, gibt es fast immer auch deutschsprachige Austauschstudenten; die dadurch eröffneten Lernmöglichkeiten sind durch Tandemprojekte zum Teil sogar institutionalisiert. Durch all diese Entwicklungen haben immer mehr Fremdsprachenlerner ungesteuerten Zugang zur Sprache, womit vielfältige implizite Lernprozesse in Gang kommen können. Da diese in der Zweitspracherwerbsforschung untersucht werden, ist ein erster Grund gegeben, dass Fremdsprachenlehrer sich mit ihren Erkenntnissen auseinander setzen sollten.

Der zweite Grund besteht darin, dass die gesellschaftliche Entwicklung nicht nur die prototypischen Lernsituationen aufgebrochen, sondern auch neue Lehrsituationen und Berufsbilder geschaffen hat. Immer öfter finden sich Lehrer, die für das Unterrichten einer L2 ausgebildet wurden, in einer Situation wieder, in der sie ihre L1 als Zweitsprache unterrichten. Auch dann ist Wissen über den Zweitspracherwerb unerlässlich.

Der dritte Grund besteht darin, dass in der Didaktik stets die Gefahr gegeben ist, das Lehren im Sinne einer Anweisungsdidaktik und -methodik zu verabsolutieren, während das Lernen weniger Beachtung findet (vgl. auch Kap. 2). Schlimmstenfalls wird sogar von der Identität von Lehren und Lernen ausgegangen, entsprechend der Vorstellung: „Gelernt wird, was gelehrt wird". Die Zweitspracherwerbsforschung, die in Deutschland in den 1970er Jahren mit dem Heidelberger Pidgin Projekt (Klein/Dittmar 1979, Klein 1984, von Stutterheim 1986) und dem Wuppertaler ZISA-Projekt (Zweitsprachenerwerb italienischer, spanischer und portugiesischer Arbeiter) (Clahsen/Meisel/Pienemann 1983) begann, fokussiert dagegen neben den Bedingungen des Erwerbs vor allem dessen Verlauf und das Vorgehen der Lerner selbst, stellt also das Lernen in den Vordergrund.

Für einige ihrer prominenten Vertreter ist die Untersuchung des ungesteuerten Zweitspracherwerbs sogar in zweifacher Hinsicht Grundlagenwissenschaft: für den

Fremdsprachenunterricht und für die gesamte Spracherwerbsforschung. Die Zitate von Klein (1984: 31) und Wode (1993: 33–34) illustrieren diese Positionen.

Wenn man sinnvoll und fundiert in den Erwerbsprozeß eingreifen will, muß man die grundlegenden Gesetzlichkeiten kennen, die ihn bestimmen; die aber kann man am wenigsten ermitteln, wenn diese Gesetzlichkeiten durch eine bestimmte Lehrmethode (positiv oder negativ) beeinflußt werden. Die Art und Weise, in welcher der Mensch Sprache verarbeitet, damit auch, wie er Erst- und Zweitsprachen lernt, hat sich über Hunderttausende, vielleicht Millionen von Jahren entwickelt, und zwar, soweit wir wissen, bis vor kurzem ... ohne systematischen Unterricht. Er hat also seine Fähigkeit, eine Zweitsprache zu lernen, im ungesteuerten ZSE ausgebildet, und es ist verwegen anzunehmen, diese Fähigkeit sei frei manipulierbar. ... In jedem Fall weist dies dem ungesteuerten ZSE [Zweitspracherwerb] eine gewisse Priorität für die Forschung zu ...
Mit dem letzten Punkt ist bereits einiges über den gesteuerten ZSE und sein Verhältnis zum ungesteuerten gesagt. Er muß als abgeleiteter Fall betrachtet werden, als ein Versuch, einen natürlichen Prozeß zu domestizieren. (Klein 1984: 31)

Heute muß der natürliche L2-Erwerb als der für die Spracherwerbsforschung und Fremdsprachendidaktik wichtigste Spracherwerbstyp gelten. Aus methodischer Sicht ist er in mehrfacher Hinsicht unübertroffen: Beim kleinen L1-Kind ist es meist schwer zu entscheiden, ob ein sprachliches Phänomen bedingt ist durch die allgemeine intellektuelle (Un)Reife – weil die Konzepte fehlen und das logische Denkvermögen noch nicht hinreichend entwickelt ist – oder durch die Besonderheiten der zu lernenden sprachlichen Strukturen. Beim meist weiter entwickelten L2-Kind, bei Jugendlichen oder Erwachsenen, löst sich das Problem von selbst. Hier sind die allgemeinen intellektuellen Voraussetzungen längst gegeben. Im L2-Erwerb lassen sich daher die Sprachlernprobleme im engeren Sinn besser von den allgemeinen intellektuellen Problemen trennen und beobachten.
Der natürliche L2-Erwerb ist die unabdingbare Vergleichsbasis für die Frage nach den *spracherwerblichen Grundlagen des FU* [Fremdsprachenunterrichts] und nach seiner Steuerbarkeit. (Wode 1993: 33–34)

Es kann nicht verwundern, dass einem so prononcierten Anspruch heftig widersprochen wurde, in Deutschland vor allem von der Sprachlehr- und -lernforschung, die sich Mitte der 1970er Jahre im universitären Bereich etablierte; eine Einführung in ihre Geschichte, Ziele und Forschungsfelder geben Edmondson/House ([3]2006). Auch für sie bildet die Untersuchung des Lernprozesses einen Schwerpunkt, sie betont der Zweitspracherwerbsforschung gegenüber jedoch den Einfluss der Lehr-/ Lernsituation, die sich im Unterricht gänzlich anders gestalte. Themen und Ton der anfangs polemisch geführten Debatte lassen sich aus den Titeln der einschlägigen Aufsätze erschließen: „‚Lernt' oder ‚erwirbt' man Fremdsprachen im Unterricht? Zum Verhältnis von Sprachlehrforschung und Zweitspracherwerbsforschung" (Bausch/Königs 1983), „Die Revolution frißt ihre Kinder. Eine Erwiderung auf Bausch/Königs ‚„Lernt' oder ‚erwirbt' man ..." (Wode 1985), „Gegen Ausschließlichkeitsansprüche in der Erforschung des Erwerbs von Fremdsprachen" (Henrici 1986).

Was sowohl die Sprachlehr- und -lernforschung als auch die traditionelle Fremdsprachendidaktik herausfordert, ist, dass die Zweitspracherwerbsforschung mit Hilfe der Methode der Lernersprachenanalyse für bestimmte Bereiche der Grammatik Erwerbssequenzen beim ungesteuerten Lernen festgestellt hat, die sich unabhängig von und zum Teil entgegen dem Curriculum und den Bemühungen der Lehrenden auch unter gesteuerten Bedingungen, also auch im Fremdsprachenunterricht zeigen. So stellt sich die Frage nach den Möglichkeiten, Grenzen und Methoden der Grammatikvermittlung und damit einem der konstitutiven Momente von Fremdsprachenunterricht. Im Folgenden wird zunächst die Methode der Lernersprachenanalyse erläutert, und dann sollen die gut attestierten und in ihren didaktischen Implikationen illustrativen Sequenzen im Erwerb der deutschen Wortstellung vorgestellt werden.

1.2.1 Lernersprachen und ihre Analyse

Das Verfahren der Lernersprachenanalyse ist gegenwärtig das dominante Paradigma der Zweitspracherwerbsforschung und gleichzeitig ihr fruchtbarstes. Die Grundannahme ist, dass ein Lerner zu jedem Zeitpunkt des Erwerbsprozesses über ein in sich geschlossenes sprachliches System verfügt, seine *Lernersprache* oder *Lernervarietät*, mit der er seine kommunikativen Bedürfnisse zu befriedigen versucht. Ferner wird angenommen, dass die Varietäten der einzelnen Lerner trotz interindividueller Variabilität wesentliche Gemeinsamkeiten aufweisen, was zentral ist für die wissenschaftliche und didaktische Brauchbarkeit des Konzepts der Lernersprache. Im Verlauf des Erwerbs bildet ein Lerner eine Kette immer neuer, jeweils komplexer werdender Lernervarietäten aus, die einander in systematischer Weise ablösen und sich der Zielsprache annähern. Dieser Prozess verläuft aber nicht linear, sondern ist auf jeder Erwerbsstufe von intraindividueller Variabilität gekennzeichnet. Scheinbare Rückfälle auf frühere Niveaus zeigen sich insbesondere unter hoher kognitiver Last bei bestimmten kommunikativen Aufgaben und in Restrukturierungsphasen (s. u.).

Lernervarietäten sind, wie Klein (2001: 615–6) betont, „ ... nicht unvollkommene Nachahmungen einer „eigentlichen Sprache" – nämlich der Zielsprache – , sondern eigenständige, in sich fehlerfreie Systeme, die sich durch ein besonderes lexikalisches Repertoire und besondere morphosyntaktische Regularitäten auszeichnen. Voll entwickelte Sprachen wie Deutsch, Englisch, Latein sind einfach Grenzfälle von Lernervarietäten."

Bildet der Lerner keine weitere Lernervarietät mehr aus – was einen Zuwachs des Vokabulars nicht ausschließt –, ist der Lernprozess an sein Ende gekommen. Der Endzustand, die letzte Lernervarietät, entspricht nicht immer der Zielvarietät. Im ungesteuerten Erwerb bei Erwachsenen ist dies sogar nur selten der Fall; man spricht dann von Fossilierung.

Fossilierung kann unterschiedliche Ursachen haben. Es kann sein, dass sich der Antrieb oder die Motivation, mit der eine Sprache gelernt wird, aufgebraucht hat, etwa weil der Lerner seine kommunikativen Bedürfnisse mit der erreichten Varietät decken kann. In diesen Fällen spricht man von instrumenteller Motivation. Im Fremdsprachenunterricht kann sich diese Art von Motivation in der Weise niederschlagen, dass ein Lerner sich mit der erreichten Schulnote in der Fremdsprache begnügt und seine Lernbemühungen aufgibt. Anders gelagert ist die integrative Motivation: Hier möchte der Lerner in seiner Umgebung nicht auffallen. Da an soziale und kommunikative Kontakte mit Sprechern der Zielsprache gebunden, kommt dieser Motivationstyp im Fremdsprachenunterricht außerhalb des Zielsprachenlandes nur selten vor. Doch so lernförderlich eine integrative Motivation auch sein mag, es kann dennoch sein, dass der Lerner die noch bestehenden Unterschiede zwischen seiner Varietät und der Sprache seiner Umgebung, dem Input, nicht mehr wahrnimmt. Wenn ihn niemand auf die Unterschiede hinweist oder Input und Zugangsmöglichkeiten zur Zielsprache von vornherein nicht reich, vielfältig und intensiv genug sind, dann wird weiterer Erwerb weder angeregt noch gefordert. Werden Unterschiede zwischen dem Input und der eigenen Sprache nicht mehr wahrgenommen, liegt das meist an dem von Klein (1984, 2001) so genannten Sprachverarbeiter (language processor), der zum einen von biologischen Determinanten, zum anderen von sämtlichem einem Lerner zu einem gegebenen Zeitpunkt verfügbaren Wissen abhängt. Zu den biologischen Determinanten gehören die peripheren Organe, mit denen wir sprachliche Äußerungen wahrnehmen oder produzieren, und Teile der zentralen Verarbeitung im Gehirn, „also höhere Aspekte der Wahrnehmung, Gedächtnis, Kognition, vielleicht auch – wie von manchen Sprachtheoretikern angenommen – ein eigenes ‚Sprachmodul' ..." (Klein 2001: 606–607). Die biologischen Determinanten verändern sich im Laufe der Zeit und können zum Beispiel im Erwachsenenalter die Wahrnehmung phonemischer Unterschiede erschweren. Bedeutsamer für den Zweitspracherwerb sind aber sicherlich die Veränderungen im verfügbaren Wissen, zu dem das Weltwissen eines Lerners, seine bereits erworbene Kenntnis der Zielsprache und die Kenntnis seiner L1 oder anderer beherrschter Sprachen gehören. Der letzte Wissensbestand kann durch negativen Transfer durchaus in bestimmten Bereichen zu Fossilierungen führen; auf die Rolle des Transfers wird unten noch weiter eingegangen.

Mit Sprachverarbeiter, Antrieb/Motivation und Zugang/Input sind drei der sechs Grundgrößen jeglichen Spracherwerbs genannt, die Klein (1984, 2001) unterscheidet. Es sind die unabhängigen Größen, die nicht nur den Endzustand bestimmen, sondern auch die Struktur des Erwerbsverlaufs und sein Tempo. Die beiden letzten Faktoren werden in der englischsprachigen Literatur eingängig als *route* und *rate* bezeichnet; zusammen mit dem Endzustand bilden sie die drei abhängigen Größen des Spracherwerbs.

Kommen wir auf die Lernervarietäten zurück, die der Sprachverarbeiter in der Auseinandersetzung mit dem verfügbaren Input konstruiert, solange der Antrieb wirksam ist. Die Spracherwerbsforschung versucht, die inneren Gesetzmäßigkeiten und Strukturen jeder Lernervarietät zu einem bestimmten Zeitpunkt aus sich selbst heraus zu beschreiben – und nicht vor dem Hintergrund der Zielsprachenvarietät. Täte man Letzteres, so gelangte man kaum über die Feststellung dessen hinaus, was der Lerner *nicht* kann, man verlöre dagegen aus den Augen, was er kann und wie er zu seinem Können gelangt ist. Eine solche Defizitperspektive nimmt die *error analysis* ein.

Dieser im englischsprachigen Raum früher einflussreiche Ansatz widmet sich der „Fehleranalyse". Sie betrachtet ebenso wie der Fremdsprachenunterricht Äußerungen des Lerners primär im Vergleich zur Zielsprache – und hier oft zu einer besonders normativen Auffassung ihrer sprachlichen Strukturen – und begreift Abweichungen von ihr als Fehler, die prophylaktisch oder therapeutisch angegangen werden müssen. In vielen Formen des Fremdsprachenunterrichts finden sich die Grundannahmen der *error analysis* als die wenig lernförderliche „Rotstiftperspektive" wieder, die sämtliche Abweichungen von der Zielsprache gleichermaßen als zu sanktionierende Fehler betrachtet. Eine zielsprachenorientierte Sichtweise legt außerdem fälschlicherweise

1.2 Zur Relevanz der Zweitspracherwerbsforschung für die Fremdsprachendidaktik 11

nahe, Spracherwerb bestehe lediglich in der schrittweisen Addition sprachlicher Elemente zu den schon beherrschten Elementen, was bei genauerer Betrachtung nicht einmal für den Erwerb von Wörtern gilt (vgl. Kap. 4.1). Sie verkennt, dass der Erwerb eines Elements den vollständigen Umbau eines Bereichs der Lernervarietät nach sich ziehen kann. Hat der Lerner beispielsweise den Akkusativ im Deutschen erworben, kann er fortan Handelnde und Betroffene durch den Kasus kennzeichnen, während ihm dafür zuvor nur die Wortstellung zur Verfügung stand (der Handelnde wird vor dem Betroffenen genannt). Die Wortstellung kann nun ihrerseits andere Aufgaben übernehmen, nämlich unter bestimmten Umständen ausschließlich Thema und Rhema zu kennzeichnen, d. h. das, worüber gesprochen wird, und das, was darüber ausgesagt wird. So führt der Erwerb selbst eines eher unscheinbaren morphologischen Elements zu einer umfangreichen Restrukturierung und damit zu einem neuen grammatischen System.

In der Annahme von Lernervarietäten trifft sich die Zweitspracherwerbsforschung mit einem prominenten Forschungszweig aus dem englischsprachigen Raum, der von der Untersuchung des institutionell gesteuerten Fremdsprachenlernens herkommt. Schon 1967 hat Corder zur Beschreibung der jeweiligen Fähigkeiten eines Lerners den Begriff der *transitional competence* und Selinker 1972 den der *interlanguage* eingeführt; andere Autoren sprechen von *approximative system* oder *Interimsprache*. Bereits die Wahl der Bezeichnungen macht deutlich, dass auch diese Ansätze von Sprachsystemen eigenen Rechts ausgehen und nicht vom Vergleich mit der Zielsprache. Sie stellen somit eine Überwindung der theoretischen und praktischen Defizite der *error analysis* dar.

In Lerneräußerungen finden sich Strukturen und Elemente, die auf fünf unterschiedliche kognitive Prozesse zurückgeführt werden können. (a) Die Lernersprache enthält Strukturen, die weder in der L1 noch in der L2 vorkommen; diese sind Beleg dafür, "that the learners themselves impose structure on the available linguistic data and formulate an internalized system." (Gass/Selinker ^{3}2008: 14).[3] Die entsprechenden Strukturen sind oft als entwicklungsspezifisch einzustufen; Beispiele werden unten und im Abschnitt zum Erwerb der deutschen Wortstellung angeführt. (b) Die Lernersprache enthält weiter zielsprachliche Strukturen und Strukturen, die Übergeneralisierungen erkannter L2-Regeln darstellen, z. B. wenn die regulären Personalendungen des Verbs auch auf *wissen* angewendet werden (*Weißt das jemand?*); hier liegen intralinguale Einflüsse vor. (c) Interlinguale Einflüsse dagegen zeigen sich in Strukturen, die aus der L1 oder anderen beherrschten Sprachen transferiert sind. Im Lernersprachenansatz stellen solche Übertragungsprozesse lediglich einen der Faktoren dar, die die Sprachentwicklung beeinflussen. In der frühen Zweitspracherwerbsforschung wurden diese Einflüsse dagegen verabsolutiert; die entsprechenden Thesen sind mit der Kontrastivhypothese verbunden, die im Anschluss diskutiert wird. (d) Die Interlanguage kann – anders als Lernervarietäten im ungesteuerten Erwerb – auch Transfer aus der Lernumgebung enthalten, etwa wenn verstärktes Üben bestimmter Elemente im Unterricht zu deren Übergeneralisierung oder zu Verwechslung mit ähnlichen

---

[3] ... dass die Lerner den verfügbaren Daten selbst eine Struktur zuordnen und ein internes System formulieren. [eig. Übs.]

Strukturen führt; die entstehenden Fehler werden z. T. als schülerspezifisch charakterisiert (vgl. Bahns 1985). (e) In Lerneräußerungen können schließlich Phänomene auftreten, die nicht im eigentlichen Sinne zur jeweiligen Interimkompetenz des Lerners gehören, sondern sich dem Einsatz von Kommunikationsstrategien verdanken, mit deren Hilfe Verständigungsprobleme gelöst werden, für welche die ausgebildete Kompetenz noch nicht ausreicht (vgl. Kap. 2.3.1). Die fünf Prozesse werden in der Interlanguagetheorie als – wenn auch nicht immer bewusste – Aktivitäten des Lerners betrachtet, der somit nicht als Objekt des Lernprozesses gefasst wird, sondern als Subjekt, das die zu erwerbende Sprache selbständig konstruiert.

Der Lernervarietäten- und der Interlanguageansatz werden gegenwärtig nicht zuletzt deswegen bevorzugt, weil alternative Theorien des L2-Erwerbs sich als unzutreffend oder unzureichend erwiesen haben. Dies gilt in erster Linie für die Kontrastivhypothese und die Identitätshypothese.

Exkurs: Die *Kontrastivhypothese*, die im Gefolge der Audiolingualen Methode und im Zusammenhang mit behavioristischen Lerntheorien des Spracherwerbs eine Zeitlang auch in Überlegungen zum Lernen im Fremdsprachenunterricht ein beherrschendes Paradigma bildete, sah im Transfer aus der L1 den zentralen Lernvorgang. Gleiche oder ähnliche Strukturen von L1 und L2 führten zu einer Lernerleichterung (positiver Transfer), unterschiedliche Strukturen zu erschwertem Erwerb oder Fehlern (negativer Transfer oder Interferenz). Grundlage des Fremdsprachenunterrichts mussten daher kontrastive linguistische Untersuchungen von L1 und L2 sein, um über sie Lernschwierigkeiten vorauszusagen, denen dann durch die strukturelle Progression und das Angebot an Lernmaterial prophylaktisch begegnet werden könne.

Diese Hypothese ist aus theoretischen, empirischen und unterrichtspraktischen Gründen kritisiert worden (für einen Überblick vgl. Kuhberg 2001), von denen die wichtigsten hier kurz erwähnt seien: In den Lernervarietäten treten, wie oben schon erwähnt wurden, Strukturen auf, die weder aus der L1 noch aus der L2 stammen und als entwicklungsbedingte Strukturen aufgefasst werden können (vgl. unten 1.2.2); zahlreiche nicht-zielsprachliche Strukturen sind Übergeneralisierungen erkannter L2-Regularitäten. Lerner unterschiedlicher Ausgangssprachen machen oft dieselben Fehler in der Zielsprache, was wieder für eine Auseinandersetzung mit dem Input unabhängig von der L1 spricht. Große Unterschiede zwischen Sprachen sind – entgegen der Vorhersage der Kontrastivhypothese – oft leichter zu lernen als geringfügige Unterschiede, denn Erstere sind auffälliger, Letztere oft nur schwer erkennbar und daher sehr hartnäckig. Von Transfer sind außerdem die Bereiche Aussprache, Morphologie, Wortschatz, Syntax, Semantik und Pragmatik in unterschiedlichem Maße betroffen. Untersuchungen zu Transfer als Lernstrategie zeigen darüber hinaus, dass Lerner ein Gefühl dafür haben, welche Strukturen und Elemente in ihrer L1 markiert sind und sich somit nicht zum Transfer eignen und welche unmarkiert und damit transferierbar sind. So übertragen Deutsche nicht die unterschiedliche Stellung des finiten Verbs in Aussagehaupt- und Nebensätzen auf andere Sprachen, umgekehrt gehen aber Lerner von Ausgangssprachen mit einer einheitlichen Verbstellung in den Satztypen von einer solchen auch im Deutschen aus. Transfer ist also keine symmetrische Angelegenheit und kein Prozess, dem Lerner willenlos unterworfen sind. Im Bereich des Wortschatzes werden nur die zentralen und prototypischen Bedeutungen eines Wortes auf sein Übersetzungsäquivalent übertragen, nicht seine peripheren.

In unterrichtspraktischer Sicht schließlich gehen die Angaben über den Anteil transferbedingter Fehler weit auseinander, in von R. Ellis (1994: 302) aufgeführten Studien variieren sie zwischen 3 % und 51 %, der Durchschnitt der Untersuchungen kommt auf ein Drittel transferbedingter Fehler. Wie kommt es zu solch unterschiedlichen Einschätzungen? Zur Klärung sei ein Beispiel von Kleppin (1998: 30) diskutiert: „Ein französischer Muttersprachler wird im

1.2 Zur Relevanz der Zweitspracherwerbsforschung für die Fremdsprachendidaktik

Deutschen häufig folgenden Fehler begehen und sagen: *Er fragte ihr* ... (statt: *Er fragte sie* ...). Im Deutschen steht nach dem Verb *fragen* das direkte Objekt (Akkusativobjekt), im Französischen nach dem Verb *demander* (= *fragen*) das indirekte Objekt (Dativobjekt). Die Ursache dieses Fehlers könnte also ein negativer Transfer sein ..." Wie der Konjunktiv des letzten Satzes andeutet, ist auch eine andere Erklärung möglich. Der Verfasser ist schon öfter von ausländischen Lernern auch anderer Ausgangssprachen als des Französischen mit diesen Worten angesprochen worden: *Herr K., ich wollte Ihnen etwas fragen.* Wo die Erstsprachen keinen Dativ haben, kommt Transfer nicht in Betracht, vielmehr könnte es sich hier um eine Analogie zu *Ich wollte Ihnen etwas sagen* handeln, ausgelöst von der semantischen und lautlichen Verwandtschaft von *sagen* und *fragen*. Die Lerner könnten aber auch ein bereits erworbenes Wissen übergeneralisieren, nämlich: Wenn ein deutsches Verb zwei Objekte hat, steht eins im Akkusativ, das andere im Dativ, sofern nicht Präpositionalobjekte involviert sind. Verben mit doppeltem Akkusativ wie *jemanden etwas fragen* sind im Deutschen rar. Die Äußerung des französischsprachigen Lerners kann also auf zweierlei Weise interpretiert werden, im Sinne der Kontrastivhypothese als L1-bedingt oder als L2-bedingte Übergeneralisierung bzw. Analogiebildung. Ein letzter Aspekt der Transferdiskussion soll hier noch angesprochen werden: Es sind oft bestimmte Aufgabenstellungen des Fremdsprachenunterrichts selbst wie Übersetzungen aus der L1, die Transfer erst provozieren.

Die grundlegende Kritik an der Kontrastivhypothese bestreitet nicht, dass Übertragungen aus der L1 eine – je nach sprachlichem Bereich zu differenzierende – Rolle spielen, sie widerspricht aber entschieden der These, dass sich Transfer als alleinige Erklärungsgrundlage des L2-Erwerbs eignet. Dazu ist allein schon der Anteil transferbedingter Fehler zu gering. Der Lernervarietäten- bzw. Interlanguageansatz dagegen ist umfassender und kann diejenigen Aspekte der Lernersprache, die auf der L1 oder weiterer bereits gelernter Sprachen beruhen, in sein kognitives Modell des Spracherwerbs integrieren. Dabei äußert sich der Einfluss dieser Sprachen nicht nur in auf sie zurückführbaren „Fehlern" und der Erleichterung der Lernaufgabe durch Übertragungen, sondern auch in Vermeidung oder übermäßigem Gebrauch bestimmter Elemente und Strukturen. Er äußert sich ferner darin, dass Lerner schneller solche Strukturen einer Entwicklungssequenz erreichen, die Strukturen der L1 entsprechen, sie andererseits aber auch nur schwer überwinden oder dort sogar fossilieren.

Als Gegenbewegung zur Kontrastivhypothese entstand in der Zweitspracherwerbsforschung in den 1980er Jahren die *Identitätshypothese*, nach der sich Erst- und Zweitspracherwerb, da von den gleichen Mechanismen gesteuert, im wesentlichen gleichen. Argumentiert wurde mit der Entdeckung, dass bestimmte englische Morpheme von spracherwerbenden Kleinkindern wie von Erwachsenen mit Englisch als L2 unabhängig von der L1 in der gleichen Abfolge erworben werden (vgl. Krashen 1982) sowie mit der Feststellung gleicher Sequenzen bei der Entwicklung der Negation oder Fragesyntax in Erst-, Zweit- und sogar Fremdsprache, und dies über unterschiedliche Sprachen hinweg (vgl. Wode 1993). Über das Vorliegen identischer oder ähnlicher Strukturentwicklungen in Lerneräußerungen hinaus jedoch eine Identität der Spracherwerbsprozesse zu behaupten, übersieht, dass sich die kognitive und die soziale Kompetenz eines Lerners im Erstspracherwerb zusammen mit und in gegenseitiger Abhängigkeit von seiner linguistischen Kompetenz ausbilden. In einer L2 müssen sie nicht erneut ausgebildet werden, sondern stehen als Lernvoraussetzungen zur Verfügung, samt dem sprachlichen Wissen über die L1. Außerdem vollzieht sich die Strukturentwicklung in vielen Bereichen nicht parallel, z. B. bei der deutschen Wortstellung, wo Kinder im L1-Erwerb von der Endstellung des Verbs, erwachsene und ältere Lerner dagegen von Subjekt-Verb-Abfolgen ausgehen (vgl. 1.2.2) und Kinder im frühen L2-Erwerb zugleich das Vollverb an das Satzende stellen und die linke Satzklammer mit Hilfs- und Modalverben oder nicht zielsprachlichen semantisch bedeutungsarmen Platzhalter-Verben besetzen (vgl. Kaltenbacher/Klages 2007). Schließlich ist für die Identitätshypothese nicht zu erklären, warum es in einem Spracherwerbstyp zu Fossilierung kommt, im anderen nicht. In der Fremdsprachendidaktik hat die Identitätshypothese, im Gegensatz zur Kontrastivhypothese, kaum eine Rolle gespielt.

Zum Abschluss der Skizze des Lernervarietätenansatzes soll an einem Beispiel illustriert werden, welch grundsätzlich unterschiedliche Sichtweise auf Lerneräußerungen er im Vergleich zur *error analysis* und der in fremdsprachendidaktischen Kontexten üblichen Fehleranalyse einnimmt. Ein Kind mit Chinesisch als L1, das mit vier Jahren Deutsch als L2 zu erwerben begann, berichtete im Alter von sieben stolz von seinen ersten Schwimmzügen ohne den Vater: *mit ohne Papa*. Diese Struktur wurde auch in anderen Situationen häufig gebraucht und blieb trotz Sticheleien gleichaltriger monolingualer Freunde (*Was heißt denn mit ohne Zucker?*) korrekturresistent; noch 18 Monate später war zu hören: *Da kann ich einfach mitsingen, mit ohne dass ich das Lied vergesse.* Aus fehleranalytischer Sicht würde die produzierte Struktur mit der Zielsprache verglichen und bei einer oberflächenorientierten Beschreibung das Hinzufügen eines Morphems festgestellt werden oder bei Anlehnung an die Kategorien der Lateingrammatik ein Fehler im Bereich der Präposition bzw. Konjunktion *ohne*. Somit würde festgestellt, was der Lerner nicht kann, doch es bliebe unberücksichtigt, was er kann und warum er diese Struktur verwendet hat (Transfer aus dem Chinesischen scheidet im vorliegenden Fall aus). Was kann aber ein Kind, das *mit ohne Papa* sagt? Es will ein komitatives Verhältnis *mit Papa* negieren; dazu bedient es sich als erstes einer Form, die im Deutschen dieses Verhältnis ausdrückt, nämlich *mit*, und als zweites eines Negators, den es dem Input entnommen hat, nämlich *ohne*. Bei Letzterem handelt es sich nicht um den gängigsten Negator *nicht*, sondern um ein Wort, welches das Kind ausschließlich in komitativen Kontexten wahrgenommen hat und daher hier verwendet. Nur traut es *ohne* entweder alleine nicht die ganze komitative Bedeutung zu oder es folgt einer der Grundannahmen jedes Spracherwerbers, nämlich dass zwischen Form und Bedeutung sprachlicher Ausdrücke ein Eins-zu-eins-Verhältnis bestehen solle.[4] So wird das Komitative durch *mit*, die Negation durch *ohne* ausgedrückt. Die resultierende Lernersprache ist sogar ein wenig „logischer" als die Zielsprache Deutsch, das in dem einen Ausdruck *ohne* zwei Bedeutungen fusioniert. Und dass eine Lernersprache stets eine mögliche Sprache ist – erinnert sei an das oben zitierte Diktum von Klein (2001), nach dem voll entwickelte Sprachen Grenzfälle von Lernervarietäten sind –, zeigt das englische *without*, das in ähnlicher Weise je eine Form für das Komitative (*with*) und die Negation (*out*) enthält. – Wie für entwicklungsbedingte Fehler charakteristisch, hielt sich *mit ohne* trotz Korrekturversuchen, verschwand später aber von alleine.

1.2.2 Entwicklungssequenzen am Beispiel des Wortstellungserwerbs

Als besonders gut attestiert und zentral für den Erwerb der Syntax können die von der Zweitspracherwerbsforschung bei Erwachsenen aufgedeckten Sequenzen beim ungesteuerten Erwerb der deutschen Wortstellung gelten. Zudem ist ihre Entwicklung auch

---

[4] Diesem Prinzip folgen auch Kinder im Erstspracherwerb, und so ist es nicht verwunderlich, dass auch bei monolingual aufwachsenden deutschen Kindern *mit ohne* beobachtet worden ist.

im Fremdsprachenunterricht untersucht worden, und zwar unter der für die Didaktik folgenreichen Fragestellung, ob sich die Erwerbssequenzen auch unter gesteuerten Bedingungen zeigen und was passiert, wenn die Anordnung des Materials oder der Zeitpunkt, zu dem bestimmte grammatische Regeln präsentiert werden, nicht mit der Sequenz im ungesteuerten Erwerb übereinstimmen. Setzt sich dann das „natürliche" oder das schulische Curriculum durch? Dies sind Fragen nach der Beeinflussbarkeit des Sprachlernprozesses und nach seiner Steuerbarkeit durch den Fremdsprachenunterricht.

In dem schon erwähnten ZISA-Projekt wurden u. a. sieben Stufen beim Erwerb der deutschen Wortstellung herausgearbeitet. Die Datenbasis der Querschnittstudie bildeten Interviews mit italienischen, spanischen und portugiesischen Arbeitern über ihre Lebensbedingungen und Erlebnisse in Deutschland sowie einige Tests. Keine der untersuchten Personen hatte einen Sprachkurs besucht, so dass der „natürliche" Erwerb ohne Beeinflussung durch Steuerungsversuche untersucht werden konnte.

Erwerbsstufen bei der deutschen Wortstellung (nach Clahsen u. a. 1983: 99–156)

Stufe	Lerneräußerungen	Kommentar
1 Ein-konstitu-enten-stufe	(a) *kollege deutsch.* (b) *kollege itali.* (c) *spanier nich.* (d) *gut freund.* (Ich habe deutsche Kollegen und ich habe italienische Kollegen. Aber ich habe keine spanischen Kollegen. Wir sind alle gute Freunde.)	Die Äußerungen bestehen noch nicht aus Sätzen, sondern aus einzelnen Konstituenten; die Beschreibung des Sachverhalts gelingt dadurch, dass in (a)–(c) das gemeinsame Thema *ich habe* weggelassen wird und in den Konstituenten alleine die Rhemen versprachlicht werden. Das Thema von (d) muss aus den Rhemen von (a)–(c) inferiert werden.
2 Mehr-konsti-tuenten-stufe	(a) *ich kontakt mit pastor italiener* (Ich habe Kontakt mit einem italienischen Pastor) (b) *faule deutsche drink kakao* (Die faulen Deutschen trinken Kakao)	Die Äußerungen dieser Stufe können mit Hilfe der Konstituentenstrukturregel NP – Aux/ Mod – V – (NP) – (PP) – (PP) beschrieben werden; hinzu kommen Auslassungsstrategien (in (a) *habe*). Es liegt eine feste Wortstellung vor mit Subjekt – Verb – (Objekt) als Kern.
3 Voran-stellung von Ad-verbia-len	(a) *aber vielleich ich arbeite* (b) *und da polizei gesache* (Und da hat die Polizei gesagt)	Ab hier verfügt der Lerner über Permutation. Adverbiale, die in Stufe 2 dem Satz noch angehängt werden, können jetzt an seinen Anfang bewegt werden. Nach einer alternativen Analyse könnten Adverbiale in der zugrunde liegenden Struktur aber auch optional vor der Subjekts-NP stehen; dann läge noch keine Permutation vor. Es handelt sich um keine zielsprachliche Struktur, weil das Verb in der Lernersprache an dritter Stelle stehen kann.

4 Trennung der verbalen Elemente	(a) *die will immer kommandieren* (b) *aber dies jahr haben richtige urlaub gemacht* (c) *die schmeißt mi' schon jetz (r)raus*	Nun werden Permutationen beherrscht, mit denen Teile der Verbkonstituente auseinander bewegt werden können; in (a) werden Modal- und Vollverb, in (b) Hilfs- und Vollverb, in (c) Verbstamm und Verbpartikel voneinander getrennt. Die Satzklammer ist damit erworben.
5 Subjekt-Verb-Inversion	(a) *jetzt kann sie mir eine frage machen*	In dieser Stufe führt die Voranstellung eines Adverbials zur Verschiebung der Subjekt-NP hinter das Finitum; die Inversion wird beherrscht und damit stabilisiert sich die Zweitstellung des Finitums in Aussagesätzen.
6 Satzinterne Stellung von Adverbialen	(a) *da is' immer schwierigkeit* (b) *war auch kein achtzehn* (Ich war auch keine achtzehn Jahre alt)	Da bei der angenommenen SVO-Grundstruktur Adverbiale nur rechts erscheinen, müssen Lerner das Adverbial mit einer Permutation zwischen Finitum und Objekt bewegen, um die zielsprachliche Struktur zu produzieren. Bewegungen ins Innere des Satzes sind schwerer als Bewegungen an seine Ränder.
7 Verbstellung im Nebensatz	*sie konnte einfach nie mehr an de maschine arbeiten weil genau in ne hand hat (n) unfall gekriegt* (Sie konnte einfach nicht mehr an der Maschine arbeiten, weil sie genau an der Hand einen Unfall gehabt hat.)	Die Lerner verwenden schon lange eingebettete Sätze wie in (7), bevor sie die Stellung des Finitums nach Haupt- und Nebensatz differenzieren.

Eine Struktur galt für die Autoren als erworben, wenn sie in wenigstens fünf möglichen Verwendungskontexten produktiv gebraucht worden war und nicht als Teil eines holistischen, als Ganzheit gelernten Ausdrucks wie *das weiß ich nicht* betrachtet werden musste. Bei dieser Festlegung des Erwerbskriteriums ist es nicht notwendig, dass der Lerner die Struktur immer korrekt produziert, er muss sie nicht einmal in der Mehrheit der Fälle produzieren, in denen sie vom linguistischen Kontext verlangt wird. Da in einer Querschnittstudie nicht die Entwicklung einzelner Lerner durch die Erwerbsstufen verfolgt werden kann, werden diese mithilfe einer Implikationsanalyse festgestellt. Es ergab sich, dass wenn die untersuchten Personen z. B. über die Stufe 4 verfügten, sie auch die Stufen 1 bis 3 beherrschten; es war nie der Fall, dass nur die Stufen 3 und 5 beherrscht wurden ohne die Stufen 1 bis 2 und 4. Die Unterschiede zwischen den Lernern bestanden in der Geschwindigkeit, mit der sie die Stufen durchliefen, und darin, ob sie die letzten Stufen erreichten oder vorher fossilierten. Außerdem unterschieden sie sich darin, ob sie schon mit der nächsten Entwicklungsstufe befasst waren, bevor sie die vorangehende Stufe in sämtlichen Kontexten beherrschten.

Im Folgenden sollen nur die Strukturen der Stufen 4, 5 und 7 der ZISA-Studie weiter verfolgt werden, denn erstens handelt es sich bei ihnen gegenüber den Strukturen der Stufen 1 bis 3 um bereits zielsprachliche Strukturen, zweitens um für das Deutsche im Bereich der Wortstellung zentrale und typische Strukturen und drittens um Strukturen, deren Erwerb auch unter den Bedingungen des Fremdsprachenunterrichts erforscht wurde. Die Strukturen bzw. die Regeln, die zu ihnen führen, sollen – zum Teil in Abweichung von der in der ZISA-Studie verwendeten Benennungen – Verbalklammer, Inversion und Verbende genannt werden. Die herausgearbeitete Abfolge

> Verbalklammer VOR Inversion VOR Verbende

ist keineswegs trivial. Immerhin hätte man erwarten können, dass Verbalklammer schwerer fällt als Inversion, denn erstere Regel zerreißt eine Konstituente, bei Partikelverben sogar ein Wort, und kann als schwierigerer struktureller Prozess angesehen werden, während die zweite „nur" zu einer Umstellung von Konstituenten führt. Zudem gibt es in den Ausgangssprachen der Lerner zum Teil Inversion, die Regel Verbalklammer ist aber spezifisch für das Deutsche. Dennoch ist Inversion für die Lerner schwieriger, was Clahsen u. a. (1983: 163) so begründen:

Durch die Anwendung der Regel INVERSION wird die als Einheit in der Sprachverarbeitung bezeichnete Beziehung zwischen Verb und Objekt aufgelöst bzw. unterbrochen, z. B. wenn nach einem vorangestellten Adverbial das Subjekt zwischen Verb und Objekt erscheint: *Heute kauft Paul ein Buch.* In diesem Fall unterbricht das Subjekt *Paul* die Gestalt *ein Buch kaufen*, ein Prozeß, der ... als verarbeitungsmäßig komplex angesehen wurde.

Zusammenfassend kommen die Autoren zu dem Schluss,

daß die Lerner in den frühen Phasen des Erwerbs linguistische Problemlösungen bevorzugen, für die ein Minimum an Verarbeitungsaufwand ausreicht. Mit dem Voranschreiten auf der Entwicklungssequenz wenden sich die Lerner mehr und mehr den syntaktischen Phänomenen der Zielsprache zu, für die einfache Lösungen nicht mehr ausreichen. (Clahsen u. a. 1983: 164).

Obwohl es nicht weiter diskutiert werden kann, sei hier darauf hingewiesen, dass andere Autoren zum Teil unterschiedliche Erklärungen für die gleichen Beobachtungen anbieten, etwa linguistische Erklärungen im Rahmen der von Chomsky inspirierten Universalgrammatik. Danach bestehe die Lernaufgabe darin zu entdecken, dass die deutsche Wortstellung zugrundeliegend durch die Abfolge SOV charakterisiert ist, also durch die Stellung, wie sie im Nebensatz oder in der Infinitivgruppe erscheint, wo die Verbalkonstituente nicht auseinander gerissen ist (vergleiche *Fahrrad fahren, die Hausaufgaben machen* gegenüber *to ride a bike, to do one's homework*). Dass diese Erkenntnis schwer zu erwerben ist, vor allem wenn die L1 der Lerner die Stellung SVO aufweist, liegt daran, dass viele deutsche Aussagesätze oberflächlich SVO aufweisen (*Die Gruppe plant eine Deutschlandtournee*), der Input also widersprüchliche Signale gibt.

Nachdem schon verschiedene Beobachtungen auf eine ähnliche Abfolge auch im Fremdsprachenunterricht hingewiesen hatten, führte R. Ellis (1989) eine gezielte Untersuchung mit 39 Studenten aus London durch, die in ihrem ersten Studienjahr Deutsch belegten, aber keine Germanisten waren, die vielleicht außerhalb des Unterrichts Kontakt zur Zielsprache hätten haben können. Sie hatten in der Schule bereits andere Fremdsprachen gelernt, ihre Muttersprachen waren Englisch, Spanisch, Französisch, Arabisch und Mauretanisches Kreol. Die Lerner teilten sich auf fünf Lerngruppen mit unterschiedlichen Lehrern auf, von denen die Gruppen A–D mit *Grundkurs Deutsch* (Schäpers u. a.) arbeiteten, einem traditionellen, in seiner Progression an grammatischen Strukturen orientierten Lehrwerk, die Gruppe E mit *Themen*, einem Lehrwerk der Kommunikativen Didaktik mit einer notional-funktionalen Progression. In allen Gruppen wurde stark buchbasiert unterrichtet, häufig übersetzt, Grammatik vom Lehrer in der L1 erklärt, und es gab häufige pattern drills. Da es auch wenig Gelegenheit zu echter Kommunikation und kaum Gruppenarbeit gab, lag ein recht traditioneller Unterricht vor, was im Sinne der Ziele der Untersuchung geeignet war, denn ein kommunikativer Unterricht hätte den ungesteuerten Erwerb stärker fördern können, womit mögliche Ähnlichkeiten im Erwerbsverlauf mit der ZISA-Studie weniger aussagekräftig gewesen wären. Die Wortstellungsregeln wurden in der Abfolge Inversion vor Verbalklammer vor Verbende eingeführt, damit also zum Teil entgegen der natürlichen Abfolge; dieser entsprach nur die Einführung von Verbende als letzter Regel. Die zentrale Hypothese von Ellis war: Die Erwerbsabfolge wird nicht der Abfolge der Einführung der Regeln entsprechen, sondern der Abfolge im ungesteuerten Erwerb.

Lerner	Wortstellungsregeln		
	Verbalklammer	Inversion	Verbende
8	1.0	.89	.78
4	.83	.85	.75
14	1.0	.77	.15
23	.88	.86	.50
10	1.0	.66	.63
38	1.0	.66	.60
22	1.0	.60	.50
16	1.0	.46	.40
25	1.0	.33	.20
35	1.0	.33	.20
12	1.0	.29	.74
17	1.0	.25	0.
2	.88	.64	0.
15	.80	.44	.13
36	.77	.60	0.
9	.75	.33	.20
11	.25	.17	.18

Tabelle 1: Korrektheitsquoten und Implikationsskala für drei Wortstellungsregeln (R. Ellis 1989: 318; graphische Aufbereitung und Spaltenüberschriften geändert)

Zur Überprüfung der Hypothese wurden die Sprachdaten wie folgt erhoben: Je zwei Lerner bekamen je die Hälfte einer Bildergeschichte, jeder musste dem Partner seine Bilder beschreiben; am Ende sollte einer der beiden die gesamte Geschichte erzählen. Die Daten wurden zum ersten Mal nach elf, zum zweiten Mal nach 22 Wochen Unterrichtszeit erhoben. Die Aufgabe war so angelegt, dass die Lerner ihr implizites Wissen benutzen mussten, womit ihre Sprachproduktion mit der der ZISA-Lerner vergleichbar wurde – andere Aufgabenstellungen, wie aus vorgegebenen

Satzteilen schriftlich einen Satz zu bilden oder vorgelegte Sätze auf ihre Grammatikalität zu beurteilen, hätten sicherlich zu weniger vergleichbaren Ergebnissen geführt, denn hier hätten die Lerner ihr explizites grammatisches Wissen einbringen können. Um einem Lerner den Erwerb einer Regel zuzuschreiben, mussten in seinen Äußerungen mindestens drei obligatorische Kontexte für die Regel auftreten und er musste die Regel in drei Viertel dieser Kontexte korrekt angewendet haben (womit Ellis ein anderes Erwerbskriterium zugrundelegte als die ZISA-Studie). Die Ergebnisse der zweiten Datenerhebung stellt Tab. 1 dar.

Nach 22 Wochen Unterricht produzierten 17 der 39 Lerner mindestens drei obligatorische Kontexte für die untersuchten Regeln. Ihre Korrektheitsquoten sind in der Tabelle angegeben; grau unterlegt sind die Quoten, bei denen Ellis vom Erwerb der Regel spricht. Daraus ist ersichtlich, dass Verbalklammer mit einer Ausnahme von allen Lernern erworben wurde, Inversion von vier, Verbende von zwei Lernern. Gut erkennbar sind auch die Implikationsbeziehungen: Wer Verbende erworben hat, hat auch Inversion erworben, wer Inversion erworben hat, hat auch Verbalklammer erworben. Die Tabelle – darauf weist Ellis nicht hin, es entspricht aber Ergebnissen einer unten noch zu besprechenden Studie – lässt jedoch erkennen, dass die Korrektheitsquote für Inversion und Verbende recht eng beieinander liegen und dass die Lerner 11 und 12 sogar mehr Sicherheit in Letzterer zu besitzen scheinen.

Aus den Daten ergibt sich eindeutig, dass die Lerner die drei Regeln nicht in der Reihenfolge erwarben, in der sie unterrichtet wurden, sondern in genau der Reihenfolge, wie sie im ungesteuerten Erwerb auftreten. Ferner bestätigte sich diese Reihenfolge bei der ersten Datenerhebung nach elf Wochen in Form von Korrektheitsquoten. Die natürliche Abfolge im Erwerb der Regeln setzte sich auch gegenüber den Unterrichtsschwerpunkten durch, die in Anzahl expliziter Verweise auf die Regeln gemessen wurden.

Unterricht in seiner traditionellen grammatikorientierten Form, so ein erstes Resümee von R. Ellis (1989), vermag also nicht die Erwerbsabfolge zu verändern. Gleichwohl ist er nicht wirkungslos, denn trotz der relativ kurzen Unterrichtszeit und trotz der psycholinguistischen Schwierigkeiten der Regeln zeigte sich bei den Unterrichteten ein recht hoher Erwerbserfolg – die ZISA-Lerner beherrschten dagegen selbst nach einigen Jahren die Regeln Inversion und Verbende oft noch nicht. Für Ellis liegt es daher nahe, dem Unterricht zwei Wirkungen zuzuschreiben: Erstens beschleunigt er den Erwerb. Zweitens führt er zu einem zielsprachennäheren Endzustand, und dies deshalb, weil formbezogener Unterricht den Lernern auch diejenigen Merkmale der Sprache bewusst macht, die nur geringen kommunikativen Wert haben wie Inversion und Verbende.

Erwerbsabfolgen auch im Fremdsprachenunterricht sind in zahlreichen weiteren Arbeiten bestätigt worden, so in der breit angelegten Untersuchung „Deutsch in Genfer Schulen" (Diehl u. a. 2000), die zudem einige neue Aspekte enthält. Sie verfolgte französischsprachige Schüler von der Primarschule bis zur Maturität (Abitur) in den Klassen 4–12 in der Entwicklung ihrer grammatischen Kompetenz. Das Datenmaterial bestand in acht freien Aufsätzen jedes Lerners über einen Zeitraum von zwei Jahren; die Studie setzt sich somit aus Teil-Longitudinalstudien zusammen. Die Entwicklung der Wortstellung bildete dabei nur einen der untersuchten Erwerbsbereiche, und hier wurden mit Augenmerk auf die Satzmodelle auch Satz- und Ergänzungsfragen einbezogen; beide führen – außer bei Fragen mit *wer* – zur Umstellung von Subjekt und Verb (*Kannst du schwimmen? Wo hast du es gelernt?*). Von dieser Inversion, die weder in der ZISA-Studie noch bei R. Ellis (1989) berücksichtigt worden war, wurde die Inversion in Aussagesätzen unterschieden.

Es zeigte sich, dass die Inversion in Fragen schon vor der Verbalklammer erworben wurde, die Inversion in Aussagesätzen dagegen erst als letzte Regel, also noch nach der Regel Verbende. In diesem Aspekt weicht die von Diehl u. a. festgestellte Erwerbsabfolge sowohl von der bei R. Ellis (1989) wie der bei Clahsen u. a. (1983) festgestellten ab. Die Abfolge Inversion und Verbende ist also wohl variabel. Nun hatte sich aber schon in den Daten von Ellis gezeigt, dass die Korrektheitsquoten für Inversion und Verbende eng beieinander lagen und dass zwei Lerner mit Verbende geringere Schwierigkeiten hatten als mit Inversion. Zur Erklärung der von ihnen vorgefundenen Abfolge ziehen Diehl u. a. nicht nur die kognitive Verarbeitungskomplexität heran, sondern auch den Grad der Transparenz von Form und Funktion sowie den Einfluss der L1:

Inversion als Signal von Frage ist in ihrer Funktion ohne weiteres identifizierbar ..., und möglicherweise gilt Entsprechendes für Verb-Endstellung als Signal für die Unterordnung in komplexen Sätzen. Die Funktion von Inversion in Deklarativa als Instrument der Textstrukturierung hingegen ... ist den frankophonen Lernern völlig fremd. (Diehl u. a. 2000: 114)[5]

Die Genfer Studie illustriert auch sehr deutlich, welche Folgen es haben kann, wenn eine Struktur zu früh unterrichtet wird. In einer der vierten Klassen hatte die Lehrerin die Inversion – entgegen den Intentionen des Lehrwerks – intensiv trainiert, wie sich u. a. an den vielen Selbstkorrekturen der Schüler zeigte. Sie produzierten häufig inversionsfordernde Kontexte und verwendeten die Regel dort in über 90 % der Fälle korrekt, bis in der fünften Klasse, wie vom Curriculum vorgesehen, die Satz- und Ergänzungsfragen eingeführt wurden. Ab diesem Zeitpunkt ging die Korrektheitsquote massiv zurück: Die Inversion bei Fragen und in Aussagesätzen störten einander wohl. Noch deutlicher wurde das Bild, als sieben der neun Schüler der Klasse zwei Jahre später in der Sekundarstufe weiter verfolgt wurden: Vier der sieben hatten die Regel in Aussagesätzen völlig verloren, die anderen drei realisierten nur noch knapp die Hälfte der Inversionskontexte korrekt. Die Autoren halten das für aufschlussreich bezüglich des Verhältnisses von „schulischem Grammatiktraining" und „realem Grammatikerwerb": Inversionstraining kann an der natürlichen Erwerbsfolge auf lange Sicht nichts ändern, und „gezieltes Training grammatischer Strukturen [bringt] nur kurzfristige Erfolge ..., wenn es ‚zur Unzeit' erfolgt." (Diehl u. a. 2000: 79)

Der ungesteuerte und gesteuerte Erwerb der deutschen Wortstellung durch erwachsene und ältere Lerner wurde ausführlicher dargestellt, weil sich an diesem gut untersuchten Bereich exemplarisch zeigen lässt, dass der Fremdsprachenunterricht nicht mehr an den Erkenntnissen der Zweitspracherwerbsforschung, wie sie sich seit den

---

[5] Die Erwerbsabfolge Verbende – Inversion stützt auch die schon erwähnte linguistische Erklärungshypothese im Rahmen der Universalgrammatik, nach der erst erkannt werden muss, dass Deutsch zugrundeliegend die Abfolge SOV aufweist, bevor Inversion erworben werden kann.

1.2 Zur Relevanz der Zweitspracherwerbsforschung für die Fremdsprachendidaktik

1970er Jahren herausgebildet hat, vorbeigehen kann.[6] Damit Grammatikarbeit wirksam werden kann, reicht die didaktische Forderung, grammatische Regeln müssten einfach formuliert, verstehbar, behaltbar und anwendbar sein (vgl. 5.1.2) – Letzteres wird in der Regel nicht definiert – allein nicht aus, denn es gibt wohl kaum eine so einfache und so behaltbare Regel wie „Im Aussagesatz steht das finite Verb an zweiter Stelle". Dennoch sind deutsche Sätze in der Spontansprache offensichtlich nicht nach dieser Regel verarbeitbar. Unterricht kann nicht gegen die Entwicklungssequenzen arbeiten, er muss ihnen vielmehr folgen, damit die Lerner die verarbeitungsmäßigen und/oder linguistischen Voraussetzungen erwerben können, die zum Erreichen weiterer Entwicklungsstufen notwendig sind.

Nun sind aber nicht alle sprachlichen Merkmale und Strukturen der Zielsprache so geartet, dass ihr Erwerb einer Entwicklungssequenz unterliegt. Auch dies ist ein Ergebnis der ZISA-Studie. So ist es unabhängig vom Entwicklungsstand des Lerners, ob er Subordination (Nebensätze) verwendet oder nicht. Subordination kann sich schon bei weniger fortgeschrittenen Lernern finden (wenn auch noch nicht mit Verbendstellung) oder aber von weit fortgeschrittenen immer noch gemieden werden. Subordination gehört somit zu den variablen Strukturen, was aber nicht für den korrekten Gebrauch der Regel Verbende in subordinierten Strukturen gilt. Verbende gehört zu den entwicklungsbedingten Strukturen. Ein weiteres Beispiel für variable Elemente sind die Kopula oder *haben/sein* als Hilfsverben. Beide können schon früh verwendet oder auch trotz fortgeschrittener Kompetenz ausgelassen werden. Auf niedrigeren Entwicklungsstufen können Auslassungen obligatorischer Elemente Teil der Erwerbsstrategie sein, etwa wenn der Lerner sich zuerst um kommunikativ wichtigere Merkmale kümmert oder Kontexte wie Nebensätze vermeidet, weil er merkt, dass sie Strukturen verlangen, die er noch nicht beherrscht (Verbende). Auf höheren Entwicklungsstufen sind Auslassungen aber ein Zeichen dafür, dass er sich mit einer simplifizierten Version der Zielsprache zufrieden gibt und es ihm nicht darum geht, der Zielsprachennorm zu entsprechen oder sprachlich nicht aufzufallen. Die Entscheidung, die der Lerner hier bewusst oder unbewusst trifft, hängt in erster Linie von psychosozialen Faktoren der Motivation und des Integrationsbedürfnisses oder der Integrationsmöglichkeiten ab.

Zusammenfassend kommt die ZISA-Studie zu einem multidimensionalen Zweitspracherwerbsmodell mit einer Entwicklungsachse, auf der die sprachlichen Phänomene nach ihrer Verarbeitungskomplexität und – so kann hinzugefügt werden – ihrer Verarbeitung vor dem Hintergrund der L1 in bestimmten Sequenzen erworben werden, und einer Variationsachse, die durch individuelle und soziale Faktoren bestimmt ist, die sich in Simplifizierungs- oder Elaborationsstrategien niederschlagen. Die sprachlichen Phänomene auf der Variationsachse unterliegen keinen Erwerbssequenzen.

Für den Fremdsprachenunterricht bedeutet dies, dass im Bereich der variablen Elemente und Strukturen steuerndes Eingreifen durch Grammatikinstruktion möglich ist. Bei Strukturen, deren Erwerb einer Entwicklungsabfolge unterliegt, darf der Unter-

---

[6] Es sei aber noch einmal darauf hingewiesen, dass sich im frühen Zweitspracherwerb andere Erwerbsabfolgen finden (vgl. Kaltenbacher/Klages 2007).

richt den Entwicklungssequenzen zumindest nicht entgegenarbeiten. Welche Handlungsmöglichkeiten ihm hier dennoch offen stehen, wird in 1.3.1 diskutiert.

Aufgabe 1-1:
(a) Fassen Sie zusammen: Worin besteht die Relevanz der Zweitspracherwerbsforschung für den Fremdsprachenunterricht?
(b) Was unterscheidet die Lernersprachenanalyse von der Fehleranalyse?

Aufgabe 1-2:
(a) Auf welche Prozesse können Strukturen in der Lernersprache, die von der Zielsprache abweichen, zurückgeführt werden?
(b) Welche dieser Prozesse könnten zu den folgenden Lerneräußerungen geführt haben?
   (i) In der Einstiegsphase zu einem Hörtext mit dem Thema „Kaufrausch" präsentierte eine Lehrerin verschiedene Bilder, die attraktive Produkte und glückliche Konsumenten beim Shopping zeigten. Die Lerner sollten nach der Beschreibung der Bilder das Thema der Stunde erraten. Eine russischsprachige Lernerin sagte *Shopocolismus*, was die nicht russischsprachige Lehrerin erst nach einigen Wiederholungen verstand.
   (ii) In Unterrichtsversuchen nicht muttersprachlicher Deutschlehrer ist oft als Aufforderung zu hören *Liest ihr jetzt den Text!*
   (iii) Bahns (1985) konnte folgende Szene im Englischunterricht beobachten: Der Lehrer hat Stühle zusammengestellt, die einen Bus darstellen; einige Schüler spielen die Fahrgäste. Der Lehrer stellt dann Fragen, die Klasse soll wie folgt antworten:

Lehrer:	Who is in [sic!] the bus?
Schüler:	X is in the bus.
Lehrer:	Can you see him/her?
Schüler:	Yes, I can see him/her.

   Auf die letzte Frage ist rund die Hälfte der Antworten fehlerhaft:
   Yes, *I can you see her.
   Yes, *I can you see.
   Yes, *I can you see him.
   Als Beleg hier eine Sequenz:

Lehrer:	Can you see him?
Schüler:	Yes, *can you see him.
Lehrer:	Ja, das frag ich dich! Can you see him?
Schüler:	Yes, *can you see him.

   (iv) Lerner romanischer Ausgangssprachen aspirieren oft die stimmlosen Plosive /p, t, k/ nicht, artikulieren also in *Paul hat lange über das Thema gesprochen* [paʊl] statt [pʰaʊl] und [te:ma] statt [tʰe:ma].
   (v) In der Anfangsphase des Deutschlernens äußern Englischsprachige oft *Ich nein essen, *Ich nicht schlafen*, wofür es in der L1 keine Entsprechungen gibt: *I no eat, *I not sleep.

1.3 Spracherwerb im Fremdsprachenunterricht

1.3.0 *Design features* des Unterrichts

Die steuernden Verfahren des Fremdsprachenunterrichts unterscheiden sich vor allem in dreierlei Hinsicht von den Prozessen im ungesteuerten Erwerb: Im Unterricht spielt der Bezug auf Form und Formen der fremden Sprache eine große Rolle, wobei dieser Bezug über „Grammatik", wie sie üblicherweise verstanden wird, weit hinausgeht. Der Unterricht bietet dem Lerner zweitens in der Regel gefilterten Input bei einem hohen, teilweise sogar ausschließlichen Anteil schriftgebundenen Inputs, und er bietet korrigierendes Feedback. Drittens kennt Unterricht das isolierte Üben sprachlicher Phänomene. Auch wenn man hierin allgemein konstitutive Momente oder *design features* des Fremdsprachenunterrichts sehen darf, ist sogleich eine wichtige Einschränkung vorzunehmen: In der Geschichte der Fremdsprachendidaktik haben sich gerade bezüglich dieser drei Bereiche immer wieder unterschiedliche Konzeptionen herausgebildet und Bündel solcher Konzeptionen in Form der so genannten Methoden herauskristallisiert, es gibt also nicht *den* Fremdsprachenunterricht. Auch Laien bekannt ist die Diskussion um die Rolle der Grammatik, bei der insbesondere die Position der Grammatik-Übersetzungs-Methode, der Audiolingualen Methode und eines kommunikativen Ansatzes im Sinne Krashens (siehe 1.3.1.1) einander unversöhnlich gegenüberstehen. Die Umsetzung der jeweiligen Konzeption zeigt sich am deutlichsten in den Lehrwerken. In deren zentraler Rolle – zumindest in Grund- und Mittelstufe – kann das vierte Charakteristikum von Unterricht gesehen werden. Je nach fremdsprachendidaktischer Ausrichtung kommen weitere, jedoch weniger zentrale Unterschiede zum ungesteuerten Erwerb hinzu.

Immer wieder wurden Empfehlungen gegeben oder gar Forderungen gestellt, den Unterschied zwischen dem Geschehen im Unterricht und natürlichen Erwerbssituationen einzuebnen, indem man den Lerner nur ungefiltertem, authentischem Input aussetzen und auf Formenbezug bzw. Grammatikarbeit sowie auf Korrigieren und Üben verzichten solle – Letzteres, da auch im natürlichen Erwerb nicht korrigiert und geübt werde. Solch extreme Positionen beruhen teilweise auf unzutreffenden Beobachtungen ungesteuerten Spracherwerbs, teilweise auf theoretischen Fehlschlüssen und sind letztlich in der Praxis gescheitert. Berechtigt ist aber die Frage, in welchem Maße, auf welche Weise und unter welchen Bedingungen sich der Fremdsprachenunterricht bezüglich der angesprochenen Dimensionen von den Verhältnissen im ungesteuerten Erwerb entfernen sollte. Sie kann nur vor dem Hintergrund der Spracherwerbsforschung beantwortet werden, was in den drei folgenden Abschnitten geschehen soll.

1.3.1 Zur Rolle der Grammatik

Aus der Tatsache, dass sich zentrale sprachliche Strukturen sowohl beim ungesteuerten als auch beim gesteuerten L2-Erwerb in einer festen Abfolge entwickeln, sind zum Teil deutlich unterschiedliche Konsequenzen für die Didaktik des Fremdsprachenunterrichts gezogen worden, und hier besonders für die Rolle der Grammatikarbeit. R. Ellis (1994) hat den Versuch unternommen, die Vielfalt dieser Ansätze zu systematisieren. Obwohl ihr nur ältere und englischsprachige Literatur zugrunde liegt, ist seine

Systematik bis heute hilfreich und geeignet, die Positionen, ihre Begründungen und Probleme zu erhellen. Zunächst sei ein skizzenhafter Überblick gegeben, bevor näher auf ausgewählte Positionen und neuere Literatur eingegangen wird.

Positionen zur Grammatikinstruktion im FSU – Übersicht nach R. Ellis (1994: 652-659)

1 Nulloption / No-Interface-Position

Position: Grammatische Kompetenz kann nicht gelehrt werden bzw. ist weniger effektiv als Kommunikation; nur einige einfache Regeln sind lehrbar. Ablehnung geplanter Materialien, von formalen Übungen, von Fehlerkorrektur – es sei denn in Form kommunikativer Korrekturen, wie sie Kindern und Ausländern in ungesteuerten Kontexten gegenüber erfolgen.

Begründung: Erwerbsabfolgen sind nicht durch Unterricht veränderbar; explizites Wissen wird nicht zu implizitem Wissen/Sprachkönnen, sondern ist nur als Monitor/Kontrollinstanz einsetzbar.

Vertreter: u. a. Dulay & Burt (1973), Krashen (1982)

2 Formale Grammatik als Erleichterung des Spracherwerbs

2.1 Interface-Hypothese

Position: Grammatikunterricht erleichtert den Erwerb durch bewusste Regeln und durch die Überführung des bewussten, kontrollierten Wissens in automatisiertes Wissen im Übungsgeschehen.

Begründung: Erkenntnisse der Fertigkeitspsychologie: Deklaratives/explizites Wissen kann durch Übung zu prozeduralem/implizitem Wissen werden.

Vertreter: u. a. McLaughlin (1987), Bialystok (1978)

2.2 Lehrbarkeits-Hypothese

Position: Lehrziele müssen mit der natürlichen Erwerbsabfolge übereinstimmen, der Input darf aber spätere Strukturen enthalten, wenn die Schüler sie nicht produzieren müssen.

Begründung: Schüler erwerben keine Strukturen, für die sie nicht bereit sind.

Vertreter: u. a. Pienemann (1985)

2.3 Selektive Aufmerksamkeits-Hypothese

Position: Die Schüler sollen explizite Regeln lernen oder die Bedeutung ausgewählter Formen des Inputs interpretieren, sie müssen die so unterrichteten Formen und Regeln aber nicht produktiv verwenden.

Begründung: Das Unterrichtete führt nicht zur unmittelbaren Internalisierung, bereitet aber den Weg für nachfolgenden Erwerb: Es bringt die Lerner dazu, ihre Aufmerksamkeit auf sprachliche Formen und Form-Bedeutungs-Beziehungen im Input zu richten und diejenigen Formen in ihrer Lernervarietät zu erkennen, die zu modifizieren sind. Es kann einen Anstoß zur Restrukturierung bestimmter Bereiche des impliziten Wissens geben.

Vertreter: u. a. R. Ellis (1994), VanPatten & Cadierno (1993), Schmidt (1990)

1.3 Spracherwerb im Fremdsprachenunterricht 25

3 Notwendigkeit von Grammatik

Position: Einige linguistische Eigenschaften können von älteren Lernern nicht mehr erworben werden, besonders wenn sie (aufgrund der L1) übergeneralisieren. Hier sind Grammatikregeln oder negatives Feedback in Form von expliziter Korrektur notwendig.

Begründung: Untersuchungen zur Adverbstellung französischsprachiger Englischlerner.

Vertreter: u. a. White (1991), Rutherford (1989)

1.3.1.1 Das Monitormodell von Krashen

Von den aufgeführten Positionen ist in der Fremdsprachendidaktik besonders das Monitormodell von Krashen (1982) rezipiert worden. Es weist der Grammatikvermittlung eine so marginale Rolle zu, dass es R. Ellis (1994) zu den Ansätzen rechnet, die bezüglich Grammatik eine Nulloption vertreten. Wegen der Intensität der Diskussion um Krashens Position, aber auch weil in der Auseinandersetzung mit ihr die weiteren Positionen verständlicher werden, soll das Modell zunächst umrissen werden, ausgehend von seiner Schematisierung durch Edmondson/House ([3]2006) in Abb. 1.

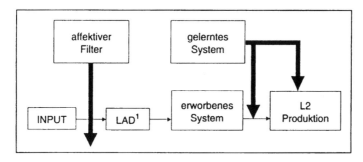

[1] "Language Acquisition Device", d. h. biologisch vorgegebene Spracherwerbsstrategien oder Fähigkeiten

Abbildung 1: Krashens Monitormodell nach Edmondson/House ([3]2006: 279)

Laut Krashen verfügen erwachsene Lerner über zwei unterschiedliche und getrennte Methoden, Kompetenz in einer L2 zu entwickeln: Lernen und Erwerben. Aussagen über das Erwerben macht die untere Zeile des Modells: Der Sprachverarbeiter – als solcher lässt sich der bei Krashen nicht näher bestimmte LAD in einer ersten Annäherung auffassen (vgl. aber unten) – konstruiert auf Basis des Inputs ein Sprachsystem, das erworbene System. Dabei folgt der Erwerb der grammatischen Strukturen einer vorhersehbaren Sequenz. Doch nicht alle Lerner gelangen aufgrund desselben Inputs zu derselben Sprachkompetenz, was Krashen mit dem affektiven Filter erklärt, der zwischen Input und LAD geschaltet ist. Ausschließlich negativ wirkend, kann dieser verhindern, dass der Sprachverarbeiter den Input optimal nutzt, z. B. bei mangelnder Motivation, einer negativen Einstellung gegenüber Zielsprache oder -kultur oder einem hohen Maß an Ängstlichkeit im Gebrauch der fremden Sprache.

Für die Sprachproduktion ist laut Krashen allein das erworbene System verantwortlich. Daher kann er auch behaupten, die Fähigkeit zur Sprachproduktion werde nicht direkt gelehrt, sondern entwickele sich von selbst aufgrund der Aufnahme von verständlichem Input. Dieser treibt die Sprachentwicklung voran, wenn er Strukturen enthält, die minimal über der jeweils erreichten Kompetenzstufe (i) liegen.

We acquire by understanding language that contains structure a bit beyond our current level of competence ($i + 1$). This is done with the help of context or extra-linguistic information. (Krashen 1982: 21)[7]

Was ist dann die Rolle des gelernten Systems, das durch Grammatikarbeit, bewusste Konzentration auf sprachliche Formen und induktive oder deduktive Regelvermittlung aufgebaut wird? Laut Krashen fungiert solch explizites Wissen lediglich als Monitor, als Kontroll- und Überwachungsinstanz. Der Impuls zur Sprachproduktion geht vom erworbenen System, dem impliziten Wissen aus, während das Gelernte mögliche Fehler „korrigiert", entweder bevor ein Satz produziert wird oder danach. Um in dieser Funktion zum Zuge zu kommen, müssen drei Bedingungen erfüllt sein: Erstens muss genügend Zeit zur Verfügung stehen, um das explizite Wissen einzuschalten, zweitens muss eine Konzentration auf die Form erfolgen und drittens muss die betreffende Regel bekannt sein, im Hinblick auf welche die Sprachproduktion überprüft wird. Die ersten beiden Bedingungen sind beim Schreiben, vorbereiteten Sprechen oder Bearbeiten von Übungen gegeben, weshalb solche Aktivitäten dem Einsatz des Monitors förderlich sind. Bei spontanen mündlichen Äußerungen dagegen kommt es weniger zum Monitor-Einsatz.

Krashens Modell ist in vielfacher Weise kritisiert worden, u. a. dafür, dass seine Auffassung von Spracherwerb durch Input (die unterste Zeile in Abb. 1) begrifflich ungenau und undifferenziert ist, so dass sie sich letztlich jeglicher Falsifizierbarkeit entzieht, sowie dass die Ergebnisse der Forschung zum ungesteuerten Zweitspracherwerb, auf die Krashen sich ja stützt, grob vereinfacht werden. Einige Punkte der Kritik seien hier herausgegriffen: Erstens müssen affektive Einstellungen nicht nur negative Auswirkungen auf den Erwerb haben, sie können ihn auch positiv fördern. Zudem ist unplausibel, warum sie nur als zwischen Input und Sprachverarbeiter intervenierend gefasst werden sollten, denn sie können auch den Zugang zu den Wissenssystemen oder die Bereitschaft zur Sprachproduktion beeinflussen, d. h. sie sind auch an weiteren Stellen des Modells zu verorten. Schließlich hat die Motivationsforschung sich erheblich differenzierter zu Antrieb und Motivation geäußert und Rückwirkungen der fortschreitenden Sprachkompetenz auf sie feststellen können (für einen Überblick vgl. Edmondson/House ³2006, Kap. 11).

Zweitens ist auch der LAD undifferenziert konzipiert. Bei Klein hat der Sprachverarbeiter, wie oben in 1.3 dargestellt, nicht nur eine biologische Seite, die angeborene menschliche Fähigkeit zum Sprachlernen, sondern er enthält auch das implizite Wissen der L1, das bereits aufgebaute Wissen bezüglich der L2 und weiteres Welt- und Kommunikationswissen. Unterschiedlicher Lernerfolg trotz gleichen Inputs ist

---

[7] Unser Erwerbsprozess schreitet voran, wenn wir Sprache mit Strukturen verstehen, die geringfügig jenseits unserer aktuellen Kompetenz liegen ($i + 1$). Dies geschieht mit Hilfe des Kontextes oder außerlinguistischer Information. [eig. Übs.]

1.3 Spracherwerb im Fremdsprachenunterricht

damit auch auf die individuelle Beschaffenheit des Sprachverarbeiters und vorausgehende Lernerfahrungen zurückzuführen, nicht allein auf affektive Fakoren.

Die spracherwerbliche Kritik an Krashens Modell soll hier nicht weiter verfolgt werden, für den Fremdsprachenunterricht ist provokativer, was Krashen über das Verhältnis von gelerntem System und erworbenem System behauptet: Lernen könne nie zum Erwerb führen, explizites Wissen nie zur Sprachproduktion, sondern unter günstigen Umständen bestenfalls zu Überwachung und Korrektur. Folgerichtig finden sich in dem Schema von Abb. 1 keine Pfeile zwischen den beiden Systemen.

Zur Begründung führt Krashen drei Beobachtungen an: 1. Bewusstes, explizites Lernen ist keine Voraussetzung für Erwerb; auch im Fremdsprachenunterricht werden Strukturen erworben, die nicht gelehrt werden. 2. Manches Gelernte wird nicht zu Erworbenem. Krashen führt hier das *-s* in der 3. Person Singular Präsens englischer Verben an, das im Englischunterricht zwar gelehrt und gelernt wird, in der Spontansprache aber oft noch lange „vergessen" wird – eine Beobachtung, die sich selbst an Abituraufsätzen im Fach Englisch an deutschen Gymnasien noch machen lässt. Für das Deutsche ließen sich die oben schon erwähnten Studien von R. Ellis (1989) und Diehl u. a. (2000) anführen, dass der Erwerb der Inversion des Subjekts in Aussagesätzen erst lange nach ihrer Einführung und Übung im Unterricht erfolgt. 3. Auch die besten Lerner verfügen bewusst nur über einen kleinen Ausschnitt der Regeln der Sprache, die sie implizit ansonsten hervorragend beherrschen mögen. Krashen (1982: 89) fasst zusammen:

We see many cases of acquisition without learning, learning (even good learning that is well practiced) that does not become acquisition, and acquired knowledge of rules preceding learning.[8]

Die Rolle des Sprachunterrichts sieht Krashen folgerichtig daher primär darin, verständlichen Input bereitzustellen und für einen niedrigen affektiven Filter zu sorgen, damit der Sprachverarbeiter aus dem Input möglichst viel für den Erwerb herausholt. Material und Themen des Unterrichts sollten die Lerner also interessieren und ansprechen; nützlich – aber nicht notwendig – sind ferner Anpassungen des Inputs der Art, dass er Strukturen enthält, die minimal über den schon erworbenen Strukturen liegen (vgl. 1.3.2). Hat der Lerner jedoch außerhalb des Unterrichts Zugang zu reichem Input, schwindet die Bedeutung unterrichtlichen Inputs.

Eine noch weitaus geringere Rolle als dem Sprachunterricht weist Krashen der Grammatikvermittlung zu. Zunächst sind für ihn nur sehr einfache Strukturen und Regeln lehrbar, doch werden auch sie auf diesem Wege nicht erworben, sondern dienen nur der Monitorinstanz. Ziel des Grammatikunterrichts könne nur sein, zu einem optimalen Monitorgebrauch zu führen. Dieser zeichnet sich dadurch aus, dass der Lerner seine bewussten Regeln verwendet, um die Korrektheit seiner Äußerungen zu erhöhen, aber nur, wenn darunter die Kommunikation nicht leidet, d. h. in der Regel beim Schreiben oder beim vorbereiteten Sprechen. Bei übertriebenem Gebrauch des Monitors leidet die Geläufigkeit, bei unzureichendem Gebrauch wird der Monitor

---

[8] Wir sehen viele Fälle von Erwerb ohne Lernen, Lernen (selbst gut Gelerntes, das gut geübt wurde), das nicht zu Erwerb wird, und Erwerb von Regelwissen, bevor die Regeln gelernt werden. [eig. Übs.]

selbst da nicht eingeschaltet, wo die Bedingungen es erlauben würden. Übermäßiges Rekurrieren auf gelernte Regeln betrachtet Krashen als Folge eines ausschließlich grammatikorientierten Unterrichts und zu geringer Möglichkeiten, die Sprache über reichhaltigen Input zu erwerben, oder als Folge von Unsicherheit seitens solcher Lerner, die ihrem Erwerb nicht so recht trauen und sich daher über ihr grammatisches Wissen abzusichern versuchen. Die didaktischen Empfehlungen Krashens bezüglich Grammatikvermittlung gehen dahin, bei erwachsenen Lernern gelegentlich und nur in geringem Maße einige einfache Regeln zu behandeln. Dabei sei es unerheblich, ob die Regeln deduktiv oder induktiv vermittelt würden – Letzteres weise nur eine oberflächliche Ähnlichkeit mit Erwerbsprozessen auf – , denn gelernte Regeln würden ohnehin nicht Teil des erworbenen Systems. Input und die Vermittlung von Lern- und Kommunikationsstrategien, mit deren Hilfe die Lerner an mehr Input gelangen, müssten daher gegenüber der Grammatikvermittlung Schwerpunkte des Fremdsprachenunterrichts sein.

Mit der Leugnung jeglicher Verbindung zwischen gelerntem und erworbenem Wissen und mit der weitgehenden Ablehnung von Grammatik bezieht Krashen eine Extremposition. R. Ellis (1994) klassifiziert sie als Nulloption bezüglich der Rolle der Grammatik für den Spracherwerb bzw. als No-Interface-Position bezüglich des Verhältnisses von Lernen und Erwerben. Diese Sicht auf Grammatikarbeit haben Zweitspracherwerbsforscher und Didaktiker ausführlicher Kritik unterzogen, die im Zusammenhang mit denjenigen Positionen erläutert werden soll, welche aus unterschiedlichen Gründen in formaler Grammatik eine Erleichterung des Spracherwerbs sehen.

Zuvor ist jedoch darzulegen, dass und inwiefern Krashens Geringschätzung von Grammatik im Fremdsprachenunterricht auf einer gänzlich anderen Grundlage beruht und viel weiter geht als die Verdrängung expliziter Grammatikarbeit in der Audiolingualen Methode der vierziger bis sechziger Jahre. Diese verzichtet in ihrer rigiden Form auf Grammatikerklärungen und Regeln, die durch Strukturmusterübungen ersetzt werden. Allerdings erscheint Grammatik nur auf der für den Lerner sichtbaren Oberfläche nicht, denn den Strukturmusterübungen oder *pattern drills* liegt eine sorgfältig geplante grammatische Progression zugrunde. Die Progression basiert auf einer Bestimmung der linguistischen Komplexität der zu lernenden Strukturen und dem Prinzip der steigenden Komplexität; besonderes Augenmerk gilt solchen Strukturen, die eine kontrastive Analyse von Ausgangs- und Zielsprache als unterschiedlich und damit als fehlerträchtig und schwierig bestimmt hat. Die „versteckte" Grammatikprogression (Neuner/Hunfeld 1993: 56) ist so dominierend, dass ihr – entgegen dem programmatischen Anspruch des Ansatzes, authentische Alltagssprache zu präsentieren – Texte, Themen und Situationen untergeordnet werden, so dass sie oft zu bloßen Vehikeln der jeweils zu lernenden Strukturen werden. Da die Audiolinguale Methode von der behavioristischen Lernpsychologie ausging, nahm sie an, dass Lerner nur solche Äußerungen produzieren würden, die ihnen zuvor im Unterricht als zu imitierende Modelle dargeboten wurden oder die aufgrund von Interferenz aus der L1 zustande kommen. Dass aber – wie die Lernersprachenforschung nachgewiesen hat – im Spracherwerbsprozess auch Strukturen produziert werden, die weder im Input vorkommen noch durch Transfer erklärt werden können, ist in der Lerntheorie des Behaviorismus nicht vorgesehen, denn kreative Konstruktion der Sprache, wie sie in allen

Spracherwerbstypen anzutreffen ist, ist mit einem Reiz-Reaktions-Modell des Lernens nicht vereinbar. Im Gegensatz zu Krashen zweifelt die Audiolinguale Methode also nicht an der prinzipiellen Lehrbarkeit sprachlicher Strukturen. Wenn das Unterrichtete nicht gelernt wird, dann ist entweder nicht intensiv genug geübt oder der Lernstoff nicht in genügend kleine Lernschritte aufgeteilt worden.

In einer zweiten Hinsicht scheint die Audiolinguale Methode bei flüchtiger Betrachtung Berührungspunkte mit der Position Krashens aufzuweisen, der Propagierung des induktiven Wegs in der Grammatikarbeit. Hiermit hatte sich die Audiolinguale Methode von dem deduktiven Weg der Grammatik-Übersetzungs-Methode abgesetzt, wo Regeln zuerst metasprachlich vorgegeben, dann an Beispielen belegt und schließlich durch das Übersetzen isolierter Sätze geübt wurden. Doch für Krashen (1982: 113) führt auch das induktive Vorgehen der Audiolingualen Methode bloß zum Lernen und stellt keinen Erwerb dar: "It bears a superficial resemblance to acquisition."[9] Gemeinsam ist nur, dass die Sprachdaten der Regel vorausgehen, doch dann beginnen schon die Unterschiede: Die Regelbildung im Erwerb erfolgt in einem langsamen Prozess auf der Basis umfangreichen Inputs, das in inhaltsbezogener Kommunikation bei Konzentration auf Bedeutung verarbeitet wird. Die Regelbildung beim induktiven Vorgehen der Audiolingualen Methode dagegen soll auf der Basis einer relativ kleinen Menge eigens ausgewählter Sprachdaten bei Konzentration auf ihre Form zügig erfolgen. Damit führt eine so verstandene Grammatikarbeit für Krashen lediglich zum Aufbau eines gelernten Systems, nicht eines erworbenen. Daher ist für ihn die Kontroverse um induktives oder deduktives Vorgehen, wie sie zwischen den Vertretern der Audiolingualen Methode und der Grammatik-Übersetzungs-Methode geführt wurde, nur von zweitrangiger Bedeutung. Insofern als manche Lerner den deduktiven, andere den induktiven Weg bevorzugen, berührt eine unterrichtsmethodische Entscheidung nur den affektiven Filter, der höher wird, wenn der Lerner nach einer nicht zu seinen Präferenzen passenden Methode unterrichtet wird.

1.3.1.2 Formale Grammatik als Erleichterung des Spracherwerbs: Zum Verhältnis von explizitem und implizitem Wissen

Auch die folgenden Positionen gehen wie Krashen von der Unterscheidung expliziten vs. impliziten Wissens bzw. expliziten vs. impliziten Lernens aus, fassen ihr Verhältnis aber anders und billigen daher der Grammatikarbeit im Fremdsprachenunterricht zu, den Spracherwerb erleichtern zu können. Für einige sprachliche Teilbereiche wird grammatisches Wissen sogar als für den Erwerb unverzichtbar angesehen. Nicht zuletzt werden die beiden Arten von Wissensbeständen genauer präzisiert.

Die Rezeption und Diskussion der zahlreichen Theorien und Hypothesen wird dadurch erschwert, dass sich in der einschlägigen kognitionspsychologischen Literatur recht unterschiedliche Termini finden und dass die Termini auch begrifflich nicht immer dasselbe meinen. In Verbindung gebracht werden oft *explizites Wissen, bewusstes Wissen, deklaratives Wissen, „Wissen, dass"* auf der einen Seite, *implizites Wissen, unbewusstes Wissen, prozedurales Wissen, „Wissen, wie"* auf der anderen.

---

[9] Es weist eine oberflächliche Ähnlichkeit mit Erwerb auf. [eig. Übs.]

Zum Teil quer zu diesen Unterscheidungen steht die von kontrolliertem vs. automatisiertem Abruf von Wissen. Für eine ausführlichere Auseinandersetzung mit den hinter diesen Termini stehenden Vorstellungen aus fremdsprachendidaktischer Perspektive sei auf Edmondson (2002) verwiesen. Hier genügt es, die beiden Wissenstypen in ihren prototypischen Eigenschaften zu charakterisieren:

Explizites/deklaratives Wissen	Implizites/prozedurales Wissen
• ist Wissen, dass etwas so oder so ist • man besitzt es ganz oder gar nicht • es kann auf einmal erworben werden • es ist dem Bewusstsein zugänglich und verbal kommunizierbar • es kann aufgrund neuer Information leicht modifiziert oder, wenn als falsch erkannt, schnell verworfen werden • sein Einsatz ist von mehr oder weniger Aufmerksamkeit begleitet – je nach Automatisierungsgrad. • es operiert nur bei hoher Automatisierung schnell • es gibt Grade der Explizitheit[10]	• ist Wissen, wie etwas gemacht wird • man kann es auch teilweise besitzen • es wird allmählich erworben • es ist dem Bewusstsein nicht zugänglich und nicht verbal kommunizierbar • einmal erworben, ist es robust und Modifizierungen nur schwer zugänglich • es ist domänenspezifisch (an bestimmte Wissensbestände gebunden und kaum transferierbar) • sein Einsatz ist nicht von Aufmerksamkeit begleitet • es operiert schnell • es scheint weniger individueller Variation zu unterliegen und weniger vom IQ des Lerners abhängig zu sein.

Dazu einige Beispiele: Der Grammatikunterricht kann vermitteln, dass in Hauptsätzen das finite Verb an zweiter, in Nebensätzen an letzter Stelle steht, Maskulina im Plural in der Regel auf -e enden oder endungslos bleiben oder die Plosive /p, t, k/ aspiriert werden. Solch explizite Wissensbestände werden jeweils entweder ganz oder gar nicht aufgenommen, sie werden in einem Zug angeeignet und sind von Lehrern wie Lernern verbal kommunizierbar. Zum Können oder impliziten Wissen aber wird keine dieser Regeln auf einmal: Die spontane Beherrschung der Verbstellung dauert, wie die schon erwähnten Sequenzstudien gezeigt haben, zum Teil recht lang, manche Lerner wenden die Verbletzt-Stellung zuerst nur bei gängigen Konjunktionen wie *dass* an, bevor sie sie auch für andere Konjunktionen „erobern". Die Plosive werden von Lernern etwa romanischer Ausgangssprachen anfänglich nur bei Konzentration auf die Aussprache und zunächst nur in betonten Erstsilben aspiriert, bevor sich die Aspiration auch auf andere Lautumgebungen ausbreitet und ohne Konzentration auf die Form zur Verfügung steht. Der *Löffel* kann trotz anders lautendem Regelwissen noch lange in der Mehrzahl als *Löffeln* auftreten. Sind abweichende implizite Regeln einmal erworben,

---

[10] Es gibt keine Abstufung impliziten Wissens, die dem Grad der Bewusstheit beim expliziten Wissen entspricht, aber es gibt eine Abstufung anderer Art. Wenn Personen, die in Experimenten Aufgaben aufgrund von implizitem Wissen bewältigen mussten, befragt wurden, wie sicher sie sich ihrer Lösung seien, variierten die Urteile beträchtlich: Von „absolut sicher" (Intuition von Muttersprachlern bei manchen Grammatikalitätsurteilen) über „so eine Intuition" bis „nur geraten". Selbst im letzten Fall lagen die Leistungen aber oberhalb des Zufallsbereichs und zeigen, dass tatsächlich implizites Wissen genutzt wurde (vgl. Williams 2009).

kann man Lerner nur schwer wieder von ihnen abbringen. – Für Muttersprachler sind solche Regeln allesamt sicherer impliziter Besitz, der auch implizit erworben wurde. Ein linguistisch ungeschulter L1-Sprecher verfügt nicht bewusst darüber und kann sein Wissen daher auch nicht ohne weiteres verbalisieren. Seine Auskünfte beschränken sich so oft auf Feststellungen wie *Das klingt nicht gut* oder *So sagt man das nicht.*

Interface-Hypothesen

Die aufgeführten Unterschiede zwischen explizitem und implizitem Wissen und auch die Tatsache, dass für beide Wissenstypen unterschiedliche hirnphysiologische Korrelate nachgewiesen werden konnten (vgl. Hulstijn 2005: 131, Williams 2009: 326-7), zwingen jedoch nicht zu der Annahme, es gebe keine Verbindungen zwischen ihnen. Nicht gedeckt ist insbesondere Krashens These, explizites Wissen führe niemals zu impliziter Regelbeherrschung, eine Behauptung, welche die Fremdsprachendidaktik in einem ihrer zentralsten Bereiche berührt. Im Folgenden seien exemplarisch die Positionen und Argumente von McLaughlin (1987) und Butzkamm (^{3}2002) vorgestellt.

Für McLaughlin als prominentem Vertreter informationsverarbeitender Modelle der Sprachverarbeitung wird das Sprachenlernen vom menschlichen Gehirn angegangen wie die Aneignung jeder anderen komplexen Fertigkeit auch. In dieser Annahme unterscheiden sich kognitionspsychologisch orientierte Theorien grundlegend von Erwerbstheorien im Gefolge Chomskys, die von einem eigens auf den Spracherwerb spezialisierten Modul ausgehen, eine Auffassung, der auch Krashen nahe steht.

Nach McLaughlin erwerben die Lerner einer zweiten oder fremden Sprache sukzessive Teilfertigkeiten, die sie schrittweise zur Gesamtfertigkeit integrieren. Dabei beginnen sie mit der kontrollierten Verarbeitung zielsprachlicher Elemente und Strukturen. Das verlangt Aufmerksamkeit, die durch das Kurzzeitgedächtnis beschränkt ist. Durch wiederholte Aktivierung derselben Prozesse werden diese allmählich automatisiert und ins Langzeitgedächtnis aufgenommen. So sind sie schnell verfügbar und beanspruchen die Aufmerksamkeit des Sprechers nur noch in geringem Maße, außerdem können mehrere automatisierte Prozesse parallel ablaufen, was bei aufmerksamkeitsbeanspruchenden Prozessen nicht möglich ist. Ist ein Teilprozess automatisiert, kann die Aufmerksamkeit auf die kontrollierte Verarbeitung weiterer oder höherer Teilprozesse gerichtet werden, Automatisierung ist somit eine Voraussetzung für ein Voranschreiten im Erwerb. Die kontinuierliche Wandlung von kontrollierten zu automatischen Prozessen führt zu einer ständigen Restrukturierung des impliziten Wissens des Lerners, seiner Lernersprache. Dieser Umbau kann sich in Form von Fehlern in Bereichen niederschlagen, die schon beherrscht schienen. Ein bereits automatisierter Prozess ist allerdings kaum mehr veränderbar. So erklären sich für McLaughlin Fossilierungen: Es sind Strukturen, die automatisiert wurden, bevor sie zielsprachlich waren.

Fertigkeitspsychologisch argumentiert auch Butzkamm (^{3}2002) in seiner Kritik an der Unüberführbarkeit von explizitem und implizitem Wissen und behauptet gegen Krashen eine Verbindung beider Wissensbestände. Ausgangspunkt ist diese Beobachtung: „Beim Erwerb komplexer Fertigkeiten ist Erklären immer mitbeteiligt, also praktisch universal." (Butzkamm ^{3}2002: 79) Gemeint sind nicht-naturwüchsige komplexe Fertigkeiten wie Lesen, Schreiben, Rechnen oder Klavierspielen. Ihre Aneignung zeichnet sich zum einen durch bewusstmachendes Belehren seitens kompetenter Personen aus, zum anderen durch intensives Üben von Teilfertigkeiten.

Dennoch werden die Zieltätigkeiten letztlich nur erworben, wenn sie immer wieder als ganzheitliche Leistung ausgeführt werden. So wird Lesen durch Lesen, Rechnen durch Rechnen und Klavierspielen durch den Vortrag von Stücken erworben. Dabei unterscheiden sich frühe Formen der Ausführung auf den Stufen der Aneignung stark von ihrer flüssigen Ausführung auf der Stufe des Könnens. Das zeigt sich etwa beim Lesenlernen, wo der Anfänger noch laut mitliest, der kompetente Leser aber nicht mehr artikuliert. Zwischenstufen sind ein andeutendes Sprechlesen und später ein unhörbares Sprechen, bei dem aber die Sprechwerkzeuge noch leicht bewegt werden. Beim Erwerb der Lesefertigkeit zeigt sich somit beispielhaft „das Phänomen des Fortfalls anfänglich stützender, vermittelnder Zwischenglieder." (Butzkamm ³2002: 81) Hier zeigt sich aber auch, dass man beim Auftreten von Schwierigkeiten, einem unbekannten Wort etwa oder einer schweren Passage, wieder auf frühere Stufen zurückgreifen kann, indem man zum Beispiel halblaut artikuliert.

Der zentrale Einwand gegenüber Krashens Monitor-Theorie lautet somit: Der Wegfall früherer Stufen oder bewusster Vorgehensweisen als „Phänomen des Gestaltwandels bzw. des Verschmelzens durch Herauskürzen ist psychologisch sehr breit fundiert. Warum sollte es in Bezug auf grammatisches Wissen nicht gelten?" (Butzkamm ³2002: 82) Butzkamm stimmt Krashen zwar in dem Punkte zu, dass explizites Sprachwissen korrigierend eingreifen kann, bestreitet aber energisch, dass

bewusst erworbenenes grammatisches Wissen nur auf diese Weise, als „Monitor", als Aufseher oder Korrekturinstanz, wirksam [ist]. Es kann ... zuvor schon am Aufbau der Fertigkeit beteiligt sein, um schließlich mit den entstehenden größeren Funktionskreisen unterhalb der Bewusstseinsebene zu verschmelzen. Dass es im Endprodukt der gekonnten Ausführung nicht mehr auffindbar ist, schließt also ein Mitwirken am Aufbau der Fertigkeit nicht aus. (Butzkamm ³2002: 99-100)

Sowohl McLaughlin als auch Butzkamm weisen jedoch ausdrücklich darauf hin, dass beim Fremdsprachenlernen nicht alles Wissen explizit beginnt, sondern vieles implizit erworben wird und auch implizites Wissen bleibt. Es ist also nur ein Teil der Elemente und Strukturen der Fremdsprache, der über ein explizites Wissen angeeignet wird, welches allmählich zu implizitem Wissen werden kann.

Lehrbarkeits-Hypothese

Fertigkeitspsychologische Ansätze können nicht erklären, warum in manchen Bereichen der zu erlernenden Sprache explizites Wissen und intensives Üben nicht zu implizitem Wissen werden, nämlich dann nicht, wenn es Strukturen betrifft, die einer Entwicklungssequenz unterliegen. Hier setzt die Lehrbarkeitshypothese (teachability hypothesis) von Pienemann (1985, 1998) an. Pienemann ist einer der Autoren der in 1.2.2 dargestellten ZISA-Studie, die invariante Entwicklungssequenzen für den Erwerb der deutschen Wortstellung nachgewiesen hat. Grammatische Instruktion ist seiner Meinung nach wirkungslos, wenn Strukturen unterrichtet werden, die entwicklungsmäßig noch nicht „dran sind", d. h. deren Vorläuferstrukturen noch nicht erworben wurden. Dagegen kann sie den Erwerb erleichtern und beschleunigen, wenn sie zu einem Zeitpunkt erfolgt, wo die entsprechende Regel vom Sprachverarbeiter ohnehin in Angriff genommen würde. Der Input darf jedoch spätere Strukturen erhalten, solange die Lerner sie nicht produzieren müssen. Grammatikarbeit ist ferner immer dann möglich und hilfreich, wo es um sprachliche Merkmale und Strukturen geht, die keiner Entwicklungssequenz unterliegen. Eine Dimension solch variabler Strukturen hatte die ZISA-Studie ebenfalls identifiziert, auf ihr liegen z. B. die Verwendung der Kopula, von *haben/sein* als Hilfsverben oder die Nutzung von Subordination.

Für explizite Fehlerkorrektur gilt im Rahmen eines solchen multidimensionalen Modells dasselbe wie für die Vermittlung grammatischer Regeln: Sie ist wirkungslos, wenn sie Äußerungen des Lerners negativ sanktioniert und von ihm Korrekturen und damit Strukturen verlangt, die von seinem gegenwärtigen Entwicklungsstand noch weit entfernt sind. Sie kann sogar schädlich sein, wenn der Lerner über solche Korrekturen auch bezüglich schon erworbener Regeln in Verwirrung gerät oder wenn er fortan als fehlerträchtig eingeschätzte Strukturen vermeidet, etwa den Gebrauch von Nebensätzen. Bei variablen Strukturen dagegen kann Fehlerkorrektur lernwirksam sein.

Die Umsetzung der Lehrbarkeitshypothese stellt die Praxis des Fremdsprachenunterrichts vor drei Probleme: Die Spracherwerbsforschung hat für die zu vermittelnden Bereiche der Sprache noch lange nicht geklärt, welche Strukturen auf der Entwicklungsdimension liegen und welche auf der variationalen Dimension, der Unterricht kann aber nicht zuwarten, bis gesicherte Ergebnisse vorliegen. Zweitens ist auf der Entwicklungsdimension zwar die Abfolge des Erwerbs, nicht aber seine Geschwindigkeit bei den einzelnen Lernern gleich. Der Lehrer muss also über diagnostische Tests verfügen, um den Entwicklungsstand jedes Einzelnen bestimmen zu können, damit er das jeweils passende explizite Wissen zur Verfügung stellen kann. Drittens müsste er den Lernern je unterschiedlichen Input anbieten und auch die Korrekturen jeweils in Abhängigkeit vom individuellen Sprachstand vornehmen, was in der Praxis nur schwer zu verwirklichen ist.

Selektive Aufmerksamkeits-Hypothese (language awareness)

Auch die Hypothese der selektiven Aufmerksamkeit sieht einen Nutzen des expliziten Wissens für den Aufbau impliziten Wissens, allerdings nicht im Sinne der Interface-Hypothese, nach der es zu Letzterem werden kann, sondern in dem Sinne, dass es Anstöße für die Restrukturierung des impliziten Wissens zu geben vermag. Fragt man sich, was den Spracherwerb im strukturellen Bereich vorantreibt, so sind es anfänglich die kommunikativen Bedürfnisse, für welche die bereits beherrschten Strukturen nicht ausreichen und für die weitere erworben werden müssen. Später dagegen wird der Strukturerwerb weniger von kommunikativen Bedürfnissen getrieben als von der Wahrnehmung der Unterschiede zwischen der eigenen Lernersprache und der Sprache der Umgebung, was aber nicht ohne ein gewisses Maß an Bewusstheit vonstatten geht.

Zur Förderung solcher Bewusstheit gibt es zwei Wege: Die Vermittlung expliziter Regeln und die Interpretation der Bedeutung ausgewählter Formen des Inputs durch die Lerner. Im Ansatz der Selektiven Aufmerksamkeits-Hypothese müssen die vermittelten Regeln bzw. die fokussierten Formen allerdings nicht produktiv verwendet werden. Das zweite Verfahren, in der englischsprachigen Literatur *processing instruction* und in der deutschsprachigen *Verarbeitungssteuerung* genannt (vgl. Handwerker/Madlener 2009), kann nicht als didaktisches Allgemeingut gelten. Daher sei eine Untersuchung von VanPatten und Cadierno (1993) vorgestellt, welche die Methode illustriert und über ihre Wirksamkeit Auskunft gibt (weitere Beispiele in Kap. 5.1.4).

Ein Lernproblem des Spanischen als Fremdsprache bilden die pronominalen Objekte, die stets vor dem Verb stehen müssen (Sätze ii, iii, iv), während Objekte und Subjekte als volle NPs frei vor oder hinter dem Verb stehen können (i-ii bzw. iii-iv); vorangestellte Objekte verlangen allerdings eine pronominale Kopie (ii).

(i) El señor sigue a la señora.
Der Mann (Subjekt) folgt der Frau (Objekt)

(ii) A la señora la sigue el señor.
Der Frau (Objekt) ihr (Objekt) folgt der Mann

(iii) El señor la sigue.
Der Mann (Subjekt) ihr (Objekt) folgt

(iv) La sigue el señor.
Ihr (Objekt) folgt der Mann

VanPatten und Cadierno (1993) erteilten einer Gruppe von Lernern traditionellen Grammatikunterricht mit der Abfolge Erklärung der Strukturen – gelenkte formale Übungen – kommunikative Anwendungsübungen. Eine zweite Gruppe von Lernern musste die fokussierten Strukturen nicht produzieren, sondern bekam nach der Erklärung der Strukturen rezeptive Übungsaufgaben. Sie sollten einen spanischen Satz hören und dann denjenigen von zwei Sätzen in ihrer Muttersprache ankreuzen, welcher der Bedeutung des gehörten Satzes entsprach.

Zu verstehende Struktur: Me llaman los padres.
Zu wählende Übersetzung: Meine Eltern rufen mich an.
Ich rufe meine Eltern an.

Bei einem anderen Aufgabentyp mussten die Lerner zu vorgegebenen allgemeinen Aussagen über das Verhältnis zwischen Kindern und Eltern angeben, ob die Aussagen auf ihr eigenes Verhältnis zu den Eltern zutreffen oder nicht. Zu beachten ist, dass hier wie in der vorangehenden Aufgabe kontextuelles Verstehen nicht ausreicht, denn die Relationen des Anrufens oder Besuchens sind umkehrbar, strukturelles Verstehen mithin unerlässlich.

Los llamo con frecuencia por telefono.
Ich rufe sie regelmäßig an.
Los visito los fines de semana.
Ich besuche sie an den Wochenenden.

Nach den beiden unterschiedlichen Arten der Grammatikinstruktion wurden die Lernergebnisse sowohl durch eine schriftliche Produktionsaufgabe als auch durch eine mündliche Verstehensaufgabe überprüft. Die Gruppe, die ein rezeptives Grammatiktraining erhalten hatte, erzielte erwartungsgemäß – das war schließlich geübt worden – bessere Leistungen in der Verstehensaufgabe. Entgegen den Erwartungen schnitt sie aber bei der Produktionsaufgabe nicht schlechter ab als die erste Gruppe, welche die Produktion der fokussierten Strukturen eigens geübt hatte.

Die von VanPatten und Cadierno vorgeschlagene Methode zur Erhöhung der Sprachbewusstheit (*processing instruction*) unterscheidet sich vom Übungsgeschehen im Sinne der Interface-Hypothese in wesentlichen Punkten: In Übungen werden (1) bestimmte grammatische Merkmale isoliert, (2) die Schüler produzieren Sätze mit den Zielstrukturen, sie müssen dies (3) wiederholt und (4) korrekt tun, (5) Fehler werden korrigiert. Dies alles zielt auf (6) implizites Wissen. Die Erhöhung der Sprachbewusstheit unterscheidet sich in den Punkten (2) bis (6) von Übungen: Die Lerner müssen die Zielstrukturen nicht produzieren, sondern verstehen und eine kognitive Repräsentation von ihnen erstellen; das Ziel ist explizites Wissen.

Bei der Erhöhung der Aufmerksamkeit hinsichtlich ausgewählter grammatischer Strukturen – sei es durch die formfokussierte Interpretation von Input, sei es durch explizite Regeln – gibt es kein Problem der Lehrbarkeit, da das angestrebte explizite Wissen keinen Entwicklungsabfolgen unterliegt und daher lehrbar ist. Das Unterrichtete führt nicht zur unmittelbaren Internalisierung, bereitet aber den Weg für nachfolgenden Erwerb: Es bringt die Lerner dazu, ihre Aufmerksamkeit auf sprachliche Formen und Form-Bedeutungs-Beziehungen im Input zu richten und diejenigen Formen in ihrer Lernersprache zu erkennen, die zu modifizieren sind. Es kann somit einen Anstoß zur Restrukturierung bestimmter Bereiche des impliziten Wissens geben.

Die beiden Wege zur Förderung der selektiven Aufmerksamkeit unterscheiden sich deutlich im Grad der angestrebten Bewusstheit: Das Verstehen von Regeln ist auf der gleitenden Skala höher angesiedelt als die formbezogene Interpretation von Input. Letzterer Grad von Aufmerksamkeit wird in der Literatur Schmidt (1990) folgend oft *noticing* genannt. Für zahlreiche Spracherwerbsforscher ist die Bewusstseinsstufe des *noticing* notwendige Voraussetzung des Sprachlernens – auch des ungesteuerten! –, die höhere Ebene des Regelverständnisses dagegen lediglich erleichternd, aber nicht unabdingbar (vgl. Housen/Pierrard 2005: 7).

Die Selektive Aufmerksamkeits-Hypothese wendet somit gegen Krashen nicht nur ein, dass explizites Wissen den Spracherwerb vorantreiben kann, ja in Form des *noticing* sogar muss, sie weist auch darauf hin, dass explizites Wissen nicht nur aus metasprachlichem Regelwissen besteht, sondern dass es verschiedene Stufen erwerbsförderlicher Bewusstheit gibt.

1.3.1.3 Notwendigkeit von Grammatik

In einigen wenigen Studien wird grammatische Instruktion für bestimmte Strukturen bei bestimmten L1-L2-Sprachenpaaren sogar als notwendig und unverzichtbar erachtet. Eine häufig zitierte Studie ist White (1991) zum Erwerb der Adverbstellung bei französischsprachigen Lernern des Englischen. Die Unterschiede zwischen beiden Sprachen bestehen darin, dass Englisch Sätze mit einem Adverb zwischen Subjekt und Verb erlaubt, also SAVO-Strukturen wie in *Helen rarely drinks orange juice*, die im Französischen verboten sind. Andererseits lässt Französisch im Gegensatz zum Englischen ein Adverb zwischen Verb und Objekt zu, also SVAO-Strukturen wie in **Helen drinks rarely orange juice*. Die französischsprachigen Lerner müssen nun lernen, dass SAVO im Englischen möglich, SVAO aber nicht möglich ist. Für den Erwerb von SAVO reicht positive Evidenz aus, also genügend Input, der solche Strukturen enthält, weitere grammatische Belehrung ist überflüssig. Doch um SVAO als im Englischen ungrammatisch zu erkennen, reicht Input nicht aus, denn die Lerner übergeneralisieren die Möglichkeiten der L2; sie können nicht sicher sein, dass die betreffende Struktur verboten ist, solange sie nicht gegenteilige Informationen erhalten. Zur Vermeidung solcher Übergeneralisierungen, die aufgrund einer im Vergleich zur L2 „großzügigeren" L1 entstehen, sind nach White entweder explizite Korrekturen, also negative Evidenz, oder die Vermittlung entsprechender Grammatikregeln nötig.

Sowohl White (1991) als auch eine Folgestudie von Trahey (1996) fanden, dass Lernergruppen, die explizit über die Ungrammatikalität von SVAO im Englischen belehrt worden waren, in Tests bezüglich der Adverbstellung besser abschnitten als Kontrollgruppen, die nur sprachlichen Input erhalten hatten. Allerdings verblasste der Lerneffekt, wenn die Tests längere Zeit nach Einführung und Bewusstmachung der englischen Adverbstellung wiederholt wurden.

1.3.1.4 Resümee: Was bringt Grammatikarbeit?

Hatte die Sequenzforschung die Fremdsprachendidaktik mit ihrer Erkenntnis, dass Lerner in vielen Strukturbereichen ihren eigenen Erwerbsweg unabhängig von oder sogar entgegen dem Unterrichteten gehen, bereits herausgefordert, so rührte Krashens weitestgehende Absage an Grammatikvermittlung – ihrerseits eine radikale und einseitige Interpretation der Sequenzforschung – an einen Grundpfeiler der meisten didaktischen Ansätze: An die Annahme, Bezug auf sprachliche Form bzw. Grammatikarbeit fördere das Sprachenlernen oder sei für es sogar unabdingbar.[11] Bis heute setzt sich die Fremdsprachendidaktik unter Fragestellungen wie „Mit oder ohne Grammatik?" (Butzkamm ³2002: 83) oder „Does Instruction make a Difference?" (Edmondson/House ³2006: 154) mit diesen Herausforderungen auseinander.

Die vorangehende Diskussion der unterschiedlichen Positionen der Zweitspracherwerbsforschung zeigt nun aber beträchtliche Unterstützung für die Annahme, dass Grammatikarbeit in Form der Vermittlung expliziten Wissens den Erwerb erleichtern kann. Für R. Ellis (1994) scheint die Aufmerksamkeitshypothese am besten bestätigt und obendrein in der Unterrichtspraxis gut umsetzbar zu sein. Üben im Sinne der Interface-Hypothese kann zu implizitem und automatisiertem Wissen werden, sofern es Strukturen betrifft, für die der Lerner entwicklungsmäßig schon bereit ist. Die Lehrbarkeits-Hypothese differenziert, in Bezug auf welche Strukturen und zu welchem Zeitpunkt Grammatikvermittlung in Betracht kommt.

Sofern aus der Spracherwerbsforschung Plädoyers für explizite Grammatikvermittlung kommen, lässt sie dennoch keinen Zweifel daran, dass Lerner letztlich implizites Sprachwissen erwerben müssen. Wie in den anderen Spracherwerbskontexten muss man auch im Unterricht auf die angeborene Sprachlernfähigkeit setzen, die Sprachwissen in weitgehend impliziten Lernprozessen durch bedeutungshaltige Kommunikation aufbaut. Das steht einer Auffassung, nach der Unterricht erst einmal die grammati-

---

[11] Diese Annahme wird, wie schon in (1.3.1.1) gezeigt wurde, auch von Ansätzen wie der Audiolingualen oder Audiovisuellen Methode geteilt, bei denen Grammatik für die Lernenden nicht in Form von Regeln erscheint, sondern in Strukturmusterübungen verpackt ist.

Viel Erfolg
alles Liebe
Bernhard

Das Vaterunser

Πάτερ ἡμῶν ὁ ἐν τοῖς οὐρανοῖς,
ἁγιασθήτω τὸ ὄνομά σου·
ἐλθέτω ἡ βασιλεία σου·
γενηθήτω τὸ θέλημά σου,
ὡς ἐν οὐρανῷ καὶ ἐπὶ γῆς.

Τὸν ἄρτον ἡμῶν τὸν ἐπιούσιον δὸς ἡμῖν σήμερον·
καὶ ἄφες ἡμῖν τὰ ὀφειλήματα ἡμῶν,
ὡς καὶ ἡμεῖς ἀφήκαμεν τοῖς ὀφειλέταις ἡμῶν·
καὶ μὴ εἰσενέγκῃς ἡμᾶς εἰς πειρασμόν,
ἀλλὰ ῥῦσαι ἡμᾶς ἀπὸ τοῦ πονηροῦ.

1.3 Spracherwerb im Fremdsprachenunterricht

schen und lexikalischen Bausteine zusammenzutragen habe, bevor Lerner ihr Wissen „anwenden" – so weitgehend die Grammatik-Übersetzungs-Methode –, diametral entgegen. Vielmehr entwickelt sich das Kommunikationsmittel Fremdsprache dadurch, dass man es eben zur Kommunikation verwendet, und es entwickelt sich, während man es bereits verwendet. Sprachunterricht kann bei diesem Prozess durch Grammatikarbeit Hilfestellungen geben, aber dem Lernen keinen prinzipiell anderen Weg weisen als den, der auch im ungesteuerten Erwerb beschritten wird: "Formal instruction is best seen as facilitating natural language development rather than offering an alternative mode of learning." (R. Ellis 1994: 659)[12]

Aufgabe des Grammatikunterrichts ist es damit, dem Sprachverarbeiter und den impliziten Lernprozessen zuzuarbeiten, Strukturerkenntnis zu ermöglichen und Anstöße zu weiterem Erwerb zu geben, wo immer Inputmerkmale nicht wahrgenommen und damit nicht in die Lernersprache integriert werden. Dies trifft vor allem auf solche Strukturen zu, die unauffällig sind, nur geringes kommunikatives Gewicht haben oder deren kommunikative Leistungen sich dem Lerner nicht erschließen wie etwa die des Genus im Deutschen.

FFI [Form-Focused Instruction] is based on the assumption that certain features of language ... can go unnoticed in the input unless the learner's attention is somehow drawn to them so that he reaches the critical level of awareness (*noticing*) for the features to be internalized. (Housen/Pierrard 2005: 9)[13]

Für Butzkamm (^{3}2002:101) besteht die Herausforderung des Grammatikunterrichts darin, „dem Schüler genau *die* kognitive Hilfe – und nicht mehr – zu bieten, die er benötigt, um einen Schritt nach vorne zu tun." Dies hat Konsequenzen für den angestrebten Grad an Explizitheit: Bewusstheit ist eine skalare Größe, und die höchste Stufe der Bewusstheit, metasprachlich formulierte Regeln, sind nicht der einzige und oft nicht der wirkungsvollste Weg, den Erwerbsprozess voranzutreiben. Wird Grammatikarbeit ausschließlich in letzterer Form und allzu ausgiebig betrieben, dann verselbständigt sich das Mittel und wird zum Selbstzweck.

Die hier umrissenen Aufgaben der Grammatikarbeit sind notwendigerweise offen formuliert. Denn es ist nicht möglich, aus der prinzipiellen Anerkennung der hilfreichen Rolle expliziten Grammatikwissens für den Spracherwerb direkte Handlungsanweisungen für die Sprachlehre abzuleiten. Ein Grund ist der Stand der Spracherwerbsforschung: Noch ist trotz des Fortschritts seit den neunziger Jahren das Wissen darüber, welche Strukturen Entwicklungssequenzen unterliegen und welche nicht sowie welche Sequenzen mit welcher Variabilität feststellbar sind, zu gering oder nicht breit genug abgesichert. Weiterhin hängt die Lehrbarkeit einer Struktur von ihrer perzeptuellen Auffälligkeit im Input, ihrer funktionalen oder semantischen Transparenz, ihrer Bedeutung für die Kommunikation und dem Grad ihrer typologischen, linguistischen

---

[12] Formbezogenes Unterrichten fasst man am besten als Erleichterung der natürlichen Sprachentwicklung auf, nicht als Lernangebot gänzlich anderer Art. [eig. Übs.]

[13] Formbezogenes Unterrichten gründet auf der Annahme, dass gewisse sprachliche Merkmale des Inputs unbemerkt bleiben, wenn die Aufmerksamkeit des Lerners nicht in irgendeiner Weise so auf sie gerichtet wird, dass er die kritische Stufe von Bewusstheit (noticing) erreicht, damit diese Merkmale internalisiert werden können. [eig. Übs.]

oder kognitiven Markiertheit ab (vgl. Housen/Pierrard 2005: 11). Die impliziten Lernmechanismen jenseits des Kindesalters bedürfen dort besonderer Unterstützung durch explizite Lehre, wo Elemente der Zielsprache perzeptuell wenig auffällig und für das unmittelbare Verstehen einer Äußerung redundant sind, weil die Verstehenssicherung bereits durch auffälligere Elemente erfolgt (vgl. N. Ellis 2005: 322–4). Besonders betrifft dies redundante und formal reduzierte morphologische Elemente. Auch wenig transparente Form-Funktions-Verhältnisse und markierte Elemente und Strukturen sind gute Kandidaten für explizit(er) anzugehende Aspekte der Zielsprache. Vermittlungsbemühungen müssen daher an jeden Einzelfall angepasst werden.

Ein anders gelagerter Grund für die notwendige Offenheit von Handlungsanweisungen liegt in der Natur von Unterricht. Dort hat man es mit Lernern zu tun, die je eine unterschiedliche kognitive Reife mitbringen und sich in ihrem Lernstil unterscheiden. Wo ein Lerner nach Regularitäten sucht und entsprechendes Wissen begrüßt und verarbeiten kann, kommt einem anderen das stärker implizite Lernen während sinnvollen Sprachgebrauchs entgegen. Schließlich durchlaufen Lerner selbst bei gleichem unterrichtlichen Input die Erwerbsstufen nicht in der gleichen Geschwindigkeit. Grammatische Hilfen, die für den einen gerade zur rechten Zeit kommen, sind für einen anderen verfrüht oder schon nicht mehr hilfreich. In ihrer Einschätzung der Rolle der Zweitspracherwerbsforschung für den Fremdsprachenunterricht kommen Mitchell/Myles (^{2}2004: 261) daher zu diesem Schluss:

Teaching is an art as well as a science, and irreducibly so, because of the constantly varying nature of the classroom as a learning community. There can be no 'one best method', however much research evidence supports it, which applies at all times and in all situations, with every type of learner.[14]

Im Vordergrund der bisherigen Diskussion des Verhältnisses zwischen Zweitspracherwerbsforschung und Fremdsprachendidaktik stand, inwiefern die Ergebnisse Ersterer Letztere herausfordern und einige ihrer scheinbaren Gewissheiten in Frage stellen. Doch weist die Zweitspracherwerbsforschung der Didaktik nicht nur ihre Grenzen auf, sie eröffnet ihr auch neue Perspektiven und Handlungsmöglichkeiten. Soweit das Zusammenspiel impliziter und expliziter Lernprozesse sowie impliziten und expliziten Wissens besser verstanden wird, lässt sich ein umfassenderes Bild und Betätigungsfeld von Grammatikarbeit entwerfen. Die so genannten großen Methoden, allen voran die Grammatik-Übersetzungs- und die Audiolinguale Methode, sind im Grad der angestrebten Explizitheit viel zu sehr festgelegt – wie auch wohl einzelne Lehrer –, statt in Abhängigkeit von dem je zu erwerbenden sprachlichen Phänomen sowie den Fähigkeiten und Präferenzen der Lerner in flexibler Weise den Explizitheitsgrad anzupassen. Kapitel 5 stellt Möglichkeiten vor, wie Lerner zu Strukturerkenntnis gelangen, welche die ganze Skala weniger oder stärker bewusstmachender Verfahren ausnutzen.

---

[14] Unterrichten ist eine Kunst, nicht nur eine Wissenschaft; wegen der ständig wechselnden Bedingungen, die sich in einer Klasse als Lerngemeinschaft ergeben, lässt es sich auch nicht auf Letztere reduzieren. Selbst wenn noch so viele Forschungsergebnisse für sie sprechen sollten, kann es nicht die „eine beste Methode" geben, die zu jeder Zeit, in jeder Situation und bei jedem Lernertyp anwendbar ist. [eig. Übs.]

Ferner ermöglicht die Spracherwerbsforschung den Lehrenden, ihre Erfahrungen zu interpretieren oder gar zu erklären, besonders hinsichtlich der Indirektheit der Beziehung von Gelehrtem und Gelerntem, der Phasen scheinbarer Regression durch Restrukturierung, der Unvermeidlichkeit von Fehlern, der Variabilität der Lernersprache in unterschiedlichen Verwendungs- und Aufgabensituationen und der Tatsache, dass Spracherwerb, und hier insbesondere der Strukturerwerb, eben Zeit kostet.

Unterstützung erhält die Annahme, dass formbezogener Unterricht dem Spracherwerb förderlich ist, auch aus empirischen Untersuchungen. Eine der ersten und bis heute häufig zitierten Studien ist die von Long (1983), nach der Unterricht zwar nicht den Verlauf des Erwerbs ändert, ihn aber beschleunigt, zu einem zielsprachennäheren Endzustand führt und bezüglich der unterrichteten Strukturen oft, aber nicht immer (!), dauerhafte Ergebnisse zeitigt. Dieses Ergebnis entspricht den Feststellungen, zu denen auch R. Ellis (1989) in seiner oben in 1.2.2 dargestellten Untersuchung zum gesteuerten Erwerb der deutschen Wortstellung gelangt ist.

Angesichts der langen Tradition von Fremdsprachenunterricht mag es erstaunen, dass seine Wirksamkeit erst so spät untersucht wurde. Die Gründe hierfür mögen zum einen darin liegen, dass erst die radikale Infragestellung des Fremdsprachenunterrichts durch einige Spracherwerbsforscher eine Überprüfung angeraten sein ließ, zum anderen, dass für aussagekräftige Untersuchungen erst einmal bestimmte Bedingungen vorhanden sein müssen. So basiert Longs Untersuchung auf unterschiedlichen Lerngruppen mit je derselben Ausgangssprache, von denen einige Englisch im Zielsprachenland ausschließlich ungesteuert erwarben – sie bildeten die Kontrollgruppen –, während andere zusätzlich Sprachkurse besuchten. Der differentielle Effekt von Sprachkursen konnte dann an letzteren Gruppen festgestellt werden.

Zahlreiche weitere Studien mit vergleichbarer Fragestellung wurden ihrerseits von Norris/Ortega (2000) in einer breit angelegten Metastudie ausgewertet. Als Gesamtbild ergibt sich ein förderlicher Einfluss von formbezogenem Unterricht. Die Autoren betonen aber auch, dass zwischen Arten solchen Unterrichts und ihren jeweiligen Wirkungen unterschieden werden muss. Aus fremdsprachendidaktischer Sicht ist dies nun aber keineswegs eine neue Erkenntnis, schließlich liegt in den *pattern drills* der Audiolingualen Methode, die implizit Grammatik vermitteln wollen, und ihrer strengen Inputsteuerung ein völlig anderer Formbezug vor als in der explizit und deduktiv vorgehenden Regelvermittlung der Grammatik-Übersetzungs-Methode. Unterschiedlich ist auch der Umgang mit Fehlern in den fremdsprachendidaktischen Methoden: Die Kommunikative Didaktik bevorzugt – zumindest in kommunikativen Unterrichtsphasen – indirekte Korrektur und nimmt eine recht tolerante Einstellung zu Fehlern ein, soweit sie nicht verständnisbehindernd sind, während Grammatik-Übersetzungs- und Audiolinguale Methode rigide korrigieren und Letztere überdies alles daran setzt, durch Inputsteuerung und Lenkung des Lernenden Fehler gar nicht erst entstehen zu lassen.

Laut Norris/Ortega (2000) zeigen die befragten Studien, dass die expliziteren Verfahren einen stärker förderlichen Effekt haben als die impliziten Verfahren und dass „Focus-on-Form instruction" erfolgreicher ist als „Focus-on-FormS instruction", eine Unterscheidung, die auf Long (1991) zurückgeht. Beim Formbezug werden sprachliche Elemente im Zusammenhang bedeutungshaltiger Kommunikation explizit oder implizit fokussiert, der Lerner mithin auf Form-Bedeutungs-Beziehungen aufmerksam gemacht, während beim Formenbezug sprachliche Elemente in Isolation außerhalb ihres Kontextes oder einer kommunikativen Einbettung explizit oder implizit fokussiert werden. Diese Kreuzklassifikation von explizit vs. implizit und Form- vs. Formenbezug, die nicht den Trennlinien der fremdsprachendidaktischen Methoden entspricht, erlaubt eine recht genaue psycholinguistische Verortung einzelner Unterrichtsverfahren.

1.3.1.5 Formeln und Routinen (*chunks*) als Vorläufer von Grammatik

Der Weg zur Sprachkompetenz führt nicht ausschließlich über Wörter und die grammatischen Regeln ihrer Kombination zu Phrasen und Sätzen. Sprache besteht auch aus längeren, mehr oder weniger festen Wortverbindungen, u. a. ganzen Satzfragmenten wie *Das wäre sehr nett von Ihnen, Guten Appetit!, Das weiß ich nicht*, die in Alltagsroutinen auftreten, aus Formeln mit variablem Bestandteil wie *Hast du noch etwas ...* oder aus kürzeren Phrasen wie *meiner Meinung nach*. In linguistischer Sicht bilden sie Untergruppen von Phraseologismen (vgl. Burger 2010), in psycholinguistischer Sicht steht im Vordergrund, dass solche komplexen Ausdrücke von Sprechern in der Regel als fertige Versatzstücke gebraucht werden. Sie müssen nicht analysiert sein und konstruiert werden, ihr Erwerb geschieht holistisch, d. h. durch ganzheitliche Memorisierung. In der deutschsprachigen Literatur werden sie meist als Formeln und Routinen bezeichnet, in der englischsprachigen als *chunks*.

In der Forschung zum L1-Erwerb wird schon seit längerem das holistische, imitative Verfahren als einer der beiden möglichen Wege in die Sprache neben dem analytischen, konstruktiven Verfahren anerkannt (vgl. Nelson 1973, für das Deutsche als L1 Kaltenbacher 1990). Kinder unterscheiden sich dadurch, auf welchen Weg sie stärker setzen, womit sich schon im L1-Erwerb ein beträchtliches Maß an individueller Variation ergibt. Ein Teil der holistisch gelernten sprachlichen Versatzstücke wird erst später, nach längerer Zeit angemessener Verwendung grammatisch analysiert, ein anderer kann auch für Muttersprachler ein Leben lang unanalysiert bleiben. Ein prominenter Zweig der gegenwärtigen Spracherwerbsforschung, die Gebrauchsbasierte Theorie, bezweifelt gar, dass Wörter und Grammatik anfänglich getrennt sind, sondern nimmt an, dass aus bestimmten Wortverbindungen, den sog. Konstruktionen, Grammatik erst entsteht (vgl. Tomasello 2005, 2006).

Im ungesteuerten Zweitspracherwerb wurden schon früh, so im oben vorgestellten ZISA-Projekt, produktiv konstruierte Lerneräußerungen, welche die Merkmale der jeweiligen Erwerbsstufe zeigen, von grammatisch korrekten holistischen Äußerungen oder Äußerungsbestandteilen unterschieden, die jenseits der erreichten Erwerbsstufe liegen. Auch im Fremdsprachenunterricht sind im Sinne der Zielsprache abweichende neben korrekten Strukturen desselben Strukturbereichs beobachtet worden (ausführlich beschrieben in Diehl u. a. 2000), wobei sich Letztere als holistische Versatzstücke haben erweisen lassen.

Wie soll sich die Fremdsprachendidaktik zu Formeln und Routinen verhalten? Aguado (2008: 57–58) kritisiert, dass die Rolle und die Funktion von Sprachbausteinen im Fremdsprachenunterricht nach wie vor stark unterschätzt wird. Noch immer wird die Wiedergabe bzw. Paraphrase ‚mit eigenen Worten' höher bewertet als der Abruf von memorisierten Ausdrücken und Konstruktionen. Dabei ist die aufmerksame Wahrnehmung eines Sprachbausteins, seine Memorisierung und anschließende inhaltlich-situativ und formal-strukturell angemessene Verwendung eine beachtliche Leistung.

Positiv gewendet, ergibt sich die Forderung, den Lernern ein umfassendes Angebot an nützlichen fertigen Sprachbausteinen zu machen. Die Wortschatzdidaktik hat darauf schon vor längerer Zeit reagiert, indem sie Formeln und Routinen (*chunks*) als lexikalische Einheiten berücksichtigt (vgl. Kap. 4.1), ebenso haben es didaktische Überlegungen zum Sprechen, für welche die Vermittlung von Routinen für Alltagsgespräche ein wichtiges Lernziel auch vor dem Hintergrund von psycholinguistischen Modellen der Sprachproduktion darstellt (vgl. Kap. 9.2.3).

Die Vorteile der Vermittlung von Formeln und Routinen liegen zum einen darin, dass sie die Lerner schnell zu Kommunikationsfähigkeit führen, was insbesondere innerhalb des Zielsprachenlandes von Wichtigkeit ist, und dass dies wiederum die Lernmotivation positiv beeinflusst. Aus spracherwerblicher Sicht ist vorteilhaft, dass solche Versatzstücke als Steinbruch für die spätere implizite grammatische Analyse zur Verfügung stehen und das in ihnen enthaltene Sprachmaterial in einem generativen Sinne produktiv werden kann. „So gesehen, ‚verkürzen' Sprachbausteine den Erwerbsprozess, indem sie das Überspringen von nicht-zielsprachenkonformen Erwerbsstadien ermöglichen" (Aguado 2008: 58). Wie viele der sprachlichen Versatzstücke später analysiert werden, ist von Alter und Lernstil abhängig, unterliegt also auch im Fremdsprachenunterricht individueller Variation (vgl. Wray 2007). Handwerker (2009) und Handwerker/Madlener (2009) unterbreiten Vorschläge, wie der Unterricht zum Aufbrechen der Formeln beitragen kann. Insgesamt ist aber wohl damit zu rechnen, dass im Zweitspracherwerb ein größerer Teil der holistisch gelernten sprachlichen Versatzstücke unanalysiert bleibt als im Erstspracherwerb.

Zusammenfassend kann festgestellt werden: Was in Form von Versatzstücken als umfangreiche Wortschatzeinheit beginnt, kann – muss aber nicht – zu Grammatik werden. Edmondson/House (^{3}2006: 105) sprechen von einer „Routinen werden zu Grammatik"-Hypothese. Notwendige Voraussetzung dafür ist aber, dass das situative Verständnis solcher Einheiten im Erwerbsverlauf ergänzt wird durch ein strukturales (vgl. auch 5.2.3.2).

Aufgabe 1-3:

Ordnen Sie die folgenden Zitate (Quellen in den Lösungshinweisen) den von R. Ellis (1994) unterschiedenen Positionen zur Rolle der Grammatik im Erwerbsprozess zu:

(1) Die Schulkinder sollten mit der L2 in ihrer „natürlichen" Form konfrontiert werden und nicht mit einem reduzierten Input, aus dem alles ausgefiltert ist, was noch nicht im Unterricht behandelt wurde – vorausgesetzt natürlich, er ist ihrem Alter angemessen und vermittelt Inhalte, die ihren Interessen entgegenkommen. Die Auswahl der „bearbeitbaren" Strukturen innerhalb dieses Inputs kann den impliziten Lernvorgängen überlassen bleiben; sie setzen sich, wie wir gesehen haben, unter gesteuerten Erwerbsbedingungen ohnehin ebenso durch wie unter natürlichen. Motivation und

„reicher Input" sind die beiden Grundvoraussetzungen für L2-Erwerb, ob natürlich oder gesteuert: die Motivation, damit sich der L2-Erwerbsprozess überhaupt in Gang setzt, und der reichhaltige Input, damit er genährt wird.

(2) Unterricht ist ein schwieriger Balanceakt zwischen den Erfordernissen der Kommunikation und der Komplexitätsreduktion. ... Neben den zwei gravierenden Beschränkungen von Zeit und Raum, denen der Unterricht im Vergleich zum natürlichen Erwerb unterworfen ist, steht er unter einem dritten entscheidenden Handikap: Es ist jeweils nur ein Sprecher da, mit dem die Schüler so kommunizieren können, dass sie ihre Sprache fortentwickeln können. Unter diesen Bedingungen genügt das schlichte Gebot, im Unterricht zu kommunizieren, nicht. ... Auch die Tatsache, dass viele Ausländer trotz jahrelangen Aufenthalts im Gastland die Landessprache nur gebrochen sprechen, lässt darauf schließen, dass „Kommunikation" allein nicht genügt, wenn der Vermittlungsaspekt dabei zu kurz kommt. Die „künstlichen" Mittel des Unterrichts sind daher nicht einfach zu verwerfen. Der Sprache sezierende Verstand darf und muß mitwirken. ...

Das Sich-Bewusst-Werden über Sprache ist Teil des Spracherwerbs. Einsichten in den Sprachbau können den Spracherwerb vorantreiben und sind u. a. ein Problem der Feinabstimmung, des Wiederwegübens und Wegkürzens. Beim Grammatikerwerb leistet jedoch unsere unbewusste Natur unendlich viel mehr als es bewusste Einsichten vermögen.

1.3.2 Zur Rolle von Input und Interaktion

Input ist eine notwendige Voraussetzung jeden Spracherwerbs. Beim kindlichen Erwerb besteht er ausschließlich aus mündlicher Sprache und der Parallelinformation, die dem Lerner hilft, die Teile des Schallstroms zu segmentieren und ihnen Bedeutungen zuzuordnen. Im ungesteuerten Zweitspracherwerb begegnet der Lerner der zu erwerbenden Sprache ebenfalls überwiegend in ihrer gesprochenen, oft mundartlich geprägten Form, im Fremdsprachenunterricht dagegen zu großen Teilen in standardsprachlichen schriftlichen Texten, auch wenn die mündliche Kommunikationsfähigkeit das oder eines der vorrangigen Ziele des Unterrichts ist. Im Vergleich zum Gesprochenen bietet das Geschriebene dem Lerner den Input schon in einer grammatisch voranalysierten Form: Was im einen Medium Schallstrom ist, ist im anderen bereits in Wörter, Teilsätze und Sätze segmentiert, Allophonie und ein Teil der Allomorphie sind beseitigt, und so bestehen einfachere Form-Inhalt-Beziehungen (vgl. Kap. 7.1). Lediglich die Audiolinguale Methode und ihre Vorläuferin, die Direkte Methode, bestanden darauf, dass typisch mündliche Textsorten wie Dialoge zuerst einmal im Medium der Mündlichkeit zu erarbeiten seien. Andere Methoden setzen auch bei Dialogen auf die Unterstützung der Schrift.

In fast allen fremdsprachendidaktischen Methoden liegt dem Lehrmaterial eine gestufte Progression zugrunde, auch wenn sich die Kriterien der Progression (beispielsweise grammatische vs. pragmatische) und ihre Gewichtung je nach Ansatz deutlich unterscheiden. Ungefiltertem Input werden die Lerner in aller Regel nicht ausgesetzt, eine Ausnahme bilden jedoch die mündlichen oder schriftlichen „Verstehenstexte", die in der Kommunikativen Didaktik den „Lese- und Hörtexten" gegenüber gestellt werden und die jenseits der Progression liegen dürfen (vgl. Kap. 6.2.1). Solche Texte werden oft noch einmal unterteilt in authentische Texte, die nicht für Sprachlernzwecke verfasst wurden, und didaktische Texte, die obwohl für Sprachlernzwecke verfasst, dem Prinzip der Textsortentreue und nicht Progressionsaspekten unterworfen sind; in ihrer Erscheinungsweise wirken sie wie authentische Texte.

In diesem Abschnitt soll der mündliche Input im Unterricht im Vordergrund stehen, das sind diejenigen Sprachdaten nebst den Parallelinformationen, die Lerner von Lehrern und Mitlernenden erhalten. Er lässt sich noch am ehesten mit dem des ungesteuerten Erwerbs vergleichen, nicht nur hinsichtlich des Mediums, sondern auch hinsichtlich der Tatsache, dass er nicht in dem Ausmaß gefiltert und unter Progressionsaspekten strukturiert sein kann wie Lehrmaterialien. Allerdings ist er bei weitem nicht so vielfältig und „überwältigend" wie Input im ungesteuerten Erwerb.

Genauere Untersuchungen des ungesteuerten Erwerbs haben gezeigt, dass es da, wo es auf erfolgreiche Interaktion zwischen Lernenden und kompetenten Sprechern der Zielsprache ankommt, diese sich sprachlich den Lernern anpassen. Im Erstspracherwerb wurden solche Anpassungen zuerst als Mutterisch (*motherese*) bezeichnet, heute als kindgerichtete Sprache, kurz KGS. Hinter dem Wandel der Bezeichnung stehen Erkenntnisfortschritte, denn erstens sind es nicht nur Mütter, die ihr Sprachverhalten den Möglichkeiten des Kindes anpassen, und zweitens soll durch den neuen Terminus zum Ausdruck kommen, dass die Hilfestellungen des kompetenten Sprechers nicht nur in seinen sprachlichen Anpassungen bestehen, sondern in einer spezifischen Interaktion mit dem Kind. Im ungesteuerten Zweitspracherwerb wird von Fremdenregister, Ausländerregister *foreigner talk* oder Xenolekten gesprochen. Auch im Fremdsprachenunterricht konnten Anpassungen des kompetenten Sprechers beobachtet werden, die hier Schülerregister, Lehrersprache oder *teacher talk* genannt werden, und auch hier hat sich der Forschungsschwerpunkt vom reinen Input zur Interaktion zwischen den Beteiligten verlagert.[15]

Lehrersprache

In der Lehrersprache konnten folgende Inputanpassungen beobachtet werden (vgl. Henzl 1979, Chaudron 1988): Auf der phonologischen Ebene verlangsamen Lehrer ihr Sprechtempo je nach der Stufe, auf der sich die Lerner befinden, bei Anfängern auf etwa 100 Wörter pro Minute, bei Fortgeschrittenen kommen 30 bis 40 Wörter hinzu. Lehrer machen bei Anfängern mehr und längere Pausen, vermutlich um mehr Verarbeitungszeit zu geben, Pausen finden sich auch vor und nach neuen oder schwierigen Vokabeln, wohl um sie aus dem Redefluss zu isolieren und ihnen besondere Aufmerksamkeit zukommen zu lassen. Außerdem wird lauter, standardsprachlicher und mit weniger Reduktionen und Koartikulationen gesprochen. Auf der lexikalischen Ebene herrschen stilistisch neutrale Wörter vor, und Wörter werden eher wiederholt als durch Synonyme variiert, so dass sich im angepassten Input eine höhere type-token Relation des Vokabulars feststellen lässt als in der Sprache des Lehrers gegenüber fortgeschritteneren Lernern oder außerhalb des Unterrichts; d. h. Lehrer verwenden bei Anfängern dasselbe Wort – z. B. *interessant* – öfter, während sie bei Fortgeschrittenen stärker variieren, aber jede der Varianten – etwa *interessant, attraktiv, anregend, aufschlussreich, wissenswert* – seltener benutzen. Ebenso werden mehr Eigennamen

---

[15] Einen Überblick über die Inputanpassungen in allen Spracherwerbstypen gibt Wode (1993, Kap. 11).

und weniger Pronomen gebraucht; auf idiomatische Wendungen wird weitgehend verzichtet. Auf der syntaktischen Ebene finden sich kürzere Äußerungen, weniger Subordination und mehr Parataxe, mehr Verben im Präsens und weniger im Passiv. Die Vereinfachungen gehen aber – im Gegensatz zum Ausländerregister – nicht so weit, dass ungrammatische Äußerungen produziert werden. Auf der pragmatischen Ebene fallen mehr Fragen auf als im sonstigen Sprachverhalten der untersuchten Personen.

Funktionen von Inputanpassungen

Welche Funktion haben die Inputanpassungen, die man in allen drei Erwerbskontexten finden kann? Eine wenig umstrittene Antwort ist, dass sie ein Mittel sind, um Verständigungsprobleme zu lösen (bei Kleinkindern können sie überdies dazu dienen, Zuneigung auszudrücken). Umstrittener ist, ob sie eine Lernhilfe darstellen. In der umfangreichen KGS-Forschung hat diese Kontroverse noch keine abschließenden Ergebnisse gezeitigt, in der Tendenz aber werden die Anpassungen für den Erstspracherwerb nicht als notwendig erachtet. Dieser Erwerbstyp ist so robust, dass Kinder auch ohne angepassten Input zu ihrer Sprache kommen. Für das Ausländerregister lässt sich feststellen, dass es den Spracherwerb unter bestimmten Bedingungen sogar behindern kann, wenn der kompetente Sprecher ungrammatische Simplifizierungen wie Infinitive statt finiter Verben, Auslassung grammatisch notwendiger Elemente o. ä. gegenüber einem Lerner einsetzt, der eine Erwerbsstufe erreicht hat, wo ihm korrekter Input eher helfen würde. Unangemessene Vereinfachungen können lernerseitig auch als Abwertung und Geringschätzung der Person aufgefasst werden; in einem solchen Fall würde der Spracherwerb nicht nur linguistisch durch suboptimalen Input behindert, sondern auch sozialpsychologisch durch eine Schwächung des Antriebs, die Zielsprache zu erwerben.

Beim Erlernen einer Fremdsprache scheinen Inputanpassungen sehr bedeutsam zu sein. Krashen (1982) markiert hier mit seiner Inputhypothese wieder eine Extremposition. Danach ist Input nicht nur notwendig für den Spracherwerb, er ist sogar hinreichend; er muss allerdings verständlich sein, wozu wiederum die Inputanpassungen dienen. Laut Krashen erwerben wir Sprache allein dadurch, dass wir Input verstehen, der ein wenig über dem erreichten Kompetenzgrad liegt. Aus dieser Annahme resultierte ja auch schon seine weitgehende Ablehnung von Grammatikarbeit, da explizites Wissen weder direkt noch indirekt zum Erwerb beitrage, sondern bestenfalls als Monitor der Sprachproduktion fungieren könne (vgl. 1.3.1.1).

Interaktionshypothese

Es ist nun ein Leichtes nachzuweisen, dass Inputanpassungen die Verständlichkeit erhöhen, weiterführend ist aber eine Untersuchung von Pica u. a. (1987). Die Autoren ließen eine von zwei Gruppen eine sprachlich angepasste Version einer Anleitung hören, nach der die Versuchspersonen bunte Papierfiguren auf einer Landkarte platzieren mussten, während die zweite Gruppe die unangepasste Version der Anleitung hörten, wie sie für Muttersprachler konzipiert worden war. Diese Gruppe durfte aber – anders als die erste – den Vortragenden befragen und um Klarstellungen bitten. Sie erbrachte die besseren Leistungen beim Platzieren der Papierfiguren, also die besseren

Verständnisleistungen, obwohl sie den sprachlich komplexeren Input erhalten hatte. Was ihr geholfen hatte, war die Möglichkeit, den Input in der Interaktion mit dem Vortragenden zu modifizieren.

Long (1996) schlägt aufgrund solcher Beobachtungen eine Erweiterung von Krashens Inputhypothese vor, die als Interaktionshypothese bekannt ist. Zu verständlichem Input führt danach eine zwischen einem kompetenten Sprecher und einem Lerner ausgehandelte Bedeutung, d. h. eine im Gespräch geklärte Bedeutung eines einzelnen Ausdrucks oder des mit größeren Einheiten wie Sätzen oder einer gesamten Äußerung Gemeinten.

Im Fremdsprachenunterricht können Aufgaben so angelegt werden, dass intensive Bedeutungsaushandlung stattfindet. Dies ist immer dann der Fall, wenn Lerner miteinander bei einer Aufgabe kooperieren müssen, weil jeder von ihnen über einen jeweils anderen Teil der für die Lösung notwendigen Informationen verfügt. Solch konvergente Aufgaben führen zu genauerer sprachlicher Auseinandersetzung als divergente Aufgaben, in denen etwa jeder Lerner seine persönliche Meinung kundtun kann (für ein Beispiel vgl. Kap. 2.2.3).

Interaktional modifizierter Input könnte deshalb lernwirksamer sein als nur sprecherseitig angepasster Input, weil durch die Rückmeldungen des Lerners ein an seinen Sprachstand angepasster Input zustande kommt, ein Input, der im Sinne Krashens genau so weit über der schon erreichten Erwerbsstufe liegt, dass weitere Sprachentwicklung ermöglicht wird. Allerdings: So plausibel der Beitrag interaktionaler Modifikation für den Erwerb auch sein mag, verschiedene Studien, die diesen Einfluss untersuchen wollten, kommen zu keinen einheitlichen Ergebnissen. Aus linguistischer Sicht kranken sie daran, dass zwar ausführliche Klassifikationen von Arten interaktionaler Anpassung aufgestellt werden, dass die Sprache der Lerner aber nur sehr allgemein auf ihren Komplexitätsgrad hin bestimmt wird. Was fehlt, ist eine genaue Verfolgung einzelner grammatischer Strukturen in ihrer Entwicklung.

Negatives Feedback und Korrektur

Long hat in der Folge seine Interaktionshypothese weiter entwickelt und in zweierlei Hinsicht modifiziert. Mit beiden Modifikationen entfernt er sich weiter von Krashen und nähert sich Erfahrungen der Fremdsprachendidaktik. Zuerst widmet er sich jetzt auch Rückmeldungen kompetenter Sprecher auf fehlerhafte Lerneräußerungen, d. h. Korrekturen im weiteren Sinne. Zwar kommen bestimmte Arten von Rückmeldungen, die für manche Formen des Fremdsprachenunterrichts charakteristisch sind, in ungesteuerten Lernkontexten nicht vor. Dazu gehören solche expliziten und oft metalinguistisches Feedback enthaltenden Korrekturen wie

- Falsch!
- Nach *damit* kommt kein Infinitiv.
- Wie heißt der Plural von *Wand*?
- Lehrer unterbricht: *laufen – lief – ge...* ?
- Denk doch mal an die Lektion von gestern!

Aus der Nichtexistenz solcherart Rückmeldung wurde jedoch fälschlicherweise geschlossen, es gebe in natürlichen Erwerbssituationen insgesamt kein korrigierendes

Feedback, und für den Spracherwerb seien Korrekturen oder *negative evidence* nicht notwendig – eine Auffassung, die auch Krashen vertritt. Doch haben spätere Untersuchungen zur kindgerichteten Sprache nachgewiesen, dass Mütter bzw. Betreuungspersonen recht konsistent auf „falsche" Äußerungen von Kindern reagieren und ihnen häufig korrigierendes Feedback liefern. So erweitern sie beispielsweise Kinderäußerungen bei Beibehaltung der Bedeutung um die fehlenden grammatischen Elemente:

kindliche Äußerung	Erwachsenenerweiterung
Tümpfe an	*Du willst die Strümpfe anziehen?*
alles eineräumt	*Du hast alles eingeräumt?*
baby highchair	*Baby is in the highchair*
Eve lunch	*Eve is having lunch*[16]

Kinder greifen solch reformulierte Äußerungen oft auf, sprechen sie spontan nach und nutzen sie für ihren Spracherwerb. Auf korrekte kindliche Äußerungen reagieren Eltern konsistent anders, nämlich mit einer inhaltlichen Fortführung oder mit einer wörtlichen Wiederholung. Im Gegensatz zu früheren Auffassungen gibt es in der KGS also korrigierendes Feedback, allerdings in impliziter Form.

Zur Frage von Korrekturen im ungesteuerten Zweitspracherwerb gibt es erst seit einigen Jahren Untersuchungen. Oliver (1995) ließ Zweiergruppen von Kindern (je einen Muttersprachler und einen Nicht-Muttersprachler) eine Problemlöseaufgabe bearbeiten. Dabei zeigte sich, dass 60 % der fehlerhaften Äußerungen der Nicht-Muttersprachler irgendeine Art von korrigierendem Feedback erhielten. Wenn die Äußerungen mehrere Fehler aufwiesen und/oder semantisch uneindeutig waren, gab es Rückfragen oder Bitten um Bestätigung, ob die Äußerung in dieser oder jener Weise richtig verstanden worden sei. Wenn sie nur einen – meist grammatischen – Fehler enthielten, kam es zu Reformulierungen wie im Erstspracherwerb. Etwa 10 % dieser Reformulierungen wurden von den Nicht-Muttersprachlern in ihren Folgeäußerungen aufgenommen. Das ist keine hohe Zahl, aber eine Wiederholung wäre nicht in allen Fällen kommunikativ angemessen gewesen. Oliver weist aber darauf hin, dass die Reformulierungen – wie jeder Input – nur dann lernwirksam sein können, wenn der Lerner die entsprechenden Entwicklungsvoraussetzungen erreicht hat.

A recast presents learners with psycholinguistic data that are fertile and ready for acquisition because—in the contrast between the learners' own erroneous utterance and the recast—it highlights the relevant element of the form at the same time that the desired meaning-to-be-expressed is still active. (N. Ellis 2005: 332)[17]

Wenn nun auch in den beiden anderen Erwerbskontexten Kommunikation nicht alles ist, sondern negatives Feedback und Korrektur immer Bestandteil von Input und Interaktion sind, dann schließt ein an Erwerbsprinzipien orientierter kommunikativer Unterricht Korrekturen nicht aus. Aus dem ungesteuertem Erwerb lässt sich aber auch

---

[16] Beispiele aus Szagun (⁶1996: 226).
[17] Eine Reformulierung bietet Lernern fruchtbare und spracherwerblich nutzbare psycholinguistische Daten, weil sie durch den Kontrast zwischen der eigenen fehlerbehafteten Äußerung des Lerners und ihrer Reformulierung die relevante Form zu einem Zeitpunkt hervorhebt, zu dem gleichzeitig die intendierte Bedeutung aktiv ist. [eig. Übs.]

ersehen, dass Feedback nicht immer explizit sein muss, ja dass implizite Korrektur – zumindest für kommunikative, mitteilungsbezogene Phasen des Unterrichts – das angemessenere Verfahren ist. Der Fremdsprachenunterricht kann ferner lernen, dass manche Korrektur unwirksam bleiben muss, wenn sie Strukturen betrifft, die zu weit über dem Erwerbsstand des Lerners liegen. Ausführlich und praxisbezogen geht Kleppin (1998) auf mündliche (und schriftliche) Fehlerkorrektur ein.

Aufmerksamkeit auf bestimmte Aspekte des Inputs

Bei der zweiten Neuerung in Longs revidierter Interaktionshypothese geht es um die Frage, wie Input genau zu Lernen führt – eine Frage, die Krashen nie gestellt hat. Long rückt hier davon ab, dass es allein das Verstehen von Input ist, welches den Erwerb vorantreibt. Wie auch Sharwood Smith (1993), Schmidt (1990, 1994) u. a. hält Long ein gewisses Maß an Aufmerksamkeit des Lerners auf die sprachlichen Formen für notwendig, zumindest das *noticing* (vgl. 1.3.1.2). Die genannten Autoren unterscheiden zwischen Input und Intake, wobei Letzteres der Teil des Inputs ist, der in die Lernersprache aufgenommen wird. Hier wird deutlich, dass auch aus der Richtung der Inputforschung Grammatikarbeit im weiteren Sinne, als Konzentration auf sprachliche Formen in ihren unterschiedlichen Graden an Bewusstheit und Explizitheit, rehabilitiert wird und dass hier die Untersuchungen zur Rolle von Grammatik und von Input konvergieren. Long (1996: 414) schließt:

> It is proposed that environmental contributions to acquisition are mediated by selective attention and the learner's developing L2 processing capacity, and that these resources are brought together most usefully, although not exclusively, during negotiation for meaning. Negative feedback obtained during negotiation work or elsewhere may be facilitative of L2 development, at least for vocabulary, morphology and language-specific syntax, and essential for learning certain specifiable L1-L2 contrasts.[18]

Output-Hypothese

Abgesehen von den theoretischen Einwänden hat sich auch in der Praxis erwiesen, dass lediglich verständlicher Input nicht zu umfassendem Spracherwerb führt. Ein gut untersuchtes Beispiel sind die kanadischen Immersionsprogramme. Dort erhielten englischsprachige kanadische Schüler in einigen Fächern, z. B. in Geographie oder Biologie, Unterricht in französischer Sprache. Es handelte sich dabei nicht um französischen Sprachunterricht, und die Leistungen der Schüler wurden nach fachlichen, nicht sprachlichen Aspekten beurteilt. Die sprachliche Immersion in authentischen Input war insofern erfolgreich, als die Schüler annähernd muttersprachliche Verstehensfähigkeiten im Französischen entwickelten, doch die produktiven Fertigkeiten

---

[18] Wir stellen die These auf, dass der Einfluss der Sprachumgebung auf den Erwerb über selektive Aufmerksamkeit und die sich entwickelnden Verarbeitungskapazitäten des Lerners in der L2 vermittelt ist und dass diese Potentiale am besten, wenn auch nicht ausschließlich, in der Bedeutungsaushandlung zum Tragen kommen. Negatives Feedback, das der Lerner im Verlaufe von Aushandlungen oder an anderer Stelle erhält, kann der Sprachentwicklung, zumindest was Vokabular, Morphologie und sprachspezifische Aspekte der Syntax betrifft, förderlich sein; für bestimmte, spezifizierbare Unterschiede zwischen L1 und L2 kann es unerlässlich sein. [eig. Übs.]

fossilierten bei vielen hinsichtlich Grammatik und Lexik auf dem Niveau eines Unterrichtspidgins. Die Inputhypothese hätte aber auch eine Entwicklung der produktiven Fertigkeiten vorausgesagt.

Im Lichte der zuletzt diskutierten selektiven Aufmerksamkeitshypothese und der Ausführungen zur Rolle der Grammatik in 1.3.1.4 fehlte es in den Immersionsprogrammen an Aufmerksamkeit auf die sprachliche(n) Form(en). Darüber hinaus hat Swain (1985) in ihrer Auseinandersetzung mit den kanadischen Erfahrungen postuliert, dass zum Spracherwerb auch der Zwang zur Sprachproduktion gehört. Während Verständnis oft aufgrund pragmatischer und semantischer Faktoren zustande kommt und so der Verstehenslenkung durch syntaktische Strukturen nicht bedarf, erfordert die Produktion den Gebrauch von und damit die Konzentration auf die syntaktischen Mittel der Zielsprache und treibt damit den Erwerb voran. Edmondson/House (^{3}2006: 270) formulieren die Begründung der Outputhypothese so:

Durch den Versuch, sich in der Fremdsprache mit teilweise unsicher beherrschten Sprachmitteln auszudrücken, werden vorhandene Kenntnisse aktiviert, vertieft, neu miteinander in Verbindung gebracht und automatisiert – was das Sprachenlernen fördert.

Die hier ablaufenden Prozesse bleiben, da im Lerner ablaufend, der Beobachtung in der Regel verborgen. Sie können aber durch Protokolle lauten Denkens ans Tageslicht gebracht werden, etwa indem man Lerner auffordert, laut zu sagen, was sie bei der Bearbeitung einer Aufgabe denken. Solche Prozesse werden auch in Gruppenarbeitsphasen offenbar, wenn die Mitglieder gemeinsam einen Text verfassen sollen. Hier ein Protokoll aus Donato (1994: 44) von einer Gruppe, die für die nächste Unterrichtsstunde die mündliche Präsentation einer Übersetzung aus der L1 Englisch ins Französische vorbereiten sollte (Übersetzung und Interlinearversion in Klammern von R. K.):

A1	Sprecher 1	... und dann sage ich ... *tu as souvenu notre anniversaire de mariage* [du hast erinnert unseren Hochzeitstag] ... oder heißt es *mon anniversaire* [meinen Hochzeitstag]?
A2	Sprecher 2	*Tu as ...* [du hast]
A3	Sprecher 3	*Tu as ...* [du hast]
A4	Sprecher 1	*Tu as souvenu* [du hast erinnert] ... „du hast dich erinnert?"
A5	Sprecher 3	Ja, aber ist das nicht reflexiv? *Tu t'as ...* [du dich hast]
A6	Sprecher 1	Ah, *Tu t'as souvenu.* [du dich hast erinnert]
A7	Sprecher 2	Nein, es ist *tu es* [du bist]
A8	Sprecher 1	*Tu es* [du bist]
A9	Sprecher 3	*tu es, tu es, tu ...* [du bist, du bist, du]
A10	Sprecher 1	*T'es, tu t'es* [du bist, du dich bist]
A11	Sprecher 3	*tu t'es* [du dich bist]
A12	Sprecher 1	*Tu t'es souvenu.* [du dich bist erinnert (korrekte französische Form)]

Das Protokoll zeigt, dass es anfangs keinem Lerner der Gruppe alleine gelingt, „du hast dich erinnert" korrekt ins Französische zu übersetzen. Die Probleme liegen darin, dass das Verb reflexiv ist und dass entschieden werden muss, ob es sein Perfekt mit *avoir (haben)* oder *être (sein)* bildet.

1.3 Spracherwerb im Fremdsprachenunterricht

Wenn ein Satz von mehreren Sprechern nacheinander „zusammengestrickt" wird, spricht man von einer vertikalen Struktur, im Gegensatz zu der horizontalen Struktur eines von einem Sprecher alleine produzierten Satzes. Vertikale Strukturen sind auch im Erstspracherwerb beobachtet worden, wo Mutter und Kind gemeinsam Sätze konstruieren, zu denen das Kind alleine nicht fähig wäre. Die These, dass derart unterstützter Output lernförderlich ist, muss allerdings noch empirisch überprüft werden. Immerhin konnte Donato zeigen, dass von 32 vertikalen Strukturen, die in Gruppenarbeitsphasen zu beobachten waren, 24 am nächsten Tag in der mündlichen Einzelpräsentation der Lerner korrekt verwendet worden waren. Der Versuch, die noch unsicher beherrschten Sprachmittel einzusetzen, war also nicht folgenlos geblieben.

In der soziokulturell orientierten Spracherwerbsforschung, die sich auf die Sprachtheorie von Wygotski (1974) beruft, wird bei solch kollaborativen Anstrengungen von *Scaffolding* (englische Grundbedeutung: Baugerüst) gesprochen.

Scaffolding ... is a special kind of help that assists learners to move toward new skills, concepts or levels of understanding. Scaffolding is thus the temporary assistance by which a teacher helps a learner how to do something, so that the learner will later be able to complete a similar task alone. (Gibbons 2002: 10)[19]

Auch wenn Gibbons in dieser Definition die Unterstützung durch den Lehrer hervorhebt, umfasst Scaffolding auch die Hilfe, die wie in der transkribierten Gruppenarbeitssituation von partiell kompetenten Mitlernenden gegeben wird; im Fall von Deutsch als Zweitsprache im Regelunterricht an deutschsprachigen Schulen oder von Tandemprojekten erfolgt die Stützung durch die muttersprachlichen Lernpartner.

Insofern als vertikale Strukturen während Plenum- oder Frontalphasen des Fremdsprachenunterrichts in Kollaboration zwischen einem Lerner, der nicht mehr weiter weiß, und dem dann einspringenden Lehrer entstehen, ist ihre Lernwirksamkeit jedoch vorsichtiger zu beurteilen. Der Lerner steht in einer solchen Situation vor der Klasse in der Regel unter einem hohen Äußerungsdruck, der einen großen Teil seiner Aufmerksamkeitskapazität binden dürfte, so dass er wohl neben der Bewältigung der kommunikativen Aufgabe kaum noch so auf die Form achten kann, dass er sie internalisiert.

Die mithörenden Mitlerner könnten allerdings von solchen Sequenzen – wie auch von Korrekturen durch den Lehrer – profitieren, da sie nicht unter Produktionsdruck stehen. Diese Vermutung formulieren Edmondson/House als „Mithörer-Hypothese", nach der im Fremdsprachenunterricht „die aktive Teilnahme anderer Lerner eine wichtige Lernmöglichkeit ist." (Edmondson/House [3]2006: 274) Bestätigung finde sie in Befragungen von Lernern, die oft die Meinung äußern, „dass sie mehr von Beiträgen *anderer* Lerner in der Klasse lernen als durch eigene Beiträge und die Lehrerreaktionen hierauf." (ebd.)

Die bisherigen Erkenntnisse zu Input und Interaktion können so zusammengefasst werden: Input ist trivialerweise eine notwendige Voraussetzung für Spracherwerb; im

---

[19] Scaffolding ist ... eine besondere Art von Hilfe, die Lerner auf dem Weg zu neuen Fertigkeiten, Begriffen oder Ebenen des Verständnisses leitet. Scaffolding ist daher die zeitweilige Unterstützung, durch die ein Lehrer einem Lerner hilft etwas zu tun, so dass der Lerner später imstande ist, eine ähnliche Aufgabe alleine zu bewältigen. [eig. Übs.]

Zweitspracherwerb ist er aber – entgegen einigen Extrempositionen – nicht auch eine hinreichende Voraussetzung. In allen drei Spracherwerbstypen passen kompetente Sprecher ihre Sprache an die Möglichkeiten der Lerner an; sicher ist, dass diese Anpassungen der Lösung von Verständigungsproblemen dienen, noch nicht unumstritten nachgewiesen ist, ob sie auch lernwirksam sind. Doch insofern, als die Anpassungen nicht nur sprecherseitig, sondern interaktional sind und in den entsprechenden Sequenzen Bedeutungen ausgehandelt werden, lassen sich Lernmöglichkeiten nachweisen, die besonders im Kontext des Zweitspracherwerbs als notwendig erachtet werden können. Ausschließliches Input-Flooding wäre damit für den Fremdsprachenunterricht keine Option, statt dessen sind gefilterter Input in den Lehrmaterialien sowie nur lehrerseitig oder durch Bedeutungsaushandlungssequenzen angepasster Input probate Mittel des Unterrichts. Bedeutungsaushandlung führt zu dem Grad an Aufmerksamkeit auf die sprachlichen Form-Bedeutungs-Bezüge, die seit Schmidt (1990) neben dem Input selbst als notwendig für den Erwerb erachtet werden. Zum *noticing* tragen in nicht unerheblichem Maße auch die Rückmeldungen der kompetenten Sprecher bei, das negative Feedback und die Korrektur, die es – entgegen voreiliger Behauptungen – auch im Erstspracherwerb gibt. Damit werden sie – wie auch metasprachliche Bewusstmachung – von der Interaktionsforschung als spracherwerblich begründete Verfahren rehabilitiert. Die Forschung weist den Unterricht aber gleichzeitig darauf hin, dass Feedback und Korrektur auch beiläufig und kommunikativ gegeben werden können, und erweitert so die Handlungsmöglichkeiten des Lehrers. Die Grenzen von negativem Feedback, Korrektur und Bedeutungsaushandlung liegen allerdings dort, wo Strukturen betroffen sind, für welche die Lerner entwicklungsmäßig noch nicht bereit sind, oder wenn der Lerner durch Aufgaben oder Unterrichtssituation so gefordert ist, dass seine Aufmerksamkeit zur Verarbeitung und Umsetzung der angebotenen Lernmöglichkeiten nicht ausreicht.

Aufgabe 1-4:
Wie muss lernförderlicher Input beschaffen sein?

1.3.3 Zum Üben

Üben ist neben Grammatikarbeit, Korrektur und Inputsteuerung das letzte der hier zu besprechenden *design features* des Fremdsprachenunterrichts. Denkt man an Ausfüllen von Lücken oder Umformulieren dröger Sätze (vom Präsens ins Perfekt, vom Aktiv ins Passiv, von Aussagesätzen zu Satzfragen usw.) und zieht den Vergleich zum ungesteuerten Erwerb, so scheint der Fremdsprachenunterricht einmal mehr seine „Unnatürlichkeit" unter Beweis zu stellen. Der Schluss, Übungen in Frage zu stellen, liegt dann nicht mehr weit. Doch wäre er aus zwei Gründen voreilig: Erstens gibt es Üben auch im ungesteuerten Erwerb, und zweitens beschränken sich die Übungsmöglichkeiten im Fremdsprachenunterricht nicht auf Lückentexte und Umformungen. Vielmehr hat die Didaktik seit der kommunikativen Wende ihren Übungsapparat erheblich ausgebaut, differenziert, motivierender angelegt sowie stärker reflektiert, was mit welcher Übung bei welcher Art ihrer Durchführung erreicht werden kann; selbst dem Lückentext sind neue Funktionen erschlossen worden (vgl. etwa 4.3.1).

Üben im ungesteuerten Spracherwerb

Im Alltag des spracherwerbenden Kindes gibt es zahlreiche Situationen, in denen ihm immer wieder dieselben sprachlichen Äußerungen in denselben Kontexten begegnen, so während der Routinehandlungen des Pflegens oder Fütterns oder wenn stets dieselbe Geschichte aus demselben Bilderbuch erzählt werden soll – und wehe, wenn die Geschichte variiert wird. Das kindliche Spiel ist ebenfalls weitgehend von repetitiver und nicht partnerbezogener Sprache begleitet. Auch wenn in diesen Fällen trotz aller Repetitivität noch ein Rest an Kommunikation unterstellt werden kann, so liegt diese nicht mehr vor, wenn Kinder Sätze, die von Erwachsenen an sie gerichtet werden, spontan wiederholen und wie automatisch vor sich hin sprechen; neue Wörter werden oft sogar mehrfach wiederholt, eine Beobachtung, die sich auch im Zweitspracherwerb von Kindern machen lässt.

Butzkamm (^{3}2002) zitiert zahlreiche Beobachtungen zum Erstspracherwerb, wonach Kinder gelegentlich sogar in eine Art von *pattern drill* verfallen, indem sie ein Satzmuster mit unterschiedlicher inhaltlicher Füllung wiederholen, ausprobieren und die Grenzen seiner Anwendbarkeit ausreizen. Dies geschieht außerhalb der Kommunikation mit Spielgefährten oder Eltern, wenn sich das Kind unbeobachtet fühlt oder alleine ist und damit von den Anforderungen partnerbezogenen Sprechens entlastet ist. Bedeutsame Situationen dieser Art sind Einschlaf- und Aufwachmonologe.

Wenn Gisa oder Jenny gerade zu Bett gebracht sind, bestätigen sie sich: *Denni haha* (Jenny macht heia, geht jetzt schlafen), machen dann aber oft noch weiter:
Gigi haha
Wauwau haha
Mama haha
Papa haha, usw.
Haben sie dabei die angenehme Vorstellung, alle anderen gingen jetzt auch zu Bett, oder spielen sie nur ein Satzmuster durch? Jedenfalls haben diese Äußerungen oft gar keinen Ansprechpartner, es sind Einschlafmonologe. (Butzkamm/Butzkamm 1999: 225)

In der Beschreibung dieser Szene machen die Autoren aber auch deutlich, dass das Spielen mit Sprachmustern und die Weltbemächtigung des Kindes nicht immer zu trennen sind, weshalb die Charakterisierung als Spiel geglückt ist: Im Spiel vereinen sich lustvolles, von Wirklichkeitsdruck entlastetes und doch ernsthaftes Handeln. Butzkamm (^{3}2002: 68) zieht dieses Fazit: „Kommunikation ist nicht alles. Selbst unter idealen Bedingungen wird zusätzlich geübt. Dabei ist das dem Erkennen der Bildungsgesetze dienende Ausreizen und Durchspielen von Satzmustern von überragender Bedeutung: das generative Prinzip."

Charakteristika und Arten von Übungen im Fremdsprachenunterricht

Was hat das Üben im Fremdsprachenunterricht mit dem Üben im Erstspracherwerb gemein? In beiden Fällen findet keine partnerbezogene Kommunikation statt, und die Aufmerksamkeit des Lerners richtet sich auf einen eingegrenzten sprachlichen Aspekt, meist einen formalen. Dabei liegt der Fokus weniger auf bewusster Analyse als auf dem Gewinnen von Erkenntnis und Sicherheit durch Wiederholung und Variation von Formen.

Im Fremdsprachenunterricht entsteht Üben aber in der Regel nicht spontan und selbstgesteuert wie im Erstspracherwerb, oft auch nicht unmittelbar aus der Kommunikation oder vorgängigem Erleben, sondern Übungen werden vom Lehrer im voraus geplant, angeordnet und gesteuert, im besten Falle allerdings auch als Reaktion auf konkrete Sprachverarbeitungs- oder Kommunikationsprobleme der Lerner. Eine Übung isoliert ein sprachliches Merkmal oder Phänomen, das dann in den einzelnen Übungs-Items bei wechselnder inhaltlicher Füllung mehrfach, aber immer auf die gleiche Weise wiederholt wird. Fehler bezüglich des Übungsgegenstands werden nicht toleriert, sondern sofort korrigiert. Das Geübte soll in der Regel zu implizitem Wissen werden.

Die Übungen der älteren fremdsprachendidaktischen Methoden (v. a. der Grammatik-Übersetzungs- und der Audiolingualen Methode) waren ausschließlich outputorientiert, d. h. der Lerner musste Sätze oder andere sprachliche Elemente der gleichen Art wiederholt produzieren, wofür die schon erwähnten Lückentexte und Umformungsübungen typische Beispiele sind. Der Begriff der Übung hat aber in der Folgezeit eine Erweiterung erfahren und gleichzeitig die genannten Übungstypen zurückgedrängt. In 1.3.1.2 wurde schon VanPatten und Cadiernos (1993) *input processing* vorgestellt, bei dem die Lerner keine Sätze o. ä. zu produzieren brauchen, sondern ein bestimmtes Phänomen wie Objektpronomina, Passivformen usw. wiederholt im Input identifizieren müssen. Solche Übungen zielen im Gegensatz zu Output-Übungen nicht auf implizites, sondern explizites Wissen (zu rezeptiven Übungen vgl. weiter 5.1.4).

In Deutschland ist die Einengung auf Produktionsübungen im Rahmen der Kommunikativen Didaktik durchbrochen worden. Schon früh wurden hier auch Übungstypen etabliert, die das Lese- und Hörverstehen entwickeln sollen, ferner wurden auch Repertoire und Ziele der Produktionsübungen erweitert. Neuner u. a. (1981, Nachdruck 1996) unterscheiden vier Übungstypen, die Übungssequenzen konstituieren:

Stufe A: Entwicklung und Überprüfung von Verstehensleistungen
Stufe B: Grundlegung von Mitteilungsfähigkeit – Übungen mit reproduktivem Charakter zur sprachlichen Form
Stufe C: Entwicklung von Mitteilungsfähigkeit – Übungen mit reproduktiv-produktivem Charakter
Stufe D: Entfaltung von freier Äußerung

Die Autoren setzen bei den rezeptiven Fertigkeiten an und sehen eine gestufte Kette unterschiedlicher Übungstypen vor, die von diesem Ausgangspunkt zu den produktiven Fertigkeiten führt. Die Produktionsübungen beginnen gebunden und werden zunehmend freier, wobei es bei den freieren nur formal, nicht aber mehr inhaltlich „richtige" Lösungen gibt. Der Übergang zwischen Übungen und Aufgaben, bei denen die inhaltlich-kommunikative Aktivität in Vordergrund steht und die Lerner hinsichtlich der zu verwendenden Sprachmittel nicht mehr festgelegt sind, wird dann fließend.

Unter spracherwerblichen Aspekten sind Übungen weiter danach zu unterscheiden, ob sie der Erweiterung des Sprachwissens dienen – einschlägig wären hier Übungen zum *input processing* im Bereich der Syntax oder zur Vernetzung von Wörtern und der Erweiterung von Wortfeldern im Bereich der Lexik – , ob sie der Konsolidierung und der korrekten Verwendung des bereits Gelernten dienen oder der schnellen Abrufbarkeit und Automatisierung bereits konsolidierter Elemente und Strukturen. Weiter können Übungen auf situative und stilistische Angemessenheit abzielen. Zu den unterschiedlichen Zielen produktiver Übungen gehört es also, Leneräußerungen komplexer und elaborierter, korrekter, geläufiger oder angemessener zu machen. Beispiele werden in den Kapiteln Aussprache, Wortschatz und Grammatik und in den Fertigkeitskapiteln vorgestellt und diskutiert; hier sei auf Storch (1999) verwiesen, der dem Üben ein beispielreiches Teilkapitel widmet und dort auch weitere Möglichkeiten erläutert, die Vielfalt der Übungen im modernen Fremdsprachenunterricht zu klassifizieren.

Je nach dem Ziel einer Übung richtet es sich, ob sie schriftlich oder mündlich, mit oder ohne enge Zeitbegrenzung durchgeführt wird. Für Erweiterungen der Kompetenz dürften in der Regel das schriftliche Medium und die Abwesenheit von Zeitdruck am geeignetsten sein, Automatisierungsübungen dagegen sollten zügig durchgeführt werden. Es kann auch sinnvoll sein, eine Übung zuerst schriftlich und nach einiger Zeit noch einmal mündlich durchführen zu lassen, wobei sich die Ziele natürlich verschieben müssen.

Forderungen an Übungen, ihren Einsatz und ihre Durchführung

Auch wenn die Fremdsprachendidaktik zu Recht darauf hinweisen kann, dass selbst im ungesteuerten Erwerb geübt wird, darf sie dieses Mittel nicht zum Selbstzweck werden lassen. Fehlentwicklungen liegen vor, wenn sich der Anteil des Übens zu stark zu ungunsten des Anteils kommunikativer Aktivitäten ausweitet. Üben sollte als begründete Unterbrechung und planvolle Vorbereitung solcher Aktivitäten aufgefasst werden, nicht als ihr Ersatz. So ist das Üben eng mit der Kommunikation zu verzahnen und stets auf sie zu beziehen. Diese Absicht liegt auch der Übungstypologie von Neuner u. a. (1981/1996) zugrunde, und sie wird auch terminologisch deutlich, wenn beispielsweise im Zusammenhang mit der Entwicklung der Fertigkeiten bewusst von „Komponentenübungen" gesprochen wird (vgl. Kap. 7.5), wodurch zum Ausdruck kommen soll, dass die Schulung der komplexen Tätigkeiten Hören, Sprechen usw. nur zeitweilig unterbrochen wird, um eine bestimmte Teilhandlung gesondert und akzentuiert zu üben.

Trotz dieser offensichtlichen Forderungen finden sich nicht nur in älteren, sondern auch in aktuellen Lehrwerken Übungen, in deren Rahmen die Lerner Sätze produzieren müssen, die sie niemals hören, geschweige denn benötigen werden. Hier wird gegen die Prinzipien der sprachlichen Natürlichkeit und der Einbettung verstoßen, wonach dem Lerner jedes einzelne Übungs-Item in seiner möglichen kommunikativen Funktion durchsichtig sein muss und die Übung in minimale kommunikative Situationen eingebettet und nicht aus zusammenhanglosen Items bestehen sollte. (Für positive und negative Beispiele vgl. 5.1.3.)

Allzu oft sind Übungen allein als Manipulation formaler Sprachelemente durchführbar, so wenn ein Lerner einen nicht voll verstandenen Aktivsatz gleichwohl korrekt in sein passivisches Äquivalent transformiert oder wenn er vor lauter inhaltlicher Belanglosigkeit der Items die Übung nur formal erledigt. Es ist unschwer vorherzusagen, dass das Üben dann nicht lernwirksam, d. h. zu implizitem Wissen wird, denn rein formales Manipulieren sprachlicher Symbole ist nicht das Funktionsprinzip unseres angeborenen Sprachlernvermögens, das primär darauf eingestellt ist, Form-Inhalts-

Beziehungen herauszufinden und in der Kompetenz zu verankern. Eine Ausnahme bilden ritualisierte Phasen von Alltagsgesprächen, in denen durchaus sprachliche Reize zu automatischen sprachlichen Reaktionen führen, etwa in *Wie geht's? – Danke, gut, und Ihnen?* (vgl. 9.2.2). Die Forderung nach bedeutungshaltigen, abwechslungsreichen und interessanten Übungen ist daher nicht nur als motivationspsychologisch begründet, sondern als spracherwerblich geboten zu betrachten. Auch fertigkeitspsychologisch ist inhaltsleeres Üben sinnlos: Sprechen und Schreiben beginnen mit Aussageabsichten, also Inhalten, und sprachliche Mittel müssen über diese und nicht über andere sprachliche Mittel abgerufen werden.

Zur kommunikativen Verankerung einer Übung sollte der Lehrer versuchen, ihr im Anschluss an oder mit den letzten Items eine Wendung zu inhaltlichen Aussagen zu geben. Butzkamm (^{3}2002, Kap. XI) gibt zahlreiche Beispiele für ein solches Verfahren. Überraschende und für die Lerner bedeutsame Inhalte kommen oft auch dadurch zustande, dass man Lerner gelegentlich selbst Übungen erstellen lässt. Dies wie auch der Vorschlag Butzkamms können dem Üben im Unterricht ein wenig des spielerischen und kreativ-lustvollen Charakters zuteil werden lassen, der das selbstinitiierte Üben des Kindes im ungesteuerten Erwerb auszeichnet.

Ein zusammenfassender Rückblick auf die drei besprochenen zentralsten Steuerungsinstrumente des Fremdsprachenunterrichts zeigt, dass sie letztlich spracherwerblich und psycholinguistisch abgesichert sind, denn im ungesteuerten Erwerb findet sich Vergleichbares. Es gibt dort Anteile von Bewusstheit und Formbezogenheit, ohne Aufmerksamkeit im Sinne des *noticing* werden viele Elemente der Zielsprache nicht oder nur deutlich langsamer erworben. Zu erhöhter Aufmerksamkeit führt u. a. korrigierendes Feedback, das sowohl im Erst- wie auch im Zweitspracherwerb von kompetenten Sprechern recht konsistent bereitgestellt wird. Diese sichern darüber hinaus durch Inputanpassungen und in Bedeutungsaushandlung mit dem Lerner Verständlichkeit und bieten dadurch Lernmöglichkeiten. Sogar Übungsanteile sind im Erstspracherwerb nachgewiesen worden; der Zweitspracherwerb ist diesbezüglich schlechter untersucht, vermutlich findet hier aber nicht hörbar ebenfalls Üben statt.

Der Fremdsprachenunterricht verschiebt den Anteil dieser natürlichen Lernhilfen allerdings zuungunsten der Kommunikation. Dies kann als eine Reaktion auf die anders gelagerten Lernbedingungen interpretiert werden, in denen erstens die Kontaktzeit gegenüber der im ungesteuerten Erwerb drastisch geringer ist, zweitens die Möglichkeiten authentischer Kommunikation beschränkter sind und drittens ein ganz anderes Verhältnis zwischen Lernern und Muttersprachlern besteht, denn im Unterricht im Ausgangssprachenland begegnen Lerner gewöhnlich kaum Muttersprachlern.

Es ist jedoch stets kritisch zu fragen, wie weit die Gewichte unter welchen Gegebenheiten, mit welchen Lernern und bei welchem Lernstand verschoben werden dürfen. Da hier handlungsentscheidende Variablen allen Unterrichts liegen, müssen generelle Empfehlungen notwendig allgemein bleiben: Keines der Mittel Grammatik, Korrektur, Inputanpassung und Üben darf zum Zweck werden und sich so verselbständigen. Konkretisiert werden diese grundlegenden Überlegungen in den Kapiteln zu den sprachlichen Fähigkeiten und den vier Fertigkeiten.

1.4 Lösungshinweise zu den Aufgaben

Zu Aufgabe 1-1:
(a) Erstens gibt es kaum noch Lernsituationen, in denen der Zugang zur fremden Sprache ausschließlich im oder durch Unterricht, also gesteuert, stattfindet. Vielmehr haben Lerner heute durch die elektronischen Medien und die Mobilität von Personen auch außerhalb des Unterrichts Kontakt mit der Zielsprache, Fremdsprachenunterricht findet sogar oft im Zielsprachenland statt. Das hierdurch bewirkte ungesteuerte Lernen ist von der Zweitspracherwerbsforschung untersucht worden. Zweitens unterrichten heutzutage Lehrer, die ausgebildet wurden, eine Fremdsprache zu unterrichten, nicht selten ihre L1 als Zweitsprache.

Die Zweitspracherwerbsforschung hat drittens für viele Bereiche der Sprache festgestellt, dass Lerner in der Auseinandersetzung mit dem Input ihre eigenen Grammatiken konstruieren, die sich in festen Entwicklungsstufen entfalten. Diese zeigen sich auch im Fremdsprachenunterricht, selbst dann, wenn hier andere Strukturen fokussiert werden. Die Fremdsprachendidaktik muss erkennen, dass sie den Erwerbsprinzipien nicht entgegenarbeiten und die Erwerbsabfolgen nicht verändern kann, sondern sich an ihnen orientieren muss. Die Zweitspracherwerbsforschung bietet somit ein notwendiges Korrektiv zu der Annahme, dass im Idealfall gelernt wird, was gelehrt wird.

Viertens stellt das Konzept der Lernersprache mit der inneren Logik der jeweiligen Lernervarietät und den sie beeinflussenden Faktoren ein mächtigeres und erklärungsstärkeres Instrument dar als die allein zielsprachenorientierte „Fehler"-Analyse.

(b) Die Fehleranalyse nimmt eine atomistische und ausschließlich an der Zielsprache orientierte Sicht ein. So kann sie nur feststellen, was der Lerner *nicht* kann. Lernen wird als bloße Addition neuer zielsprachlicher Elemente und Strukturen zu den bereits gelernten verstanden. Die Lernersprachenanalyse dagegen geht davon aus, dass der Lerner zu jedem Zeitpunkt über ein in sich weitgehend stimmiges System verfügt, mit dem er seine kommunikativen Bedürfnisse und Aufgaben zu erfüllen sucht. Mit dem Erwerb neuer Elemente und Strukturen kann eine tiefgreifende Reorganisation des bisherigen Wissens verbunden sein, oft begleitet von scheinbaren Rückschritten in Form von mehr Fehlern; diese kann die Lernersprachenanalyse sogar als Zeichen von Lernfortschritt werten. Das Wissen um die Einflussfaktoren auf Leneräußerungen ist die Grundlage hilfreichen Feedbacks (vgl. auch 1.3.2).

Zu Aufgabe 1-2:
(a) Lernersprachliche Strukturen entstehen aufgrund der erfolgreichen Übernahme von Elementen der L2 (einschließlich modellabweichender Übergeneralisierungen), aufgrund von Transfer aus der L1 oder durch den Prozess der kreativen Konstruktion aus dem Input. Ferner kann die Lernersprache geprägt sein von Transfer aus der Lernumgebung oder durch Versuche, aktuelle Kommunikationsprobleme zu lösen, für welche die erworbene Kompetenz noch nicht ausreicht.

(b) Diese Prozesse schlagen sich in den Beispielen in unterschiedlicher Weise nieder:

Auf den ersten Blick könnte das Wort *Shopocolismus* in (i) als Transfer aus der L1 angesehen werden. Doch gibt es im Russischen kein solches Wort, und weil die Kursteilnehmerin bei dem Ausdruck blieb, obwohl sie sah, dass die Lehrerin ihn zuerst nicht verstand, und ihn mehrfach deutlich wiederholte, ist davon auszugehen, dass sie eine Kommunikationsstrategie verfolgte, mit der sie das fehlende zielsprachliche Wissen kompensieren wollte. Sie baute offensichtlich auf die Kombination von *Shopping* und *Alkoholismus* als Internationalismen.

Liest ihr jetzt den Text! in (ii) ist weder ausgangs- noch zielsprachlich, dürfte aber aufgrund von zwei Übergeneralisierungen erkannter zielsprachlicher Regeln zustande gekommen sein. Der Wechsel vom Stammvokal *e* (*les-*) zum *ie* (*Lies, du liest*) in Imperativ Singular und der singularischen Anredeform wird auch auf den Imperativ Plural übergeneralisiert. Übergeneralisiert wird ebenfalls das Personalpronomen des Imperativs der Höflichkeitsform (*Lesen Sie*). Dass sich diese Struktur bei vielen Lernern zeigt, ist wohl darauf zurückzuführen, dass sie sich kaum je in Situationen finden, wo sie eine Gruppe von geduzten Personen zu etwas auffordern müssen, außer eben in der ungewohnten Rolle als etwa gleichaltrige Lehrperson. Zumindest in der Erwerbsituation traditioneller Fremdsprachenunterricht ist dieser Handlungskontext äußerst selten.

Bahns (1985) und Butzkamm (^{3}2002) klassifizieren fehlerhafte Strukturen wie in (iii), die in natürlichen Erwerbskontexten kaum vorkommen, als durch eine bestimmte Art von Unterricht bedingt. „Generell werden unterrichtsspezifische Fehler auf den ständigen Produktionszwang, dem die Schüler im Unterricht ausgesetzt sind, zurückgeführt ... Während man in natürlichen Erwerbssituationen der eigenen Entwicklungslogik gehorcht und sich nur dann äußert, wenn man es will, und nur so, wie man es kann, wird der Schüler im Unterricht häufig in Sprechmuster gedrängt, für die seine Kompetenz nicht ausreicht." Butzkamm (^{3}2002: 123-4) Im vorliegenden Fall hat ein großer Teil der Lerner *Can you see ...* noch nicht analysiert, sondern versteht und gebraucht den Ausdruck holistisch.

Bei der Nicht-Aspiration von Plosiven in (iv) liegt Transfer aus der L1 vor.

Strukturen wie in (v) **Ich nein essen, *Ich nicht schlafen* kommen weder in der Ausgangs- noch in der Zielsprache vor, sind aber auch nicht als Übergeneralisierung erkannter L2-Regeln erklärbar. Es handelt sich um entwicklungsbedingte Strukturen, die für Lerner auch anderer Ausgangssprachen als Englisch typisch sind und die überdies auch in anderen Zielsprachen gemacht werden. Da sie auch im Erst- und ungesteuerten Zweitspracherwerb auftreten, werden sie als eine universelle Erwerbsstufe von Negation aufgefasst (vgl. u. a. Wode 1993).

Zu Aufgabe 1-3:
Zitat (1) aus Diehl u. a. (2000: 379) vertritt eine No-Interface-Position. Wie Krashen setzen die Autorinnen für den Spracherwerb allein auf das implizite Lernen. Der Input muss auch nicht hinsichtlich der zu lernenden Strukturen gefiltert sein, sondern nur altersangemessen, motivierend und reichhaltig.

Zitat (2) aus Butzkamm (^{3}2002: 114 & 133) vertritt eine differenzierte Interface-Position. Der Autor zeigt zunächst entscheidende Unterschiede zwischen dem natürlichen Erwerb unter günstigen Bedingungen und den beschränkten Bedingungen von Unterricht auf. Formale Grammatik im Sinne von Bewusstheit und Erklärungen kann, wenn sie jeweils passt, dem unbewussten Erwerb eine Hilfe sein, nicht weniger, aber auch nicht mehr. Grammatisches Wissen ist laut dieser Position aber keineswegs Kern des Unterrichts.

Zu Aufgabe 1-4:
Für den Spracherwerb ist verständlicher Input notwendig, und das ist häufig seitens des kompetenten Sprechers angepasster Input. Aber allein angepasster und darüber hinaus motivierender Input ist nicht hinreichend, wie u. a. die kanadischen Immersionsprogramme gezeigt haben, die zu einer sehr guten Verstehensfähigkeit geführt haben, aber die aktive Sprachkompetenz weit entfernt von zielsprachlichen Strukturen fossilieren ließen. Um auf nicht unmittelbar kommunikativ relevante Aspekte der Sprache aufmerksam zu werden, bedarf es des Feedbacks in Interaktionen. Dies ist potentiell lernwirksam, weil es die Aufmerksamkeit des Lerners auf Strukturen und Elemente richtet, mit denen er gerade produktiv befasst ist; die Strukturen müssen allerdings im Bereich seines gegenwärtigen Entwicklungsstands liegen. Lernwirksamer als eine reine Inputflut ist interaktional ausgehandelter Input, denn alleine die Aushandlungen führen zu stärker bewusster Fokussierung von sprachlicher Form und Formen.

2 Prinzipien des lernerzentrierten Fremdsprachenunterrichts

2.1 Lehrer- und Lernerzentriertheit in der Allgemeinen Didaktik

Die Allgemeine Didaktik unterscheidet drei Paradigmen des Lernens: (1) Das *angeleitete Lernen*, wo der Lehrer die Lernprozesse weitgehend unter Kontrolle hat, indem er das zu Lernende vorgibt, während des Lernprozesses Anweisungen gibt, Details festlegt, schrittweise vorgeht, wiederholen lässt, bestätigt, korrigiert usw. (2) Das *moderierte Lernen*, wo der Lehrer die Lernprozesse anregt, indem er Situationen, Materialien oder Aufgaben bereitstellt, an denen das Lernen stattfinden soll; die Lerner werden zwar angeleitet, aber nur mit minimaler Hilfe unterstützt. (3) Beim *autonomen Lernen* schließlich gehen die Lerner selbstorganisiert, selbsttätig, selbstgesteuert und selbstkontrolliert vor; die Rolle des Lehrers beschränkt sich auf die des Lernberaters. (vgl. Gasser 2001: 31)

Den Paradigmen des Lernens entsprechen Grundformen des Lehrens und des Lehrerverhaltens, die im Folgenden zunächst in einer typisierenden Gegenüberstellung von lehrer- und lernerzentrierten Unterrichtsverfahren dargestellt werden. Dem autonomen Lernen ist ein eigener Abschnitt (2.3) gewidmet, da es in der Regel auf Aktivitäten außerhalb des Unterrichts zielt oder in der Form des Projektunterrichts eine zeitweilige Aufhebung des für den normalen Unterricht charakteristischen Lernorts (Klassenzimmer) und der üblichen im Stundenplan ausgewiesenen Lernzeit erfordert. Wir schließen uns hier der Auffassung Gassers an, dass solches Lehren und Lernen nicht auf traditionelle didaktische Bestände und Formen verzichten kann, sondern Letztere voraussetzt. „Die ‚Erweiterten Lehr- und Lernformen' sind ein ‚Plus-Programm', das auf den traditionellen Lehr- und Lernformen und darüber hinaus auf weiter reichenden didaktischen Kompetenzen aufbaut." (Gasser 2001: 25)

Traditionell wird zwischen Darbieten und Erarbeiten als Grundformen des Lehrens unterschieden. Beim *darbietenden (auch: darstellenden) Lehrverfahren* trägt der Lehrer Inhalte vor, präsentiert Regeln und Gesetze, zeigt vor, macht vor und lässt die Lerner nachmachen; die Sozialform ist der Frontalunterricht, der Lernerfolg wird durch Abfragen kontrolliert. Der Lehrer steht damit im Zentrum des Unterrichts und bestimmt die Lernprozesse nach Art, Dauer und Umfang. Die Lerner rezipieren das Dargebotene und werden höchstens reagierend aktiv. Beim *erarbeitenden (auch: entdecken-lassenden) Lehrverfahren* stellt der Lehrer Lernsituationen her, in denen die Lerner allein, zu zweit oder in Gruppen Aufgaben und Probleme lösen, Lösungswege überprüfen, gegebenenfalls weitere Lösungen erproben und schließlich im Gespräch Lösungen austauschen und somit von subjektiven zu objektivierbaren Einsichten gelangen. Beim Darbieten sieht sich der Lehrer in der Rolle des Wissensvermittlers, beim Erarbeiten und Entdeckenlassen in der Rolle des Arrangeurs von Lernsituationen und des Helfers im Lernprozess sowie in der Rolle dessen, der für die Ergebnissicherung verantwortlich ist. Durch dieses bewusste Zurücktreten des Lehrers erhalten die Lerner Freiräume und die

Möglichkeit und Aufgabe, an einem bestimmten Inhalt, einem Problem, an einem Experiment oder Projekt selbst zu arbeiten und dadurch das selbständige Entdecken und ein eigengesteuertes Problemlösen zunehmend qualifizierter zu betreiben. Auch soll dabei ein konkretes, gesichertes Wissen erworben und aufgebaut werden, doch geht es um mehr als das. Der Aspekt des Wissenserwerbs wird wesentlich erweitert durch die erstrebte Fähigkeit beim Schüler, zugleich auch ein Problem selbständig angehen zu können, aus dem Lerngegenstand Fragen zu entwickeln oder gezielte Fragen an die Sache zu stellen, Lösungswege selbständig zu entwerfen und bereits bekannte Lösungsverfahren oder -strategien zum Zwecke einer sachgerechten Lösung auszuwählen und einzusetzen. Auch das Erlebnis eines Mißerfolgs kann ein notwendiger Lernprozeß sein. (Hagmüller [2]1982: 83)

Darbieten und Erarbeiten bezeichnen Pole des Lehrerverhaltens, zwischen denen es zahlreiche Übergänge und Zwischenformen gibt. Eine solche Zwischenform ist das sogenannte *fragend-entwickelnde Verfahren*. Hier klärt der Lehrer mit den Lernern zum Beispiel einen Begriff oder Zusammenhang, erklärt eine Regel, entfaltet einen Sachverhalt oder löst ein Problem durch eine kleinschrittige Abfolge von Frage – Antwort – (Bestätigung) – Frage – Antwort usw. Voraussetzung für dieses Verfahren ist, dass die Lerner Vorinformationen zum Gegenstand des Gesprächs mitbringen, die ihnen das Antworten erlauben. Äußerlich sind die Lerner bei dieser Art der Unterrichtsgestaltung aktiver als beim Lehrervortrag, ihre geistige Aktivität ist aber stark eingeschränkt, denn der Lehrer legt Inhalt, Richtung und Weite des Gedankengangs fest und führt die Lerner nicht nur eng steuernd auf das von ihm gesetzte Ziel hin, sondern erlaubt auch keine Abweichung von dem vorgegebenen Lernweg. Wird diese Methode mechanisch eingesetzt, dann sind die Lerner nur scheinbar aktiv; in Wirklichkeit geben sie lediglich Stichwörter für die nächste Frage und versuchen eher zu erraten, was der Lehrer als Antwort erwartet, als selbständig zu denken und sich an der Sache zu orientieren. Unter dem Aspekt der Forderung nach mehr Lernerzentriertheit ist an diesem Verfahren zu kritisieren, dass weder echte Kommunikation zwischen Lehrer und Lernern (schon gar nicht zwischen den Lernern untereinander) noch eine eigenständige gründliche Auseinandersetzung mit der Sache zustande kommt. Ein guter Lehrervortrag oder die Vermittlung des für notwendig erachteten Wissens durch Texte oder andere Medien wäre hier nicht nur ehrlicher, sondern auch effektiver.

Dagegen ermöglicht das *impuls-gebende Verfahren* als weitere Zwischenform zwischen Darbieten und Erarbeiten mehr Lerneraktivität. Impulse sind Anstöße des Lehrers, die zwar auch die Form von Fragen haben können, aber offener sind als beim fragend-entwickelnden Verfahren und den Lernern Gelegenheit zu intensiverer, eigenständiger Denkleistung und damit längeren Beiträgen geben; Impulse räumen die Möglichkeit unerwarteter, abweichender und kontroverser Antworten ein und zeichnen sich v. a. dadurch aus, dass sie mit einer einzigen Lerneräußerung noch nicht abschließend „beantwortet" sein müssen, sondern mehrere und unterschiedliche Reaktionen herausfordern und so idealerweise auch zu einem Gespräch der Lerner untereinander führen. Impulse sind ein wichtiges Instrument, um Gespräche in der Sozialform Plenum anzustoßen, aufrechtzuerhalten und zu strukturieren.

Eine weitere Zwischenform ist der *aufgabenorientierte Unterricht*. Die Aufgaben werden zwar vom Lehrer gestellt, der auch ihren Ort im Lernprozess und die zur Bearbeitung verfügbare Zeit festlegt, schließlich auch überprüft und bewertet, aber die Ler-

2.1 Lehrer- und Lernerzentriertheit in der Allgemeinen Didaktik

ner erbringen bei der Aufgabenbewältigung eigene Denk- und Arbeitsleistungen. Aufgaben implizieren einen Wechsel der Sozialformen von Frontalunterricht oder Plenum zu Einzel-, Partner- oder Gruppenarbeit und zurück zu Frontalunterricht oder Plenum. Aufgaben in diesem Sinne sind nicht zu verwechseln mit Übungen im engeren Sinne, denn bei Letzteren stehen die Verfahren der Bearbeitung fest oder werden durch ein Beispiel vorgegeben, sie verlangen also keine kreativen Denkleistungen; zudem enthalten sie immer ein starkes Element von Steuerung und meist eine Fokussierung auf ein recht begrenztes Phänomen, den Übungsgegenstand, und verlangen die Wiederholung gleichartiger Tätigkeiten (vgl. Kap. 1.3.3). Aufgaben können aber auch noch lernerzentrierter gehandhabt werden als hier skizziert: Sie müssen nicht vom Lehrer gesetzt sein, sondern können zusammen mit den Lernern formuliert werden, größeren Umfang und höheren Grad an Komplexität besitzen, mit einem flexibleren Zeitbudget versehen sein und schließlich in ihren Ergebnissen von Lehrer und Lernenden gemeinsam bewertet werden. In solch anspruchsvolleren Formen gehören Aufgaben auch zum erarbeitenden Lehrverfahren und sogar zu Formen der Projektarbeit.

Voll dem Pol des Erarbeitens zuzurechnen ist der *handlungsorientierte Unterricht*, der auf der Grundlage konstruktivistischer Lerntheorien (s. u.) die Lerner selbständig an Themen und Aufgaben arbeiten und exemplarisch Erkenntnisse gewinnen lässt. Die Ergebnisse werden in Form eines Produkts vorgestellt; dabei kann es sich um ein Plakat, einen Leserbrief, einen Vortrag, eine Klassenzeitung, ein Interview, einen Film, eine Aufführung u. a. handeln (vgl. Giest ^{2}2008).

Die methodischen Grundformen Darbieten und Erarbeiten stehen in längeren Traditionen. Für das Darbieten hat in Deutschland der Philosoph und Pädagoge Johann Friedrich Herbart (1776-1841) eine Einteilung des Unterrichts in Phasen entwickelt, die als „Herbartsche Formalstufentheorie" bekannt ist. Nach dieser Konzeption durchläuft ein Neuerwerb von Wissen bestimmte Stufen. Der Lernende muss zunächst *Klarheit* gewinnen über die Vorstellungselemente, die er bereits als Wissensbesitz mitbringt; die Aufnahme neuer Vorstellungselemente bezeichnet Herbart als *Assoziation*, auf die im nächsten Schritt eine systematische Einordnung der neuen Vorstellung in den bisherigen Vorstellungsbestand der Schüler erfolgen muss, d. h. es ist *System* nötig. Zuletzt muss das assoziierte und eingeordnete Vorstellungselement noch eingeübt und angewendet werden, was als *Methode* bezeichnet wird. Bei Rein, einem Nachfolger Herbarts, wurde die erste Stufe aufgespalten; seine Bezeichnungen der nun fünf Formalstufen sind *Vorbereitung, Darbietung, Verknüpfung, Zusammenfassung, Anwendung*. In bewusster Absetzung von dieser Konzeption der Lernphasen stehen Ansätze wie die der Reformpädagogik (ca. 1890-1930), der Arbeitsschulbewegung (Kerschensteiner 1854-1932) und der Projektmethode. Hier sollen die Schüler frei, selbsttätig und selbständig ein praktisches Ziel erreichen und durch diese „Arbeit" Erkenntnisgewinne erzielen. Bei Scheibner, einem Vertreter der Reformpädagogik, sind die Stufen eines solchen Vorgangs *Arbeitszielsetzung, Arbeitsmittel suchen-prüfen-ordnen, Arbeitsplan entwerfen, Arbeitsschritte ausführen, Arbeitsergebnis besehen-prüfen-beurteilen, Arbeit auswerten*.

In den USA hat sich die Kontroverse um die methodischen Grundformen in den 60er Jahren des 20. Jahrhunderts in Form der Auseinandersetzung zwischen D. Ausubels Konzept des „sinnvollen verbalen Lernens" und J. S. Bruners Konzept des „entdeckenden Lernens" wiederholt. Ausubel bestreitet nicht, dass Lerner zu selbständigem Entdecken fähig sind, es ist für ihn aber nicht möglich, dass sie die relevanten Wissens- und Kulturbestände sämtlich nachempfinden oder nacherfinden. Statt dessen ist es für ihn die Aufgabe von Unterricht, zum Aufbau eines umfassenden Wissensbestandes zu führen, indem die Fähigkeit der Lerner zu sinnvollem verbalen Lernen ausgenutzt wird. Diese Fähigkeit erlaubt es, ohne ständigen Rückgriff auf konkrete Gegebenheiten neue Bedeutungen zu erwerben. Die Schritte eines solchen Vorgehens weisen deutliche Bezüge zu den Formalstufen der Herbertianer auf:

- Das Neue knüpft an das an, was schon bekannt ist (Aktivierung des Vorwissens).
- Der neue Inhalt wird schrittweise (und möglichst lückenlos, „kumulativ") dargeboten.
- Dann werden die Wissensteile verknüpft, man erklärt, wie die Dinge zusammenhängen.
- Nachher werden die neuen Inhalte in den fachwissenschaftlichen Zusammenhang eingeordnet.
- Abschließend üben die Lernenden das Gelernte ein. (Gasser 2001: 114)

Bei dem so erfolgenden Auf- und Ausbau kognitiver Strukturen handelt es sich nicht um bloßes reproduzierendes Auswendiglernen.

Auch für die durch Bruner vertretene Gegenposition geht es um den Erwerb von Wissen und Können, nur soll er durch selbständiges Entdecken erfolgen. „Entdecken heißt für Bruner, ohne Zeitdruck Vermutungen überprüfen, Umwege und Irrwege beschreiben dürfen, aus Fehlern lernen, Herausgefundenes mit eigenen Worten festhalten, das Wissen schließlich im Gespräch (ev. mit Lehrerhilfe) klären und zu Wissensstrukturen ... verbinden." (Gasser 2001: 113) Die hier eingeübte Selbständigkeit soll zu der Fähigkeit führen, Probleme auch außerhalb des Unterrichts lösen zu können. Stark vereinfachend kann man die Position Ausubels als eher ergebnisorientiert, die Bruners als eher lernprozessorientiert bezeichnen.

Gegenwärtig werden die methodischen Grundformen unter den Begriffen *Instruktions- und Konstruktionsmodell* des Lehrens und Lernens diskutiert. Gasser skizziert diese Modelle wie folgt:

Instruktion als lehrergesteuerter, systematischer, an Inhaltsstrukturen orientierter Unterricht bewirkt rezeptives (aufnehmendes) und reproduzierendes Lernen. (Gasser 2001: 115)
Konstruktion als Unterrichten meint: Lernwelten modellieren, Lernsituationen gestalten, Lernende unterstützen/anregen/beraten zur Ermöglichung von Lernen. Lernen ist ein konstruktiver, aktiver, selbstgesteuerter und sozialer Prozess, der am besten in „problemorientierten Lernumgebungen" gelingt. (Gasser 2001: 116)

Die Geschichte der Auseinandersetzung um die methodischen Grundformen Darbieten und Erarbeiten bzw. Instruktion und Konstruktion sowie die pädagogische Praxis haben gezeigt, dass beide Lehrverfahren lernwirksam sein können und als einander ergänzende einzuschätzen sind. Dennoch kommt man in der Lehrerausbildung angesichts der immer noch ungebrochenen Dominanz des lehrerzentrierten Frontalunterrichts nicht umhin, lernerzentrierte Lehrverfahren in den Vordergrund zu rücken, wie es auch in den folgenden Abschnitten und in den weiteren Kapiteln geschehen soll.

Trotz ihrer beträchtlichen Tradition werden lernerzentrierte Verfahren immer noch als „modern" bezeichnet und empfunden und setzen sich auch dort, wo sie – wie im deutschsprachigen Raum seit den frühen 90er Jahren – verstärkt propagiert werden, in der Praxis nur zögerlich durch. Es ist beobachtet worden, dass junge Lehrer, auch wenn sie in der Ausbildung lernerzentrierte Verfahren in Theorie und Praxis kennengelernt haben, nach wenigen Berufsjahren oft wieder lehrerzentriert unterrichten – offensichtlich setzen sich die Prägungen, die man als Schüler durch traditionellen Unterricht über mehr als ein Dutzend Jahre erhält, in vielen Fällen langfristig gegen alle Theorie und gegen die vergleichsweise kurze Zeit der Lehrerausbildung durch.

Die Beständigkeit herkömmlicher Unterrichtsformen mag aber auch daher rühren, dass sie für Lehrer wie Schüler bequemer zu sein scheinen: Für den Lehrer ist es mit ein wenig Routine leichter, eine Stunde lang selbst zu reden als seine Schüler zum Reden zu bringen; während der Stunde kann nicht viel Unvorhergesehenes passieren, und eine einmal erstellte Unterrichtsplanung kann wieder aus der Schublade gezogen werden. Für Schüler ist es weniger anstrengend, mehr oder weniger unauffällig auf das Ende der Stunde zu warten als über längere Phasen hinweg aktiv werden zu müssen. Der Preis für solche unausgesprochenen „Stillhalteabkommen" ist aber geringere Lust am Lernen (und langfristig auch am Lehren). Außerdem sind solche Lerner, die nicht nur den schulischen Anforderungen entsprechen wollen, sondern die fachlichen Ziele um ihrer selbst willen anstreben, z. B. in kurzer Zeit eine ihren Zwecken angemessene kommunikative Kompetenz zu erreichen, hier in der Regel fordernder: Sie lassen sich nicht mit routiniert dargebotenem Unterricht abspeisen, in dem hauptsächlich der Lehrer aktiv ist.

Für das Fremdsprachenlernen ist lehrerzentrierter Unterricht besonders uneffektiv. Dies soll im Folgenden gezeigt werden, zugleich aber auch, dass Unterricht grundsätzlich in Richtung von mehr Lernerzentriertheit verändert und somit effektiver und für beide Seiten letztlich befriedigender gestaltet werden kann.

2.2 Lernerzentriertheit im Fremdsprachenunterricht

Hospitationen lassen es immer wieder erleben, und Untersuchungen bestätigen es: Die meiste Zeit, zwischen 50–80 % der Stunde, redet der Lehrer oder die Lehrerin. Nach optimistischen Berechnungen Freudensteins aus dem Jahr 1965 ergibt sich für einen Fremdsprachenschüler eine Redezeit von ca. 30 Sekunden pro Unterrichtsstunde; neuere Untersuchungen kommen immer noch zu ähnlichen Zahlen (vgl. Storch 1999: 297). In Anbetracht der Überlegung, dass der Erwerb einer Fremdsprache als Kommunikationsmittel nur dann gelingen kann, wenn sie auch zur Kommunikation verwendet wird, ist das viel zu wenig.

Der Fremdsprachenunterricht gibt dem Lerner aber nicht nur quantitativ zu wenig Raum, auch mit der Qualität seiner Äußerungsmöglichkeiten liegt es im Argen: Lerner werden im Unterricht oft nur reaktiv und nur eingeschränkt tätig, was die Fülle sprachlicher Funktionen betrifft. Sie geben überwiegend Antworten und stellen höchstens Verständnisfragen, Lehrer dagegen initiieren, organisieren, geben Anweisungen, stellen dar, strukturieren, fassen zusammen, bewerten usw., vollziehen also eine erheblich größere Vielfalt unterschiedlicher Sprechakte. Überdies finden die sprachlichen Äußerungen der Lerner meist nur im Rahmen simulierter Kommunikation statt, z. B. wenn vorgegebene Rollen, etwa als Reisende und Empfangsdame im Hotel, ausgefüllt werden sollen oder wenn der Lehrer in Textarbeits- und Konversationsstunden Themen zur Diskussion stellt wie Umweltschutz, Drogen, Gleichberechtigung von Mann und Frau, derer v. a. Lerner, die deutsche Lehrer hatten, auffällig überdrüssig sind. Für „echte" Kommunikation dagegen wechseln Lerner in sprachlich homogenen Gruppen und wenn die zu lernende Sprache auch für den Lehrer eine Fremdsprache ist, oft in die Muttersprache, so wenn zentrale Aspekte der Unterrichtsorganisation geklärt werden, wenn Probleme mit Arbeitsaufträgen oder in der Zusammenarbeit mit anderen Lernern auftreten oder wenn Inhalte eine starke emotionale Beteiligung der Lerner auslösen (vgl. Boócz-Barna 2007 und Kap. 9.4)

2.2.1 Veränderung des Rollenverhaltens von Lehrer und Lernern

Zu fordern ist also eine Veränderung der Rede- (quantitativer Aspekt) und der Handlungsanteile der Lerner (qualitativer Aspekt). Einige Umsetzungsmöglichkeiten dieser Forderungen seien im Folgenden skizziert.

Zunächst können die Lerner einen gewissen Teil der Handlungen übernehmen, die traditionell der Lehrer durchführt. In Plenumsdiskussionen muss nicht der Lehrer das Rederecht erteilen, der Lerner, der den letzten Beitrag geleistet hat, kann das Wort selbst an einen Mitlernenden weitergeben. Dies gilt auch für das Aufrufen bei Übungen. Die Praxis zeigt, dass einander aufrufende Lerner durchaus darauf achten, dass nicht immer dieselben „drankommen". Auch die Korrekturfunktion bei geschlossenen oder halboffenen Übungen muss nicht immer beim Lehrer liegen – die anderen Lerner können hier die Richtigkeit oder Korrekturbedürftigkeit einer Lösung ebensogut signalisieren. Fortgeschrittene können darüber hinaus auch in offenen Phasen Korrekturen vornehmen, so etwa indem bestimmte Lerner abwechselnd mit der Aufgabe betraut werden, bei Diskussionen oder der Vorstellung von Gruppenarbeitsergebnissen mögliche Sprachprobleme zu protokollieren und am Ende der inhaltsorientierten Phase zur Diskussion zu stellen. Auch die Evaluation komplexer Aufgaben, etwa der Ergebnisse von Gruppenarbeit, kann und sollte von Lehrer und Lernern gemeinsam im Gespräch vorgenommen werden. Insofern als in diesem Kontext Schwierigkeiten von und Herangehensweisen an die Aufgaben reflektiert werden, ergeben sich Anlässe zu authentischem Sprechen.

Weiter ist zu hinterfragen, ob es immer der Lehrer sein muss, der Themen und Materialien in den Unterricht einbringt. Die Lerner sollten hier zur Eigeninitiative ermuntert werden. Ein weniger weitgehendes Verfahren wäre es, Lerner zumindest bei der Auswahl von Themen und Materialien zu beteiligen. Auch Lektionen in Lehrwerken enthalten oft mehr Übungen und Aufgaben, als normalerweise in der zur Verfügung stehenden Zeit zu bewältigen sind – warum soll hier immer der Lehrer die Auswahl treffen? Und können nicht auch die Lerner mitentscheiden, in welcher Form gegebenenfalls bestimmte Aufgaben bearbeitet werden und was sinnvollerweise als Hausaufgabe zu erledigen sein könnte? Solch weitergehende Beteiligung der Lerner setzt allerdings voraus, dass der Lehrer den Unterricht in seinen Lernzielen und Methoden für die Lerner transparent zu machen versteht, damit gemeinsame Entscheidungen begründet getroffen werden und dem Lernprozess auch nutzen. In diesem Sinne ist es für Storch (1999: 301) ein erster Schritt zu mehr Lernerzentriertheit, wenn „die pädagogischen und didaktischen Grundlagen des Unterrichts thematisiert" werden.

Eine wichtige Rolle im Fremdsprachenunterricht spielt die Arbeit mit (Lektions) Texten. Oft führt der Lehrer vorher wichtige Vokabeln und Wendungen ein und erklärt sie, um das Verständnis beim ersten Lesen zu erleichtern. Eine alternative Methode wäre, solche Texteinstiege jeweils abwechselnd von Mitgliedern der Lerngruppe zu Hause vorbereiten und dann in der Stunde durchführen zu lassen. Es ist oft erstaunlich zu sehen, auf welch kreative Weise und mit welchen Beispielen Lerner neue Wörter erklären und wie sie das Verstehensniveau ihrer Gruppe treffen. Auch bei während der Textarbeit entstehenden Vokabelfragen sollte man zunächst versuchen, sie von der Lerngruppe selbst klären zu lassen.

Je nach den Traditionen des Schul- und Bildungssystems und den allgemeinen Lerntraditionen, in denen die Deutschlernenden stehen, bedeuten die vorangehenden Vorschläge eine mehr oder weniger starke Veränderung der Rollenbilder und müssen daher gegebenenfalls schrittweise und behutsam umgesetzt werden, begleitet von Begründungen auf Lehrerseite und Rückmeldungen von Lernerseite, und als neue Verhaltensweisen auch eingeübt werden.

2.2.2 Einschränkung und Optimierung von Lehrerfragen

Von den inhaltlichen Bereichen des Fremdsprachenunterrichts lassen sich v.a. zwei in Hinsicht auf mehr Lernerzentriertheit verändern, die Grammatik- und die Textarbeit. Da beides in anderen Kapiteln vertieft wird (vgl. Kap. 5 und 6), hier nur einige Hinweise: Grammatische Regeln müssen nicht immer vom Lehrer dargeboten werden, die Lerner können sie – mit unterschiedlichem Grad an Unterstützung – im Sinne der Ausführungen zu Beginn dieses Kapitels auch selbst erarbeiten; die hierfür nützliche SOS-Methode (Sammeln – Ordnen – Systematisieren) wird in Kap. 5.3.1 dargestellt.

Mit der Textarbeit traditionell eng verbunden sind Fragen des Lehrers; sie sollen zum einen sicherstellen, dass der Text verstanden wurde, zum anderen sollen sie ein Gespräch über die Inhalte des Textes auslösen und somit Anwendungsmöglichkeiten für neue Wörter und Strukturen eröffnen. Zahlreiche Texte eignen sich nun dazu, dass die Lerner selbst Fragen zum Globalverständnis formulieren. So lassen sich, sofern die Textsorte bekannt ist, oft schon aus der Überschrift Erwartungen an Inhalt und Aufbau ableiten, die dann während des Lesens überprüft werden müssen. Nach dem Lesen wird besprochen, inwiefern der Text die Erwartungen erfüllt hat, wo er über sie hinausgegangen oder wo er in eine andere Richtung als vermutet gegangen ist. Ein solches Gespräch sichert – ebenso wie ein Teil der traditionellen Lehrerfragen – das Globalverständnis und ist gleichzeitig auch schon Anwendungsmöglichkeit des durch das Lesen neu Gelernten. Gibt die Überschrift nicht genügend Hinweise, so tun es möglicherweise die Absatzanfänge, die zusammen mit der Überschrift in der Einführungsphase präsentiert werden können. Bestimmte monologische Hörtexte, insbesondere berichtende und erzählende, eignen sich gut dazu, ihre Präsentation immer wieder zu unterbrechen, die Lerner über den weiteren Fortgang spekulieren zu lassen und nach dem abschnittweisen Hören jeweils Vermutungen und tatsächliche Textinformationen miteinander vergleichen zu lassen. Sofern Dialoge durch gute Situationsbilder illustriert sind, ist es oft möglich, allein aus der Bildinformation vorherzusagen, welche Personen wohl in welchen Rollen worüber mit welchen Intentionen sprechen werden. Vor dem Hören des Dialogs kann auch die Aufgabe stehen, selbst in Partnerarbeit – u. U. gestützt durch sprachliche und inhaltliche Vorgaben – einen möglichen Dialog zu verfassen, der dann mit dem Gehörten verglichen wird. Bei geeigneten Lese- oder Hörverstehenstexten bieten sich also in Form der skizzierten Verfahren durchaus lernerzentriertere Alternativen oder Ergänzungen zu den traditionellen Lehrerfragen an (vgl. Kap. 6, bes. 6.3.3 und 7).

Auf Lehrerfragen kann und soll aber nicht generell verzichtet werden; sie bleiben eines der wichtigsten Instrumente im Unterricht, um Kenntnisse abzufragen, Verständnis zu überprüfen, Gespräche in Gang zu setzen und aufrechtzuerhalten, zu motivieren usw. Sie sind allerdings optimierbar, wie die umfangreiche Forschung zur Interaktion im Fremdsprachenunterricht belegt (Ellis 1994, Kap. 13; Lörscher 1983; Edmondson/House ³2006, Kap. 13). Die Relevanz entsprechender Bemühungen mag ein Zitat von Becker (1988: 163) erhellen: „Die Lehrerfrage ist ... ein wirksames Mittel, das Niveau des Unterrichts zu heben – oder zu senken." Will man hier didaktische Empfehlungen geben, muss man allerdings zuvor Typen von Lehrerfragen unterscheiden und im Hinblick darauf untersuchen, inwiefern sie die Quantität und Qualität der Redebeiträge der Lerner erhöhen und das Sprachlernen fördern.

Lörscher (1983) unterscheidet zwischen syntaktisch und semantisch offen bzw. geschlossenen Fragen. Eine syntaktisch geschlossene Frage legt den Lerner in seiner Antwort grammatisch fest; so erlaubt *Was hat der Patient?* entweder nur die Phrase *Husten* oder den vollständigen Satz *Er hat Husten*. Bezieht sich diese Frage auf einen Lehrbuchdialog, in dem ein Patient wegen seines Hustens einen Arzt aufsucht, ist sie überdies auch semantisch geschlossen, denn es gibt nur eine inhaltlich richtige Antwort. Fragt der Lehrer dagegen *Was hatten Sie, als Sie das letzte Mal zum Arzt gegangen sind?*, so liegt nur eine syntaktisch, nicht aber semantisch geschlossene Frage vor, denn nun sind bei voraussagbarer sprachlicher Form inhaltlich unterschiedliche Antworten möglich. Auch Entscheidungsfragen sind syntaktisch geschlossen, weil die Antwort *Ja* oder *Nein* lauten muss; semantisch können sie ebenfalls offen oder geschlossen sein. Syntaktisch offene Fragen dagegen wären z.B. *Der Arzt hat dem Patienten keine Medikamente verschrieben, sondern ihm geraten, drei Tage im Bett zu bleiben. Was halten Sie von diesem Rat?* oder *Wie verläuft ein typischer Arztbesuch in Ihrem Heimatland?* Hier ist die grammatische Form der Antworten nicht vorhersagbar. Diese Fragen sind zugleich semantisch offen, denn es gibt keine festgelegten richtigen oder falschen Antworten. Syntaktisch offen, semantisch aber geschlossen wären die Fragen *Was ist das Ziel des Telefonats mit der Arztpraxis?* oder *Welche Redemittel benutzt der Arzt, wenn er nach dem Befinden des Patienten fragt?* oder die ganz allgemein gehaltene, auf das Globalverständnis zielende Frage *Worum geht es in dem Text?* Hier sind die Antworten entweder inhaltlich richtig oder falsch. Textbezogene, also semantisch geschlossene Fragen, lassen sich, wie die Beispiele zeigen, weiter in gezieltere und allgemeinere Fragen differenzieren.

Eng verwandt mit der Unterscheidung zwischen semantisch offenen und geschlossenen Fragen ist Long & Satos (1983) Unterscheidung zwischen „referentiellen" Fragen und „display questions". Bei referentiellen Fragen kennt der Lehrer die Antwort

2.2 Lernerzentriertheit im Fremdsprachenunterricht

selber nicht, er fragt also – wie es den Regeln der Kommunikation außerhalb von Unterricht entspricht –, um Information zu erhalten, über die er nicht verfügt. „Display questions" / Testfragen dagegen sind eine Eigentümlichkeit unterrichtlicher Kommunikation: Der Lehrer kennt sehr wohl die Antwort, seine Frage dient daher nicht der Informationsbeschaffung, sondern ist Aufforderung an die Lerner, ihm ihr Wissen, ihr Textverstehen oder ihre Formulierungsfähigkeiten vorzuführen (*to display*). Aufgrund dieses Charakters von Frage und Antwort ist als dritter Zug das Lehrerfeedback unabdingbar, das dem Lerner mitteilt, ob seine Äußerung korrekt war oder nicht. Die Abfolge Lehrerfrage – Lernerantwort – Lehrerfeedback ist also ein typisches Interaktionsmuster im Fremdsprachenunterricht und eines, das ihn von „authentischer" Kommunikation unterscheidet. Edmondson/House (^{3}2006) verteidigen diesen Mangel an Authentizität einerseits als notwendig, deuten andererseits aber an, dass ergänzend auch andere Interaktionsformen im Unterricht anzustreben sind, in denen authentischer Gebrauch der Fremdsprache stattfindet.

Es kann unserer Meinung nach ... nicht Zweck des Fremdsprachenunterrichts sein, die Fremdsprache so zu verwenden und darzustellen, als ob kein Unterricht stattfände. Der Hauptgrund dafür, daß die Fremdsprache als Unterrichtssprache deutlich von anderen Sprachnormen abweicht, liegt ja genau darin, daß Lehrende im Fremdsprachenunterricht die Fremdsprache für *didaktische* Zwecke einsetzen. Hieraus ergibt sich eine Diskrepanz zwischen dem *Ort* des Fremdsprachenunterrichts und dessen *Zielen*, eine Diskrepanz, die man als Lehrparadox formulieren kann: „Wir wollen im Unterricht den Lernenden beibringen, wie man außerhalb des Unterrichts in der Fremdsprache kommuniziert" (Edmondson 1986). Diese Diskrepanz ist ein inhärentes Merkmal der Fremdsprachenlehrtätigkeit. Ob bzw. inwiefern Lehrer sowohl ihre didaktischen Ziele als auch einen „authentischen" Gebrauch der Zielsprache im Unterricht integrieren können, hängt u.a. davon ab, welche Interaktionsformen im Unterricht vom Lehrenden für verschiedene didaktische Zwecke angewendet werden ... und welche sozialen Verhältnisse zwischen Lehrer und Lernern im Unterricht ... bestehen. (Edmondson/House ^{3}2006: 242)

Empirische Untersuchungen weisen darauf hin, dass Lerner auf offene Fragen mit längeren Beiträgen reagieren als auf geschlossene und dass semantisch offene und referentielle Fragen motivierender sind (vgl. Ellis 1994, Kap. 13; Storch 1999, Kap. 9; Edmondson/House ^{3}2006, Kap. 13). Dem steht der Befund gegenüber, „dass Lehrer meist sog. ‚anspruchslose Fragen' stellen, das sind geschlossene Fragen und Kenntnis-/Faktenfragen" (Storch 1999: 313). Zu fordern ist daher, dass Lehrer ihr Frageverhalten kontrollieren und im Hinblick auf folgende Empfehlungen optimieren sollten, wobei aber Ziel- und Phasenabhängigkeit der Art zu fragen bedacht werden müssen:

- Fragen sollten möglichst offen gestellt werden, um den Lernern Gelegenheit zu umfangreicheren, selbständigen und persönlicheren Äußerungen zu geben; sie sollten den oben in 2.1 erläuterten Impuls-Charakter haben. Fragen zu einem Text nach dem ersten Rezeptionsvorgang (dem ersten Hören oder Lesen) sollten syntaktisch offen und von größerer Allgemeinheit sein, damit die Lerner möglichst viel von ihrem Verständnis verbalisieren können.
- Unterschiedliche Antworten auf offene Fragen sollten dazu genutzt werden, die Lerner untereinander ins Gespräch zu bringen (siehe auch Abschnitt 2.2.3). Wichtig für die Erhöhung ihrer Redeanteile und den Gesprächsverlauf ist auch der Einsatz von Sondierungsfragen (wie *Was meinen Sie mit xy? Können Sie das näher erklären?*

Was hat Sie zu dieser Ansicht geführt?), mit denen der Lehrer nachfragt, um den Lerner zur Aus- und Weiterführung seiner Gedanken anzuregen.
- Geschlossenere Fragen sind in der Regel erst dann geeignet, wenn es nach der Klärung des Globalverständnisses um Aspekte des Detailverstehens geht (wobei man bei Hörtexten nicht so tief ins Detail gehen darf wie bei Lesetexten).
- Syntaktisch und semantisch geschlossene Fragen sind selbstverständlich nicht „verboten", sie sind sogar notwendig, wenn zu vermuten ist, dass Missverständnisse oder Verstehensprobleme aufgetreten sind, die durch eine knappe und eindeutige Antwort behoben werden können; allerdings würde man solche Fragen nicht von vornherein zu stellen planen, sondern nur bei Bedarf einsetzen. Obwohl auch Storch (1999: 314) ausdrücklich für offene Fragen plädiert, sieht er doch eine weitere Berechtigung geschlossener Fragen: „Im Kinderunterricht sind eher gezieltere und syntaktisch geschlossene Fragen angemessen, desgleichen bei lernschwachen Schülern."
- Semantisch offene Fragen eignen sich vor allem dann, wenn das Textverstehen gesichert ist und die Aussagen des Textes von den Lernern auf ihre eigenen Erfahrungen oder Gegebenheiten in ihrem Heimatland übertragen werden sollen und wenn es um eine persönliche Stellungnahme oder Bewertungen geht – eine Phase, zu der Textarbeit eigentlich immer gelangen sollte. Semantisch offene Fragen sind meist auch das Mittel der Wahl in der Einstiegsphase vor der Textarbeit.

Die didaktisch empfehlenswerten offenen Fragen können sind in der Unterrichtspraxis nicht immer leicht umzusetzen, besonders zu Beginn der Stunde in der Einstiegsphase, wo die Lerner noch nicht „warm" sind. Syntaktisch und semantisch offene Fragen können oft nicht aus dem Stand heraus beantwortet werden – die erwünschten längeren und komplexen Antworten bedürfen einer gewissen Zeit des Nachdenkens und Formulierens. Der Lehrer muss diese Zeit geben und darf nicht unter dem zweifellos belastenden Druck des Schweigens eine Kette immer enger werdender Nachfragen stellen, die aufgrund ihrer Geschlossenheit und der dadurch verursachten minimalen Sprechaktivität das Ziel der Einstiegsphase, die Aktivierung des Vorwissens über das Thema und des damit verbundenen Vokabulars, verfehlen. Mehr Zeit zu geben ist eine Möglichkeit, die andere ist, offene Fragen schriftlich oder an der Tafel vorzugeben und erst einmal in einer anderen Sozialform wie der Partner- oder Kleingruppenarbeit stichwortartig vorbereiten zu lassen. Erfahrungsgemäß führt dies nicht nur zu umfangreicheren Beiträgen, sondern auch zu einer breiteren Beteiligung innerhalb der Lerngruppe (für ein Unterrichtsbeispiel vgl. Kap. 9.6).

2.2.3 Förderung der Interaktion innerhalb der Lerngruppe

Eine Erhöhung der Rede- und Handlungsanteile der Lerner kann auch dadurch erreicht werden, dass sie untereinander ins Gespräch kommen, d.h. dass nicht jeder ihrer Beiträge nur an den Lehrer gerichtet ist oder bestenfalls von ihm an andere Lerner weitergereicht wird. Dafür müssen die Lerner allerdings einander zuhören und miteinander sprechen, nicht nur in Partner- oder Gruppenarbeit, sondern auch in Plenumsphasen. Diese selbstverständlichen Voraussetzungen werden nun aber oft durch unreflektiertes, ja fast schon reflexhaftes Lehrerverhalten zunichte gemacht. Dieses Verhalten ist so verbreitet, dass es einen Namen trägt: Lehrerecho. Es mag subjektiv plausible

2.2 Lernerzentriertheit im Fremdsprachenunterricht

Gründe geben, warum der Lehrer eine Leräußerung wiederholt, etwa wenn Schüler in einer Klasse hintereinander sitzen und ein Beitrag aus einer vorderen Reihe hinten nicht wahrgenommen werden kann. Lehrerecho findet jedoch auch dort statt, wo die Sitzordnung Gespräche durchaus zulässt: Die Lerneräußerung sei so leise, stockend oder unsicher, dass die Gruppe sie daher noch einmal laut, deutlich und modellhaft hören solle. Eine solche Verteidigung des Lehrerechos übersieht aber, dass auf diese Weise für den sich äußernden Lerner niemals die Notwendigkeit entsteht, verständlicher zu sprechen, da diese Aufgabe ja schon vom Lehrer übernommen wird, und der Rest der Gruppe sich niemals bemühen muss zuzuhören, denn Wichtiges wird ohnehin schon aus Lehrermund erschallen. Die Abhilfe liegt hier in einer konsequenten Kontrolle des Lehrerverhaltens. Bei leisem, undeutlichem oder stockendem Sprechen muss der Lerner aufgefordert werden, seine Äußerung selbst verständlicher zu wiederholen oder sie von anderen Lernern wiederholen zu lassen. Dies hat zum Ziel, die Verantwortung für Verständlichkeit und Verständigung in die Hände der Gruppe zu legen, was sparsame punktuelle Hilfen seitens des Lehrers aber nicht ausschließt.

Gegenseitiges Zuhören und Interagieren innerhalb einer Lerngruppe lässt sich aber auch dadurch einüben, dass man – wo immer es möglich ist – Übungen und Aufgaben so zu planen versucht, dass ihre Lösung erfolgreiche Interaktion der Lerner untereinander voraussetzt. Dazu drei Beispiele:

Beispiel 1: Bimmel u. a. (2003: 98) zeigen auf, wie inhaltsleere Strukturübungen (die pattern drills der Audiolingualen Methode) verwandelt werden können in „interaktive Strukturübungen, in denen der Inhalt der sprachlichen Mitteilung nicht verloren geht, während die Aufmerksamkeit des Schülers sich vor allem auf die sprachlichen Formen konzentriert." In Partnerarbeit schreibt jeder der beiden Schüler zunächst für sich einige Sätze des Typs *Ich _____ gern* und *Ich _____ nicht gern*. Danach macht er eine alphabetische Liste der Aktivitäten und gibt sie seinem Partner, der erraten muss, welche dieser Aktivitäten Schüler A Spaß machen. B fragt dann A: *Ich stelle mir vor, dass du gern _____. Stimmt das?* Hat B richtig geraten, bekommt er die Antwort *Ja, das stimmt* und darf weiterfragen. Hat er nicht richtig geraten, bekommt er die Antwort *Tut mir leid, das stimmt nicht* und wird nun seinerseits befragt. Der Sinn dieser Art der Aufgabenstellung besteht darin, dass A Information hat, die B benötigt; B erhält nun die Information nicht auf einmal, so dass wiederholtes Fragen und Antworten notwendig wird; dies soll den Übungseffekt sichern und zur Automatisierung der sprachlichen Mittel führen, im vorliegenden Fall von *das stimmt; tut mir leid, das stimmt nicht; etwas (nicht) gern tun; ich stelle mir vor, dass*.

Beispiel 2: Es soll geübt werden, einen Tagesablauf zu schreiben. Der Lehrer bildet Gruppen mit einer Größe von ca. vier Lernern, die sich jede aus einer vom Lehrer vorgegebenen Menge von etwa drei prominenten und vermutlich allen bekannten Personen (Politiker, Sportler, Medienstar, Künstler, historische Persönlichkeit) eine auswählen. Jede Gruppe verfasst nun einen typischen Tagesablauf ihrer Person – allerdings ohne deren Namen zu erwähnen. In der sich anschließenden Plenumsphase werden die Tagesabläufe vorgetragen; die anderen Gruppen müssen raten, welche Person gemeint ist. Da nur dreimal direkt nach dem Namen gefragt werden darf, müssen der vortragenden Gruppe u.U. Fragen nach weiteren typischen Aktivitäten oder Eigenschaften der zu ratenden Person gestellt werden.

Beispiel 3: Eine Lehrerin wollte das gerade aktuelle Thema Osterweiterung der EU zum 1. Mai 2004 behandeln. Dazu sammelte sie aus Tages- und Wochenzeitungen sowie dem Internet etwa 10–15 Zeilen lange persönliche Stellungnahmen von Deutschen und Bürgern der Beitrittsländer, in denen diese ihre Hoffnungen und Befürchtungen bezüglich der Osterweiterung äußern. Aus dieser Sammlung wurden sechs Beiträge so ausgewählt, dass positive und negative Stellungnahmen sich etwa die Waage hielten und möglichst unterschiedliche Aspekte zur Sprache kamen. Die Klasse wurde in sechs Kleingruppen aufgeteilt, von denen jede eine der Stellungnahmen bekam mit der Aufgabe, ihren Text durchzuarbeiten, um ihn später den anderen Gruppen mit eigenen Worten ausführlich mündlich wiederzugeben. Nach der Gruppenarbeitsphase verteilte die Lehrerin ein Blatt mit je zwei Fragen zu jedem der sechs Texte. Jede Gruppe gab nun im Plenum ihren Text mündlich wieder, worauf die *anderen* Gruppen die beiden Fragen beantworten sollten. War ihnen das nicht möglich, mussten sie Rückfragen an die vortragende Gruppe stellen. Diese hatte auch zu beurteilen, ob die Fragen korrekt beantwortet worden waren – schließlich hatte sie ja den Vorteil, dass sie selber den Text schriftlich vorliegen hatte und ihn gründlich und mit Hilfsmitteln durcharbeiten konnte. Nach der so im Wechselspiel zwischen vortragender Gruppe und Rest der Klasse erfolgten Vermittlung der Einzelinformationen und der Sicherung ihres Verständnisses im Sinne der Bedeutungsaushandlung (vgl. Kap. 1.2.2) ließ die Lehrerin das Gesamt der Hoffnungen und Befürchtungen stichwortartig an der Tafel sammeln und diskutieren.

Die ausgewählten Beispiele machen deutlich, welche Möglichkeiten es gibt, die Interaktion der Lerner untereinander, v.a. das gegenseitige Zuhören, zu fördern. Dessen Bedeutung für den Spracherwerb wird von Edmondson/House in ihrer „Mithörer"-Hypothese hervorgehoben, die sich u.a. auf Befragungen von Lernern stützt, die der Meinung waren, „daß sie mehr von Beiträgen *anderer* Lerner in der Klasse lernen als durch eigene Beiträge und die Lehrerreaktionen hierauf." (Edmondson/House [3]2006: 274) Nun mögen aber Bedenken entstehen, ob der sprachliche Input, den Lerner von anderen Lernern erhalten, wegen seiner höheren Fehlerhaftigkeit nicht auch problematisch sein kann. Lerner übernehmen solche Fehler jedoch nur zu einem sehr geringen Grad, wie Ellis (1994: 266 & 599) in seinem Überblick über einschlägige Studien berichtet. Dies lässt die möglichen Nachteile des Inputs von anderen Lernern als gering erscheinen, wägt man sie ab gegen die Lernmöglichkeiten, die sich durch ihn bieten. Zudem kann der Lehrer durch sein Korrekturverhalten verhindern, dass sich häufig gemachte Fehler festsetzen.

Aufgabe 2-1:
(a) Was ist mit quantitativen und qualitativen Rede- und Handlungsanteilen der Lerner im Fremdsprachenunterricht gemeint? Inwiefern liegt hier laut zahlreichen Untersuchungen ein Problem vor?
(b) Nennen und erläutern Sie einige Möglichkeiten, die Rede- und Handlungsanteile von Lernern und Lehrern zu verändern.

2.3 Lernstrategien und Autonomes Lernen

Es ist verständlich, dass im Mittelpunkt methodischer Überlegungen in der Fremdsprachendidaktik die Frage steht, wie am besten gelehrt werden sollte. Dabei ist aber lange Zeit nicht in den Blick geraten, wie die Lerner vorgehen, wenn sie sich eine Fremdsprache aneignen. Einige solcher Vorgehensweisen seien hier beispielhaft aufgeführt:
- ein Anfänger heftet sich an die Gegenstände in seinem Zimmer kleine Zettel mit ihren deutschen Bezeichnungen (*r Tisch, -e; e Wand, "-e; s Lineal, -e*);
- ein anderer Anfänger spricht Fragen und Antworten des Lehrers still mit;
- ein Schüler liest sich jeden Abend zu einer festen Zeit nochmals die Lektionstexte halblaut vor;
- ein Lernender mit Schwierigkeiten im Diktat sucht jemanden mit dem gleichen Problem, um zusammen Partnerdiktate zu machen;
- der eine fortgeschrittene Lerner benutzt bei Vokabelproblemen ein einsprachiges Wörterbuch, der andere bevorzugt ein zweisprachiges;
- ein Student versucht, so viel Kontakt wie möglich zu Muttersprachlern an seiner Universität zu bekommen und sich mit ihnen zu unterhalten; ein anderer hat mit einer deutschsprachigen Person, die seine Muttersprache lernt, eine E-Mail-Partnerschaft begonnen;
- ein Absolvent eines Grundstufenkurses geht in regelmäßigen Abständen auf die Homepage einer deutschen Tages- oder Wochenzeitung und versucht, nur die Schlagzeilen, Untertitel und Bildunterschriften der Artikel zu verstehen. Dabei testet er auch, ob er jedes Mal mehr versteht. Am Ende der Mittelstufe möchte er in der Lage sein, fast alle Überschriften ohne Hilfe eines Wörterbuchs zu verstehen und das Wichtigste in einem ihn interessierenden Artikel zu erfassen.

Der Lehrer nimmt solche Aktivitäten seiner Lernenden in der Regel kaum wahr, entweder weil sie als Vorgänge im Kopf der Lernenden der direkten Beobachtung nicht zugänglich sind oder weil sie außerhalb des Unterrichts stattfinden, sei es bei der Bewältigung der Hausaufgaben, sei es bei Sprachkontakten, um die sich die Lernenden selbst bemühen. Die Forschung interessiert sich für solche Lernstrategien verstärkt erst seit den frühen achtziger Jahren; gut zehn Jahre später liegen dann für den Fremdsprachenunterricht Materialien mit programmatischen Titeln vor wie *Lernen leichter machen. Deutsch als Fremdsprache* von Rampillon (1995) oder *Learning to learn English. A course in learner training* von Ellis/Sinclair (1989) für die Zielsprache Englisch. Lehrwerke, die seit den neunziger Jahren in Deutschland erscheinen, enthalten in der Regel Teile, in denen das Lernen thematisiert wird und Lernstrategien, Lerntechniken, Arbeitstechniken oder Autonomes Lernen vermittelt werden sollen. Man kann sich kaum des Eindrucks erwehren, dass Lernstrategien in den neunziger Jahren so im Zentrum der fremdsprachendidaktischen Diskussion standen wie der Interkulturelle Ansatz in den achtziger und die Kommunikative Didaktik in den siebziger Jahren.

2.3.1 Zur Definition von Lernstrategien

Für Edmondson/House (³2006: 230) sind Lernstrategien „alle Versuche von Lernern, ihre Kompetenz in der zu erlernenden Fremdsprache weiter zu entwickeln." Bimmel (1993: 5) definiert sie als „(mentale) Handlungspläne, um ein Ziel zu erreichen." Solche Pläne des Lernenden beinhalten bestimmte Handlungen, die notwendig sind, um das selbst gesetzte Ziel zu erreichen. Diese Handlungen können sich in beobachtbaren Verhaltensweisen äußern oder als mentale Vorgänge nicht direkt beobachtbar sein; sie können bewusst oder unbewusst sein, es ist aber immer möglich, sie bewusst zu machen und damit auch im Unterricht zu vermitteln. Bei häufigem Einsatz können Lernstrategien automatisiert werden, so dass sie nicht mehr unmittelbar ins Bewusstsein treten müssen. Die verwendeten Lernstrategien unterscheiden sich von Lerner zu Lerner und hängen zum Teil von deren Persönlichkeitsmerkmalen wie Extro- vs. Introvertiertheit, Risikobereitschaft oder der Feld(un)abhängigkeit[20] ab, zum Teil aber auch davon, welche Strategien den Lernenden überhaupt bekannt sind.

Zuweilen wird zwischen *Lernstrategien* und *Lerntechniken* differenziert, etwa in dem Sinne, dass der Begriff Strategie die komplexe Handlung ‚Ziele setzen, Verfahren zu ihrer Erreichung einsetzen, den Einsatz der Verfahren überwachen und das Gesamtergebnis bewerten' bezeichnet, der Begriff Lerntechnik dagegen (einfachere) Fertigkeiten wie in einem Wörterbuch eine Bedeutung nachschlagen zu können oder in einer Grammatik eine Regel aufzufinden. Da die Grenze oft nicht eindeutig zu ziehen ist, verzichten die meisten Autoren jedoch auf die Unterscheidung und sprechen nur von Lernstrategien. Die Bezeichnung Lerntechnik wird abgelehnt, da sie mit Listen von Tipps und Tricks in Verbindung gebracht werden könnte, die Forschung zu den Lernstrategien aber in der kognitiven Lerntheorie und der Spracherwerbstheorie verankert ist. Hier gelten die Lernstrategien als einer der Faktoren, die die jeweilige Gestalt und Entwicklung der Lernersprache beeinflussen (vgl. Kapitel 1.2.1).

Eine weitgehend akzeptierte Unterscheidung ist dagegen die zwischen Lernstrategien und *Kommunikationsstrategien*. Während Erstere dem langfristigen Erwerb der Zielsprache dienen, werden Letztere eingesetzt, um kurzfristig ein Kommunikationsproblem zu lösen, das aufgrund der noch nicht ausreichenden Sprachkompetenz des Lerners entsteht. So kann dieser in seiner Not ein Wort erfinden, eine Paraphrase versuchen, auch einen Ausdruck aus einer anderen Sprache einflechten, den Gesprächspartner um Hilfe bitten oder sich lediglich auf Gestik und Mimik verlassen, um sein kommunikatives Ziel zu erreichen. Er kann aber auch – bloß um das Gespräch aufrechtzuerhalten – sein ursprüngliches Ziel aufgeben oder verändern, z.B. einem Vorschlag zustimmen, anstatt ihn begründet abzulehnen, oder er kann sich auf das Wesentliche beschränken, wenn etwa eine Bitte ohne Begründung ausgesprochen wird. Schließlich kann der Lernende bei seinem Versuch, im Gespräch zu bleiben, Themen vermeiden oder wechseln (zur Klassifikation von Kommunikationsstrategien

---

[20] Zum Einfluss dieser und weiterer individueller Faktoren auf Strategiegebrauch und auf Sprachlernerfolg insgesamt gibt es einige sehr spekulative Überlegungen (vgl. Edmondson/House ³2006, Kap. 11), aber auch kritische Untersuchungen, die zu dem Schluss kommen, gegenwärtig lägen keine gesicherten Erkenntnisse zum Zusammenhang von individuellen Faktoren und Lernerfolg vor (vgl. Ellis 1994, Kap. 11 oder Gass/Selinker 2008, Kap. 12).

siehe Edmondson/House ³2006, Kap. 12.3.2). Zweifellos sind solche Kommunikationsstrategien im Kontakt mit Muttersprachlern nützlich, und sie werden sicherlich auch im Unterricht von Lernern eingesetzt; es ist aber umstritten, ob sie vermittelt werden sollten. Bimmel/Rampillon (2000) streifen solche Strategien, bei ihnen „Sprachgebrauchsstrategien" genannt, und gehen auf rezeptive Sprachgebrauchsstrategien sogar etwas näher ein; Oxford (1990) ordnet sie als „Kompensationsstrategien" sogar den direkten Lernstrategien zu. Ansonsten besteht in der Literatur aber weitgehend Einigkeit darüber, dass der Gebrauch von Kommunikationsstrategien im Unterricht zwar nicht sanktioniert werden sollte – gefördert werden sollte aber primär die Entwicklung von Lernstrategien. Davon erhofft man sich eine Steigerung der Effektivität des Fremdsprachenlernens.

2.3.2 Klassifikation von Lernstrategien

Es gibt unterschiedliche Versuche, Lernstrategien zu klassifizieren; weitgehend durchgesetzt hat sich die Einteilung von O'Malley/Chamot (1990) in kognitive, metakognitive und sozial/affektive Strategien. *Kognitive Strategien* sind direkt mit der Bearbeitung bestimmter Lernaufgaben verbunden. Sie können weiter unterteilt werden in Gedächtnisstrategien einerseits, die dazu dienen, neue Informationen so zu speichern, dass sie gut behalten und abgerufen werden können, und Sprachverarbeitungsstrategien andererseits; das sind Operationen, die die direkte Analyse, Transformation oder Synthese von Sprachmaterial beinhalten. *Metakognitive Strategien* regulieren das Lernen durch Planen, Überwachen der Ausführung des Plans und Evaluierung des Lernens. Bimmel/Rampillon (2000) sprechen hier von „Manager"-Funktionen. Zur Planung gehört die Entscheidung, die Aufmerksamkeit auf bestimmte Aspekte des Inputs zu richten, oder die Analyse von Aufgaben im Hinblick darauf, was an ihnen gelernt werden kann, sowie die Schaffung von Lernbedingungen, die für das gesetzte Ziel und die ausgewählten (kognitiven) Strategien zu seiner Erreichung günstig sind. *Sozial/affektive Strategien* betreffen Entscheidungen, wie mit Mitlernenden oder Muttersprachlern interagiert wird. Sie umfassen Überlegungen, für welche Zwecke man welche Formen der Zusammenarbeit mit anderen Lernern sucht, z. B. für die wechselseitige Korrektur der Aussprache, für ein Partnerdiktat, für das Üben von Gesprächssituationen. Hier überlegt man auch, ob man Muttersprachler um Wiederholungen, Erklärungen, Paraphrasen, Beispiele bittet oder sie auffordert, die eigenen Fehler zu korrigieren usw. Zu den affektiven Strategien führen Bimmel/Rampillon (2000: 72-73) aus: „Die Anwendung affektiver Lernstrategien bedeutet, dass sich die Schülerin oder der Schüler eigene Gefühle beim Fremdsprachenlernen oder beim Gebrauch der Fremdsprache bewusst macht – mit dem Ziel, sich emotional auf das Lernen einer Fremdsprache vorzubereiten."

Die umfangreichste Klassifikation von Lernstrategien hat Oxford (1990) vorgelegt. Ihre Einteilung in direkte und indirekte Lernstrategien lässt sich recht gut auf die Einteilungen von O'Malley/Chamot (1990) beziehen: Zu den direkten Strategien rechnet sie die Gedächtnis- und die übrigen kognitiven Strategien, allerdings auch die Kompensationsstrategien, die – wie oben schon erwähnt – von den meisten Autoren nicht zu den Lern-, sondern zu den Kommunikationsstrategien gezählt werden. Zu den indirekten Strategien rechnet Oxford die metakognitiven, die affektiven und die sozialen Strategien. In Tab. 1 wird Bimmel/Rampillons (2000) Übersicht über die Lernstrategien vorgestellt, in der sich die Einteilungen sowohl von O'Malley/Chamot (1990) als auch von Oxford (1990) wiederfinden.

Lernstrategien	
➢ **Direkte (kognitive) Strategien**	
Gedächtnisstrategien	
	Beispiele
Mentale Bezüge herstellen	• Wortgruppen bilden • Assoziationen mit dem Vorwissen verknüpfen • Kontexte erfinden • kombinieren ...
Bilder und Laute verwenden	• Bilder verwenden • Wortigel herstellen • Zwischenwörter verwenden • Lautverwandtschaften nutzen ...
Regelmäßig und geplant wiederholen	• Vokabelkartei verwenden ...
Handeln	• Wörter und Ausdrücke schauspielerisch darstellen ...
Sprachverarbeitungsstrategien	
Strukturieren	• markieren • sich Notizen machen • Gliederungen machen • zusammenfassen ...
Analysieren und Regeln anwenden	• Wörter und Ausdrücke analysieren • Sprachen miteinander vergleichen • Kenntnisse der Muttersprache nutzen • Regelmäßigkeiten entdecken • Regeln anwenden ...
Üben	• formelhafte Wendungen erkennen und verwenden • Satzmuster erkennen und verwenden • die Fremdsprache kommunikativ gebrauchen ...
Hilfsmittel anwenden	• Wörterbuch verwenden • in einer Grammatik nachschlagen ...

2.3 Lernstrategien und Autonomes Lernen

➢ **Indirekte Lernstrategien**	
\multicolumn{2}{c}{Strategien zur Regulierung des eigenen Lernens}	
Sich auf das eigene Lernen konzentrieren	• sich orientieren • Störfaktoren ausschalten ...
Das eigene Lernen einrichten und planen	• eigene Lernziele bestimmen • eigene Intentionen klären • ermitteln, wie gelernt werden kann • organisieren ...
Das eigene Lernen überwachen und auswerten	• den Lernprozess überwachen • das Erreichen der Lernziele kontrollieren • Schlüsse für zukünftiges Lernen ziehen ...
\multicolumn{2}{c}{Affektive Lernstrategien}	
Gefühle registrieren und äußeren	• körperliche Signale registrieren • eine Checkliste benutzen • ein Lerntagebuch führen • Gefühle besprechen ...
Stress reduzieren	• sich entspannen • Musik hören • lachen ...
Sich Mut machen	• sich Mut einreden • vertretbare Risiken eingehen • sich belohnen ...
\multicolumn{2}{c}{Soziale Lernstrategien}	
Fragen stellen	• um Erklärungen bitten • fragen, ob Sprachäußerungen korrekt sind • um Korrektur bitten ...
Zusammenarbeiten	• mit Mitschülerinnen und Schülern zusammen lernen • bei kompetenten Muttersprachlern Hilfe suchen ...
Sich in andere hineinversetzen	• Verständnis für die fremde Kultur entwickeln • sich Gefühle und Gedanken anderer bewusst machen ...

Tabelle 1: Bimmel/Rampillon (2000: 65–66), um Verweise gekürzt

2.3.3 Verfahren der Vermittlung von Lernstrategien

In neueren Lehrwerken wie auch in den z. T. schon erwähnten Materialsammlungen zum Komplex Lernstrategien und Autonomes Lernen finden sich Anregungen, wie Lernstrategien vermittelt bzw. die von den Lernenden schon benutzten Strategien bewusst gemacht und optimiert werden können. Aus der Fülle des Materials können hier nur einige Vorschläge zur Illustration herausgegriffen werden.

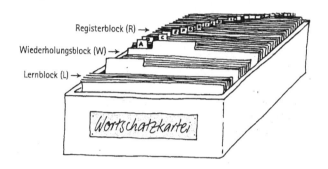

Abbildung 1: Zur Arbeit mit einer Wortschatzkartei (*Stufen International 1* 2001: 124)

Beispiel 1: Für das Wiederholen von Vokabeln schlägt das Lehrwerk *Stufen International* die Arbeit mit einer Wortschatzkartei vor. Neben der Abbildung einer solchen Kartei (Abb. 1) finden sich zum einen Tipps für die Gestaltung der Wortkarten: Substantive sollten mit Artikel und Pluralform, Verben mit ihrer Valenz und den Stammformen notiert werden. Ebenso sollte nie ein Beispielsatz mit dem betreffenden Wort fehlen. Wenn möglich, sollten auch Synonyme oder Antonyme und Wörter mit demselben Stamm notiert werden. Die Rückseite ist für muttersprachliche Angaben.

Zum anderen werden diese Hinweise gegeben:

> **So kann man mit der Wortschatzkartei lernen:**
> - neue Wortkarten in den Lernblock (L)
> - täglich die neuen Wörter lernen und danach in den Wiederholungsblock (W)
> - die Wörter im Wiederholungsblock dreimal pro Woche wiederholen
> - pro Wiederholung 1 Strich
>   dreimal richtig → Karte in den Registerblock (R)
> - Wörter im Registerblock 1 x pro Woche wiederholen
>   Richtig → Karte bleibt im Registerblock
>   Falsch → Karte zurück in den Wiederholungsblock

Die Wortschatzkartei als Lerntechnik fehlt kaum noch in einem neueren Lehrwerk oder einer Handreichung für die Entwicklung von Lernstrategien, auch eine elektronische Version ist verfügbar (www.phase-6.de). Es ist aber aufschlussreich zu vergleichen, wie man die Strategie, Vokabeln so zu üben, zu vermitteln versucht. Bimmel/Rampillon (2000: 148) empfehlen:

1. Bitte setze dich mit einem oder zwei anderen Lernenden zusammen. Überlegt gemeinsam, wie ihr die einzelnen Karteikarten einer Vokabelkartei gestalten würdet. Denkt da-

2.3 Lernstrategien und Autonomes Lernen

ran, dass jede Karte auch eine Rückseite hat.
Fertigt dann die Karteikarten für die Vokabeln der Lektion an, an der ihr im Unterricht gerade arbeitet.

2. Beratet untereinander, wie man die Vokabeln mit einer Vokabelkartei lernen kann, wenn man allein lernt, wenn man mit einem Lernpartner zusammen lernt. Denkt daran, dass man zum Lernen auch Spiele mit den Karten ausdenken kann. Welche?
3. Was würdet ihr mit den Karteikarten machen, deren Vokabeln ihr schon sicher beherrscht?
4. Vergleicht zum Schluss das Lernen anhand einer Vokabelkartei mit anderen Strategien, die ihr bisher angewandt habt. Welche sind die Vorteile einer Vokabelkartei? Welche ihre Nachteile? Wie werdet ihr künftig eure Deutschvokabeln lernen?

Die Vorschläge von *Stufen International* und von Bimmel/Rampillon markieren unterschiedliche Herangehensweisen: Im einen Fall werden eher fertige Lerntipps gegeben (auch wenn durch die Formulierung „So kann man mit der Wortschatzkartei lernen" indirekt auf andere Möglichkeiten hingewiesen wird), im anderen Fall sollen die Lerner selbst Lerntechniken erproben, besprechen und bewerten. Das letzte Verfahren wird generell bevorzugt, aus der Erkenntnis, dass eine bloß äußerliche Übernahme von „Tipps und Tricks" noch nicht zur Herausbildung wirksamer Lernstrategien führt. Der Unterricht könne hier nur Angebote machen, dazu anregen, einmal neue Lernwege auszuprobieren und sich v. a. mit anderen Lernern auszutauschen, die Anpassung der Vorschläge sei letztlich aber allein die Entscheidung des Lernenden. Vielleicht liegen aber in manchen Bereichen des „Lernens des Lernens" Empfehlungen näher als in anderen: Auch Bimmel/Rampillon (2000: 148) können sich trotz der zitierten sehr offenen Aufträge doch am Ende eines „Lerntipps" nicht enthalten: „Wiederholt die neuen Vokabeln sehr oft, am besten täglich. Wiederholt die Vokabeln, die im 1. Durchgang sind ... nach zwei Tagen; die im zweiten Durchgang ... nach 4 Tagen usw."

Beispiel 2: Bimmel/Rampillon (2000: 59) zeigen, dass Aufgaben und Übungen aus Lehrwerken, deren ursprünglicher Zweck es gar nicht war, Lernstrategien zu vermitteln, so bearbeitet werden können, „dass die ... Schüler durch die Übung nicht nur Deutsch lernen, sondern auch lernen, wie sie effektiv Deutsch lernen können." Ausgangspunkt ist die Übung aus dem Lehrwerk *Themen 2* in Abb. 2. Die Übung verlangt das Ordnen von Wörtern in Wortfelder und die Zuordnung eines Oberbegriffs zu jedem Feld; sie fördert so die Vernetzung des Vokabulars im Kopf des Lernenden und trägt zu besserem Behalten und leichterem Abruf des Gelernten bei.

Was die Übung aber nicht sicherstellt, ist, dass die Lernenden in den folgenden Lektionen auch ohne die Aufforderung einer Übung das Verfahren anwenden, zum Zwecke des besseren Behaltens Wörter in Gruppen zu ordnen. Wenn es ein Lernender aufgrund der Begegnung mit einigen solcher Übungen doch tut, so hat er für sich eine Lernstrategie ausgebildet. Strebt man nun an, dass möglichst viele Lernende sich eine solche Strategie zu eigen machen, muss die Übung bearbeitet werden. Eine Möglichkeit zeigen Bimmel/Rampillon (2000) in Abb. 3 auf.

Was paßt zusammen?

Aufzug – Beamter – Briefumschlag – Bus – Gas – Kasse – Lebensmittel – Öl – Wohnung – Päckchen – Paket – Pass – Stock – Straßenbahn – Strom – U-Bahn – Verkäufer – Zoll

Grenze	Heizung	Hochhaus	Post	Supermarkt	Verkehr
	Gas		*Kasse*		

Abbildung 2: Übung aus *Themen 2*, zitiert nach Bimmel/Rampillon (2000: 59)

Wortgruppen bilden

Wenn Sie neue Wörter lernen möchten, dann ist es wichtig, dass Sie sich aktiv mit diesen Wörtern und mit ihren Bedeutungen auseinander setzen. Eine Möglichkeit dazu ist, dass Sie aus einzelnen Wörtern Wortgruppen machen.

1. Hier sehen Sie Wörter, die zu Gruppen zusammengestellt worden sind. Können Sie entdecken, was diese Wortgruppen jeweils gemeinsam haben?
    - Schuh – Schaufenster – scheinen – schenken
    - das Doppelzimmer – der Lippenstift – der Handwerker
    - Mathematik – Biologie – Kunst – Erdkunde
    - murmeln – flüstern – sprechen – schreien – brüllen

2. Wörter ihrer Bedeutung nach gruppieren ist eine Möglichkeit, sie besser zu behalten. Hier sehen Sie ein Beispiel, wie Sie Wortgruppen bilden können.
    - Sie wählen ein Thema, z.B. Lebensmittel. Dieses Kernwort schreiben Sie oben auf eine Heftseite.

        Lebensmittel

    - Was ist das erste Wort, das Ihnen einfällt, wenn Sie an Lebensmittel denken? Schreiben Sie das Wort unter das Kernwort.

        Lebensmittel
        das Brot

    - Machen Sie jetzt weiter. Es entsteht eine Wortgruppe:

        Lebensmittel
        das Brot
        die Kartoffel (-n)
        die Milch
        das Gemüse
        das Fleisch
        ...

3. Ordnen Sie bitte die folgenden Wörter zu Wortgruppen:

    Was paßt zusammen?

    Aufzug – Beamter – Briefumschlag – Bus – Gas – Kasse – Lebensmittel – Öl – Wohnung – Päckchen – Paket – Pass – Stock – Straßenbahn – Strom – U-Bahn – Verkäufer – Zoll

2.3 Lernstrategien und Autonomes Lernen

> 4. Geben Sie Ihr Heft einer Mitschülerin/einem Mitschüler. Kann sie/er entdecken, was die Wörter Ihrer Wortgruppen miteinander gemeinsam haben? Vergleichen Sie Ihre Wortgruppen miteinander. Wo gibt es Unterschiede?
> 5. Können Sie sich noch andere Möglichkeiten ausdenken, die Wörter zu gruppieren?
> 6. Wie viele unterschiedliche Möglichkeiten, diese Wörter zu gruppieren, kommen in Ihrer Lerngruppe vor?
> 7. Legen Sie Ihr Heft jetzt ein paar Tage zur Seite. Versuchen Sie dann erst, sich diese Wörter wieder in Erinnerung zu bringen. Wie viele Wörter kennen Sie jetzt noch?

Abbildung 3: Bimmel/Rampillon (2000: 59–60)

Zu Beginn steht eine Wenn-dann-Aussage, die das Lernziel formuliert und eine mögliche Tätigkeit aufführt, wie es erreicht werden kann. Die Tätigkeit selbst wird unter (1) und (2) illustriert. Dann erst folgt unter (3) die ursprüngliche Aufgabe aus dem Lehrwerk, mit dem wichtigen Unterschied, dass die Oberbegriffe und damit auch die Menge der zu erstellenden Wortfelder nicht mehr vorgegeben sind. Damit können mehrere Lösungen entstehen, die dann mit anderen Lernern diskutiert und reflektiert werden sollen (4)–(6). Es wird keine „richtige" Lösung angestrebt, sondern deutlich gemacht, dass der Wert der Übung in der Vernetzung der Wörter im Kopf der Lerner liegt, die durchaus unterschiedlich angelegt sein kann. (7) zielt darauf ab, dass die Lernenden die angewendete Lernstrategie evaluieren, was eine typisch metakognitive Handlung darstellt. Die ursprüngliche Übung aus Themen wäre bestenfalls blind training einer Strategie; die Autoren betonen aber, dass zum Auf- und Ausbau von Lernstrategien die Bewusstmachung gehört.

Die Prinzipien, nach denen die Autoren die Aufgabe zum Wortschatz bearbeiten, lassen sich auch auf Aufgaben und Übungen mit anderen Inhalten und Zielen übertragen. So ist hier ein Weg aufgezeigt, wie Lehrer die Vermittlung von Lernstrategien selbst dann angehen können, wenn das benutzte Lehrwerk sie nicht berücksichtigt. Daneben kann der Lehrer aber auch auf lehrwerkunabhängige Materialsammlungen zurückgreifen, aus denen hier einige weitere Anregungen herausgegriffen seien.

Beispiel 3: Das Material in Abb. 4 ist als Arbeitsblatt für die Lerngruppe gedacht; es soll zuerst einzeln bearbeitet und dann gemeinsam besprochen werden, wobei die Lernenden sich über ihre Einteilung des Lernens austauschen. Danach verteilt der Lehrer noch fünf Tipps zum Thema; abschließend sollen sich die Lernenden einen persönlichen Merkzettel anfertigen, wie sie künftig Deutsch lernen wollen.

> **Lernzeiten: Wie ich mein Lernen am besten verteile**
>
> Wann Sie was in Ihrem Deutschkurs lernen, können Sie selbst wenig beeinflussen, da Sie in eine Gruppe eingebunden sind und meistens von der Planung des Kursleiters bzw. der Kursleiterin und dem Lehrwerk gesteuert werden.
> Sobald Sie Ihr Lernen jedoch selbst gestalten – das ist der Fall, wenn Sie zu Hause lernen – sollten Sie auf die günstigste Verteilung des Lernens achten. Beantworten Sie bitte zur persönlichen Kontrolle die folgenden Fragen:

1. Wann erledigen Sie Ihre Hausaufgaben für den Deutschkurs?
   nach dem letzten Kurstag
   eher vor dem nächsten Kurstag
   an verschiedenen Tagen
2. Wieviel Zeit wenden Sie für das Lernen zu Hause auf?
   jeden Tag ca. 10 – 20 Minuten
   jeden Tag ca. 20 – 40 Minuten
   jeden Tag mehr als 40 Minuten
   einmal pro Woche 10 – 20 Minuten
   einmal pro Woche 20 – 40 Minuten
   einmal pro Woche 40 und mehr Minuten
   zweimal pro Woche ... Minuten
   dreimal pro Woche ... Minuten
   ...
3. Welche Aufgaben bearbeiten Sie in dieser Zeit?
4. ...
5. Greifen Sie dieselben Lerngegenstände beim nächsten Lernen noch einmal auf?
   Nein, gelernt ist gelernt.
   Ja, meistens alle.
   Ja, einige.
   ...
6. Worauf achten Sie, wenn Sie die verschiedenen Lerngegenstände zusammenstellen?
   ...

Vergleichen Sie Ihre Antworten mit denen der anderen KursteilnehmerInnen und vor allem mit den folgenden Lerntips. Müssen Sie Ihr Lernen daraufhin verändern? In welcher Weise?

Abbildung 4: Rampillon (1995: 39-40)

Beispiel 4:

Lückentexte

Schreiben Sie Sätze aus dem Kursbuch ab und lassen Sie Lücken. Auslassen können Sie zum Beispiel:
- neue Wörter
- jedes fünfte, sechste oder siebte Wort
- alle Verben, Adjektive oder Präpositionen
- alle Possessivbegleiter
- von jedem Wort die Hälfte

Die einzusetzenden Wörter können Sie ungeordnet über oder unter die Übung schreiben. Sie können stattdessen zu jeder Lücke eine Hilfestellung geben (z.B. Übersetzung, Wörter mit ähnlicher oder gegensätzlicher Bedeutung). Versuchen Sie nach einigen Tagen, die Lücken zu ergänzen. Tauschen Sie Ihre Lückentexte im Kurs aus. Hier ein Beispiel: ...

Wenn Sie mit dem Computer arbeiten, können Sie den gleichen Text viele Male unter verschiedenen Gesichtspunkten zur Übung verwenden, ohne ihn jedes Mal neu schreiben zu müssen. Schreiben Sie den Text und speichern Sie das Original. Machen Sie dann eine Kopie und bearbeiten Sie die Kopie. Für jede neue Übung können Sie eine

2.3 Lernstrategien und Autonomes Lernen

> neue Kopie verwenden. Mit der Zeit entsteht so ein ganzer Ordner mit Übungen, die Sie immer wieder zur Wiederholung heranziehen können.

Abbildung 5: *Eurolingua Deutsch,* Lernerhandbuch (1998: 28)

In ähnlicher Weise wie in Beispiel 4 können – so die Autoren weiterführend – Wörter in Sätzen, Sätze in Absätzen oder Dialogen und Absätze in Texten durch den Computer alphabetisch geordnet werden, um als Übung die richtige Reihenfolge zu rekonstruieren. Mit den gleichen Zielen sind auch einfache Autorenprogramme einsetzbar, die in 10.3.3.1 vorgestellt werden. – In Abwandlung des Vorschlags im Hinblick auf die mündliche Sprachproduktion können die Lernenden einen Dialog aus dem Lehrbuch so auf eine Kassette o. ä. aufnehmen, dass sie nur die eine Rolle aufsprechen und Pausen für die zweite Rolle lassen; die Übung besteht dann darin, beim Abspielen der Kassette zu versuchen, die zweite Rolle in die Lücken zu sprechen.

Beispiel 5:

> **Übungen zur Notizentechnik anhand eines Lesetextes**
> a) **Unterstreichen**: Unterstreichen Sie in einem Kurztext aus dem Kursbuch wichtige Wörter und Wortgruppen mit Bleistift. Vergleichen Sie, und einigen Sie sich auf das Notwendigste.
> b) **Abkürzen**: Überlegen Sie, wie man die unterstrichenen Satzteile sinnvoll und ökonomisch abkürzen kann. KT1 [= Kursteilnehmer 1] schreibt seine Vorschläge an die Tafel bzw. auf eine Folie. Vergleichen und diskutieren Sie sie.
> c) **Rekonstruieren**: Schließen Sie die Bücher, rekonstruieren Sie den Text anhand Ihrer abgekürzten Notizen, und vergleichen Sie das Resultat im Plenum.

Abbildung 6: *Stufen International* 3 (1997: 73)

Beispiel 6: Bimmel/Rampillon (2000: 172) fordern die Lernenden zuerst auf, einzeln einen Brief nach Vorgaben (Adressat, Ziel des Briefes, Inhaltspunkte) zu verfassen. Danach geben sie diese Aufträge:

2. Arbeitet nun bitte zu zweit.
   Vergleicht die beiden Briefe, die jeder für sich geschrieben hat, miteinander:
   a) Wo stimmen eure Briefe überein? Wo gibt es Unterschiede?
   b) Wenn es Unterschiede gibt: Welche Lösung findet ihr die beste? Wenn ihr euch nicht einigen könnt, hilft vielleicht ein Modellbrief.
3. Macht aus euren beiden Briefen jetzt einen gemeinsamen Brief. Verwendet dazu die jeweils besten Lösungen aus euren Briefen.
4. Besprecht bitte die folgenden Fragen zu zweit und versucht euch einig zu werden:
   a) Hat eure Zusammenarbeit zu besseren Ergebnissen geführt?
   b) Bei welchen anderen Aufgaben könnte es sinnvoll sein, mit anderen zusammenzuarbeiten?

Beispiel 7: Das Mittelstufenlehrwerk *Aspekte* fordert am Ende seiner Lektionen zu einer „Selbsteinschätzung" und zum Führen eines Lernertagebuchs auf:

So schätze ich mich nach Kapitel 1 ein: Ich kann ...	+	0	-
... Berichte über interkulturelle Missverständnisse verstehen.			
... in einem Radiobeitrag über „Integration" komplexe Informationen verstehen.			
...			
... über positive und negative Erfahrungen im Ausland berichten.			
...			
... zu den wichtigsten Informationen eines Textes über kulturelle Unterschiede Notizen machen und anschließend darüber diskutieren.			
...			
... in einem Forumsbeitrag meine Meinung und meine Erfahrungen zum Thema „Integration" ausdrücken.			

Das habe ich zusätzlich zum Buch auf Deutsch gemacht: (Projekte, Internet, Filme, Texte, ...)		
	Datum:	Aktivität:

Abbildung 7: *Aspekte* 2. Arbeitsbuch (2008: 17), gekürzt

Auch der *Gemeinsame Europäische Referenzrahmen* (2001: 36) stellt ein Raster mit Kompetenzbeschreibungen zur Verfügung, anhand deren sich Lernende selbst hinsichtlich ihrer Fähigkeiten im Hör- und Leseverstehen, dialogischen und monologischen Sprechen und schließlich Schreiben selbst beurteilen können und letztlich ihr europäisches Sprachenportfolio erstellen sollen (vgl. auch Kap. 11.1.1).

Wenn die Vermittlung von Lernstrategien die Aneignung der Fremdsprache von Anfang an begleiten soll, dann wird es in der Grundstufe z. T. nötig sein, auf die Muttersprache zurückzugreifen. Mit zunehmender Sprachkompetenz kann die Besprechung von Lernstrategien aber auch in der Zielsprache erfolgen, vor allem wenn sie anhand von Materialien vorgenommen wird, die sprachlich so gut zu bewältigen sind wie das Arbeitsblatt aus Beispiel 3. Auf fortgeschritteneren Stufen gilt: In der Fremdsprache über das eigene Lernen sprechen bietet Gelegenheit zu authentischer, nicht simulierter Kommunikation und sollte auch von daher für den Spracherwerb genutzt werden.

Wolff (1996: 554) ordnet die Bemühungen um die Reflexion und Optimierung von Lernstrategien in eine moderne Didaktik des Fremdsprachenunterrichts ein, indem er

2.3   Lernstrategien und Autonomes Lernen

von drei Lernerrollen ausgeht, „dem Lerner als Kommunikator (einzige Rolle des Lerners in der kommunikativen Didaktik), dem Lerner als Sprachforscher und dem Lerner als Lernendem. Die drei Lernerrollen führen zur Entwicklung unterschiedlicher Kompetenzen, die zusammen die Sprach- und Sprachlernkompetenz des Lerners ausmachen." Die Zusammenhänge visualisiert Wolff wie in Abb. 8.

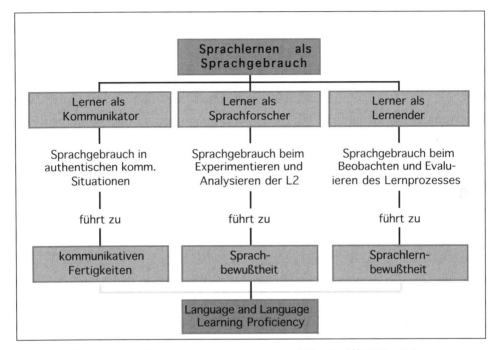

Abbildung 8: Elemente eines Sprachlernmodells (Wolff 1996: 554)

Aufgabe 2-2:
Klassifizieren Sie die oben gegebenen Beispiele 1–7 für die Vermittlung von Lernstrategien gemäß der Unterteilung von Bimmel/Rampillon (2000) in Tab. 1.

2.3.4   Offene Fragen

Inwieweit Lernende selbst Lernstrategien ausbilden oder sich aufgrund von Vermittlungsbemühungen aneignen, hängt, wie Ellis (1994) zeigt, von einer Reihe von Faktoren ab. Einer ist das Alter: Kinder verwenden eher einfache, aufgabenspezifische Strategien wie Üben durch Wiederholen oder Auswendiglernen, während Erwachsene allgemeinere Strategien verwenden, die sie an die jeweilige Aufgabe anpassen; sie üben aktiv, systematisch, elaborierend, d.h. Verknüpfungen herstellend. Erwachsene nutzen Interaktionen auch stärker dazu, nachzufragen, sich helfen zu lassen, um Erklärungen zu bitten, zudem setzen sie metakognitive Strategien ein. Ein weiterer einflussreicher Faktor sind subjektive Ansichten über das Sprachenlernen: Wer glaubt, dieses sei primär eine Frage der korrekten Beherrschung sprachlicher Formen, wird vor allem kognitive Strategien nutzen; wer dagegen glaubt, Sprachen ließen sich nur durch Kommunizieren erwerben, wird sich mehr auf soziale Strategien stützen und auch Kommunikationsstrategien einsetzen. Eine Rolle spielen auch bisherige Sprachlernerfahrungen: Wer eine Sprache schon länger lernt oder schon weitere Fremdsprachen gelernt hat, nutzt in der Regel mehr Strategien. Was den Faktor Geschlecht betrifft, so versuchen Frauen stärker als Männer, aus Gesprächen nützlichen Input zu erhalten, außerdem benutzen sie insgesamt mehr Strategien. Schließlich werden für bestimmte Aufgaben wie das Vokabellernen generell mehr Strategien eingesetzt als für Aufgaben wie das Hörverstehen, das Erschließen von Bedeutungen oder für die Vorbereitung auf eine mündlich zu bewältigende Situation. Weniger eindeutig sind die Beziehungen zwischen Strategiegebrauch und Lerntyp sowie Persönlichkeitstyp.

Eine Vermittlung von Lernstrategien hat all diese Faktoren zu berücksichtigen, vermutlich auch den Faktor kulturelle Prägung oder vorherrschende Lerntraditionen. Einen Hinweis hierauf gibt eine Studie von O'Malley et al., in der Lerner des Englischen als Zweitsprache in den USA untersucht wurden. Die Versuchsgruppen erhielten vokabelbezogenes Strategietraining (Assoziationen bilden und Wortgruppen erstellen), eine Kontrollgruppe erhielt kein solches Training. Es stellte sich heraus, dass die spanischsprachigen Versuchsteilnehmer von dem Training profitierten, während die asiatischen Versuchsteilnehmer sich nicht nur nicht verbesserten, sondern sogar schlechter abschnitten als die asiatischen Mitglieder der Kontrollgruppe; diese hatten sich vermutlich – vom Strategietraining ungestört – auf gut eingeübte Strategien des Auswendiglernens gestützt (vgl. O'Malley/Chamot 1990: 165).

Aber auch bei kulturell homogenen Lerngruppen müssen manche Lerner erst überzeugt werden, dass Strategienlernen sinnvoll ist. "Learning strategy instruction would be most valuable for students who are not successful learners, yet these are the very students who may be least motivated to try new strategies, since they may not have confidence that they are able to learn successfully anyway." (O'Malley/Chamot 1990: 161)[21] Daher ist sogar folgender Gedanke nicht ganz auszuschließen: Lerntechniken sind vielleicht nicht Ursache für erfolgreiches Lernen, sie könnten im Gegenteil eine Folge erfolgreichen Lernens sein.

Welche Belege gibt es dann für die Annahme, dass die Ausbildung von Lernstrategien zu erfolgreichem Lernen führt – eine Annahme, die jeglicher Strategievermittlung zugrunde liegt? Eine indirekte Bestätigung findet sich in Untersuchungen zum „guten Lerner" (für einschlägige Literatur vgl. Gass/Selinker 2008: 442). Gute Lerner zeichnen sich gegenüber weniger effektiven Lernern dadurch aus, dass sie erstens eine Vielzahl von Strategien verwenden, diese zweitens flexibel und aufgabenbezogen einzusetzen in der Lage sind und drittens über ihre Strategien berichten können, d. h. ein ausgeprägtes metasprachliches Bewusstsein davon haben, wie sie lernen. Doch auch hier sollte man Vorsicht walten lassen: Es besteht die Gefahr, die Fähigkeit, über Strategiegebrauch berichten zu können, mit tatsächlichem Strategiegebrauch gleichzusetzen und solchen Lernern, die nicht über ihre Strategien berichten können, zu unterstellen, sie benutzten keine.

---

[21] Vermittlung von Lernstrategien wäre für diejenigen Schüler oder Studenten am wertvollsten, die keine erfolgreichen Lerner sind. Aber diese sind es gerade, die oft am wenigsten zu motivieren sind, neue Strategien zu erproben, trauen sie sich erfolgreiches Lernen doch gar nicht erst zu. [eig. Übs.]

Trotz der offenen Fragen lassen sich Empfehlungen aussprechen: Im Fremdsprachenunterricht sollten immer wieder Aspekte des Lernens thematisiert werden; Aufgaben wie die in 2.3.3 vorgestellten bieten dazu geeignete Anlässe. Lernende sollten mögliche Strategien kennenlernen und ausprobieren, aber nicht auf bestimmte Verfahren festgelegt werden. Der Sinn der Auseinandersetzung mit Lernstrategien ist, dass Lernende ihr Repertoire in Abhängigkeit von ihrer eigenen Persönlichkeit, ihren bevorzugten Lernstilen und den Zielen, die sie mit dem Fremdsprachenlernen verfolgen, ausbauen. Nicht zuletzt sind die vorgeschlagenen Aktivitäten ab einem bestimmten Grad der Sprachbeherrschung Anlässe für authentische Kommunikation im Unterricht.

2.4 Lösungshinweise zu den Aufgaben

Zu Aufgabe 2-1:
(a) Der quantitative Aspekt bezieht sich darauf, wie viel jeder Lerner in einer Unterrichtsstunde durchschnittlich spricht, sowie auf das Verhältnis aller Lerner- zu den Lehreräußerungen. Der qualitative Aspekt bezieht sich darauf, was Unterrichtende und Lernende jeweils tun, wenn sie sprechen: Fragen, Antworten, Nachfragen, Erklären, Problematisieren, Steuern, Organisieren, Korrigieren, Bewerten usw. Das sehr oft festzustellende Problem ist, dass Lerner nicht nur zu wenig sprechen und der Lehrer zu viel (Quantität der Lerneräußerungen), sondern dass sie auf wenige, meist reaktive Sprechhandlungen wie Antworten, um Erklärung oder Erlaubnis bitten beschränkt sind. Initiative oder bewertende Sprechakte finden sich lernerseitig zu selten, Lerner benutzen die fremde Sprache also nur in beschränkten Funktionen und damit auch sprachlich nicht in vollem Umfang.
(b) In 2.2.1–3 werden einige Möglichkeiten aufgeführt: Die Lerner übernehmen – zumindest zeitweilig – einen Teil der Lehrerfunktionen wie das Aufrufen, Korrigieren, Einführen und Erklären von Vokabular und beteiligen sich an Auswahl und Gewichtung der Lerngegenstände und Übungen, ebenso an Evaluationen von Aufgaben. Der Lehrer kontrolliert sein Frageverhalten und versucht mehr inhaltlich und formal offene Fragen zu stellen, die nicht mit einer einzigen Antwort abgetan sind, sondern das Potential haben, die Lernenden untereinander ins Gespräch zu bringen. Gespräche im Plenum werden nach Möglichkeit in Partner- und Kleingruppenarbeit oder schriftlich vorbereitet. Aufgaben und Materialien werden so angelegt, dass Lerner einander zuhören und miteinander interagieren müssen.

Zu Aufgabe 2-2:
Die meisten Beispiele illustrieren kognitive Lernstrategien, allerdings verschiedener Untergruppen. Beispiele 1 und 2 gehören zu den Gedächtnisstrategien der Ausprägungen „Regelmäßig und geplant wiederholen" bzw. „Mentale Bezüge herstellen". Eine kognitive Sprachverarbeitungsstrategie des Typs „Strukturieren" illustriert Beispiel 5; dieses Beispiel enthält untergeordnet aber auch noch einen sozialen Aspekt, wenn die Lerner ihre Notizen untereinander vergleichen und diskutieren sollen.

Metakognitive Strategien, nämlich die Regulierung des eigenen Lernens, zeigen Beispiele 3, 4 und 7. Auf das Einrichten und Planen des eigenen Lernens beziehen sich 3 und 4. Je nach seiner Füllung zieht die in 4 vorgestellte Strategie unterschiedliche kognitive Lernaktivitäten nach sich. 7 betrifft dagegen die Evaluierung des Lernens.

Beispiel 6 zielt auf die Entwicklung der sozialen Lernstrategie Zusammenarbeiten und ihre affektive Bewertung.

LERNGEGENSTAND SPRACHSYSTEM

3 Aussprache

Die Aussprache eines Nicht-Muttersprachlers bleibt oft auffällig, auch wenn seine Beherrschung von Morphologie und Syntax sowie seine Art zu kommunizieren sich von einem Muttersprachler nicht oder nur kaum unterscheiden. Für den ungesteuerten Erwerb im Zielsprachenland wird in verschiedenen Studien ein kritisches bzw. ein sensibles Alter angegeben, nach dem eine unauffällige Aussprache nur noch selten erreicht werde. Für Long (1990) liegt die Grenze bei sechs Jahren, für Scovel (1988) vor Beginn der Pubertät. Was die Ursachen für den geringeren Erfolg als in anderen Bereichen der Zielsprache betrifft, so liegt wohl ein Komplex von Faktoren vor, die von neurobiologischen bis zu psychosozialen Faktoren reichen (vgl. Flege u. a. 1999). Erstere bewirken, dass bestimmte zielsprachliche Unterschiede ab einem bestimmten Alter nicht mehr leicht wahrgenommen und damit auch nicht allein auf dem Wege der Imitation erworben werden können. Letztere haben mit der Identität einer Person zu tun, wozu u. a. gehört, in einer bestimmten Weise zu klingen, so dass es für viele Lerner nach der wichtigen Identitätsfindungsphase in der Pubertät mit ihrem Selbstbild nur schwer vereinbar ist, hier Experimente einzugehen und sich auf Verhaltensänderungen einzulassen, die als identitätsverändernd oder -bedrohend empfunden werden.

Unüberwindlich ist aber keiner der Faktoren, und das Erreichen einer nahezu muttersprachlichen Aussprache ist unter der Voraussetzung der entsprechenden psychosozialen Motivation (Integrationsbedürfnis oder Bedürfnis, nicht vom Verhalten von Sprechern der Zielsprache abzuweichen und aufzufallen) im Prinzip in jedem Alter möglich, wenn es hierfür auch bei älteren Lernern besonderer Hörschulung, bewusstmachender Verfahren, günstiger Inputbedingungen und einer längerfristigen intensiven Mitarbeit des Lernenden selbst bedarf. In einem Überblicksartikel über Untersuchungen zum Einfluss des Faktors Alter auf verschiedene Erwerbsbereiche kommen Hyltenstam/Abrahamsson (2003: 578–580) zu dem Schluss:

More surprising ... are the miraculous levels of proficiency that second language learners (at all ages) in fact *can* reach, despite the constraints that are imposed by our biological scheduling. That maturational effects, to a very large extent, can be compensated for is indeed encouraging. The subtle differences that we have assumed to exist between near-native and native proficiency are probably highly insignificant in all aspects of the second language speaker's life and endeavors ...[22]

Geringerer Erfolg in der Aussprache bei älteren Lernern mag auch mit deren subjektiven Theorien – zum Teil auch denen der Lehrenden! – zusammenhängen: Wer überzeugt ist, dass eine annähernd muttersprachliche Aussprache nicht (mehr) zu erreichen sei, wird sie auch nicht erreichen.

---

[22] Erstaunlicher ... sind die wunderbaren Leistungen, die Zweitsprachenlerner (jeden Alters) tatsächlich erreichen *können*, trotz der Beschränkungen, die uns unser biologischer Zeitplan auferlegt. Dass sich reifungsbedingte Effekte weitestgehend kompensieren lassen, ist in der Tat ermunternd. Die geringfügigen Unterschiede zwischen nahezu muttersprachlichem und muttersprachlichem Können, von deren Existenz wir ausgehen, sind wohl in allen Aspekten des Lebens und Strebens eines Zweitsprachlers höchst unbedeutend. [eig. Übs.]

Im Fremdsprachenunterricht könnte also das hohe Ziel einer nahezu muttersprachlichen Aussprache angestrebt werden, vorausgesetzt, der Lehrer als primäre Kontaktperson ist ein hinreichend gutes Vorbild und verfügt über das notwendige didaktisch-methodische Rüstzeug, und vorausgesetzt, die Lerner haben über Medien Zugang zu authentischem Tonmaterial oder direkten Zugang zu Muttersprachlern. Trotzdem wird in der Regel nur das bescheidenere Ziel leichter Verständlichkeit der Lerneraussprache verfolgt. Leichte Verständlichkeit lässt sich so bestimmen: Auf der segmentalen Ebene der Laute werden die phonemischen Unterschiede beherrscht (*Stadt* vs. *Staat, Hölle* vs. *Höhle, Kirche* vs. *Kirsche*) und auf der suprasegmentalen Ebene führen Pausen, Betonungen und Intonation nicht zu falschen Erwartungen und Interpretationen auf Seiten des Hörers. Bei dieser Lernzielsetzung mag ein „Akzent" verbleiben, aber das Gesprochene ist allein aus sich heraus eindeutig in dem Sinne, dass zur Identifikation der gemeinten Sprachzeichen nicht der Kontext herangezogen werden muss und der Hörer nicht Interpretationsleistungen erbringen muss wie *Dem? Dann ist wohl „Staat" gemeint, nicht „Stadt".* Verständlichkeit in diesem Sinne geht weit über das Zustandekommen von Kommunikation hinaus, denn sie ermöglicht müheloses Zuhören, garantiert aber nicht immer auch wohlwollendes Zuhören, denn „Akzente" werden in affektiver und sozialer Hinsicht von Muttersprachlern unterschiedlich bewertet.

Bedenkt man, dass nicht nur die Kompetenz in der fremden Sprache, sondern oft auch der Sprecher als Person zuerst primär nach der Aussprache beurteilt wird, dann sollte Verständlichkeit im beschriebenen Sinne das Minimalziel von Ausspracheschulung sein. Darauf verzichten können nur solche Lerner, die eng umgrenzte Kompetenzen in der Fremdsprache anstreben, z. B. Wissenschaftler, die sich ausschließlich schriftlich verständigen wollen.

Der Weg zu einer Aussprache, die den phonologischen Kontrasten der Zielsprache gerecht wird, muss über den Erwerb der Fähigkeit gehen, diese differenziert zu hören. Eine solche Ausspracheschulung leistet einen bedeutenden Beitrag zur Verbesserung des Sprachverstehens im Allgemeinen, denn der Lerner ist dann weniger auf interpretierende Inferenzen angewiesen, die Zeit und Aufmerksamkeit beanspruchen.

Trotz der offensichtlichen Relevanz anspruchsvoller Lernziele im Bereich der phonetischen Beherrschung der Fremdsprache ist gerade in der Kommunikativen Didaktik der 70er und 80er Jahre die Aussprache im Vergleich zur Direkten Methode und zur Audiolingualen Methode vernachlässigt worden, so dass verschiedentlich von Ausspracheschulung als Stiefkind des Fremdsprachenunterrichts gesprochen worden ist. Demgegenüber beobachtet Hirschfeld (2001) seit Beginn der 90er Jahre wieder ein erhöhtes Interesse an Aussprachefragen. Wie sich weiter unten zeigen wird, ist damit aber kein Rückfall in die methodische Eintönigkeit von Phonetikübungen vorkommunikativer Zeiten verbunden, vielmehr sind variantenreiche Übungstypen entwickelt worden. Zudem wird darauf geachtet, dass der Lernbereich Phonetik besser mit dem Lernen anderer Strukturbereiche verzahnt ist. Auch von der generellen Rückbesinnung der Fremdsprachendidaktik auf kognitivierende Anteile kann der Ausspracheunterricht, vor allem bei älteren Lernern, profitieren.

3.1 Der Lerngegenstand Standardaussprache

Welche Aussprache des Deutschen soll gelernt werden? Während die Schrift in Deutschland, Österreich, der Schweiz und den Ländern mit Deutsch als Amtssprache weitestgehend einheitlichen orthographischen Normen folgt, gehören zu den Standardvarietäten des Deutschen in Österreich, der Schweiz und der Bundesrepublik unterschiedliche Varianten der Standardaussprache. Wenn nicht besondere Gründe für eine andere Zielsetzung vorliegen, sollte der Standard der Bundesrepublik Deutschland angestrebt werden, wie er im *Duden – Aussprachewörterbuch* (2005) oder im neu erarbeiteten *Deutschen Aussprachewörterbuch* (2009) beschrieben und festgelegt ist. Die Standardaussprache wird im *Duden* als eine Gebrauchsnorm bestimmt, die der Sprachwirklichkeit nahe kommt, überregional und weitgehend einheitlich in dem Sinne ist, dass freie Varianten und Phonemvariation ausgeschaltet sind, deutlich in der Lautunterscheidung ist und sich schließlich durch Schriftnähe auszeichnet. Es ist die Aussprache von Rundfunk- und Fernsehsprechern, des wissenschaftlichen Vortrags und der öffentlichen Diskussion. Aus Hörersicht ist es die Aussprache, die am leichtesten verständlich ist und die breiteste Akzeptanz findet.

Die Standardlautung unterscheidet sich von der ebenfalls genormten Bühnenaussprache, die eine noch größere Schriftnähe aufweist, aber der Sprechwirklichkeit wenig nahe kommt. Der Unterschied zeigt sich gut am Eintrag für *Abend* im *Siebs* [ˈɑːbənt] und im *Duden – Aussprachewörterbuch* (2005) [ˈaːbn̩t]. In der vom Duden beschriebenen Standardlautung ist die unbetonte Silbe durch die Schwa-Elision stärker reduziert als in der Bühnenaussprache, und der Nasal wird zum Silbenträger. Der Duden bezeichnet darüber hinaus auch die Assimilation eines silbischen Nasals an den vorangehenden Konsonanten wie in [ˈhaːkŋ̍] (*Haken*) als „normale" Aussprache, die Aussprache [ˈhaːkən] dagegen als „langsam, deutlich". In diesem Sinne ist die Standardlautung weniger schriftnah als die Bühnenaussprache, vor allem aber ist sie variabler, was die Realisierung derselben Phoneme in betonten und unbetonten Silben betrifft. Das *Deutsche Aussprachewörterbuch* (2009) – für *Abend* wird hier übrigens mit [ˈaːbm̩t] die Assimilation des Nasals als normgerecht angesetzt – beschreibt darüber hinaus systematisch die Variabilität der Standardaussprache, wie sie sich bei „hoher bis mittlerer Artikulationspräzision", „sehr hoher Artikulationspräzision" und „verminderter Artikulationspräzision" darstellt.

Der Erwerb solcher Variabilität ist für die angemessene Realisierung der Segmente in einer akzentzählenden Sprache wie dem Deutschen (s. u. 3.1.3) eine entscheidende Voraussetzung und – darauf hat Richter (2008) hingewiesen – Herausforderung. Die ungenormte Umgangslautung ist durch noch weiter gehende Reduktionen und Assimilationen gekennzeichnet.

Die Standardaussprachen der österreichischen und schweizerischen Varietäten unterscheiden sich – in vielen Fällen gemeinsam mit dem Süddeutschen – von der Standardaussprache in der Bundesrepublik Deutschland. Rezeptiv sollten Lerner gelegentlich mit diesen und anderen Varianten und damit mit arealer Variabilität konfrontiert werden, damit sie für einen eventuellen Aufenthalt in den zielsprachlichen Ländern über genügend breite Hörbilder verfügen. Anders zu reflektieren wären Aussprachenormen, wenn die späteren sprachlichen Bedürfnisse oder die Sprachumgebung außerhalb des Unterrichts bekannt sind, etwa wenn eine Gruppe chinesischer Krankenschwestern auf einen Arbeits- oder Fortbildungsaufenthalt an Wiener Krankenhäusern vorbereitet wird.

3.1.1 Transfer und Markiertheit

Kaum eine sprachliche Ebene ist so von Transfer aus der Erstsprache betroffen wie der Erwerb der Lautebene. Zum Beispiel werden die stimmlosen Plosive in der deutschen Standardaussprache aspiriert, in romanischen Sprachen aber nicht, so dass der erste Konsonant von dt. *Peter, Theater, Klara* [p^h, t^h, k^h] sich von dem in den verwandten Wörtern *Pierre, Pedro, théâtre, teatro, Claire, Chiara* usw. [p, t, k] unterscheidet. Diese Nicht-Aspiration wird von deutschlernenden Franzosen, Italienern, Spaniern usw. gern auf das Deutsche übertragen und bildet hier einen Aussprachefehler. Lerner mit englischer Muttersprache dagegen haben mit den Anfangskonsonanten von *Peter* und *Klara* keine Probleme, da auch das Englische hier aspiriert.

Ist vor diesem Hintergrund eine Skizze des Lerngegenstands, des standarddeutschen Lautsystems und seiner Prosodie, sinnvoll oder sollte gleich auf die zahlreichen kontrastiven Untersuchungen zum deutschen Lautsystem und der einschlägigen Ausspracheprobleme verwiesen werden? Zumindest zwei Argumente sprechen für einen Blick auf die Lautung des Deutschen unabhängig von der Ausgangssprache des Lerners. Erstens findet Deutsch-als-Fremdsprache-Unterricht zu einem beträchtlichen Teil im Zielsprachenland in sprachlich heterogenen Lerngruppen statt, so dass ein strikt kontrastives Vorgehen allein aus praktischen Gründen nicht möglich ist, und die in Deutschland produzierten Lehrwerke richten sich an Lerner aller Ausgangssprachen.

Zweitens weist die Kontrastivhypothese einige Schwächen auf. Nicht jeder Kontrast bildet automatisch ein Lernproblem, im Gegenteil sind sehr ähnliche Laute langfristig das hartnäckigere Problem. Und selbst wenn ein Kontrast zu einem Lernproblem führt, muss dieses nicht gleichermaßen beide Richtungen betreffen. So haben deutsche Lerner Schwierigkeiten mit stimmhaften Plosiven und Frikativen am Ende englischer Wörter, z. B. bei *hand* und *live* [hænd, lɪv], auf die fälschlicherweise die deutsche Auslautverhärtung übertragen wird [*hænt^h, *lɪf]; umgekehrt aber entstimmen englische Deutschlerner die stimmhaften Plosive und Frikative am Ende deutscher Wörter, sprechen also korrekt [hant^h] für *Hand*. Diese Asymmetrie ist darauf zurückzuführen, dass Stimmhaftigkeitsabfall bei Obstruenten am Silbenende universal gesehen ein unmarkierter Prozess ist, stimmhafte Obstruenten in dieser Position aber markiert sind. Lerner übertragen markierte Prozesse und Elemente ihrer Muttersprache in der Regel nicht auf die Zielsprache.

Was bedeutet Markiertheit? Markiertheit hat eine universale, eine einzelsprachliche, eine spracherwerbliche und eine sprachhistorische Dimension. Zunächst zur universalen Dimension: Unmarkierte Laute sind in den Sprachen der Welt verbreiteter als markierte. So gibt es weltweit mehr stimmlose Plosive wie [p, t, k] als stimmhafte wie [b, d, g], mehr Oral- als Nasalvokale, mehr vordere ungerundete Vokale wie [i, e] als vordere gerundete wie [y, ø]. In der Regel weisen die markierten Laute im Vergleich zu ihren unmarkierten Gegenstücken zusätzliche artikulatorische Merkmale auf, so die

Stimmhaftigkeit im Falle von [b, d, g] oder das Absenken des Velums zusätzlich zur Vokalartikulation bei den Nasalvokalen.

Bezogen auf eine Einzelsprache hat der unmarkierte Laut die breitere Distribution als der markierte; so treten [b, d, g] im Deutschen zwar silbeninitial auf, aber selten ambisilbisch zwischen zwei Vokalen (*jobben, paddeln, Bagger*) und nie silbenfinal im Auslaut, während [p, t, k] keinen Beschränkungen unterliegen. Die vorderen gerundeten Vokale treten meist in besonderen, semantisch markierten Formen (Plural, Konjunktiv II, Komparativ) von Wörtern auf, die in ihrer Grundform nur die unmarkierten hinteren Gegenstücke enthalten: *Bruder – Brüder, dumm – dümmer, Hof – Höfe, konnte – könnte*; vordere gerundete Vokale sind in Grundformen selten. Wenn ein Kontrast zwischen zwei Lauten neutralisiert wird, dann zugunsten des unmarkierten; so werden [b, d, g] im Silbenauslaut zu ihren unmarkierten Gegenstücken [p, t, k]. Das Vorhandensein des markierten Lauts impliziert das Vorhandensein des unmarkierten Gegenstücks; so hat jede Sprache mit einem stimmhaften Plosiv auch einen entsprechenden stimmlosen Plosiv und eine Sprache mit einem [y] auch ein [u] und ein [i].

Im Erstspracherwerb werden die unmarkierten Laute vor den markierten erworben, und bei Aphasikern gehen zuerst die markierten Laute verloren. Der Spracherwerb bietet auch ein Argument für die Markiertheit stimmhafter Obstruenten am Silbenende wie im Englischen, denn Edwards (1979) hat Auslautverhärtung als eine Entwicklungsstufe im Lauterwerb englischer Kinder gefunden. Englischsprachige Deutschlerner müssen beim Erlernen der Auslautverhärtung also nur einen Schritt zurück tun, während deutschsprachige Englischlerner eine markierte Position für die stimmhaften Obstruenten lernen müssen.

Schließlich sei noch erwähnt, dass markierte Laute und Prozesse historisch instabil sind und sich in ihnen auch die Dialekte einer Sprache unterscheiden können. So verfügen einige deutsche Dialekte nicht über die vorderen gerundeten Vokale, sondern ersetzen sie durch die vorderen ungerundeten Gegenstücke.

Die kurzen Ausführungen zur Markiertheit zeigen, dass es sinnvoll ist zu fragen, inwiefern Lautsystem, Prosodie und phonologische Prozesse im Deutschen markiert sind, denn an den markierten Stellen sind Lernschwierigkeiten über unterschiedliche Ausgangssprachen hinweg zu erwarten, die sich in entwicklungsbedingten Zwischenstufen äußern können, wie sie auch im Erstspracherwerb anzutreffen sind. Ebenso sind typologische Einordnungen sinnvoll, denn auch aus unterschiedlichen typologischen Zügen von Ausgangs- und Zielsprache lassen sich manche Lernschwierigkeiten erhellen.

3.1.2 Zum Lautsystem des Deutschen

Das Vokalsystem

Je nach Autor und theoretischer Position werden für das Deutsche 14 bis 16 Vokale angenommen, was die durchschnittliche Anzahl von Vokalphonemen in den Sprachen der Welt (fünf bis acht Vokale) deutlich übersteigt (vgl. Jessen 1999: 517). Dafür gibt es so gut wie keine allophonischen Varianten im Vokalbereich. Die hohe Zahl der Vokale im Deutschen liegt erstens daran, dass sie in Paaren auftreten wie in *Miete – Mitte* [iː - ɪ]; Ausnahmen bilden lediglich das Schwa [ə] und das lange offene [ɛː], zwei Laute, die aus unterschiedlichen Gründen nicht von allen Autoren zu den Vokalphonemen gezählt werden. Die Paare unterscheiden sich jeweils in der Länge, der Gespanntheit und im Öffnungsgrad: [i:, y:, u:, e:, ø:, o:] wie in *Miete, Hüte, Ruhm, Beet, Höhle, Ofen* sind in betonter Silbe lang, sie sind gespannt und der Kiefer ist jeweils etwas geschlossener als bei den kurzen, ungespannten und offeneren [ɪ, ʏ, ʊ, ɛ, œ, ɔ] wie in *Mitte, Hütte, Rum, Bett, Hölle, offen*. Einzig das Vokalpaar [ɑ: – a] in *Staat – Stadt* unterscheidet sich weder im Öffnungsgrad (beide sind maximal offen) noch in der Gespanntheit, sondern nur in der Länge; [ɑ:] wird aber etwas weiter hinten artikuliert als [a]. Vokalpaare gibt es laut Hall (2000: 86) nur in 20 % der Sprachen der Welt. Die zweite Ursache für die hohe Zahl der Vokale im Deutschen ist die Existenz von vorderen gerundeten Vokalen [y:, ʏ, ø:, œ] neben den ungerundeten [i:, ɪ, e:, ɛ]. Das unten stehende Vokalviereck enthält neben den besprochenen Vokalen auch das a-Schwa [ɐ], eine allophonische Variante des Phonems /R/.

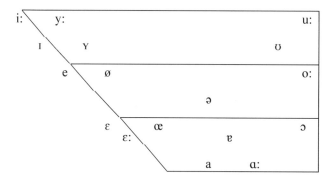

Die Differenzierung der Vokalpaare ist eines der drei hauptsächlichen Lernprobleme im Bereich der Vokale. Eine didaktische Überlegung sei hier schon vorgezogen: Wie ist der Unterschied am besten zu benennen? Meist wird von Lang- und Kurzvokalen gesprochen, daneben auch von geschlossenen und offenen sowie von gespannten und ungespannten. An „Lang- und Kurzvokale" ist unglücklich, dass Lerner sich durch die Bezeichnung zu sehr auf die quantitativen Unterschiede konzentrieren und die für das Ohr wichtigeren qualitativen Unterschiede vernachlässigen könnten; „geschlossen und offen" sind unglücklich, weil das offene [ʊ] immer noch geschlossener ist als das geschlossene [o]. Daher wäre die Bezeichnung gespannte und ungespannte Vokale vorzuziehen, wenn dem Lerner gleichzeitig erfahrbar gemacht wird, was Gespanntheit ist. Dazu lässt man ihn mit der Hand den Hals oberhalb des Kehlkopfs direkt unter dem Unterkiefer umfassen und dabei *Miete – Mitte* artikulieren. Die Gespanntheit der Zungenmuskulatur wird dann deutlich spürbar.[23]

Das zweite Hauptproblem bilden die obermittelhohen Vokale, auch halb geschlossene Vokale genannt. Viele Sprachen haben nur hohe, mittlere und tiefe Vokale, während im Deutschen die mittleren in die ober- [e:, ø:, o:] und untermittelhohen (halb offenen) [ɛ, œ, ɔ] differenziert werden. Wenn ein Lerner Schwierigkeiten mit [e:] hat, dann in der Regel auch mit [o:] und umgekehrt; es ist also die ganze Ebene auszubilden.

---

[23] Mit einer solchen didaktisch begründeten Wahl der Bezeichnung ist keine Entscheidung darüber getroffen, welches das phonologisch zugrundeliegende Merkmal ist (Länge oder Gespanntheit) und welche Merkmale phonetisch abzuleiten sind.

Das dritte Hauptproblem bilden die stark markierten vorderen gerundeten Vokale [y:, ʏ, ø:, œ]. In 317 Sprachen, die Maddieson (1984) untersucht hat, gibt es 452 hohe vordere ungerundete Vokale, aber nur 29 gerundete, zu denen auch die deutschen [y:, ʏ] gehören; bei den vorderen mittleren Vokalen ist das Verhältnis 425 zu 32, hierunter fallen auch die deutschen [ø:, œ]. Die starke Markiertheit der vorderen gerundeten Vokale erklärt die Lernschwierigkeiten im Erwerb des Deutschen als Fremdsprache, aber auch den relativ späten Erwerb durch deutsche Kinder, die zuerst die unmarkierten Gegenstücke [i:/ɪ] und [u:/ʊ] bzw. [e:/ɛ] und [o:/ɔ] erwerben; sie erklärt auch, warum nicht alle Dialekte des Deutschen über diese Vokale verfügen.

Mögliche Probleme mit dem Schwa-Laut werden im Zusammenhang mit den prosodischen Eigenschaften des Deutschen angesprochen.

Allophone der Vokale treten im Kernbereich des Wortschatzes nicht auf, sondern sind fast ausschließlich auf Fremdwörter beschränkt. Dort treten sie immer da auf, wo ein gespannter Vokal in eine unbetonte Silbe fällt, wo er gespannt bleibt wie das [i] in *Minute* [mi'nu:tə], aber nicht mehr lang ist. Der qualitative Unterschied zum [ɪ] wie in [ˈmɪndəstəns] bleibt bestehen. Weitere Beispiele sind die unbetonten Vokale in *Ty'rann, Mu'sik, le'bendig, mö'bliert, to'tal*. Ein Lernproblem bildet die Kürzung der langen gespannten Vokale nicht, sie ergibt sich quasi automatisch aus der Prosodie.

Das Konsonantensystem

Das deutsche Konsonantensystem ist in großen Teilen symmetrisch, wie sich bei einer genaueren Betrachtung der folgenden Tabelle zeigt, die die Konsonanten des Deutschen einschließlich ihrer wichtigsten Allophone enthält.

Artikula-tionsarten	Artikulationsorte							
	Bilabial	Labio-dental	Dental-Alveolar	Post-alveolar	Palatal	Velar	Uvular	Glottal
Plosive	pʰ b		tʰ d			kʰ g		ʔ
Frikative		f v	s z	ʃ ʒ	ç	x	ʁ	h
Affrikaten	pf		ts					
Nasale	m		n			ŋ		
Laterale			l					
Vibranten			r				ʀ	
Halbvokal					j			

- Drei *Plosive* des Deutschen treten in den Paaren stimmlos [pʰ, tʰ, kʰ] – stimmhaft [b, d, g] auf; ein – von der Ausgangssprache abhängiges – Lernproblem ist hier, dass die stimmlosen aspiriert werden, außer nach [ʃ] und [s] (*Spiel, Stein, Skat*).
- Die *Nasale* [n, m, ŋ] finden sich an denselben Artikulationsorten wie die besprochenen Plosive.
- Die *Frikative* bieten zum Teil beträchtliche Lernprobleme, vor allem [ç] und [x], die stellungsbedingte Allophone des *ch* geschriebenen Phonems sind. [x] folgt den hinteren Vokalen wie in *Buch, Loch, Fach* (daher auch *ach*-Laut genannt), [ç] folgt den vorderen Vokalen wie in *tüchtig, frech, höchst, mich* (daher auch *ich*-Laut ge-

nannt), es folgt aber auch *l, n, r* wie in *Milch, mancher, durch* oder steht am Wort- und Morphembeginn wie in *Chemie, Mädchen*. [ç] ist ein äußerst seltener Sprachlaut, der bei Maddieson (1984) nur in zehn Sprachen belegt ist. Für viele Deutschlernende ist er ein Problem.

- Der Frikativ [ʃ] wird postalveolar unweit des palatalen [ç], aber mit einer Längsrille in der Vorderzunge artikuliert. Diese beiden auch akustisch recht ähnlichen Laute werden dadurch weiter differenziert, dass das deutsche [ʃ] mit gerundeten, vorgestülpten Lippen gebildet wird. Lerner, die in ihrer Muttersprache bereits über einen Laut [ʃ] verfügen, müssen ihrem deutschen diese Zusatzartikulation hinzufügen[ʃʷ], damit *Kirsche* und *Kirche* hinreichend unterschiedlich klingen.

- Neben [ʃʷ] verfügt das deutsche Konsonantensystem über zwei weitere Sibilanten, [s] und [z], die wie die anderen Frikative stimmlos und stimmhaft auftreten. Jedoch ist ihre Distribution stärker beschränkt: [s] kann nicht wortinitial auftreten, [z] nicht silbenfinal, wobei die letzte Beschränkung der für alle anderen stimmhaften Obstruenten entspricht (Auslautverhärtung). Einen bedeutungsunterscheidenden Kontrast bilden [s] und [z] nur wortintern (*reisen – reißen*). Nur in dieser Position gibt die Schrift einen Hinweis auf die Aussprache, indem sie das Graphem <s> für [z] reserviert und <ss> oder <ß> für [s]; sonst steht <s> gleichermaßen für [s] wie [z]. Für schriftorientierte Lerner, die an andere Graphem-Phonem-Zuordnungen gewöhnt sind, können hier Probleme entstehen.

- In Form des uvularen [ʀ] (Zäpfchen-R) verfügt das Standarddeutsche über einen äußerst seltenen *Vibranten*. Laut Maddieson (1984) tritt er noch im Französischen auf, von dem das Deutsche ihn – so eine umstrittende Hypothese – auch übernommen haben könnte. In älteren Sprachepochen kannte man nur den alveolaren Vibranten [r], wie er auch heute noch in zahlreichen Dialekten gesprochen wird. Angesichts der recht schwierigen artikulatorischen Aneignung könnte ein Lerner des Deutschen unter dem Aspekt müheloser Verständlichkeit zwar auf das [ʀ] zugunsten des [r] verzichten, seine Aussprache wäre dann aber doch recht auffällig. Etwas einfacher zu artikulieren ist der uvulare Frikativ [ʁ], der in der Umgangssprache den uvularen Vibranten [ʀ] schon weitgehend ersetzt hat; er entsteht, wenn der Zungenrücken nicht ganz bis zur Uvula gehoben wird. In seiner ausgeprägten Allophonie wird das Phonem /r/ in bestimmten Kontexten obligatorisch als eine Art von a-Laut realisiert, der meist als a-Schwa [ɐ], zum Teil aber auch als [ʌ] beschrieben wird. Diese Realisierung findet sich erstens in Endungen und Präfixen, die mit *er* geschrieben werden (*Lehrer* – [ˈleːʀɐ], *änderst* – [ˈɛndɐst], *erleben* – [ɛɐˈleːbən], *zerbrechen* – [tsɛɐˈbʁɛçən]), zweitens nach gespannten Vokalen am Silbenende (*Tür* – [tʰyːɐ], aber *Türen* – [ˈtʰyː.ʀən]; *Ohr* – [ʔoːɐ], aber *Ohren* – [ˈʔoː.ʀən]). Nach ungespannten Vokalen sind konsonantische oder vokalische Aussprache möglich (*Wirt* – [vɪʀt] oder [vɪɐt]). Durch das vokalische r entstehen zahlreiche Minimalpaare, die sich nur durch die Zentralvokale e-Schwa und a-Schwa unterscheiden (*Miete – Mieter, leise – leiser, reiten – Reitern*) und artikulatorisch wie auditiv eine recht feine Differenzierungsfähigkeit erfordern.

- Zuletzt gehören der glottale Frikativ [h] und der Plosiv [ʔ] („Knacklaut") zum Konsonantensystem, Letzterer ein Laut, der wegen seiner Vorhersagbarkeit nicht geschrieben wird. Beide finden sich nur vor Vokalen und könnten statt als Konsonanten auch als alternative Arten des Vokaleinsatzes in betonten Silben angesehen werden; dem „weichen" Einsatz in *Haus, heiß, heben, verhalten* steht der „harte" Einsatz in ʔ*aus,* ʔ*Eis,* ʔ*eben, ver*ʔ*alten* gegenüber. Beim [h] darf nicht wie in manchen Sprachen ein zu starkes Reibegeräusch entstehen. Die deutliche Aussprache des [ʔ] ist für das deutsche Ohr wichtig, weil es die Wort- und Morphemgrenzen kenntlich macht: ʔ*in* ʔ*einem* ʔ*alten* ʔ*Auto*. Andere Sprachen „binden" hier, d. h. schlagen den letzten Konsonanten des vorangehenden Wortes zur Anfangssilbe des folgenden: *in‿an‿old car, dans‿une vieille voiture*. Ohne den Glottisverschluss als Grenzsignal wärefürdasdeutscheohrdasgesprochenesomühseligwiedie- sesgeschriebenefürdasauge!

Die Allophonie im Konsonantensystem ist deutlich höher als im Vokalsystem, was vor allem an der Auslautverhärtung bei Plosiven und Frikativen, der Assimilation von [ç] und [x] an den vorangehenden Vokal sowie den konsonantischen und vokalischen Varianten des *r* liegt.

Weitere Lernschwierigkeiten können sich je nach Ausgangssprache dadurch ergeben, dass das Deutsche recht markierte *Konsonantenverbindungen* kennt: Am Silbenbeginn sind bis zu drei Konsonanten erlaubt (*Streich, Spiel, Sklave*), am Silbenende sogar bis zu fünf (*schimpfst*). Besitzt die Ausgangssprache solche Konsonantenverbindungen nicht, können Lerner zu anderen Silbifizierungen greifen, z. B. mit einem hinzugefügten Schwa-Vokal wie in [ʔaʁts.tə] statt [ʔaʁtst] (*Arzt*).

3.1.3 Zur Prosodie des Deutschen

Das Deutsche hat einen dynamischen Akzent, d. h. es hebt betonte Silben durch erhöhten Atemdruck gegenüber anderen Silben hervor. Akzentsilben sind in der Standardsprache lauter, länger und höher. Die *rhythmische Gliederung* deutscher Sätze ist dadurch geprägt, dass Deutsch, wie auch Englisch, zu den akzentzählenden Sprachen gehört. In ihnen folgen die betonten Silben in etwa gleichem zeitlichen Abstand aufeinander, unabhängig davon, wie viele unbetonte Silben zwischen den betonten liegen. In silbenzählenden Sprachen dagegen liegen zwischen den einzelnen Silben in etwa die gleichen zeitlichen Abstände, unabhängig von ihrer Betontheit; die Silben sind zeitgleich. Zu den silbenzählenden Sprachen gehören u. a. Französisch, Italienisch, Spanisch, Thailändisch, Vietnamesisch. Dieling/Hirschfeld (2000) machen diesen grundlegenden Unterschied in der rhythmischen Struktur an einem Beispiel deutlich. Sie lassen eine Spanierin, die noch nicht lange Deutsch lernt und noch von ihrem silbenzählenden Rhythmus ausgeht, ein bekanntes Kinderlied vortragen und vergleichen es mit dem Vortrag einer Muttersprachlerin. Zunächst das Kinderlied:

Ein Mops	Da kamen viele Möpse und gruben
lief in die Küche	dem Mops ein Grab
und stahl dem Koch ein Ei.	und setzten ihm einen Grabstein,
Da nahm der Koch den Löffel	darauf geschrieben stand:
und schlug den Mops zu Brei.	Ein Mops lief in die Küche ...

In der Verteilung der Silben auf die Zeiteinheiten bei beiden Sprecherinnen in Abb. 1 ist deutlich zu erkennen, dass die Spanierin regelmäßig zwischen unbetonten und betonten Silben wechselt und für jedes Silbenpaar dieselbe Zeit verwendet, während die

Deutsche mal mehr, mal weniger Silben in einer Zeiteinheit unterbringt. Solche Stauchungen haben Folgen für die unbetonten Silben: Sie werden mehr oder weniger stark reduziert. Sogar der Reduktionsvokal Schwa, der für unbetonte Silben im Deutschen typisch ist, wird noch weiter reduziert, oft bis zu seinem Ausfall. Silbenträger werden dann die Sonoranten, z. B. [n] in [fɛɐ̯.ˈhaf.tn̩] (*verhaften*), die überdies in vielen Fällen noch an den vorangehenden Konsonanten assimiliert werden wie in [loːbm̩] (*loben*).

Spanierin (silbenzählend)		**Deutsche** (akzentzählend)	
undSTAHL	├─────────┤	EinMOPS	├─────────┤
demKOCH	├─────────┤	liefindieKÜCHe	├─────────┤
einEI	├─────────┤	undstahldemKOCH	├─────────┤
daNAHM	├─────────┤	einEI	├─────────┤

Abbildung 1: Darstellung silben- und akzentzählenden Sprechens in Anlehnung an Dieling/Hirschfeld (2000: 27), Hörbeispiel 9

Der *Satzakzent* liegt im unmarkierten Fall auf einem der letzten Wörter im Mittelfeld. Nach der Akzentsilbe fällt die Stimme im Aussagesatz ab: *Ich habe sie gestern abend nach* **Hau**se ↓ *gebracht*; es folgt keine weitere hervorgehobene Silbe, also nicht: *Ich habe sie gestern abend nach* **Hau**se ↓ **gebracht*.

Die *Intonation* im engeren Sinn, d. h. im Sinn der Tonhöhenveränderung, steht in engem Zusammenhang mit dem Satzakzent. Die drei Grundtypen der Intonation sind die fallende, die steigende und die gleichbleibende Intonation. Die genaue Kontur der fallenden und steigenden Intonation hängt mit der Position der den Satzakzent tragenden Silbe wie folgt zusammen: Ist die Akzentsilbe weder die erste noch die letzte Silbe im Satz, so erhält sie die höchste bzw. die tiefste Stufe; der Ton der folgenden Silben fällt dann stufenweise ab bzw. steigt stufenweise auf. Vorausgehende Silben liegen etwa auf der mittleren Stufe. Folgen der Satzakzentsilbe keine weiteren Silben, so findet die gesamte fallende bzw. steigende Tonbewegung innerhalb dieser einen Silbe statt. Liegt der Satzakzent auf der ersten Silbe des Satzes, so liegen die folgenden Silben auf der tiefsten (fallende Intonation) bzw. höchsten Tonstufe (steigende Intonation); somit entfällt hier die mittlere Tonstufe (vgl. Kelz 2001).

Das Auftreten der drei Intonationskonturen lässt sich nur zum Teil eindeutig aus der Satzstruktur vorhersagen, entsprechend wenig feste Regeln lassen sich hier aufstellen und vermitteln. Aufzählungen und noch nicht beendete Satzgefüge weisen eine gleichbleibende Intonation auf, Aussagesätze in der Regel die fallende und Satzfragen ohne Verberststellung die steigende Intonation (*Du kommst erst morgen?*). W-Fragen dagegen können mit fallender oder steigender Intonation realisiert werden, was eher neutrales Sprechen oder emotionale Beteiligung signalisiert. Ähnlich ist auch der Einsatz der drei Intonationsverläufe in Aufforderungssätzen weniger von der Grammatik als von kommunikativen Intentionen wie dem Grad der Freundlichkeit bestimmt.

Bezüglich der Regeln, nach denen im Deutschen der *Wortakzent* vergeben wird, bestehen mehrere ungelöste Kontroversen, so dass hier auf die Literatur verwiesen werden muss und nur einige skizzenhaften Bemerkungen möglich sind. Morphologisch einfache Wörter, also keine Ableitungen oder Zusammensetzungen, bestehen mehrheitlich aus zwei (*Boden, Decke, Tafel, Kreide*) oder einer Silbe (*Wand, Tisch, Tür, Buch*); die einsilbigen Wörter haben fast immer auch eine zweisilbige Form (*Wände, Tische, Türen, Bücher*). Die Mehrheit der einfachen Wörter ist somit – zumindest in einer ihrer Formen – zweisilbig, wobei die erste Silbe betont ist. Für das typische einfache phonologische Wort ergibt sich also ein Trochäus mit einer den Wortakzent tragenden ersten Silbe und einer zweiten Silbe mit unbetonbarem *Reduktionsvokal*, meist e-Schwa.

Sogenannte Fremdwörter, Wörter, die aus anderen Sprachen übernommen wurden, erhalten ihren Wortakzent vom Wortende her und können auf der letzten (*Stu'dent, ak'tiv*), vorletzten (*Bal'lade*) oder drittletzten Silbe (*'Lexikon*) betont sein. Die Endbetonung unterliegt der besonderen Bedingung, dass die letzte Silbe schwer ist, auf Langvokal + Konsonant endet oder auf Kurzvokal + zwei Konsonanten. Solche Wörter haben aber in der Regel silbische Flexive wie in *aktive Studenten*, so dass hier wieder Trochäen entstehen. So erweist sich letztlich der Trochäus auch für Fremdwörter als grundlegend.[24]

Bei Ableitungen ist zwischen Wortbildungssuffixen zu unterscheiden, die mehrheitlich an der Betonung des Stammes nichts ändern (*'prü.fen, 'Prü.fung, 'Prü.fer, 'Prü.fling*), und Wortbildungspräfixen, die bei Substantiv und Adjektiv den Wortakzent tragen (*'Urwald, 'unbetont*). Beim Verb tragen die trennbaren Präfixe bzw. Partikeln ebenfalls den Wortakzent (*'einziehen*), die untrennbaren Präfixe dagegen belassen den Wortakzent auf dem Stamm (*be'ziehen*).

In zweigliedrigen Komposita trägt das Erstglied den Wortakzent (*'Tafelbild*), bei dreigliedrigen der Struktur (A+B)+C trägt es ihn ebenfalls (*'Fremdsprachenschule*), bei dreigliedrigen der Struktur A+(B+C) gilt dies seltener (*'Hauptbahnhof*), hier trägt häufiger das Zweitglied den Wortakzent (*Bundes'gartenschau*). Der unterschiedliche Wortakzent in *'Stadtplanungsamt* und *Stadt'planungsamt* verweist auf die unterschiedliche Struktur und Bedeutung der Komposita: 'Amt für Stadtplanung' bzw. 'Planungsamt einer Stadt'. Kaltenbacher (unveröff. Manuskript) weist darauf hin, dass Lerner bestimmter Ausgangssprachen mehrsilbigen Komposita den Wortakzent oft nicht auf dem Erst-, sondern dem Zweitglied zuweisen (**Super'märkte*). Hier wird Phrasenakzent übertragen. In Phrasen wird in der Regel der Wortakzent des letzten Wortes gegenüber den anderen Wortakzenten hervorgehoben (*die la'teinische Gram'matik*), in zweigliedrigen Komposita ist die Betonung aber auf dem ersten „Wort" (*die La'teingrammatik*). Die Übertragung des Phrasenakzents aus der Muttersprache wird für die Lerner noch dadurch gestützt, dass es im Deutschen ja auch einen Phrasenakzent gibt; zu lernen ist also der Unterschied zwischen Phrasenakzent (*eine kleine **Stadt**, im alten Be**richt***) und Wortakzent in Komposita (*eine **Klein**stadt, im **Alt**enbericht*).

Trotz der angedeuteten Faktorenvielfalt der Wortakzentzuweisung lässt sich festhalten, dass der Wortakzent im Deutschen nicht wie in manchen anderen Sprachen

---

[24] Die Betonung auf der drittletzten Silbe in *Lexikon* bildet eine Abweichung vom präferierten Trochäus, die aber an die Bedingung gebunden ist, dass die zweitletzte Silbe leicht ist. Solche Daktylen finden sich unter ähnlichen Bedingungen auch im heimischen Kernwortschatz bei Adjektiven wie *größeren*.

zusammen mit jedem Wort gelernt werden muss, sondern weitgehend vorhergesagt werden kann; benötigt wird hierzu aber morphologisches Wissen. Ausnahmen bilden einige Fremdwörter mit unterschiedlichen Bedeutungen, die durch den Wortakzent unterschieden werden: *ak'tiv* vs. *'Aktiv* (Genus verbi), *per'fekt* vs. *'Perfekt* (Tempus), *Au'gust* (Monat) vs. *'August* (Vorname). Hier muss der Akzent zusammen mit dem Wort gelernt werden.

> **Aufgabe 3-1:**
> (a) Notieren Sie die vier wichtigsten Problembereiche, die Sie oder Ihre Lerner beim Erwerb der deutschen Aussprache haben.
> (b) Welche dieser Probleme beruhen auf Interferenz aus der Muttersprache, welche Probleme treten auf, weil es sich um markierte Phänomene handelt? Treffen gegebenenfalls beide Erklärungsmöglichkeiten zu?
> (c) Gibt es Phänomene, die im vorangegangenen Abschnitt als markiert und damit potentiell Lernprobleme verursachend bezeichnet wurden, die aber in der Praxis nicht zu Ausspracheproblemen führen? Warum nicht?

3.2 Didaktische Überlegungen

Wie kann man sich dem oben skizzierten Lerngegenstand nähern? Bei der Vermittlung morphologischer und syntaktischer Strukturen kann man schrittweise vorgehen, den Dativ nach Nominativ und Akkusativ vermitteln, die Deklination des Adjektivs nach der des Artikels, Nebensätze nach Hauptsätzen, das Passiv nach dem Aktiv. Dies ist bei der Ausspracheschulung nicht möglich, man kann nicht erst die Vokale, dann die Konsonanten einführen, und auch prosodische Merkmale wie Wort- und Satzakzent oder Intonation können nicht von den Einzellauten getrennt werden, allein Phänomene wie Kompositaakzent oder Akzent bei Ableitungen lassen sich eine Weile zurückstellen. Das meiste dessen, was zu lernen ist, ist also „auf einmal dran"; dafür ist der Lerngegenstand aber überschaubarer als bei Morphologie und Syntax.

Vor allem ältere Lehrwerke beginnen oft mit einem phonetischen Vorkurs. Daran ist vorteilhaft, dass einer guten Aussprache von Anfang an hohe Priorität eingeräumt wird; nachteilig ist, dass die Übungen weitgehend ohne Inhalt erfolgen, was wenig motivierend ist und zudem nicht sicherstellt, dass sich das Geübte auch wirklich mit den späteren Inhalten verbindet. Außerdem liegt die Gefahr nahe, nach Abschluss des phonetischen Vorkurses nicht mehr weiter intensiv an Aussprache und Hördiskrimination zu arbeiten, weil das Kapitel ja schon „behandelt" wurde. Manche Lehrwerke enthalten überhaupt keine phonetischen Übungen. Hinter dieser Entscheidung steht die Annahme, dass sich phonetische Kompetenz alleine durch Imitation und Korrektur entwickelt. Der gesamte Grundstufenunterricht wäre dann als Ausspracheunterricht aufzufassen. Ein drittes Modell enthält in jeder Lektion ein Phonetikkapitel, in dem jeweils bestimmte Phänomene fokussiert werden. Soweit neuere Lehrwerke überhaupt explizit Phonetik betreiben, folgen sie diesem dritten Modell, etwa *Stufen International*, *Berliner Platz* oder *Schritte*. Es eignet sich besonders gut, an phonetischen Fertigkeiten und Kenntnissen auch unter Zuhilfenahme kognitivierender Verfahren zu arbeiten, was bei älteren und erwachsenen Lernern den Erwerb beträchtlich fördern kann. Natürlich entbindet auch dieses Vorgehen nicht davon, bei Anfängern auf alle Ausspracheprobleme zu achten, nicht nur auf die gerade fokussierten.

3.2.1 Zur Rolle der Bewusstheit

Wie viel phonetisches Wissen notwendig ist und vermittelt werden sollte, ist in erster Linie abhängig vom Alter der Lerner, dann von der Distanz der Laut- und prosodischen Systeme von Ausgangs- und Zielsprache sowie von der Beschaffenheit des jeweils konkreten Ausspracheproblems. Solange Laute, Akzente und Intonationsverläufe gehört und imitiert werden können, erübrigen sich Wissen über Artikulationsvorgänge und -orte oder Hilfsmittel wie Spiegel usw. weitgehend. Wie für jede Art von Wissen über Sprache gilt auch im Bereich der Phonetik, dass es eine lediglich dienende Funktion zur Erreichung eines besseren Sprachkönnens einnehmen und nicht Selbstzweck sein sollte. Phonetisches Wissen kann aber auch motivieren: Wenn der Lerner zum Beispiel weiß, dass [ʃ] und [ç] recht ähnlich klingen, dann ist es ihm wohl einsichtiger, dass er – falls er ein [ʃ] aus seiner Muttersprache mitbringt – dieses im Deutschen runden muss, damit der Unterschied zu [ç] gewahrt ist. Eine unbegründete Aufforderung zur Rundung wird die nötige Bereitschaft wohl kaum fördern.

Die Kenntnis des auch hier verwendeten Internationalen Phonetischen Alphabets (IPA) ist allerdings generell zu empfehlen, ausgenommen bei sehr jungen Lernern. Seine zumindest rezeptive Beherrschung ist eine Kulturtechnik, die es Lernern ermöglicht, Ausspracheinformationen in Wörterbüchern zu nutzen, und sie so autonomer macht. Im Fall von Deutsch nach Englisch sollte das IPA ohnehin bekannt sein. Wenn Deutsch erste Fremdsprache ist, arbeitet seine Aneignung späteren Fremdsprachen zu.

Ein Wissen sollte aber auch über Graphem-Phonem-Beziehungen bestehen, denn es ermöglicht eine bessere Nutzung der Hinweise, die die Schrift auf die Aussprache gibt. Fokussiert werden muss hier in jedem Fall, wie die Schrift die Gespanntheit der Vokale signalisiert; die sogenannten Dehnungs- und Schärfungsgraphien weisen eine hohe Regularität auf, und die wenigen Ausnahmen lassen sich leicht aufzählen. Zu vermitteln oder gelenkt zu erarbeiten (vgl. 3.3.1) sind Zuordnungen wie folgende:

	Buchstaben-Laut-Beziehungen für die o-Laute
[oː]	• bei den Buchstabenverbindungen *oo, oh*: *Moor, Sohle* • wenn dem *o* kein oder nur ein (Schreib)Konsonant im Stamm folgt: *so, hol !, (er) hol+t, (du) flog+st*
[ɔ]	• wenn dem *o* ein Doppelkonsonant im Stamm folgt: *hoffen, Rolle, hocken* (<ck> ist die Schreibung für doppeltes <k>) • wenn dem *o* zwei oder mehr Konsonanten im Stamm folgen: *stolz, Ort, sonst, mord+en*
Ausnahmen	• [oː] wird gesprochen in *Ostern, Kloster, Trost, Prost, Obst, Mond, hoch* (aber: *Hochzeit* mit [ɔ]) • [ɔ] wird gesprochen in *von, vom, ob, Lok*

Kontextabhängige Buchstaben-Laut-Zuordnungen sind auch bei den Sibilanten zu beachten: *s* wird am Wort- und Silbenanfang [z] gesprochen, am Wort- und Silbenende [s], vor *t* und *p* [ʃ]; *ss* und *ß* signalisieren eindeutig [s], *z* eindeutig [ts], aber der umgekehrte Weg vom Laut zum Buchstaben ist nicht eindeutig. Stark schriftorientierte Lerner, die durchaus über die korrekten Laute verfügen, kommen hier oft über ihre muttersprachlichen Buchstaben-Laut-Zuordnungen zu einer falschen Aussprache.

In Phonetiken und Materialien zur Ausspracheschulung werden Visualisierungen verwendet wie Vokalviereck, Konsonantentabelle, Sagittalschnitt des Mund- und Rachenraums, Abbildungen des Mundes von vorne und von der Seite, Palatalogramme.[25] Sie haben ihren Wert als eines der Mittel, die zur Bildung besonders problematischer Laute eingesetzt werden können. So lassen sich Informationen über die Höhe des oft schwierigen Lautes [e:] im Vergleich zu [i:] und [ɛ] gut am Vokalviereck ablesen, aber auch an frontalen Abbildungen des Mundes, an denen Öffnungsgrad, Lippenstellung und zum Teil auch die Zungenlage bei diesem Vokal sichtbar werden. Der Lerner kann hier mithilfe eines Spiegels die eigene Artikulationsstellung mit den Abbildungen vergleichen. Eine Ansicht der Lippenrundung kann auch hilfreich sein als Unterstützung der Bildung der vorderen gerundeten Vokale und des [ʃ]. Das Vokalviereck lässt weiterhin die Verwandtschaftsbeziehungen der Vokale deutlich werden, z. B. dass [i:] und [y:] sich durch die Lippenrundung, [u:] und [y:] durch die Zungenposition (hinten vs. vorne) unterscheiden. Man wird solche Visualisierungen im Unterricht aber nur bei den Lauten einsetzen, wo sie als unerlässlich erscheinen.

Insgesamt gilt, dass Bewusstmachung im Fremdsprachenunterricht eine notwendige Strategie sein kann, sie aber sparsam einzusetzen ist. Im Bereich der Aussprache sind Gewinn von Einsichten und Aufbau mentaler Strukturen weniger problematisch als das Einschleifen neuer artikulatorischer Bewegungsmuster. Wie die Herausbildung fast aller motorischen Fähigkeiten bedarf dies längerer Zeiträume und intensiver Übung und vorangehend des Trainings, die problematischen Aspekte der fremdsprachlichen Aussprache überhaupt wahrzunehmen. In der Ausbildung von Fremdsprachenlehrern ist die Vermittlung bewusstmachender Verfahren aber unerlässlich.

Aufgabe 3-2:
Zu den Buchstaben-Laut-Beziehungen:
(a) Ist die unterschiedliche Vokalqualität [u:] vs. [ʊ] in den folgenden Sätzen aus der Schrift ablesbar? Beziehen Sie sich auf die o. a. Regeln für die o-Laute.
Aussprachetraining schult auch das Gehör.
Nicht immer hat die Muttersprache Schuld an Ausspracheproblemen.
(b) Welche der für die o-Laute angegebenen Buchstaben-Laut-Beziehungen lassen sich für die anderen Vokalpaare generalisieren? Welche weiteren Buchstaben-Laut-Beziehungen werden im Vokalbereich benötigt?
(c) Sammeln Sie Beispiele für Ausspracheprobleme Ihrer Lerner, die ihre Ursache in der Übertragung muttersprachlicher Buchstaben-Laut-Beziehungen haben könnten.

3.2.2 Zur Progression

Das differenzierte Hören geht bei der Ausspracheschulung dem Sprechen voraus. Bevor an Lautunterschieden oder prosodischen Mustern gearbeitet werden kann, muss in

---

[25] In Lehrwerken sind solche Visualisierungen eher selten; *Stufen International* hat aber zu Beginn von Band 2 ein Vokalviereck und einen Sagittalschnitt.

3.2 Didaktische Überlegungen

eigenen Übungen erst einmal sichergestellt werden, dass sie überhaupt gehört werden. Trotz dieser trivialen Feststellung finden sich in Unterrichtsmaterialien nicht immer geeignete und abwechslungsreiche Hörübungen (vgl. Dieling/Hirschfeld 2000: 29).

In neueren Veröffentlichungen besteht Übereinstimmung darin, dass das Suprasegmentale, das Prosodische, gegenüber dem Segmentalen, den Einzellauten, Vorrang haben sollte. Die Überlagerung durch falsche Akzentmuster und Rhythmisierungen kann die phonetische Gestalt von Einzelsegmenten so verändern, dass sie für den Hörer nicht mehr zu identifizieren sind. Dieling/Hirschfeld (2000: 32) sprechen im Zusammenhang mit Suprasegmentalia von „Intonation" und begründen deren Vorrang so: „Die Intonation spielt bei der Sprachwahrnehmung und -verarbeitung die entscheidende Rolle, und erfahrungsgemäß werden Artikulationsabweichungen vom Hörer viel eher verarbeitet und auch viel eher toleriert als Verstöße gegen den Sprechrhythmus, gegen den Wort- und Satzakzent oder falsche melodische Muster." Ein Teil dieser Phänomene lässt sich schon an den ersten Lektionsdialogen fokussieren, indem z. B. Intonationspfeile für abfallende, steigende und gleichbleibende Stimmführung eingetragen werden und bei der Reproduktion der Dialogäußerungen besonders auf die Stimmführung geachtet wird. Sowohl Satz- als auch Wortakzent können anfangs auch unabhängig von den zielsprachlichen Lauten geübt werden; eine Möglichkeit illustriert die unten stehende Übung aus der zweiten Lektion von *Stufen International* 1. In dem lehrwerkunabhängigen Phonetikkurs von Frey (1995) werden mehrsilbige Wörter und kurze Sätze mit demselben Ziel des Einübens von Akzentmustern gebrummt, bevor sie nachgesprochen werden. Diese Übungen zum suprasegmentalen Bereich sind so geartet, dass sie die parallele Arbeit an Segmenten nicht ausschließen.

a) **Hörtraining** (Lautgruppen) **Hören Sie.** **Hören Sie, und sprechen Sie nach.** **Hören Sie, und markieren Sie den Akzent (l<u>a</u>).**	b) **Hörtraining** (Sätze) **Hören Sie.** **Hören Sie, und sprechen Sie nach.** **Hören Sie, und markieren Sie den Akzent (b<u>i</u>st).**
1. la la la la 2. la la 3. la la la la 4. la la – la la la la la ...	1. Woher bist du? 2. Aus Wien. 3. Ich bin auch aus Wien. 4. Ach so. Und wo wohnst du hier? ...

Abbildung 2: Übung zum Satzakzent aus *Stufen International* 1 (1995: 24)

Die Progression im segmentalen Bereich ist im Detail abhängig von den Unterschieden zwischen Ausgangs- und Zielsprache und dem, was transferiert werden kann, was nicht transferiert werden darf und was gänzlich neu zu erwerben ist. Generell ist es aber sinnvoll, die Vokale vor den Konsonanten zu behandeln, da sie als Träger der Silbe akustisch am auffälligsten sind und das Deutsche, wie in 3.1.2 schon ausgeführt wurde, hier überdurchschnittlich viele bedeutungsunterscheidende Kontraste kennt. Die Vokale müssen also aus funktionalen Gründen in der Progression bei den Segmenten an erster Stelle stehen; innerhalb der Vokale kann sich die Abfolge nach dem Schwierigkeitsgrad richten. [ɑ: – a] sind am einfachsten, weil nur ein Längenunterschied und ein geringfügiger Unterschied in der Zungenposition zu berücksichtigen ist. Bei den hohen Vokalpaaren [i: - ɪ] und [u: - ʊ] kommt der Gespanntheitsunterschied hinzu. [o: - ɔ] und [e: - ɛ] sind wiederum schwieriger, weil in vielen Ausgangssprachen die obermittelhohen Vokale fehlen. Von den genannten beiden *e*-Lauten sind weiterhin [ɛ:] und [ə] zu differenzieren. Auf der produktiven Beherrschung des [ɛ:] muss allerdings nicht bestanden werden, da auch viele heimische Sprecher der Standardsprache diesen Laut durch [e:] ersetzen. Die vorderen gerundeten Vokale [y:, ʏ, ø:, œ] schließlich sind als die markiertesten Vokale die schwersten.

Bei den Konsonanten ist die Festlegung einer Progression nach den Kriterien der Funktionalität und des Schwierigkeitsgrades weniger stringent zu begründen, hier müssen auch die Verhältnisse in der Ausgangssprache stärker berücksichtigt werden. Eine frühe Beschäftigung mit der Aspiration der stimmlosen Plosive hat den Vorteil, dass gleich drei Sprachlaute abgedeckt sind. Frey (1995: 58) argumentiert aufgrund praktischer Erfahrungen in dieselbe Richtung. Es habe sich gezeigt, „dass durch diese frühe Fixierung der stimmlosen Plosive als „aspiriert" wesentliche Aussprachefehler in diesem Bereich bereits von Anfang an umgangen werden können." Funktional wichtig ist der korrekte Einsatz des Glottisverschlusses [ʔ], denn er orientiert den Hörer über die Wort- und Silbengrenzen. [ʔ] wird am besten zusammen mit [h] geübt, da beide in derselben Umgebung auftreten, nämlich unmittelbar vor betonbarem Vokal. Wie oben schon dargestellt, sind [ç] und [ʀ] in den Sprachen der Welt seltene und artikulatorisch schwierige Laute, zudem sind hier die allophonische Variante [x] bzw. die vokalischen Realisierungen des Phonems /ʀ/ und ihre Verteilung zu berücksichtigen. Die Behandlung der Sibilanten [s, z, ʃ, ʒ] ist je nach Ausgangssprache in die skizzierte Progression einzubauen.

Unter funktionalen Gesichtspunkten darf der Velarnasal wie in *singen, Gesang* am Ende stehen. Dem [ŋ] folgt im Deutschen kein [g], es sei denn in Fremdwörtern oder wenn das [g] nach einer Morphemgrenze steht (*hungern* [ˈhʊŋɐn], aber *ungern* [ˈʊngɛʳn]). Viele Lerner artikulieren hier aber die Lautkombination [ŋg], z. B. *lang und länger* *[laŋ ʊntʰ lɛŋgɐ]), teilweise aufgrund der Ausgangssprache, teilweise aufgrund der Schrift. Dies ist eine Aussprache, die zwar deutlich als „Akzent" wahrgenommen wird, die Verständlichkeit jedoch nicht beeinträchtigt.

Unter Progressionsaspekten ist nicht nur die Anordnung des Lernstoffs zu bedenken, sondern auch Abfolge und Art der Übungen. Übungen zur Hördiskrimination müssen den reproduktiven vorausgehen. Letztere sind zuerst einmal Übungen, in denen meist an isolierten Wortpaaren wie *raten – Ratten* ein phonemischer Kontrast fokussiert wird. Oft gehen Materialien für die Ausspracheschulung aber kaum über solche Minimalpaarübungen hinaus, mit der Folge, dass der Schritt zum Transfer so groß ist, dass er kaum gelingen kann. Das zu übende Phänomen muss auch in Phrasen, Sätze und kürzere Texte eingebunden werden. Aber selbst dann liegt die Konzentration allein auf der Lautform; was fehlt, ist die Verbindung mit Inhalten. Übungen, in denen die Lerner inhaltlich etwas ausdrücken, machen es wahrscheinlicher, dass die geübten Lautformen auch jenseits von Ausspracheübungen aktiviert werden.

Der Schritt von Minimalpaarübungen zum Üben mit inhaltlichen Bezügen ist leicht zu bewerkstelligen. Die Lerner können aufgefordert werden, einen kurzen Text zu schreiben, in dem eine bestimmte Anzahl der Wörter der Minimalpaarübungen vorkommt, und anschließend phonetisch einzuüben. Dies führt erfahrungsgemäß zu gerne vorgetragenen kreativen Geschichten. Eine weitere Möglichkeit ist, die Lerner selbst – unter Umständen mithilfe eines Wörterbuchs – Beispielwörter für eine Ausspracheübung wie im unten stehenden Muster zur Aspiration der stimmlosen Plosive suchen zu lassen (Einzel- oder Partnerarbeit), die sie dann im Plenum vortragen.

[pʰ]	Wie ist Paul?	Paul ist	• prima. • ein guter Partner. • leider passiv. • ...
[tʰ]	Wie ist Tanja?	Tanja ist	• tüchtig. • talentiert. • ...
[kʰ]	Wie ist Karsten?	Karsten ist	• kreativ. • ...

Noch eine der vielen Möglichkeiten sei hier angedeutet: Die Lerner versuchen aus den Wörtern, an denen ein Kontrast, z. B. zwischen [ɑ:] und [a], eingeübt wurde, so viele Komposita zu bilden wie möglich und ihre Bedeutung zu erklären.

Bilden Sie möglichst viele Komposita aus diesen Wörtern:				
Anstalt	baden	Bahn	Wasser	Stadt
Damm	Karte	parken	Platz	Staat
Straße	Wanne	Zahn	Flasche	Tafel

3.3 Verfahren der Ausspracheschulung

3.3.1 Übungstypen

Wie in den Überlegungen zur Progression begründet, müssen den Ausspracheübungen im engeren Sinne *Hörübungen* vorausgehen. Dadurch sollen die Lerner zum einen für prosodische Merkmale sensibilisiert werden und prosodische Muster identifizieren lernen, zum anderen diejenigen Lautunterschiede diskriminieren, die für sie schwer zu unterscheiden sind. In Lehrwerken und Materialien zur Ausspracheschulung finden sich Übungsformen wie die im Folgenden illustrierten, wobei prosodiebezogene Übungen erst in neueren Veröffentlichungen stärker vertreten sind.[26]

Die *Intonation* von Äußerungen wird oft in Form von Pfeilen visualisiert. In der Übung aus Abb. 3 sollen die Lerner steigende und fallende Intonation notieren und das Gehörte in einem zweiten Schritt nachsprechen. Nach der Hör- und Sprechaktivität wird Wissen zur unterschiedlichen Funktion der beiden intonatorischen Alternativen

---

[26] Eine Fundgrube vielfältiger und motivierender Übungen ist Dieling/Hirschfeld (2000)

bei W-Fragen vermittelt. Zum Einüben von Intonationsbewegungen bietet sich in einer so frühen Phase des Erwerbs auch der parallele Einsatz von Gestik an (Hand bewegt sich nach oben, nach unten bzw. horizontal).

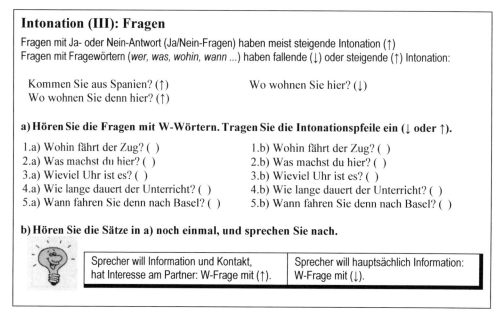

Abbildung 3: Übung zur Intonation aus *Stufen International* 1 (1995: 100); Original farbig

In der Übung in Abb. 4 soll die Position des *Satzakzents* bei einem sich schrittweise nach rechts erweiternden Satz herausgehört und markiert werden. Es darf bei dieser Übung aber nicht das Missverständnis entstehen, der Satzakzent läge immer auf dem letzten Wort; der infinite Verbteil als oft letzter Teil des Satzes trägt den Satzakzent meist gerade nicht: *Ines und Wolfgang haben seit zwei Stunden am Strand in der Sonne* **Schach** *gespielt/ *Schach ge***spielt**.

```
Ines.
Ines und Wolfgang.
Ines und Wolfgang spielen.
Ines und Wolfgang spielen seit zwei Stunden.
Ines und Wolfgang spielen seit zwei Stunden am Strand.
Ines und Wolfgang spielen seit zwei Stunden am Strand in der Sonne.
Ines und Wolfgang spielen seit zwei Stunden am Strand in der Sonne Schach.
```

Abbildung 4: Übung zum Satzakzent aus Dieling/Hirschfeld (2000: 109)

Für den *Rhythmus* sensibilisiert die Übung in Abb. 5. Die Aufgabenstellung lautet „a) Hören Sie und klopfen Sie den Rhythmus. b) Lesen Sie von links nach rechts, von oben nach unten."

3.3 Verfahren der Ausssprachenschulung

Straßennamen	du kannst das doch	guten Morgen	international
Einwohnerin	auf Wiedersehen	Woher kommt sie?	Komm doch mal her!
aufgewachsen	ein Buch lesen	portugiesisch	am letzten Tag
angekommen	Was brauchst du denn?	auf der Straße	originell

Abbildung 5: Übung zu Rhythmus und Akzentgruppen aus *Optimal* A2 (2005: 11)

In einer Variante lässt man drei Items hören, die aus Phrasen, vielsilbigen Wörtern oder kurzen Sätzen bestehen und von denen zwei Items den gleichen, ein Item einen anderen Rhythmus hat; z. B. *du kannst das doch – guten Morgen – auf Wiedersehen.* Das abweichende Item (hier das zweite) ist zu markieren. Vor dem Nachsprechen können die Akzentgruppen erst einmal gebrummt werden (z. B. *hm**hm**hmhm* für die zweite Spalte), bevor im nächsten Schritt die Segmente artikuliert werden.

Um *Pausen* und ihre gliedernde Funktion bewusst zu machen, geben Dieling/ Hirschfeld (2000: 110-111) Sätze ohne Interpunktion schriftlich vor. Die Sätze werden dann in unterschiedlichen Varianten gehört, wobei die Varianten aufgrund anderer Pausen und eines anderen Wortakzents gänzlich unterschiedliche Bedeutungen tragen. Je nach Realisierung von *Hans sagt Franz wird nie Professor* sagt entweder Hans von Franz, er werde nie Professor, oder Franz sagt dies von Hans; in der Sequenz *Die Wurst oder den Käse? – Die Wurst(,) nicht(,) den Käse* möchte der Angesprochene einmal Wurst, einmal Käse.

Dem Heraushören des *Wortakzents* und der gelenkten Regelfindung für die Akzentverhältnisse bei trennbaren und untrennbaren Verben sowie bei von ihnen abgeleiteten Substantiven dient die folgende Übung.

Hören Sie die Beispiele und unterstreichen Sie die Akzentsilbe

sprechen: Sprache, besprechen, Besprechung, aussprechen, Aussprache
finden: Finder, erfinden, Erfinder, abfinden, Abfindung
fallen: Fall, zerfallen, Zerfall, ausfallen, Einfall
stehen: verstehen, verständlich, Verstand, aufstehen, Aufstand

Wie lauten die Akzentregeln für Verben? Kreuzen Sie Zutreffendes an.

Der Wortakzent liegt auf dem Stamm
❏ bei einfachen Verben ❏ bei trennbaren Verben ❏ bei untrennbaren Verben
Der Wortakzent liegt auf dem Präfix
❏ bei einfachen Verben ❏ bei trennbaren Verben ❏ bei untrennbaren Verben

Akzentregel für von Verben abgeleitete Substantive und Adjektive:

_____
_____

In einer Variante dieser Übung kann man die Akzentsilben vor dem Hören unterstreichen lassen. Während des folgenden ersten Hördurchgangs wird dann das Vorwissen am Gehörten überprüft.

Für das unterscheidende Hören im Bereich der *Einzellaute* ist ein Übungstyp weit verbreitet, von dem es zahlreiche Varianten gibt. Das gemeinsame Prinzip ist, dass eine durchnummerierte Anzahl von Wörtern im Kontrast präsentiert wird und angekreuzt werden soll, ob z. B. ein [y:] oder ein [ʏ], ein [ç] oder ein [ʃ] gehört wurde.

Hören Sie [y:] oder [ʏ]? Kreuzen Sie an.

1 ❏ ❏
2 ❏ ❏
3 ❏ ❏

Bei geeigneten Kontrasten können auch mehr als zwei Möglichkeiten zur Auswahl gestellt werden, etwa bei [o:] – [ø:] – [e:] (*losen – lösen – lesen*). In einer einfacheren Form werden drei Wortpaare präsentiert, aber nur bei einem Paar liegt ein Kontrast vor, der anzukreuzen ist: *Stiele/Stiele – Stühle/Stühle – Stiele/Stühle*.

Die meisten der vorangegangenen Hörübungen lassen sich, sofern das Schriftbild vorliegt, in einem zweiten Schritt auch als Ausspracheübungen verwenden. Weitere *Sprechübungen* sind nun vorzustellen. Der grundlegende Typ ist die Kontrastübung, die einen einzigen lautlichen Kontrast fokussiert und von minimaler Länge ist, im Fall von Lautkontrasten beschränkt auf die Länge eines Wortes. Die folgende Tabelle soll einen kommentierten Überblick über die Phänomene geben, die in Kontrastübungen behandelt werden können.

Übungsgegenstand	Beispiel	Kommentar
Intonation	*Du möchtest ins Kino?* ↑ *– Ja, ins Kino.* ↓ *Möchten Sie einen Pudding?* ↑ *– Nein, ein Eis.* ↓ *Sie fahren nach Italien?* ↑ *– Nein, nach Spanien.* ↓	Diese Kontrastpaare bestehen aus ganzen Äußerungen, leichte Überführbarkeit in spontane Kommunikation
Phrasen- vs. Wortakzent	*im alten **Heim** – im **Alten**heim eine dunkle **Kammer** – eine **Dun**kelkammer*	
Markierung von Wort- und Morphemgrenzen	*mit Hanne – mit Anne von Nina – von Ina Berliner Leben – Berlin erleben*	wichtiger Übergang zwischen suprasegmentalem und segmentalem Bereich (Beispiele aus Dieling/Hirschfeld 2000: 130)
Segmente gespannte vs. ungespannte Vokale	*Sohlen – sollen Koma – Komma spuken – spucken Köhler – Köln*	Minimalpaare und Quasi-Minimalpaare; am weitesten verbreiteter Typ von Kontrastübung
	betten – beten – bäten Tee – Teller – Täler	Dreifachkontrast
Reduktionsvokale [ə] – [ɐ]	*Miete – Mieter müde – müder der gute Start – ein guter Start*	häufiger Kontrast, verlangt auditiv und artikulatorisch hohes Differenzierungsvermögen
Konsonanten allgemein	*Paar – Bar platt – Blatt*	bei den meisten Konsonanten fällt die Differenzierung wort-

Übungsgegenstand	Beispiel	Kommentar
	Tier – dir *Tritte – dritte* *leise – Reise* *Bein – mein*	und silbeninitial am leichtesten
	halten – harrten *kälter – Wärter*	Kontrast medial schwieriger
[z] – [s]	*reißen – reisen* *fließen – Fliesen*	Kontrast nur medial
[ŋ] – [ŋk]	*singen – sinken* *Schlange – schlanke* *Drang – Frank*	Kontrast nur medial oder final
[s] – [ʃ]	*lass – lasch* *Mist – mischt*	Kontrast final leichter (vgl. Frey 1995: 50)
konsonantisches vs. vokalisches *r*	*Ohr – Ohren* *Tür – Türen* *stört – stören* *weiter – weitere*	phonologischer Prozess
Auslautverhärtung	*Mond* [t] – *Monde* [də] *Berg* [k] – *Berge* [gə] *Gras* [s] – *Gräser* [zɐ] *brav* [f] – *braver* [vɐ]	phonologischer Prozess
Spirantisierung [ɪç]	*König* [ɪç] – *Könige* [gə] *fertig* [ɪç] – *fertige* [gə]	phonologischer Prozess

Rückmeldung und Korrektur der Aussprache erfolgen bei solchen Kontrastübungen in der Regel durch den Lehrer. Gelegentlich sollten die Lerner aber auch einander Rückmeldungen geben, z. B. indem sie von Kontrastpaaren oder -tripeln nur eines der Glieder vorlesen und die Mitlernenden angeben müssen, ob sie das erste, zweite usw. Glied gehört haben. Bei zu großer Toleranz der Mitlernenden gegenüber Abweichungen in der Aussprache oder wenn eine fehlerhafte Identifikation aufgrund von Hördiskriminierungsproblemen auftritt, muss der Lehrer aber eingreifen.

Kontrastübungen sind nicht auf innersprachliche Kontraste beschränkt, sondern können auch auf Unterschiede zwischen Sprachen aufmerksam machen. Dies kann sprachpaarabhängig geschehen, indem z. B. englisch – deutsche Kontraste im Bereich stimmhafter Obstruenten am Silbenende fokussiert werden (*land – Land* [lænd – lantʰ]) oder die Lippenrundung bei *bush* [ʃ] – *Busch* [ʃʷ]. Es kann zum anderen weitgehend unabhängig von der Ausgangssprache geschehen, indem die Aussprache von Internationalismen im Deutschen mit der in anderen Sprachen verglichen wird. Geeignet sind Internationalismen wie *Euro, Telefon, Mode, Monolog, Epidemie, Episode* u. a., bei denen sich in der Regel die Qualität von *o* und *e* unterscheiden, aber auch Fächerbezeichnungen wie *Biologie, Geographie, Physik, Psychologie*, wo sich die Aussprache wiederum besonders hinsichtlich der Vokale unterscheidet.

Auch der Kontrast zwischen Gesagtem und Gemeintem kann zum Gegenstand werden, am schmerzlosesten, weil distanzierend, in Form erhellender Missverständnisse, wie sie auch zwischen Sprechern von Standardsprache und Dialekt auftreten können. Schließlich verfügen nicht alle Dialekte über die stark markierten Laute des Standards (nach Dieling/Hirschfeld 2000: 122):

Das haben sie gesagt!

> Wir kennen die Aufgabe lesen.
> Ich esse am liebsten Brettchen.
> Wir lernen die Bienensprache.
> Er erstickte sie mit seinen Kissen.

Was haben sie gemeint?

Die reproduktive Sprechtätigkeit darf nicht bei minimalen Kontrasten stehenbleiben, sondern muss das zu übende Phänomen in größere Kontexte einbetten, zunächst in kurze Dialoge und Sätze, dann auch in Texte. Als nicht für Unterrichtszwecke konzipiertes, authentisches Material eignen sich gut Zungenbrecher und solche Gedichte, die schon von sich aus bestimmte lautliche Phänomene in den Vordergrund rücken.

Ö

Auf einem O
saß einst ein Floh
und tat, als sei das üblich so.

Da sprang ein zweiter Floh hinzu
zum Rendezvous.

Jetzt saßen auf dem O
zwei Flöh
und machten aus dem O
ein Ö.

Mit diesem Gedicht von Helmut Höfling (zitiert nach Rampillon 1995: 77) lassen sich das gespannte [o:] (sechs Vorkommen) und das gespannte [ø:] (drei Vorkommen) fokussieren; ihre lautliche Verwandtschaft, die darin besteht, dass sie sich lediglich im Merkmal [±hinten] unterscheiden, spiegelt sich in der Verwandtschaft der zugeordneten Grapheme und wird im Gedicht noch einmal ikonisch gespiegelt. Ein weiterer Vorteil von Zungenbrechern und Gedichten ist, dass sie gut behaltbar sind und dem Lerner unabhängig vom Vorliegen seines Lernmaterials spontanes Üben an seinen wichtigsten Problemen erlauben.

Der letzte Schritt in der Ausspracheschulung ist der von der reproduktiven Sprechtätigkeit zu Produktionsaufgaben, wie sie am Ende von 3.2.2 begründet und skizziert worden sind. Ihr Ziel ist, dass der jeweilige Lern- und Übungsgegenstand auch mit Inhalten verbunden wird und so leichter für die Spontansprache zur Verfügung steht.

3.3 Verfahren der Ausssprecheschulung

Aufgabe 3-3:
Was lässt sich anhand der folgenden Materialien fokussieren und üben?

1   Essig ess ich nich,
    ess ich Essig,
    ess ich Essig
    nur mit Kopfsalat.

2   Beugung

    Der Mut
    des Mutes
    Demut   (Werner Finck)

3   Wo – vielleicht dort?

    wo
    vielleicht dort
    wohin
    mal sehen
    warum
    nur so
    was dann
    dann vielleicht da
    wie lange
    mal sehen
    mit wem
    nicht sicher
    wie
    nicht sicher
    wer
    mal sehen
    was noch
    sonst nichts   (Jürgen Becker[27])

3.3.2 Wege zu „schwierigen" Lauten

Schwierige Laute erweisen sich bei genauer Betrachtung als ein heterogenes Phänomen. So ist in der Praxis zu beobachten, dass Lerner mit den Ausgangssprachen Englisch und Russisch in *Welt, halten, all* oft ein hartnäckiges „dunkles", velarisiertes [ł] haben. Es ist nun aber nicht so, dass diese Sprecher kein „helles" [l] hätten, vielmehr beherrschen sie diesen Laut in *leben, lachen, Liebe* durchaus. Die „Schwierigkeit" besteht darin, dass Englisch und Russisch zwei stellungsbedingte Allophone des Phonems /l/ besitzen, das „helle" am Silbenanfang, das „dunkle" am Silbenende, während das Deutsche hier keine Allophonie kennt. In ähnlicher Weise kann man bei Lernern mancher Ausgangssprachen Variation zwischen [s, z, ʃ] beobachten, die nicht mit der Verteilung dieser Laute im Deutschen übereinstimmt. Es ist nun oft schwerer für Lerner, einen allophonischen Prozess der Ausgangssprache zu unterdrücken oder durch einen zielsprachlichen zu ersetzen als einen völlig neuen Laut zu erwerben. Hier muss zuerst einmal Bewusstmachung einsetzen: Der Lerner muss wissen, dass er in bestimmten Umgebungen über den Ziellaut verfügt; diesen Laut muss er bewusst in die anderen Umgebungen zu übertragen versuchen.

Dass der lautliche Kontext einen erheblichen Einfluss auf die Lautproduktion hat, lässt sich methodisch jedoch auch als Hilfe nutzen. Man lässt die Lerner für sie neue Laute zuerst in den Umgebungen einüben, in denen sie leichter fallen, und versucht die Lautbildung dann auf die anderen Umgebungen zu übertragen. Frey (1995) gibt in

---

[27] Zitiert nach Krusche/Krechel (1984: 44 bzw. 10)

ihrem Phonetikkurs dem Lehrer und dem Lerner wiederholt Hinweise darauf, in welchen Umgebungen eine korrekte Lautung anfänglich am besten gelingt. Ihre wichtigsten Hinweise sind hier tabellarisch zusammengefasst.

Problem	Günstige Umgebung (nach Frey 1995)
gespannte Vokale nicht lang und gespannt genug	Wort mit dem Vokal unter steigender Intonation: *Ist er in Not?* ↑
ungespannte Vokale nicht kurz und ungespannt genug	Wort mit dem Vokal unter fallender Intonation: *Er kommt!* ↓
[e:] wird wie [jɛ] gesprochen, [u:] wird wie [ju] gesprochen	nach Plosiven und Frikativen: *Peter, Puder, Weg*
[y:] wird wie [ju] gesprochen	nach Frikativen: *Wüste, fühlen*
[ə] wird wie [ɛ, e:] gesprochen	akzentuierte Silben besonders stark und laut betonen, der Vokal reduziert sich dann leichter zu [ə]
[h] wird nicht gesprochen	in steigender Intonation: *Ist sie hübsch?*
[r] wird wie [l] gesprochen	nach Plosiven: *Praxis, Kreis, Treppe*
[v] wird wie [b] gesprochen	[v] gehäuft im Satz: *Will er das wirklich wissen?* [v] in der Nähe von [f]: *Freitags fährt man weg.*
[aɪ] wie [e:, ɛ, ɛɪ] gesprochen	in betonter Position übertreiben als [a+ɪ] sprechen

Generell gilt, wie schon anlässlich der Kontrastübungen in 3.3.1 erwähnt, dass die meisten Konsonanten im Anlaut besser zu differenzieren sind als im Auslaut und dass sie in Konsonantenverbindungen mehr Schwierigkeiten bereiten, als wenn sie allein Anfang oder Ende der Silbe bilden.

Das Wissen, das dem Lerner zur Behebung der bisher beschriebenen Probleme zur Verfügung gestellt werden muss, ist ein strategisches Wissen: Wo beherrsche ich den Laut, wo fällt er mir leichter, in welchen Kontexten muss ich ihn noch üben oder wo darf ich ein Allophon meiner Muttersprache nicht übertragen? Basis der Lautbildung sind aber immer noch Hördiskrimination und Imitation.

Es gibt nun aber auch Laute, die in der Weise schwierig sind, dass sie von bestimmten Lernern trotz Wahrnehmungsschulung nicht über den Weg der Imitation gebildet werden können. Beispiele sind der uvulare Frikativ [ʀ], der die Ausbildung einer für die meisten Lerner gänzlich neuen neuro-muskulären Koordination erfordert, das [ç] oder die obermittelhohen Vokale [e:, ø:, o:]. In solchen Fällen muss über Bildungsweisen und Artikulationsorte informiert werden, und es sind dem Lerner Mittel der Rückmeldung an die Hand zu geben, wie er zu den zielsprachlichen Bewegungsabläufen kommt bzw. wie weit er sich ihnen schon genähert hat. Für den Umgang mit Ausspracheproblemen dieser Art gibt es wohl mehr Praxiswissen, mehr „Tipps und Tricks", als in die Literatur Eingang gefunden haben. Einige plausible und in vielen Fällen wirksame Verfahrensweisen seien hier genannt.

3.3 Verfahren der Ausspracheschulung

Problem	Wege zur Behebung
[ʀ]	Zur Bildung des uvularen Frikativs [ʀ] wie in *Rache* den Kopf in den Nacken legen (hinterer Zungenrücken bekommt leichter Kontakt mit der Uvula) und die Luft kräftig ausströmen lassen – wie beim Gurgeln. Gurgeln wird verschiedentlich als häusliche Übung für das [ʀ] empfohlen.
[h]	Dieling/Hirschfeld (2000: 89) schlagen das „Hauchspiel" vor: Man tut, als wärme man sich mit dem Mundhauch die Hände und artikuliert so *H, Hanna, H, Hedda, H, Heinrich, Heinrich Heine*. Die Hände geben eine taktile Hilfe, ein Verfahren auch für andere Laute.
[ç], [ʃ]	Die Hand wird mit der Innenseite nach unten so ans Kinn gelegt, dass die Knöchel gerade die Unterlippe berühren. Bei [ç] wie in *wichen* streicht ein deutlicher Lufthauch über die Handoberfläche, bei [ʃ] wie in *wischen* geht die Luft darüber hinweg und ist kaum spürbar. (Dieling/Hirschfeld 2000: 90)
[s, z]	Sind die Sibilanten in den falschen Umgebungen stimmhaft oder stimmlos, legen die Lerner die Fingerspitzen an den Kehlkopf, um die Stimmhaftigkeit zu erfahren und damit zu kontrollieren, v. a. am Wortanfang.
Aspiration der stimmlosen Plosive	Eine taktile Rückmeldung ist auch bei der Aspiration möglich. Während die Lerner Minimalpaare wie *Paar – Bar, Teich – Deich* sprechen, halten sie die flache Hand mit der Innenseite zehn Zentimeter vor den Mund; bei korrekter Aspiration ist bei den stimmlosen Plosiven eine deutliche Behauchung spürbar. Nicht taktile Mittel der Rückmeldung sind: Man hält ein Blatt Papier locker vor den Mund, bei *Paar* muss es flattern. Oder man stellt eine Kerze vor sich; bei *Paar* soll die Flamme flackern, bei *Bar* nicht.
[e:]	Da Vokale bestimmte Positionen auf einem Lautkontinuum einnehmen, kann man von leichteren zu den schweren Vokalen gleiten. Um das oft problematische [e:] zu erreichen, beginnt man beim [i:], vergrößert langsam den Kieferwinkel bei gleichzeitiger Senkung des Zungenrückens und gleitet so zum [ɛ:] und wieder zurück. Beim [e:] anhalten, danach [i:] – [e:] – [ɛ:] nacheinander artikulieren, gefolgt von [fi:] – [fe:] – [fɛ:]. Die Bildung des [e:] kann weiterhin durch die Benutzung eines Taschenspiegels unterstützt werden: Die Lerner sollen den Grad der Mundöffnung und vor allem die Zungenlage kontrollieren, die beim [e:] wie in *wehren* sichtbar höher ist als beim [ɛ:] wie in *wären*. Gestik, die die Artikulation begleitet, kann ebenfalls hilfreich sein: Der Lehrer imitiert durch Höhe und Krümmung des Handrückens die unterschiedlichen Zungenpositionen bei [e:] und [ɛ:], der Lerner übernimmt die Bewegungen parallel zu seiner Artikulation.
[o:]	Kopf und Augen nach oben wenden und *hoch oben* sagen. Daumen und Zeigefinger bilden einen Kreis.
[u:]	Wird [u:] zentralisiert, mit ungenügend zurückgezogenem Zungenrücken gebildet, eine Hand tief unter das Kinn bis eng an den Hals führen.
Diphthongierung langer gespannter Vokale	Besonders [e:] und [o:] werden gerne zu [eɪ] bzw. [oʊ]. Während der Dauer der Artikulation wird eine langsame waagrechte Handbewegung gemacht; bei [o:] bilden Daumen und Zeigefinger zusätzlich einen Kreis (s. o.), bei [e:] eine schmale Öffnung. Der Lehrer illustriert im Vergleich dazu die Diphthongierung mit einer Handbewegung, die nach dem ersten Teil des Diphthongs eine Wende nach oben nimmt.

Problem	Wege zur Behebung
vordere gerundete Vokale und Diphthonge	Hingleiten und Kontrolle durch den Spiegel eignen sich auch, um die korrekte Bildung von [y:, ʏ, ø:, œ] zu erzielen. Der Lehrer hält das [i:], während er die Lippen langsam rundet, bis schließlich das [y:] erreicht ist. Die Lerner vollziehen dasselbe mit Kontrolle durch den Spiegel nach. Auch wenn Start- und Ziellaut der Diphthonge Probleme bereiten, eignet sich das langsame Gleiten von dem einen zu dem anderen Laut. Dieling/Hirschfeld (2000: 90) schlagen für die Unterscheidung gerundeter und ungerundeter Vokale auch eine taktile Rückmeldung vor: Die Fingerspitze wird ans Mittelkinn bzw. an die Unterlippe gelegt. „Bei den ungerundeten Vokalen wird die Unterlippe an die Zähne gedrückt, bei den gerundeten gemeinsam mit dem Finger nach vorn bewegt." Die Rundung von Vokalen kann auch durch begleitende Gestik unterstützt werden.
[ʔ]	Der Glottisverschluss wird besonders deutlich hörbar, wenn eine ganze Äußerung geflüstert wird, z. B. ʔEr kam ʔin ʔeinem ʔalten ʔAuto ʔan.
Rhythmus	Die auditive Wahrnehmung des akzentzählenden Rhythmus des Deutschen kann durch Gesten gefördert werden. Die Silben werden geklopft, die betonten Silben besonders laut.

Das Verfahren der visuellen Rückmeldung kann durch den Einsatz des Mediums Computer in seiner Lernwirksamkeit noch erheblich gesteigert werden. Mithilfe einer Webkamera oder einer in den Bildschirm eingebauten digitalen Kamera und eines Mikrofons kann der Lerner seine Aussprache und Artikulationsbewegungen aufnehmen und wiederholt anschauen. Hat er vorher ein Modell aufgenommen oder liegt eine entsprechende Datei vor, kann er das Modell in einem Fenster anschauen, die eigene Artikulation desselben Items parallel in einem zweiten Fenster. Im Gegensatz zum Einsatz eines Spiegels ermöglicht dies einen synchronen Vergleich der Bewegungen und das Einfrieren bestimmter Stellungen.

Frey (1995) plädiert unabhängig von der Einübung problematischer Einzellaute generell für den Einsatz von zwei Verfahren zur Erhöhung der Qualität der Aussprache, für das Flüstern und für das Sprechen mit vollem Mund. Das Flüstern vergrößere das Atemvolumen, die Stimme werde kräftiger und die Aussprache deutlicher. Voraussetzung ist, dass regelmäßig und laut geflüstert wird; so soll ein Lerner etwas flüstern, was ein weit von ihm entfernten Mitlerner wiederholen soll. Für das Sprechen mit vollem Mund verwendet Frey Brot, weil es sich nicht so schnell auflöst und eine Weile im Mund behalten werden kann. Durch die erhöhte Schwierigkeit beim Sprechen beginne der Lerner, die charakteristischen Merkmale eines Lautes zu erfühlen.

Ebensowenig sollte der „Erlösungseffekt" unterschätzt werden, der immer dann eintritt, wenn der Kursteilnehmer mit entleertem Mund spricht. Bei allen Bandaufnahmen und Interviews der Kursteilnehmer zu dieser Methode wird deutlich, um wievieles leichter das Sprechen mit entleertem Mund ist, und wie relativ einfach (ohne Konzentration auf die speziellen Laute) nun auf einmal ... auch schwierige Lautfolgen produzierbar werden. (Frey 1995: 65)

Besonders für dieses Verfahren gilt, was in abgeschwächter Form auch schon für den Einsatz des Spiegels oder taktile Hilfen gilt, dass Grenzen ästhetischen Empfindens und der Gesichtswahrung berührt werden können, die kulturell und individuell geprägt sind und die besser nicht überschritten werden (vgl. Dieling 1993), auch wenn sich eine Methode bei bestimmten Lernern bewährt hat. Affektiver Widerwille ist ein sicheres Mittel, gut gemeinte Methoden lernunwirksam werden zu lassen.

Zusammengefasst: In den Fällen, wo Lautbildung über Imitation nicht funktioniert, müssen bewusstmachende Verfahren einsetzen, die Wissen über Bildungsweisen und Strategien beinhalten. Zu den Strategien gehören in erster Linie die visuelle Rückmeldung durch einen Spiegel oder Videoaufnahmen, die taktile Rückmeldung (Erfühlen des Luftstroms oder der Artikulations- und Phonationsbewegungen) und begleitende Gestik (rhythmisches Klopfen, Simulieren von Zungen- und Lippenbewegung).

3.3.3 Integration von Übungen zu Aussprache und anderen Sprachebenen

Noch 1995 konnte Hirschfeld beklagen: „Weder Übungen und Materialien zur Grammatik noch solche zur Ausspracheschulung nehmen bisher ... systematisch Bezug aufeinander." (Hirschfeld 1995: 18) Nicht zuletzt durch ihre Arbeiten liegen heute integrierende Übungen vor, mit denen der Lehrer Materialien ergänzen kann, die diese Integration nicht leisten. Für die Lerner ist es sicherlich motivierend, wenn sie in Ausspracheübungen gleichzeitig morphologische Strukturen üben oder ihren Wortschatz erweitern. Die folgende Tabelle gibt an, welche phonetischen und nicht phonetischen Kenntnisbereiche zusammen geübt werden können, und führt einige Übungstypen auf, die in der Regel zuerst schriftlich bearbeitet und dann mündlich vorgetragen werden.

Übungsgegenstände		Übungstypen
phonetische	**andere**	
Auslautverhärtung	Pluralbildung und Genus beim Substantiv	Wie lautet der Plural? *die Burg* — _____ *das Hemd* — _____ Wie lauten Singular und Artikel? _____ — *die Freunde* _____ — *die Diebe*
	Adjektivflexion	*Der Käse ist ja unglaublich mild! – Ja, das ist ein wirklich _____ Käse.* *Das Kind ist ja unglaublich brav! – Ja, das ist ein wirklich _____ Kind.*
konsonantisches vs. vokalisches *r*	Pluralbildung und Genus beim Substantiv	Wie lautet der Plural? *die Tür* — _____ *das Meer* — _____ Wie lauten Singular und Artikel? _____ — *die Uhren* _____ — *die Bären*
[ç]/[x]-Wechsel	Pluralbildung beim Substantiv	Wie lautet der Plural? *das Dach* — _____ *das Tuch* — _____ *das Loch* — _____

Übungsgegenstände		Übungstypen
phonetische	andere	
vordere gerundete Vokale	Pluralbildung und Genus beim Substantiv	Wie lauten Artikel und Plural? ____ *Fuß* – _____ ____ *Gott* – _____ ____ *Ton* – _____ ____ *Traum* – _____

	Ableitungen	Von welchen Wörtern kommen die Adjektive?
		   göttlich kommt von _____
		   natürlich kommt von _____
		   fröhlich kommt von _____
		   stündlich kommt von _____

Spirantisierung	Pluralbildung beim Substantiv	Wie lautet der Plural?
		   der König – _____
		   der Pfennig – _____

	Adjektivflexion	Ergänzen Sie:
		   ruhig – ein ruh____ Abend
		   traurig – ein traur____ Ende

Wortakzent	Kompositabildung	Bilden Sie Komposita
		   eine mit Obst belegte Torte ist eine _____
		   ein Buch mit Übungen ist ein _____
		   eine Pfanne zum Braten ist eine _____

Intonation und Pausen	Satzzeichen	Hören Sie zwei Varianten des Satzes und tragen Sie geeignete Satzzeichen ein (Hirschfeld 1995: 20):
		   Der Mensch__ denkt__ Gott__ lenkt.
		   Der Mensch__ denkt__ Gott__ lenkt.

Solche Übungen integrieren nicht nur Wissen und Können auf verschiedenen Sprachebenen, sie sind auch ein erster notwendiger Schritt zum Transfer, denn die lautliche Seite rückt ein wenig in den Hintergrund der Aufmerksamkeit des Lerners, weil er sich auf eine morphologische Aufgabe konzentrieren muss.

3.4 Lernerautonomie bei der Arbeit an der Aussprache

Kaum ein anderer Erwerbsbereich ist – vor allem bei älteren Lernern – so von Bereitschaft und aktiver Mitarbeit der Lerner abhängig wie der Erwerb einer fremden Aussprache: Der affektiven Bereitschaft, tief verwurzelte Gewohnheiten aufzugeben und sich von einem Teil des Selbstbilds zu entfernen, und der Mitarbeit, die sich in Selbstbeobachtung und Üben auch außerhalb des Unterrichts äußert. Einzelne Erkenntnisse über das phonologische System einer fremden Sprache können wie andere Arten kognitiven und expliziten Wissens im Unterricht in einem Zug gewonnen werden, doch die zielsprachlichen motorischen Programme und Bewegungsabläufe erfordern zu ihrem Aufbau, ihrer Festigung und ihrer Automatisierung längere Zeiträume und

3.4 Lernerautonomie bei der Arbeit an der Aussprache

ein effektives *Monitoring*, durch das der Lerner den Prozess der Entwicklung seiner Aussprache eigenständig und gezielt verfolgt. Eine solche Selbstkontrolle ist jedoch erschwert durch die Flüchtigkeit der gesprochenen Sprache und dadurch, dass fast jede Äußerung immer schon das Gesamt der Phänomene des Erwerbsbereichs enthält, von denen zu jedem Zeitpunkt nur einige wenige fokussiert werden können. Da Ausspracheschulung also besonders auf das autonome Arbeiten des Lerners angewiesen ist, muss sie immer auch zum Aufbau relevanter affektiver, kognitiver und metakognitiver Strategien (vgl. Kap. 2.3) anleiten.

Zunächst einmal muss der Lerner seine Lautproduktion selbst distanziert und wiederholt anhören können, was Tonaufnahmen notwendig macht. Das Ausmaß des Lernfortschritts ist am besten objektivierbar, wenn in größeren Abständen wiederholt Aufnahmen gemacht werden, möglichst von demselben Text. Damit sie den Erwerbsstand beim spontanen Sprechen spiegeln, darf der Text aber nicht „eingeübt" werden.

Der Lerner muss weiterhin wissen, auf welche der Gegenstände, die im Ausspracheunterricht thematisiert und geübt werden, sein besonderes Augenmerk zu richten ist. Dies bedarf natürlich der Rückmeldung durch den Lehrer, sinnvoll ist aber auch der Einsatz von Diagnosebögen zur Selbstevaluierung. Diagnosebögen enthalten eine Auflistung von Lernschwierigkeiten im segmentalen und suprasegmentalen Bereich, auf denen der Lerner den jeweiligen Grad seiner Beherrschung ankreuzt. Ein Beispiel findet sich in Dieling/Hirschfeld (2000: 25), wo die anzukreuzenden Alternativen bei den Suprasegmentalia *immer richtig – oft richtig – selten richtig* und bei den Segmentalia *richtig – etwas abweichend – sehr abweichend* lauten. Denkbar sind auch Kategorien, die stärker auf den Grad der Automatisierung und Geläufigkeit der jeweiligen Lautstruktur abheben: *meist problemlos beim spontanen Sprechen – problemlos beim Vorlesen – problemlos in Minimalpaaren bei Konzentration auf die Aussprache – auch bei Konzentration auf die Aussprache nicht immer korrekt.* Welche Lernschwierigkeiten auf dem Diagnosebogen aufgelistet werden, hängt von der Lerngruppe ab und in homogenen Gruppen besonders von der Ausgangssprache.

Diagnosebögen sollten nicht zu früh eingesetzt werden, denn auch die Fähigkeit zur Selbsteinschätzung muss sich erst entwickeln. Anfangs werden die Rückmeldungen vor allem vom Lehrer kommen, dann aber auch von Mitlernenden. Hier spielt die Partnerarbeit eine wichtige Rolle. Wenn einer der Partner beispielsweise bei Kontrastübungen eines der beiden Kontrastglieder vorliest und der andere identifizieren muss, um welches Glied es sich handelt, dann wird das kritische Zuhören und die Fähigkeit zur Rückmeldung eingeübt, die letztlich auch die Kritikfähigkeit gegenüber der eigenen Aussprache erhöht. Die Erfahrung zeigt, dass die Lerner nach einigen Einheiten Phonetik ihre Schwierigkeiten in aller Regel zutreffend einschätzen können, was eine wesentliche Voraussetzung für das autonome Üben bildet.

Was die konkrete Arbeit an den Bereichen der Aussprache betrifft, die der Lerner als problematisch erkannt hat und übend in Angriff nehmen will, so muss ihm das jeweils relevante Wissen über die Bildungsweisen und die Wege zu den „schwierigen" Lauten, wie in 3.3.2 vorgestellt, zur Verfügung stehen. Dies bedeutet, dass der Lehrer diese Wege nicht als Geheimwissen seiner Zunft begreift, sondern den Lernern als Strategieangebot transparent macht. Wie bei jeder Art von Strategietraining sollte in regelmäßigen Abständen die Möglichkeit gegeben werden, sich über die verwendeten Strategien und deren Erfolg oder Misserfolg auszutauschen.

Aufgabe 3-4:
In Kapitel 2.3.2 wurden Lernstrategien klassifiziert in affektive, kognitive und metakognitive. Geben Sie für das autonome Arbeiten an der Aussprache mindestens ein Beispiel für eine affektive und eine metakognitive Strategie an. Nennen Sie drei Beispiele für kognitive Strategien aus 3.3.2, die sie selbst ausprobiert haben oder die Ihnen aufgrund Ihrer Fremdsprachenlernerfahrung plausibel erscheinen.

3.5 Lösungshinweise zu den Aufgaben

Zu Aufgabe 3-1:
Die Beantwortung der Frage hängt von der jeweiligen Ausgangssprache ab.

Zu Aufgabe 3-2:
(a) Wie bei den o-Lauten gibt die Schrift auch bei den u-Lauten Hinweise auf die Aussprache: *schult* enthält ein gespanntes [u:], weil dem Vokal im Stamm nur ein Konsonant folgt (*schul+en*); das *t* ist das Flexiv für die 3. Person Singular. In *Schuld* folgen dem Vokal zwei Konsonanten im Stamm, daher ist er ungespannt.
(b) Die Regeln für die Kennzeichnung der Ungespanntheit durch die Schrift gelten auch für die anderen Vokale. Doch bei der Kennzeichnung der Gespanntheit gibt es einige Unterschiede: Nur drei der gespannten Vokale können in der Schrift verdoppelt werden (*Haar, Meer, Boot*); für das gespannte [i:] gibt es – abgesehen vom Wortanfang – die Buchstabenkombination <ie>.
(c) Die Beantwortung der Frage hängt von der jeweiligen Ausgangssprache ab.

Zu Aufgabe 3-3:
Mit dem Zungenbrecher 1 lässt sich der Glottisverschluss (Knacklaut) einüben; ein weiteres hier enthaltenes Phänomen ist [ç] in *ich, nich, Essig*. Mit dem konkreten Gedicht 2 lässt sich der Kontrast von gespanntem vs. ungespanntem e-Laut vs. Schwa üben, mit dem Gedicht 3 der Wechsel von steigender Intonation in Fragen und fallender in Antworten.

Zu Aufgabe 3-4:
Affektive Strategien haben v. a. mit Vorgehensweisen zu tun, mit denen man sich Mut macht, anders zu klingen als gewohnt, und solche Situationen zur Verbesserung der eigenen Aussprache zu suchen, in denen man sich sicher genug für Experimente fühlt.

Eine metakognitive Strategie liegt beispielsweise vor, wenn man sich das Ziel setzt, eine Woche lang verstärkt auf das gespannte [o:] und [e:] in der eigenen Aussprache zu achten, besonders viele Fremdwörter oder Internationalismen wie *Mode, Oper, Theorie* usw. zu verwenden und zu beobachten, ob Muttersprachler solche Wörter korrigierend wiederholen. Schließlich gehört dazu zu evaluieren, ob ein Lernfortschritt zu beobachten ist und ein neues Phänomen angegangen werden kann oder ob die anvisierten Laute weiter fokussiert werden müssen.

Welche der in 3.3.2 genannten kognitiven Strategien genutzt werden, ist u. a. abhängig von den Kontrasten zwischen Ausgangs- und Zielsprache und von den eigenen Präferenzen hinsichtlich auditiver, visueller oder taktiler Rückmeldung.

4 Wortschatz

4.1 Zum mentalen Lexikon und seinem Erwerb

Seit den 1990er Jahren ist in der kognitiven Linguistik, in der Erst- und in der Zweitspracherwerbsforschung ein verstärktes Interesse am mentalen Lexikon und seinem Erwerb zu beobachten, wie sich u. a. an den Monographien von Aitchison (1987, deutsch 1997) bzw. Clark (1993), Singleton (1999), Schmitt (2000) und Nation (2001) zeigt. Obwohl zahlreiche Fragen erst formuliert, aber noch nicht abschließend beantwortet sind, helfen die vorliegenden Forschungsergebnisse schon jetzt, die Wortschatzarbeit im Fremdsprachenunterricht auf eine neue Grundlage zu stellen. Was die genauere Bestimmung des Gegenstands Wortschatz betrifft, besteht breite Übereinstimmung darin, ihn im Zusammenhang mit sprachdidaktischen Fragestellungen zum einen einzugrenzen, zum anderen zu erweitern. Die Eingrenzung erfolgt auf die Inhaltswörter der offenen Klassen Substantiv, Verb, Adjektiv und Adverb. Damit werden die sogenannten grammatischen Wörter wie Artikel, Pronomen, Konjunktionen, Präpositionen und Partikeln ausgeschlossen, die relativ geschlossene Klassen bilden, welche sich während der Lebensspanne eines Sprechers nur in geringem Maße verändern. Die Erweiterung besteht im Einbezug von Mehrwortbenennungen wie *Schwarzes Brett*, Kollokationen wie *die Schule besuchen* oder idiomatischer Wendungen wie *jemanden auf den Arm nehmen*. Für den Gemeinsamen europäischen Referenzrahmen (2001: 111) umfassen lexikalische Elemente überdies Satzformeln wie *Nett, Sie kennenzulernen*, Sprichwörter sowie feststehende Muster, die als Ganze gelernt und in die Phrasen eingefügt werden wie *Könnte ich bitte ... haben?* Die spracherwerbliche Bedeutung solcher Formeln oder *chunks* wurde schon in 1.3.1.5 diskutiert.

Wörter bzw. die genannten umfangreicheren lexikalischen Einheiten sind im mentalen Lexikon mit ihrer Formseite gespeichert, zu der mindestens eine phonologische Repräsentation gehört, nach dem Schriftspracherwerb aber auch eine graphematische Repräsentation; von diesen spielt die phonologische Repräsentation, wie unten gezeigt wird, die bedeutsamere Rolle. Mit der Formseite sind zahlreiche und unterschiedliche weitere Wissensbestände verbunden, wie das Beispiel *Tisch* zeigt: Der Sprachbenutzer weiß, auf welche Gegenstände oder Sachverhalte in der Welt das Wort angewendet werden kann (**referentielle Dimension** des Wortes), er weiß aber auch, dass derselbe Gegenstand nicht nur als *Tisch*, sondern auch als *Möbelstück* oder *Esstisch*, nicht aber als *Stuhl* bezeichnet werden kann, das heißt, er kennt die Vernetzung mit anderen Wörtern und kann verschiedene Arten von Vernetzung unterscheiden. Im gegebenen Beispiel liegen unterschiedliche Arten von **paradigmatischen Beziehungen** vor: die Über- bzw. Unterordnungsrelationen zwischen *Möbelstück*, *Tisch* und *Esstisch* sowie die Inkompatibilitätsrelation zwischen *Tisch* und *Stuhl* (Kohyponymie). Weitere wichtige paradigmatische Inkompatibilitätsrelationen sind die Antonymie (*alt – jung*), bei der die Wörter Pole eines Kontinuums bezeichnen und von daher steigerbar sind (*älter, jünger*), und die Komplenymie (*tot – lebendig*), die keine Zwischenstufen und somit keine Steigerung kennt. Wörter, die in diesen Arten von paradigmatischen Relationen zueinander stehen, bilden Wortfelder.

Bei Bedeutungsgleichheit von Wörtern (*Aufzug – Fahrstuhl, beginnen – anfangen, fast – beinahe*) liegt Synonymie vor. Da Synonyme aber meist nicht ohne irgendeine Änderung gegeneinander austauschbar sind, zumindest was Bedeutungsnuancen betrifft, muss zwischen **denotativer** und **konnotativer Bedeutung** unterschieden werden. Die Sätze *Der Student erhielt aufgrund seiner herausragenden Leistungen ein Stipendium* und *Der Studi kriegte für seine spitze Leistung ein Stipendium* haben dieselben Wahrheitswerte, mithin dieselbe denotative Bedeutung, unterscheiden sich aber durch *erhalten* vs. *kriegen* in ihrem Stilwert; das zweite Wort in den Paaren *Student – Studi* und *herausragend – spitze* ist zudem Signal für eine bestimmte Gruppensprache. Zur konnotativen Bedeutung können auch Hinweise auf die Zugehörigkeit zu einer Fachsprache (*Täter* vs. *Agens* in der Linguistik), affektive Wertungen (*Mann* vs. *Kerl*, *Hund* vs. *Köter*) und schließlich die Gebräuchlichkeit gezählt werden.[28]

Zum Wissen über ein Wort gehören weiterhin seine **syntagmatischen Beziehungen**. Damit sind die Beziehungen gemeint, in denen es zu den Wörtern steht, mit denen es gemeinsam in einem Satz auftreten kann. Hier sind zuerst die Kollokationen zu nennen: *den Tisch decken, sich an einen Tisch setzen* oder prototypisch die *bellenden Hunde*. In didaktischer Sicht sind Kollokationen nicht nur ein Teil des Wissens über ein Wort, sondern bilden als ganze zu lernende, d. h. mit Form und Bedeutung zu speichernde Lexikoneinheiten (vgl. Reder 2006). Obwohl sie rezeptiv wie andere Syntagmen aus der Bedeutung ihrer Bestandteile zu verstehen sind und damit nicht als eigene Lexikoneinheiten auffallen, bilden sie für die Produktion Schwierigkeiten. Dies zeigt sich an Übertragungen der Kombinationsmöglichkeiten der muttersprachlichen Äquivalente wie *Zähne waschen, Zähne bürsten* statt *Zähne putzen* und spricht dafür, sie als Wortschatzeinheiten zu fassen. Auf einer abstrakteren Ebene syntagmatischer Beziehungen gehören zum Wissen über ein Wort sämtliche grammatische Informationen wie seine Wortartzugehörigkeit und seine grammatische Kombinationsfähigkeit. Letzteres lässt sich besonders gut anhand der Wortart Verb illustrieren: Ein Sprecher weiß über *danken*, dass es dreistellig ist und dass die erste Stelle mit einer belebten Nominalgruppe im Nominativ besetzt ist, die zweite mit einer belebten Nominalgruppe im Dativ und die dritte mit einer Präpositionalgruppe mit *für* oder einem Nebensatz (*jemand dankt jemandem für etwas/(dafür), dass*). Ein großer Teil des grammatischen Wissens ist somit im Lexikon verankert, weshalb Lewis ([4]2003) dem Lexikon sogar für den Grammatikerwerb eine maßgebende Rolle zuschreibt.

Sowohl formal als auch inhaltlich sind Wörter durch Wortbildungsprozesse miteinander verbunden und bilden sogenannte Wortfamilien: *arbeiten, Arbeit, arbeitsam, arbeitslos, Arbeitslosigkeit, Arbeiter, bearbeiten, einarbeiten, Arbeitszeit* usw.

Bezieht man schließlich eine weitere Sprache ein und vergleicht das Wissen über ein Wort und sein Übersetzungsäquivalent, so kommt **kontrastives Wissen** ins Spiel. Das deutsche Wort *Schule* kann beispielsweise im Gegensatz zum englischen *school* (*graduate school, London School of Economics*) nicht für Institutionen im universitären Bereich verwendet werden, und es kollokiert mit *besuchen*, was das englische *school* nicht tut. Das deutsche *Frühstück* hat andere kulturspezifische Bedeutungsan-

---

[28] Ausführlichere Differenzierungen des Bedeutungsbegriffs und der paradigmatischen Sinnrelationen geben Standardwerke zur strukturellen Semantik wie Lyons (1977) oder Schwarz/Chur ([4]2004).

teile als das französische *petit déjeuner*. In vielen Sprachen werden die Äquivalente zu *warten* mit dem Akkusativ konstruiert, im Deutschen aber mit *auf* + Akkusativ.

All die genannten Informationen über ein Wort machen das aus, was man umgangssprachlich als *ein Wort kennen* bezeichnet; diese Wissensbestände liegen zum Teil in impliziter Form vor, zum Teil in expliziter, zum Teil in beiden Formen des Wissens (vgl. Börner 1997).

> **Aufgabe 4-1:**
> Was heißt es, ein Wort zu kennen? Nennen Sie alle Wissensbestände, die zusammen die Kenntnis eines Wortes ausmachen.

4.1.1 Erwerb eines L1-Lexikons

Für die Sprachdidaktik ist aufschlussreich, wie das skizzierte komplexe Wissen über Wörter von Kindern in ihrer Erstsprache erworben wird, denn ungeachtet einiger grundlegender Unterschiede gibt es wichtige Gemeinsamkeiten zwischen dem Erwerb eines erstsprachlichen und eines zweitsprachlichen Lexikons (im Folgenden L1-Lexikon bzw. L2-Lexikon genannt).[29] Für das Kind, das im Alter von etwa einem Jahr beginnt, einzelne Wörter im Sinne der Erwachsenensprache zu verwenden, stellt sich zunächst die Aufgabe, Lautfolgen innerhalb des an ihn gerichteten Lautkontinuums als Wortformen zu identifizieren und eine stabile mentale Repräsentation der Lautform zu bilden. Bei der Isolation der Wortform erhält es Hilfen durch die Mutter oder andere Betreuungspersonen, indem diese mit Kleinkindern langsamer, in kürzeren Äußerungen, unter Wiederholung wichtiger Wörter und in höherer, besser wahrnehmbarer Tonlage sprechen als mit älteren Kindern oder Erwachsenen. Dies erleichtert es dem spracherwerbenden Kind, die Einheiten der Äußerung, also die Wörter, zu identifizieren und wahrzunehmen.[30] Der nächste Schritt, der Aufbau einer mentalen Repräsentation der Lautform für die Sprachproduktion, nimmt einen größeren Zeitraum in Anspruch als die rezeptive Identifizierung von Wörtern; lange Zeit kann dasselbe „Wort" eines Kindes stark in seiner Lautgestalt variieren. Das phonologische Arbeitsgedächtnis ist wohl erst mit Beginn des sogenannten Vokabelspurts im Alter von etwa anderthalb Jahren hinsichtlich der Lautsegmente in befriedigender Weise arbeitsfähig (die prosodischen Eigenschaften von Wörtern werden dagegen schon früher beherrscht), aber auch dann vermeiden Kinder noch schwierig auszusprechende Wörter. So vermied die zweisprachig Englisch/Französisch aufwachsende Tochter von Celce-Murcia im Alter von zwei Jahren das schwierige englische *butterfly* oder das französische *cuiller* und *maison*; statt dessen benutzte sie nur *papillon* /papijõ/, *spoon* /pun/ bzw. *home* /om/, während sie für sonstige Inhalte über die Wortformen beider Sprachen verfügte (Celce-Murcia 1978). Der Vokabelspurt beginnt nach den ersten 30 bis 50 langsam erworbenen Wörtern etwa im Alter von anderthalb Jahren und zeichnet sich

---

[29] Einen ausführlichen Forschungsüberblick über den Erwerb des L1-Lexikons im Hinblick auf einen Vergleich mit dem Erwerb eines L2-Lexikons gibt Singleton (1999).
[30] Ob Inputanpassungen durch den kompetenten Sprecher, wie sie sich in der kindgerichteten Sprache der Betreuungspersonen (KGS) manifestieren, für den Spracherwerb nicht nur nützlich, sondern darüber hinaus notwendig sind, wird schon länger kontrovers diskutiert (vgl. Szagun 2008, Kap. 7; Snow 1994).

durch den von da an erheblich schnelleren Erwerb von Wörtern aus. Doch ist die individuelle Variation zum Teil recht groß, was unter anderem mit der Entwicklung des phonologischen Arbeitsgedächtnisses zusammenhängt.

Was die Inhaltsseite der ersten Wörter betrifft, so muss das Kind erst einige der von Piaget (1975) identifizierten kognitiven Entwicklungsphasen durchlaufen, vor allem muss es Objekte als unabhängig von seinem jeweiligen Wahrnehmungs- und Handlungsraum existierend begreifen (Entwicklung der Objektpermanenz) und die Phase des symbolischen Spiels erreicht haben, z. B. mit geeigneten Gegenständen Katze oder Hund spielen. Es muss also die Fähigkeit erworben haben, erkannte Objekte durch Symbole zu repräsentieren, mithin die Symbolfunktion. Die ersten Wörter können noch individuelle Symbole sein wie die Spielsymbole, erhalten aber schnell die Form, die sie für die Interaktionspartner des Kindes haben, werden also konventionelle Symbole. Eine weitere Voraussetzung für den Aufbau der Bedeutung von Wörtern ist die Fähigkeit zur Referenz auf Objekte und Sachverhalte. Diese bildet sich schon früh in Routinesituationen wie beim Füttern, Wickeln oder Anziehen heraus, die oft begleitet sind von gemeinsamer Aufmerksamkeit auf meist dieselben Objekte. Das Kind lernt hier, dem Blick und der Aufmerksamkeit der Betreuungsperson zu folgen und umgekehrt seinerseits deren Aufmerksamkeit zu lenken. Es lernt hier auch die Intentionalität von Kommunikationsakten, die es später dazu führen wird, nach Bedeutungen für wiederkehrende Lautfolgen zu suchen. Die Fähigkeit zu gemeinsamer Referenz durch Zeigegesten des Kindes ist im Allgemeinen mit acht bis neun Monaten erreicht.

Sind die kognitiven Voraussetzungen Objektpermanenz und Symbolfunktion sowie die interaktive Voraussetzung gemeinsamer Referenzherstellung gegeben, kann der Aufbau der ersten Wortbedeutungen beginnen. Diese sind noch sehr vage und variabel, und sie sind durch Unter- wie Übergeneralisierung gekennzeichnet. So wird eine Wortform wie *Hund* zunächst oft nur wie ein Eigenname auf den einen Hund bezogen, den das Kind kennt, also untergeneralisiert; später wird die Wortform aber auch auf andere Hunde, danach sogar auf Katzen, Pferde oder andere Tiere mit demselben hervorstechenden Merkmal der Vierbeinigkeit angewendet, also übergeneralisiert. Erst durch den Erwerb weiterer Wortformen wie *Katze, Pferd* usw. schränkt sich die Bedeutung von *Hund* wieder ein und nähert sich in ihrem Referenzpotential dem Gebrauch der Wortform bei Erwachsenen an. Die ersten Substantive werden in der Regel zur Bezeichnung von Kategorisierungen wie Hund, Katze, Auto, Bett, Milch verwendet und nicht von Kategorisierungen wie Tier, Fahrzeug, Schlafgelegenheit, Getränk und auch nicht von Kategorisierungen wie Dackel, Perserkatze, Kabrio, Liege, Magermilch. Den bevorzugten Benennungen entsprechen nach Rosch u. a. (1976) Kategorisierungen auf der Ebene der Basisobjekte. Ein Basisobjekt lässt sich perzeptuell und funktional leichter von einem anderen Basisobjekt unterscheiden als sich Kategorisierungen unterhalb oder oberhalb dieser Abstraktionsebene jeweils voneinander unterscheiden lassen. Basisobjekte haben damit je eine maximale Anzahl perzeptuell oder funktional hervorstechender Merkmale gemeinsam.

Ob die aus Erwachsenensicht zum Teil erstaunlichen frühen Übergeneralisierungen sämtlich Zeichen großer inhaltlicher Varianz der erworbenen Wortbedeutungen sind, ist zunehmend umstritten; es kann sich auch um aus Sprachnot geborene Versuche handeln, Wörter in metaphorischer Übertragung kommunikativen Bedürfnissen dienst-

4.1 Zum mentalen Lexikon und seinem Erwerb

bar zu machen, ohne dass das Kind wirklich davon ausgeht, die Wortform sei üblicherweise so zu verwenden. So gesehen, läge bei der einen oder anderen Übergeneralisierung eine kompensatorische Kommunikationsstrategie des Kindes vor.

Im Vergleich zur Phase der ersten 30 bis 50 Wörter erweitert sich der Wortschatz in der Zeit des Vokabelspurts rapide. Den aus dem Input isolierten Wortformen wird sehr schnell eine Bedeutung zugeordnet (fast mapping), was nur dann zu erklären ist, wenn das Kind anfänglich einigen restriktiven Annahmen über Wortbedeutungen folgt, die für den Erwerb nützlich sind, später aber teilweise revidiert werden müssen. Markman (1990) hat drei Hypothesen herausgearbeitet, mit denen Kinder den Bedeutungserwerb unbewusst angehen. Die erste ist die Ganzheitsannahme (whole-object constraint), wonach neue Wörter ganze Objekte bezeichnen, also ein Haus oder ein Tier, doch nicht Teile oder Eigenschaften von Objekten wie Dach, Schwanz oder Farbe. Die zweite ist die Taxonomieannahme (taxonomic constraint), dass Wörter sich auf Klassen von Gegenständen beziehen, nicht aber auf einen Gegenstand mit einer zufälligen Eigenschaft wie Katze mit Halsband. Die dritte ist die Ausschließlichkeits- oder Disjunktionsannahme (mutual exclusivity constraint), dass sich unterschiedliche Wörter nicht auf das Gleiche beziehen. Diese Annahme ermöglicht es dem Kind, die Ganzheitsannahme teilweise außer Kraft zu setzen und Wörter für Teile oder Eigenschaften von Gegenständen zu erwerben. Wenn Wörter wie *Schwanz* oder *braun* in Bezug auf ein bereits *Katze* genanntes Objekt verwendet werden, muss es sich nach der Ausschließlichkeitsannahme um ein Körperteil oder eine Eigenschaft handeln. Das Wirken dieser Annahmen erklärt, warum in der Phase des Wortschatzspurts Schwierigkeiten mit Synonymen und Oberbegriffen wie *Spielzeug* bestehen, denn diese können sowohl auf die Gesamtheit aller Spielsachen angewendet werden als auch auf ein einzelnes Spielzeug, das aber schon einen Namen trägt wie *Bagger* oder *Teddy*. Synonyme und Oberbegriffe widersprechen der Ausschließlichkeitsannahme und der Annahme eines einfachen 1:1-Verhältnisses zwischen Form und Bedeutung, die daher auch im weiteren Verlauf der Lexikonentwicklung eingeschränkt werden müssen.

Der nicht-referentielle Wortschatz entwickelt sich in der Phase des Vokabelspurts langsamer als der referentielle Wortschatz, der zum größten Teil von den konkreten Substantiven gestellt wird.

Nach der Phase des Vokabelspurts beginnt ab etwa dreieinhalb Jahren die Reorganisation und Konsolidierung des lexikalischen Wissens. Die Wörter werden nach und nach über semantische Beziehungen wie Antonymie, Komplenymie, Kohyponymie, Über- und Unterordnung miteinander vernetzt. Damit werden auch die 1:1-Beziehungen zwischen Wortformen und Inhalten aufgegeben: Derselbe Gegenstand kann nun sowohl als *Bagger* als auch auf einer Ebene höherer Abstraktion als *Spielzeug* bezeichnet werden. Die Reorganisation des Lexikons lässt sich in Wortassoziationsexperimenten nachweisen: Assoziieren jüngere Kinder zu vorgegebenen Stimuli wie *table* das Wort *eat*, zu *dark* das Wort *night*, so assoziieren Erwachsene zu *table chair* und zu *dark light*, wie schon frühe psychologische Forschungen gezeigt haben (Woodworth 1938). Die Assoziationen verlagern sich also von der syntagmatischen Ebene, die Erfahrungszusammenhänge zwischen den Inhalten der assoziierten Wörter spiegelt, auf die paradigmatische Ebene und lässt so die semantische Vernetzung von Wörtern im mentalen Lexikon deutlich werden, die syntagmatisch normalerweise nicht zusammen in einem Satz vorkommen. Ferner assoziieren Kinder auf Stimuluswörter weniger übergeordnete Wörter als Erwachsene. Schließlich wird von Erwachsenen die Wortart des Stimuluswort in der Antwort weniger häufig verändert, was die Organisation des Vokabulars in syntaktische Klassen bezeugt. Bei jüngeren Kindern kommen neben den syntagmatischen Assoziationen auch noch mehr Assoziationen vor, die vom Klang des Wortes, der Wortform, statt der Wortbedeutung ausgehen. Der Wechsel von syntagmatischen zu paradigmatischen Assoziationen findet im Alter zwischen fünf und zehn Jahren statt; abgeschlossen ist die Reorganisation und interne Strukturierung des mentalen Lexikons aber erst gegen Ende der Schulzeit (Anglin 1970: 99).

Mit dem Erlernen der Schrift bekommen Wörter nicht nur eine weitere Form im mentalen Lexikon, die graphematische, das Lesen ist nun selbst eine Quelle umfangreichen Wortschatzerwerbs. Beim Lesen können die Wortbedeutungen auf verschiedene Weise aufgebaut werden, zum einen über die oft quasi-ostensive Gegenüberstellung von bildhaften Darstellungen und Wörtern oder die Definition unbekannter Wörter in Lesebüchern, zum anderen durch das Dekodieren der Wortbedeutung mithilfe des Kontextes. Singleton (1999: 47) weist darauf hin, dass Kinder mit Leseerfahrung Basisbegriffe besser verstehen als Kinder ohne Leseerfahrung, der Erwerb schriftsprachlicher Fertigkeiten mithin die lexikalische Entwicklung und die Ausarbeitung der Bedeutungen von Wörtern beschleunigt.

Die Aufgabe beim Erwerb eines L1-Lexikons besteht zusammengefasst also darin, aus dem Lautkontinuum Wortformen zu isolieren, eine stabile phonologische Repräsentation des jeweiligen Wortes aufzubauen, der Wortform ein Bedeutungsgeflecht zuzuordnen und die syntagmatischen Verwendungsweisen zu erlernen. Dabei sind der Aufbau der Wortbedeutung und der syntaktischen Verbindungen ein langwieriger Prozess: Mit der Zuordnung eines Referenten in der Situation, in der die Wortform zum ersten Mal begegnet, ist der Bedeutungserwerb nicht abgeschlossen, sondern gerade erst eröffnet. In nachfolgenden Begegnungen mit dem Wort muss sein Referenzpotential ausgelotet werden und zugleich muss es mit anderen Wörtern im mentalen Lexikon vernetzt werden, müssen mithin die das Beziehungsgeflecht konstituierenden semantischen Relationen aufgebaut werden. Für nicht-referentielle Wörter ist das Kind fast ausschließlich auf die Beziehungen zu anderen Wörtern angewiesen, um ihre Bedeutung und ihren Gebrauch zu eruieren.

4.1.2 Erwerb eines L2-Lexikons

Wer nach der Kindheit eine zweite Sprache oder eine Fremdsprache erwirbt, muss viele der Entwicklungsstufen, die den Lexikonerwerb in der Erstsprache charakterisieren, nicht mehr erneut durchlaufen: Weder die Fähigkeit zur Referenz mithilfe sprachlicher Ausdrücke noch die Objektpermanenz oder die Fähigkeit zur Symbolverwendung müssen neu erworben werden, und auch die Ausschließlichkeitsannahme, die Kindern den Umgang mit Synonymen und Ober-/Unterbegriffen erschwert, muss nicht erneut revidiert werden. Der Lerner weiß von seinem L1-Lexikon her vielmehr bereits, dass Wörter in solchen und anderen semantischen Beziehungen zueinander stehen können. In anderer Hinsicht weisen die Erwerbsaufgaben jedoch starke Ähnlichkeiten auf.

Zum Erwerb der Wortformen

Auch in der Zweit- und Fremdsprache steht der Lerner zunächst vor dem Problem, aus dem Lautkontinuum die Wortformen der Zielsprache zu isolieren. Dabei kann er – wie das Kind durch die KGS – Hilfen von Seiten der kompetenten Sprecher erhalten, die ihre Sprache an den Lerner anpassen. Im Fall des ungesteuerten Zweitspracherwerbs spricht man von Foreigner Talk, Fremdenregister oder Xenolekt, im Falle des Fremdsprachenunterrichts von Teacher Talk oder Schülerregister (vgl. Kap. 1.3.2). Der Lehrer spricht zu Anfängern generell langsamer und deutlicher; ein zu lernendes neues Wort hebt er durch Pausen vorher und nachher sowie durch erhöhte Lautstärke hervor, und er bemüht sich in der Regel um mehrfache Wiederholung. Dies alles fördert die Isolierung neuer Wortformen durch den Lerner. Meist aber erspart der Fremdsprachenunterricht dem Lerner diesen Schritt, indem ihm neue Wörter von vornherein isoliert in Schriftform an der Tafel oder in Form von Vokabellisten im Lehrbuch dargeboten werden. Die insgesamt starke Orientierung an schriftlichen Materialien nimmt ihm die Mühe der Wortformisolierung ab, denn eine alphabetisch verschriftete Sprache wie das Deutsche macht die Wörter durch Spatien, die Zwischenräume, kenntlich.

Diese Hilfen entheben den Lerner aber nicht von den nächsten Aufgaben, der Bildung einer stabilen Lautrepräsentation und dem Aufbau der Wortbedeutung. Was den Aufbau der Lautrepräsentation betrifft, so spielt das phonologische Arbeitsgedächtnis in der Zweitsprache dieselbe entscheidende Rolle wie das phonologische Arbeitsgedächtnis in der Erstsprache. Gibt es im Erstspracherwerb eine Korrelation zwischen dem Ausmaß der das phonologische Gedächtnis beanspruchenden Fähigkeit, Pseudowörter zu wiederholen, und dem Umfang des Vokabulars im Alter von vier Jahren sowie dem folgenden Wortschatzerwerb (Gathercole & Baddeley 1989), so belegen auch Untersuchungen von Service (1992) zum Zweitspracherwerb: Je besser das phonologische Arbeitsgedächtnis funktioniert, desto größer ist der Erfolg beim Vokabellernen. Besonders relevant für den Fremdsprachenunterricht ist eine Arbeit von Papagano et al. (1991), in der untersucht wurde, inwiefern die Unterdrückung subvokaler Artikulation, also die Unterdrückung der Speicherung der Einheiten im phonologischen Arbeitsgedächtnis, das Vokabellernen beeinflusst. Die Versuchspersonen mussten L1-Paare und L2-Vokabeln lernen, wobei sie daran gehindert wurden, sich die Wörter leise wiederholen zu können. Das Lernen der L1-Paare wurde dadurch nicht verhindert, wohl aber das Lernen der L2-Wörter. Aufgrund all dieser Beobachtungen kann Singleton (1999: 80) zu dem Schluss kommen: "The relative efficiency of phonological working memory is as important in determining the rate of L2 lexical development as it is in determining the rate of L1 lexical development."[31]

Zum Erwerb des Wortinhalts

Die wichtigsten Parallelen zwischen dem Erwerb eines L2- und eines L1-Lexikons liegen in dem sich über längere Zeiträume erstreckenden Aufbau von Wortbedeutungen und deren Restrukturierungen. Wenn auch bei der ersten Begegnung mit einer Wort-

---

[31] Die relative Leistungsfähigkeit des phonologischen Arbeitsgedächtnisses übt in der L2 einen ebenso wichtigen Einfluss auf die Geschwindigkeit der lexikalischen Entwicklung aus wie in der L1. [eig. Übs.]

form – im einfachsten Fall mit der eines referentiellen Worts – schon ein Referent identifiziert werden kann, so ist damit noch nicht die Anwendungsbreite des Worts, sein Referenzpotential, erfasst. Im Gegensatz zum spracherwerbenden Kind kann sich der Lerner hier aber, sofern es für das Wort ein Übersetzungsäquivalent gibt, seiner L1 bedienen und von der Hypothese ausgehen, dass das neue Wort im Kern dasselbe Referenzpotential hat wie das entsprechende L1-Wort. Dies wird zwar oft zutreffen, oft aber auch zu revidieren sein. So kann ein englischlernender muttersprachlicher Deutscher, der im Zusammenhang mit einer Abbildung eines Huhns die Wortform *chicken* wahrnimmt, dieser ohne weiteres auch das Fleisch des Tiers als Referenzpotential zuordnen (*Hühnerflügel* entspricht *chicken wings*), bei *pig, cow* und *calf* kann er es aber nicht, hier muss er für das entsprechende Fleisch andere Wörter lernen, nämlich *pork, beef* und *veal*. Der Lerner kann auch davon ausgehen, dass das Wort *chicken* wie das deutsche Wort *Huhn* in der semantischen Relation der Überordnung zu den Äquivalenten von *Hahn* und *Henne* und in der Relation der Unterordnung zu dem Äquivalent von *Geflügel* steht, doch damit sind *cock, hen* und *poultry* noch nicht erworben, und selbst wenn ihm eines dieser Wörter schon bekannt sein sollte, ist die semantische Verbindung vielleicht noch nicht hergestellt. Häufig erweisen sich die semantischen Beziehungen zwischen Wörtern aber auch als anders gelagert als in der L1, weil Sprachen dieselben inhaltlichen Felder anders aufteilen können. Im Falle stark kulturgebundenen Wortschatzes ist die L1 kaum noch eine Hilfe, denn hier müssen neue, sprachspezifische Inhalte aufgebaut werden. (Zum Verhältnis des L2-Lexikons zum L1-Lexikon vgl. 4.1.3; zu kulturspezifischen Bedeutungen 4.2.2.4)

Wie in der L1 ist mit der ersten Bedeutungszuordnung der Bedeutungserwerb in der Zweitsprache lediglich eröffnet; mit Bezug auf, aber auch in Modifikation der entsprechenden Verhältnisse in der L1 müssen danach in weiteren Begegnungen mit dem Wort sein Referenzpotential und seine semantische Vernetzung mit anderen Wörtern etabliert werden, ein Prozess, der wie in der L1 einen langen Zeitraum einnehmen kann. Besonders lang dürfte in der Regel der Aufbau der konnotativen Bedeutung dauern, denn Stilwert oder Zugehörigkeit zu Gruppen- oder Fachsprachen lassen sich erst durch umfangreiche und differenzierte Spracherfahrungen eruieren. Lernwege können hier durch unterrichtliches Handeln zwar abgekürzt werden, etwa wenn der Lehrer beim ersten Auftreten von *cow* usw. darauf hinweist, dass das Fleisch *beef* heißt, oder dadurch, dass der Lerner Informationen zu Stilebene und Verwendungskontexten erhält, doch auch dann kostet der umfassende Bedeutungserwerb Zeit.

Dass beim Bedeutungserwerb in der Zweit- und Fremdsprache ähnliche Prozesse ablaufen wie in der Erstsprache, lässt sich auch experimentell belegen. Söderman (1989) hat die zu Stimuluswörtern assoziierten Wörter bei vier Gruppen von Lernern des Englischen als Fremdsprache mit jeweils unterschiedlichem Sprachniveau miteinander verglichen. Mit fortschreitender Sprachbeherrschung nahmen die Klangassoziationen ab, ebenso nahmen die syntagmatischen Assoziationen ab, die paradigmatischen Assoziationen dagegen zu. Dies entspricht nun dem Bild, das auch die Assoziationen unterschiedlich fortgeschrittener Kinder im Erstspracherwerb zeichnen. Söderman warnt aber davor, die Bevorzugung paradigmatischer Assoziationen mit dem generellen Fortschritt der Sprachbeherrschung zu korrelieren; die Art der Assoziationen ist vielmehr mit dem Prozess der Einbettung jedes einzelnen Wortes in das mentale Lexikon eines Lerners verbunden: Je tiefer ein Wort verankert ist und je besser es beherrscht wird, desto wahrscheinlicher wird es, dass es in eine paradigmatische Assoziation eintritt. Dies erklärt, warum es auch in der Gruppe der fortgeschrittensten Lerner bei minder beherrschten Wörtern gelegentlich noch Klang- oder syntagmatische Assoziationen gibt und warum auch in der am wenigsten fortgeschrittenen Gruppe bei gut beherrschten Wörtern bereits paradigmatische Assoziationen auftreten. Insgesamt sind die Befunde so zu interpretieren, dass mit zunehmender Beherrschung der Sprache im Allgemeinen wie der Wörter im Einzelnen die semantische Vernetzung der Wörter untereinander immer wichtiger wird – in L1 wie in L2. Das Ausmaß der Vernetzung ist es dann auch, das den Grad ihrer Abrufbarkeit in der Sprachproduktion bestimmt, woraus sich wichtige didaktische Konsequenzen ergeben (4.2.2.2).

Der Zweitspracherwerb in gesteuerten Kontexten ist generell stark schriftorientiert; im prototypischen Fremdsprachenunterricht außerhalb des Zielsprachenlands bietet vor allem das Lesen von Texten einen Zugang zu Wortschatz, auch wenn es mit dem primären Ziel der Informationsentnahme betrieben wird. Der Wortschatzerwerb durch Lesen erfolgt dann beiläufig; fokussierte Wortschatzarbeit könnte allein aufgrund der geringen Zeit, die dem Unterricht in der Regel zur Verfügung steht, nicht genug lexikalischen Input bieten. Die Aneignung von Wortschatz über das Lesen bildet daher eine notwendige und mit fortschreitendem Erwerb immer wichtigere Ergänzung, womit sich eine weitere Parallele zum Erwerb eines L1-Lexikons ergibt (vgl. 4.3.1).

Was macht L2-Wörter schwer zu erwerben?

Vor dem skizzierten spracherwerblichen Hintergrund ist es illustrativ, welche Schwierigkeiten bei der Aneignung eines Wortschatzes in der Fremdsprache Laufer herausgearbeitet hat. In ihren zahlreichen Untersuchungen hat sie sich ausschließlich mit solchen Schwierigkeiten befasst, die mit Form und Bedeutung der zielsprachlichen Wörter zu tun haben und nicht mit ihrem Verhältnis zum L1-Lexikon. Singleton (1999) fasst ihre Ergebnisse unter Berücksichtigung der Arbeiten anderer Autoren wie folgt zusammen: Auf der Formseite ist zunächst die Aussprechbarkeit der zu lernenden Wortformen ein Einflussfaktor. Lerner nehmen Wörter, die sie schlecht aussprechen können und deren Bedeutung sie nicht kennen, weniger gut wahr als solche Wörter, die sie leichter aussprechen können, und sie sind auch weniger gut in der Lage, solche Wörter zu behalten. Dies gilt, wie oben schon gezeigt wurde, auch für den Erstspracherwerb und betont aufs Neue die Bedeutung des phonologischen Gedächtnisses. Ein weiterer formaler Faktor ist die Wortart: Substantive werden – wie auch in der Zeit des Vokabelspurts beim Kleinkind – am leichtesten erworben, was damit zusammenhängen mag, dass sie zu einem großen Teil „Objektwörter" sind und sich vom Lerner verbildlichen lassen (imageability). Verben sind als inhärent syntagmatisch-relationale Bedeutungseinheiten schwerer zu verarbeiten und zu erwerben. Zum Schwierigkeitsgrad von Adjektiven und Adverbien gibt es keine eindeutigen Forschungsergebnisse; hier könnte die Morphologie der jeweiligen Zielsprache einen Einfluss haben. Untersuchungen zur Wortlänge lassen laut Singleton keine einheitlichen Schlüsse zu. Schwierigkeiten, die durch morphologische Komplexität entstehen, ergeben sich weniger stark als die vorgenannten Schwierigkeiten allein aus der Zielsprache, sondern sind stark von dem Grad des Kontrasts zwischen den morphologischen Systemen der beteiligten Sprachen abhängig.

Auf der Inhaltsseite bereiten zunächst solche Wörter Schwierigkeiten, für die es in der L1 keine Äquivalente gibt und die folglich den Aufbau eines gänzlich neuen Bedeutungskomplexes erfordern. Dies kann nur durch ausführliche Erläuterung und/oder Begegnung in vielen unterschiedlichen Kontexten gelingen. Weiter bildet die Polysemie von L2-Wörtern eine Hürde. Lerner des Englischen mit Hebräisch als Muttersprache hatten Probleme mit *since, while* und *abstract*, die sie nur mit ihrer häufigsten Bedeutung ‚seit(dem)', ‚während (temporal)' und ‚abstrakt' verbanden, und daher nicht mit Kontexten zurecht kamen, in denen die Bedeutung ‚weil', konzessives ‚während' und ‚Zusammenfassung' war. Auch benutzten sie diese Wörter produktiv lieber mit der ersten, häufigeren Bedeutung, während sie für die zweite Bedeutung lieber *because, in spite of the fact that* und *summary* verwendeten. Schwierig sind auch idiomatische und metaphorische Verwendungen anderweitig bekannter Wörter. Es konnte wiederholt gezeigt werden, dass Lerner bei Übersetzungsäquivalenten metaphorische Bedeutungen, die das L1-Wort hat, nur zögerlich auf das L2-Wort zu übertragen bereit sind, auch wenn das L2-Wort eine vergleichbare metaphorische Bedeutung besitzt. Was Synonymie betrifft, so bereiten die konnotativen Bedeutungsunterschiede von Wörtern gleicher Denotation sowie semantisch ähnliche Wörter wie *kindlich* und *kindisch* Schwierigkeiten, auch werden beim Aufsatzschreiben mehr Synonyme in der Erst- als in der Zweitsprache verwendet. Das geringere Ausmaß des Synonymengebrauchs in der Fremdsprache könnte aber auch einen strategischen Hintergrund haben; Lerner sagen sich unter Ökonomieaspekten vermutlich, dass es für die Kommunikation ausreicht, wenn für einen Inhalt ein Wort zur Verfügung steht, ein weiteres wäre Luxus. Dies mag auch die Beobachtung erklären, dass Fremdsprachenlerner mehr unspezifische, übergeordnete Wörter benutzen als Muttersprachler, denn so kann mit weniger Vokabular ein größerer kommunikativer Bedarf gedeckt werden.

Die dargestellten Schwierigkeiten mit der Inhaltsseite von L2-Wörtern machen deutlich, dass Lerner mit 1:1-Beziehungen zwischen Form und Bedeutung leichter umgehen können bzw. solche Beziehungen aus lernstrategischen Gründen zumindest bevorzugen. Damit ergeben sich wiederum gewisse Parallelen mit dem Erstspracherwerb, wo bis zur Revidierung der dem fast mapping zugrundeliegenden Hypothesen über die Beziehungen von Wortformen und ihren Bedeutungen von 1:1-Beziehungen ausgegangen wird.

4.1.3 Das L2-Lexikon im Verhältnis zum L1-Lexikon

Es gibt eine intensive Diskussion über die Frage, ob die L1- und L2-Wörter mental gemeinsam oder getrennt gespeichert sind und ob sie sprachspezifisch oder parallel aktiviert werden (vgl. Lutjeharms 2004; Jiang 2000; einen Forschungsüberblick gibt Singleton 1999). Alltagsbeobachtungen, Fehleranalysen und psycholinguistische Experimente geben Belege für beide Möglichkeiten.

Als Beispiel für die uneindeutige Beweislage führt Singleton psycholinguistische Untersuchungen zu interlingualen Homographen an. Dies sind Wortformen, die in zwei oder mehr Sprachen mit je unterschiedlicher Bedeutung und Aussprache vorkommen. So bedeutet die Form *four* im

4.1   Zum mentalen Lexikon und seinem Erwerb

Englischen 'vier', im Französischen 'Backofen'. In Wortidentifikationsaufgaben benötigten Bilinguale mehr Zeit, um das französische *four* in einer französischen Wortliste zu identifizieren als das englische *four* in einer englischen Wortliste. Der Geschwindigkeitsunterschied korreliert mit der Häufigkeit der Wortform in der jeweiligen Sprache. Dieses Ergebnis spricht für eine getrennte Speicherung des englischen und des französischen *four* und für getrennte L1- und L2-Lexika. Andererseits wird das französische Wort *cuisine* ('Küche') in einer Liste englischer Wörter schneller erkannt, wenn ihm das englische *four* voranging als wenn dies nicht der Fall war, und umgekehrt wird in einer französischen Liste das englische Wort *five* schneller erkannt, wenn ihm das französische *four* voranging. Dies spricht dafür, dass ein interlingualer Homograph, der im Kontext der einen Sprache präsentiert wird, auch das Wort der anderen Sprache von Bilingualen aktiviert. Solche Priming-Experimente, wo stets ein Vorreiz die Reaktionszeit bei der Rezeption oder Produktion eines Zielreizes beeinflusst, haben wiederholt die Aktivierung von Wörtern quer durch die beherrschten Sprachen belegt.

In engem Zusammenhang mit der angesprochenen Diskussion steht die Frage, wie die mentalen Verbindungen zwischen L1- und L2-Wörtern modelliert werden können; auch sie kann hier lediglich angerissen werden. Schon Weinreich (²1963: 9-10) befasste sich mit der Natur des sprachlichen Zeichens im Sprachkontakt und schlug drei Repräsentationsmöglichkeiten vor, das koordinierte Zeichen (A), das zusammengesetzte Zeichen (B) und das subordinative Zeichen (C).

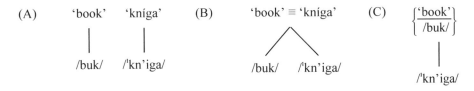

Im koordinierten Fall haben das englische und das russische Wort für *Buch* je ihre eigene Form- und Inhaltsseite, im Fall des zusammengesetzten Zeichens liegt für den Bilingualen ein einziger Inhalt vor, der zwei Ausdrucksformen hat, und im subordinativen Fall bezieht sich die russische L2-Wortform /'kn'iga/ nicht auf die inhaltliche Vorstellung 'book', sondern auf das englische Wort *book*, somit nur mittelbar über die L1 auf die Vorstellung. Weinreich nahm an, dass der Bilingualismus einer Person oder einer Gruppe nicht ausschließlich vom Typ A oder vom Typ B sein müsse; den Typ C sah er eher als Entwicklungsstufe beim gesteuerten Lernen einer Sprache über eine andere Sprache an. Auch die Typen A und B band Weinreich zum Teil an Erwerbskontexte, den zusammengesetzten Bilingualismus an schulisches Lernen und an den Erwerb der Sprachen in häuslichen Situationen, wo beide Sprachen abwechselnd in denselben Situationen gebraucht werden, den koordinierten Bilingualismus an den Erwerb der Sprachen in gänzlich unterschiedlichen Situationen und in solchen Kontexten, wo Übersetzung keine oder nur eine geringe Rolle spielt. Weinreichs Zeichenmodelle sind in der neueren Literatur wieder aufgegriffen worden, wobei aber weitere die Art der Zeichenrepräsentation bestimmende Faktoren postuliert und die Vorstellungen über das Zusammenspiel der unterschiedlichen Zeichenrepräsentationen im einzelnen Individuum modifiziert wurden.

De Groot (1995) nimmt für Sprecher, die über zwei oder mehrere Sprachen verfügen, ein Mischsystem je nach Art des Worts an. Konkreta und Wörter, die vom Sprecher als Kognaten, d. h. als über die Sprachgrenzen hinweg formal und inhaltlich verwandte Wörter betrachtet werden, könnten als zusammengesetzte Zeichen des Typs B gespeichert sein, Abstrakta und nicht verwandte Wörter dagegen als koordinierte Zeichen des Typs A. De Groot kann sich dabei auf folgende Ergebnisse experimenteller Untersuchungen berufen: In Wortassoziationsaufgaben wurden zu Konkreta in der einen Sprache öfter Übersetzungsäquivalente der anderen Sprache assoziiert als zu Abstrakta, ferner wurden Konkreta schneller übersetzt als Abstrakta und schließlich fanden sich interlinguale Priming-Effekte bei Konkreta, nicht aber bei Abstrakta. All dies spricht für eine engere mentale Verbindung zwischen den Wortformen von Konkreta. Kirsner et al. (1993) nehmen für Kognaten im Gegensatz zu de Groot schon eine direkte Verbindung auf der Formebene an, was Weinrichs Typ C ähneln würde.

Wie ein L2-Wort und sein L1-Übersetzungsäquivalent mental repräsentiert sind, hat aber auch eine entwicklungsbedingte Dimension. Im Fremdsprachenunterricht werden L2-Wörter oft über L1-Wörter gelernt, womit sich eine zeitlang eine Repräsentation des Typs C ergeben müsste, die – im Falle von Konkreta – bei zunehmender Sprachbeherrschung durch eine Repräsentation des Typs B abgelöst wird (vgl. Woutersen 1996). Weiterhin muss auch für einen beträchtlichen Teil des Vokabulars eine Entwicklung von einer Repräsentation des zusammengesetzten Typs B zu einer Repräsentation des koordinierten Typs A angenommen werden, vor allem im Falle derjenigen L1-L2-Wortpaare, deren Bedeutungen sich nur überlappen, ansonsten aber sprachspezifische Konnotationen aufweisen, und die je kulturspezifische Bedeutungsanteile aufweisen, was nicht nur bei Abstrakta der Fall sein muss, für die de Groot von vornherein eine Repräsentation vom Typ A annimmt. Im Ausbau der Inhaltsseite solcher L2-Wörter wird sich allmählich eine von der Bedeutung des Übersetzungsäquivalents unabhängige semantische Repräsentation bilden. Es ist keinesfalls unplausibel, dass Lerner zu Beginn des Bedeutungserwerbs von L2-Wörtern, die ein Übersetzungsäquivalent in der L1 besitzen, von der Hypothese großer Bedeutungsähnlichkeit ausgehen, daher in vielen Fällen mit einer Repräsentation des Typs B beginnen, die mit zunehmender allgemeiner Sprachbeherrschung wie mit der fortschreitenden Integration des einzelnen L2-Worts zu einer Repräsentation des Typs A zu modifiziert wird.

Auch Lutjeharms (2004: 15) vermutet, dass „im Falle der Mehrsprachigkeit mehrere Organisationsformen vorkommen"; sie nimmt als Ursache aber nicht nur den Worttyp wie de Groot und das Niveau der Sprachbeherrschung in den Blick, sondern weitere Faktoren wie das Ausmaß der vom Lerner wahrgenommenen Sprachverwandtschaft, die Art der Sprachverwendung und individuelle Lernstile.

Da Weinreich keine Aussage über die Art macht, wie die Bedeutungsseite der Zeichen mental repräsentiert ist, legen seine Modelle A und B absolute Andersartigkeit nahe, wo es im mentalen Lexikon vermutlich eher um Abstufungen geht. Gegenwärtig wird die Bedeutung von Wörtern in Form semantischer Netze gefasst, und so lassen sich die Unterschiede zwischen den Modellen A und B differenzierter als Unterschiede im Ausmaß der Überlappung der den L1- und L2-Wörtern jeweils zugeordneten semantischen Netze modellieren (vgl. Plieger 2006).

4.1.4 Ein psycholinguistisches Phasenmodell des Erwerbs von L2-Wörtern

Eine neuere psycholinguistisch fundierte Repräsentation des Verhältnisses von L1- und L2-Wörtern im mentalen Lexikon hat Jiang (2000) vorgeschlagen. Im Anschluss an das Sprachproduktionsmodell von Levelt (1989) postuliert er zunächst einen Eintrag im mentalen Lexikon eines Muttersprachlers wie in Abb. 1. Danach besteht ein Lexikoneintrag aus vier eng miteinander verbundenen Wissensbeständen, die bei Aufruf eines Wortes automatisch im prozeduralen Gedächtnis aktiviert werden. Die phonologischen bzw. graphematischen und die morphologischen Eigenschaften bilden die Formseite, zusammenfassend als Lexem bezeichnet, die semantischen und syntaktischen Eigenschaften das Lemma.

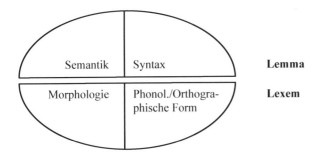

Abbildung 1: Interne Struktur des Lexikoneintrags (nach Jiang 2000: 48)

Im Erstspracherwerb werden diese Wissensbestände dadurch erworben, dass das Kind einerseits die Wortform festigt, andererseits währenddessen und teilweise noch lange Zeit danach die semantischen, syntaktischen und morphologischen Eigenschaften eines Wortes aus den Kontexten, in denen es ihm begegnet, extrahiert – mit all den oben schon erwähnten „Fehlern", die durch Unter- und Übergeneralisierung oder das Fast Mapping entstehen können.

Im Zweitspracherwerb dagegen stehen bereits durch die L1 erworbene Wortbedeutungen und Konzepte zur Verfügung. Sie können sich als lernerleichternd, aber auch als hinderlich erweisen. Erscheint es dem Lerner bei der ersten Begegnung mit dem L2-Wort möglich, die Bedeutung des L1-Übersetzungsäquivalents zu übernehmen, dann wird sein Spracherwerbsmechanismus kaum motiviert sein, Bedeutung und Gebrauch des neuen Worts mühsam aus vielfältigen Begegnungen im Input zu konstruieren. Im Fremdsprachenunterricht kommt erschwerend hinzu, dass der Input im Vergleich zum ungesteuerten Zweitspracherwerb oft quantitativ und qualitativ beschränkt ist, somit nur eine schmale Basis für den Aufbau eigener Wissensbestände vorhanden ist, und dass der Lerner durch die im traditionellen Unterricht üblichen Vokabelgleichungen primär auf die L1-Bedeutung verwiesen wird. Deren Aktivierung kann sogar den Aufbau unabhängiger L2-Bedeutungen blockieren.

Jiang (2000) nimmt daher für einen traditionellen, wenig kommunikativen Unterricht eine lexikalische Entwicklung an, die drei Phasen umfasst.

Formale Phase

In der ersten Phase steht der Erwerb der gesprochenen und geschriebenen Wortform im Vordergrund. Es wird nur wenig semantische, syntaktische und morphologische Information aufgebaut, die Repräsentation des L2-Lexikoneintrags (Abb. 2a) enthält nur die Wortform und möglicherweise einen Verweis auf das Übersetzungsäquivalent.

Der sinnvolle Gebrauch des L2-Worts erfolgt vermittelt über das Medium des L1-Worts (Abb. 2b) und gegebenenfalls über explizites grammatisches Wissen. Das auf diese Weise zugängliche semantische und syntaktische Wissen gehört aber noch nicht zur impliziten lexikalischen Kompetenz des Lerners; Aufruf und Gebrauch des Worts rekurrieren auf explizites Wissen.

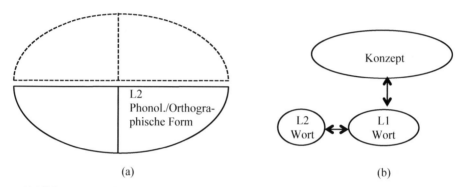

Abbildung 2: Lexikalische Repräsentation (a) und Verarbeitung (b) in der ersten Phase der lexikalischen Entwicklung (nach Jiang 2000: 51)

Phase der Lemmavermittlung

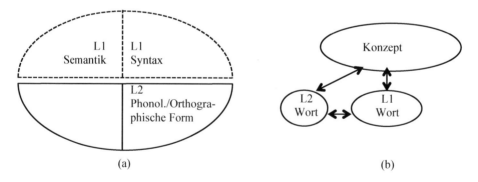

Abbildung 3: Lexikalische Repräsentation (a) und Verarbeitung (b) in der L2 in der zweiten Phase (nach Jiang 2000: 53)

Die zweite Phase wird erreicht, wenn durch wiederholte Aktivierung die Assoziation zwischen der L2-Wortform und dem L1-Lemmaeintrag so stark wird, dass diese Information ohne Umweg über das L1-Wort direkt zur Verfügung steht. Der L1-Lemmaeintrag ist nun in den L2-Lexikoneintrag kopiert. Wie in der ersten Phase gibt es noch

4.1 Zum mentalen Lexikon und seinem Erwerb

keine morphologischen Spezifikationen, da diese in der Regel sprachspezifisch sind und daher – im Gegensatz zur Lemmainformation – nicht transferiert werden.

Es gibt bereits schwache Verbindungen zwischen L2-Wörtern und konzeptuellen Repräsentationen; für Jiang muss jedoch offen bleiben, ob L1-Formen bei der Verarbeitung noch eine Rolle spielen oder schon umgangen werden (Abb. 3b).

L2-Integrationsphase

Die dritte Phase ist erreicht, "... when the semantic, syntactic, and morphological specifications of an L2 word are extracted from exposure and use and integrated into the lexical entry." (Jiang 2000: 53)[32] Nun sind Repräsentation und Verarbeitung des Worts in der L2 ähnlich wie in der L1; die Verarbeitung ist weitgehend prozeduralisiert.

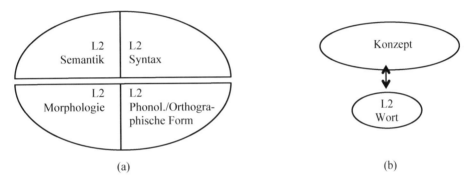

Abbildung 4: Lexikalische Repräsentation (a) und Verarbeitung (b) in der L2 in der dritten Phase (nach Jiang 2000: 53)

Zwischen den idealtypisch dargestellten Phasen ist mit kontinuierlichen Übergängen zu rechnen. Zu berücksichtigen ist auch, dass man sich in der Sprachproduktion stärker auf die L1 verlässt als in der Sprachrezeption, für erstere mag daher zu einem bestimmten Zeitpunkt noch Abb. 3b, für letztere aber schon Abb. 4b zutreffen.

Wie im Bereich der Grammatik kann auch die Entwicklung im Bereich des Lexikons fossilieren, selbst unter günstigen Erwerbsbedingungen mit ausreichendem und differenziertem Input. Die Fossilierung erfolgt meist auf der Stufe von Phase 2. Mögliche Gründe sind für Jiang mangelnder Wunsch nach Akkulturation oder mangelnde Fähigkeit, Inputinformation zu nutzen, weil sich in Form des L1-Lemmas schon eine Bedeutung eingenistet hat, was weiteren Erwerb blockieren kann. Folgt man der Argumentation von De Groot (1995), müsste eine solche Repräsentation im Falle von Kognaten aber nicht als Fossilierung eingestuft werden.

Jiangs Phasen beschreiben den Erwerb einzelner Wörter, nicht wie sich die lexikalische Kompetenz als ganze entwickelt, denn das L2-Lexikon eines Lerners enthält Wörter, die sich in unterschiedlichen Phasen der Aneignung befinden.

---

[32] „... wenn die semantischen, syntaktischen und morphologischen Spezifikationen eines L2-Worts aus Umgang und Gebrauch extrahiert und in den Lexikoneintrag integriert sind." [eig. Übs.]

Zusammenfassend kann angenommen werden, dass sich bei Lernern und Sprechern das Verhältnis von L1- und L2-Wörtern und die Art, wie sie mental gespeichert bzw. in der Sprachverarbeitung abgerufen werden, individuell und je nach einzelnem Wort unterscheiden. Die Hauptfaktoren liegen erstens im Lerngegenstand selbst, dem jeweiligen Worttyp und seinen Bedeutungseigenschaften, zweitens im Erwerbskontext und im Herangehen des Lerners an die Erwerbsaufgabe. Das Verhältnis von L1- und L2-Wörtern weist drittens eine Entwicklungsdimension auf, die sich – wie auch schon bei der Integration von L2-Wörtern in die semantischen Netze der Zielsprache – primär auf einer Wort-für-Wort Basis vollzieht und nur indirekt auf den generellen Entwicklungsstand des Lerners zu beziehen ist.

Aufgabe 4-2:
(a) Wie verändern sich die Reaktionen bei Wortassoziationsexperimenten im Verlauf des Erst- und des Zweitspracherwerbs? Was sagt dies über die Speicherung von Wörtern im mentalen Lexikon und den Wortschatzerwerb aus?
(b) Inwiefern ist der Erwerb eines Wortes lediglich eröffnet, aber bei weitem noch nicht abgeschlossen, wenn der Lerner ihm zum ersten Mal begegnet?

4.2 Steuerung des Lexikonerwerbs durch den Fremdsprachenunterricht

Der Fremdsprachenunterricht kann auf vielerlei Weise Einfluss auf den Lexikonerwerb nehmen, zum einen durch die Steuerung des Inputs, den die Lerner durch die Lehrmaterialien oder den Lehrer selbst erhalten (4.2.1), weiter durch das explizite Einführen, Erklären, Üben und Festigen von Wortschatz im Unterricht (4.2.2) und schließlich in mittelbarer Weise durch die Förderung der Fähigkeit zu beiläufigem Lexikonerwerb und die Vermittlung von Strategien beim Wortschatzlernen, zu denen auch ein optimaler Gebrauch von Hilfsmitteln wie Wörterbüchern gehört (4.3).

4.2.1 Wortschatzauswahl

Lehrmaterialien für das gesteuerte Lernen nehmen eine Auswahl des zu lernenden Vokabulars aus dem Gesamt des Wortschatzes der Sprache vor, begrenzen seinen Umfang und führen es in einer bestimmten Reihenfolge ein. Der deutsche Wortschatz wird ohne die Fachwortschätze auf 300.000 bis 400.000 Einheiten geschätzt, das Duden-Universalwörterbuch von 2001 verzeichnet „140.000 Wörter und Wendungen". Die Schätzungen über die von einem gebildeten Durchschnittssprecher aktiv beherrschten Wörter gehen weit auseinander: Es werden 5.000 bis 15.000 aktiv und 50.000 bis 100.000 rezeptiv beherrschte Wörter angenommen.

Das wichtigste, aber nicht alleinige Auswahlkriterium für das Sprachenlernen ist die **Häufigkeit** der ausgewählten Worteinheiten. Häufigkeitszählungen beruhen auf Textkorpora und sind nur in dem Maße verlässlich, wie die Texte für die geschriebene und gesprochene (!) Sprache im Zielsprachenland repräsentativ sind. Frequenzwörterbücher und der auf ihnen basierende Anteil von Wortschatzlisten für den Unterricht müssen daher in ausreichenden Abständen aktualisiert werden. Das jüngste solche

Wörterbuch, das *Frequency dictionary of German* (2006) beruht auf schriftlichen und mündlichen Korpora, die zwischen 1989 und 2002 zusammengestellt wurden.

Zur Häufigkeit hat aber die **Nützlichkeit** von Wörtern hinsichtlich der Kommunikationsbereiche und Themen hinzuzutreten, die die Lerner bewältigen müssen oder wollen. So sind *Tafel, Kreide* und *Folie* in der Gesamtsprache wenig frequent, in der Unterrichtssituation aber unumgänglich und müssen daher Teil des ausgewählten Vokabulars sein und früh eingeführt werden. Wenn für eine Lerngruppe eine klare Zielbestimmung möglich ist, kann recht gut vorausgesagt werden, welches Vokabular für sie jenseits der Unterrichtssituation nützlich sein wird. So ist zum Beispiel ein akademischer Grundwortschatz ein Erfordernis für den Fall, dass eine Fremdsprache gelernt wird, um an einer Hochschule des Zielsprachenlandes studieren zu können. Für das Englische liegt eine Academic Word List (Coxhead 2000) im Umfang von 570 Wörtern vor, die etwa 10 % der Wörter in englischsprachigen wissenschaftlichen Texten abdeckt. Ihre Nützlichkeit zeigt sich daran, dass die 1000 frequentesten Wörter des Englischen etwa 74 % der Wortformen eines akademischen Textes abdecken, die nächsten 1000 Wörter die Abdeckung um lediglich knapp 5 % erhöhen, während die 570 Wörter der Academic Word List die Abdeckung um 8,5–10 % erhöhen (Jones 2004). Für das Deutsche wird ein „Bildungswortschatz" diskutiert (Kurtz 2012), der zwar noch nicht in Form einer Wortschatzliste vorliegt, für den aber schon Kriterien formuliert wurden. Seine Einheiten sind wenig frequent in der gesprochenen Alltagssprache, aber (hoch)frequent in der Schriftsprache oder in schriftnahen Kontexten, wo sich verschiedene Sach- und Fachgebiete ihrer bedienen, ohne dass sie auf ein bestimmtes Fach begrenzt sind. Bedeutungsseitig drücken sie oft abstrakte Konzepte aus (*Eigenschaft, messen*). Zum Bildungswortschatz zählen auch Wörter, die in der alltäglichen Umgangssprache nur in ihren konkreten Bedeutungen, nicht aber in ihren übertragenen oder abstrakten Bedeutungen verwendet werden, welche im Kontext der Bildungssprache hinzugelernt werden müssen (*steigen, Ruhe*).

Ein weiteres Auswahlkriterium ist im Rahmen des Interkulturellen Ansatzes ins Spiel gebracht worden. Einbezogen werden sollten daher schon früh solche Wörter und Wortverbindungen, „die **kulturelle Unterschiede** beinhalten und/oder wichtige Werte und Überzeugungen der sozialen Gruppe(n), deren Sprache gelernt wird" (*Gemeinsamer europäischer Referenzrahmen* 2001: 148).

Für einen deutschen Grundwortschatz ist trotz verschiedentlich geäußerter Kritik immer noch die Wortschatzliste des *Zertifikats Deutsch als Fremdsprache* ein wichtiger Bezugspunkt. Zahlreiche Lehrwerke markieren die Einheiten ihrer Wortlisten für ihre Zugehörigkeit zum Zertifikatswortschatz. Ebenso verfahren die für Anfänger gedachten Lernerwörterbücher aus dem Klett- und dem Langenscheidt-Verlag. Nicht ausschließlich auf dem Kriterium der Häufigkeit beruhend enthält der Zertifikatswortschatz 2000 aktiv zu beherrschende Wortschatzeinheiten, die in Verbindung mit der Kenntnis von Wortbildungsregularitäten das Verstehen von mehr als 6000 Wörtern ermöglichen. In die Kritik geraten ist der Zertifikatswortschatz u. a. deswegen, weil er – etwa im Vergleich mit der Wortschatzliste der *Kontaktschwelle Deutsch als Fremdsprache* – Mängel aufweist, „wo es um den differenzierten Ausdruck persönlicher Meinungen, Gefühle und Interessen geht" (Funk 1994), und weil er sehr stark an der

Alltagsbewältigung im Zielsprachenland orientiert ist, aber kaum Mittel bereit stellt, mit denen der Alltag aus fremder Sicht erkundet und reflektiert werden kann.

Als Alternative bietet sich der Grund- und Aufbauwortschatz von Tschirner (2008) an. Er umfasst die 4000 frequentesten Wörter des schon erwähnten *Frequency dictionary of German* (2006), die etwa 95 % der Wörter in Alltagsgesprächen und einfacheren Texten abdecken, eine Quote, ab der Textverstehen möglich ist. Doch auch wenn Grundwortschatzlisten zuverlässiger werden, findet Unterricht stets in konkreten Situationen und mit Lernern statt, die bestimmte Interessen haben, über die gesprochen werden muss, soll der Unterricht nicht seinen Lebensbezug und seine Lebendigkeit einbüßen. Es wird also immer nötig sein, über das an Grundwortschätzen orientierte Vokabular der Lehrmaterialien hinauszugehen, damit Lerner z. B. über ihre Lebensumstände, Hobbys oder Mediennutzung berichten können, auch wenn damit weniger frequente Wörter eingeführt werden.

Die Idee eines kontrollieren Wortschatzes gilt – so ist ausdrücklich zu betonen – nur für Lerntexte, nicht für Lese- und Hörverstehenstexte, bei denen nicht jedes Wort und jede grammatische Struktur verstanden werden muss und die auch nicht zur Reproduktion gedacht sind. Hier sind Verstehensstrategien gefordert, die – wie die Unterscheidung von Lern- und Verstehenstexten – zum Teil in 4.3.1, zum Teil im Zusammenhang mit den rezeptiven Fertigkeiten in Kap. 6 erläutert werden.

4.2.2 Fokussierte Wortschatzarbeit im Unterricht

Unausgesprochen herrscht in manchen didaktischen Konzeptionen nahezu eine Nulloption bezüglich Wortschatzarbeit. Wenn etwas reflektiert wird, so ist es am ehesten noch die Einführung von lexikalischen Elementen. Ansonsten gibt man sich zufrieden damit, dass das Lehrmaterial in der Auswahl mehr oder weniger gründlich reflektierten Wortschatz enthält und den Lernern zweisprachige Wörterlisten, Glossare oder Wörterbücher zur Verfügung stehen. Das Einprägen der Wörter wird auf die häusliche Arbeit der Lerner verlagert, deren Erfolg durch Vokabelabfragen oder -tests mehr oder weniger streng und konsequent überprüft wird. Im Übrigen wird darauf verwiesen, dass im Unterricht Wörter ja in gelenkten Übungen und in kommunikativen Aufgaben verwendet werden, womit ein Beitrag zur Wortschatzentwicklung gegeben sei. Und wenn schließlich Themen und Texte nur interessant genug seien, würde der Wortschatz sich schon von alleine einstellen.

An dieser Position ist sicher richtig, dass lebendiger Sprachgebrauch in einem thematisch attraktiven kommunikativen Unterricht für den Aufbau eines Wortschatzes essentiell ist, und es ist auch richtig, dass der einzelne Lerner bei der Aneignung von Wörtern in hohem Maße selbst gefordert ist und in der Verantwortung steht. Doch sollte man ihn zum einen bei dieser Aufgabe nicht alleine lassen, sondern Hilfen geben, zum Beispiel durch Vermittlung von Strategien des Wortschatzlernens (4.3.2) und durch Anleitung zur effektiven Nutzung von Referenzmaterial wie Wörterbüchern (4.3.3). Zum Anderen sollte durch die vorangegangene Darstellung des mentalen Lexikons deutlich geworden sein, dass sich die Kenntnis eines Wortes nicht darin erschöpft, typische Referenten oder das Übersetzungsäquivalent zu kennen, sondern dass seine vielfältigen semantischen und syntaktischen Beziehungen erworben werden müssen. Hier hat explizite und fokussierte Wortschatzarbeit im Unterricht eine Funktion, und hier sind in jüngeren Lehrwerken auch vielfältige neuartige Übungstypen entwickelt worden (4.2.2.2).

4.2.2.1 Einführung und Semantisierung

Doch zunächst zu einem schon lange und kontrovers diskutierten Bereich expliziter Wortschatzarbeit, der Semantisierung von Wörtern in Präsentationsphasen. Hier führt der Lehrer Wörter ein, die er in der Vorbereitung ausgewählt hat und deren Kenntnis er für die Bewältigung eines Hör- oder Leseverstehenstextes oder für eine Textarbeit als notwendig erachtet. Im Hinblick auf die Vermittlung der Bedeutung der ausgewählten Lexik haben die Direkte Methode und die Audiolinguale Methode mit der Ablehnung des Einsatzes der Muttersprache Kontroversen ausgelöst und gleichzeitig neue Formen der Vermittlung von Bedeutungen entwickelt. Einen knappen Überblick über die wichtigsten Semantisierungstechniken gibt die folgende Tabelle.

Möglichkeiten der Semantisierung unbekannter Wörter und Wendungen

1 nonverbale Semantisierung

1.1 Zeigen auf Objekte im Klassenraum oder auf mitgebrachte Realia: *Das ist ein Fenster, eine Wand, blau, eine Puppe* ...

1.2 Zeigen auf Bildkarten oder andere Visualisierungen: Hier sehen wir eine Straßenbahn. Der Wecker klingelt.

1.3 Darstellung durch Mimik, Gestik oder Handlungen: sich kratzen, lächeln, traurig, ho*ch und tief, umrühren*.

2 verbale Semantisierung in der L2

2.1 Nennung bekannter Wörter, die in einer der paradigmatischen semantischen Beziehungen zum Zielwort stehen.
- Synonym: *Beinahe bedeutet dasselbe wie fast.*
- Antonym: *Das Gegenteil von eng ist breit.*
- Oberbegriff: *Schreiten ist ein Gehen, und zwar ein langsames, feierliches.*
- Hyponyme (untergeordnete Wörter): *Jahreszeit: Frühling, Sommer, Herbst und Winter sind die Jahreszeiten.*

2.2 Definition: *Eine Statue ist eine frei stehende Figur eines Menschen oder Tiers, meist aus Stein oder Metall.*
Paraphrase: *Der Rabe ist ein ziemlich großer schwarzer Vogel, der eine laute Stimme hat, die aber nicht gut klingt.*

2.3 Nutzung von Parallelen: *Ein Mensch isst, ein Tier frisst. Ein Euro hat 100 Cent, eine Mark hatte 100 Pfennige.*

2.4 Einbettung in einen oder mehrere Beispielsätze: *Wer den ganzen Tag gearbeitet hat, ist müde; wer müde ist, möchte schlafen.*
Einbettung in einen typischen Kontext: *Ich hatte es am morgen sehr eilig und musste mich schnell anziehen. Erst im Bus merkte ich, dass ich einen braunen und einen weißen Strumpf anhatte. Das war mir sehr peinlich.*

> 2.5 Morphologische Erklärung bei Wortbildungsprodukten: *Winterschlaf ist aus Winter und Schlaf zusammengesetzt. Manche Tiere halten einen Winterschlaf, sie schlafen den ganzen Winter hindurch. Unveränderlich kommt von verändern. Wenn etwas ist unveränderlich ist, kann man es nicht anders machen.*

3 Semantisierung durch L1-Übersetzungsäquivalent

Dieser Systematisierungsversuch ist mit neun Unterscheidungen recht grob, dafür aber noch übersichtlich. Feinere Einteilungen sind vorgeschlagen worden, z. B. in Bohn (1999) oder Müller (1994), wo 25 (!) Arten der Erklärung der denotativen Bedeutung eines Worts unterschieden werden, überwiegend weitere Differenzierungen von 2.4, zu denen noch zehn Arten der Erklärung kulturspezifischer Bedeutungsanteile kommen (vgl. 4.2.2.4).

Die nonverbalen Semantisierungsmethoden ähneln der Art, wie ein großer Teil der Wörter im frühen Erstspracherwerb gelernt wird. Sie sind allerdings beschränkt auf Konkreta und solche Adjektive und Verben, deren Bedeutung sich demonstrieren oder durch Visualisierungen illustrieren lässt, doch können durch Situationsbilder sogar Einheiten bis zum Umfang eines Satzes dargestellt werden, wie das o. a. Beispiel *Der Wecker klingelt* zeigt. Semantisierungen durch Objekte und Bilder werden besser behalten als Semantisierungen durch L1-Äquivalente. Objekte des Klassenraums, mitgebrachte Realien und die Lerner selbst sind nicht nur ein geeigneter Ansatzpunkt für ostensive Definitionen (Definitionen durch Zeigen), sondern können auch zum Einüben des Vokabulars verwendet werden, was sich die Praxis des Total Physical Response auf ihre methodischen Fahnen geschrieben hat. Dort führen die Lerner beispielsweise Anweisungen aus wie *Schließen Sie die Augen. Heben Sie den linken Arm. Legen Sie nun die linke Hand auf die rechte Schulter* usw. Der Anteil nonverbaler Bedeutungserklärungen wird mit fortschreitender Beherrschung der Zielsprache abnehmen, da der Anteil abstrakten Vokabulars zunimmt.

Ist Deutsch für die Lerner eine Tertiärsprache, kann auch auf Internationalismen oder verwandte Wörter in einer zuvor gelernten Sprache hingewiesen werden.

Aufgabe 4-3:
In einer Grundstufe mit Lernern unterschiedlicher Ausgangssprachen erklärte die Lehrerin folgende Wörter zur Vorentlastung eines Hörtextes, eines Streitgesprächs zwischen einer Mutter und ihrem Sohn über das Rauchen.
Welche Semantisierungstechniken verwendet die Lehrerin? Notieren Sie die Nummer(n) der Technik(en) in der rechten Spalte.

Wort	Semantisierungshandlung	Technik
reizvoll	Reizvoll kommt von reizen. Wenn etwas für mich reizvoll ist, dann reizt es mich, es zieht mich an, ich will es haben oder tun. Reizvoll ist dasselbe wie attraktiv. Was verboten ist, ist oft besonders reizvoll.	
lüften	(L zieht ein paar Mal die Luft prüfend mit der Nase an.) Die Luft ist nicht gut. (L geht zum Fenster, öffnet es.) Ich lüfte. Ich lasse frische Luft herein. (L macht eine entsprechende Armbewegung.) Oh, gut. (L atmet tief und wohlig ein.)	

4.2 Steuerung des Lexikonerwerbs durch den Fremdsprachenunterricht

Lunge	Die Lunge ist ein Organ; es ist das Organ, mit dem wir atmen. (L atmet tief ein und aus, legt dabei die Hände auf die Brust.) Dies sind meine Lungen.
Lungenkrebs	Der Lungenkrebs ist eine Krankheit der Lunge, die man bekommt, wenn man lange viel geraucht hat. Krebs kann man meist nicht heilen.
sich entspannen	Ich habe den ganzen Tag gearbeitet, den ganzen Tag Stress gehabt. Ich bin total angespannt. (L nimmt eine verkrampfte Körperhaltung ein.) Am Abend will ich mich endlich mal entspannen, den ganzen Stress loswerden. (L setzt sich entspannt auf den Stuhl, streckt die Füße aus.) Jetzt entspanne ich mich. Ich bin ganz entspannt. Das Gegenteil von entspannt ist angespannt. (L nimmt wieder eine verkrampfte Körperhaltung ein.) Relaxen.
Wille	Wenn ich etwas ganz fest will, dann habe ich einen Willen. Ich habe den Willen, die Prüfung zu bestehen, ich will die Prüfung unbedingt bestehen. Wenn man lange geraucht hat und will damit aufhören, braucht man einen starken Willen.
irgendwann	Zu irgendeinem, nicht bestimmten oder festgelegten Zeitpunkt. Ich muss die Hausaufgaben machen. Ich weiß noch nicht genau, wann ich sie mache, aber irgendwann mache ich sie. Vielleicht nach dem Unterricht, vielleicht heute abend. Vielleicht aber auch morgen oder übermorgen, irgendwann also.

Die vorliegende Semantisierung ist in mehrfacher Hinsicht typisch. Erstens erklärt die Lehrerin jedes Wort stets auf mehr als eine Weise. Dies geschieht wohl unbewusst, es ist aber nötig, denn eine Erklärung alleine könnte zu falschen Bedeutungsschlüssen bei den Lernern oder zu Unsicherheiten bezüglich der Bedeutung führen. Es ist zudem angesichts der Funktionsweise des mentalen Lexikons sinnvoll, denn so wird ein neues Wort mehrfach vernetzt, was die Chancen seiner Abrufbarkeit erhöht. Zweitens werden unterschiedliche Semantisierungstechniken eingesetzt. Welche verwendet werden, hängt zum einen von der Art des je zu erklärenden Worts ab, zum anderen davon, ob eine verbale Erklärung überhaupt möglich ist, d.h. ob der Erklärungswortschatz vorausgesetzt werden kann. Lehrer sollten sich gelegentlich dabei beobachten (oder beobachten lassen), welche Techniken sie vornehmlich verwenden, und bei starken Schwerpunkten auf bestimmten Erklärungsweisen ihr Repertoire zu erweitern versuchen. Müller (1994: 46) hat festgestellt, dass 90 % der Lehrer nur vier oder weniger unterschiedliche Techniken einsetzen, womit sich ein deutlicher Optimierungsbedarf ergibt.

Aufgabe 4-4:
In dem genannten Streitgespräch kam auch das Wort *furchtbar* vor (Sohn: *An jeder Straßenecke hängt Zigarettenwerbung* – Mutter: *Genau das ist furchtbar*). Welche der Semantisierungen halten Sie für geeigneter, (a) oder (b)? Begründen Sie Ihre Einschätzung.
(a) *Furchtbar kommt von die Furcht. Wenn etwas furchtbar ist, muss man Furcht davor haben.*
(b) *Genau das ist furchtbar, schrecklich, ganz ganz schlimm, entsetzlich.*

Den dritten Typ von Semantisierung bildet die Bedeutungsvermittlung in der L1 (oder einer anderen gut beherrschten Fremd- oder Zweitsprache), die daher nur in sprachlich homogenen Gruppen oder individuell möglich ist. Dieses Verfahren, bei dem die Lerner für ein fremdes Wort das Übersetzungsäquivalent bekommen, ist von der Audiolingualen Methode strikt abgelehnt und sogar für schädlich befunden worden. Basis der Ablehnung war die behavioristische Lerntheorie, die in jeglichem Lernen die Herstellung einer stabilen Verbindung zwischen einem Reiz – hier: einer Vorstellung – und einer Reaktion – hier: der die Vorstellung ausdrückenden Wort(gruppen)form – sah. Muttersprachliche Wortformen wurden als zwischen Vorstellung und fremdsprachliche Form intervenierend und damit als Störfaktor beim Aufbau einer engen und automatischen Inhalt-Form-Verbindung aufgefasst. Diese Auffassung kann heute als widerlegt gelten, denn zum einen hat sich die behavioristische Lerntheorie weitgehend als ungeeignet zur Beschreibung und Erklärung des Spracherwerbs erwiesen, zum anderen hat sich herausgestellt, dass Lerner bei einem fremden Wort zunächst immer davon ausgehen, dass es im Kern einen ähnlichen Referenz- und Anwendungsbereich hat wie das Übersetzungsäquivalent. Das L1-Lexikon ist hier eine Hilfe, die unnötige Über- und Untergeneralisierungen in der ersten Erwerbsphase erspart. Dies heißt nicht, dass im weiteren Verlauf – in manchen Fällen auch schon von Anfang an – keine Modifikationen vorzunehmen wären (vgl. 4.1.3). Schließlich waren in der Unterrichtspraxis muttersprachliche Wörter nur scheinbar verbannt, aus den Köpfen der Lerner waren sie nicht zu vertreiben.

Seit sich die Ablehnung jeder L1-Semantisierung als lerntheoretisch unfundiert und in der Praxis undurchführbar erwiesen hat, ist es möglich, die Vor- und Nachteile zweisprachiger Semantisierung undogmatisch zu diskutieren und je nach Unterrichtssituation über den Einsatz der L1 zu entscheiden. Für die muttersprachliche Bedeutungserklärung wird oft angeführt, dass der Lerner das Bedürfnis habe, sich der Zielsprache über seine L1 anzunähern und dass diese auch eine wirksame Vermittlungsinstanz sei. Zudem ist sie eindeutiger und zuverlässiger als eine einsprachige Semantisierung, aufgrund derer Lerner oft nur eine ungefähre Vorstellung der Bedeutung haben, was keine günstige Voraussetzung für die Eingliederung ins mentale L2-Lexikon ist. Zahlreiche Untersuchungen zeigen auch, dass begabte Lerner zwar mit einsprachigen Erklärungen zurechtkommen, doch „dass die Einsprachigkeit ohnehin schon benachteiligte Schüler weiter benachteiligt" (Butzkamm ^{3}2002: 177). Zudem spart ein Übersetzungsäquivalent gegenüber einer einsprachigen Semantisierung Zeit, scheint also ökonomischer. Für die Fertigkeit des Übersetzens schließlich, die in kommunikativen Konzepten des Fremdsprachenunterrichts allerdings kaum noch eine Rolle spielt, ist die Kenntnis der genauen Übersetzungsäquivalente eine wichtige Voraussetzung.

Gegen L1-Erklärungen wird oft eingewendet, dass u. U. falsche Bedeutungen vermittelt werden, da die Übersetzungsäquivalente oft nicht den gleichen Referenzumfang und funktionalen Radius besitzen und dass sich so ein unabhängiges L2-Lexikon nur schwer entwickeln kann. Die einsprachige Semantisierung dagegen führt eher zu einem unabhängigen L2-Lexikon. Der größere Zeitaufwand, den sie erfordert, bewirkt gleichzeitig schon eine tiefere Verankerung der neuen Wörter, wenn ihre Bedeutung mit Synonymen, Antonymen, Oberbegriffen und Hyponymen, Paraphrasen oder typischen Kontexten erklärt wird. Der größere Zeitaufwand wendet sich hier also zum Vorteil, gemäß dem englischen Motto „no pain, no gain" (Thornbury 2002). Auch stellt die Semantisierung in der Zielsprache schon echte, mitteilungsbezogene Kommunikation dar, deren Verfahren sich auch auf den Wortschatzerwerb in ungesteuerten Situationen übertragen lassen.

Die Semantisierungsmethoden müssen nun aber nicht als in unversöhnlichem Gegensatz zueinander stehend angesehen werden, sondern lassen sich durchaus kombinieren: So kann man am Ende einer einsprachigen Erklärungsphase alle eingeführten Wörter noch einmal durchgehen; die Lerner nennen jetzt die L1-Äquivalente – wo es solche gibt. Auf diese Weise erhält der Lehrer auch eine zuverlässige Rückmeldung über den Erfolg der Phase. In sprachlich heterogenen Gruppen können ein paar Minuten Zeit eingeplant werden, in denen die Lerner bei nicht sicher verstandenen Vokabeln ihr Wörterbuch konsultieren.

Nicht immer werden neue Wörter in eigens geplanten Präsentationsphasen mit dem Ziel eines darauf folgenden Textverständnisses eingeführt; manchmal entsteht bei einer Übung oder einem Kommunikationsproblem spontan der Bedarf nach einem neuen Wort oder der Erklärung seiner Bedeutung. In solchen Fällen kann unter Ökonomieaspekten und um sich nicht zu stark vom Lernziel der jeweiligen Phase zu entfernen, auf das schnelle L1-Äquivalent zurückgegriffen werden.

Bisher war von der Inhaltsseite der Wortschatzelemente die Rede, zu reflektieren ist aber auch der Umgang mit ihrer Form. Der Lehrer sollte die neuen Wörter klar und deutlich aussprechen, bei Besonderheiten des Wortakzents (Endbetonung, Kompositumakzent) diesen u. U. durch Handbewegungen deutlich machen. In der Grundstufe ist unmittelbares Nachsprechen eine zwar verbreitete, doch mit Vorsicht zu betrachtende Praxis. In 4.1.2 wurde bereits ausgeführt, dass das phonologische Arbeitsgedächtnis eine entscheidende Rolle für die Speicherung der Wortform besitzt. Behindert man die subvokale Artikulation im phonologischen Arbeitsgedächtnis, wird auch das Lernen der Wörter behindert. Genau dies kann aber durch den Zwang zum sofortigen lauten Nachsprechen geschehen. Es wird daher verschiedentlich empfohlen, dem Lerner zwei bis drei Sekunden Zeit zwischen Hören und Nachsprechen zu geben, in der er sich die Wortform unhörbar vorspricht, damit eine phonologische Repräsentation aufgebaut werden kann (vgl. Thornbury 2002).

Die Audiolinguale Methode enthielt dem Lerner die geschriebene Form für einen gewissen Zeitraum vor, denn zunächst sollte sich das Hörbild festigen, danach erst das Schriftbild hinzutreten, weil von ihm Interferenzen auf die Aussprache befürchtet wurden. Heute sieht man eher den förderlichen Charakter der mehr oder weniger gleichzeitigen Einführung von Hör- und Schriftbild – selbst bei den im Vergleich zum Deutschen verwickelteren Graphem-Phonem-Beziehungen im Englischen –, denn so steht ein weiterer Wahrnehmungskanal zur Verfügung. Multimodale Verarbeitung hat sich als lern- und behaltensfördernd herausgestellt. Außerdem lässt sich die morphologische Struktur komplexer Wörter oft leichter in der Schrift erkennen, in der die Form der Morpheme konstanter ist als in der gesprochenen Sprache, wo Koartikulationserscheinungen die Formen je nach Umgebung stark variieren lassen.

Was sollte nun aber auf Tafel oder Overheadfolie geschrieben werden? Die folgende Aufgabe soll zur Reflexion anregen.

Aufgabe 4-5:
Unten finden sie verschiedene Möglichkeiten, die Form einer Lexikoneinheit zu notieren. Welche würden Sie bevorzugen? Warum?
1 (a) Zimmer; (b) das Zimmer; (c) s Zimmer; (d) s Zimmer (–); (e) s Zimmer, –; (f) Zimmer das; -s, –; (g) Zimmer, n, –
2 (a) Baum; (b) der Baum ("–e); (c) r Baum ("–e)
3 (a) entspannen; (b) sich entspannen; (c) sich entspannen (entspannte, entspannt); (d) sich entspannen (entspannt ↔ angespannt)
4 (a) unterhalten; (b) sich unterhalten; (c) sich mit jm über etwas unterhalten; (d) sich mit jdm über etwas unterhalten (unterhielt, unterhalten); (e) sich mit jdm über etwas unter'halten

Die Reflexion über Aufgabe 4-5 macht deutlich, dass es beim Anschrieb neuer Lexikoneinheiten gilt, eine Balance zu finden zwischen der Ökonomie des Anschriebs einerseits und seiner Informationshaltigkeit sowie der einfachen Umsetzbarkeit der Informationen in die Sprachverwendung andererseits. Unverzichtbar sind die Angabe von Genus und Numerus beim Substantiv und von Valenzeigenschaften beim Verb. Bei Anfängern wird der Anschrieb insgesamt aber informationshaltiger sein als bei Fortgeschrittenen, bei denen schon ein Wissen über die morphologischen und syntaktischen Standardfälle vorauszusetzen ist, so dass nur noch markierte Formen oder markierte Valenzeigenschaften und Kollokationen zu notieren wären. Ferner hängt die Informationshaltigkeit des Anschriebs auch von der beabsichtigten Tiefe der Semantisierungsphase ab. Die vielfältigen Möglichkeiten werden in den Lösungshinweisen zu Aufgabe 4-5 diskutiert.

Auch in der Einführungs- und Semantisierungsphase ist es möglich, die Rede- und Handlungsanteile der Lerner im Sinne von Kap. 2.2.1 zu erhöhen. In von ihren sprachlichen Voraussetzungen her heterogenen Gruppen ist es sinnvoll, immer erst die Lerner neue Wörter erklären zu lassen, sofern sie sie kennen. Damit entstehen für Fortgeschrittene herausfordernde Sprechgelegenheiten; übertrieben werden sollte das Verfahren aber nicht, v. a. wenn immer nur dieselben Lerner zu Worte kommen. Eine Alternative ist, dass der Lehrer die einzuführenden Wörter je auf eine Karte geschrieben so an die Klasse verteilt, dass ein bis drei Lerner ein neues Wort erhalten, das sie nach einer Vorbereitungszeit dem Rest der Lerngruppe erklären. Die Erklärung kann gänzlich in der Hand der Lerner liegen (sie müssten dann aber Wörterbücher benutzen) oder der Lehrer kann auf der Rückseite der Karte ein Bild o. ä. aufkleben und Semantisierungen anbieten, aus denen die Lerner auswählen und die sie dann „zielgruppengerecht" vereinfachen oder erweitern. Mit diesem Verfahren wird die Beteiligung breiter gestreut. Noch mehr Selbständigkeit ist gefordert, wenn der Lehrer jeweils im Wechsel Lernern als Hausaufgabe aufträgt, den Text der nächsten Stunde im Hinblick auf sein Vokabular vorzubereiten. In der Vorbereitung muss entschieden werden, welche Wörter unbekannt und wichtig sind und wie sie erklärt werden sollen. Aktivierend und im Sinne einer weiteren Vernetzung der neuen Wörter förderlich ist es auch, die Lerner nach dem Vorstellungsdurchgang mit jedem Wort selbst einen Satz bilden zu lassen.

4.2.2.2 Festigungsübungen und Abrufbarkeit

Lange Zeit hat sich die fremdsprachendidaktische Diskussion des Wortschatzlernens auf die Semantisierungsmethoden und insbesondere das Für und Wider des Einsatzes der L1 beschränkt. Doch schon die Alltagserfahrung zeigt, dass ein neues Wort sehr wohl in seiner Bedeutung erfasst, im Text verstanden und vielleicht sogar im Kontext seiner Einführung aktiv gebraucht worden sein kann und dennoch nicht zum Besitz geworden sein muss, sondern dem Vergessen anheimgefallen sein mag. Dies relativiert den Stellenwert der ersten Semantisierung und erfordert Überlegungen zum Wiederholen, zur Festigung und Verankerung neuer Wörter im mentalen Lexikon und zur schnellen Abrufbarkeit der gespeicherten Wortschatzeinheiten.

Beim Wiederholen gilt das lernpsychologisch gut bestätigte Prinzip der Verteilung: Statt selten, aber lange und massiert, sollte häufiger und in überschaubarem Maße wiederholt werden. Die Zeitabstände zwischen den einzelnen Wiederholungen sollten sich in etwa verdoppeln. Detaillierte Vorschläge werden meist im Zusammenhang mit der Arbeit mit Wortschatzkarteien gemacht (vgl. Kap. 2.3.3), eine Methode, die u. a. den Vorteil bietet, dass schon beherrschte Elemente weniger häufig umgewälzt werden müssen. Für Lehrwerkautoren, aber auch für den Lehrer, der zusätzliche Übungen zur Grammatik entwirft, bietet sich an, in Übungen des gerade aktuellen Grammatikstoffs gezielt das Vokabular zurückliegender Lektionen einzubauen, um so einen Wiederholungseffekt schon durch das Lehrmaterial zu erzielen.

So unverzichtbar das Üben in diesem Sinne auch ist, es bietet nur wenige Möglichkeiten, gelernte Wörter in neue Kontexte zu stellen, mit bereits erworbenen Wörtern im mentalen Lexikon oder mit nicht-linguistischem Wissen zu verknüpfen und somit tiefer zu verarbeiten. Daher sind im letzten Jahrzehnt verstärkt Wortschatzübungen entwickelt worden, die genau das leisten sollen, die also weniger mechanisch-wiederholend als integrierend sind. Sie folgen der gedächtnispsychologischen Einsicht, dass mit der Tiefe der Verarbeitung der Behaltenseffekt steigt. Thornbury (2002: 93-99) unterscheidet fünf Typen von Aufgaben, in denen der Lerner jeweils Entscheidungen wachsender kognitiver Komplexität über Wortschatzeinheiten treffen muss (decision-making tasks).

Kognitive Wortschatzarbeit – Entscheidungsaufgaben

a) Identifizieren (identifying):
Bei diesem Übungstyp geht es darum, geschriebene und gesprochene Wörter sicher und schnell identifizieren zu können. Mögliche Aufgaben zur Identifizierung im Geschriebenen sind zum Beispiel aus einem Lektionstext fünf trennbare Verben herauszusuchen, aus Anagrammen, ungeordneten Silben Wörter zu bilden oder in einem Quadrat voller Buchstaben die in den Zeilen und Spalten versteckten Wörter zu finden. Der Identifizierung im Lautstrom der gesprochenen Sprache dient die Aufgabe, während des Vortrags eines Hörtexts beispielsweise auf alle Kleidungsstücke zu achten; mögliche Reaktionen der Lerner sind das Heben der Hand, das Ankreuzen in einer vorher verteilten und gelesenen Liste von Wörtern oder das Notieren der Wörter. Je nach Art des fokussierten Vokabulars sind unterschiedliche Aktivitäten im Anschluss an die Identifizierung möglich.

b) Aussortieren (selecting):
Die Lerner bekommen vier bis sieben Wörter und müssen bestimmen, welches Wort nicht zu den anderen passt.

Was passt nicht? – Markieren Sie und notieren Sie dann die Artikel und Pluralendungen

1. *das* Jackett, -s • ___ Anzug, ___ • ___ ~~Krawatte~~, ___ • ___ Mantel, ___
2. ___ Handschuh, ___ • ___ Schal, ___ • ___ Mütze, ___ • ___ Badeanzug, ___
3. ___ Jeans, ___ • ___ Hose, ___ • ___ Strumpfhose, ___ • ___ Bluse, ___
4. ___ Armbanduhr, ___ • ___ Unterhemd, ___ • ___ Brille, ___ • ___ Gürtel, ___
5. ___ Kleid, ___ • ___ Anzug, ___ • ___ Bluse, ___ • ___ Rock, ___

Abbildung 5: *Berliner Platz* 2 (2003: 180)

Eine solche Aufgabe ist besonders effektiv, wenn es keine eindeutige Antwort gibt und die Lerner begründen müssen, warum sie ein Wort als Außenseiter betrachten.

c) Paarweises Zuordnen (matching):
Aufgaben dieser Art haben oft Spaltenform; in der linken Spalte stehen Wortgruppen oder Wörter, in der rechten – je nach Ziel der Aufgabe – Synonyme, Definitionen, Paraphrasen, Antonyme oder auch Kollokationspartner. Auch die Zuordnung von Wort und Bild gehört zu diesem Aufgabentyp.

Tätigkeiten rund ums Telefon

a) Suchen Sie mögliche Kombinationen

heraussuchen	e Telefon- / Rufnummer, -n
nachschlagen	e Durchwahlnummer, -n
wählen / tippen / eintippen	e Direktwahl
sich melden	r Anrufer, -
verbinden mit	r / e Angerufene, -n
abheben	r Rückruf, -e
auflegen	zum Abend- / Billig- / Nulltarif
sprechen	e Leitung, -en
besetzt sein	eine Nachricht auf Band
abhören	den Anrufbeantworter
telefonieren	s Besetztzeichen
anrufen	ein Fax (viele Faxnachrichten)
ertönen	eine Nachricht / Mitteilung ... per Fax
senden / abschicken / durchgeben	e Telefonauskunft
erhalten	s Telefonat, -e
führen	r Hörer

Abbildung 6: *Leselandschaft* 2 (1997: 77)

Eine spielerische Form kann das paarweise Zuordnen annehmen, wenn die Teile eines Paars auf getrennte Karten geschrieben werden, mit denen Memory gespielt wird. Der Schwierigkeitsgrad kann erhöht werden, wenn zwischen den Karten alle oben genannten Beziehungen vorkommen können und die Person, die zueinander passende Karten aufgedeckt zu haben glaubt, begründen muss, inwiefern überhaupt ein Paar vorliegt.

d) Zusammenstellen (sorting):
Hier müssen Wörter vorgegebenen oder – anspruchsvoller – selbst gesuchten Kategorien zugeordnet werden; Beispiele finden sich in Kap. 2.3.3 und in der Aufgabe 4-6.

e) Anordnen nach Rang oder zeitlicher Abfolge (ranking and sequencing):
Hier müssen Wörter oder Wortgruppen entsprechend ihrer inneren Logik in eine bestimmte Reihenfolge gebracht werden. So sind z. B. die Frequenzadverbien *selten – nie – immer – manchmal – meistens – oft* in eine quantitative Reihenfolge zu bringen, die Schritte beim Starten eines Autos in eine chronologische. Eine solche Reihenfolge verlangt auch die folgende Fortsetzung der Zuordnungs-Aufgabe „Tätigkeiten rund ums Telefon".

> b) Beschreiben Sie mit Hilfe dieser Kombinationen
> - die Vorgänge, aus denen ein ganz normales Telefonat besteht
> - ein misslungenes Telefonat (d. h. der Angerufene wird nicht erreicht) in seinen einzelnen Vorgängen
>
> Abbildung 7: *Leselandschaft* 2 (1997: 77)

Neben den von Thornbury (2002) unterschiedenen fünf Typen von Entscheidungsaufgaben gehören zu kognitiven Wortschatzübungen auch solche, die eine Differenzierung bedeutungsähnlicher Wörter verlangen.

> *Wissen? kennen? erfahren?*
> a) – _____ Sie den jungen Mann da?
> – Ich habe ihn schon oft gesehen, aber ich _____ nicht, wie er heißt.
> c) – Ich _____ zu wenig vom Leben der deutschen Jugendlichen.
> – Ich habe ein gutes Buch. Da kann man viel darüber _____.
> f) Sie _____ fast alle Romane von Thomas Mann und _____ auch sehr viel über den Schriftsteller.
>
> Abbildung 8: *Grundstudium Deutsch* 2 (1993: 76-77)

In *Da fehlen mir die Worte* (Strank 2010: 28) sollen bedeutungsähnliche Wörter durch fünf Gruppen von „Merkmalsfragen" voneinander unterschieden werden:

1. gehobene und umgangssprachliche Begriffe
2. andere stilistisch markierte Begriffe (wissenschaftliche, veraltete, regionale) heraussuchen
3. inhaltliche Nuancen
4. positive/negative Markierung
5. Sprechereinstellung

Im folgenden Beispiel (Abb. 9) geht es um die Unterscheidung wissenschaftlicher Begriffe von ihren alltagssprachlichen Gegenstücken.

Ordnen Sie jedem Grundwort ein fachsprachliches Synonym zu!

- arid (*Geologie*)
- das Axiom (*Philosophie*)
- die Bakterie (*Biologie*)
- zu Dumpingpreisen (*Wirtschaft*)
- frustriert (*Psychologie*)
- die Halbzeit (*Fußball*)
- die Infektion (*Medizin*)
- der Niederschlag (*Meteorologie*)
- der Organismus (*Biologie*)
- die Prognose (*allg. Wissenschaft*)
- prozessieren (*Rechtssprache*)
- die Randgruppe (*Soziologie*)
- sanieren (*Architektur*)
- die Verschleppung (*Rechtssprache*)
- der Vergleich (*Rechtssprache*)

1. die Minderheit ....
2. modernisieren ....
3. (sehr) billig ....
4. enttäuscht ....
5. die Erkrankung ....
6. der Grundsatz ....
7. trocken, dürr ....
8. der Keim ....
9. das Kidnapping ....
10. klagen ....
11. der Kompromiss ....
12. das Lebewesen ....
13. der Regen ....
14. die Pause ....
15. die Vorhersage ....

Abbildung 9: *Da fehlen mir die Worte* (2010: 29)

Eine bessere Verankerung bereits gelernter Wörter muss nicht zwingend über kognitive Bezüge erfolgen, lernwirksam sind auch affektive oder emotionale Verankerungen. So können Lerner etwa Hobbys danach ordnen, ob sie sie faszinieren, ansprechen, neutral lassen oder abstoßen, Arten zu wohnen nach ihrer subjektiven Attraktivität beurteilen usw. Solche affektiven Urteile oder Skalen lassen sich auch in dialogischer Partnerarbeit einsetzen: Jeder Lerner stellt eine Skala bezüglich eines vorgegebenen Wortfelds auf und vermutet, welche Bewertungen der Partner abgegeben hat. Danach werden die Vermutungen im sprachlichen Austausch geklärt. Aufgrund ihrer Offenheit lässt folgende Aufgabe am Ende des ersten Bands von *Eurolingua* sowohl eine selbstgewählte kognitive als auch eine affektive Ordnung zu:

Hier sind 100 Wörter in alphabetischer Reihenfolge. Ordnen Sie sie in Gruppen.
Wie? Das bestimmen Sie. Es gibt viele Möglichkeiten. Schreiben Sie Ihre Wortfelder auf ein großes Blatt.
Hängen Sie die Blätter im Kursraum auf und vergleichen Sie die Ergebnisse.

arbeiten	Geburtstag	lang	scheußlich
aufstehen	Gedicht	langsam	schnell
billig	Gewicht	langweilig	schwer
Bleistift	Glückwunsch	laufen	sehr gut
breit	Gramm	Lehrerin	Skat
Buch	Gymnastik	leicht	spielen
CD	Heft	lernen	Sport
Computer	helfen	Lerntipp	Sprache
Datum	Herbst	lesen	sprechen
Dialog	hoch	Liter	Stunde
...			

Abbildung 10: *Eurolingua* 1 (1996: 191)

Den bisher vorgestellten Festigungsübungen ist gemeinsam, dass sie ein langsames, bewusstes Vorgehen erfordern, denn ihr Ziel ist eine vielfältige Vernetzung der Wortschatzeinheiten. Sie sind entlastet vom unmittelbaren Kommunikationsdruck, unter dem die Fähigkeit zu schnellem Abruf erforderlich ist, damit aber auch „vorkommunikativ". Zur besseren spontanen Verfügbarkeit tragen sie allerdings auf indirekte Weise bei, denn es wird angenommen, dass besser vernetzte Wörter auch leichter abrufbar sind, weil es dann mehr Zugangswege zu ihnen gibt. Die kommunikative Dimension lässt sich zudem durch unterschiedliche kommunikative Anschlussaktivitäten gewinnen. So sollten zum einen Entscheidungen bei offenen Aufgaben begründet werden, zum anderen können sich Übungen zum Sprechen oder Schreiben anschließen, in denen Ausschnitte aus dem bearbeiteten Vokabular verwendet werden müssen; Beispiele finden sich in Aufgabe 4-6.

Eine direkte Förderung der schnellen Abrufbarkeit macht Übungen notwendig, die eher an „Geläufigkeit"/„fluency" statt „Tiefe" orientiert sind. Ein Teil der vorangegangenen kognitiven Wortschatzübungen lässt sich so situieren, dass nur eine begrenzte Zeit zur Verfügung steht und die Übungen Wettbewerbscharakter annehmen. Ein Beispiel: Man lässt die Lerner im Kreis sitzend einen Vier-Viertel-Takt klatschen, dreimal auf die Oberschenkel, einmal in die Hände. Jeweils an dieser Stelle muss jeder der Reihe nach ein Wort aus einem Wortfeld rufen, das der Lehrer vorgibt. Dieser ändert nach einigen Takten das Thema, indem er einen neuen Oberbegriff setzt (Möbelstücke, Farben, Berufe, Verkehrsmittel, Charaktereigenschaften ...). Wer an der Reihe ist und beim vierten Takt kein Wort nennen kann, scheidet aus. Eine weitere Möglichkeit: Eine kleine Gruppe bekommt einen Satz mit Wortkarten, aus dem zwei Karten aufgedeckt werden. Das erste Gruppenmitglied, das eine Verbindung zwischen den Wörtern herstellen oder sie in einen sinnvollen Satz einbauen kann, darf das Kartenpaar behalten. Die nächsten beiden Karten werden aufgedeckt usw. Zuweilen muss hier der Lehrer oder ein vorher bestimmter Lerner die Schiedsrichterrolle übernehmen, wenn die Plausibilität einer Verbindung angezweifelt wird. Auch Worträtespiele aller Art eignen sich (vgl. Thornbury 2002: 102-104).

> **Aufgabe 4-6:**
> Ordnen Sie die folgenden Übungen den Typen von Entscheidungsaufgaben (a)–(e) zu. Prüfen Sie bei mehrstufigen Aufgaben, ob eine sinnvolle Progression der kognitiven Komplexität vorliegt oder eine kommunikative Verwendung beabsichtigt ist.
>
> 1 a) Welche dieser Wörter bedeuten (ungefähr) dasselbe bzw. stehen in Gegensatz zueinander?
>
>   verfassen   erscheinen   herauskommen   publizieren   lieferbar sein   veröffentlichen   verlegen   herausbringen   rezensieren   besprechen   drucken   ausliefern   vertreiben   verkaufen   lesen   einstampfen   vergriffen sein
>
>   b) Bilden Sie das Partizip II der obigen Verben. Bringen Sie die Verben dabei in die von der Aufgabenstellung eingeleitete Reihenfolge:
>
>   Karriere eines Buches:
>   Geschrieben – erschienen / herausgegeben / ... – ... eingestampft.
>
>   Abbildung 11: *Leselandschaft* 1 (1995: 30)

2 Was gehört zusammen? Ordnen Sie zu und lesen Sie vor.

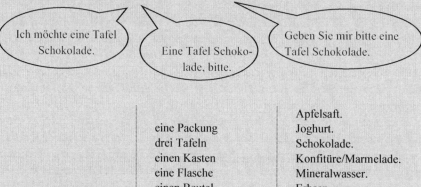

Ich möchte Geben Sie mir Ich hätte gern Ich brauche	eine Packung drei Tafeln einen Kasten eine Flasche einen Beutel ein Glas eine Dose einen Becher einen Liter ein Kilo(gramm) ein Pfund (= 500 Gramm) 100 Gramm	Apfelsaft. Joghurt. Schokolade. Konfitüre/Marmelade. Mineralwasser. Erbsen. Zwiebeln. Kaffee. Chips. Gouda-Käse. Milch. Bier. Karotten. Salami. Kartoffeln.

Abbildung 12: *Eurolingua* 1 (1996: 79)

5 Wortfeld "Wetter und Klima"

a Ordnen Sie die Wörter den Jahreszeiten in Deutschland zu. Es gibt mehrere Möglichkeiten.

es blitzt und donnert • Februar • bunte Blätter • Nebel • ~~grau~~ • kalt • regnen • neblig • viele Blumen • schwitzen • Wind • Badeanzug • gemischt • windig • Mütze • heiß • stürmisch • dunkel • Sonne • September • grün • regnerisch • Sturm • Wolke • ~~Schnee~~ • schneien • Regenschirm • sonnig • nass • Mai • Gewitter • Eis • keine Blätter • weiß • glatt • 32°C

Winter   Frühling   Sommer   Herbst

grau
Schnee

b Beschreiben Sie eine Jahreszeit. Benutzen Sie möglichst viele Wörter aus 5a.

Abbildung 13: *Berliner Platz* 2 (2003: 187)

4 Welche **Adjektive** finden Sie? Wie heißen die **Adjektiv-Gegensatzpaare**?
(Hinweis: ß = ss, ä = ae, ü = ue)

GROSSSUESSSCHARFGUTHEISSKLEINSCHLECHTSAUERKALTMILD

Abbildung 14: Online-Übung des Lehrwerks *Optimal*[33]

5 Suchen Sie zu den folgenden Mengen Oberbegriffe.
Streichen Sie weg, was Ihrer Meinung nach nicht passt (oder „typisch deutsch" ist), und fügen Sie hinzu, was in Ihrer Kultur dazugehören würde.

....

Meerschweinchen   arbeiten
Hamster   50 Sätze abschreiben
Kaninchen   eine rote oder gelbe Karte
Katze   gebührenpflichtige Verwarnung
Hund   Haft
Ratte   Stubenarrest
                                        Ohrfeige
                                        kein Essen
                                        Strafporto
                                        5 oder 6
                                        schweigen
                                        brüllen
                                        fristlose Entlassung

Abbildung 15: *Sichtwechsel neu* 2 (1996: 32); im Original mehrfarbig

4.2.2.3 Erweiterung von Wortschatz: Wortbildung

Linguistische und didaktische Vorüberlegungen

Der Ausbau eines Vokabulars wird nicht unwesentlich dadurch erleichtert, dass Wörter ihrerseits oft aus anderen Wörtern zusammengesetzt sind (*Straßenbahn, hellgrau, kennenlernen*), von anderen Wörtern mithilfe von Wortbildungspräfixen und -suffixen abgeleitet sind (*Urgeschichte, unschön, beantworten* bzw. *Prüfung, glücklich, diskutieren*) oder ohne jedes Wortbildungsmittel in ihrer Wortart verändert werden können (die Konversionsprodukte *der Angestellte, der Lauf; anstrengend, gestresst; trocknen, salzen*). Die Kenntnis der Bestandteile von Komposita oder der Basis von Ableitungen und Konversionen zusammen mit einem Wissen über die Regularitäten der Wortbildungsprozesse lässt oft ein rezeptives Verständnis von komplexen Wörtern zu, auch wenn man ihnen zum ersten Mal begegnet, und erlaubt Versuche, selbst Wörter neu zu bilden. Allerdings kann sich der Lerner nicht sicher sein, ob bei seinem Versuch auch wirklich ein Wort der deutschen Sprache entsteht. Benötigt er ein Substantiv für eine Eigenschaft, für die er ein Adjektiv kennt, und bildet *Schönheit*, so hat er sein Vokabular zielsprachengerecht erweitert, bildet er *Dünnheit*, so hat er lediglich ein poten-

---
[33] www.langenscheidt.de/lehrwerke_onlineprojekte/optimal_A1/kap09/k09.html; Stand 28.12.2012

tielles Wort des Deutschen gebildet, bildet er *Hartheit*, so ist diese Bildung nicht akzeptabel, denn sie ist durch *Härte* blockiert. Wortbildung unterscheidet sich also je nach beteiligtem Bildungsmuster von der Regelmäßigkeit der Syntax in ihrer mehr oder weniger begrenzten Produktivität und darin, dass nicht jede grammatische Bildung auch Eingang ins Lexikon der Sprachgemeinschaft findet.

Weitere Erschwernisse sind: Semantische Relationen werden in Wortbildungsprodukten nicht ausbuchstabiert. So ist eine *Gruppenreise* eine Reise, die von einer Gruppe (Agens) unternommen wird, eine *Busreise* eine, die mit einem Bus (Instrument) gemacht wird, eine *Städtereise* eine Reise in eine Großstadt (Direktiv) und eine *Erholungsreise* eine mit dem Ziel der Erholung (Final). Weiterhin kann ein Wortbildungsmorphem unterschiedliche Bedeutungen haben. So bedeutet das adjektivbildende Suffix *-ig* bei substantivischer Basis ein Enthaltensein oder Haben des vom Substantiv Bezeichneten (eine *bergige* Landschaft ist voller Berge, eine *kurvige* Straße weist viele Kurven auf), aber auch einen Vergleich (*seidig* ist wie Seide, aber nicht Seide enthaltend oder aus Seide bestehend, dies wäre *seiden*) und bei verbaler Basis eine Disposition zu der vom Verb bezeichneten Handlung (*auffällig*). Schließlich weist ein komplexes Wort gegenüber seiner syntaktischen Paraphrase in aller Regel zusätzliche semantische Merkmale auf (ein *Läufer* ist nicht irgendjemand, der läuft, sondern jemand, der Laufen als Sportart betreibt). Wortbildungsprodukte sind in unterschiedlichem Maße transparent und semantisch motiviert. Das nicht mehr durchsichtige, völlig demotivierte Ende bilden idiomatisierte Bildungen wie *Zeitschrift, verlieren* u. a. Auch die Formseite ist oft nicht regelmäßig: So bewirkt das Suffix *-er* zur Bildung von nomina agentis mal Umlaut (*kaufen – Käufer*), mal nicht (*rauchen – Raucher*) und die Regeln, Regularitäten und Tendenzen des Fugenelements in Substantivkomposita sind ebenfalls nicht leicht zu durchschauen (*Kinderzimmer, Kindesalter, Kindskopf, Kindsfrau*).

Angesichts dieser Charakteristika der Wortbildung könnte man sich auf die Erweiterung des rezeptiven Wortschatzes beschränken wie Kars/Häussermann (1988: 180): „Wir empfehlen niemandem, neue Wörter zu bilden. Das ist lustig, aber das Ergebnis ist oft falsches Deutsch. Nötig ist nur, ein Wort aus seiner Herkunft zu verstehen." Sich für die Erweiterung des produktiven Wortschatzes auf ein Wort-für-Wort-Lernen zurückzuziehen, wäre angesichts der dennoch vorhandenen Regularitäten allerdings unökonomisch, der Versuch aber, den Lernern Regeln zu vermitteln, selbst wo es solche gibt, wegen ihrer hohen Differenziertheit und begrenzten Reichweite wenig effektiv. Es empfiehlt sich daher ein Mittelweg, der die Aufmerksamkeit der Lerner auf die produktivsten Wortbildungsmuster des Deutschen mit ihren Bedeutungen lenkt und ein Gefühl für die möglichen Analogiebildungen weckt. Für die weniger produktiven und selteneren Wortbildungsmuster sind ausschließlich Entschlüsselungstechniken für die Rezeption zu üben. Für die eigenständige Wortbildungsversuche spricht auch, dass es sich hierbei um eine recht effektive Lernstrategie handelt. Befragte Lerner berichteten, dass sie auf unangemessene Versuche, ein deutsches Wort zu bilden, von Muttersprachlern in aller Regel eine explizite oder implizite Rückmeldung über das zielsprachliche Wort erhielten, mithin ein Feedback in einem Moment erhöhter Aufmerksamkeit.

4.2 Steuerung des Lexikonerwerbs durch den Fremdsprachenunterricht

Storchs (1999: 91) Feststellung, dass die meisten DaF-Lehrwerke die mit der Wortbildung verbundenen Möglichkeiten der ökonomischen Erweiterung des Wortschatzes der Lerner nicht ausschöpfen, hat noch immer seine Berechtigung, doch hat ein Umdenken eingesetzt. Auch einige Wörterbücher haben eine Wende vollzogen; so listet das *Großwörterbuch Deutsch als Fremdsprache* nicht nur Lexeme, sondern auch einige Wortbildungsmorpheme als Einträge auf:

> -heit *die; -, -en; im Subst. sehr produktiv*; 1 *nur Sg*: wird e-m Adj. od. Partizip hinzugefügt, um daraus ein Subst. zu machen, das den entsprechenden Zustand, die entsprechende Eigenschaft o. ä. bezeichnet; **Berühmtheit, Besonnenheit, Freiheit, Geborgenheit, Klarheit, Schönheit** 2 bezeichnet e-e Person od. Sache. die die im ersten Wortteil genannte Eigenschaft hat od. die im genannten Zustand ist; **Berühmtheit, Neuheit, Seltenheit, Unebenheit, Unklarheit** || NB: *bes* auf Adjektive, die auf *-bar, -ig, -lich, -sam* enden, folgt *–keit*

Hier werden für die beiden aufgeführten Bedeutungen von *-heit* je morphologische und semantische Informationen gegeben, die zusammen das jeweilige Wortbildungsmuster von *-heit* charakterisieren.

Was die Progression betrifft, so kann man nicht von einer deutlich gestuften Abfolge „erst Simplizia – dann komplexe Wörter" ausgehen. Ein Blick auf kommunikative Lehrwerke zeigt, dass bereits in den ersten Lektionen Ableitungen, Konversionen und Komposita vorkommen, allein schon, um die Unterrichtssituation in der Zielsprache zu bewältigen: *Lehrer, Schüler, Übung; fragen – Frage, antworten – Antwort; Lehrbuch, Arbeitsbuch, Arbeitsheft* usw. Sicherlich gibt es Wortbildungsmuster, die späteren Stufen der Progression vorbehalten sind, für Wortbildung insgesamt gilt dies aber nicht: Sie muss von Anfang an berücksichtigt werden.

Im Unterricht müssen je nach Wortart andere Wortbildungsarten und -muster im Vordergrund stehen (vgl. Eichinger 2000). Beim Substantiv ist vornehmlich und von Anfang an das Kompositum zu behandeln. Es ist in deutschen Texten die häufigste Art von Wort, lässt sich – zumindest theoretisch – beliebig erweitern (*Donaudampfschifffahrtsgesellschaftskapitänswitwe...*) und ist auch in kontrastiv-typologischer Sicht ein Aufmerksamkeit verdienender Gegenstand: Viele Sprachen haben ein Syntagma, eine Wortgruppe, eine Ableitung oder gar ein eigenes Simplex, wo das Deutsche ein Substantivkompositum benutzt (*Esszimmer* vs. frz. *salle à manger*, engl. *dining room*; *Bildschirm* vs. frz. *écran*, engl. *screen*; *Hausmeister* vs. die tschechische Ableitung *domovník*). Ferner sind beim Substantiv Suffixableitungen zentral. Deverbale Suffixe ermöglichen es zum einen, den von einem Verb bezeichneten Prozess, Vorgang oder die Handlung zu benennen; produktiv ist hier *-ung* (*Prüfung, Beobachtung*), weniger produktiv und *-ung*-Ableitungen blockierend *-e* (*Frage, Suche*), in Konkurrenz stehen Konversionsprodukte (*Besuch*). Zum anderen ermöglichen deverbale Substantivsuffixe die Benennung des Handelnden (*Prüfer, Besucher*) oder eines Instruments der Handlung (*Schalter, Sucher* beim Fotoapparat). Qualitätsbezeichnungen von Adjektiven werden produktiv durch *-heit/-keit/-igkeit* (*Klugheit, Fröhlichkeit*) gebildet, z. T. blockiert durch *-e*-Ableitungen (*Größe, Höhe, Tiefe*). Desubstantivisch sind *-in* zur Bezeichnung weiblicher Berufe oder Rollen (*Lehrerin*) und *-er* zur Bezeichnung von Zugehörigkeit produktiv (*Techniker, Kölner*). Beim Adjektiv stehen einerseits graduierende oder Antonyme bildende Präfixe (*uralt, erzkonservativ; unfrei, ungeschickt*), andererseits Suffixe im Vordergrund, die meist aus Substantiven Adjektive bilden, an erster Stelle -*ig, -isch, -lich* (*steinig, französisch, sprachlich*); deverbal produktiv ist -*bar* (*erweiterbar, heilbar*), Bildungen mit -*lich* sind weniger produktiv und transparent (*leserlich* hat dieselbe Bedeutung wie *lesbar*, aber *bedrohlich, zögerlich* haben keine modale Bedeutung; idiomatisiert sind *möglich, üblich*). Beim Verb ist alles „ganz anders" (Eichinger 2000: 102). Hier spielen Komposition und Suffixderivation mit Ausnahme des Fremdsuffixes -*ieren* kaum eine Rolle, wichtig sind aber die Konversion (*zuckern, grünen*) und die Präfixbildungen mit *be-, ent-, er-, ver-, zer-, miss-* sowie die Bildung von Partikelverben (*auf-, ab-, ein-, austreten*). Bei den Präfixverben müssen besonders drei Aspekte in den Vordergrund rücken: 1.) die Veränderungen in der Verbvalenz, die das Präfix gegenüber dem Basisverb bewirken kann (*jdm folgen*, aber *etwas befolgen, über etw. schreiben*, aber *etw. beschreiben*), 2.) die oft nur feinen Unterschiede in der Sicht auf die Handlung (perfektiv sind *bemalen* und *erreichen* gegenüber *malen* und *nach etwas reichen*) und 3.) die Polysemie v. a. der Präfixe *ver*- und *er*-.

Mit der vorangegangenen Skizze sind wichtige, aber nicht alle produktiven Bereiche der deutschen Wortbildung angesprochen; auf der Oberstufe oder in Kursen mit wissenschaftssprachlichen Schwerpunkten sind weitere Entscheidungen zu treffen, z. B. bezüglich der Berücksichtigung der Differenzierungsmöglichkeiten des Enthaltenseins durch die sog. Suffixoide wie in *fettfrei – fettarm – fetthaltig – fettreich*.

Übungen zur Wortbildung des Substantivs

Es soll nun ein Überblick über Vermittlungsansätze und Übungsformen in neueren Lehrwerken gegeben werden, beginnend mit dem Substantivkompositum. In Abb. 16 wird im Anschluss an einen Lesetext über ein „Jahrhunderthochwasser" visuell vermittelt, welche Wortarten als Bestimmungswort von Substantivkomposita in Frage kommen und welche formalen Aspekte zu berücksichtigen sind (Wegfall der Infinitivendung bei verbalem Bestimmungswort, eventuelles Fugenelement bei substantivischem Bestimmungswort). Die Lerner sollen dann aus den Vorgaben in den jeweiligen Gruppen weitere Komposita bilden, wobei auf den Lesetext Bezug genommen werden kann. Schließlich werden die Termini Grund- und Bestimmungswort sowie Fugenelement eingeführt und explizit formulierte Regeln zu Wortakzent und Genus des Kompositums sowie Faustregeln zu einem Teil der Fugenelemente gegeben. Ein hohes Maß an expliziter Bewusstmachung in Verbindung mit nachvollziehendem Üben ist charakteristisch für diese Aufgabe, aber eher untypisch für das Gros der Wortbildungsübungen in Lehrwerken. Sie setzt zudem – wie der vorangehende Text – Sprachkenntnisse auf Mittelstufenniveau voraus.

Auf Grundstufenniveau befindet sich die Übung in Abb. 17 aus einer frühen Lektion über Essen und Trinken, die sich an eine erste Bewusstmachung der Strukturen von Substantivkomposita anschließt. Sie kann in kreativer Weise zum Nachdenken über die semantisch-funktionale Leistung dieses Wortbildungstyps anregen, wenn der Lehrer die Lerner ihre Entscheidungen – gegebenenfalls in der L1 – begründen lässt. So kann man z. B. feststellen, dass es unterschiedliche Arten von Schüsseln gibt, solche aus Glas und solche für Reis (das Lehrwerk ist für chinesische Deutschlerner bestimmt), dass es aber nicht sinnvoll ist, Reis danach zu klassifizieren, ob er in einer

Schüssel serviert wird oder nicht (*Schüsselreis*); Milch ist immer weiß, Brot nicht, schließlich gibt es auch Grau- und Schwarzbrot; auch kann der recht kulturspezifische *Eintopf* in seiner Bedeutung weiter erhellt werden, wenn besprochen wird, warum es Eis- und Milcheintopf nicht geben kann.

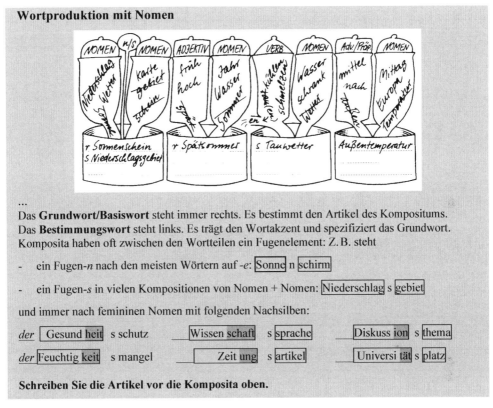

Abbildung 16: *Stufen International* 2 (Auflage € 2003: 105)

Gibt es diese Dinge? Raten Sie.

	ja	nein		ja	nein
Apfelkuchen			Eisbecher		
Rinderkuchen			Eiseintopf		
Rindsbrühe			Eintopfgericht		
Rindertee			Gerichteeintopf		
Teeteller			Milcheintopf		
Teeglas			Weißmilch		
Glasschüssel			Weißbrot		
Reisschüssel			...		
Schüsselreis					
...					

Abbildung 17: *Grundstudium Deutsch* 1 (1991: 206)

Die Art der semantischen Beziehungen zwischen Bestimmungs- und Grundwort stärker fokussierend ist die Übung in Abb. 18; so drücken *Leder-* und *Leinen-* das Material, *Berg-* aber (verkürzt) den Zweck des Schuhs aus, das Bergwandern. Die Bewusstmachung der unterschiedlichen semantischen Relationen kann weiter getrieben werden, wenn man die Lerner Paraphrasen bilden lässt: *Wurstbrot = Brot mit Wurst, Pausenbrot = Brot für die (Schul)pause.* Werden solche Paraphrasen verlangt, wird die Übung zu einer explikativen Übung.

Welches Wort passt nicht?				
Beispiel:	Auf dem Kirschkuchen liegen Kirschen.			
	Auf dem Apfelkuchen liegen Äpfel.			
	Aber: Auf dem Hundekuchen liegen keine Hunde			
a)	Lederschuh	b) Milchflasche	c)	Wurstbrot
	Leinenschuh	Saftflasche		Käsebrot
	Bergschuh	Babyflasche		Pausenbrot
	...			

Abbildung 18: *Mittelstufe Deutsch* Arbeitsbuch (1988: 13)

Storch (1999) unterscheidet bei Wortbildungsübungen zwischen explikativen Übungen, die immer eine Paraphrase des Wortbildungsprodukts enthalten, und solchen, die keine Paraphrase vorsehen wie die in Abb. 16 und 17. Explikative Übungen lassen sich ihrerseits wieder unterteilen in analytische, wo zu einer Wortbildung eine Paraphrase formuliert werden muss, und synthetische, wo aufgrund einer Paraphrase ein Wort gebildet werden muss.

1. Bilden Sie je zehn Komposita mit *Arbeit* und *Beruf*.

Aussicht	Arbeit	Bedingung		Beratung	
Doktor	Gruppe	Hand		Haus	Leben
Lehrer	Kollege	Krankheit	Jugend	Plan	Platz
Schule		sozial		Traum	Verkehr
Vermittlung	Vertrag	Wahl		Welt	Wunsch

Arbeitswelt, ...

2. Ergänzen Sie ein passendes Kompositum aus der Liste 1.
a) – Was sind Sie von Beruf?
– Ich bin seit zwei Jahren in der _____ tätig, ich kümmere mich um alte Menschen, die alleine leben.
b) – Auf welchem Gebiet sind Sie tätig?
– Ich arbeite in der _____ für Jugendliche. Sie brauchen Hilfe bei der Berufswahl.
c) – Du verlängerst den _____ nicht? Willst du von hier weggehen?
– Ja, ich bewerbe mich um eine Stelle bei Beck, die _____ dort sind sehr gut.
...

Abbildung 19: *Grundstudium Deutsch* 2 (1993: 75)

4.2 Steuerung des Lexikonerwerbs durch den Fremdsprachenunterricht

Synthetisch ist aber auch die nicht-explikative Übung in Abb. 19, wo Lerner aus vorgegebenen Wörtern Komposita bilden müssen. Der zweite Teil dieser Aufgabe fügt dem kognitiven, rein auf die Wortbildungen beschränkten Charakter der bisherigen Übungen eine weitere Dimension hinzu, die Verwendung in kurzen Texten.

Dass Wortbildung auch spielerisch geübt werden kann, zeigt Abb. 20.

> **Spiel** Wer findet das Kompositum? ...
>
> Jemand sagt einen Satz mit einem Teil eines Kompositums. Wer das Nomen weiß, fragt weiter.
>
> → A: Ich esse "etwas mit Rind".
>   B: Du isst Rinderbraten! – Ich spiele „etwas mit Tisch".
>   C: Du spielst Tischtennis. – Ich gehe in „etwas mit kaufen".
>   D: ...

Abbildung 20: *Studienweg Deutsch* 1 (2004: 181)

In explikativen Übungen mit Komposita lässt sich Wortschatzlernen gut mit dem Üben bestimmter grammatischer Strukturen verbinden, z. B. mit der finalen Infinitivkonstruktion (*Einen Dosenöffner braucht man, um Konservendosen aufzumachen*), mit Pronominaladverbien (*Ein Dosenöffner? Damit macht man eine Dose auf*) oder mit Relativsätzen (*Ein Dosenöffner ist ein Küchengerät, mit dem man Dosen aufmacht*). Solche Strukturen lassen sich auch gut zur Kompensation einer unbekannten Bezeichnung im Rahmen der Kommunikationsstrategie Umschreiben verwenden (vgl. Kap. 9.3). *Eurolingua* enthält in einer Lektion mit dem Thema Hausarbeit unter „Haushaltsgeräte und Werkzeuge" nach einer bildlichen Präsentation des Wortfelds und einigen Übungen das Kreuzworträtsel in Abb. 21 und eine Anschlussübung.

> **Kreuzworträtsel**
>
> 1. Ein Gerät, mit dem man sich die Haare trocknet.
> 2. Ein Werkzeug, das Schrauben rein- und rausdreht.
> 3. Ein Gerät, das man zum Warmmachen von Essen benutzen kann. (Kurzform)
> 4. Eine Maschine, der wir viel zu verdanken haben, weil sie beim Waschen viel Arbeit erspart.
> 5. Ein Apparat, den Männer am Morgen im Bad benutzen.
> 6. Ein Gerät, mit dem man Weinflaschen öffnen kann.
>
> Lösungswort: Ein Werkzeug, dessen Funktion es ist, Nägel in die Wand zu schlagen.
>
> **Aufgaben selbst machen: Schreiben Sie selbst kleine Kreuzworträtsel und tauschen Sie sie im Kurs aus.**

Abbildung 21: *Eurolingua* 2 (1998: 208); ohne Gitter des Kreuzworträtsels

Das Kreuzworträtsel ist eine explikativ-synthetische Übung im Sinne Storchs, während das anschließende eigene Erstellen eines ähnlichen Rätsels von den Lernern die analytische Umkehrung des Explikationsverhältnisses verlangt. Bei der Verbindung von Arbeit an Wortbildungen und dem Üben grammatischer Strukturen ist aber zu berücksichtigen, dass die Progression in beiden Bereichen nicht immer parallel verläuft: Während Komposita von der ersten Lektion an vorkommen müssen, gehören Nebensätze zu den später einzuführenden Strukturen, und Relativsätze sind wegen ihrer

Komplexität der zuletzt einzuführende Typ von Nebensatz, denn ihr Einleitewort weist Kongruenzbeziehungen zum Bezugswort im übergeordneten Satz auf und ist gleichzeitig Satzglied im Relativsatz. – Weitere Möglichkeiten, Wortbildungs- und Grammatikübungen miteinander zu verbinden, sind Adjektivbildungen auf -*bar* (z. T. auch -*lich*), -*bereit*, -*fähig* und Modalverben (*Das Wasser ist trinkbar – es kann getrunken werden; das Erlebnis war unvergesslich – man kann es nicht vergessen*) oder die Auflösung nominalisierter Präpositionalgruppen in adverbiale Nebensätze in Mittel- und Oberstufe: *Nach der Besichtigung des Schlosses wurde die Delegation der Partnerstadt vom Bürgermeister empfangen – Nachdem die Delegation der Partnerstadt das Schloss besichtigt hatte, wurde sie vom Bürgermeister empfangen.*

Neben den Komposita sind Substantivableitungen von Verben und Adjektiven ein weiterer wichtiger und frequenter Teil der deutschen Wortbildung. Eine Bewusstmachung der Ableitungssuffixe ist auch für den Genuserwerb wichtig, denn in aller Regel legen die Suffixe das Genus der abgeleiteten Substantive fest. Es ist nun relativ leicht, dekontextualisierte Übungen zu Ableitungsbeziehungen zu finden – etwa in *Passwort Deutsch 1* (2001: 172), wo die Lerner die Verben *bestellen, besuchen, waschen, besichtigen, feiern, fliegen, singen* den Nomen *Wäsche, Feier, Besuch, Bestellung, Besichtigung, Gesang, Flug* zuordnen sollen – sehr viel seltener aber findet man Übungen, in denen die Ableitungen dann auch in Wortfelder integriert, in Kontexten verwendet oder in ihrer Leistung im Rahmen von Texten durchsichtig gemacht werden.

Aufgabe 4-7:
Was leistet die folgende Übung über die Bewusstmachung und das Einüben von Wortbildungsverfahren hinaus?

Verb/Nomen + Verb	Nomen – Sache (z.B. Disziplin)	Nomen – Person männlich	Nomen – Person weiblich
Sport treiben	Sport	Sportler	Sportlerin
			Trainerin
	Weitsprung		
	Rückenschwimmen		
		Fußballspieler	
			Siegerin
	(Niederlage)	Verlierer	
gewinnen	(Sieg)		
einen Weltrekord aufstellen			
--------			Wettkämpferin
	Teilnahme	Teilnehmer	

Abbildung 22: *Grundstudium Deutsch* 2 (1993: 152); gekürzt

Übungen zur Wortbildung von Adjektiv und Verb

Zur Adjektivwortbildung sei eine Übung aus *Die Suche* vorgestellt (Abb. 23). Sie verlangt in (a) sowohl Analyse als auch Synthese und verdeutlicht den vergleichenden Charakter vieler Adjektivkomposita, die letztlich eine graduierende Funktion haben.

In (b) rückt sie die semantische Leistung des Suffixes -*haft* in die Nähe der Vergleichsbildungen, verweist durch die vorgegebenen Paraphrasen aber auch auf die zweite Bedeutung dieses Morphems: mit dem von der Basis Bezeichneten behaftet sein. In (c) sollen für die Adjektivbildungen geeignete Kollokationspartner gefunden werden, eine paarweise Zuordnungsübung, die der Vernetzung der neuen Adjektive im mentalen Lexikon dienen soll.

Wortbildung: Adjektive

a) *Zusammengesetzte Adjektive:* Erklären Sie oder bilden Sie die Adjektive.

blitzschnell = schnell wie ein Blitz   **rabenschwarz = schwarz wie ein Rabe**

wunderschön = schön wie ein Wunder
_____ = kalt wie Eis
bildschön = _____
_____ = süß wie Zucker
glasklar = _____
_____ = hart wie ein Stein

b) *Adjektive mit „-haft":* Was bedeuten wohl diese Adjektive?

Das ist ...

1. ... rätselhaft   c   a) Das ist nicht korrekt.
2. ... traumhaft   b) Das tut weh.
3. ... märchenhaft   c) Das ist sehr sonderbar.
4. ... fehlerhaft   d) Das ist unglaublich schön.
5. ... schmerzhaft   e) Das ist wie in einer schönen Geschichte.

c) *Welches Adjektiv paßt? Ergänzen Sie:*

1. die | rätselhafte | _____ Sonne
2. das | eiskalte | _____ Brot
3. das | blutrote | _____ Lächeln
4. das | wunderschöne | _____ Argument
5. die | blitzschnelle | _____ Hose
6. die | fehlerhafte | _____ Reaktion
7. der | himmelblaue | _____ Text
8. die | steinharte | _____ Wohnung

Abbildung 23: *Die Suche* Arbeitsbuch 1 (1994: 162); (a) und (b) gekürzt

Im Bereich der Verbwortbildung sind vor allem die Bildung der trennbaren Partikel- und der untrennbaren Präfixverben produktiv und zentral. Doch findet man hierzu erstens sehr viel weniger Übungen als zu Substantivkomposita oder Substantiv- und Adjektivableitungen, und zweitens sind sie oft nur wenig kontextualisiert; die Übung in Abb. 24 bildet hier eine seltene Ausnahme.

> Was genau bedeuten diese Verben? Versuchen Sie, die Bedeutung zu umschreiben, oder geben Sie ein erklärendes Beispiel.
>
> ab-
> an-
> durch-
> gegen-   lesen
> nach-
> über-
> vor-
>
> Finden Sie ein paar Beispiele für
>
> - Bücher, in denen man etwas nachlesen kann.
> - Situationen, in denen etwas (was?) vorgelesen wird.
> - Gedrucktes, das die meisten Menschen nur anlesen.
> - Dinge, die gern überlesen werden.
> - Texte, die unbedingt durchgelesen werden müssen.
> - Situationen, in denen etwas gegengelesen werden muß.
>
> Setzen Sie eine passende Vorsilbe ein:
>
> a) Großmutter mußte jeden Abend ein Märchen ____lesen.
> b) Stand das wirklich im Text? Das muß ich wohl ____lesen haben!
> ...
> f) Hier ist mein Entwurf. Bevor er veröffentlicht wird, muß ihn aber noch einmal jemand ____lesen.

Abbildung 24: *Leselandschaft* 1 (1995: 29)

Die geringere Zahl von Übungen zu den Verbbildungen mag mit deren schwächerer semantischer Motiviertheit und stärkerer Idiomatisierung sowie der Polysemie und Homonymie besonders der Präfixe *er-* und *ver-* zusammenhängen. Vor allem zu Letzteren finden sich aber in manchen Lehrwerken Übungen, in denen die jeweilige vorher explizit beschriebene Bedeutung des Präfixes differenziert werden soll. Die Übung in Abb. 25 geht einen Schritt weiter und stellt Ableitungen mit demselben Basisverb einander gegenüber.

> **Grundverben und die Vorsilben be-, er-, ver-**
>
> *fahren, befahren, erfahren, verfahren?*
> Wem es zu langweilig ist, immer auf viel _____ Straßen zu fahren, wird manchmal _____, daß man sich auf Seitenstraßen leicht _____ kann.
>
> *bauen, bebauen, erbauen, verbauen?*
> Wir haben uns ein kleines Haus am Stadtrand _____. Mit drei Hochhäusern, die auf einem Gelände _____ werden, das eigentlich gar nicht _____ werden sollte, _____ man uns jetzt die ganze Aussicht.
>
> *leben, beleben, erleben, verleben?*
> Wir haben schöne Tage in Italien _____ und manches Interessante _____. Die Menschen _____ dort viel mehr im Freien, und die Straßen sind auch abends noch ganz _____.

Abbildung 25: *Wörter zur Wahl* (1970: 113–114)

Eine weitere Schwierigkeit ist, dass sich die mit einer Verbableitung in der Regel verbundenen Veränderungen in der Sicht auf den Sachverhalt, die aktionsartlichen Differenzierungen, einer einfachen Charakterisierung entziehen, so dass dieser Bereich in der Praxis eher dem impliziten Erwerb und einem Wort-für-Wort-Lernen überlassen wird.

4.2.2.4 Sensibilisierung für kulturspezifische Bedeutungen

Zahlreiche Wörter haben neben ihren denotativen auch kulturspezifische Bedeutungsanteile, z. B. die in jedem Sprachkurs schon früh auftauchenden Farbadjektive. Sie sind mit Konnotationen wie Liebe, Tod, Hoffnung, Neid oder Eifersucht verbunden, wobei sich aber kulturspezifische Unterschiede ergeben. Ein Lerner, der das Wort *weiß* in seiner denotativen Bedeutung gelernt und somit schon „gehabt" hat, erwartet in aller Regel keine weiteren Unterschiede zwischen dem deutschen Wort und dem in seiner L1, rechnet also nicht damit, dass ein teilweise abweichender Bedeutungsinhalt für das zielsprachliche Wort aufgebaut werden muss. Das kann in bestimmten Situationen zu interkulturellen Missverständnissen führen. (Das Thema „Farben und ihre symbolische Bedeutung im Deutschen" wird in 11.2.3 in einem Unterrichtsentwurf aufgegriffen.) Andere Wörter weisen von vornherein auf ihren kulturspezifischen Inhalt hin, allein schon dadurch, dass es schwierig ist, für sie ein Übersetzungsäquivalent zu finden, wie für das notorische deutsche *gemütlich/Gemütlichkeit*. Auch die Vorstellungen, die sich mit manchen Abstrakta wie *Glück* verbinden, sind in hohem Maße kulturell geprägt: „Was in der einen Kultur als typisch für *Glück* angesehen wird, ist in einer anderen eher ein Symbol der *Indifferenz* oder *Trauer*." (Müller 1994: 17) Auch was ein Wort oder Unwort des Jahres ausmacht, erschließt sich nicht aus dem Wort und seiner Denotation selbst, sondern aus seinem Gebrauch und durch das, was in einer bestimmten gesellschaftlichen und geschichtlichen Situation mit ihm gemeint wird. Der Beitrag korpusbasierter Wörterbücher zur Bestimmung kulturspezifischer Bedeutungen wird in 10.3.3.2 angerissen.

Über die Wortebene hinaus muss der Lerner wissen, was zum Beispiel eine Einladung zum Kaffeetrinken in Deutschland bedeutet. Wird da nur Kaffee getrunken (oder auch Alkohol)? Gibt es etwas zu essen? Wie lange wird man zusammensitzen? Wird man nur mit dem Einladenden zusammen sein? Bringt man ein Geschenk mit? Fehlinterpretationen einer solchen Einladung haben weitaus gravierendere Folgen für die Kommunikation und die Einschätzung des Gesprächspartners als Fehler in Aussprache oder Grammatik. Die Relevanz solcher Fragen für die Kommunikation in der Fremdsprache erkannt zu haben und Materialien und methodische Verfahren für die Bewusstmachung kultureller Unterschiede entwickelt zu haben, ist das Verdienst des Interkulturellen Ansatzes.

Müller (1994: 36) betont aufgrund zum Teil ernüchternder Erfahrungen mit dem Abbau von Stereotypen in Situationen interkultureller Begegnung,

daß der Deutschunterricht helfen könnte, solche Fehlinterpretationen (aus denen sehr leicht stereotype Haltungen und Ressentiments entstehen) zu vermeiden. Positiv ausgedrückt: Im Deutschunterricht können und sollen die Lernenden darauf vorbereitet werden, daß ihnen Fremdes begegnet, und sie sollten Strategien lernen, mit diesem Fremden umzugehen und es zu entschlüsseln.

Bevor Möglichkeiten der Vermittlung kulturspezifischer Bedeutungen vorgestellt werden, ist auf ein weiteres Problem aufmerksam zu machen. Es ist wohl kaum eine Zielsprachenkultur in sich derart homogen, dass von festliegenden kulturellen Bedeutungen ausgegangen werden könnte. Dies liegt auch am ständigen kulturellen Wandel, der schneller verläuft als der Wandel denotativer Bedeutungen, und an der Gleichzeitigkeit des Ungleichzeitigen im kulturellen Ganzen. Wenn jemand heute äußert *Wir haben zu Hause keinen Fernsehapparat*, dann kann er auf Reaktionen von blankem Unverständnis bis zu anerkennender Zustimmung stoßen (*Ja, das Programm wird auch immer schlechter; der Kinder wegen sollte man am besten keinen haben*). In jedem Fall wird die Äußerung nicht als neutrale Feststellung, sondern als Ausdruck einer bewussten Einstellung interpretiert. Anfang der 1960er Jahre wäre derselbe Satz eher so verstanden worden, dass sich der Sprecher (noch) kein Fernsehgerät leisten könne. Die deutsche Zielkultur weist heute eine so hohe Differenziertheit nach Alter, Schicht und Milieu auf, dass für intrakulturelle Unterschiede ebenso sensibilisiert werden muss wie für interkulturelle.

Zur Vermittlung kulturspezifischer Bedeutungen schlägt Müller (1994) zehn Arten der Bedeutungserklärung vor; die wichtigsten seien hier genannt:

- Oberbegriff und weitere Nachbarbegriffe (Kohyponyme) suchen. Die Bedeutung von *Wandern* ist zunächst als ein Gehen in der Natur (Oberbegriff) zu charakterisieren, dann aber vom Spazierengehen (Kohyponym) abzugrenzen. Ein Spaziergang dauert nicht so lange wie das Wandern, wozu man sich in der Regel besonders anzieht und das oft eine Rast, ein Kaffeetrinken oder einen Wirtshausbesuch einschließt.
- Einen Prototyp nennen. „*Ferien machen* verbindet sich häufig mit der Vorstellung, im Ausland, wo es warm ist, zwei bis drei Wochen am Meer (Strand) zu sein und sich bräunen zu lassen." (Müller 1994: 55)
- Konnotationen nennen. Mit *roten Rosen* verbindet sich eine Liebesbeteuerung.
- Historische Begriffsentwicklung aufzeigen. Zur *Familie* werden heute nur die Eltern und die mit ihnen zusammen lebenden Kinder gerechnet, früher meist die gesamte Verwandtschaft oder alle, die unter einem Dach zusammen lebten.
- Das zu erklärende Wort wird in ein kulturspezifisches Bedeutungssystem gestellt. „*Kaffeetrinken* bedeutet zwar auch, daß man Kaffee zu sich nimmt, aber gleich wichtig ist das → Reden, → das Kuchenessen, das → gemütliche Beisammensein. Jemanden, den man → näher kennenlernen möchte, z. B. den zukünftigen Schwiegersohn oder einen ausländischen Gast, lädt man gern zuerst zum → Kaffeetrinken zu sich nach Hause ein. Auch das → Familien-Kaffeetrinken am Sonntag ist für manche ein Ritual." (Müller 1994: 56)
- Kulturspezifische Gegenthemen/-begriffe. *Leben in der Stadt – Leben auf dem Land*.
- Abgrenzung zur muttersprachlichen Bedeutung. Beim *Frühstück* lässt sich vergleichen, was jeweils gegessen und getrunken wird, wie lange es in der Regel dauert, wo es eingenommen wird und wie wichtig es im Vergleich zu anderen Mahlzeiten ist.

Zu dem Ziel, für kulturspezifische Unterschiede zu sensibilisieren, gehört über die vorgestellten Vermittlungsmöglichkeiten durch den Lehrer hinaus ganz wesentlich, dass die Lerner zu einer aktiven Fragehaltung angehalten werden. Fallen ihnen in Texten oder in der Interaktion mit Muttersprachlern Wörter, Wendungen oder Verhaltensweisen auf, so sollen sie durch von Müller (1994) so genannte Suchfragen befähigt werden, vermuteten kulturellen Unterschieden auf die Spur zu kommen. Die Suchfragen orientieren sich an den o. g. Erklärungstechniken: Was ist der Oberbegriff zu dem fraglichen Begriff? Was sein Gegenteil? Welche Gefühle, Meinungen, Wertungen verbinden sich mit ihm? Was wäre ein typischer Fall? Wer macht das Fragliche, wo, wann, wie häufig? Gab es das schon immer? Warum macht man das? Was ist die Funktion?

4.3 Förderung des autonomen Wortschatzlernens

4.3.1 Beiläufiger Wortschatzerwerb durch Erschließen im Kontext

Der zu erlernende Wortschatz ist zu umfangreich, als dass er gänzlich im Unterricht so eingeführt, geübt und gefestigt werden könnte wie in den vorangegangenen Abschnitten beschrieben. Für solch explizite Wortschatzarbeit reicht allein schon die Zeit nicht aus. Ein Teil der Lernaufgabe muss also nach wie vor an die Lerner delegiert werden, im Gegensatz zur traditionellen Praxis allerdings mit dem Unterschied, dass Unterricht es heute als seine Aufgabe betrachtet, den Lernern Kenntnisse und Strategien zu vermitteln, die ihr eigenständiges Lernen optimieren (4.3.2–3). Ein ganz entscheidender Teil des Wortschatzes wird aber durch das Verstehen von bedeutungshaltigem Input und inhaltsorientierter Kommunikation indirekt erworben. Im Fremdsprachenunterricht geschieht dies – wie im Erstspracherwerb ab Erreichen der Lesekompetenz – vor allem über das sinnentnehmende Lesen. Da in diesem Fall der Inhalt im Fokus der Aufmerksamkeit des Lerners steht, ist die Aneignung von Wörtern hier nur ein Nebenprodukt. In der deutschsprachigen Literatur wird oft von beiläufigem Wortschatzerwerb gesprochen, in der englischsprachigen von incidental learning.

In der Literatur ist zwar unumstritten, dass beim Lesen Wörter beiläufig gelernt werden, doch wird das Ausmaß der so gelernten Wörter unterschiedlich optimistisch eingeschätzt, und erst in jüngerer Zeit werden die Bedingungen genauer untersucht, die solch beiläufigem Lernen förderlich sind. Zudem wird genauer gefragt, wie beiläufig, inzidentiell oder implizit diese Art des Wortschatzerwerbs eigentlich ist oder ob nicht ein gewisser Grad von Aufmerksamkeit und Bewusstheit notwendig ist, damit er sich überhaupt vollziehen kann (vgl. N. Ellis 1994, Gass 1999, Nation 2001). Was den Umfang solchen Vokabellernens betrifft, so schwanken Untersuchungen zwischen durchschnittlich fünf gelernten Wörtern bei Lektüren im Umfang von 21.000 Wörtern bis zu einer Annahme von 1000 gelernten Wörtern bei einer jährlichen Lektüre von einer Million Wörtern, zum Teil wird Wortschatzerweiterung durch Lesen sogar als effizienteste Lerntechnik bezeichnet (vgl. Schmidt 2004).

Wortschatzerwerb durch Lesen unterliegt zahlreichen Bedingungen. Zunächst muss durch explizites Lernen eine lexikalische Grundkompetenz aufgebaut worden sein; vereinfachte Lektüren setzen die Kenntnis von mindestens 500 Wortfamilien voraus. Nach Nation/Meara (2002) sollte das unbekannte Vokabular nicht über 2 % der Wörter, also nicht mehr als jedes 50. Wort eines Textes ausmachen, ferner sei eine große Menge von Input nötig, etwa eine Million gelesene Wörter pro Jahr, und schließlich erhöhe sich der Lernerfolg, wenn einem unbekannten Wort ein erhöhtes Maß an Aufmerksamkeit geschenkt werde. Vor allem der letzte Faktor hat den größten Einfluss auf den Beitrag des Lesens zum Wortschatzerwerb. "There is now considerable evidence that when learner's attention is drawn towards unfamiliar words and there are clear indications of meaning, vocabulary learning is much greater than when learners read without deliberately focusing on new vocabulary." (Nation 2001: 252)[34]

All diese Bedingungen setzen ihrerseits voraus, dass der Lerner dem unbekannten Wort beim Lesen eine Bedeutung zuordnen kann, dass er mithin über die Fähigkeit zur Bedeutungserschließung aus dem Kontext verfügt. Dies ist in der L2, vor allem unter den Bedingungen des schulischen Lernens, aber keineswegs selbstverständlich. Zwar nutzen Leser und Hörer diese Fähigkeit in ihrer L1 automatisch, sie übertragen sie aber nicht unbedingt auf das Lesen in der Fremdsprache. Hier liegt eine Aufgabe für den Fremdsprachenunterricht, bei der sich Wortschatzdidaktik und Lesedidaktik aufs engste berühren (vgl. Kap. 6).

Üben der Bedeutungserschließung

Je nach anzutreffender Lerntradition, Fähigkeit und Bereitschaft der Lerner kann es sinnvoll sein, ihnen zuerst einmal anhand eines L1-Textes bewusst zu machen, dass sie in der Muttersprache ganz selbstverständlich und automatisch Bedeutungen erschließen. Danach sollte das Bedeutungserschließen an fremdsprachlichen Texten erprobt und immer wieder geübt werden. Dazu wählt man am besten Texte aus, die im Hinblick auf die Kompetenz der Lerner einen leichten bis mittleren Schwierigkeitsgrad besitzen, tilgt bestimmte Wörter und ersetzt sie durch eine Lücke, deren Inhalt dann erschlossen werden soll.

Westhoff (1997: 118-9) stellt fünf Kriterien für das Erstellen geeigneter, „lehrreicher" Lücken auf:

(I) Das weggelassene Wort muss im Textzusammenhang wichtig sein.
(II) Das weggelassene Wort muss erratbar sein.
(III) Eine Weglassung ist umso lehrreicher, je mehr Strategiefragen beantwortet werden können.
(IV) Weglassungen sind besonders lehrreich, wenn der entscheidende Hinweis nach dem zu erratenden Wort steht.
(V) Nicht mehr als 15 Weglassungen pro Text. Weniger ist meistens mehr.

An Strategiefragen unterscheidet Westhoff (1997: 98) vier:

1. Um welche Wortart handelt es sich?
2. Mit welchen Wörtern im Text bildet das unbekannte Wort eine Bedeutungskombination? (Mit welchen Wörtern passt das unbekannte Wort vom Sinn her zusammen?)
3. Gibt es eine Beziehung zwischen dem unbekannten Wort und benachbarten Textteilen? Wenn ja, was für eine Beziehung?
4. Wenn Sie die Fragen 1. – 3. beantwortet haben, versuchen Sie, sich den ganzen Kontext bzw. Sinnzusammenhang vorzustellen. Was für Ideen, Assoziationen drängen sich dabei für die Bedeutung des Wortes auf?

Das vierte Kriterium begründet Westhoff durch folgende Beobachtung: In einem Text über Pandabären, der beschrieb, dass sie lange Zeit gejagt wurden und erst seit kurzer

---

[34] Es gibt mittlerweile zahlreiche Belege, dass der Vokabelzuwachs höher ist, wenn die Aufmerksamkeit des Lerners auf unbekannte Wörter gerichtet wird und es klare Bedeutungshinweise gibt als wenn das Lesen ohne bewusste Konzentration auf neues Vokabular erfolgt.

4.3 Förderung des autonomen Wortschatzlernens

Zeit geschützt werden, stand *Jetzt ist der Pandabär wahrscheinlich (...)*. Die Lücke wurde meist mit *ausgestorben* gefüllt. Der nächste Satz hieß nun aber *Das war äußerst schwierig, denn Pandabären sind sehr scheu, paaren sich nur einmal im Jahr und kriegen dann höchstens ein Junges*. Dies hätte eine Lösung wie *gerettet* nahegelegt, doch die meisten Lerner nutzen nur Hinweise, die einer Lücke vorausgehen, und lassen Hinweise, die ihnen folgen, ungenutzt. Deshalb muss ausdrücklich geübt werden, nachfolgende Hinweise zu nutzen. Nach Nation (2001: 246) bearbeiten Lerner auch zunächst nur den unmittelbaren syntaktischen Satzkontext des unbekannten Worts, bevor sie den weiteren Kontext nutzen. Letzteres ist eine Fertigkeit, die im fortgeschrittenen Training von Bedeutungserschließung gefördert werden sollte.

In der Auswertung von Erschließungsaufgaben sind die Wege, wie die Lerner zu ihren Lösungen gelangt sind, ausführlich zu reflektieren, denn es geht hier um die strategische Übertragung der Prozesse und Erfahrungen auf neue Texte mit unbekannten Wörtern, nicht um ein schnelles Richtig-Falsch bezüglich der eingesetzten Wörter. Aufgrund dieses Fokus ist auch die Beschränkung auf eine nicht zu hohe Zahl von Lücken (Kriterium 5) zu verstehen.

Aufgabe 4-8:
(a) Füllen Sie die Lücken im folgenden Text und überprüfen Sie ihre Funktionalität anhand der Fragen „Ist das weggelassene Wort wichtig? Ist es erratbar? In welchem Fall steht der entscheidende Hinweis nach der Lücke?"
(b) Eine Erschließungsübung sollte nur um die fünf Lücken enthalten. Welche Lücken würden Sie stehen lassen?

Zu Hause ist es doch am schönsten!
Der neue 1) _____ : Jugendliche wohnen länger bei den Eltern

Immer mehr junge Leute bleiben im Elternhaus, 2) _____ sie schon lange arbeiten und Geld verdienen. Zum Beispiel die 23-Jährigen: Heute (1995) leben genau 50% noch bei ihren Eltern, 1975 waren es nur 15%. Sind Twens von heute zu bequem und zu anspruchsvoll? Haben sie 3) _____ vor der Unabhängigkeit oder kein Geld für eine eigene Wohnung?
In den 70er-Jahren war die 4) _____ bei jungen Erwachsenen eine beliebte Wohnform. Man wollte weg von zu Hause, mit anderen jungen Leuten zusammenwohnen, anders leben als die Eltern. Große Wohnungen waren zwar 5) _____, aber zu viert oder zu fünft konnte man die 6) _____ gut bezahlen. Heute ist diese Form des Wohnens für die meisten keine Alternative mehr, weil sie für viele nur Chaos und 7) _____ um die Hausarbeiten bedeutet. Und eine eigene Wohnung mieten, alleine wohnen? Die meisten 8) _____, obwohl sie gerne unabhängig sein wollen.
Vor allem in den Großstädten sind Wohnungen sehr teuer. Also bleiben die meisten jungen Leute zu Hause, bis sie ihre Lehre oder ihr Studium 9) _____ haben. Und auch danach führt der Weg nicht automatisch in die eigene Wohnung, weil viele nach Abschluss der Ausbildung keine Arbeit finden.

Umarbeitung eines Lesetextes aus *Tangram 1 Kursbuch* (1998: 92)

(c) Erstellen Sie selbst eine Erschließungsaufgabe für den zweiten Teil des Textes, indem Sie drei Wörter tilgen. Begründen Sie Ihre Lücken.

> Bei einigen jungen Erwachsenen ist der Schritt in die Unabhängigkeit nicht von
> Dauer. Sie ziehen aus, kommen aber bald zu ihren Eltern zurück, weil sie arbeitslos
> werden, weil sie ihre Wohnung nicht mehr bezahlen können oder weil sie
> Probleme mit dem Alleinsein haben.
> Natürlich gibt es auch junge Leute, die von vornherein im Elternhaus bleiben,
> obwohl sie genug Geld für eine eigene Wohnung haben. Das meistens kostenlose
> oder günstige Wohnen bei den Eltern ist attraktiv, weil sie so nicht auf das
> eigene Auto und teure Urlaube verzichten müssen. Sie genießen den „Rund-um-
> die-Uhr-Service" und müssen nicht im Haushalt helfen. Und dann ist da immer
> jemand, der zuhört und hilft, wenn man Probleme hat. Warum also weg? – Zu
> Hause ist doch alles so einfach.

Von der Bedeutungserschließung zum Worterwerb

Mit der Bedeutungserschließung ist nur ein erster, notwendiger Schritt getan, aber noch nicht gesichert, dass es auch zum Erwerb kommt. Bedeutungserschließung ist nämlich nur ein Mittel zum Zweck, die Textbedeutung zu vervollständigen, und wird beim normalen, interessegeleiteten Lesen nicht mit demselben hohen Aufwand an Ausnutzung sämtlicher Texthinweise und des gesamten zur Verfügung stehenden Sprach- und Weltwissens betrieben wie in den gerade beschriebenen Erschließungsaufgaben. Oft wird der Erschließungsprozess abgebrochen, wenn der Leser zu einer Bedeutung gelangt, die ihm ein Textverständnis ermöglicht, das seine Leseziele befriedigt. „Damit jedoch Wortbedeutungswissen aufgebaut wird, muss zusätzlich zum Erschließungsprozess noch die Abstraktion dieses Wissens in einen Wortbedeutungsaspekt und die Integration in bestehende Wissensstrukturen erfolgen. Damit dieses Wortbedeutungswissen schließlich im mentalen Lexikon der Lerner/-innen mit der Wortform verknüpft werden kann, ist die Konsolidierung der Wortform und der Verbindung von Form und Bedeutung im Gedächtnis notwendig." (Rieder 2004: 55)

Wie unterschiedlich Lerner hier vorgehen, zeigen Untersuchungen von Rieder (2004), die sich der Methode des Lauten Denkens bedienen. Versuchspersonen wurden fremdsprachliche Textpassagen wie die folgende vorgelegt, in denen Zielwörter durch nicht existierende Wortformen ersetzt wurden, im folgenden Beispiel durch *disferectics*.

> Nowadays, as more and more people are conscious of the risks of smoking, the number of radical disferectics is increasing (Satz 1). In turn, the disferectics' negative attitude towards smoking influences smokers so that the overall cigarette consumption has gone down (Satz 2). (Rieder 2004: 558)

Die Versuchspersonen wurden gebeten, die Texte laut zu lesen und dabei alles auszusprechen, was ihnen durch den Kopf ging. In manchen Fällen folgten unangekündigte Vokabeltests, in anderen wurden bestimmte Pseudowörter hervorgehoben und eine explizite Bedeutungserschließung verlangt; hier die Protokolle von zwei Versuchspersonen, deren Aufgabe lediglich das Textverständnis war, die aber mehrere Texte erhielten, in denen das Zielwort wiederholt auftrat.

4.3 Förderung des autonomen Wortschatzlernens

Name	Bedeutungshypothese <u>**disferectic**</u>
Hanna	**Text 1:** *disferectics* - keine Ahnung, was das heißt. Wahrscheinlich irgendwas mit Gegner, nehme ich an [...] Ahm, es scheinen auf jeden Fall die zu sein, die nicht rauchen. Die dem Rauchen gegenüber negativ eingestellt sind. **Text 4:** *A disferectic, he disliked her smoking;* Ahh - Ok. Das hatten wir vorhin schon mal. ... Ähm - ja *disferectic* - das hab ich ja vorhin schon - 5 - dann gesagt, dass das wahrscheinlich ein Gegner des Rauchens ist, oder eine Gegnerin - und das scheint auch hier wieder der Fall zu sein: *he disliked her smoking.*
Viola	**Text 1:** *disferectics* - ist das irgendeine Krankheit - [...] *the number of radical disferectics* - oder - nee, keine Krankheit. *In turn the disferectics' negative attitude towards smoking - influences smo -* was?! Sind das *disferectics'* Menschen? - 3 - Ja, Menschen. [...] *The number of radical disferectics* - also vielleicht sind das - 4 - ähh - radikale Nichtraucher. **Text 4:** *A disferectic, he disliked her smoking - (lacht) -* 3 - *disferectic* weiß ich jetzt nicht, aber - 4 - also er, er mag halt nicht, dass sie raucht...

Lautes-Denken-Protokolle aus Rieder (2004: 68)

Die erste Versuchsperson erkennt, dass ihr das Wort unbekannt ist, und bemüht sich um eine recht genaue Bedeutungserschließung mit den Komponenten 'Gegner des Rauchens' und 'selbst Nichtraucher sein'; die zweite Versuchsperson stellt schnell eine eher generalisierende Bedeutung auf (*irgendeine Krankheit*), die sie mit fortschreitender Lektüre korrigiert, wobei sie aber wiederum zuerst sehr generelle Bedeutungen annimmt (*Menschen*), bis eine größere Einengung auf 'Nichtraucher' erfolgt. Letzteres enthält aber nicht die Bedeutungskomponente 'Rauchergegner' der ersten Versuchsperson. Rieder (2004: 69) spricht in diesem Zusammenhang von der Ausgangsschwelle des Erschließungsprozesses, „die entweder überschritten wird, wenn alle Ressourcen zur Bedeutungserschließung ausgeschöpft sind oder wenn der Prozess aus ökonomischen Gründen beendet wird." Die zweite Versuchsperson hat eine niedrigere Ausgangsschwelle, da sie den Erschließungsprozess in Text 1 früher abbricht. In Text 4 erinnert sie sich bei der zweiten Begegnung mit dem Wort weder an die Wortform noch an die erschlossene Bedeutung, es findet jetzt nicht einmal der Versuch einer Erschließung statt, wohl weil ihr für das Textverständnis die Aussage des folgenden Satzes ausreicht. In Rieders Termini wird hier die Eingangsschwelle, ab der sich ein Leser mit einem Wort beschäftigt, nicht überschritten. Ein Erwerb findet nicht statt. Die erste Versuchsperson dagegen kann sich beim zweiten Auftreten desselben Zielworts sowohl an die Wortform als auch an die erschlossene Bedeutung erinnern, die sie hier noch einmal am neuen Kontext überprüft und bestätigt. Daraus lässt sich folgern, dass das Wort erworben worden ist oder sein Erwerb zumindest begonnen hat.

Die Protokolle zeigen, dass trotz gleicher textueller Hinweise und gleichem Grad an textuell bedingter Erschließungsnotwendigkeit unterschiedlich viele und unterschiedlich genaue Erschließungsversuche unternommen werden, was letztlich – nimmt man an, die Erschließungsressourcen Sprach- und Weltwissen seien auf gleichem

Niveau – auf Unterschiede im Textverständnisanspruch, Leseziel oder Lernerinteresse zurückgeführt werden kann. Zusammenfassend stellt Rieder (2004: 68) fest:

Positive Voraussetzungen für den Vokabelerwerb sind gegeben, wenn die Eingangsschwelle überschritten wird und die Ausgangsschwelle erst bei ausgeschöpften Erschließungsressourcen angesetzt wird. Dies ist dann der Fall, wenn von Seiten der Lerner/-innen Interesse an einem Wort besteht (dies kann z.B. durch persönlichen Bezug zur Thematik, durch generelle Sprachlernmotivation oder durch das wiederholte Antreffen des Wortes geweckt werden) bzw. wenn das Wort als wichtig für die Textbedeutung eingeschätzt wird.

Rieder (2004) leitet in dem zitierten Aufsatz keine didaktischen Empfehlungen ab, doch ihre Beobachtungen und Feststellungen verleihen den Empfehlungen anderer Autoren und einer verbreiteten didaktischen Praxis große Plausibilität. Soll der Erwerbseffekt des Lesens erhöht werden, so müssen Verstehensaufgaben zum Gelesenen gestellt werden, welche die Aufmerksamkeit auch auf unbekannte Teile des Inputs richten, zu einer vertieften Beschäftigung mit ihnen und damit zu ausführlicher Bedeutungserschließung anhalten und die Lerner auch zur produktiven Anwendung eines Teils der bisher unbekannten Wörter führen. Zum Erwerb eines Wortes gehört nämlich auch sein wiederholter aktiver Gebrauch beim Sprechen und Schreiben, reines Lesen reicht nicht aus. Singleton (1999: 159-162) referiert Studien, v. a. Arbeiten von Paribakht/Wesche, die eine Erhöhung des Lerneffekts beobachteten, wenn zu den Verstehensaufgaben weitere Aufgaben hinzutraten, die die Aufmerksamkeit gezielt auf Wörter lenkten, indem sie z. B. im Kontext interpretiert oder produziert werden sollten. Schouten-van Parreren (1989) empfiehlt für den optimalen Vokabelerwerb einen Dreischritt: Erschließung der Bedeutung des unbekannten Worts, Überprüfung der Bedeutung mithilfe eines Wörterbuchs, Analyse der Wortform. Solche Aktivitäten dehnen den Begriff des „beiläufigen" Lernens aber so weit aus, dass verschiedentlich eine genauere Definition gefordert wird (vgl. Gass 1999).

An folgendem Text für das Niveau C1 soll eine der Möglichkeiten illustriert werden, Lexik unterhalb einer derart expliziten Ebene zu fokussieren.

Unsicherheitsvermeidung – Ein anderer Blick auf die deutsche Kultur

Für viele Ausländer ist Deutschland ein autoritäres und hierarchisches Land. Auch wer schon länger in Deutschland lebt, kann Geschichten über die deutsche Vorliebe für Autorität erzählen. Doch zahlreiche wissenschaftliche Studien über Deutschland kommen zu einem anderen Urteil und weisen auf die fortgeschrittene Demokratisierung in vielen Bereichen der Gesellschaft hin. In Familie und Schule hat sich ein Erziehungsstil etabliert, der nicht mehr auf Unterordnung und Gehorsam, sondern in erster Linie auf Selbständigkeit und Gleichberechtigung der Kinder und Schüler zielt.

Doch wie erklären sich die Erfahrungen so vieler Ausländer, wenn Deutschland kein autoritäres Land ist? Zur Beantwortung dieser Frage ist es hilfreich, weitere häufige Vorwürfe zu betrachten, die den Deutschen gerne gemacht werden. So heißt es oft, der Deutsche sei von Regeln und Vorschriften beherrscht, sei stur und ein Ordnungsfanatiker. Ein solches Verhalten wird dann schnell als Beweis für den autoritären Charakter der Deutschen gesehen. Doch dieses Verhalten hat andere Ursprünge.

Der Soziologe und Forscher zu interkulturellen Fragen Geert Hofstede hat einen Begriff geprägt, der zur Klärung beiträgt: Unsicherheitsvermeidung. Unsicherheitsvermeidung gehört zu einer Reihe von kulturellen Dimensionen, mit deren Hilfe Kulturen charakterisiert

4.3 Förderung des autonomen Wortschatzlernens

und verglichen werden können. Hofstede belegt, dass Kulturen auf die Bedrohung durch ungewisse oder unbekannte Situationen verschieden reagieren und zeigt die Vielfalt von Möglichkeiten, wie Gesellschaften mit Unsicherheit umgehen.

Deutschland ist ein Land, in dem man in hohem Maße Unsicherheit zu vermeiden versucht. Das ist der Grund, warum man man in Deutschland überall auf Regeln, Vorschriften, Planungen, Systeme oder Gesetze trifft, die dazu geschaffen wurden, alle Eventualitäten des Lebens klarer und berechenbarer zu machen. In einer solchen Kultur muss der Begriff der Ordnung natrülich eine zentrale Rolle spielen. Immer geht es darum, Regelhaftigkeit und Berechenbarkeit und damit Sicherheit zu schaffen.

Nach Hofstede hat also vieles von dem, was man an der deutschen Kultur feststellen kann, weniger seinen Grund in einer Vorliebe für Autorität, sondern ist durch das Streben nach Unsicherheitsvermeidung zu erklären.

Zusammengefasst nach Hofstede (^{3}2006): *Lokales Denken, globales Handeln*

Im Anschluss an die Verständnissicherung und inhaltliche Aufgaben, die sich bei diesem Text vor allem auf interkulturelle Aspekte beziehen müssten, könnte der Auftrag stehen, nach solchen Wörtern und Wortverbindungen zu suchen, die mit den Begriffen Sicherheit bzw. Unsicherheit verbunden werden können. Eine solche Aufgabe bleibt im Inhaltlichen, lenkt die Aufmerksamkeit aber gleichzeitig auf bestimmte Teile der Lexik. Ein denkbares Schema wäre

Unsicherheit	Sicherheit	
Bedrohung	Regeln	klar und berechenbar
ungewisse Situationen	Vorschriften	Ordnung
Unsicherheiten	Planung	Regelhaftigkeit
Eventualitäten des Lebens	System	Berechenbarkeit
unbekannte Situationen	Gesetze	Vorliebe für Autorität

Explizites und beiläufiges Vokabellernen im Vergleich

Das beiläufige Vokabellernen mag auf den ersten Blick als mit mehr Unsicherheiten bezüglich des Bedeutungserwerbs behaftet und als vorläufiger erscheinen. In der Tat sind weitere Begegnungen mit demselben Wort notwendig, um die konstruierte Bedeutung zu bestätigen oder zu modifizieren, der Bedeutungserwerb ist kumulativ. Kumulativ ist nun aber auch der Erwerb über das explizite Lernen, denn dort wird ja in aller Regel nur eine der Wortbedeutungen vermittelt, weitere Bedeutungen und vor allem die typischen syntagmatischen Umgebungen und Verwendungsweisen des Worts erschließen sich dem Lerner erst in weiteren Begegnungen in inhaltlicher Kommunikation; nicht-explizites Lernen spielt also auch hier eine Rolle. Bei einem beiläufig gelernten Wort steht dem noch unsicheren Inhalt als Vorteil gegenüber, dass durch die Notwendigkeit, die Bedeutung aus dem umgebenden Sprachmaterial und dem eigenen Wissen zu erschließen, schon zu Erwerbsbeginn starke Vernetzungen aufgebaut werden, was beim expliziten Lernen meist erst nach Erwerbsbeginn erfolgt, und dass weniger Rekurrenz auf unter Umständen inadäquate L1-Konzepte stattfindet.

4.3.2 Vermittlung von Strategien des Wortschatzlernens

Die beiläufige Wortschatzerweiterung durch Lesen kann das explizite Vokabellernen außerhalb des Unterrichts nicht ersetzen, vor allem nicht in der Anfangsphase des Sprachlernens, wo schnell ein Grundwortschatz angeeignet werden muss, der wegen seines Umfangs auch nicht fokussiert im Unterricht behandelbar ist. Seit sich unter dem Schlagwort der Förderung des Autonomen Lernens (vgl. Kap. 2.3) die Erkenntnis durchgesetzt hat, dass jede Art von Unterricht nicht nur die Aneignung seiner je spezifischen Gegenstände, sondern auch das Lernen des Lernens zu verantworten hat, lässt man Lernende nicht mehr allein mit den lektionsweisen Vokabellisten oder Glossaren der Lehrwerke, die zu wenig optimalen Einprägungsversuchen von listenförmigen Vokabelgleichungen führen. Behaltene und nicht behaltene Wörter werden bei diesem Verfahren gleich oft wiederholt, und man weiß zuweilen Irrelevantes, wie welches Wort welchem folgt oder wo es auf der Seite steht, nur die Bedeutung ist nicht mehr abrufbar.

Sofern das Arbeiten mit Vokabelgleichungen unumgänglich ist, wird schon lange empfohlen, von der Anordnung in zwei Spalten abzugehen und eine weitere Spalte vorzusehen, in der das zu lernende Wort im Kontext eines Satzes auftritt wie im folgenden Beispiel.

    s Ohr, -en   Mit den Augen sehen wir, mit den _____ hören wir.   ear

Der Satzkontext dient zum einen der Verknüpfung der Wortform mit ihren syntaktischen Eigenschaften und typischen Kollokationen (*Ohren – hören*), zum anderen auch der Verknüpfung mit semantisch verwandten Wörtern (*Ohr – Auge*) und damit einer größeren Verarbeitungstiefe als bei einer reinen Vokabelgleichung (*Ohr – ear*).

Fast jedes neuere Lehrwerk empfiehlt aber, Vokabellisten durch Wortschatzkarteien zu ersetzen oder zumindest zu ergänzen. Selbstverständlich gehört auch auf Wortkarten ein Beispielsatz, am besten auf den unteren Teil der Vorderseite. In 2.3.3 wurden bereits die Vorteile und der Umgang mit Wortschatzkarteien ausführlich beschrieben; hier sei auf weitere dort angeführte Beispiele für das autonome Wortschatzlernen verwiesen, die auch Anregungen enthalten, wie Wortschatzübungen im Sinne von 4.2.2.2-3 für das eigenständige Lernen adaptiert werden können.

Zur Unterstützung des selbständigen Lernens wird weiterhin der Einsatz von Mnemotechniken empfohlen (vgl. Sperber 1989), und hier vor allem die Schlüsselwortmethode, die als wirksames Mittel gesehen wird, in der Anfangsphase des Fremdsprachenunterrichts schnell einen Grundwortschatz aufzubauen. Angenommen, die Lernaufgabe besteht bei der Ausgangssprache Englisch darin, das deutsche Wort *Dach* zu lernen oder bei der Ausgangssprache Deutsch das russische Wort /stroit'/ ('bauen'). Dann wird bei der Schlüsselwortmethode im ersten Schritt ein muttersprachliches Wort gesucht, das dem Zielwort in der Lautgestalt möglichst ähnlich ist, z. B. *duck*, das dem Zielwort *Dach* ähnelt, bzw. *Stroh*, das /stroit'/ ähnelt. Dies ist das Schlüsselwort, das im zweiten Schritt mit der Bedeutung des Zielworts verbunden werden muss. Dies kann auf zweierlei Weise geschehen, zum einen durch die Integration in einer bildhaft vorgestellten Situation: Hunderte von schnatternden Enten (DUCKS) sitzen auf einem DACH (visuelle Verknüpfung), zum anderen durch das gemeinsame Auftreten in einem Satz: eine STROHhütte BAUEN (verbale Verknüpfung). In beiden

4.3 Förderung des autonomen Wortschatzlernens

Varianten der Methode wird über das Schlüsselwort eine enge Verbindung von zielsprachlicher Wortform und ihrem Inhalt angestrebt (Beispiele von Sperber 1989 bzw. Ecke 2004).

Die Schlüsselwortmethode ist experimentell gut bestätigt; Untersuchungen zeigen, dass jüngere wie ältere Lerner und auch lernschwache Personen von ihrem Einsatz profitieren, lediglich erfahrene Lerner profitieren weniger – es sind vermutlich solche Lerner, die ein gutes phonologisches Gedächtnis besitzen und schon von sich aus neue Wörter mit einer Vielzahl von Verknüpfungen versehen. Empfehlungen zum Einsatz dieser Methode lassen sich aus dem Forschungsüberblick von Ecke (2004) ableiten: Die visuelle Variante scheint für die meisten Lerner bessere Ergebnisse zu zeitigen, doch für Abstrakta sind verbale Verknüpfungen geeigneter. Jüngeren Lernern sollten die Schlüsselwörter und die Verbindungen zur zielsprachlichen Bedeutung vorgegeben werden, bei älteren und mit der Technik vertrauten Lernern ist es effektiver, sie suchen die Schlüsselwörter selber, da dies die Verarbeitungstiefe erhöht. Wird ausgiebig mit der Methode gearbeitet, mag es wiederum günstiger sein, die Schlüsselwörter vorzugeben, damit es durch die Suche nach Mediatoren nicht zu Ermüdungserscheinungen kommt. Insgesamt lohnt der Einsatz dieser Mnemotechnik am meisten, wenn es sich um besonders schwer zu speichernde und abzurufende Wörter handelt.

Auf Grenzen stößt die Schlüsselwortmethode aber dort, wo sich Ausgangs- und Zielsprache phonologisch so stark unterscheiden, dass z. B. aufgrund anderer Silbenstrukturen, anderer Silbenzahl im Wort oder anderer Phoneme keine hinreichenden Lautähnlichkeiten vorliegen, etwa wenn chinesische Schlüsselwörter für deutsche Zielwörter gebildet werden sollen. Allerdings müssen Schlüsselwörter keine muttersprachlichen sein, auch eine gut beherrschte weitere Fremdsprache kann vermittelnd eingesetzt werden.

Weitere Mnemotechniken, die bei Sperber (1989: 137ff) genannt und erläutert werden, sind Visualisierung, graphemische Assoziation, Gestik, das Einbetten des Zielworts in Sketche, Liedverse und interlineare Übersetzung (*drivewheel* für das Zielwort *Fahrrad*). Beispiele für graphemische Assoziationen sind die Schrift„bilder" für *Treppe, Luftballon* oder das spanische Wort für Auge, *ojo.*

Effektiver als solche Bilder vorzugeben dürfte es sein, sie von Lernern nach Vorgabe einiger Modelle selbst erstellen zu lassen. Insgesamt besitzen diese Techniken aber im Vergleich mit der Schlüsselworttechnik nur einen engen Anwendungsbereich und werden im Fremdsprachenunterricht eher selten genutzt.

4.3.3 Zum Umgang mit Lernerwörterbüchern

Lernerwörterbücher, einsprachige wie zweisprachige, sind ein mächtiges und vielschichtiges Mittel der Informationsbeschaffung beim Lesen und Verfassen von Texten und ein Instrument des strukturierten Wortschatzlernens. Der volle Umfang ihres Angebots ist jedoch vielen Lernern nicht bekannt oder wird von ihnen nicht optimal genutzt. Hierin sind Wörterbücher jüngsten Hilfsmitteln der Informationsbeschaffung und -verarbeitung wie dem Internet oder Textverarbeitungsprogrammen vergleichbar: Auch sie werden oft ineffektiv und weit unter ihren Möglichkeiten verwendet, und die Breite ihrer Funktionen bleibt den meisten Nutzern verschlossen.

Der Fremdsprachenunterricht hat die Aufgabe, den Lernern zu einer optimalen eigenständigen Nutzung ihrer Wörterbücher und zu einem Wissen über deren Möglichkeiten zu verhelfen. Dies muss auf verschiedenen Stufen mit je unterschiedlich hohen Ansprüchen und in verteilter Weise immer wieder geschehen. Dazu gibt es mittlerweile motivierende Übungen, nicht nur in der didaktischen Literatur. Auch einige Wörterbuchverlage sind über die schon immer üblichen – aber kaum genutzten – Benutzerhinweise hinausgegangen und bieten integrierte „Aufgaben zum Umgang mit dem Wörterbuch" (so das *Taschenwörterbuch Deutsch als Fremdsprache* erstmals in der Neuauflage von 2007) oder eigens gestaltete Arbeitsblätter zum effektiven Umgang mit dem Wörterbuch. Hier sollen einige Aufgaben zu einsprachigen Wörterbüchern vorgestellt werden, die sich sowohl an unterschiedliche Niveaus (Anfänger- oder Fortgeschrittenenwörterbücher) als auch an zweisprachige Wörterbücher anpassen und über die fokussierten Schwerpunkte hinaus erweitern lassen; sie gelten in z. T. abgewandelter Form auch für Internet-Wörterbücher (vgl. Kap. 10.3.3.2)

Aufgabe 4-9:

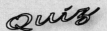

A VERSUCHEN SIE, FOLGENDE FRAGEN OHNE IRGENDEIN HILFSMITTEL ZU BEANTWORTEN!

1. Aus welcher Gegend kommen Leute, die *Palatschinken* und *Schlagobers* essen? Und wo sagt man *Großkinder* statt *Enkelkinder* und *Ladentochter* statt *Verkäuferin*?
2. Wie spricht man am besten eine Gruppe von Personen an, wenn darunter Leute sind, zu denen man "Du" und Leute, zu denen man "Sie" sagt? Mit **ihr** oder mit **Sie**?
3. Wenn man den Zug nicht mehr rechtzeitig erreicht, sagt man dann:
   Ich habe den Zug *vermißt* oder *verpaßt* oder *verloren*?
4. Welche Wörter werden in den folgenden idiomatischen Wendungen betont:
   Ach, du liebe Zeit! / Mach's gut! / Aus der Traum!
5. Was bedeuten die unterstrichenen Wörter in diesem Zusammenhang?
   Der Test ist einfach zu schwer.
      (Ist er nun einfach oder schwer?)
   Du kannst ruhig lauter sprechen!
      (Soll man nun laut oder leise sprechen?)
   Dieses Haus ist ganz schön häßlich!
      (Ist es nun häßlich oder schön?)
6. Warum heißt es Schön**heit** und Frei**heit**, aber Notwendig**keit** und Menschlich**keit**?
7. Wie heißt das Gegenteil von *legal*? Von *offiziell*? Von *sympathisch*?
8. Wie nennt man die wichtigsten Teile eines Autos und eines Fahrrads?
9. Wie werden folgende Wörter ausgesprochen?
   hygienisch / der Patient / genial / das Genie
10. Schreibt man am Ende eines Briefes heute immer noch *hochachtungsvoll*?

4.3   Förderung des autonomen Wortschatzlernens

> 11. Was ist der Unterschied zwischen *krank* und *krankhaft*, *arm* und *armselig*?
> 12. Welche verschiedenen Funktionen können Verben mit der Vorsilbe *ent-* haben?
> 13. Wie heißt der Plural von *der Fachmann / der Regen / das Visum*?
> 14. Können Sie alle Präpositionen nennen, die sowohl mit dem Dativ als auch mit dem Akkusativ konstruiert werden?
>
> **B   AUF WELCHE DIESER FRAGEN ERWARTEN SIE EINE ANTWORT IN EINEM EINSPRACHIGEN WÖRTERBUCH?**

Abbildung 26: Plank (1996: 177)

Zunächst möge der Leser sich anhand von Aufgabe 4-9 selbst bewusst machen, welche Informationen er in einem einsprachigen Lernerwörterbuch der deutschen Sprache erwartet.

Bei der Auswertung von Planks Quiz kommt es in erster Linie auf die Frage B an, und hier auf Überlegungen, warum bestimmte Informationen in einem einsprachigen Lernerwörterbuch erwartet werden (und an welcher Stelle) und welche nicht. Plank (1996) bezieht sich mit ihrer Aufgabe auf das *Großwörterbuch Deutsch als Fremdsprache* von Langenscheidt (1993, [4]2006), und es mag erstaunen, dass dieses Wörterbuch, das für den fortgeschrittenen Lerner konzipiert ist, tatsächlich auf alle dieser Fragen eine Antwort gibt. Wörterbücher für Anfänger haben einen geringeren Funktionsumfang, ihre Leistungen dürften aber die Erwartungen des normalen Lerners ebenfalls weit übersteigen. Es würde nun aber dem motivierenden Charakter eines solchen Quiz widersprechen, wollte man die Lerner sofort nach den Antworten suchen lassen, denn eine erfolgreiche Suche setzt erst einmal ein gründliches Kennenlernen des Wörterbuchs voraus.

Die Phase des Kennenlernens eines Lernerwörterbuchs muss zunächst dessen unterschiedliche Teile in den Blick rücken, denn solche Wörterbücher bestehen nicht nur aus dem alphabetischen Wörterverzeichnis, das semasiologisch vorgeht, indem es zu Wörtern, Wortteilen oder Wortverbindungen Bedeutungen angibt. Sie enthalten auch onomasiologische Teile, wo in umgekehrter Richtung von Bedeutungen oder Wortfeldern ausgehend Wörter oder Wortverbindungen angegeben werden. Beispiele für onomasiologische Teile sind z. B. die Namen von Ländern, ihren Bewohnern und den entsprechenden Adjektiven; Listen der Bundesländer bzw. Kantone der deutschsprachigen Länder; die Zahlen; die Wochentage und Monate; die Maße und Gewichte; visualisierte Wortfelder von Körperteilen, Musikinstrumenten, Werkzeugen u. a. oder Wortfelder wie das geistiger oder das körperlicher Tätigkeiten. Weiterhin enthalten Lernerwörterbücher in der Regel grammatische Tabellen zu den flektierenden Wortarten, unregelmäßigen Verben usw. Der Umfang der onomasiologischen und grammatischen Teile variiert von Wörterbuch zu Wörterbuch in hohem Maße; tragbaren elektronischen Wörterbüchern fehlen sie bis heute. Zudem gibt es für ihre Anordnung, die Makrostruktur von Wörterbüchern, bislang keine allgemein akzeptierten lexikographischen Konventionen, so dass sie sich teils in Anhängen, teils vor dem alphabetischen Wörterverzeichnis, teils in dieses integriert finden; auf manche Wortfelder und Tabellen wird im Inhaltsverzeichnis hingewiesen, auf andere nicht. Solche Informationen sind daher oft schlecht auffindbar, und da sie obendrein von vielen Lernern gar nicht erst in einem Wörterbuch erwartet werden, bleiben sie vielfach ungenutzt. Aktivitäten zum Kennenlernen eines Wörterbuchs müssen daher gerade auf diese Teile abzielen.

Vorbereitenden Charakter haben auch die Wiederholung und Erweiterung der Termini, die benötigt werden, um über Wortschatz und das Verhältnis von Wörtern zueinander sprechen zu können, die aber zum großen Teil schon aus den Semantisierungsphasen im Unterricht bekannt sein sollten.

Wortschatz zum Sprechen über Wortschatz		
Linguistischer Begriff	**Beispiel**	**Symbol**
Synonym		
Antonym/Gegenteil		↔
Oberbegriff		
Unterbegriff/Hyponym	*Eiche zu Baum*	
Kohyponym		
Wortfeld		
Wortfamilie		
Kompositum		
Ableitung		
Kollokation		
Idiomatische Wendung		

Vervollständigen Sie die Tabelle mit den Beispielen und den Symbolen aus dem Wörterbuch. Es gibt aber nicht für jeden Begriff ein Symbol.

Beispiele			Symbole
laut und leise	Bauer, Bürger, Fürst, König, Kaiser		
	beantworten zu Antwort	Eiche zu Baum	**ID**
Messer, Gabel, Löffel	Zuckerdose, Würfelzucker		↔
	auswandern und emigrieren		≈
Fürst, Fürstentum, fürstlich	ein schriller Ton	Obst zu Apfel	**K-, -K**
	j-d/etw. ist j-m ein Buch mit sieben Siegeln		< >

Hier empfehlen sich Zuordnungsaufgaben wie die voranstehende, wo den Termini zuerst Beispiele zugeordnet werden sollen. Nach dem Kennenlernen des Aufbaus eines Eintrags und der Darstellungskonventionen sind in die letzte Spalte die im jeweiligen Wörterbuch verwendeten Symbole für die semantischen und formalen Beziehungen einzutragen (die vorliegende Übung bezieht sich auf die Symbole im *Großwörterbuch Deutsch als Fremdsprache*).

Als nächstes sind die Darstellungskonventionen des verwendeten Wörterbuchs und die Anordnung der Informationen innerhalb eines Artikels (lexikographische Mikrostruktur) anhand einiger repräsentativer Einträge zu erarbeiten. Dafür kopiert man am besten einige Einträge und versieht sie am Rand mit Fragen, die sich auf die Drucktypen, IPA-Zeichen einschließlich der Betonungszeichen, der Abkürzungen, Zahlen, Symbole, die Unterscheidung von Synonym, Paraphrase und Beispiel sowie die morphologischen und grammatischen Angaben beziehen. Da sich die Gesamtheit der Dar-

4.3   Förderung des autonomen Wortschatzlernens

stellungsmittel nicht an ein oder zwei Einträgen erarbeiten lässt – und das in Abb. 27 gegebene Beispiel, um Überlastung zu vermeiden, auch nicht alle Mittel fokussiert und sich überdies auf Substantive und Adjektive beschränkt – , bietet sich die Chance, Gruppen von Lernern nach dem vorgegebenen Muster eigene Fragen zu weiteren Einträgen stellen zu lassen, die dann von anderen Gruppen beantwortet werden müssen.

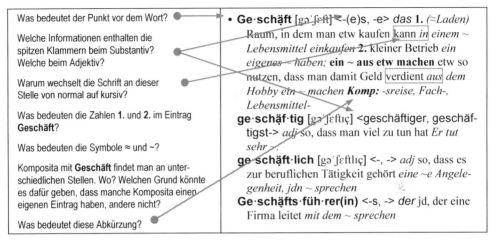

Abbildung 27: Arbeitsaufträge zu Einträgen aus *Pons Basiswörterbuch DaF* (1999)

Zur Vorbereitung gehört auch, dass die Lerner zügig mit der alphabetischen Anordnung der Wörter zurechtkommen, insbesondere was die Umlaute betrifft. Übungen wie „In welcher Reihenfolge stehen die folgenden Wörter im Wörterbuch? *oder – öde – Ocker – Oeuvre – Odem – Ödland – Odyssee – Ödem – Ödipuskomplex*"[35] haben daher durchaus eine Funktion, erübrigen sich aber für elektronische Wörterbücher.

Nach den einführenden Übungen sollten mit Hilfe des Wörterbuchs Probleme gelöst werden. Dabei wird sich die Nutzung der Datentypen der Einträge danach unterscheiden, ob es bei Rezeptions- oder Produktionsaufgaben zu Rate gezogen werden soll. Bei der Rezeption stehen Informationen zu Aussprache und Betonung, v. a. aber über die Bedeutung(en) sowie die Angabe der Verwendungskontexte im Vordergrund, für die Produktion neben Verwendungsbeispielen dagegen Angaben zur Flexion, bei Verben zentral die Valenzmuster und Angaben zu den Kollokationen der fraglichen Einheit. Auskünfte zu Stilebene, Beschränkungen auf das Gesprochene oder Geschriebene und Gebräuchlichkeit dürften wie die onomasiologischen Teile des Wörterbuchs ebenfalls schwerpunktmäßig für die Produktion genutzt werden.

Die Leistungen eines Wörterbuchs beim Textverstehen macht folgende Aufgabe erfahrbar. Um Missverständnissen vorzubeugen: Die von der Aufgabe verlangte Gründlichkeit soll Lerner nicht dazu auffordern, beim Lesen jedes unbekannte Wort nachzuschlagen oder ihren Erschließungstechniken zu misstrauen: Die negative Konnotation von *Raserei* ist auch durch den Kontext (*Missbrauch wie Alkoholismus und Raserei*)

---

[35] Vgl. „Wörterbuch-Arbeitsblatt" des Langenscheidt-Verlags, erschienen mit der Erstauflage des *Großwörterbuchs Deutsch als Fremdsprache*, nicht mehr erhältlich.

oder über das Wissen um das Wortbildungsmittel *-erei* bei Kontrasten wie *das Prüfen – die Prüferei* erschließbar. Solche Aufgaben sollen vielmehr punktuell eine optimale Nutzung von Wörterbüchern einüben. Deshalb sollten sie keinen zu großen Umfang haben und nicht zu häufig eingesetzt werden, damit der Umgang mit dem Wörterbuch nicht als ermüdend erfahren wird.

Sündenbock Werbung

VON HANNA GIESKES

Politiker lassen nicht locker. Werbung ist vielen ein Dorn im Auge. Doch Mißbrauch wie Alkoholismus am Steuer läßt sich durch den Werbe-Maulkorb nicht beseitigen.

Werbung ist aus der modernen Welt nicht mehr wegzudenken. Sie informiert. Sie weckt Träume, und wenn sie gut gemacht ist, fesselt sie den Betrachter. ....

(Die Welt vom 2.2.91)

---

1. Notieren Sie die Bedeutungsangaben aus dem Wörterbuch zu folgenden Wörtern und Wendungen des Textes:
   Sündenbock
   ein Dorn im Auge sein

2. In welcher Verbindung (Kollokation) erscheint *Maulkorb* meistens? Was bedeutet die Verbindung?

3. Ist *Raserei* ein stilistisch neutrales Wort?

4. In welcher seiner Bedeutungen wird *fesseln* im vorliegenden Text verwendet? Notieren Sie die Nummer der Bedeutung im Wörterbuch und die Bedeutungserklärung.

Hilfen für die Textproduktion leisten einsprachige Wörterbücher u. a. durch ihre Angaben zum grammatischen Verhalten der Wörter. Darauf zielen Übungen wie die aus dem schon erwähnten „Wörterbuch-Arbeitsblatt" ab:

Unterstreichen Sie die richtige Form des eingeklammerten Wortes in den folgenden Sätzen:	Setzen Sie die richtige Präposition in die folgenden Sätze ein:
• Ich hatte schon befürchtet, daß du nicht mehr an (mich / mir) denkst! • Man kann sich auf (ihn / ihm) einfach nicht verlassen! ...	• Seit kurzem interessiert er sich ____ klassische Musik. • Freust du dich denn gar nicht ____ dein Geburtstagsfest? • Er hat Angst ____ großen Hunden. • Sie hat immer Angst ____ ihren Mann, wenn er mit dem Auto unterwegs ist. ...

Zur Nutzung der Informationen über die Valenzmuster von Verben und sich typischerweise mit ihnen verbindenden Angaben schlägt Eggert (1996: 21) Expansions- und Komprimierungsübungen vor. In Ersteren sollen die Lerner mit Hilfe des Wörterbuchs Sätze wie *Er schreit* so weit wie möglich sinnvoll erweitern, in Letzteren Sätze wie *Mein Freund Toni simuliert bei jedem Fußballspiel einen Sturz im Strafraum, obwohl er weiß, daß er damit keinen Erfolg hat* so weit verkürzen, dass er noch grammatisch bleibt.

Ein einsprachiges Wörterbuch kann schließlich, und dies ist seine dritte Funktion, eigens zum fokussierten Wortschatzlernen eingesetzt werden, d. h. unabhängig von seinem Gebrauch zur Sicherung von Kommunikation beim Verstehen und Produzieren von Texten. Diesem Ziel dienen nachfolgende Aufgaben aus dem o. g. „Wörterbuch-

4.3 Förderung des autonomen Wortschatzlernens

Arbeitsblatt". Sie fokussieren in Form der Kollokationen zum einen syntagmatische Relationen zwischen Wortschatzeinheiten, zum anderen die paradigmatischen Relationen der Synonymie und Antonymie.

Unterstreichen Sie das Verb, das normalerweise in den folgenden Verbindungen gebraucht wird.	Ordnen Sie die folgenden Verben zu Synonympaaren:
eine Nachrichtensperre a) aufstellen b) verhängen c) festlegen	1. herstellen a. exportieren 2. ausführen b. informieren 3. zerstören c. produzieren 4. einführen d. realisieren 5. verwirklichen e. importieren 6. benachrichtigen f. ruinieren
es a) rennt wie am Schnürchen b) marschiert c) läuft ... das a) beseitigt den Durst b) löscht c) stoppt	Ordnen Sie die folgenden Adjektive zu Antonympaaren: 1. sinnvoll a. schwierig 2. weich b. gekocht 3. roh c. sinnlos 4. einfach d. hart 5. schwer e. glatt 6. rau f. leicht

Zusammenfassend ist zu betonen, dass die vorgestellten Aufgaben den Lernern nicht übermäßiges Nachschlagen antrainieren sollen, sondern sie befähigen möchten, immer dann, wenn sie zum Wörterbuch greifen, dieses auch effektiv und optimal zu nutzen. Für den Weg dahin wäre es kontraproduktiv, lange Lerneinheiten zur Wörterbucharbeit anzusetzen. Es ist besser, regelmäßig, aber nicht massiert mit dem Wörterbuch arbeiten zu lassen und immer wieder neben dem Ausbau der Routinen neue Aspekte dieses Hilfsmittels entdecken zu lassen. Bei manchen Übungen kommt es auf ein langsames und im Gespräch reflektiertes Vorgehen an (Wo finde ich auf welchem Weg welche Information?), bei anderen kommt es auf Geläufigkeit an; Letztere gewinnen durch Wettbewerbscharakter an motivierender Kraft.

Strank (2010) gibt in ihrem Übungsbuch zum systematischen Wortschatzerwerb für fortgeschrittene Lerner Hinweise für den Umgang mit Spezialwörterbüchern wie Synonym-, Antonym-, Wortfamilien-, Kollokations-, idiomatischen und etymologischen Wörterbüchern.

Auch der Umgang mit Online-Wörterbüchern muss vermittelt werden, vor allem, wenn ihr Mehrwert gegenüber dem gedruckten Medium nutzbar gemacht werden soll; Aufgaben und Übungen zu Online-Wörterbüchern erläutert Kap. 10.3.3.2.

Aufgabe 4-10:
Was sollen die folgenden Aufgaben bezwecken? Auf welche der drei Funktionen von einsprachigen Wörterbüchern sind sie gerichtet: Hilfe bei der Textrezeption, Hilfe bei der Textproduktion, Mittel fokussierten Wortschatzlernens?

Wer oder was ist .... ?

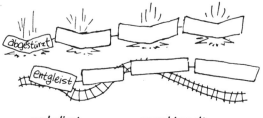

explodiert	verschimmelt
verrostet	zerbrochen
umgekippt	geplatzt

der Bergsteiger - das Brot - der Drachenflieger - die Ehe - das Eisen
die Fensterscheibe - das Flugzeug - die Freundschaft - das Geländer
das Konzert - die Kosten - die Marmelade - die Mine - die Naht - das Obst
der Reifen - die Schere - der See - der Sprengstoff - die Stimmung
die Straßenbahn - der Stuhl- der Waggon - der Zug

Arbeitsanweisung: Zu jedem der Verben passen drei der Subjekte unten. Jedes Substantiv darf nur einmal verwendet werden. (Manchmal hilft es, unter dem Basisverb nachzuschlagen, d. h. unter *rosten* statt *verrosten*)

Abbildung 28: Plank (1996: 182), im Original sind alle Verben visualisiert

Wortpaare

Hof Blasen Wege
Tritt klar Nebel
dünn Tat
Faden Antwort
Braus Fach

jemandem mit Rat und .... zur Seite stehen
jemandem klipp und .... (die Meinung) sagen
bei Nacht und .... verschwinden
jemandem auf Schritt und *Tritt* folgen
mit jemandem durch dick und .... gehen
in Saus und .... leben
jemandem Rede und .... stehen
Haus und .... verlieren
von Tuten und .... keine Ahnung haben
etwas unter Dach und .... bringen
jemanden nach Strich und .... verwöhnen
Mittel und .... finden

1. Seit sie Mutter ist, hat sie keine Minute für sich: *ihr kleiner Sohn folgt ihr überallhin.* ... ihr kleiner Sohn folgt ihr auf Schritt und Tritt
2. Er hat sein ganzes Geld verspielt und auf diese Weise *alles verloren, was ihm gehörte.*
3. Marias Freund sitzt im Gefängnis, aber *sie hilft ihm und verläßt ihn nicht.*
   ...
12. Wenn man sich Zeit läßt, *findet man Möglichkeiten, Probleme zu lösen.*

Arbeitsanweisung: Ergänzen Sie die Wortpaare, und klären Sie die Bedeutung. Ersetzen Sie in den zwölf Sätzen die kursiven Satzteile durch die gefundenen Wortpaare.

Abbildung 29: Plank (1996: 184)

4.4 Lösungshinweise zu den Aufgaben

Zu Aufgabe 4-1:
Zur Kenntnis eines Wortes gehören die Laut- und Schriftform (Formseite), das Wissen, worauf ein Wort beziehbar ist (Referenzpotential), welches seine Synonyme, Antonyme, Kohyponyme und Superonyme sind (paradigmatische semantische Beziehungen), welchen Stilwert es hat (ein Aspekt der Konnotation), schließlich seine Wortart, die grammatischen Beziehungen, die es eingeht, (grammatische Eigenschaften) und mit welchen anderen Wörtern es sich bevorzugt im Satz verbindet (Kollokationen). Im Fall eines L2-Worts gehört zu seiner Kenntnis auch das kontrastive Wissen darüber, wie es sich von dem L1-Äquivalent unterscheidet.

Zu Aufgabe 4-2:
(a) Je fortgeschrittener der Erwerb, desto stärker werden zu einem Stimulus paradigmatisch verwandte Wörter assoziiert, im Erst- wie im Zweitspracherwerb. Die paradigmatischen Assoziationen ersetzen Klangassoziationen, wie sie in der ersten Erwerbsphase eines Wortes gelegentlich vorkommen, und die in dieser Phase häufigeren Assoziationen syntagmatischer Natur, die sich aus dem Wissen um das gemeinsame Vorkommen von Wörtern in Sätzen oder in bestimmten Erfahrungsbereichen speisen. Die Veränderungen sprechen dafür, dass sich Wörter im mentalen Lexikon zunehmend miteinander vernetzen und dass mit einem Wort weit mehr als sein Referenzpotential verbunden ist.
(b) Bei der ersten Begegnung mit einem neuen Wort erfährt der Lerner in der Regel lediglich eine konkrete Referenz des Worts bzw., wenn die L1 im Erwerbsprozess eine große Rolle spielt wie im traditionellen Fremdsprachenunterricht, die mehr oder weniger adäquate Bedeutung des entsprechenden L1-Worts. Das gesamte Referenzpotential bzw. die L2-Bedeutung des neuen Worts erschließt sich aber erst in weiteren Umgebungen. Die letzte Stufe des Erwerbs, vor der aber oft fossiliert wird, ist erreicht, wenn der Lerner in Rezeption wie Produktion nicht mehr über das L1-Wort gehen muss. Ferner muss das Wort sukzessive mit anderen Wörtern semantisch vernetzt werden. Der Erwerb eines Worts erstreckt sich also über einen längeren Zeitraum und kann erst mit einem Wissen um die wichtigsten paradigmatischen und syntaktischen Beziehungen als vorläufig abgeschlossen gelten. Der Erwerb im weiteren Sinne stilistischer Werte und kollokativer Verbindungen nimmt dagegen sehr lange Zeiträume in Anspruch.

Zu Aufgabe 4-3:

Wort	Semantisierungstechnik
reizvoll	2.5 Morphologische Erklärung
	2.2 Paraphrase
	2.1 Synonym (Internationalismus)
	2.4 Einbettung in einen Beispielsatz
lüften	1.3 Darstellung durch Mimik, Gestik, Handlungen
	2.5 Morphologische Erklärung
	2.2 Paraphrase
Lunge	2.2 Definition
	1.1 Zeigen
Lungenkrebs	2.2 Definition
sich entspannen	2.4 Einbettung in Kontext
	1.3 Darstellung durch Mimik, Gestik, Handlungen
	2.1 Antonym
	2.1 Synonym (jugendsprachlicher Internationalismus)

Wille	2.2 Paraphrase
	2.4 Einbettung in mehrere Beispielsätze; neben der Semantisierung wird die Kollokation „starker Wille" eingeführt
irgendwann	2.2 Paraphrase
	2.4 Einbettung in mehrere Beispielsätze

Zu Aufgabe 4-4:
Bei *furchtbar* handelt es sich um ein Wortbildungsprodukt, genauer um eine Ableitung. Sie ist formal transparent, denn sie kann ohne weiteres in die Morpheme *furcht* und *bar* zerlegt werden; semantisch aber ist sie demotiviert, denn *furchtbar* bedeutet – zumindest im vorliegenden Kontext – nicht, dass etwas gefürchtet werden muss, sondern nur, dass der Sprecher eine stark negative emotionale Wertung ausdrückt wie mit den synonymen Wörtern *schrecklich, entsetzlich*. Die Erklärung (a) macht zwar die Form des neuen Worts durchsichtig, hinsichtlich seiner Semantik ist der Bezug auf *Furcht* aber verwirrend, (b) daher die geeignetere Erklärung. Bei demotivierten oder gar idiomatisierten Wortbildungsprodukten ist eine morphologische Bedeutungserklärung meist nicht angebracht.

Zu Aufgabe 4-5:
Zu *Zimmer*: Der Anschrieb (a) *Zimmer* reicht keinesfalls aus, denn dem Lerner muss angegeben werden, welches Genus dieses Substantiv hat und wie es seinen Plural bildet; (b) und (c) geben zwar das Genus, nicht aber die Pluralform. (d-g) geben beides, (f) darüber hinaus noch die Genitivform. Die Angabe der Genitivform ist Praxis in Wörterbüchern – (f) stammt aus Langenscheidts *Großwörterbuch Deutsch als Fremdsprache* –, für den Unterricht empfiehlt sich dies aber nicht, denn der Genitiv ist über Regeln vorhersagbar, wenn Genus und Plural bekannt sind. Der Anschrieb würde durch die zusätzliche Form unübersichtlicher. Zu überlegen wäre aber die Notierung des Genitivs in dem seltenen Fall der sog. gemischten Deklination bei Maskulina (*der Staat – des Staats – die Staaten; der Wille – des Willens*). (b-g) geben das Genus in z. T. unterschiedlicher Weise an, (f) nur als *n* (für *Neutrum*). Diese Notation weist eine beträchtliche psycholinguistische Ferne zur Sprachverwendung auf, denn der Lerner muss erstens *n* in *das* übersetzen und zweitens die nachgestellte Genusinformation nach vorne permutieren. Ein Anschrieb wie *das Zimmer* dagegen ist der Sprachverwendung viel näher. Selbstverständlich ist es für einen alphabetisch geordneten Wörterbucheintrag sinnvoll, den Artikel oder die abstrakte Genusangabe hinter das Substantiv zu stellen, nicht aber für eine Wortliste im Unterricht, die nach der Abfolge der Wörter im Text oder nach Wortfeldern geordnet ist und wo der vorangestellte Artikel das Aufsuchen einer Wortform nicht stört. Am geeignetsten scheinen daher (d) oder (e), wobei der Artikel auch ausgeschrieben werden kann. – Treibt man die Argumentation gegen die Notierung des Genitivs weiter, wäre zu diskutieren, ob – bei Fortgeschrittenen – nicht auch die je unmarkierten Pluralformen weglassbar wären, also nur *die Burg* zu schreiben wäre, weil die Pluralendung *-en* der Standardfall bei Feminina ist; nur im markierten Fall wäre der Plural zu notieren, also bei *die Hand ("-e)*. Diese Diskussion kann hier nicht ausgeführt werden, für eine Darstellung der Markiertheitsverhältnisse bei Pluralformen sei aber auf Eisenberg (2006a, 5.2.1) verwiesen und für die Rolle der Markiertheit in der Darstellung grammatischer Phänomene auf Kap. 5.2.2–3.
Zu *Baum*: Entsprechend den Ausführungen zu *Zimmer* wären (b oder c) der gebotene Anschrieb.
Zu *entspannen*: (a) enthält dem Lerner eine wichtige Information über die Valenz des Verbs in der im Text verwendeten Bedeutung vor, nämlich dass es ein Reflexivpronomen verlangt; (b und c) geben diese Information; (c) jedoch ist unökonomisch, denn bei einem regelmäßigen Verb mit vorhersagbaren Flexionsformen müssen Präteritum und Partizip Perfekt nicht angeschrieben werden. Bei starken Verben kann dies in der Grundstufe geschehen, in Mittel- und

4.4 Lösungshinweise zu den Aufgaben

Oberstufe ist es aber in aller Regel nicht mehr nötig, da hier nur noch Ableitungen von starken Verben unbekannt sein dürften, nicht aber die Basisverben selbst, deren unregelmäßige Formen aufgrund ihrer hohen Frequenz mittlerweile geläufig sein müssten. Dies schließt aber nicht aus, dass der Lehrer die Stammformen mündlich nennt. (d) notiert zusätzlich zum erklärten Wort noch eine seiner Ableitungen, das Konversionsprodukt *entspannt* und dessen Antonym *angespannt*.

Zu *unterhalten*: Bei Verben muss wie in (c) das Valenzmuster angegeben werden, es sei denn, es liegt Standardvalenz vor: Nominativergänzung bei einstelligen, Nominativ- und Akkusativergänzung bei zweistelligen Verben. Bei polysemen Verben erfolgt über die Angabe des Valenzmusters oft auch eine Desambiguierung: Durch das in (c-e) angegebene Valenzmuster unterscheidet sich das *unterhalten* in *Wenn man sich unterhält, gehören Zigaretten eben dazu* zum Beispiel von dem *unterhalten* in *ein Geschäft unterhalten* (= *führen*) oder in *ein Schloss unterhalten* (= *instandhalten*). Ob wie in (d) die Stammformen angegeben werden müssen, ist – wie schon anhand *entspannen* ausgeführt wurde – vom Entwicklungsstand der Lerner abhängig. (e) notiert auch den Wortakzent, was im Hinblick auf die Trennbarkeit von Präfix und Verbstamm eine wichtige Information ist, denn es gibt ja auch trennbare Verben mit *unter* (*Wo bringen Sie die Gäste unter?*).

Zu Aufgabe 4-6:
Übung 1: Mit dem ersten Teil dieser Übung aus einem Mittelstufenlehrwerk liegt eine recht komplexe Zuordnungsaufgabe des Typs c vor, denn es müssen sowohl Synonyme im weitesten Sinne (nicht nur paarweise!) einander zugeordnet als auch Gegensätze im Sinne von Kohyponymen bestimmt werden. Die verlangten Entscheidungen erfordern eine recht genaue Differenzierung, die allerdings durch einen vorangehenden Text über die Lesegewohnheiten der Deutschen und die Politik großer Verlage erleichtert wird. Der zweite Teil zielt auf eine chronologische Ordnung der Verben ab, die die Geschichte eines Buches skizziert (Typ e). Was den Komplexitätsgrad der Teilaufgaben betrifft, erschien manchen Probanden Teilaufgabe (b) leichter als (a), womit die Progression der Aufgabenstellung fraglich wird.
Übung 2: Verlangt ein paarweises Zuordnen von Mengen- bzw. Maßangaben und Lebensmitteln und beabsichtigt somit den Aufbau von Kollokationswissen ab (Typ c). Durch die vorangehenden Redemittel (*Ich hätte gern ...* u. a.) wird ein Minimalkontext geschaffen, der auf kommunikative Verwendbarkeit abzielt.
Übung 3: Der erste Teil ist vom Typ d (Zusammenstellen); der zweite Teil schlägt eine Brücke zur Verwendung der zusammengestellten Wörter im Rahmen der Fertigkeiten Sprechen oder Schreiben, verlangt also eine kommunikative Anschlussaktivität.
Übung 4: Die erste Teilfrage ist eine Identifizierungsaufgabe (Typ a); die zweite Teilfrage zielt auf paarweises Zuordnen von Antonymen ab (Typ c). Die Übung ist – wie die meisten Onlineübungen – geschlossen und kann daher eine computergestützte Rückmeldung erfahren.
Übung 5: Verlangt die Bildung eines Oberbegriffs (Typ d) und das Aussortieren (Typ b), wobei es für Letzteres keine eindeutige Lösung geben kann. Im Gegenteil – die Entscheidung für das oder die nicht passenden Elemente soll zu einer Diskussion über kulturelle Gegebenheiten führen: Was zählt wo als Haustier, was zählt wo als Strafe. Die Strafen könnten ihrerseits wieder hinsichtlich ihrer Schwere diskutiert werden.
Die vorgestellten Übungen sind alle mehrstufig angelegt und weisen entweder eine Progression der kognitiven Schwierigkeit oder eine abschließende kommunikative Anwendung auf.

Zu Aufgabe 4-7:
Die Aufgabe übt im Bereich der Wortbildung die Ableitung von handlungs- und personenbezeichnenden Substantiven aus Verben, daneben wird aber auch das Wortfeld Sport mit seinen wichtigsten Bestandteilen etabliert.

Zu Aufgabe 4-8:

(a)

1) *Trend*	Das Wort ist wichtig; zur Erschließung ist das Verständnis des gesamten Textes notwendig, die entscheidenden Hinweise folgen also der Lücke.
2) *obwohl*	Auch hier folgt der entscheidende Hinweis der Lücke, allerdings begrenzt auf den Satz. Der Lerner muss aufgrund seines Weltwissens die Unvereinbarkeit der in Haupt- und Nebensatz ausgedrückten Sachverhalte erkennen. Die Lücke ist wichtig.
3) *Angst*	Das fehlende Wort lässt sich im Kontext des Satzes und des Vorgängersatzes lösen, einen grammatischen Hinweis gibt die Präposition vor.
4) *Wohngemeinschaft*	Die Lücke ist thematisch zentral; die entscheidenden Hinweise kommen aus den drei Folgesätzen; die Lücke kann aber auch aus dem Weltwissen über Wohnformen in den 70er Jahren erschlossen werden.
5) *teuer*	Die Lücken 5 und 6 sind lokal leicht erschließbar.
6) *Miete*	s. o.
7) *Streit*	Das Gemeinte ist durch das koordinierte *Chaos* und das folgende Präpositionalattribut *um die Hausarbeiten* lösbar.
8) *zögern*	Hier handelt es sich um eine Lücke, mit der Lerngruppen Schwierigkeiten haben, denn es wird zu ihrer Füllung das Verständnis des gesamten vorangehenden Textes und des folgenden *obwohl*-Satzes vorausgesetzt.
9) *beendet*	Das Wort ist lokal aufgrund des vorangehenden Teilsatzes erschließbar.

(b) Welche Lücken man stehen lassen möchte, richtet sich nach sprachlichem Niveau und thematischem Wissen der Lerner. Es hängt auch davon ab, ob eine solche Übung zum ersten Mal durchgeführt wird – dann sollten die Lücken leichter zu erschließen sein – oder nicht.

(c) Lücken, die sich im zweiten Teil des Textes anbieten, sind kursiv gesetzt:

Bei einigen jungen Erwachsenen ist der Schritt in die Unabhängigkeit nicht von Dauer. Sie *ziehen aus*, kommen aber bald zu ihren Eltern zurück, weil sie arbeitslos werden, weil sie ihre Wohnung nicht mehr *bezahlen* können oder weil sie *Probleme* mit dem Alleinsein haben.

Natürlich gibt es auch junge Leute, die von vornherein im Elternhaus bleiben, obwohl sie genug Geld für eine eigene Wohnung haben. Das meistens kostenlose oder günstige Wohnen bei den Eltern ist *attraktiv*, weil sie so nicht auf das eigene Auto und teure Urlaube *verzichten* müssen. Sie *genießen* den „Rund-um-die-Uhr-Service" und müssen nicht im Haushalt helfen. Und dann ist da immer jemand, der zuhört und hilft, wenn man Probleme hat. Warum also weg? – Zu Hause ist doch alles so *einfach*.

Zu Aufgabe 4-9:
Lösung im Text

Zu Aufgabe 4-10:
Die Aufgaben nutzen das Wörterbuch zur fokussierten Wortschatzarbeit. Die Aufgabe *Wer oder was ist ...* zielt auf Kollokationen zwischen Verben, die eine Verschlechterung ausdrücken, und ihren Subjekten ab. Bei einer zusätzlichen Aufgabenstellung könnte auch der metaphorische Gebrauch einiger dieser Verben in den Blick gerückt werden: *Die Fensterscheibe zerbrach – die Freundschaft zerbrach, der Stuhl ist umgekippt – die Stimmung ist umgekippt* usw. Die Aufgabe *Wortpaare* soll die phraseologische bzw. idiomatische Kompetenz des Lerners erweitern.

5 Grammatik

5.1 Zur Einführung

5.1.1 Möglichkeiten und Grenzen des Grammatikunterrichts

Die Zweitspracherwerbsforschung hat, wie in 1.3.1 ausführlich dargelegt wurde, zahlreiche scheinbare Gewissheiten des Grammatikunterrichts in Frage gestellt. Insbesondere der Beitrag expliziten grammatischen Wissens zur Entwicklung des impliziten Wissens im Sinne des Sprachkönnens ist hinterfragt worden. Dabei wurden zunächst die Grenzen der Grammatikarbeit deutlich: Sie hat keinen Einfluss auf die Abfolge des Erwerbs der Wortstellung, der Negation, der Fragesyntax und anderer Strukturen, die einer Entwicklungssequenz unterliegen. Gleichwohl kann sie ihren Erwerb beschleunigen und vorzeitige Fossilierungen verhindern. Bei variablen Strukturen dagegen, deren Erwerb keinen Sequenzen unterliegen, ist Grammatikunterricht erfolgversprechender. Dennoch sind in beiden Bereichen Fehler trotz Instruktion unvermeidbar, und jeder Erwerb dauert seine Zeit. Spätere Ansätze der Spracherwerbsforschung haben das Verhältnis von explizitem und implizitem Wissen genauer betrachtet und entgegen frühen Auffassungen wie der Krashens (1982) umfangreiche Belege für ein Interface zwischen den beiden Wissensbeständen anführen können (vgl. Kap. 1.3.1.2, Butzkamm [3]2002, N. Ellis 2005). Diese Überlegungen haben dem Unterricht aber auch neue Möglichkeiten eröffnet, indem auch solche didaktischen Maßnahmen als Grammatikarbeit angesehen und genutzt werden können, die nicht auf der höchsten Stufe expliziten Wissens, den metasprachlich formulierten Regeln, angesiedelt sind.

Auch wenn in der Zwischenzeit provokative Kapitelüberschriften in Einführungen für Fremdsprachenlehrer wie „Mit oder ohne Grammatik?" (Butzkamm [3]2002) oder „Does Instruction make a Difference?" (Edmondson/House [3]2006) an Schärfe verloren haben, sind die aufgeworfenen Fragen noch nicht abschließend geklärt (vgl. Kap. 1.3.1). Auf Antworten warten kann aber weder die Fremdsprachenvermittlung allgemein noch der Lehrer, der für seine Lerngruppe verantwortlich ist; in der Praxis lassen sich Entscheidungen hinsichtlich der Grammatikarbeit nicht aufschieben. Dass diese notwendigerweise mit Unsicherheiten behaftet sind und rezeptartige Handlungsanweisungen nicht gegeben werden können, ergibt sich aus der Forschungslage.

Auch die Geschichte der Fremdsprachendidaktik und des Fremdsprachenunterrichts macht deutlich, in welchem Spannungsfeld Grammatikarbeit zu sehen ist. Sie zeigt vor allem, dass extreme Positionen nicht erfolgreich waren. Die starke Betonung formaler Grammatik in der Grammatik-Übersetzungs-Methode hat oft nicht zu spontansprachlicher Kompetenz geführt, aus Sprach-*Kennen* alleine wurde nicht Sprach-*Können*. Die Audiolinguale Methode schloss in ihrer rigidesten Form Grammatik für die Lerner aus und setzte stattdessen für die Beherrschung von Sprachstrukturen auf Strukturmusterübungen, die so genannten pattern drills. Doch obwohl „der Input streng nach grammatischen Aspekten strukturiert und somit – zumindest theoretisch – eine günstige Induktionsbasis vorhanden war, hat der Prozess der zielgerechten Hypothesenbildung nur unzulänglich funktioniert" (Storch 1999: 75), das heißt, die Lerner haben ihre Sprachkompetenz nicht in der gewünschten Weise ausgebildet. Die in 1.3.2 schon erwähnten kanadischen Immersionsprogramme schließlich, die ganz auf verständlichen Input setzen, erzielten zwar eine hohe rezeptive Kompetenz der Lerner, ihre produktiven Fähigkeiten befanden sich aber nur auf der Ebene eines *classroompidgin*.

Ohne bedeutungshaltige Kommunikation kann Sprache nicht gelernt werden, dennoch können Kommunikation und Input im Unterricht nicht alles sein, denn im Vergleich zu natürlichen Spracherwerbssituationen mangelt es an ausreichender Kontaktzeit mit der Sprache, und der großen Anzahl von Lernern steht in der Person des Lehrers lediglich ein kompetenter Sprecher gegenüber. „Unter diesen Bedingungen genügt das schlichte Gebot, im Unterricht zu kommunizieren, nicht: Wer dies fordert, fällt dem naturmethodischen oder kommunikativen Trugschluss anheim (*the natural/communicative fallacy*)." (Butzkamm ³2002: 114) So wird Grammatik für Butzkamm gerade zur „Chance des Unterrichts" (ebd.: 224).

Wie muss Grammatikarbeit aufgrund der Erfahrung mit extremen Positionen und unter Berücksichtigung der bislang gesicherten Ergebnisse der Zweitspracherwerbsforschung, wie sie in 1.3.1.4 resümiert wurde, aussehen?

1. Zunächst einmal hat sich Grammatikarbeit in einer dem Spracherwerb dienenden Rolle zu begreifen: Unter dem Primat des Erwerbs einer fremdsprachlichen Kompetenz ist sie Mittel, nicht Ziel. Je weniger eine Lerngruppe oder ein Lerner das Mittel benötigt, desto besser. Und wenn es nicht mehr gebraucht wird, darf es wie eine Krücke weggeworfen werden, sobald der Lerner sprachlich alleine laufen kann.[36]

2. Der Grammatikunterricht hat dem angeborenen Sprachlernvermögen, mit dem jeder Lerner schon mindestens seine Muttersprache erworben hat, zuzuarbeiten und nicht entgegenzuarbeiten. Zwar verändert sich das Sprachlernvermögen im Laufe der Zeit, aber auch im Fremdsprachenunterricht ist es noch wirksam. Ein Entgegenarbeiten läge da vor, wo der Grammatikunterricht einer Progression folgt, die den Entwicklungssequenzen im ungesteuerten Erwerb widerspricht. Gegenwärtig sind allerdings nur für einige – wenn auch wichtige – sprachliche Strukturen Entwicklungssequenzen gesichert, und noch ist nicht hinreichend bekannt, welche Strukturen überhaupt entwicklungsbedingt und welche variabel sind (vgl. Kap. 1.2.2). Bei Letzteren kann Grammatikunterricht mit größerem Erfolg ansetzen.

---

[36] Zu diesem weit verbreiteten Bild von der Rolle der Grammatik im kommunikativen Fremdsprachenunterricht seien zwei einschränkende Bemerkungen angebracht. Sprachen werden gelegentlich auch aus Interesse an anderen Sprachsystemen und ihrem Funktionieren gelernt. Bei dieser Motivationslage ist grammatisches Wissen durchaus ein (Bildungs)Ziel und nicht nur Mittel zum Zweck. Allerdings wird der Unterricht in modernen Fremdsprachen heutzutage gesellschaftlich kaum noch so legitimiert, im Gegensatz zum Unterricht in den klassischen Sprachen. Eine über rein instrumentell verstandene kommunikative Kompetenz hinausgehende Legitimation erfährt der Fremdsprachenunterricht erst in jüngerer Zeit wieder mit der Zielsetzung, er solle zum interkulturellen Verständnis beitragen, zur Reflexion des Eigenen und des Fremden führen und zur Toleranz erziehen. Huneke/Steinig (2002: 161) geben hier nun im Anschluss an Harden (1990) zu bedenken, dass „in der Begegnung gerade mit den grammatischen Regularitäten einer fremden Sprache durchaus eine Chance zu interkultureller Fremderfahrung [liegt], denn diese Regularitäten weichen ja von denen in der eigenen Sprache ab, also letztlich von sozialen Konventionen, die man bisher für selbstverständlich und unhinterfragbar gehalten haben mag."

5.1 Zur Einführung

3. Das angeborene Sprachlernvermögen führt zur internen Grammatik, zu implizitem Regelwissen. Der traditionelle Grammatikunterricht dagegen vermittelt explizites Regelwissen. Nimmt man wie Krashen (1982) an, dass explizites Wissen nie zu implizitem Wissen führen kann, da beide gänzlich unterschiedlichen Wissensbeständen angehören, dann wäre Grammatikunterricht für den Lerner nur beschränkt nützlich, nämlich nur in solchen Sprachverwendungssituationen, in denen er sein explizites Wissen einsetzen kann, etwa beim Lesen ohne Zeitdruck oder beim Schreiben. Fertigkeits- und kognitive Psychologie gehen heute aber davon aus, dass explizites Wissen sehr wohl in implizites überführt werden kann (vgl. Kap. 1.3.1.2). Dies ist ein für Grammatikarbeit entscheidender Punkt, denn dann ist es nicht nur möglich, das implizite Wissen zu fördern, es bedarf dann auch nicht unbedingt der höchsten Form von Explizitheit, nämlich metasprachlich formulierter Regeln mit ihrer Terminologie, um implizites Wissen aufzubauen. Grammatikarbeit ist dann alles, was über irgendeine Form von Bewusstheit oder Aufmerksamkeitssteuerung dem angeborenen Sprachlernvermögen auf die Sprünge hilft, und wenn es „nur"[37] ein besonders einprägsames und typisches Beispiel für eine Struktur ist. Grammatikarbeit muss so gestaltet sein, dass sie die Lernaufgabe erleichtert und nicht durch unnötige Explizitheit des Beschreibungs- und Regelapparats erschwert.

4. Die Ausbildung der internen Grammatik kostet Zeit. Auch die erfolgreiche Vermittlung einer grammatischen Struktur, in deren Verlauf der Lerner sie durchschaut und verstanden hat sowie gelenkte Übungen bewältigen konnte, bedeutet noch nicht, dass sie schon jederzeit für die spontane Sprachproduktion zur Verfügung steht. Bis zum vollständigen Erwerb ist mit hoher Variabilität zu rechnen. Außerdem muss ein Prozess der Automatisierung erfolgen, bis die Struktur immer weniger Aufmerksamkeit verlangt und Gedächtniskapazität für neue Lernaufgaben frei wird. Automatisierung verlangt ihrerseits Zeit zum Üben und vor allem lebendige Anwendungserfahrung in der Kommunikation. Grammatikarbeit muss daher so sparsam wie möglich erfolgen, damit genügend Zeit für Letztere zur Verfügung steht.

5. Umfang der Grammatikarbeit und Grad der Bewusstmachung sind schließlich auch an den Lernern zu orientieren, zunächst an ihrem Alter. Je älter die Lerner sind, desto vorteilhafter sind bewusstmachende Verfahren. In welcher Altersspanne die größten Änderungen im angeborenen Sprachlernvermögen stattfinden, ist Gegenstand zahlreicher Untersuchungen und Kontroversen. Mit Empfehlungen ist daher vorsichtig umzugehen, aber es scheint plausibel, dass nach der Altersspanne von 10 bis 13 Jahren Bewusstmachung immer hilfreicher wird.

6. Auf individueller Ebene ist der dominierende Lernstil zu berücksichtigen. Hier wird oft zwischen einem eher imitativ-holistischen und einem eher kognitiv-analytischen Lernertyp unterschieden (vgl. 1.3.1.5). Der letzte Lernertyp braucht und verlangt eher Erklärungen und will Aspekte des Systems der fremden Sprache verstehen. Grammatikunterricht muss also auch individualisieren.

7. Schließlich ist die Distanz zwischen dem System der Ausgangs- und dem der Zielsprache und der Grad der Markiertheit der zu erwerbenden Struktur zu berücksichti-

---

[37] Die Praxiserfahrung, dass „gute" Beispiele zu Grammatik werden können, wird mittlerweile durch die Konstruktionsgrammatik auch theoretisch gestützt.

gen. Je größer die Distanz beider Systeme oder genauer: zwischen bestimmten Teilsystemen der involvierten Sprachen, desto mehr Bewusstmachung und Erklärung ist für den jeweiligen Teilbereich notwendig.

Grammatik ist damit in der Unterrichtspraxis eine Frage des Fingerspitzengefühls: eine Frage des Zeitpunkts, der Dosierung, des Grades an Explizitheit und der Individualisierung. Der Lehrer muss folglich über unterschiedliche Handlungsmöglichkeiten verfügen und in der Lage sein, mit vorgefundenem oder vorgegebenem Material souverän umzugehen, es an seine Lerngruppen anzupassen, zu verändern, unter Umständen auch zu verwerfen. In 5.2 wird die Breite der Möglichkeiten von Grammatikarbeit vorgestellt, die auf der Einsicht beruht, dass „Grammatikarbeit ... ein Sammelbegriff für geistige Leistungen recht unterschiedlichen Kalibers" ist (Butzkamm, ^{3}2002: 113), somit einerseits Arbeitsformen umfasst, die traditionell nicht als Grammatikarbeit bezeichnet würden, andererseits aber auch weit über sie hinausgehen. Angeordnet sind die Vorschläge nach dem Grad der Explizitheit des jeweiligen Verfahrens und dem Grad der vom Lerner jeweils verlangten metasprachlichen Bewusstheit.

Zunächst ist aber noch zum einen kurz auf die unterschiedlichen Bedeutungen einzugehen, mit denen „Grammatik" bisher gebraucht wurde, und zu spezifizieren, welcher Begriff von Grammatik im Folgenden zugrundegelegt werden soll (5.1.2). Zum anderen ist der Ort von Grammatikarbeit, d. h. der Bewusstmachung und des Übens der bewusst gemachten Strukturen, in einem kommunikativen Unterricht zu bestimmen (5.1.3).

5.1.2 Pädagogische vs. wissenschaftliche Grammatik

Helbig (1981) unterscheidet zunächst drei Bedeutungen von Grammatik: Erstens das einer Sprache zugrunde liegende und sie konstituierende Regelsystem, unabhängig von seiner Beschreibung (Grammatik A). In diesem Sinne kann man davon sprechen, dass die Grammatik einer bestimmten Sprache noch nicht beschrieben ist. Zweitens die in Form von Grammatikbüchern oder Internetseiten vorliegende linguistische Beschreibung einer Grammatik A; jede solche Beschreibung, oder besser: jeder solche Beschreibungsversuch, ist eine Grammatik B. Schließlich bezeichnet Grammatik noch das Regelsystem, das sich beim Spracherwerb im Kopf des Lernenden herausbildet (Grammatik C) und mit dessen Hilfe er Sätze einer Sprache bildet. Im vorangegangenen war verschiedentlich Grammatik C gemeint, wenn von interner Grammatik oder dem impliziten Regelsystem die Rede war, das der Lerner aufbauen muss. In einem weiteren Schritt differenziert Helbig die grammatischen Beschreibungen je nach dem Erkenntnisinteresse, dem Zweck, den Benutzern und den Benutzungssituationen in Arten von Grammatiken des Typs B. Von den vielfältigen Unterscheidungen, die Helbig (2001) trifft, interessiert hier vor allem die Gegenüberstellung von linguistischen Grammatiken, die eine Grammatik A zu sprachwissenschaftlichen Zwecken möglichst vollständig und explizit zu beschreiben versuchen, und didaktischen Grammatiken, die – für Unterrichtszwecke verfasst – eine Auswahl, didaktisch-methodische Umformung und Adaption linguistischer Grammatiken darstellen. Eine didaktische Grammatik orientiert sich aufgrund ihres Zwecks nicht nur an einer linguistischen Grammatik, sondern auch an einem Komplex nichtlinguistischer Faktoren, die mit dem Lerner,

5.1 Zur Einführung

seinen Voraussetzungen und dem Lernkontext insgesamt zu tun haben. Synonym mit dem Terminus didaktische Grammatik wird auch von pädagogischer Grammatik oder Lernergrammatik gesprochen.

Eine pädagogische Grammatik für den Fremdsprachenunterricht stellt das Sprachsystem nicht aus Erkenntnisinteresse an der Art seiner Strukturiertheit und seines Funktionierens dar, sondern zu Sprachlernzwecken. Letztlich will sie sich überflüssig machen; dies wird sie, wenn die interne, mentale Grammatik des Lerners (Grammatik C im Sinne Helbigs) so weit ausgebaut und gefestigt ist, dass sie nicht mehr benötigt wird. Pädagogische Grammatiken, dies kann bei der Differenzierung des Grammatikbegriffs allzu leicht aus dem Blick geraten, können aber nur auf der Basis wissenschaftlicher Grammatiken erstellt werden, und gerade neuere und neueste Entwicklungen bei Letzteren haben zu effektiveren Lernergrammatiken beigetragen, erwähnt sei hier nur der Beitrag von Valenzgrammatik, Genusforschung oder Markiertheitstheorie. Der Lehrer muss auf jeden Fall mit wissenschaftlichen Grammatiken vertraut sein, auch aus Gründen, die unten noch deutlich werden.

Schmidt (1990: 154) stellt die wichtigsten Unterschiede pädagogischer und wissenschaftlicher Grammatiken tabellarisch gegenüber:

Linguistische Grammatik	**Lerner-Grammatik**
Totalität (Ausnahmen von der „Regel" besonders wichtig)	*Auswahl*
Abstraktheit (der Beschreibung/Darstellung)	*Konkretheit/Anschaulichkeit* (der Abbildung/Darstellung)
Kürze (der Darstellung)	*Ausführlichkeit* (der Darstellung der als wichtig erkannten Elemente)
Keine lernpsychologischen Vorgaben/Rücksichten	*Lernpsychologische Kategorien:* Verstehbarkeit Behaltbarkeit Anwendbarkeit

Zur Totalität: Eine wissenschaftliche Grammatik muss die traditionellen sechs Tempora darstellen und diskutieren, ob darüber hinaus nicht noch weitere Tempora anzusetzen sind, etwa ein Futurpräteritum (*Als ich ihn verließ, ahnte ich nicht, dass ich ihn schon bald wiedersehen würde*). Eine pädagogische Grammatik dagegen muss nicht einmal alle traditionellen Tempora enthalten, zum Beispiel nicht das Futur II (*Morgen um diese Zeit werde ich die Übersetzung fertiggestellt haben*). Es macht in geschriebenen Texten nicht mehr als 0,03 % aller Verbformen aus (Gelhaus 1975) und muss lediglich verstanden werden, denn seine Bedeutung lässt sich auch durch das Perfekt ausdrücken (*Morgen um diese Zeit habe ich die Übersetzung fertiggestellt*). Ebenso ist das Perfekt bei Modalverb + Vollverb (*Ich habe das leider nicht tun können*) für die allermeisten Lerner entbehrlich, für die aktive Beherrschung genügt das Präteritum (*Ich konnte das leider nicht tun*). Der Perfektsatz ist schwierig, weil sein Verb drei

Teile enthält, davon zwei Infinitive, und dadurch vom Perfekt des allein stehenden Modal- oder Vollverbs abweicht. Doch gerade deshalb wurden in einem Unterricht, für den formale Grammatik im Vordergrund stand, solche Strukturen oft besonders intensiv geübt. Unter dem Gesichtspunkt der Auswahl ist dies unnötig, es ist wichtiger, die knappe Lern- und Unterrichtszeit den frequenten und für die Ziele der Lerngruppe nützlichsten Strukturen und im gegebenen Fall den wirklichen Lernproblemen bei Modalverben zu widmen: Wie oft entschuldigen sich Lerner für eine Stunde damit, dass sie zum Arzt, zum Auslandsamt gehen *sollen*, wo sie es meist doch nur aus irgendwelchen Gründen tun *müssen*! Hier entstehen Kommunikationsprobleme, nicht aber, wenn jemand der Struktur *Ich habe zum Arzt gehen müssen* nicht mächtig ist.

Für eine wissenschaftliche Grammatik ist Abstraktheit der Darstellung wichtig, denn sie erlaubt Generalisierungen über verschiedene Bereiche und erlaubt kurze, präzise Aussagen, die aber nur vor dem Hintergrund komplexen Beschreibungswissens verständlich sind. In einer pädagogischen Grammatik müssen die einzelnen Phänomene mit möglichst wenig vorausgesetztem grammatischem Wissen beschrieben und erklärt werden, was die einzelne Darstellung natürlich ausführlicher macht.

Über die von Schmidt genannten Kriterien hinaus sind für eine wissenschaftliche Grammatik Konsistenz und Widerspruchsfreiheit ein Gütemerkmal, eine pädagogische Grammatik darf dagegen eklektisch sein. So ist für den deutschen Satzbau und die Form der Satzglieder am erhellendsten das Beschreibungsmodell der Valenz- oder Dependenzgrammatik, die die Satzglieder als vom Verb abhängig darstellt. Für die Struktur der Nominalphrase jedoch darf durchaus im Sinne der Konstituentenstrukturgrammatik verfahren werden: Artikel + Adjektiv + Substantiv *sind* eine NP. Ebenso muss die Terminologie einer pädagogischen Grammatik nicht aus einem Guss sein: Der Terminus Akkusativergänzung ist zwar konsistent mit dem Modell der Valenzgrammatik, das Lernergrammatiken heute in der Regel zugrundeliegt, doch wenn die Lerner durch einen eventuellen muttersprachlichen Grammatikunterricht oder durch eine vor Deutsch gelernte Fremdsprache an andere Termini wie „direktes Objekt" gewöhnt sind, dann sollte man sie nicht zum Umlernen zwingen, sondern die jeweils gebräuchliche Metasprache verwenden – auch auf Kosten der Konsistenz – , solange mit dem bekannten Terminus nichts Falsches über das Deutsche ausgesagt wird.

Entscheidend für den Nutzen einer pädagogischen Grammatik ist die Berücksichtigung lernpsychologischer Erwägungen. Die Regeln der Grammatik müssen verstehbar, behaltbar und anwendbar sein. Die Forderung nach Verstehbarkeit beinhaltet tendenziell den induktiven Weg zur Regel, die Forderung nach Behaltbarkeit zieht den Einsatz klarer Strukturierung und visueller Mittel in der Darstellung nach sich. Verstehbarkeit und Behaltbarkeit führen aber noch nicht automatisch zur Anwendbarkeit: Gut gestaltete Paradigmen sind oft aufgrund ihrer klaren Gegliedertheit besser verständlich als verbale Regelformulierungen und recht einprägsam, doch damit noch nicht unbedingt anwendbar, denn im Sprachgebrauch kommt es auf die Fähigkeit zur Verkettung von sprachlicher Elemente im Nacheinander an (syntagmatische Ebene) und nicht auf die Unterscheidung von Formen im „Statteinander" (vgl. die Diskussion zur Adjektivdeklination in 5.2.2).

Eine pädagogische Grammatik muss weiterhin kontrastiv angelegt sein, denn die Lernprobleme variieren mit den bereits beherrschten Sprachen; Kontrastivität bezieht sich damit nicht nur auf die Muttersprache der Lerner. Schließlich sind die Ziele, die eine Lerngruppe mit ihren Deutschkenntnissen verfolgt oder die für sie vorgesehen sind, bei der Auswahl des zu Erlernenden und der Schwerpunktsetzung des zu Übenden zu berücksichtigen.

Eine so verstandene pädagogische Grammatik liegt in den seltensten Fällen gebrauchsfertig vor, sondern ist vom Lehrer an die jeweils vorgefundenen Bedingungen, Ziele und Lerner anzupassen. Deshalb ist auch seine Kenntnis wissenschaftlicher Grammatiken unerlässlich, die es ihm erlaubt, vorliegende oder vorgegebene pädagogische Grammatiken für seine Lerner zu modifizieren.

5.1.3 Einbettung von Grammatikarbeit

Neue grammatische Strukturen sollten zuerst in Texten und Dialogen auftreten, dort inhaltlich, situativ und funktional verstanden und teilweise auch schon in reproduktiver Weise verwendet worden sein, bevor sie bewusst gemacht und geübt werden. Dies ist der erste Aspekt der Forderung nach Einbettung von Grammatikarbeit. Dabei dürfen die Texte und Dialoge aber nicht so im Hinblick auf das grammatische Phänomen konstruiert sein, wie es in Dialogen der Audiolingualen Methode der Fall war, denn dadurch wurden sie unnatürlich und gerieten in Widerspruch zu der Forderung nach alltäglichem Sprachgebrauch.

Die Situationen, Themen und Texte, in denen grammatische Strukturen als Lerngegenstände präsentiert werden, müssen so geartet sein, dass in ihnen die Funktionalität der jeweiligen Struktur deutlich wird. Dies führt seit den frühen Lehrwerken der Kommunikativen Didaktik dazu, dass häufig ähnliche Situationen, Themen und Textsorten mit bestimmten grammatischen Strukturen verbunden werden. Beispiele sind die Verbindung des Dativs als Objektkasus mit Geschenksituationen (Jemand schenkt/ gibt/bringt *jemandem* etwas mit, was *der Person* hoffentlich gefällt/passt, was sie dann *anderen* zeigt und wofür sie *dem Gast* dankt), die Verbindung von Adjektivflexion und dem Einkauf von Kleidungsstücken (Ich suche ein sportlich*es* Hemd mit kurz*em* Arm – Nehmen Sie doch das blau*e*) oder mit Heiratsanzeigen (Unabhängig*er* Arzt mit groß*em* Herzen sucht liebevoll*e*, treu*e* Sie für gemeinsam*es* Wandern, Reisen ...) oder die Verbindung des Passivs mit der Textsorte Rezept (*Deutsch aktiv*) oder mit Prozessbeschreibungen (*Eurolingua* 2: „So wird Schweizer Käse gemacht").

Ein solcher Ansatz, der grammatische Strukturen in ihren typischen Funktionen vorstellt, führt gegenüber einem traditionellen, ausschließlich strukturorientierten Vorgehen zu einigen Verschiebungen. So erscheinen Passivsätze, wie es dem überwiegenden Gebrauch dieser Struktur in authentischen Texten entspricht, zuerst ohne das Agens – die Fokussierung von Transformationsverhältnissen zwischen Aktiv- und Passivsätzen, die zwangsläufig zu einer Betonung von Passivsätzen *mit* Agensnennung führt, steht nicht im Vordergrund.

Die Verbindung von Strukturen und Funktionen führt auch zu einem erweiterten Grammatikbegriff, der nicht nur die Morphosyntax, den Gegenstand der traditionellen Grammatik, sondern auch Phonetik, Semantik und Pragmatik umfasst. Einige Beispiele sollen den erweiterten Blickwinkel illustrieren: Im Zusammenhang mit W-Fragen sind die alternativen Möglichkeiten ihrer Realisierung mit steigender oder fallender Intonation und deren Zusammenhang mit den Intentionen des Sprechers zu behandeln (vgl. den Ausschnitt aus *Stufen International* 1 in 3.3.1). Bei den Modalverben ist ausführlich auf ihre Semantik einzugehen (*müssen vs. sollen, können vs. dürfen*), aber auch auf ihre Pragmatik (*ich will vs. ich möchte, Können Sie vs. Könnten Sie*). Bei der Wortstellung geht es nicht nur um grammatisch korrekte Abfolgen, sondern auch um die Einbettung des Satzes in den Kontext (Was ist bekannt oder erschließbar, was ist neu?) und um die Intentionen des Sprechers (Was soll hervorgehoben werden?). Grammatikarbeit, die in dieser Weise Einbettung anstrebt, sowohl methodisch in ihrem Ausgehen von Situationen und Texten als auch didaktisch in ihrer Verbindung von Strukturen und Funktionen, ist eine funktionale kommunikative Grammatik (vgl. Götze 1994).

Ein zweiter Aspekt der Einbettung von Grammatikarbeit betrifft das Übungsgeschehen im Anschluss an die Bewusstmachungsphase, das der Automatisierung der erkannten Strukturen in der Sprachproduktion dient. Einbettung heißt hier, dass jeder Satz, der Teil einer Übung ist, dem Lerner auch in seiner möglichen kommunikativen Funktion durchsichtig sein muss. Dem dient zum einen die Einbettung in minimale kommunikative Situationen wie in der folgenden Übung zu den Wechselpräpositionen in Verbindung mit statischen vs. dynamischen Verben:

liegen – Schlüssel – auf – Tisch

Wo liegt denn der Schlüssel? – Auf dem Tisch. Ich lege ihn doch immer auf den Tisch!

stecken – Portemonnaie – in – Manteltasche
stehen – Milch – in – Eisschrank

Zur Einbettung von Übungssätzen gehört auch, dass sie möglichst nicht zusammenhanglos sind, sondern gemeinsam einen Kontext bilden. Dass diese Forderungen keinesfalls trivial sind, zeigen nicht nur Beispiele aus älteren Lehrwerken:

1. Wir fahren mit unsere - Fahrräder - um d - Stadt. 2. Das Auto fährt gegen d - Haus. 3. ...
4. Meine Tante fährt mit d - D-Zug durch d - Land. ...

Dadurch, dass die Sätze keinen Zusammenhang aufweisen, werden sie vom Lerner nur formal im Hinblick auf die Kasusendungen, nicht aber inhaltlich verarbeitet und stehen damit einer von Inhalten ausgehenden spontanen Sprachverwendung vermutlich nicht direkt zur Verfügung. Obendrein wird der Lerner zur Bildung von Sätzen gezwungen, die er nie hören wird: *Das Auto fährt gegen das Haus.* Stand der Sprecher genau zum Zeitpunkt des Unfalls am Ort des Geschehens, um das Offensichtliche zu beschreiben? Natürlicher wäre der Satz im Perfekt: *Das Auto ist gegen das Haus gefahren.* Aber auch das ist noch merkwürdig, *gegen das Haus geschleudert* wäre wohl authentischer. Und Satz 4 mutet nicht nur merkwürdig an, weil es keine D-Züge mehr gibt, sondern weil man sich fragen muss, was die Tante umtreibt. Antworten nun Lehrwerkautoren oder Lehrer, die sich mühsam Übungen zusammenstellen, solche Fragen stelle man nicht, es komme ja schließlich nur darauf an, dass Dativ und Akkusativ nach Präpositionen geübt würden, so ist darauf hinzuweisen, dass Übungen, die ausschließlich als formale Manipulation von Sprachelementen betrieben werden können, zwar durchaus zu automatisiertem Wissen führen können, dass dieses aber in authentischer Kommunikation, die immer von Aussageabsichten ausgeht, nicht abgerufen werden kann, weil das Übungsgeschehen ja gerade die Verbindung von Intentionen und Sprachmitteln nicht gefördert hat. Sind Grammatikübungen aber situativ und kontextuell eingebettet, ist die Chance größer, dass das Geübte auch für die Kommunikation zur Verfügung steht.

Aufgabe 5-1:
(a) Beurteilen Sie Einbettung und Natürlichkeit der Sätze aus einer Übung zu den Präpositionen in einem neueren Grundstufen-Lehrwerk (i) und einer Übung zur Satzgliedstellung aus einer Übungsgrammatik für Fortgeschrittene (ii).

(i) Ergänzen Sie *für*, *gegen* oder *ohne*.

a) Er fährt mit Tempo 30 _____ einen Baum.
b) Sie hat kein Geld _____ den Taxifahrer.
c) Er hat keine Zeit _____ ein Gespräch.
d) Er geht nie _____ seinen Hund in den Wald.
...
h) Sie sieht schlecht und läuft deshalb manchmal _____ eine Laterne.
...

Abbildung 1: *Delfin*. Arbeitsbuch (2002: 87)

(ii) Bilden Sie Sätze und stellen Sie das kursiv gesetzte Satzglied an den Anfang. Satzglieder, die zum Verb gehören, müssen am Ende des Satzes vor dem infiniten Verb stehen.

Max Planck (1858–1947)
1. nicht nur in Fachkreisen / *Max Planck* / heute / als bedeutender Physiker / gilt
2. natürlich / jeder / an den Erfinder der Quantentheorie / denkt / sofort / *wenn der Name Max Planck auftaucht*
3. nicht so schnell / er / geraten / *mit Sicherheit* / wird / in Vergessenheit / als Begründer der Quantentheorie
4. bewusst / die Fachwelt / sich / *längst* / ist / der Bedeutung dieses Wissenschaftlers
5. *zu Recht* / Max Planck / gezählt / zu den bedeutendsten Physikern des 19. und 20. Jahrhunderts / heute / wird
...

Abbildung 2: *Übungsgrammatik DaF für Fortgeschrittene* (2001: 299–300)

(b) Wie würden sich Lernziele und Schwierigkeitsgrad der Übung (ii) ändern, wenn das erste Satzglied nicht durch Kursivdruck hervorgehoben wäre?

5.1.4 Rezeptions- vs. Produktionsgrammatik

Mit dem Aufkommen der Kommunikativen Didaktik in den 1970er Jahren sind die Unterschiede zwischen den produktiven Fertigkeiten Sprechen und Schreiben und den rezeptiven Fertigkeiten Hören und Lesen didaktisch verstärkt reflektiert worden. Es wurden zunächst Übungstypen entwickelt, die es dem Lerner ermöglichen sollten, Texte zu verstehen, die jenseits der grammatischen und lexikalischen Progression liegen, und später Verfahren zur Förderung von Verstehensstrategien (vgl. Kap. 6.2.3).

In diesem Zusammenhang ist regelmäßig auch eine Unterscheidung zwischen Regeln für den Verstehensprozess und Regeln für den Prozess der Bildung von Wörtern, Sätzen und Texten gefordert worden, also die Unterscheidung zwischen einer Rezeptions- und einer Produktionsgrammatik.

Eine frühe Umsetzung ist Heringers (1987) *Lesegrammatik für Deutsch als Fremdsprache*, die sich an den „fortgeschrittenen Deutschlerner" wendet und ihm beim Entdecken typischer Verstehensprobleme helfen will. Diese Grammatik beginnt mit dem Aufzeigen der Funktionen der Satzzeichen und gibt dem Lerner dann Hinweise und Übungen u. a. zum Erkennen des finiten Verbs, des Subjekts, von unselbständigen Strukturzeichen wie Wortbildungsmorphemen und zum Erkennen der Textverweise.

Solche Grammatiken beabsichtigen, die Lesekompetenz bereits Fortgeschrittener im Bereich sprachlich anspruchsvoller Texte zu fördern, sie sind aber auch denkbar und geeignet in Kursen mit eng umgrenzten Lernzielen, die z. B. nur eine Lesekompetenz im Deutschen vermitteln wollen. In der Grundstufe des klassischen Typs von Fremdsprachenunterricht, der auf alle vier Grundfertigkeiten – wenn auch nicht mit dem gleichen Beherrschungsniveau – abzielt, ist die Idee einer Rezeptionsgrammatik jedoch lange Zeit eher Forderung geblieben.

Stationen auf dem Weg zur Umsetzung dieser Forderung sollen nun kurz anhand der Behandlung des Passivs skizziert werden. Reine Leseverstehenstexte, also Texte, die von den Lernern nicht aktiv beherrscht werden sollen, können Passivstrukturen enthalten, etwa in einem Text zur Rolle des Deutschen als Mutter- und Fremdsprache.

> Etwa 110 Millionen Menschen sprechen Deutsch als Muttersprache. Deutsch wird in der Bundesrepublik, in Österreich und in der Schweiz gesprochen. ...

Der Satz mit der Passivstruktur *wird ... gesprochen* ist in diesem Kontext inhaltlich problemlos verstehbar. Zudem bildet *sprechen* nur ein unumkehrbares Passiv: Nur Menschen können eine Sprache sprechen, Sprachen können keinen Menschen sprechen; *lieben* verhält sich anders: *Hans liebt Maria* und *Hans wird von Maria geliebt* sind beide möglich und haben eine gänzlich andere Bedeutung, wie im Falle unerwiderter Liebe deutlich wird. Hier ist ein strukturelles Verstehen notwendig, ein rein kontextuelles ‚jemand liebt jemanden' reicht bei umkehrbaren Relationen nicht aus. Taucht das Passiv schließlich nur in der 3. Person Singular Präsens auf, also nur mit der Form *wird ... gesprochen, gelernt* usw., und nicht in einer anderen Person, einem anderen Numerus oder Tempus, dann kann die Struktur holistisch als unanalysierter Chunk verarbeitet werden. Von einer rezeptiven *Grammatik* kann im gegebenen Beispiel aber nicht die Rede sein, denn die grammatische Struktur wird nicht fokussiert.

Anders *Berliner Platz*: Am Ende jeder Lektion gibt es – wie auch in anderen Lehrwerken – Lesetexte jenseits der Progression unter der Überschrift „Deutsch verstehen". Einen Schritt weiter gehen die Autoren aber mit einem den Leseverstehenstexten folgenden Teil „Strukturen verstehen". „Hier werden die Lernenden schon früh auf Strukturen des Deutschen hingewiesen, die sie zwar auf dieser Stufe noch nicht aktiv beherrschen können, deren Verständnis aber sowohl beim Lese- und Hörverstehen im Alltag nützlich für sie ist als auch auf die spätere Aneignung als aktiver [sic!] Sprachmittel vorbereitet." (Koker 2002: 10) Für das Passiv ist das so umgesetzt:

5.1 Zur Einführung

In Lektion 15 – *Berliner Platz* führt in insgesamt 36 Lektionen zum Zertifikat Deutsch – hat Julia eine kleine Wohnung gefunden. Nach dem Einzug macht sie sich ans Renovieren, hat aber hier und da Probleme, deretwegen sie ihren Freund anruft, der ihr Tipps gibt. Der Text enthält Abschnitte wie diese:

> *Kein Problem, da habe ich einen Tipp: Du brauchst einen Eimer Wasser und Geschirrspülmittel. Ein wenig Spülmittel* wird *ins Wasser* geschüttet *und das Ganze* wird *dann auf die Tapete* gestrichen. *Dann musst du fünf Minuten warten. Danach* werden *die Tapeten langsam* abgelöst. *Super! Danke, Jürgen! Das probier ich sofort aus. Bis bald!*

Abbildung 3: *Berliner Platz* 2 (2003: 32)

Einigen Aufgaben zum inhaltlichen Textverstehen schließt sich dann der Teil „Strukturen verstehen" an:

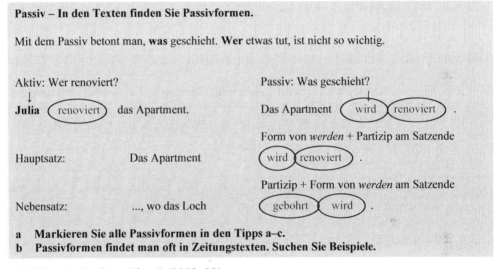

Abbildung 4: *Berliner Platz* 2 (2003: 33)

Hier sollen die Lerner die Passivsätze nicht nur im Kontext situativ, sondern auch strukturell und funktional verstehen. Dem funktionalen Verstehen dient die Einbettung in den Kontext der Anweisungen des vorangehenden Textes sowie die erste Information von „Strukturen verstehen". Daran knüpft die Bewusstmachung der Bildungsweise an sowie die der unterschiedlichen Stellung von *werden* in Haupt- und Nebensatz. Die Aufträge a und b sind Übungen, allerdings ausschließlich bewusstmachende; sie verlangen nicht die Produktion, sondern lediglich die bewusste Wahrnehmung der Passivstrukturen im Beispieltext und in weiteren Texten. Die Produktion von Passivsätzen wird erst 18 Lektionen später, in der 33. der 36 Lektionen des Lehrwerks gefordert, dort thematisch gebunden an „Natur und Umwelt", wo die Lerner Sätze bilden müssen, die Auskunft geben, welche Art von Müll heutzutage wie entsorgt wird und wie Müll früher entsorgt wurde. – In ähnlicher Weise sind z. B. das Perfekt in seiner rezeptiven und produktiven Einführung sechs Lektionen getrennt, die Wechselpräpositionen acht Lektionen und der Konjunktiv II dreizehn Lektionen.

Dieser Ansatz macht schon in der Grundstufe einen Unterschied zwischen zu einem bestimmten Zeitpunkt rezeptiv gegenüber produktiv zu beherrschenden Strukturen. Die „Einführung" einer Struktur bedeutet hier nicht, wie üblich, dass sie auch aktiv zu verwenden ist, die Übungen beschränken sich auf rezeptive. Wenn einige Lerner die Struktur sprechend oder schreibend verwenden, bevor das Lehrwerk zu einem späteren Zeitpunkt ihren produktiven Gebrauch fordert, so sollte das keinesfalls unterbunden und Fehler sollten nicht negativ bewertet werden. Ein solches Lernerverhalten spiegelt nur die unterschiedliche Geschwindigkeit, mit der Lerner Strukturen aus dem Input aufgreifen, das unterschiedliche Maß an Input, dem sie sich aussetzen, oder das unterschiedliche Bedürfnis, ihren kommunikativen Intentionen möglichst angemessenen Ausdruck zu verleihen.

Das Vorgehen von *Berliner Platz* setzt hier um, was erstmals VanPatten und Cadierno (1993) als Methode beschrieben und im Rahmen ihrer Version der Selektiven Aufmerksamkeits-Hypothese in seiner Wirksamkeit überprüft haben (vgl. 1.3.1.2): Das *input processing*, also die bewusste Verarbeitung von Input und Erhöhung der Aufmerksamkeit (language awareness), als Wegbereiter für den späteren Erwerb der fokussierten Struktur.

Zusammenfassend sind die Vorteile einer solchen rezeptiven Grammatikarbeit bei Phänomenen, die erst später produktiv beherrscht werden sollen, so zu charakterisieren. Zunächst wird der generelle Vorsprung des Verstehens im Spracherwerb berücksichtigt, auch der des strukturellen Verstehens. Sodann wird die Überforderung, die der Zwang zur vorzeitigen Produktion in vielen Fällen darstellt, vermieden. Weiterhin unterliegt das rezeptive Verstehen von Strukturen – so Ellis (1994: 645) – nicht den Erwerbssequenzen, wie sie für die Sprachproduktion gelten (vgl. Kap. 1.3.1.2). Das Lehren wäre damit nicht kontraproduktiv im Hinblick auf das Lernen.

Im Vergleich zum traditionellen Vorgehen ist auch zu bedenken, dass dessen Zwang zur Produktion bei Einführung einer Struktur sich ja nur auf gesteuerte Übungen auswirken kann, nicht jedoch auf die Spontansprache der Lerner. In Letzterer wird aber eine Struktur, für die der Lerner entwicklungsmäßig noch nicht bereit ist oder die ihn verarbeitungsmäßig überfordert, einfach vermieden, bei erfolgreichen Vermeidungsstrategien vielleicht sogar längerfristig. Die korrekte Anwendung einer verlangten Struktur in gesteuerten Kontexten wäre einmal mehr nur ein Scheinerfolg. Außerdem wird Grammatik von den Lernern auf diese Weise oft nur unter dem normativen Aspekt der Sprachrichtigkeit wahrgenommen und als Zwangsjacke der eigenen Äußerungen empfunden, während Rezeptionsaufgaben dazu beitragen können, dass sich ein Verständnis dafür entwickelt, dass grammatische Formen ein unverzichtbares Mittel der Signalisierung von Inhalten sind. Schon Widdowson (1978, [13]2004) forderte, dass der Fremdsprachenunterricht den Lernern die Erfahrung vermitteln müsse, dass Grammatik Sinn erzeugt.

Aufgaben zum rezeptiven Strukturverstehen wie die vorgestellten bilden also eine spracherwerblich abgesicherte Erweiterung des didaktischen und methodischen Repertoires des Fremdsprachenunterrichts.

5.2 Formen der Grammatikarbeit – Grade von Bewusstmachung

Grammatikarbeit hieß im traditionellen Unterricht oft, dass Regeln in ausführlicher Metasprache deduktiv vorgegeben, an Beispielen erläutert wurden und dann von den Lernern produktiv bei der Bildung – oft unzusammenhängender – Sätze angewendet werden sollten. Charakteristisch war also neben dem Zwang zur Produktion ein hohes Maß an Abstraktheit und an metasprachlicher Bewusstheit. Das so vermittelte explizite Sprachwissen unterscheidet sich stark von dem impliziten Sprachwissen, das im Erstspracherwerb und im ungesteuerten Zweitspracherwerb aufgebaut wird. Da Ziel des Fremdsprachenunterrichts aber letztlich der Aufbau impliziten Wissens als Grundlage des Sprachkönnens sein muss, ist jeweils abzuwägen, mit welchem Grad an Explizitheit grammatische Phänomene für welche Lerner in welcher Lernsituation zu behandeln sind. Denn Grammatikarbeit muss nicht um den Pol des höchsten Grades an Explizitheit kreisen. Um die eingangs des Kapitels bereits zitierte Aussage Butzkamms (^{3}2002: 113) zu wiederholen: „Grammatikarbeit ist ... ein Sammelbegriff für geistige Leistungen recht unterschiedlichen Kalibers." Im Folgenden geht es darum, die Spanne von Möglichkeiten aufzuzeigen, die dem Grammatikunterricht heute zur Verfügung stehen, damit der Lehrer die Feinanpassungen in der Vermittlung von Strukturen vornehmen kann, die seinen Lernern den Erwerb erleichtern.

5.2.1 Visualisierung grammatischer Regeln

Visualisierungen, d. h. drucktechnische Mittel, Tabellen, graphische oder bildliche Darstellungen, können grammatische Strukturen durchsichtig und verstehbar machen, Einsichten in ihre Funktionen vermitteln und dem Gedächtnis Erinnerungsstützen für die Anwendung geben.

Abbildung 5: Visualisierung der Funktion des Vorgangspassivs in *Optimal* A2 (2005: 93); Original farbig

Die Visualisierung aus *Optimal* A2 (2005) macht die zentrale Funktion des Passivs im Deutschen deutlich, seine Vorgangsorientiertheit, die im Gegensatz zur Handlungsorientiertheit des Aktivs steht und für eine andere Perspektive sorgt. Damit ist noch nichts über weitere Funktionen ausgesagt, aber doch über die, die anfangs im Vordergrund steht. Den Funktionsunterschied von Vorgangs- und Zustandspassiv soll Abb. 6 augenfällig machen.

Abbildung 6: Visualisierung der Funktion von Vorgangs- und Zustandspassiv in *Berliner Platz Neu* 4 (2012: 47); Original farbig

Oft können Visualisierungen verbal formulierte Regeln ersetzen und schneller als diese zu Strukturerkenntnis und -erwerb führen:

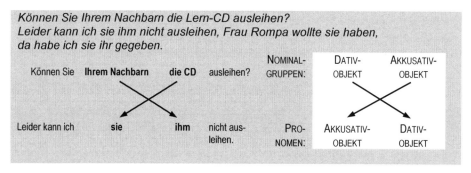

Abbildung 7: Visualisierung der Abfolge der Objekte bei Nominalgruppen und Pronomen

Bei manchen Lernern reichen zum Erfassen der unterschiedlichen Strukturen vielleicht allein die visuellen Mittel aus, der Fettdruck, mit dem die von den Wortstellungsregeln betroffenen Satzglieder hervorgehoben sind, und die Pfeile, die die Umstellungen bezeichnen. Bei anderen mag das Bedürfnis bestehen, die von den Wortstellungsregeln betroffenen Satzglieder (Dativ- und Akkusativobjekt) begrifflich zu fassen ebenso wie die Auslöser der Regeln (Nominalgruppe bzw. Pronomen). Solchen Lernern dient der rechte Teil von Abb. 7; wieder andere Lerner fühlen sich vielleicht sicherer, wenn zur Visualisierung eine explizit formulierte Regel hinzutritt. Nach den Vorgaben von Abb. 7 könnte dies auch eine von ihnen selbst formulierte Regel sein (vgl. Abschnitt 5.3.1).

Schritte plus 1 beschränkt sich allein auf zeichnerische und symbolische Mittel, um den Unterschied zwischen der Wahl von *haben* oder *sein* als Perfekt-Hilfsverb bewusst zu machen (Abb. 8). Während im unmarkierten Fall (*haben*) nur die Satzklammer hervorgehoben wird, wird das Hilfsverb *sein* mit einem Richtungspfeil und Fortbewegungsarten in Verbindung gebracht.

5.2 Formen der Grammatikarbeit – Grade von Bewusstmachung

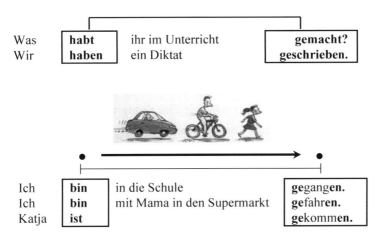

Abbildung 8: Visualisierung der Verwendung von *sein* als Perfekthilfsverb in *Schritte plus* 1 (2009: 76-77); Original farbig

Für Visualisierungen gilt ebenso wie für Grammatikregeln, dass sie ein Hilfsmittel für den Spracherwerb sein sollen, indem sie dem Erkennen, Verstehen, Behalten und Anwenden von Strukturen dienen. Daher ist eine Verselbständigung des Mittels kontraproduktiv. Dies wäre der Fall, wenn Lerner sich einen elaborierten visuellen Code von Symbolen und Farben aneignen müssen, wie bei der Arbeit mit dem Lehrwerk *Berliner Platz*, wo man sich beispielsweise für die Kasus eine Farbkodierung merken muss, gelb für Nominativ, grün für Dativ und blau für Akkusativ.

Bilder, die zu falschen Vorstellungen verleiten können, sollten ebenfalls vermieden werden. So benutzt *Deutsch Aktiv Neu* das Bild eines Türscharniers, um die verbindende Funktion von Konjunktionen in Sätzen wie *Herr A. glaubt, dass Neumanns in Urlaub sind* zu veranschaulichen (Abb. 9). So gut die Metapher hier auch passt, sie trifft nicht mehr auf vorangestellte Nebensätze zu, etwa *wenn*-Sätze, die als Ausdruck von Bedingungen dem Hauptsatz typischerweise vorausgehen.

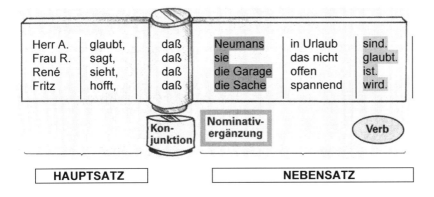

Abbildung 9: Visualisierung von Konjunktionen in *Deutsch Aktiv Neu* 1 B (1987: 20)

Bis auf sehr wenige Ausnahmen sollte auch die Bedeutung der visuellen Mittel unmittelbar einsichtig und so wenig wie möglich konventionalisiert sein. Wie unterschiedlich das Verständnis visueller Metaphern und wie unterschiedlich die subjektiven Reaktionen auf sie ausfallen können, soll hier anhand von Reaktionen auf Visualisierungen der Satzklammer (Abb. 10) illustriert werden.

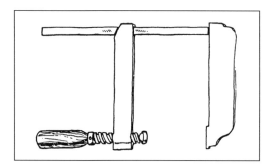
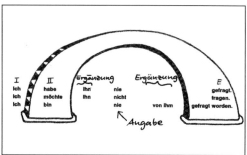

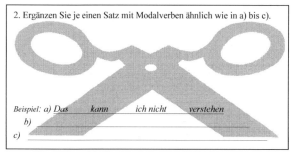

Abbildung 10: Visualisierungen der Satzklammer aus *Deutsch konkret* (1983: 18), *Stufen International* 1 (1995: 54) (im Original farbig), Kars/Häussermann (1988: 193) (im Original farbig)

In einer Gruppe nicht muttersprachlicher angehender Lehrer, vornehmlich aus Osteuropa und Asien, so gut wie ausschließlich Frauen, kannte fast niemand eine Schraubzwinge. Das Symbol konnte ihnen daher nicht vermitteln, was die Lehrwerkautoren beabsichtigt hatten. Es erwies sich somit als geschlechtsspezifisch und als spezifisch für solche (Alltags)Kulturen, in denen das Selbermachen üblich und als Hobby positiv besetzt ist. Die Schere wurde verstanden, von den Teilnehmern aber als unangenehm und nicht passend empfunden. Die Brücke stieß sowohl auf unmittelbares Verständnis als auch auf Akzeptanz. Diese nicht repräsentativen Befunde sprechen keinesfalls gegen den Einsatz der Visualisierungen, zeigen aber, dass nicht von einheitlichen Interpretationen konkreter Symbole ausgegangen werden kann, sondern dass interkulturelle, geschlechts- und altersspezifische Faktoren zu berücksichtigen sind. Im Zweifelsfall ist eine einheitliche Interpretation sicherzustellen. Um auch den individuellen Vorlieben und Abneigungen gerecht zu werden, wäre es denkbar, den Lernern für die Satzklammer unterschiedliche visuelle Symbole wie in - 10 vorzustellen, aus denen sich jeder eine für seine Grammatikaufzeichnungen auswählt. Die Satzklammer ist aber auch ohne konkrete Symbole visualisierbar, indem die topologischen Felder des Satzes in Spalten einer Tabelle eingetragen und – im Falle des Kernsatzes – die Spalten für das finite und das infinite Verb hervorgehoben werden. Dies ist eine einfache Form der Visualisierung, die von Lehrer wie Lernern ohne zeichnerischen Aufwand gestaltet werden kann.

5.2 Formen der Grammatikarbeit – Grade von Bewusstmachung

Unter didaktischen und methodischen Aspekten ist also zu unterscheiden zwischen dem Umgang mit Visualisierungen, die man in Lehrwerken oder anderen Unterrichtsmaterialien vorfindet, und der Erstellung eigener Visualisierungen. Bilder wie die zur Illustration der Passivfunktionen in Abb. 5-6 oder ein ausgefeilter Einsatz drucktechnischer und typographischer Mittel sowie einer Vielzahl von Farben sind Lehrwerken vorbehalten. Visualisierungen, die der Lehrer an der Tafel, auf der Overhead-Folie oder auf seinen Arbeitsblättern einsetzen kann und die auch von den Lernern übernommen werden können, müssen sich einfacher, leicht handhabbarer Mittel bedienen. Nur dann sind sie problemlos und bei Erklärungsbedarf auch spontan einsetzbar.

Zu den grundlegenden visuellen Mitteln gehört die Anordnung des Sprachmaterials in der Fläche: Wo steht etwas? Was wird untereinander gestellt oder voneinander abgesetzt? Ferner sind grundlegend Kennzeichnungen durch Schriftgröße, Schriftart und Schriftschnitt (fett, kursiv usw.), wobei letztere Mittel an der Tafel oder in den Notizen der Lerner durch Unterstreichungen, Großbuchstaben oder Farben kompensiert werden müssen. Diese Mittel tragen in Abb. 7 und 9 schon einen großen Teil der Information, auch wenn in Abb. 9 die visuelle Metapher in den Vordergrund tritt. In Abb. 7 kommt das abstrakte Symbol des Pfeils hinzu, der dort aber recht eindeutig als Anweisung zu interpretieren ist, das Satzglied zu bewegen.

Seit *Deutsch Aktiv* werden zur syntaktischen Analyse deutscher Sätze zwei abstrakte Symbole verwendet, das Oval und das Rechteck, denen per Konvention die Kennzeichnung des Verbs bzw. seiner valenzgeforderten Ergänzungen zugeordnet ist.

Diese einfache und gut handhabbare Symbolisierung ist in zahlreichen Lehrwerken aufgenommen und weiterentwickelt worden. Auf der lexikalischen Ebene lässt sich mit den beiden Symbolen der Valenzgedanke illustrieren, wobei der Kasus der Ergänzungen im Bedarfsfall durch einen Buchstaben im Rechteck gekennzeichnet werden kann. Satzanalysen mit Hilfe dieser Symbole sehen so aus:

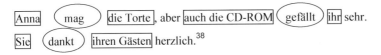

Nicht nur die Valenzstruktur lässt sich mit Rechteck und Oval fokussieren, auch die Wortstellung in den unterschiedlichen Satztypen, bis hin zur Satzklammer und den trennbaren Verben:

---

[38] *Studienweg Deutsch* 1 (2004: 199)

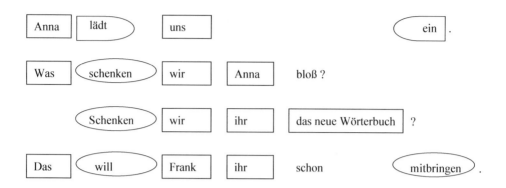

Mit Hilfe dieser Symbole kann weiterhin der Schritt von der reinen Satzanalyse hin zum gelenkten Üben getan werden, indem man leere Satzstrukturen vorgibt, in die die Lerner eigene oder vorgegebene Sätze eintragen:

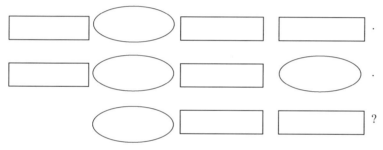

Die Vorteile der abstrakten Symbole Rechteck und Oval lassen sich so zusammenfassen: Sie sind einfach zu handhaben, sowohl für den Lehrer als auch für die Lerner; man erreicht mit ihnen Strukturerkenntnis in zwei zentralen Bereichen der deutschen Syntax, der Verbvalenz und der Wortstellung; die Symbole eignen sich für den rezeptiven Einsatz (Markierung von Sätzen durch Lehrer und Lerner) sowie für das gelenkte aktive Üben.

Aufgabe 5-2:
(a) Überlegen Sie, inwiefern die abstrakten Symbole Rechteck und Oval auch auf das Medium Karten (vgl. Kap. 10.1.3) übertragen werden können. Was könnte mit entsprechenden Karten erarbeitet werden? Wie könnte geübt werden?
(b) Wie würden Sie den Satz *Wir holen dich ab* visualisieren, wie in (i) oder in (ii)?

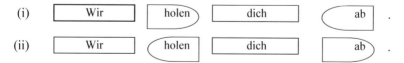

5.2.2 Paradigmen – Lösung oder Problem?

Visualisierung von morphologischer Information kannte schon die Grammatik-Übersetzungs-Methode des traditionellen Fremdsprachenunterrichts, die sich hierfür der Darstellung in Form von Paradigmen bediente.

	SINGULAR	PLURAL		SINGULAR	PLURAL
NOMINATIV	der Tisch	die Tisch-**e**	NOMINATIV	das Kind	die Kind-**er**
GENITIV	des Tisch-**(e)s**	der Tisch-**e**	GENITIV	des Kind-**(e)s**	der Kind-**er**
DATIV	dem Tisch	den Tisch-**e-n**	DATIV	dem Kind	den Kind-**er-n**
AKKUSATIV	den Tisch	die Tisch-**e**	AKKUSATIV	das Kind	die Kind-**er**

Paradigmen sind keinesfalls aus der Mode gekommen, sie werden heute aber meist anders aufgebaut – zumindest für Substantiv und Adjektiv –, und es wird methodisch anders mit ihnen verfahren, indem sie nicht mehr vorgegeben werden, sondern von den Lernern auf Textgrundlage und mit Hilfe von mehr oder weniger lenkenden Vorgaben selbst erstellt werden sollen (vgl. Kap. 5.3.1).

Der Aufbau des Paradigmas in der Tabelle oben entspricht der Anordnung der Kasus in der lateinischen Grammatik. Eine andere Anordnung wählen neuere Grammatiken des Deutschen, so Heidolph u. a. (1981), Weinrich (1993), Engel (2004), Eisenberg (2006a), Duden-Grammatik (2009) als wissenschaftliche, Schulz/Griesbach (¹¹1995) und Helbig/Buscha (1998) als pädagogische Grammatiken. Die Autoren unterscheiden sich aber in der Anordnung von Genitiv und Dativ. Aus erwerblichen und sprachstrukturellen Gründen kommt der Genitiv in der Tabelle unten zuletzt.

	SINGULAR	PLURAL		SINGULAR	PLURAL
NOMINATIV	der Tisch	die Tisch-**e**	NOMINATIV	das Kind	die Kind-**er**
AKKUSATIV	den Tisch	die Tisch-**e**	AKKUSATIV	das Kind	die Kind-**er**
DATIV	dem Tisch	den Tisch-**e-n**	DATIV	dem Kind	den Kind-**er-n**
GENITIV	des Tisch-**(e)s**	der Tisch-**e**	GENITIV	des Kind-**(e)s**	der Kind-**er**

Bei dieser Anordnung wird deutlicher, wo *Tisch* oder *Kind* die gleichen bzw. unterschiedliche Flexionsendungen aufweisen. Im gegenwärtigen Deutsch haben Nominativ und Akkusativ aller Feminina und Neutra, der starken Maskulina und aller Substantive im Plural dieselbe, unmarkierte Form, nur die schwachen Maskulina weisen noch einen Akkusativ mit -*en* auf (*den Automaten*, aber auch schon *den Automat*); der Artikel hat für Maskulina im Singular allerdings immer eine Endung, die Nominativ und Akkusativ differenziert. Funktional lassen sich die morphologischen Gegebenheiten so interpretieren: Das Gegenwartsdeutsche markiert bei den beiden häufigsten Satzgliedern, den Subjekten und direkten Objekten, die Kernsubstantive morphologisch nicht. Das seltenere und syntaktisch markiertere indirekte Objekt wird formal nur noch im Plural und am Artikel gekennzeichnet; die attributive Verwendung von Substantiven wird dagegen durch den Genitiv recht deutlich hervorgehoben. Der Genitiv spielt auch insofern eine besondere Rolle, als Genitivphrasen kaum noch als Satzglied, sondern fast ausschließlich als Attribut verwendet werden. – Die neue Anordnung der Kasus hat den weiteren Vorteil, dass sie der Reihenfolge entspricht, wie sie quer durch alle Erwerbstypen erworben werden, im L1-Erwerb, ungesteuerten L2-Erwerb und Fremdsprachenunterricht.

Reiht man überdies die nominalen Paradigmen nicht nach der traditionellen Abfolge Maskulina – Feminina – Neutra, sondern nach der Abfolge Maskulina – Neutra – Feminina – genusneutrale Pluralformen, so werden weitere Formgleichheiten deutlich, nämlich die gleichen Flexionsendungen von starken Maskulina und Neutra im Singular (*des Tischs, des Kinds*) sowie die beträchtlichen Übereinstimmungen von Feminina und dem Plural; Letzteres gilt allerdings nicht für die Substantive, sondern für ihre Begleiter und Stellvertreter, also Artikel und Pronomen.

Besonders deutlich wird der Vorteil, die Kategoriengefüge Kasus, Genus, Numerus in einer den morphologischen Verhältnissen des Deutschen entsprechenden Form anzuordnen, bei der Darstellung der Adjektivflexion. Für die sogenannte schwache Deklination des Adjektivs erhält man das Paradigma dieser Tabelle:

	SINGULAR			PLURAL
	MASKULIN	NEUTRUM	FEMININ	GENUSNEUTRAL
NOMINATIV	der rund-**e** Tisch	das groß-**e** Bett	die rot-**e** Lampe	die alt-**en** Sache-n
AKKUSATIV	den rund-**en** Tisch	das groß-**e** Bett	die rot-**e** Lampe	die alt-**en** Sache-n
DATIV	dem rund-**en** Tisch	dem groß-**en** Bett	der rot-**en** Lampe	den alt-**en** Sache-n
GENITIV	des rund-**en** Tisch-s	des groß-**en** Bett-s	der rot-**en** Lampe	der alt-**en** Sache-n

Reduziert auf die Flexionsendungen des Adjektivs ergibt sich:

	SINGULAR			PLURAL
	MASKULIN	NEUTRUM	FEMININ	GENUSNEUTRAL
NOMINATIV	-e	-e	-e	-en
AKKUSATIV	-en	-e	-e	-en
DATIV	-en	-en	-en	-en
GENITIV	-en	-en	-en	-en

Hier berühren sich die Zellen mit gleichen Flexionsendungen und bilden zusammenhängende Felder. Die Aufteilung der Flexionsendungen wird so augenfällig, dass sich Weinrich (1993: 486) in seiner wissenschaftlichen Grammatik einen didaktischen Hinweis erlaubt: „Mnemotechnisches Merkbild: Das kleinere *E*-Feld hat die Form eines Schlüssels, der im Schloß des größeren *N*-Feldes steckt." In der didaktischen Literatur war, wohl mit Blick auf (männliche) Schüler eines bestimmten Alters, schon früher von einer „Pistole" die Rede (vgl. u. a. Häussermann 1991).

Ohne Zweifel bieten Paradigmen wertvolle Erinnerungshilfen, besonders wenn die Anordnung ihrer Kategorien von der Lateingrammatik abweichend den morphologischen Gegebenheiten des Deutschen gerecht wird. Der Lerner kann sie für den Monitor im Sinne Krashens (1982) nutzen, wenn er seine Sprachproduktion kontrolliert. Es erheben sich aber drei Einwände, die ihre Nützlichkeit relativieren, nicht nur bei der Adjektivflexion. Erstens machen Paradigmen lediglich deutlich, wie Flexionsendungen verteilt sind, sie erklären dem Lerner aber nichts: Warum haben fünf der sechzehn Zellen -*e* und die anderen -*en*? Warum gerade diese Zellen? Und warum haben Adjektive, denen kein Artikel vorangeht, teilweise andere, die sogenannten starken Endungen? Warum haben sie nach Artikelwörtern wie *ein, kein, mein* teils starke, teils schwache (gemischte) Endungen?

Eine Antwort kann hier nur angedeutet werden: In der gesamten Nominalphrase wird Kasus-, Genus- und Numerusinformation in der Regel nur einmal gegeben. Da durch den Artikel und das Substantiv die Phrase *der große Erfolg* als Nominativ Maskulin Singular gekennzeichnet ist, erübrigt sich eine weitere Kennzeichnung am Adjektiv; dasselbe gilt für *das letzte Jahr, die gute Ernte*. Fehlt der Artikel, so wird die Kennzeichnung mit dem gleichen Sprachmaterial wie beim Artikel (*r, s, e*) am Adjektiv vorgenommen: *großer Erfolg, letztes Jahr, gute Ernte*.[39] Tragen Indefinit-, Possessiv- oder Negationsartikel die Kennzeichnung in Form einer Flexionsendung, muss das Adjektiv wiederum keine Differenzierungsleistung erbringen (*mit einem großen Erfolg, in seinem letzten Jahr, bei einer guten Ernte*), tragen die Artikel die Kennzeichnung nicht, so verhält sich das Adjektiv wie bei Fehlen des Artikels (*ein großer Erfolg, sein letztes Jahr*). Dies ist das Prinzip der Monoflexion, die nur im Falle des Genitivs eine Ausnahme findet, wo bei *des Erfolgs, des Kinds* die Kennzeichnung zweimal erfolgt, am Artikel und am Substantiv. Mit Demonstrativartikel oder ohne Artikel bleibt das Prinzip der Monoflexion aber in vielen Fällen wieder gewahrt (*diesen Jahres, großen Erfolgs*).

Die Monoflexion erklärt die unterschiedlichen Deklinationstypen beim Adjektiv, aber noch nicht die Verteilung von -*e* und -*en* im Paradigma der schwachen Adjektivdeklination. Durch die hinreichende Kennzeichnung von Kasus, Numerus und Genus an Artikel und Substantiv müsste das Adjektiv hier eigentlich nichts mehr signalisieren; passenderweise hat es daher auch die gängigsten, unspezifischsten und von der lautlichen Substanz her leichtesten Flexionsendungen, die das Deutsche besitzt, das -*e* und das -*en* (vgl. Eisenberg 2006a). Die meisten primären Adjektive sind einsilbig und bleiben es auch in prädikativer und adverbialer Verwendung, die Zweisilbigkeit signalisiert demgegenüber die attributive Verwendung. Das -*e* ist nun das einfachste Mittel, um Zweisilbigkeit herzustellen, das -*en* ist ein etwas schwereres Mittel. In Fortsetzung der Arbeitsteilung von Artikel und Adjektiv findet sich das leichtere -*e* überall dort, wo die Artikel das Genus eindeutig differenzieren, nämlich im Nominativ und Akkusativ Singular (*der, das, die*), und das -*en* findet sich in all den Kasus, wo der Artikel die Genera nicht vollständig differenziert, konsequenterweise dann auch im genusneutralen Plural. Die einzige besondere Markierung hat der Akkusativ Maskulin Singular mit -*en*.

Der zweite Einwand gegen Paradigmen wie in den Adjektivtabellen ist ein psycholinguistischer. Die Fähigkeit, ein Paradigma „runterzurattern", führt noch nicht zur

---

[39] Aus Gründen der Einfachheit erfolgt die Darstellung hier am Beispiel der geschriebenen Sprache.

Produktion korrekter Sätze. Bei der Sprachproduktion geht es um das lineare Verknüpfen von Sprachzeichen, also um die syntagmatische Ebene. Paradigmatische Wahlen spielen zumindest für grammatische Morpheme nur eine untergeordnete Rolle; zur eminent wichtigen Verknüpfung von Artikel, Adjektiv und Substantiv in der Nominalphrase tragen Paradigmen wie die diskutierten nicht bei.

In der didaktischen Literatur gibt es eine umfangreiche Diskussion zur Frage, wie die Adjektivdeklination leichter lehr- und lernbar gemacht werden kann,[40] und in diesem Zusammenhang auch Versuche, die „Logik der Adjektivdeklination" – so der Titel eines Aufsatzes von Barthel (1994) – zu visualisieren und dabei auch den syntagmatischen Zusammenhang augenfällig zu machen. Das Beispiel in Abb. 11 aus *Grammatik sehen* (1999) stellt einen dieser Versuche dar.

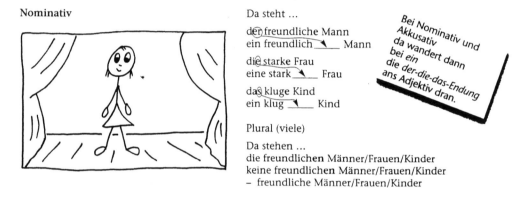

Abbildung 11: Visualisierung der Adjektivdeklination aus *Grammatik sehen* (1999: 58)

Auch wenn im Einzelnen noch überzeugende Darstellungen zu entwickeln sind, ist die Herausstellung und Visualisierung syntagmatischer Zusammenhänge eine notwendige Ergänzung zu den Paradigmen.[41]

Aufgabe 5-3:
Könnte man die Visualisierung der Adjektivdeklination in Abb. 11 vor dem erläuterten linguistischen Hintergrund noch verbessern?

Der dritte Einwand gegen Paradigmen, zumindest gegen ihren unbedachten Einsatz: Sie verleiten den Lehrer im Bemühen um ein „Abarbeiten" ihrer Formen leicht zu

---

[40] Einschlägig ist hier die Diskussion in *Zielsprache Deutsch* zwischen 1991 und 1997.
[41] Feminine Nominalphrasen wie *eine schöne Reise* erlauben bei hinreichender Wiederholung und Festigung mit unterschiedlichem lexikalischem Material schon auf der Lautebene eine gute Verankerung des Syntagmas: Die drei Trochäen bilden einen gleichförmigen Rhythmus, und das für feminine Substantive typische Pseudosuffix -e sorgt für einen einprägsamen Gleichklang. Weniger Gleichklang, aber doch noch genug Verankerungsmöglichkeit bieten Phrasen wie *(Wir hatten) einen schönen Urlaub, einen tollen Tag, einen großen Appetit* für den besonders markierten Akkusativ Maskulinum Singular.

einer unangemessen steilen Progression, und dem Lerner müssen die in ihnen enthaltenen Formen zunächst einmal als gleichberechtigt und gleich wichtig erscheinen; im Fall der Adjektivdeklination dürften sie sogar Zweifel an der Lernbarkeit oder den eigenen Fähigkeiten wecken. Häussermann (1991: 201) gibt zu bedenken: „Wer ein so tückisches Gebirge wie die Adjektivdeklination betreten soll, muß in Stufen herangeführt werden." Statt die Adjektivdeklination wegen ihrer Schwierigkeit weit ans Ende des Grundstufencurriculums zu schieben, dann aber auf einmal zu präsentieren, schlägt er vor, früher, aber nur mit dem Kasus Nominativ zu beginnen:

Ist einmal der Nominativ begriffen, geübt und durch häufige Anwendung Besitz geworden, ergibt sich daraus die Systematik des Gesamtbilds überraschend einfach. Die Nomengruppe im Nominativ kann schon sehr früh dargestellt und eingeübt werden, in kleinen Schritten glücken die weiteren Stufen, bis die Treppe fertig ist. (Häussermann 1991: 202)

Kwakernaak (1996) plädiert sogar dafür, Adjektive in Nominativphrasen einzuführen, bevor überhaupt der nächste Kasus (Akkusativ) eingeführt wird.

Mit dem Progressionsproblem, das sich im Zusammenhang mit Paradigmen stellt, kann aber so umgegangen werden, wie es *Sprachbrücke* (1987ff) tut. Im Grammatikteil der Lektionen wird zwar das gesamte Paradigma vorgestellt, aber durch drucktechnische Mittel werden nur die Zellen hervorgehoben, die jeweils den Lerngegenstand bilden. Der systematisch interessierte Lerner kann sich also informieren, die nicht hervorgehobenen Zellen werden aber noch nicht von ihm verlangt.

Angesichts der Schwierigkeiten der Adjektivdeklination und der realistischen Einschätzung, dass bis zu ihrer spontansprachlichen Beherrschung mit einer langen Zeit und zahlreichen Fehlern zu rechnen ist, können Faustregeln eine Hilfe sein. Problematisch ist aber folgender „Tipp" aus *Berliner Platz* 2 (2003: 61): „Die Adjektivendungen lernt man mit der Zeit! Im Zweifel immer -en verwenden." Dieser Ratschlag wird nicht begründet, steht aber unter einer Tabelle mit den Endungen der schwach flektierten Adjektive ähnlich der obigen, nur dass – von der Progression her durchaus sinnvoll – der Genitiv noch nicht enthalten ist. Der *e*-Schlüssel bzw. die „Pistole" innerhalb des *en*-Feldes ist erkennbar, hervorgehoben ist allerdings, im Einklang mit dem „Tipp", das *en*-Feld. Sucht man nun als Lerner oder Lehrer einen Grund für den Tipp, so wird man ihn nur in der Überzahl der *en*-Zellen vermuten können. Fünf *e*-Zellen stehen sieben *en*-Zellen gegenüber, kommt der Genitiv hinzu, sogar elf *en*-Zellen. Aber: Auf die Mehrzahl der Zellen in einem Paradigma kommt es nun gerade nicht an, denn die Kategorien, die von den Flexionsendungen ausgedrückt werden, sind nicht gleichwertig. Plural ist gegenüber dem Singular eine markierte Kategorie; markierte Kategorien sind seltener als die entsprechenden unmarkierten, sie unterliegen stärkeren Restriktionen (nicht jedes Substantiv hat einen Plural, aber bis auf wenige wie *Eltern* hat jedes Substantiv einen Singular) und werden von Kindern erst nach den unmarkierten erworben. Ebenso sind Nominativ und Akkusativ als die Kasus von Subjekten und direkten Objekten unmarkiert im Verhältnis zu Dativ und Genitiv als Kennzeichen indirekter Objekte oder Attribute. Jedes deutsche Verb kann ein Subjekt im Nominativ nehmen, die meisten ein Objekt im Akkusativ, Verben mit Dativobjekten sind dagegen seltener. Es sind nun aber genau die unmarkierten Kategorien, die von dem Flexiv *-e* ausgedrückt werden, und damit die häufigeren und kommunikativ nützlicheren. Der

„Tipp" ist also kontraproduktiv und müsste gerade umgekehrt lauten, würde aber auch dann noch nichts zu der Differenzierung der beiden Flexive beitragen. Eine Regel, die den Markiertheitsverhältnissen im Deutschen Rechnung trägt, müsste etwa so lauten: „Nimm nach *der, das, die* in den wichtigen Fällen Nominativ und Akkusativ Singular die Endung *-e*, sonst *-en*. Der Akkusativ Maskulinum hat *-en* wie sein Artikel *den*."

Ohne einen didaktisch noch zu vermittelnden Begriff von Unmarkiertheit und Markiertheit von Kategorien müssen Paradigmen den Eindruck der Gleichwertigkeit und letztlich formalen Willkür ihrer Formen erwecken.

5.2.3 Merksprüche, Faustregeln, Strukturerkenntnis durch die Muttersprache

Merksprüche gehörten zum Inventar der Grammatik-Übersetzungs-Methode, gerieten mit dem Aufkommen der Kommunikativen Didaktik außer Mode, finden sich aber verstärkt wieder in neueren Lehrwerken. Ein Beispiel enthielt bereits Abb. 11 zur Adjektivdeklination aus *Grammatik sehen* von 1999. Weitere Beispiele sind:

Her (heraus, herab, herein)
muss stets hin zum Sprecher sein.
Hin (hinaus, hinein, hinan)
führt vom Sprecher weg sodann.

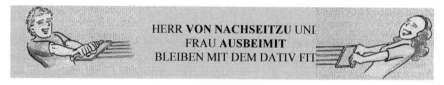

Abbildung 12: *Berliner Platz* 2 (2003: 34)

Genusregeln für feminine bzw. neutrale Wortbildungssuffixe:
„Heit-keit-schaft-ion-ung"
„Tum-chen-ma-ment-um"

Wer nämlich mit „h" schreibt, ist dämlich.

„**tekamolo** !" ist Leitfaden für die Abfolge der Angaben in *Grammatik à la Carte* (1992: 177): temporale vor kausalen vor modalen vor lokalen Angaben. In *Stufen International* 3 (1997: 18) sieht man für das gleiche grammatische Phänomen ein Tee trinkendes Kamel, ein „Te(e)kam(e)l".

Sofern sie wirklich einprägsam und konkret sind, spielen Merkverse ihre Vorteile aus. In der Regel enthalten sie dann ganz direkt das Sprachmaterial, welches eine Produktionsentscheidung verlangt, und ihre Anweisungen sind terminologiearm, somit recht einfach umsetzbar. Schneller Zugriff und geringe Bindung von Aufmerksamkeit macht das in Merkversen enthaltene grammatische Wissen leicht anwendbar. Sind sie jedoch gewollt und werden die Lerner bis zum Überdruss mit Merksprüchen befrachtet oder wird gar aus dem Angebot eine abgefragte Pflicht, dann kommt es wieder zu einer Verselbständigung des Mittels.

Das letzte Beispiel lässt sich auch schon den Faustregeln zuordnen, denn die Abfolge der Angaben ist in Wirklichkeit komplizierter, und Umstellungen sind in Abhängigkeit von Kontext und Sprechabsicht möglich. Der Sinn von Faustregeln besteht aber nicht in Vollständigkeit und Widerspruchsfreiheit der Beschreibung, sondern in ihrer dienenden Rolle als Hilfe und Stütze für die Sprachproduktion. Mit größerer Sprachsicherheit können Differenzierungen hinzutreten; Sicherheit erreicht der Lerner aber nur durch genügend Praxis im kommunikativen Gebrauch der Fremdsprache, wofür wertvolle Zeit im Unterricht auch durch den Verzicht auf ausführliche Regeln zugunsten von Faustregeln gewonnen wird. Falsch wie der im vorangehenden Abschnitt besprochene Tipp zur Adjektivdeklination dürfen Faustregeln aber nicht sein.

5.2.3.1 Das Genus der Substantive im Deutschen: Ein Fall für Faustregeln

Faustregeln können gegenüber expliziten und vollständigen Regeln Zeit sparen, sie sind aber auch dort einsetzbar, wo traditionell keine Regeln gegeben werden, sondern auf pures Auswendiglernen verwiesen wird. Dies ist der Fall beim Genus und bei den Pluralformen von Substantiven, die „einfach" mit jedem solchen Wort gelernt werden sollen. Dass hier jedoch kein willkürlicher und regelloser Bereich vorliegen kann, dem nur mit Auswendiglernen beizukommen wäre, beweist die Fähigkeit von Muttersprachlern, Fremdwörtern und in Experimenten auch Kunstwörtern ein Genus und einen Plural mit hoher Übereinstimmung zuordnen zu können. Im Folgenden soll das Problem des Genus diskutiert werden.

Der Lerner, vor die mühsame Aufgabe gestellt, sich zu jedem Substantiv das Genus zu merken, mag sich resignierend fügen, v. a. in der Schule, wo formale Sprachrichtigkeit in der Bewertung von Leistungen eine herausgehobene Rolle spielt; außerhalb der Schule mag er angesichts der Mühe und einer Verkennung der Funktionen des Genus im Deutschen – vielleicht weisen die von ihm beherrschten Sprachen die Genuskategorie nicht auf – zu dem Schluss kommen, der Verständlichkeit tue falsches Genus keinen Abbruch. Die korrekte Genuszuweisung zu einem Substantiv hat im Deutschen aber weitreichende Folgen, denn das Genus wird nicht nur an den wichtigsten Wörtern in der Substantivgruppe markiert, am Artikel, am Adjektiv, u. U. am Relativpronomen, sondern zieht sich auch in Form wiederaufnehmender Pronomina durch weite Teile der Äußerung oder des Textes. Und im Text zeigt sich auch die Funktion des Genus für die Rezeption: Ein deutscher Text ist leichter verständlich, wenn man bei Formen wie *ihn, es, ihr* die Bezüge nicht inhaltlich-interpretierend herstellen muss, sondern sie bereits auf der Formebene eindeutig identifizieren kann. Auch Anfängern erleichtert es das Verständnis, wenn sie den ähnlich klingenden Wortgruppen *der Schule* und *der Junge* aufgrund der Genuskenntnis unterschiedliche Kasus zuordnen können. Fortgeschrittenen hilft das Genus, wenn sie die Signale nutzen können, die der eine komplexe Nominalklammer öffnende Artikel gibt. (Im letzten Satz: *die der eine*: *die – Signale, der – Artikel, eine – Nominalklammer*). Schließlich ist die Kenntnis des Genus in Verbindung mit der phonologischen Information der Wortform eines Substantivs in den meisten Fällen auch ein erfolgreicher Schlüssel zur korrekten Pluralendung. Erwerb und Vermittlung der Genuszuweisung lohnt also, und Auswendiglernen ist nicht der einzige Weg.

Vorweg: Mit Genusregeln sollten die Lerner erst Bekanntschaft machen, wenn sie bereits einige Lektionen lang Genus und Plural zusammen mit jedem Substantiv gelernt haben, damit die Regeln ausreichend illustriert werden können und damit eine Induktionsbasis für künftige Substantive vorhanden ist.

Es wird oft versucht, semantische Regeln der Genuszuweisung aufzustellen und zu vermitteln. Heringer (1995: 205) zitiert die gängigsten:

Feminina sind: Personen weiblichen Geschlechts, bei Tieren die Weibchen, dann die Zigarettensorten, die Grundzahlen, mitteleuropäische Flüsse, Schiffe (einfach so), Flugzeugtypen, Blumen, Bäume; Maskulina dagegen Personen männlichen Geschlechts, bei Tieren die Männchen, dann Mineralien, Himmelsrichtungen, Winde, Niederschläge, Jahreszeiten, alkoholische Getränke, Flüsse außerhalb von Mitteleuropa, Berge, Seen, Sterne, Autos, Züge; Neutra schließlich Kinder, Pejorativa, bei Tieren Junge, dann Metalle und Legierungen, chemische Elemente, Diminutiva, physikalische Einheiten, Waschmittel, Infinitive, Abstrakta, Farben, Brüche, Mengenbezeichnungen, Städte, Länder, Täler, Kontinente, Hotels, Cafés, Kinos ...

Sein Kommentar dazu lautet: „Das ist erst mal Kraut und Rüben." Es ist zudem erneut ein Fall, wo Regeln das Lernen eher erschweren als erleichtern. Was nutzt es, sich beispielsweise eine Regel mit einer Reichweite von nur vier Substantiven einzuprägen (Himmelsrichtungen sind maskulin)? Faustregeln sehen anders aus, im konkreten Fall so: Substantive auf *-en, -el, -er* sind meist maskulin. Dies ist keine semantische, sondern eine formbezogene Regel mit einer Reichweite nicht nur über *Norden, Osten, Süden, Westen*, sondern über 10,2 % der Substantive des Grundwortschatzes;[42] sie gilt auch für *Wagen, Boden, Rücken*, nicht aber für *Leben, Zeichen*. Ihre Validität beträgt 65,6 %, d. h. bei zwei Drittel der Substantive auf *-en, -el, -er* führt die Regel zum korrekten Genus. Die Genuszuweisung beim Rest ist aber nicht völlig regellos; *Leben* ist ein substantivierter Infinitiv, wo eine morphologische Regel greift. Erst Substantive wie *Zeichen* sind arbiträr.[43]

Welche Regeln lassen sich nun sinnvollerweise im Unterricht vermitteln? Wie „gut" sind die Regeln, d. h. welche Reichweite und Validität besitzen sie? Aus Wegeners Arbeiten (1995a/b) lassen sich eine semantische, drei auf die Lautform bezogene phonologische Regeln und eine morphologische Regel für den Unterricht fruchtbar machen.

1. Prinzip des natürlichen Geschlechts: Bezeichnungen für männliche Lebewesen sind im unmarkierten Fall Maskulina, solche für weibliche Lebewesen sind Feminina. (Reichweite 5,9 %, Validität 86,1 %).
2. Schwa-Regel: Substantive, die auf *-e* auslauten, sind im unmarkierten Fall Feminina (Reichweite 16,9 %, Validität 90,5 %).
3. Substantive auf *-en, -el, -er* sind meist Maskulina (Reichweite 10,2 %, Validität 65,6 %).
4. Einsilberregel: Einsilber und andere Kernwörter sind im unmarkierten Fall Maskulina (Reichweite 25,9 %, Validität 51,8 %).
5. Ableitungssuffixe determinieren das Genus des Substantivs (Reichweite für *-ung* 4,6 %, für *-heit* 1,9 %, Validität 100 %).

---

[42] Vgl. Wegener (1995a und 1995b); Wegeners Zahlen beziehen sich auf den Grundwortschatz von Oehler (1966).
[43] Hoberg (2004) kommt allein für *-en* aufgrund eines anderen Korpus auf eine Validität von 80 % !

Die relativ geringe Reichweite von Regel 1 darf nicht täuschen: Da Menschen am liebsten über Menschen sprechen, haben die betreffenden Substantive in der Alltagssprache eine erheblich höhere Frequenz, als es ihr Anteil am Grundwortschatz vermuten lässt. Die Regel ist also trotzdem sehr nützlich, zudem von hoher Zuverlässigkeit. Die Einsilberregel hat zwar die größte Reichweite im Grundwortschatz, aber auch die geringste Validität; mit dieser Faustregel muss am vorsichtigsten umgegangen werden, ihre Vermittlung lässt sich jedoch damit rechtfertigen, dass ihre Validität jenseits des Grundwortschatzes auf 67 % im Gesamtwortschatz steigt. Regel 5 dagegen ist keine Faustregel, sondern eine kategoriale Regel. Sie ist allerdings zunächst für den Lerner noch nicht besonders relevant, da er anfangs nur wenigen Ableitungen begegnet, daher auch die geringe Reichweite der *-ung/-heit*-Regel im Grundwortschatz. Erst jenseits der ersten 1000 Wörter nimmt der Anteil komplexer Wörter so zu, dass die kategorialen Regeln eine Hilfe sind. Kategorial und schon früh von Nutzen ist aber die Regel, dass bei Komposita das Grundwort das Genus bestimmt.

Neben den fünf Regeln ist auch zu vermitteln, was passiert, wenn auf ein Substantiv mehrere Regeln anwendbar sind, also wie stark sie im Konfliktfall sind. Am stärksten sind die morphologischen Regeln: *Mädchen* ist trotz des Geschlechts der bezeichneten Person ein Neutrum wegen seines Wortbildungsmorphems; das Prinzip des natürlichen Geschlechts folgt aber an zweiter Stelle: *Junge* ist trotz der Schwa-Endung maskulin. In der Hierarchie der Genuszuweisungsregeln stehen also morphologische Regeln über semantischen und diese über phonologischen.

Die Regeln, ihre Hierarchie und die Sensibilisierung für die „Ausnahmen" sind noch jeweils lernergruppengerecht zu didaktisieren und methodisch umzusetzen, damit sie wirklich eine Lernhilfe darstellen. Weiter differenzierte Regeln und das Vorstellen von Schemata im Sinne von Köpcke/Zubin (1997) wären möglich, doch wird dann das Verhältnis von Aufwand und Ertrag zunehmend fraglicher. Vor dem Auswendiglernen des Genus vieler Gegenstandsbezeichnungen im Nahbereich des Menschen und seiner Handlungen könnten auch sie nicht bewahren. Es ist derselbe Bereich, der auch bei der Verbflexion durch seine Unregelmäßigkeit (starke Verben) auffällt. Doch auch dort gibt es den regelmäßigen Bereich der schwachen Verben.

5.2.3.2   Strukturerkenntnis durch die Muttersprache

Die Muttersprache war zur Hochzeit der Audiolingualen Methode völlig aus dem Fremdsprachenunterricht verbannt, in ihrer Theorie begründet durch die behavioristische Lernpsychologie. Nachdem sich diese als inadäquat zur Erklärung des Sprachlernens erwiesen hatte und auch die Praxis des audiolingualen Unterrichts nicht die versprochenen Erfolge vorweisen konnte, kam es zu ihrer Ablösung durch die Kommunikative Didaktik, womit aber noch keine Rehabilitation der Muttersprache im Fremdsprachenunterricht verbunden war. In der Englischdidaktik hat Butzkamm in zahlreichen Veröffentlichungen (v. a. 1973, ³2002) immer wieder auf die Unhintergehbarkeit und die helfende Rolle der Muttersprache hingewiesen und ihren reflektierten Einsatz jenseits dogmatischer Einsprachigkeit gefordert. Seine Anregungen und Neubewertungen bezogen sich nicht nur auf das Miteinander fremdsprachlicher und muttersprachlicher Semantisierung von Vokabeln oder darauf, die Muttersprache als

Erklärsprache in Phasen expliziter Grammatikarbeit zuzulassen, Butzkamm hat, sich teilweise auf verschüttete didaktische Traditionen berufend, auch auf Möglichkeiten hingewiesen, wie die Erkenntnis grammatischer Strukturen mit Hilfe der Muttersprache gefördert werden kann, ohne dass explizite Regeln und grammatische Terminologie ins Spiel kommen müssen.

Die erste Anregung lautet: „Funktionale Transparenz durch idiomatische Übersetzung" (Butzkamm ³2002: 231). Den Unterschied zwischen den englischen Sätzen *I saw the ship turn* und *I saw the ship turning* kann man explizit unter Heranziehung des Aspektbegriffs oder mit lokalistischen Metaphern erläutern (sich in eine andauernde Handlung hineinversetzen oder die Situation von außen als ganze betrachten) – und damit mit großer Sicherheit das Verständnis jüngerer Lerner übersteigen. Der Unterschied kann aber auch durch idiomatische Übersetzung erhellt werden: *Ich sah, dass das Schiff drehte* vs. *Ich sah, wie das Schiff drehte*. Ein weiteres Beispiel: Im Englischen gibt es zwei Varianten der Possessiva: vor Substantiven lauten sie *my, your* usw., anstelle von Substantiven aber *mine, yours*. „*Your bike is black, mine is blue. Meins ist blau. Is the coat yours? Ist das deiner?*" (ebd.: 231) Butzkamm fragt, ob das lang erklärt werden muss und ob von „alleinstehenden *possessive pronouns*" die Rede sein muss. Es reiche die Übersetzung ins Deutsche (*meins, deiner*). Im Gegensatz zum ersten Beispiel funktioniert das zweite auch in die umgekehrte Richtung, wenn Deutsch die Zielsprache ist und Formen wie *meiner, ihrer, unseres* usw. Gegenstand sind; es funktioniert aber nicht bei jeder Ausgangssprache.

Die zweite Empfehlung lautet „Strukturale Transparenz durch muttersprachliche Spiegelung" (Butzkamm ³2002: 233); sie ist in gewisser Weise das Gegenteil von idiomatischer Übersetzung, denn sie läuft oft auf eine Wort-für-Wort-Übersetzung oder Interlinearversion hinaus. In den folgenden Beispielen spiegelt der jeweils dritte Teil die Struktur des spanischen Satzes:

> Es la una. Es ist ein Uhr. *Ist die eins.
> Son las cuatro. Es ist vier Uhr. *Sind die vier.
> Paco le da a René un pedazo de pan. Paco gibt René ein Stück Brot. *Paco gibt ihm, René, ein Stück Brot. (ebd.: 238)

Dies ist komische, verdrehte, oft ungrammatische Muttersprache, da sie ja fremde Sprachstrukturen spiegelt, doch nicht schädlich, denn die eigene Sprache wird durch gelegentliche Verdrehungen nicht in Mitleidenschaft gezogen. Solche „Sprach-Spiele" kommen auch außerhalb des Unterrichts vor, in journalistischen und literarischen Texten. Der Comic *Asterix und Obelix in Britannien* lässt die Engländer in seiner deutschen Ausgabe (ähnlich übrigens auch in der französischen) so sprechen:

> (Die römische Flotte bewegt sich auf die englische Küste zu, um das Land zu erobern) Gute Güte! Dieses Schauspiel ist überwältigend! – Es ist. Ist es nicht? (Die Briten brechen immer um fünf Uhr die Kämpfe mit den Eroberern ab, um eine Tasse heißen Wassers zu trinken) Ah! Ich denke, es ist jetzt Zeit. Ist es nicht? – Zeit? Zeit wofür? (Während der Zeremonie des Wassertrinkens) Ich nehme einen Tropfen Milch, bitte. – Bitte sehr, tut das. – Kann ich Marmelade zum Röstbrot haben? Sicher! Ihr könnt!

Lässt man die Lerner nach diesem Vorbild in der eigenen Sprache ein wenig mit den englischen *question tags* und Antwortsätzen herumspielen, dürfte sich deren strukturelle Logik erhellen und entfalten; ausführliche metasprachliche Erklärungen, gespickt mit Termini, sind dann in den meisten Fällen nicht mehr nötig. Zum Vergleich: Die Regel für question tags in Thomson/Martinets (1983, ²2001) *A Practical English Grammar School Edition* umfasst 140 Wörter mit zehn unterschiedlichen grammatischen Termini, zur Illustration der Möglichkeiten dienen 23 Beispielsätze.

Idiomatische Übersetzung und funktionale Transparenz durch die Muttersprache als methodische Möglichkeiten begründet Butzkamm so: „Eine Sprache lernen heißt ... ihre Struktur – unbewusst, halbbewusst, bewusst – soweit durchschauen, dass Wörter und Ausdrücke immer wieder neu kombiniert werden können." Es sei „von bloß situativ verstandener zu struktural verstandener Sprache und damit zur Bildung von produktiven Regeln" (Butzkamm ³2002: 236) zu gelangen. Dafür ist die Ebene metasprachlicher Beschreibung nicht immer notwendig und oft sogar nicht hilfreich.

> **Aufgabe 5-4:**
> Zu den syntaktischen Besonderheiten des Deutschen, denen die Lerner in der Grundstufe begegnen, gehören die Zweitstellung des Finitums, oft verbunden mit der Inversion des Subjekts, die Verbalklammer und die unterschiedliche Verbstellung in Haupt- und Nebensätzen. In der Mittelstufe kommen Nominalklammern hinzu, die durch erweiterte Linksattribute stark gedehnt sein können. Im Bereich Wortbildung besitzt Deutsch die in den Sprachen der Welt eher seltene Möglichkeit, Substantivkomposita mit mehr als zwei Gliedern zu bilden. Die Sätze unten illustrieren diese Möglichkeiten. Versuchen Sie, sie Wort für Wort in Ihre oder die Muttersprache Ihrer Lerner zu „übersetzen". Ist die „strukturale Transparenz durch muttersprachliche Spiegelung" hier möglich? Wo vermag sie Ihrer Ansicht nach sinnvolle Einsichten in die Struktur des Deutschen zu vermitteln, wo nicht?
> (1) *In Deutschland haben die Schüler nur am Vormittag Unterricht.*
>   *Ich möchte heute mit Freunden ins Kino gehen.*
>   *Während ich die Hausaufgaben mache, höre ich am liebsten Musik.*
> (2) *Das durch die Schneefälle von der Außenwelt abgeschnittene Dorf konnte nur per Hubschrauber erreicht werden.*
> (3) *Marktplatz, Zeitungsbericht, Märchenerzähler, Brückenbauingenieur, Fahrplanauskunft, Studentenheimwohnplatz, Fremdsprachenlehrerfahrung.*

5.3 Lernerautonomie in der Grammatikarbeit

5.3.1 Grammatische Regeln – selbständig erarbeitet

Die Spracherwerbsforschung und die Geschichte der Fremdsprachendidaktik haben deutlich gemacht, dass der Wert expliziten Wissens für die Entwicklung des Sprachkönnens differenziert zu betrachten ist und dass sein Einsatz in Abhängigkeit von den zu erwerbenden sprachlichen Strukturen und von Faktoren wie Alter der Lerner, Lerntyp und Zielen des Spracherwerbs reflektiert werden muss. Insofern aber explizites Wissen, und das heißt meist explizite Grammatikregeln, im Unterricht und für das Selbstlernen als sinnvoll und hilfreich erachtet wird, stellen sich eine Reihe didaktischer Fragen und bieten sich eine Vielzahl methodischer Möglichkeiten an, denn explizite Grammatik muss nicht heißen, dass den Lernern grammatische Regeln vorgegeben werden, wie es bis in die neunziger Jahre hinein der Fall war.

Das traditionelle deduktive Vorgehen, bei dem die Lerner eine grammatische Regel nebst Beispielsätzen erhalten, die Regel „lernen" und zuerst in gesteuerten Übungen, dann frei anwenden sollen, weist in der Praxis vielerlei Probleme auf. Die Regeln werden oft nicht verstanden, weil sie zu kompliziert formuliert sind und grammatische Termini enthalten, die den Lernern unbekannt sind oder ihnen nichts sagen. Lehrer täuschen sich häufig darüber hinweg, wie das Inventar grammatischer Beschreibungskategorien, über das ihre Lerner verfügen, beschaffen ist und inwiefern sie es zur Beschreibung und Klärung sprachlicher Sachverhalte einsetzen können. Selbst wenn im muttersprachlichen Unterricht Grammatik und ihre Terminologie einmal Lerngegenstand waren, so ist dieses Wissen oft schon wieder vergessen oder nicht anwendbar. Ob der Unterricht in einer vor Deutsch gelernten Fremdsprache zu hilfreichem Beschreibungswissen geführt hat, hängt stark von der gelernten Sprache und der Art des Unterrichts ab. Deutsch nach Englisch wird in den zentralen Bereichen des Grundstufenunterrichts wie Flexionsmorphologie, Genus und Wortstellung kaum von der zuvor gelernten Fremdsprache profitieren. Schließlich sind grammatische Regeln häufig zu knapp, zu abstrakt und ohne erklärende Hinweise verfasst und nicht motivierend gestaltet. All diese Probleme verschärfen sich, wenn die Regeln in der Zielsprache gegeben werden, sie bestehen aber selbst bei muttersprachlicher Regelformulierung.

Solchen Verständnisproblemen kann begegnet werden, indem man die Lerner grammatische Regeln selbst entdecken und formulieren lässt, bei homogenen Gruppen auch in der Ausgangssprache. Das Verfahren (vgl. Funk/Koenig 1991) soll anhand der Bildung und der Funktion des Futur I illustriert werden.

> **Sammeln** Sie in dem folgenden Text alle Sätze, die sich auf die Zukunft beziehen und unterstreichen Sie die Verbformen in diesen Sätzen.
>
> *Ein heute geborenes Kind hat eine Lebenserwartung von durchschnittlich 83 Jahren. Für den einzelnen ist das eine erfreuliche Entwicklung, für die Gesellschaft wird sie Probleme bringen. Es wird immer mehr alte Menschen und immer weniger junge Menschen geben. 1960 trugen noch über vier Berufstätige einen Rentner, heute ernähren zwei Berufstätige einen Rentner, aber im Jahre 2030 wird, wenn alles so bleibt wie bisher, auf einen Beschäftigten genau ein Rentner kommen. Weil das nicht funktionieren kann, wird sich einiges ändern müssen: Wir müssen in Zukunft länger arbeiten als bis zum 65. Lebensjahr. Die Renten werden niedriger sein als heute, und wenn wir im Alter sorglos leben wollen, werden wir uns nicht mehr allein auf die Rente verlassen können, wir müssen selber vorsorgen.*
>
> **Ordnen** Sie die Sätze mit Zukunftsbezug nach ihren Verbformen.
>
> Die größte Gruppe von Sätzen mit Zukunftsbezug enthält Verbformen, die für Sie neu sind. Diese Verbformen nennt man das Futur I. Wie bildet man es?
>
> > **Regel**: *Das Futur I bildet man*...
>
> Wann benutzt man das Futur I, welche Bedeutung hat es? Betrachten Sie noch einmal den Text und kreuzen Sie dann an, welche Aussagen zutreffen und welche nicht. Wenn eine Aussage falsch ist, begründen Sie es.

5.3 Lernerautonomie in der Grammatikarbeit

a) Wenn sich ein Satz auf die Zukunft bezieht, muss das Futur I verwendet werden.
   ( ) Richtig
   ( ) Falsch, denn ...
b) Wenn ein Satz eine Zeitangabe enthält, die sich auf die Zukunft bezieht, und wenn das Geschehen mit großer Sicherheit eintreten wird, kann man das Präsens benutzen.
   ( ) Richtig
   ( ) Falsch, denn ...
c) Das Futur I benutzt man, wenn man eine Voraussage über die fernere Zukunft machen will oder eine Voraussage, von der nicht sicher ist, ob sie eintreten wird.
   ( ) Richtig
   ( ) Falsch, denn ...

Kommentar: Eine Unterrichtssequenz, in der Lerner Regeln selbst entdecken sollen, weist immer die Schritte Sammeln – Ordnen – Systematisieren (SOS) auf. In der Sammelphase wird die Aufmerksamkeit auf bestimmte Phänomene in einem Text, einer Wortliste o. ä. gelenkt. Danach sind die gesammelten Daten nach Kriterien zu ordnen, die den Lernern vielleicht schon in der Sammelphase aufgefallen sind oder die im Gespräch mit dem Lehrer deutlich werden können. Auf der Basis des geordneten Materials versuchen die Lerner, die Regel zu entdecken und zu formulieren, was im Falle des Futur I relativ einfach ist. Dennoch kann die Aufgabe erleichtert werden, indem die Regel in Teilen vorgegeben wird. Eine solche Alternative findet sich in *Eurolingua*, wo die Einführung des Futur I thematisch an einen *Text Silvester – der Tag der „guten Vorsätze"* gebunden ist (Abb. 13). Die Lerner müssen hier nicht die ganze Regel formulieren. Eine den Schwierigkeitsgrad noch stärker reduzierende Alternative ist, den Lernern verschiedene Regelformulierungen anzubieten, unter denen sie nur noch die korrekte auswählen müssen. Eine solche rezeptive Aufgabe eignet sich, wenn sich die Lerner an den selbständigen Umgang mit Regeln erst einmal gewöhnen müssen oder wenn ein grammatisches Phänomen Gegenstand ist, bei dem die Regelfindung sehr schwierig wäre. Im Falle des Futur I ist die Vorgabe von Auswahlantworten (im Beispiel (a)–(c)) sinnvoll, um Bedeutung und Funktion dieses Tempus bewusst zu machen, die aus dem vorgelegten Text allein nicht induzierbar sind.

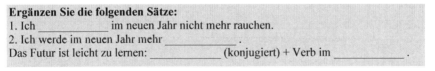

Ergänzen Sie die folgenden Sätze:
1. Ich _____ im neuen Jahr nicht mehr rauchen.
2. Ich werde im neuen Jahr mehr _____ .
Das Futur ist leicht zu lernen: _____ (konjugiert) + Verb im _____ .

Abbildung 13: *Eurolingua* 2 (1998: 109)

Auch das Paradigma des Futur I (*ich werde bringen, du wirst bringen ...*) kann von den Lernern selbst erstellt werden; drei der sechs Formen sind im Text enthalten, die restlichen sind über die Kenntnis des Verbs *werden* erschließbar. Das Futur I wird nämlich in fast allen neueren Lehrwerken, entsprechend seiner Gebrauchshäufigkeit und seiner Nützlichkeit für die Lerner, erst nach der Verwendung von *werden* als Kopulaverb (*Es wird heiß, Sie wird Lehrerin*) und dem Vorgangspassiv eingeführt.

Die unterschiedlichen Funktionen von *werden* machen es aber auch erforderlich, dass nach gelenkten und freieren Festigungsübungen zum Futur I eine Reflexion über die Verwendungsweisen von *werden* erfolgen muss. Auch diese können mit einer Aufgabe wie der folgenden von den Lernern weitgehend selbständig erarbeitet werden, wobei die Aufgabe gängige Differenzierungsübungen zu den Funktionen von *werden* lediglich dahingehend abwandelt, dass sie die anderen Funktionen nicht vorgibt.

Werden bildet nicht nur das Futur I (zusammen mit dem Infinitiv), es hat zwei weitere Funktionen, die Sie schon kennengelernt haben. Unterscheiden Sie die Funktionen in den folgenden Sätzen. Was sind die beiden anderen Funktionen?

	Funktionen von *werden*		
	bildet Futur I		
Im Jahr 2050 wird Deutschland 72 Millionen Einwohner haben.	x		
Seit über 30 Jahren werden jedes Jahr weniger Kinder geboren als alte Menschen sterben.			
Immer mehr Menschen werden 100 Jahre alt.			
Die Entwicklung der Bevölkerung wird bestimmt von der steigenden Lebenserwartung, den sinkenden Geburtenzahlen und der Einwanderung.			
Schon bald werden wir für jeden Euro Gehalt mehr als zwanzig Cent für die Altersvorsorge ausgeben.			
Die private Altersvorsorge wird bald Pflicht.			

Der Ansatz, Lerner Regeln selbst entdecken zu lassen, wird sich in einer Lerngruppe, die an deduktiv vorgegebene Regeln gewohnt ist, nicht von einem Tag auf den anderen verwirklichen lassen. Doch kann man sie zu solch entdeckendem Verfahren hinführen, indem man, wie schon gezeigt, Regeln zur Auswahl stellt oder bereits teilweise formulierte Regeln vorgibt.

Grenzen werden dem Verfahren durch das zu erkennende Phänomen gesetzt; nicht alles kann anhand von notwendigerweise überschaubarem Material erarbeitet werden, und Sprachlerner sind keine Linguisten. Erfahrungsgemäß ist das selbständige Erarbeiten von Regeln auch zeitintensiv im Vergleich zur einfachen Regelnennung durch Lehrer oder Lehrwerk; doch die Zeitersparnis bei einem deduktiven Vorgehen ist oft nur eine scheinbare, denn der Weg zur Regel ist bereits eine Lernaktivität und enthält schon einen Übungsanteil. Wichtiger noch: Eine selbst formulierte Regel ist eine verstandene Regel und somit für das Vorankommen in der fremden Sprache wirksamer als eine nur halb verstandene vorgegebene Regel. Williams (2009: 325) schließt aus experimentellen Daten und Beobachtung des Sprachlernens, dass angeleitete Regelinduktion eher zu zielsprachlicher Sprachverarbeitung führt als Regelinstruktion.

Natürlich sind von Lernern formulierte Regeln manchmal ungenau und übergeneralisierend, doch auch hier gilt wieder: Lieber eine grobe, aber die Sprachentwicklung voranbringende Regel als eine differenzierte Regel, die exhaustiv und widerspruchsfrei ist, aber wirkungslos bleibt. Zudem schult die Anforderung, im Sprachmaterial Regularitäten zu finden, die Aufmerksamkeit der Lerner auf Formaspekte und befähigt sie, autonom aus außerunterrichtlichem Input zu lernen und gibt ihnen das Vertrauen zu selbständigen Schlüssen, die sie in ihren fremdsprachlichen Äußerungen testen oder in Grammatiken selbst überprüfen können.

Aufgabe 5-5:
In Abb. 14 finden Sie zwei Varianten eines kurzen Grammatikteils zu den trennbaren Verben aus *Grundstudium Deutsch* 1 (1992), Lektion 7 und *Studienweg Deutsch* 1 (2004), Lektion 6. Das jüngere Lehrwerk ist eine Neufassung des älteren durch dieselben Hauptautoren.
(a) Beschreiben Sie sämtliche Unterschiede der beiden Varianten.
(b) Welche Variante ist die neuere? Warum?

Variante A

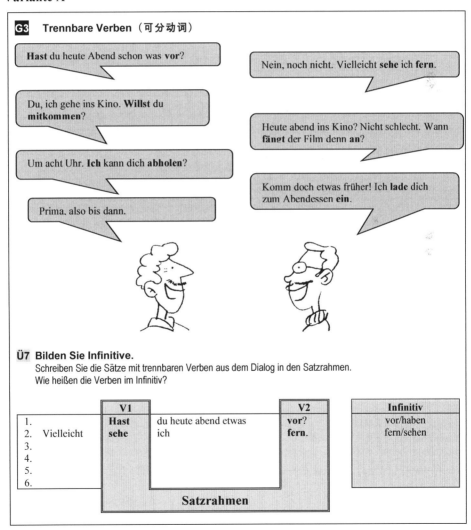

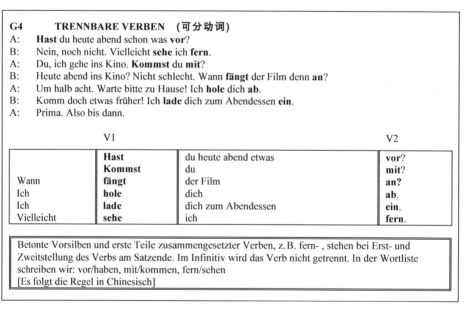

Abbildung 14: Trennbare Verben in zwei Fassungen eines Lehrwerks (Quelle s. o.)

5.3.2 Zum Umgang mit Lernergrammatiken

Ein Wörterbuch hat wohl jeder, der eine Fremdsprache lernt, eine Grammatik oft nicht. Wer sie nicht hat, verlässt sich auf die im Lehrwerk integrierte Grammatik, die ihren Stoff nach der Progression des Kurses anordnet und daher zusammenhängende Phänomene nicht notwendigerweise im Zusammenhang darstellt und auch weder

5.3 Lernerautonomie in der Grammatikarbeit

Überblick noch Vollständigkeit bezüglich eines grammatischen Themas anstrebt. Eine systematische – in der Regel lehrwerkunabhängige – Nachschlagegrammatik bietet dem Lerner dagegen die Möglichkeit, sich über ein grammatisches Thema im Zusammenhang zu informieren, Fragen, die durch die Grammatikarbeit im Unterricht entstehen, selbständig zu bearbeiten und sich über sprachliche Strukturen, die im außerunterrichtlichen Kontakt mit der Fremdsprache auffallen, Informationen zu beschaffen, die eine bessere Nutzung solchen Inputs ermöglichen.

Voraussetzung sind allerdings fremdsprachliche Kenntnisse auf fortgeschrittenem Grundstufenniveau, da vorher selbst bei muttersprachlichen Grammatiken das Deutsch der Beispiele zu große Schwierigkeiten bereitet. Voraussetzung ist zweitens ein Alter, in dem grammatische Beschreibungen überhaupt verstanden und umgesetzt werden können. Die Lerner müssen jenes Stadium der kognitiven Entwicklung erreicht haben, in dem sie zu formalen Operationen im Sinne Piagets in der Lage sind; dieses Stadium ist etwa mit Beginn der Pubertät abgeschlossen.

Für das Hilfsmittel Wörterbuch galt bereits: Lerner müssen zu einem befriedigenden Umgang damit geführt werden und die vielfältigen Nutzungsmöglichkeiten kennen lernen (vgl. Kap. 4.3.3). Grammatiken erklären sich in viel geringerem Maße selbst als der alphabetische Teil eines Wörterbuchs und setzen schon der ersten Benutzung Widerstände entgegen, viel mehr noch einer optimalen. Im Falle von Grammatiken muss außerdem oft erst die Motivation geschaffen werden, sie überhaupt heranzuziehen. Hutchinson (1987) und Funk/Koenig (1991) geben Anregungen zur Arbeit mit lehrwerkunabhängigen Grammatiken schon mit Anfängern, von denen hier einige vorgestellt werden sollen.

Der erste Schritt besteht darin, die Lerner mit der Grammatik, die ihnen zur Verfügung steht, vertraut zu machen. Dazu dienen Suchaufgaben für die Partner- oder Gruppenarbeit, deren Lösungen anschließend im Plenum besprochen werden.

- Welche Teile hat die Grammatik?
- Was bedeuten die Zahlen in Inhaltsverzeichnis und Index: Seitenzahlen, Paragraphen oder Kapitelnummern?
- Warum gibt es verschiedene Schrifttypen im Index?
- Zeigen Sie, dass man Informationen über *wegen* sowohl über das Inhaltsverzeichnis als auch über den Index erhalten kann.
- An wie vielen Stellen erhalten Sie Informationen über Modalverben?
- Finden Sie heraus, wo die Antworten auf die folgenden Fragen stehen. Sie müssen die Fragen nicht beantworten, nur den Ort nennen, wo die Antworten stehen.
  - Wann wird das Perfekt mit *haben*, wann mit *sein* gebildet?
  - Heißt es: *Er ist älter wie ich* oder *Er ist älter als ich*?
  - *Während* ist Konjunktion und Präposition; ist *trotzdem* auch beides?
  - Wie lautet das Präteritum zu *melken*?
  - Wonach richtet es sich, welche Endung ein Adjektiv vor einem Substantiv hat?

In der Auswertung ist herauszuarbeiten, dass man eine Information über den Index (das Register) oder das Inhaltsverzeichnis oder auf beiden Wegen erhalten kann. Dabei sind besonders der Aufbau des Inhaltsverzeichnisses und die Logik der Kapitelgliederung zu erhellen. Es muss auch deutlich werden, dass Informationen über bestimmte Phänomene an verschiedenen Orten der Grammatik stehen können, je nachdem ob es beispielsweise um die Formen einer flektierten Wortart geht, um ihre Stellung oder um ihre Funktion im Satz.

Vorbereitenden Charakter hat die Aktivierung grammatischer Termini, wie sie am einfachsten durch Zuordnungsaufgaben erreicht werden kann.

Ordnen Sie zu: Welcher Begriff beschreibt das Wort oder die Wortform?

Wort	Begriff
aber	Modalverb
eine	Personalpronomen, maskulin, Akkusativ
Füße	unbestimmter Artikel, feminin
gern	Adverb
half	Possessivpronomen, maskulin, Dativ
ihn	Konjunktion, nebenordnend
seinem	Konjunktion, unterordnend
sollen	1. oder 3. Person Singular Präteritum
wenn	Umlautplural auf -e

Ordnen Sie zu: Welcher Begriff beschreibt die Funktion des unterstrichenen Satzteils?

Satzteil	Begriff
Der Schlüssel hängt neben der Tür.	Subjekt
Hilft du mir mal?	direktes Objekt
Ich denke noch oft an die Ferien.	indirektes Objekt
Ich habe den Schlüssel vergessen.	Präpositionalobjekt
Im Herbst ziehen immer weniger Vögel in den Süden.	Attribut
Leg es doch auf den Tisch!	Richtungsergänzung
Mein Freund aus München hat einen starken Akzent.	Ortsergänzung

Bevor inhaltliche Fragen beantwortet werden können, muss erarbeitet werden, welche Darstellungskonventionen die jeweilige Grammatik verwendet. Dafür kopiert man am besten eine repräsentative Seite und versieht sie am Rand mit Fragen, die sich auf die Verwendung der Farben, der typographischen Mittel, auf die Positionierung und Anordnung von Information, auf Symbole, Abkürzungen usw. beziehen; ein Beispiel gibt Abb. 15 (vgl. entsprechende Aufgaben zur Wörterbuchbenutzung in Kap. 4.3.3).

Kennenlernaufgaben können auch in die Hand der Lerner gegeben werden. Man bildet Gruppen, die sich je eine Seite in der Grammatik heraussuchen und zwei Fragen zu ihr stellen. Anschließend muss jede Gruppe die Fragen einer anderen Gruppe beantworten.

5.3 Lernerautonomie in der Grammatikarbeit

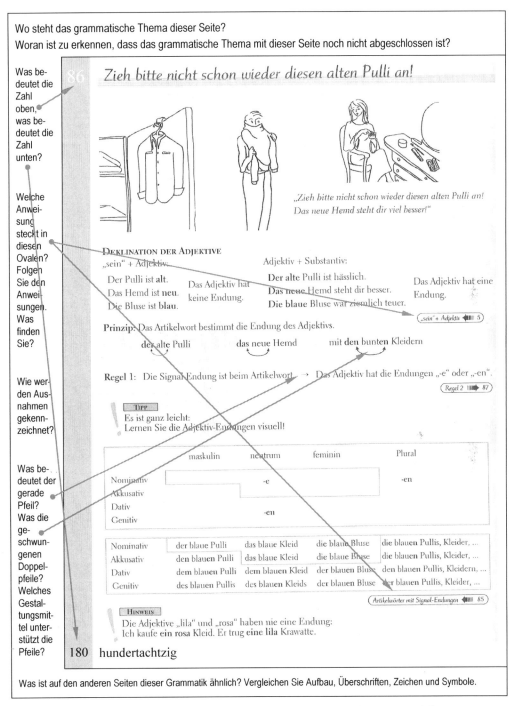

Abbildung 15: Arbeitsaufträge zu einer Seite aus *Klipp und Klar* (2000: 180)

Im nächsten Schritt sind mit Hilfe der Grammatik Probleme zu lösen. Zu Übungszwecken können das zunächst vom Lehrer gestellte Aufgaben sein, die Partnern oder

Kleingruppen gegeben werden. Wenn einmal ohne Zeitdruck erprobt wurde, wie solche Aufgaben zu lösen sind, können weitere Aufgaben im Rahmen eines Wettbewerbs bearbeitet werden: Welche Gruppe beantwortet wie viele Fragen in einer vorgegebenen Zeit?

> Was ist hier falsch? *Ich wohne noch bei meine Eltern. Ich gehe im Reisebüro fragen.*
> Was ist richtig: *Wir haben im Urlaub leider nur manche sonnige Tage gehabt* oder *nur manche sonnigen Tage gehabt*?
> Was ist der Unterschied zwischen *Ich muss nicht an dem Treffen teilnehmen* und *Ich darf nicht an dem Treffen teilnehmen*?
> Was ist die Bedeutung von konzessiven Konjunktionen wie *obwohl*? Wie kann man ein konzessives Verhältnis zwischen zwei Sätzen noch ausdrücken?
> Welche Nebensätze müssen nicht mit einer Konjunktion eingeleitet werden?
> Was sind Satzfragen, was sind Ergänzungsfragen? Wie unterscheiden sie sich in der Wortstellung?

Später sollte sich das Nachschlagen in der Grammatik an Problemen orientieren, die den Lernern selbst entstanden sind. Der Lehrer kann z. B. aus schriftlichen Hausaufgaben wiederkehrende Fehler sammeln und sie mit Hilfe der Grammatik klären lassen. Es wird sich zuweilen auch anbieten, Regeln, die Lerner auf den im vorigen Abschnitt erläuterten Wegen selbst gefunden haben, anhand der Grammatik zu überprüfen. Beides erhöht die Autonomie der Lerner.

Zusammenfassend sind zum Umgang mit grammatischen Nachschlagewerken die Empfehlungen von Hutchinson (1987: 16, eig. Übs.) beherzigenswert:

- Man sollte regelmäßig, aber keineswegs zu häufig und zu lange mit Grammatiken arbeiten. Die Lerner sollen sich an sie gewöhnen, sie aber nicht als Last empfinden.
- Die Lerner sollten nicht bei jedem auftretenden Problem sofort zur Grammatik greifen, sondern ermutigt werden, eigene Lösungen auszuprobieren.
- Möglichst jeder Lerner sollte ein Exemplar der Grammatik haben, zumindest aber sollte ein halber Klassensatz zur Verfügung stehen.
- Der Umgang mit Grammatiken sollte früh beginnen.
- Die Aufgaben, die in die Arbeit mit Grammatiken einführen, sollten interessant, abwechslungsreich und herausfordernd sein. Wenn die Schüler schon beim Anblick der Grammatik zu stöhnen beginnen, machen Sie etwas falsch.

Diese Empfehlungen ähneln denen, die auch für die Wörterbucharbeit gelten. An die Benutzung beider Arten von Nachschlagewerken sollte behutsam herangeführt werden, ihre vielfältigen Nutzungsmöglichkeiten sollten in motivierenden Aufgabenstellungen erfahrbar werden, doch dürfen die Lerner keineswegs dazu erzogen werden, bei jeder Regelunsicherheit oder jedem unbekannten Wort zu Grammatik bzw. Wörterbuch zu greifen. Schließlich ist zu berücksichtigen, dass Lerner mit wachsender Sprachkompetenz andere, anspruchsvollere Grammatiken und Wörterbücher benötigen, die Nachschlagewerke also mit ihnen wachsen müssen. Überlegungen und Aufgaben zum Umgang mit Online-Grammatiken finden sich in Kap. 10.3.3.2.

5.3 Lösungshinweise zu den Aufgaben

Zu Aufgabe 5-1:
(a) In (i) bilden die einzelnen Übungssätze aus *Delfin* (2002) keinen Zusammenhang und sind nicht kontextualisiert. Ein Teil der vom Lerner verlangten Sätze ist unnatürlich. Für *Er fährt mit Tempo 30 gegen einen Baum* gilt das im Text bereits Ausgeführte: Im Perfekt wäre der Satz natürlicher, aber auch hier stört noch das Agentive, das sich mit dem Verb *fahren* verbindet, denn bei einem solchen Unfall liegt in der Regel kein absichtsvolles Handeln vor. Zu Satz h): Laufen Leute, die schlecht sehen, wirklich „manchmal gegen eine Laterne"? Wie oft werden Lerner diesen Satz hören oder gar eine solche Aussage treffen wollen?

In der Aufgabe aus der *Übungsgrammatik DaF für Fortgeschrittene* (ii) wird die Satzgliedstellung in Sätzen mit umfangreichen Ergänzungen und Angaben geübt, v. a. die stark grammatikalisierte Abfolge am rechten Rand des Mittelfelds vor dem infiniten Verb. Die Sätze bilden einen Zusammenhang und konstituieren einen Text der Textsorte Kurzbiographie.

(b) Das erste Satzglied sorgt für die Verknüpfung der Sätze zu einem sinnvoll aufgebauten Text. Wird es nicht vorgegeben, erhöht sich die Schwierigkeit der Übung, denn dann müssen die Lerner ihre Aufmerksamkeit sowohl auf die Textverknüpfung als auch auf die Abfolge innerhalb des Satzes richten.

Zu Aufgabe 5-2:
(a) Karten sind in der Regel rechteckig. Um innerhalb einer konsistenten Visualisierungssystematik zu bleiben, eignen sie sich daher – sofern mit ihnen Satzstrukturen fokussiert werden – zur Beschriftung mit Satzgliedern. Die Karten für die Verben und Verbbestandteile können oval ausgeschnitten werden und eine andere Farbe erhalten. Die rechteckigen Karten für die Satzglieder können je nach Lernziel noch einmal für Ergänzungen, Angaben oder das Negationswort *nicht* in der Farbe variieren.

Mit Karten lassen sich sämtliche Stellungsphänomene des Deutschen erarbeiten, üben und augenfällig festhalten, etwa an einer Pinwand. Eine methodische Möglichkeit ist, den Lernern einen ungeordneten Satz von Karten zu geben, aus denen sie Sätze legen sollen.

Beispiele aus anderen grammatischen Bereichen als der Wortstellung gibt Kap. 10.1.3. Dort wird das Erarbeiten und Üben des Zusammenhangs von statischen und dynamischen Verben mit dem Kasus von Wechselpräpositionen (auf dem Tisch liegen vs. auf den Tisch *legen*) illustriert, ebenso die Verwendung von Karten für die Lernbereiche Lexik, Sprechen, Textbildung und Textrezeption.

(b) Die Visualisierung (i) ist korrekt, denn das Verb lautet „abholen", nicht „holenab". Wenn (i) auf den ersten Blick verstörend wirkt, dann deswegen, weil das, was syntaktisch der erste Verbteil ist, morphologisch der zweite Verbteil ist. (i) macht dies aber deutlich.

Zu Aufgabe 5-3:
Das „Wandern" der Endung des Artikels an das Adjektiv wird nur für den Singular gezeigt, für den Plural nicht, obwohl auch das möglich wäre:

di **e**   freundlichen Männer/Frauen/Kinder

freundlich ▼ Männer/Frauen/Kinder

Warum tun die Autorinnen das nicht? Vielleicht liegt es daran, dass sie auch den Negationsartikel *kein* an dieser Stelle aufführen, der nun aus der durch die Pfeile aufgezeigten Systematik herausfällt und übrigens auch von dem Merkvers rechts nicht abgedeckt ist. Die Adjektivendung nach pluralischem *keine* folgt derselben Logik wie die nach pluralischem *die* – beide enthalten bereits die Numerus- und Kasuskennzeichnung.

Eine weitere Bemerkung: Bei *eine starke Frau* wandert im Grunde nicht die Endung von *die* ans Adjektiv, wie es bei *große Freude* der Fall ist, denn der Artikel *eine* enthält die Endung ja schon. Das *-e* am Adjektiv ist hier lediglich das einfachste Mittel zur Herstellung von Zweisilbigkeit. Es ist allerdings kein Lemproblem, wenn die Funktionen von *-e* in *eine starke Frau* und *große Freude* nicht differenziert werden.

Zu Aufgabe 5-4:
Die Antworten hängen von den jeweiligen Ausgangssprachen ab.

Zu Aufgabe 5-5:
Variante A entstammt der Überarbeitung des Lehrwerks aus dem Jahre 2004. Sie ist optisch ansprechender und in ihren Inhalten besser aufzunehmen. Dies betrifft das Layout des Dialogs, der die Basis der Grammatikarbeit abgibt: Wer was sagt, wird hier durch die Köpfe und Sprechblasen deutlicher als bei der fortlaufenden Anordnung der Äußerungen. Besonders trifft dies aber auf die visuelle Darstellung der deutschen Satzklammer zu, die in der neuen Variante deutlich augenfälliger ist. Aussagekräftige Visualisierungen machen sprachliche Strukturen bewusst und sind schon ein Stück Grammatikarbeit.

Zweitens werden die Lerner stärker aktiviert: In der neuen Darstellung sind nur zwei der Sätze aus dem Dialog in das Schema der deutschen Satzstruktur eingetragen, die weiteren Sätze müssen die Lerner selber einfügen, womit Bewusstmachung und ein erstes Üben eine Verbindung eingehen; die alte Version gab das Schema ausgefüllt vor und lud so sicherlich zum Überlesen ein. Ein weiterer Übungseffekt besteht in der Aufgabe, für ein zweites, strukturell identisches Schema die vorausgehenden Lektionen nach solchen Sätzen abzusuchen, die bereits trennbare Verben enthielten.

Der dritte Unterschied betrifft die explizite Regel: Die alte Version gibt sie ganz, die neue nur teilweise vor, die Lerner müssen sie jetzt selber ergänzen. Damit soll die Fähigkeit entwickelt werden, grammatische Regeln selbst zu finden und zu formulieren. Des weiteren ist die Regel in der neuen Version in mehrerer Hinsicht geglückter: (i) Der Begriff trennbares Verb wird hier definiert, in der alten Version wurde die Kenntnis des Begriffs vorausgesetzt; (ii) der zentrale Teil der Regel ist einfacher formuliert, denn sie spricht nur noch von der Stellung der trennbaren Vorsilbe; in der alten Version war noch die Rede von „betonte Vorsilbe und erster Teil zusammengesetzter Verben, z. B. fern-". Dies ist nicht nur komplizierter, es ist auch unsystematisch: „betonte Vorsilbe" ist ein phonologischer Begriff, der sowohl *vor-* in *vorhaben* als auch *fern-* in *fernsehen* umfasst. Wenn die alte Version einen Unterschied zwischen betonter Vorsilbe und erstem Teil eines zusammengesetzten Verbs macht, dann meint sie wohl den morphologischen Unterschied zwischen solchen Präfixen wie *vor-* und der ersten Konstituente von Komposita wie *fern-*, verwendet aber phonologische Terminologie.

Schließlich spricht die alte Version davon, dass das Verb im Infinitiv nicht getrennt werde, die Beispielsätze, auf die sich die Regel bezieht, enthalten aber keinen solchen Fall – im Gegensatz zur neuen Version (*Willst du mitkommen? Ich kann dich abholen*).

AUSBAU DER FERTIGKEITEN IN DER FREMDSPRACHE

6 Lesen

6.1 Fertigkeiten und sprachliche Mittel

Die vier Grundfertigkeiten sind das Hören und Lesen als rezeptive, das Sprechen und Schreiben als produktive Fertigkeiten. Hören und Sprechen finden im flüchtigen Medium der mündlichen Sprache statt, Lesen und Schreiben im Medium der Schrift, das es erlaubt, die Rezeptions- und Produktionsprozesse zu verlangsamen und wiederholt ablaufen zu lassen, was dem Spracherwerb auf andere Weise zuarbeitet als die „online-Aktivitäten" Hören und Sprechen.

Oft wird das Übersetzen als weitere, fünfte Fertigkeit angesehen (vgl. Rösler 1994: 116); es ist aber zu überlegen, ob dieser Rang von der Sachlogik her nicht dem Hör-Seh-Verstehen zusteht, wofür Schwerdtfeger 1989 plädiert. Beim Hör-Seh-Verstehen handelt es sich nicht nur darum, fremdsprachliche Äußerungen „bebildert" und in ihrem Kontext wahrzunehmen, sondern auch die mit ihnen untrennbar verbundene Mimik und Gestik zu verstehen, die in hohem Maße sprach- und kulturspezifisch geprägt sind. Ferner werden sprachliche Äußerungen begleitet von weiteren paralinguistischen Merkmalen und von non-verbalem Verhalten, die in unterschiedlichem Maße kulturspezifisch sind, aber immer auch als Informationsträger fungieren und das Verstehen der sprachlichen Äußerungen stützen. Da Hör-Seh-Verstehen außerhalb direkter Interaktionen mit Muttersprachlern stets an das Medium Film gebunden ist, bilden schließlich das Verstehen und die Beschreibung der Wirkungen der filmischen Mittel und ihr Verhältnis zu den sprachlichen Mitteln einen weiteren Aspekt der Entwicklung dieser fünften Fertigkeit. Im Folgenden gilt das Interesse ausschließlich den vier Grundfertigkeiten; zur Arbeit mit Filmen vgl. Kap. 10.2; zum Übersetzen vgl. Königs (2001) und Butzkamm (^{3}2002 & ^{2}2007), der energisch für die Rehabilitierung dieser Fertigkeit plädiert, die im sogenannten modernen Fremdsprachenunterricht vielerorts vernachlässigt wird.

Lesen, Hören, Schreiben und Sprechen sollen in diesem Kapitel als Zieltätigkeiten, nicht als Mittlertätigkeiten in den Blick genommen werden, ein Unterschied, der besonders deutlich beim Schreiben wird: Im Fremdsprachenunterricht wird zwar gewöhnlich viel geschrieben; man schreibt Wörter, Wendungen, vielleicht auch Regeln von der Tafel ab, füllt Lückentexte aus, beantwortet schriftlich Fragen zu einem Text, macht Notizen zu einer Lektüre und „schreibt" in aller Regel die Prüfungen. Diese Vielzahl von schriftlichen Aktivitäten muss aber nicht bedeuten, dass die Lerner auch schreiben, um jemanden in kommunikativer Absicht über einen komplexen Sachverhalt zu informieren oder ihm eigene Gedanken mitzuteilen – ja gerade diese Art des Schreibens, das Schreiben als Zieltätigkeit, kommt in manchen Formen des Fremdsprachenunterrichts nur selten oder gar nicht vor. Auch das Hören, um ein weiteres Beispiel zu geben, dient nicht immer der aufgaben- oder interessegeleiteten Aufnahme von Information, sondern kann sich im Rahmen der Ausspracheschulung etwa auf das diskriminierende Hören von Lauten beschränken oder zum Ziel haben, Haupt- und Nebenakzent, Intonationskurven und Pausen zu identifizieren.

Nun könnte die Frage entstehen, ob die vier Fertigkeiten als Zieltätigkeiten überhaupt Gegenstand unterrichtlicher Bemühungen sein müssen, schließlich bringen die Lerner doch die entsprechenden Fähigkeiten aus ihrer muttersprachlichen kommunikativen Kompetenz mit. Wäre es dann nicht sinnvoll, sich nur auf die Vermittlung des fremdsprachlichen Fundaments, das heißt schwerpunktmäßig auf die Vermittlung und Einübung von Vokabular und Grammatik zu beschränken? Die Praxis zeigt, dass Letzteres nicht ausreicht, dass die Fertigkeiten vielmehr eigens geübt werden müssen. Nicht alle Automatismen, die in der Erstsprache zur Verfügung stehen, werden ohne Bewusstmachung und Übung auch auf die Fremdsprache übertragen, und manche Strategien erstsprachlichen Verhaltens müssen angesichts der geringeren linguistischen Kompetenz in der Fremdsprache bewusst gemacht und verstärkt eingesetzt werden, um die Defizite Letzterer zu kompensieren. Außerdem liegen dem Sprechen/ Schreiben und spiegelbildlich dem Hören/Lesen konventionalisierte Handlungs- und Sprachmuster zugrunde, beim Medium Schrift etwa die Textsorten, die in der Zielsprachenkultur von den gewohnten Mustern abweichen können. Auch dies erfordert einen gezielten Einbezug der Fertigkeiten in den Fremdsprachenunterricht.

Die jüngere Fremdsprachendidaktik hat auf der Basis neuerer psycholinguistischer und kognitiver Modelle der Sprachrezeption wie -produktion zahlreiche Lehr- und Lernformen entwickelt, die speziell dem Ausbau der Grundfertigkeiten dienen.

6.2 Leseverstehen

Die neuere Lesedidaktik ist dadurch gekennzeichnet, dass sie nicht mehr mit jedem Text auf die gleiche Weise umgeht, dass sie von unterschiedlichen Arten des Lesens ausgeht, diese im und außerhalb des Unterrichts praktizieren lässt, und dass sie sich am muttersprachlichen Lesen als Folie orientiert. Im Gefolge dieser Umorientierungen ist eine Vielzahl neuer Übungsformen und Aufgabenstellungen zu Texten entstanden, so dass heute vom Lehrer ein hohes Reflexionsniveau verlangt wird, wenn er entscheiden muss, welche Aktivitäten er an welchem Text, gestützt durch welche Aufgaben, mit welchem Ziel durchführen lassen will. Auch an die Lerner stellt eine moderne Lesedidaktik höhere Ansprüche: Wenn sie nicht durch unterschiedliche Vorgehensweisen bei verschiedenen Texten verwirrt werden sollen und wenn sie wissen sollen, wann eine Leseaufgabe erfolgreich abgeschlossen ist, müssen auch sie über Lesestile, die jeweiligen Leseziele und die dazu passenden Lesestrategien informiert sein und diese mitbestimmen. All dies ist nur bei hoher Transparenz des Unterrichts und der Reflexion seiner didaktischen Grundlagen durch Lehrende und Lernende möglich (vgl. Kap. 2.2.1).

6.2.1 Arten des Lesens und Lesestile

Zunächst ist zu fragen, welche Arten des Lesens unterschieden werden können. Eine erste gängige Unterteilung ist die in Lernlesen – Lautes Lesen – Interessegeleitetes Lesen, wobei Letzteres unten noch weiter differenziert wird.

6.2 Leseverstehen

Das *Lernlesen* dient unmittelbar dem Erlernen neuer Wörter, Wendungen und grammatischer Strukturen; die Textinhalte sind eher sekundär. Der Lerner muss den Text gründlich durcharbeiten, jedes Wort verstehen und die enthaltenen sprachlichen Mittel letztlich auch produktiv beherrschen. Das Lernlesen findet in der Regel an eigens für Lehrwerke konstruierten Texten, sogenannten Lerntexten, statt. Diese enthalten nur Strukturen, die von der Progression des gesamten Lehrwerks her an der betreffenden Stelle vorgesehen sind. Die zu lernenden Sprachmittel treten dabei gehäuft auf, was die Texte – wie auch schon die Unterwerfung unter die Progression – sprachlich zuweilen unnatürlich werden lässt, v. a. in älteren Lehrwerken.

Die Kritik der frühen Kommunikativen Didaktik richtete sich hauptsächlich gegen die konstruierten, sprachlich unnatürlichen und kommunikativ oft funktionslosen Lerntexte und forderte statt dessen authentische Texte für den Fremdsprachenunterricht – zusammen mit der Forderung, den Lernern geeignete Strategien zum Umgang mit solchen Texten zu vermitteln. Heute tritt man Lehrbuchtexten nicht mehr so dogmatisch ablehnend entgegen und akzeptiert auch die Bearbeitung authentischer Texte für den Unterricht oder Texte, die für didaktische Zwecke konstruiert wurden, solange sie die gleichen textlichen Eigenschaften (sowohl sprachlich als auch vom Layout her) aufweisen wie repräsentative Texte der Textsorte und wenn sie eine vergleichbare kommunikative Funktion haben. Eine weitere Kritik am Lernlesen, nämlich dass es eine Art zu lesen ist, die außerhalb von Unterricht in natürlichen Sprachverwendungssituationen nicht vorkommt, wird heute ebenfalls nicht mehr so radikal vorgetragen. Rösler schlägt vor, „daß man in Abhängigkeit von den Lernzielen und Zielgruppen – und damit auch von den Sprachlernerfahrungen mit den evt. vorhandenen Ängsten vor dem Lesen von ... überforderndem Material – feststellt, ob, wann, wofür und wie viel Lernlesen notwendig ist. Wichtig ist auf jeden Fall, daß immer klar unterschieden wird zwischen Lesen als Mittel zur Erreichung bestimmter Lernziele und lesespezifischer Lernziele." (Rösler 1994: 122) Im Einklang mit solchen Überlegungen wird z.B. im *Handbuch für den Unterricht* (1990) des Lehrwerks *Sprachbrücke* differenziert zwischen Lesetexten auf der einen Seite, die innerhalb der Progression bleiben, deren Inhalte gründlich verstanden und deren formale Elemente angeeignet werden sollen, und Lese*verständnis*texten auf der anderen Seite, die teilweise jenseits der Progression liegen und die im Hinblick auf vorangestellte Leitfragen und Aufgaben, nicht aber in sämtlichen Details verstanden werden sollen. Das gewichtigste Argument gegen das Lernlesen ist aber, dass es mit seiner Konzentration auf das Wort-für-Wort-Lesen nicht unbedingt zur Lesefähigkeit führt, sondern der Ausbildung dieser Fähigkeit sogar im Wege stehen kann (s. u.).

Im Sinne der oben schon eingeführten Unterscheidung zwischen Mittler- und Zieltätigkeit wäre das Lernlesen eher eine Mittlertätigkeit. Dies gilt in noch viel stärkerem Maße für das *laute Lesen*, mit der die Aussprache geschult werden soll. Dieses Ziel ist aber, wie Kap. 6.4.2 erläutert, problematisch, wenn der Text schon bei der ersten Begegnung laut gelesen wird.

Mit dem *aufgaben- oder interessegeleiteten Lesen* schließlich liegt Lesen als Zieltätigkeit vor, denn hier dient es dazu, Informationen zu erlangen, die den Leser interessieren oder die er für eine gestellte Aufgabe benötigt. Es ist die Art zu lesen, wie sie auch außerhalb von Unterricht typisch ist. Ihr Gegenstand sind Lehrbuchtexte oder authentische Texte, welche sowohl Wortschatz als auch Strukturen enthalten können, die jenseits der Progression liegen. Der Unterricht hat hier dafür zu sorgen, dass die Lerner mit Texten letzterer Art je nach ihren Lesezielen zurechtkommen. Was das im Einzelnen heißt, wird unten ausgeführt, auf jeden Fall bedeutet es, den Lerner zu ermutigen, auch ohne das Verständnis jedes einzelnen Wortes ein befriedigendes Rezeptionsergebnis anzustreben, und Strategien zum Umgang mit den Textinformationen zu vermitteln. Lesen in diesem Sinne ist diejenige der vier Grundfertigkeiten, die für den Lerner die größte Bedeutung außerhalb des Unterrichts oder nach der Schulzeit hat (vgl. Heyd 1990: 107–108). Ein Unterricht, der den Mut zur Beschäftigung mit Texten nimmt, die oberhalb des aktiv beherrschten Sprachniveaus liegen, verfehlt seine Aufgabe, auf tatsächliche Sprachverwendungssituationen vorzubereiten.

Aufgaben- und interessegeleitetes Lesen nimmt je nach Ziel und Zweck unterschiedliche Formen an – wir lesen nicht jeden Text in der gleichen Weise. Folgende Lesestile werden in der Leseforschung und Didaktik unterschieden, wobei ihre Abgrenzungen wie Bezeichnungen nicht immer einheitlich sind:
- das *globale Lesen* (auch: kursorisches Lesen; engl. skimming); sein Ziel ist, sich einen Eindruck über Inhalt und Absicht eines Textes zu verschaffen. So liest man z. B. viele Zeitungsartikel.
- das *selektive Lesen* (auch: suchendes Lesen; engl. scanning); sein Ziel ist, eine bestimmte Information aus einem Text herauszuholen. So liest man z. B. Fahrpläne, den Reisewetterbericht für Urlaubsgebiete, einen Zeitungsartikel über die gegenwärtige Wirtschaftsentwicklung in Ost- und Westdeutschland, wenn man nur die aktuelle Arbeitslosenquote in beiden Landesteilen erfahren möchte, oder Bücher zur Fremdsprachendidaktik, wenn man herausfinden möchte, welche Lesestile dort unterschieden und wie sie benannt werden.
- das *detaillierte Lesen* (auch: intensives, totales Lesen); sein Ziel ist, einen Text so vollständig zu erfassen wie möglich. So liest man z. B. einen Mietvertrag, wie auch jeden Text, mit dessen Thema man sich eingehender beschäftigen möchte. Auch beim Lernlesen geht man detailliert vor, aber die Leseziele unterscheiden sich derart voneinander, dass eine andere Art des Lesens vorliegt.

Die genannten Lesestile sind nicht immer scharf voneinander abzugrenzen, und es gibt Mischformen. Einen längeren Text liest man vielleicht kursorisch, um herauszufinden, wo die wichtigen Stellen sind, die man dann aber intensiv und detailliert liest. Westhoff (1997) hält diese Art des Lesens für so bedeutsam, dass er hier einen weiteren Lesestil ansetzt, das sortierende oder orientierende Lesen. Es ist das Lesen, das auch für die Erstellung von Zusammenfassungen langer Texte benötigt wird.

6.2.2 Verstehensprozesse in Mutter- und Fremdsprache

Wie bei der Betrachtung der Lesestile soll auch bei der Charakterisierung der Verstehensprozesse, wie sie sowohl beim Lesen als auch beim Hören ablaufen, zunächst von dem kompetenten muttersprachlichen Leser oder Hörer ausgegangen werden. Es wäre naiv anzunehmen, dass dieser Texte alleine durch das Dekodieren der sprachlichen Daten versteht (überzeugende Beispiele für den Selbstversuch bietet Westhoff 1997), vielmehr zieht er ganz unterschiedliche Wissensbestände heran, um aus Wörtern und

6.2 Leseverstehen

Sätzen Sinn herzustellen. Der Psychologe Hans Hörmann (^{3}1994) hat schon früh formuliert, was heute in der kognitiven Psychologie, der Textlinguistik und der Fremdsprachendidaktik weitgehend unumstritten ist: „Man kann Sprache nur verstehen, wenn man mehr als Sprache versteht." Textverstehen ist als ein Wechselspiel zwischen datengesteuerten und wissensgesteuerten Prozessen zu begreifen, wobei sich Versuche, diesen Prozess zu modellieren, v. a. darin unterscheiden, welche Arten von Wissensbeständen angenommen, wie sie voneinander abgegrenzt werden und wie das Zusammenspiel der auf- und absteigenden Verstehensprozesse gefasst wird. Ein einfaches Modell (in Anlehnung an Storch 1999 und Wolff 1990) enthält Abb. 1.

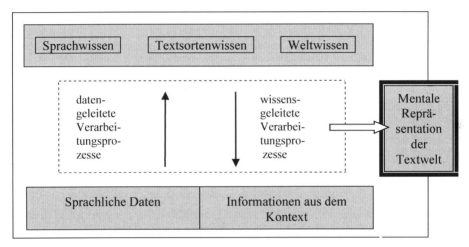

Abbildung 1: Ein Modell des Sprachverstehens

Das Verstehen eines mündlichen oder schriftlichen Textes führt aufgrund mentaler Prozesse zu einer mentalen Repräsentation der jeweiligen Textwelt (rechter mittlerer Kasten). Ein Teil der mentalen Prozesse operiert auf den sprachlichen Daten, setzt diese zusammen und baut auf ihrer Basis Bedeutungen auf; diese aufsteigenden, datengeleiteten Prozesse berücksichtigen aber auch die Informationen aus dem unmittelbaren Kontext der sprachlichen Daten: Bei mündlichen Texten sind dies die relevanten Teile der Situation, v. a. der Sprecher mit seiner Mimik, Gestik und begleitenden Handlungen, der Ort und die Zeit; bei schriftlichen Texten sind es paraverbale Mittel wie die Typographie, das Layout, begleitende Abbildungen, gegebenenfalls auch der Ort des Textes im Rahmen einer Menge ähnlicher Texte (z. B. an welcher Stelle in einer Zeitung ein gegebener Artikel steht) usw. Die sprachlichen Daten und die zugehörigen kontextuellen Informationen finden sich als „Basis" der Verstehensprozesse im untersten Kasten.

Ihre Interpretation wäre aber ohne bereits im Gedächtnis gespeichertes Wissen wie die Sprachkompetenz und ein Wissen über Sprachverwendungssituationen als Teil des Weltwissens nicht möglich. Diese Wissensbestände finden sich links bzw. rechts im oberen Kasten.

Das Wissen über Sprachverwendungssituationen ist Teil des sehr viel umfangreicheren Weltwissens, auch enzyklopädisches Wissen genannt. Letzteres ist in unserem

Gedächtnis nicht isoliert, sondern in Form von globalen Mustern organisiert. Die kognitive Psychologie und die kognitiv orientierte Linguistik unterscheiden an Organisationsmustern u. a. Schemata und Skripts:

Ein *Schema* ist ein ausgrenzbares konzeptuelles Teilsystem im Netzwerk unseres Gedächtnisses, in dem aufgrund von Erfahrungen typische Zusammenhänge eines Realitätsbereichs repräsentiert werden; Schemata sind hierarchisch strukturiert. So wissen wir über ein Opernhaus, dass dort Musiktheater gespielt wird, und wir erwarten in dem Gebäude eine Garderobe, ein Foyer, Ränge, Sitzreihen und -plätze, eine Bühne, ein Orchester, einen Dirigenten usw. „Das Schema-Wissen bildet ... die Grundlage für das Verstehen von Texten: Schemata formieren Erwartungshaltungen des Hörers vor der eigentlichen Textrezeption, sie bilden verschiedene Rahmen /frames/ für das Verstehen, so daß der Hörer nur die Informationen aufnimmt, die für bereits gespeicherte Schemata relevant sind." (Heinemann/Viehweger 1991: 71)

Skripts bezeichnen „im Bewußtsein gespeicherte „stereotype Handlungssequenzen", sozusagen Rollenbücher für die Ausführung von häufig wiederkehrenden Handlungsabfolgen" (Heinemann/Viehweger 1991: 71–72). Der Begriff wird also durchaus so gebraucht wie von Theater und Film bekannt, allerdings handelt es sich bei den im Gedächtnis von Sprachbenutzern gespeicherten Handlungsabfolgen nicht um einmalige und besondere, sondern um stereotype Abfolgen. Relativ streng festgelegte Handlungssequenzen wie den Besuch eines Restaurants oder Arztes nennen Heinemann/Viehweger starke Skripts, wenige festgelegte wie Einkäufe schwache Skripts. Zur Illustration seien das Schema Opernhaus und das Skript Opernbesuch einander gegenübergestellt:

Schema Opernhaus

- Eingangsbereich
- Garderobe – Gardrobiere
- Foyer
- Kasse
- Ränge, Sitzreihen und -plätze
- Vorhang, Bühne
- Personen: Opernbesucher, Sänger, Orchester, Dirigent
- ...

Skript Opernbesuch

- (Karten kaufen)
- Ankunft im Opernhaus
- (Karten kaufen)
- Kleidung an der Garderobe abgeben
- Karten vorzeigen
- Wenn es klingelt, zum Platz gehen und sich setzen
- Das Orchester spielt die Ouverture
- Beifall klatschen
- Der Vorhang hebt sich
- Der erste Akt beginnt
- ...

Die Leistung von Schemata und Skripts für muttersprachliche Rezipienten fassen Heinemann/Viehweger (1991: 72) wie folgt zusammen: „Generell fungieren Skripts – wie schon die Schemata – als globale Muster nicht nur für den Vollzug von Handlungen, sondern auch für die Konstitution von Erwartungshaltungen und Zuordnungsoperationen des Hörers beim Textverstehen. Daher können viele Einzelhandlungen, die in einem Text nicht explizit gemacht wurden, vom Hörer durch Zuordnung zu einem Skript ohne weiteres mitverstanden werden." Im fremdsprachlichen Rezeptionsprozess

6.2 Leseverstehen

machen es Schema- und Skriptwissen für den Leser oder Hörer möglich, einen Teil dessen, was er sprachlich nicht versteht, durch eben dieses Wissen zu rekonstruieren.

Der kompetente Leser und Hörer nutzt weiterhin intensiv sein Wissen darüber, was er in bestimmten Textsorten an Information erwarten kann und wie der Text aufgebaut sein wird (oberer Kasten in der Mitte). So weiß er, dass ein Geschäftsbrief – im Gegensatz zum Privatbrief – u. a. den vollen Namen und die volle Anschrift von Absender wie Empfänger enthält, gegebenenfalls Verweise auf schon ausgetauschte Schreiben, eine kurze Betreffzeile usw. Ein Radiohörer oder Fernsehzuschauer weiß, dass zu Beginn der Nachrichten ein Überblick gegeben wird, dass Nachrichten aus Kultur, Mode oder Sport in der Regel am Ende des Nachrichtenblocks stehen und schließlich Wetterbericht und -vorhersage folgen. Auch Erzählungen haben einen typischen Aufbau. Solches Wissen erleichtert die Rezeption sprachlicher Daten ungemein, denn es fördert die Ausbildung oft sehr konkreter Erwartungen und Vorhersagen über den Textverlauf, die dann während der Rezeption an den Daten zu überprüfen sind.

Je weiter die mentale Repräsentation der Textwelt (rechter mittlerer Kasten) vorangeschritten ist, desto mehr wird sie ihrerseits wieder Quelle für Vorhersagen, d. h. für wissensgeleitete Prozesse. Dieses Wissen unterscheidet sich allerdings in der Hinsicht von Sprach-, Textsorten- und Weltwissen, dass es nicht schon vor und unabhängig von dem rezipierten Text besteht.

Absteigende Prozesse der bisher vorgestellten Art laufen beim geübten Leser automatisiert ab, sind aber dem Bewusstsein zugänglich und reflektierbar. Ihre Reflexion kann zur Erhöhung der Lesekompetenz beitragen. Dem Bewusstsein weniger zugänglich sind absteigende Prozesse, die unterhalb der Textebene ablaufen und schon auf Wort- und Satzebene zum Tragen kommen. Ihr Wirken kann man in folgendem Selbstversuch erfahren: Lesen Sie sich den Text in Abb. 2 schnell laut vor.

> Afugrnud enier Sduite an enier Elingshcen Unvirestiät ist es eagl, in wlehcer Rienhnelfoge die Bcuhtsbaen in eniem Wrot sethen, das enizg wcihtige dbaei ist, dsas der estre und lzete Bcuhtsbae am rcihgiten Paltz snid. Der Rset knan ttolaer Bölsdinn sien, und du knasnt es torztedm onhe Porbelme lseen. Das ghet dseahlb, wiel wir nciht Bcuhtsbae für Bcuhtsbae enizlen lseen, snodren Wröetr als Gnaezs. Smtimt's?

Abbildung 2: Buchstabensalat deutsch[44]

Ein Muttersprachler kann solche Texte nach dem ersten Überraschungseffekt in der Regel einigermaßen flüssig herunterlesen, was nicht ginge, wenn Lesen ein ausschließlich datengeleiteter Verarbeitungsprozess wäre. Voraussetzung für ein flüssiges Lesen eines solchen Buchstabensalats sind mentale Schemata von Wörtern und typischen Satzverläufen im Deutschen, die durch häufiges und umfängliches Lesen entstehen. In Sprachen, in denen wir weniger oder stärker routiniert sind, wird das Leseergebnis anders ausfallen; dies lässt sich im Vergleich mit Abb. 3, einem englischen Buchstabensalat, erfahren.

---

[44] Dieser „Text" und die englische Version lassen sich mit Hilfe von Suchmaschinen hundertfach im Internet finden, die Urheberschaft ist aber unklar.

> Aoccdrnig to a rscheearch at an Elingsh uinervtisy, it deosn't mttaer in waht oredr the ltteers in a wrod are, the olny iprmoetnt tihng is taht frist and lsat ltteer is at the rghit pclae. The rset can be a toatl mses and you can sitll raed it wouthit porbelm. Tihs is bcuseae we do not raed ervey lteter by itslef but the wrod as a wlohe. ceehiro.

Abbildung 3: Buchstabensalat englisch

6.2.3 Didaktische Konsequenzen

Überträgt man das vorgestellte Verstehensmodell auf die Rezeption fremdsprachlicher Texte durch Lerner, so lässt sich natürlich zunächst feststellen, dass wegen ihrer noch nicht voll ausgebauten Sprachkompetenz das Dekodieren der sprachlichen Daten und somit die aufsteigenden Verstehensprozesse Schwierigkeiten bereiten. Umso mehr sollten die absteigenden Prozesse genutzt werden. Doch Beobachtungen zeigen, dass Lerner stark an den Wörtern und Sätzen „kleben" und sie ihr Wissen, das die sprachlichen Defizite teilweise kompensieren könnte, zu wenig nutzen und so unter ihren Verstehensmöglichkeiten bleiben. Hierfür gibt es mehrere Gründe: Zuerst die Tradition des Fremdsprachenunterrichts mit seiner Dominanz des Lernlesens, das vom Lerner die Kenntnis jedes Worts verlangt. Zweitens sind Lerner im Fremdsprachenunterricht, wie Wolff (1983: 291) feststellt, oft „nicht in der Lage, im Unterricht die in der Muttersprache intuitiv verwendeten Verstehensstrategien auf die Fremdsprache zu übertragen, d. h., z. B. unbekannte Wörter aus dem Kontext zu erschließen, ... fehlende Wort- und Satzbedeutungen aus der Situation abzuleiten, in der eine Kommunikation abläuft, oder auf das allgemeine Weltwissen zurückzugreifen, das sie beim Verstehensprozeß in der Muttersprache einsetzen." Zudem werden die absteigenden Prozesse zum großen Teil durch sprachliche Daten ausgelöst, etwa wenn bestimmte Ausdrücke und Textstrukturen Textsortenwissen auslösen oder wenn Wörter Schemata und Skripts aktivieren. Lerner sind sich hier vielleicht auch zu unsicher über das Verstandene und dessen Bedeutung für den Text, um entsprechende Schemata abzurufen, oder sie stoßen auf andere Sprachdaten, die ihnen mit einem in Frage kommenden Schema nicht vereinbar scheinen – angesichts solcher Schwierigkeiten wäre ein Rückzug auf das Sicherheit versprechende Wort-für-Wort-Lesen nicht verwunderlich.

Gefordert wird daher das Bewusstmachen und Einüben der Strategie, vor und während der Textrezeption aufgrund vorhandenen Welt- und Textsortenwissens Vorhersagen über den möglichen Textverlauf zu machen und diese dann an den Daten zu überprüfen. Ferner wird die Herausbildung der Strategie gefordert, zwischen Wichtigem und weniger Wichtigem in einem Text zu unterscheiden – wobei das, was „wichtig" ist, u. a. vom Leseziel abhängt. Also ist auch dafür zu sorgen, dass Lerner Erfahrungen mit unterschiedlichen Lesestilen machen und diese reflektieren. Schließlich muss die Fähigkeit zum weitgehenden Erschließen unbekannter Textteile geübt werden.

Wie Übungen und Aufgaben, mit denen solche Fertigkeiten aufgebaut werden können, konkret aussehen, soll unten – getrennt für das Lese- (6.3) und das Hörverstehen (7.3) – gezeigt werden. Zunächst ist aber auf ein Problem aufmerksam zu machen, das beim Rückgriff auf das Vorwissen des Lerners entstehen kann. Sowohl sein Welt- wie auch sein Textsortenwissen enthalten einen kulturspezifischen Anteil. So gehört, um auf das Opernschema zurückzukommen, im deutschsprachigen Raum hierzu auch das

6.2 Leseverstehen

Wissen, dass ein Opernbesuch oft ein gesellschaftliches Ereignis ist und dass der Grund für einen Opernbesuch nicht immer die Musik und das Stück sind, sondern das Sehen-und-Gesehen-Werden. In anderen Kulturkreisen mag dies nicht Teil des Schemawissens sein. Auch können sich die Konventionen für den Aufbau vergleichbarer Textsorten unterscheiden. So sieht ein amerikanischer Lebenslauf anders aus als ein deutscher, und in manchen Ländern kommen in Radio- und Fernsehnachrichten immer die Inlands- vor den Auslandsmeldungen, während deutsche Rundfunkanstalten die ersten Meldungen in der Regel nach ihrer Wichtigkeit und Aktualität anordnen. Der Unterrichtende muss, wenn es durch das Vorwissen der Lerner zu ungenügendem Verstehen oder Missverstehen kommen kann, die notwendigen landeskundlichen Informationen bereitstellen bzw. mit den Eigenheiten der deutschen Textsorte vertraut machen. Bei fortgeschrittenen Lernern können solche kulturspezifischen Erweiterungen der Wissensbestände aber auch durch die Besprechung der für die Rezeption problematischen Aspekte eines Textes erarbeitet werden.

Weiter wird speziell für das Leseverstehen gefordert, dass die Lerner möglichst viel, möglichst leichte Lektüre und möglichst extensiv lesen sollten (vgl. u. a. Westhoff 1987, 1997, Solmecke 1993). Westhoff 1997 gibt hierfür die folgenden Begründungen. Eine Fertigkeit bildet sich nur heraus, wenn man sie auch genügend übt und automatisiert; ausgiebige Lektüre ist eine Voraussetzung hierfür und lässt den Lerner ein Gefühl für den wahrscheinlichen Verlauf von Sätzen und die Wahrscheinlichkeit von Wortkombinationen (wie *er zahlte einen hohen* _____) herausbilden, was das Lesen erleichtert und zunehmend beschleunigt. (Vgl. die Selbsterfahrung mit den „Buchstabensalaten" in Abb. 2 und 3.) Der Lesestoff sollte nicht zu schwer sein, damit der Lerner auch außerhalb des Unterrichts bei der Sache bleibt und motiviert liest.

Exkurs: Zur Bestimmung des für die jeweilige Lerngruppe angemessenen Schwierigkeitsgrads schlägt Westhoff das Cloze-Verfahren vor. Dabei nimmt man aus dem Buch, das man als Lektüre wählen will, nach dem Zufallsprinzip drei bis vier Seiten heraus, deren Anfang und Ende jeweils einen verständlichen Zusammenhang ergeben müssen; wenn nicht, formuliert man selber Überleitungssätze. Nun löscht man mechanisch und in regelmäßigen Abständen etwa jedes neunte Wort. Wenn die Lernenden 50 % der weggelassenen Wörter erraten können, ist die Lektüre vom Niveau her geeignet und kann der Gruppe aufgegeben werden – natürlich ohne Lücken.

Schließlich sollten die Lerner ermutigt werden, ohne zu häufiges Nachschlagen im Wörterbuch zu lesen. „Das beste Leseergebnis wird erzielt, wenn so schnell gelesen wird wie möglich und nicht langsamer als unbedingt nötig. Übungen, die die Lernenden zwingen, „buchstäblicher" zu lesen als für eine sinngemäße Erfassung eines Textes normalerweise nötig gewesen wäre, sind eher kontraproduktiv." (Westhoff 1997: 54) Diese Forderung begründet Westhoff mit der Beobachtung, dass gute Leser mehr Kenntnisse aus ihrer bisherigen Erfahrung aktivieren und sinngemäß lesen, während schwache Leser buchstäblich lesen, wobei aber buchstäblich nicht gleichzusetzen ist mit gründlich, und sinngemäß nicht mit oberflächlich.

Aufgabe 6-1:
(a) Stellen Sie die oben dargelegten Forderungen an den Umgang mit Leseverstehenstexten im Unterricht zusammen und skizzieren Sie ihre Begründung.

(b) Westhoff (1987: 77) stellt die These auf, „daß das beste Leseergebnis erzielt wird, wenn man in jedem Lesemoment so extensiv wie möglich liest und nicht intensiver als notwendig." Können Sie der These vor dem Hintergrund Ihrer eigenen Leseerfahrungen in der Fremdsprache zustimmen?

6.3 Aufgaben zu Leseverstehenstexten

6.3.1 Aufgaben zum Training wissensgeleiteter Strategien

Der Bewusstmachung von Lesestilen und dem Setzen von Lesezielen dient die folgende Aufgabe. Der Lehrer gibt Überschriften und Lead-Texte unterschiedlicher Artikel aus einer Tageszeitung oder ihrer Internetausgabe ein. Dabei sollten typographische Form und eventuelle graphische Gestaltungselemente weitgehend beibehalten werden, denn sie können Hinweise auf Situierung und Inhalte der Texte geben.

Aufgabentyp 1:

> **Ehe oder Tod**
> Unzählige Mädchen werden jedes Jahr in Deutschland unter Gewalt in eine Ehe gezwungen. Jetzt sollen die Opfer besser geschützt werden.
>
> **Der Rotwein-Boom flacht wieder ab**
>
> Ein vermeintlich harmloses Länderspiel wird für die deutsche Fußball-Nationalmannschaft zum Desaster
> **Schock nach dem Untergang von ...**
>
> **Verwirrende Vielfalt**
> Arbeitgeber wollen, dass ihre Beschäftigten kürzer arbeiten, Ökonomen fordern längere Arbeitszeiten – ein Widerspruch? Dabei haben beide Modelle das gleiche Ziel: Lohnkosten senken und Arbeitsplätze sichern.
>
> **Schwerelosigkeit für Touristen**
> Mit über 800 km/h fast senkrecht fliegen.

(a) Wählen Sie einen Artikel aus, zu dem Sie eine bis drei konkrete Fragen stellen. Suchen Sie beim anschließenden Lesen zügig nach den Antworten.
(b) Wählen Sie einen anderen Artikel aus, den Sie so lesen, dass Sie hinterher sagen können, worum es geht.
(c) Wählen Sie einen weiteren Artikel aus, den Sie detailliert (ganz genau) lesen wollen.

Nachdem sich die Lerner mit einem Partner oder in einer Kleingruppe für die Artikel und Lesestile entschieden und für den selektiv zu lesenden Artikel Fragen formuliert haben, bekommen sie die Texte. Nach der Lektüre und Bearbeitung der Aufgaben werden die Lösungen im Plenum besprochen und die unterschiedlichen Lesestile reflektiert. Dabei wird auch zu besprechen sein, inwiefern man als Leser mit der Lektüre zufrieden war oder ob sich in der Begegnung mit dem Text Leseabsichten u. U. verschoben haben. Die Lerner sollten ausdrücklich dazu ermuntert werden, ihr Interesse und ihre Fragen an Texte heranzutragen und unterschiedliche Texte auf unterschiedliche Weise zu lesen.

Geeignete Überschriften, gegebenenfalls mit dem Textanfang, lassen sich auch dazu nutzen, dass die Lernenden Hypothesen zum Textinhalt sammeln und besprechen. In der anschließenden Lektüre werden die Hypothesen überprüft, d.h. entweder bestätigt, modifiziert oder verworfen.

Aufgabentyp 2:

> **Aus Langeweile Banken überfallen?**
>
> Vier 18- bis 20-Jährige müssen sich ab heute vor Gericht verantworten – Jugendliche aus „gutem Hause"
>
> **Drei Kinder von Güterzug getötet**

(a) Vor der Lektüre: Was könnte in den Artikeln stehen? Sammeln Sie mögliche Hypothesen mit Ihrem Partner.
(b) Nach der Lektüre: Welche Ihrer Vermutungen sind eingetroffen, welche nicht? Wo hat der Text eine Wendung genommen, mit der Sie nicht gerechnet hatten?

Mit solchen Aufgaben sollen die wissensgeleiteten Verarbeitungsprozesse gefördert und verstärkt werden, und es soll bewusst gemacht werden, dass Lesen zum Teil ein Wiedererkennen ist. Wenn sich aus der Überschrift nicht so viele Hypothesen ableiten lassen oder der Text relativ komplex ist, lässt sich der Aufgabentyp abwandeln: Zusätzlich zur Überschrift gibt man einige Sätze vor, von denen die eine Hälfte aus dem Text stammt, die andere nicht. Die Lerner entscheiden, welche der Vorgaben zum Text gehören könnten und begründen dies.

Hypothesenbildung geschieht nicht nur vor der Lektüre aufgrund der Überschriften und der kontextuellen Einbettung eines Textes, sondern begleitet die gesamte Lektüre. Westhoff (1987) schlägt zur Bewusstmachung und Stärkung solch laufender Hypothesenbildung den Aufgabentyp „Voraussagetext" vor (**Aufgabentyp 3**). Dabei wird ein Text immer nur absatzweise eingegeben, und die Lerner spekulieren über den Fortgang. Die zusammengetragenen Vermutungen werden am nächsten Textteil überprüft und gegebenenfalls verändert, und es werden neue Vermutungen für den folgenden Teil aufgestellt usw. Dieses Verfahren eignet sich auch hervorragend für narrative Hörtexte, bei denen zudem die abschnittweise Präsentation weniger aufwendig ist.

Der Einsatz von Wissensbeständen des Lerners lässt sich auch dadurch fördern, dass bestimmte Textteile weggelassen werden.

Aufgabentyp 4:

> **Mit zehn die erste Zigarette**
> Niemand kommt als Raucher auf die Welt. (1) _____
> _____ . Aber auch, um von den anderen in der Gruppe akzeptiert zu werden. Normalerweise endet dieser erste Kontakt mit der Zigarette jedoch nach kurzer Zeit.
> Die nächsten Raucherfahrungen (2) _____
> _____ . Andere rauchen ganz bewußt und konsequent, um ihre Unabhängigkeit zu demonstrieren oder aus Imponiergehabe gegenüber dem anderen Geschlecht.
> Zur Gewohnheit wird das Rauchen besonders leicht, wenn es in der schwierigen Zeit der Pubertät als vermeintliches Hilfsmittel entdeckt wird, um (3) _____
> _____ . Solche positiven Erfahrungen führen dazu, daß man jedesmal zur Zigarette greift, sobald es kritisch wird. Daraus entsteht ein Verhalten, über das man gar nicht mehr nachdenkt und das sich nur schwer wieder ablegen läßt.
>
> **Versuchen Sie die fehlenden Textteile zu ergänzen.**
>
> Abbildung 4: Beispiel aus Westhoff (1997: 148), gekürzt

Damit eine solche Aufgabe lerneffektiv ist, müssen einige Voraussetzungen erfüllt sein: (a) Das Weggelassene muss zum Wissensbestand der Lerner gehören, (b) in den stehen gelassenen Textteilen müssen Hinweise enthalten sein, um welche Wissensbestände es sich handelt. (c) Weglassungen sind besonders lehrreich, wenn der entscheidende Hinweis hinter der Weglassung steht – viele Leser, auch muttersprachliche, lesen nämlich nur vorwärts, lassen aber rückläufige Hinweise ungenutzt. Durch das Training, aus Rückverweisen Textinformationen zu erschließen, lässt sich ein weiteres Potential heben, Defizite der Sprachkompetenz teilweise zu kompensieren. (Zur verwandten Worterschließung vgl. Kap. 4.3.1)

6.3.2 Aufgaben zum Training datengeleiteter Strategien

Zielten die bisherigen Aufgabentypen darauf ab, die absteigenden, wissensgeleiteten Verstehensprozesse bewusst zu machen und zu fördern, so versuchen die folgenden Aufgaben Strategien zu vermitteln, wie die datengeleiteten Verstehensprozesse optimiert werden können.

Aufgabentyp 5: Zerschnittener Text. Bei diesem Aufgabentyp müssen die ungeordneten Teile eines Textes wieder zu einem Ganzen zusammengefügt werden. Voraussetzung ist, dass die Teile in sich verständlich sind und der Text insgesamt nicht zu umfangreich und nicht zu komplex ist. Der Lerneffekt besteht in der Konzentration auf diejenigen sprachlichen Elemente, die den Text strukturieren und die Verbindung zu anderen Textteilen herstellen – deswegen darf die Auswertung der Aufgabe nicht bei der Feststellung der richtigen Reihenfolge stehen bleiben, sondern muss die textverknüpfenden und -strukturierenden Signale reflektieren. Westhoff (1997) weist darauf hin, dass die in diesem Sinne lehrreichsten Schnittstellen nicht immer mit den Absätzen des Originals zusammenfallen; daher sollte der Lehrer bei der Erstellung solcher Aufgaben den Text gegebenenfalls neu zusammensetzen und neu „schneiden".

> ### „Frauen bringen Universitätsbetrieb durcheinander"
> ### Frauenstudium begann vor 100 Jahren
>
> Im Sommersemester 1900 durften sich die ersten Frauen an der Universität Heidelberg immatrikulieren. Heidelberg war damit neben Freiburg die fortschrittlichste Universität im Deutschen Reich. Erst 1909 war das Frauenstudium überall in Deutschland erlaubt.
>
> Die Proteste gegen Frauen an deutschen Universitäten waren groß. Vor allem Akademiker warnten: Damen im Hörsaal würden die erotischen Sinne der Studenten wecken und sie so von der Wissenschaft ablenken. Auch sei die Wissenschaft durch das schlechtere Niveau der Frauen gefährdet. Außerdem hatten Anatome bereits 1872 festgestellt, dass sie wegen ihres geringeren Gehirngewichts für das Studium ungeeignet seien. Gynäkologen warnten Frauen vor Hysterie und Geisteskrankheiten, wenn sie von ihren natürlichen Aufgaben Ehe und Mutterschaft abwichen.
>
> Trotz all dieser „Gefahren" für die Wissenschaft, die Studenten und die Frauen selbst, beschloss die Regierung Badens im Jahre 1900, Frauen an ihren beiden Universitäten Heidelberg und Freiburg zuzulassen. Bis dahin war das Frauenstudium zwar nicht generell verboten gewesen, aber welche Frau hatte schon ein deutsches Abitur? Noch bis Ende des 19. Jahrhunderts gab es für Mädchen einen Schulabschluss mit Abitur gar nicht. Ein deutsches Abitur war aber Voraussetzung für die Immatrikulation.
>
> Als erste Studentinnen schrieben sich in Heidelberg drei Frauen für Medizin und eine für Philologie ein. Doch nur die 19-jährige Rahel Gotein aus Karlsruhe war Studienanfängerin. Die anderen hatten bereits ihr Studium im Ausland begonnen.
>
> Diese und andere herausragende Frauen wie Ricarda Huch, Rosa Luxemburg und Marie Baum waren aufgrund der deutschen Beschränkungen zum Studium nach Zürich ausgewichen. Die Schweiz hatte bereits 1864 Frauen zugelassen. Doch mit einem Studienabschluss waren die Probleme noch nicht gelöst. Die erste deutsche Ärztin, Franziska Tiburtius, hatte zwar in Zürich studiert und promoviert, durfte aber nicht in ihrer Heimatstadt Berlin arbeiten, denn das Gesetz im Deutschen Reich erlaubte Frauen keine akademische Berufstätigkeit. Dieses Problem konnte im Deutschen Reich auch nur langsam abgeschafft werden. Ärztinnen waren ab 1900 und Lehrerinnen ab 1905 in einzelnen deutschen Ländern zugelassen, doch das Berufsverbot für Juristinnen und Theologinnen hielt sich noch bis in die 20er Jahre. Dementsprechend wählten die Frauen ihr Studienfach: Medizin und Philologie waren am beliebtesten.
>
> Heidelberg blieb im übrigen lange eine der beliebtesten Universitäten bei Frauen: 1917 machten sie 52,9 Prozent aller Studenten aus – an anderen Universitäten hatten sie nur einen Anteil von acht Prozent.
>
> nach: Universität Heidelberg (Hg.), *Unispiegel 2/2000*

Aufgabe 6-2:
Zerschneiden Sie den Text so, dass er sich aufgrund sprachlicher Signale wieder zusammensetzen lässt. Achten Sie dabei auch auf Schnittmöglichkeiten innerhalb der Absätze. Welche sprachlichen Mittel können durch die Aufgabe fokussiert werden?

Aufgabentyp 6: Einen ähnlichen Lerneffekt streben auch Aufgaben an, die vom Lerner fordern, einen Text ohne jegliche Absätze in solche einzuteilen. Auch hier müssen textverknüpfende und -strukturierende Signale fokussiert werden. Wie beim Aufgabentyp 5 ist der Lerneffekt dann besonders hoch, wenn der Text deutliche sprachliche Signale seiner Gliederung aufweist. Texte, deren Kohärenz und Struktur sich überwiegend über den Inhalt herstellt, sind weniger geeignet, diejenigen Verstehensprozesse zu fördern, die sprachliche Mittel zum Ausgangspunkt nehmen.

Aufgabentyp 7: Dieser Aufgabentyp verlangt, aus einem Text z.B. ein Telegramm zu machen oder seine wichtigsten Aussagen zu unterstreichen und die möglichen Lösungen zu besprechen; sein Ziel ist, dass geübt wird, wichtige von weniger wichtigen Informationen zu unterscheiden. Dasselbe Ziel, wenngleich durch Vorgaben stärker steuernd, hat eine Aufgabe, die das Lehrwerk *Grundstudium Deutsch* zu einem populär-soziologischen Sachtext mit dem Titel „Der Trend zur Kleinfamilie" in der Grundstufe 2 stellt; der Text enthält drei Absätze:

> Von folgenden sechs Aussagen können drei als Überschriften über je einem Textabschnitt stehen. Sie sagen allgemein etwas über den Inhalt des Abschnitts aus. Drei andere sprechen nur über nicht so wichtige Einzelheiten.
> Finden Sie die drei Überschriften, und ordnen Sie sie in der Reihenfolge der Textabschnitte.
>
> Die deutschen Familien werden immer kleiner
> Das Leben genießen   Erst ein schönes Leben, dann Kinder
> 28 Millionen Familien   Nur zehn Prozent wollen gleich Kinder
> Eine Untersuchung über die Wünsche junger Ehepaare

Abbildung 5: Aufgabe zur Informationsgewichtung und -eingliederung aus *Grundstudium Deutsch* Bd. 2 (1993: 95)

Aufgaben zur Bildung von Verstehensinseln: In vielen Textsorten geben Titel oder Untertitel nicht nur Hinweise auf den Textinhalt, die sich für das hypothesengeleitete Lesen nutzen lassen, sondern führen die zentralen Personen, Gegenstände, Sachverhalte oder Begriffe ein, die im Textverlauf mehrfach wieder aufgenommen werden. Eine Aufgabe besteht darin, im Text alle Wörter zu markieren, die diese Einheiten der Überschrift identisch oder in Form von Synonymen, Oberbegriffen u. a. wiederholen, und herauszufinden, was an diesen Textstellen über sie ausgesagt wird. Eine andere Aufgabenstellung nutzt die Eigennamen, die, wenn in einem Text vorhanden, meist zu den wichtigen Textinformationen gehören. Sie lassen sich im Text gut erkennen und werden in der Regel wortidentisch wiederholt. Auch hier gilt es zu sammeln, was man im Text über die Namensträger erfährt. Ortsnamen, Orts- und Zeitangaben sind ebenfalls gut identifizierbar und sollten benutzt werden, um eine Lokalisierung der Handlung, des Geschehens, des Vorgangs oder Zustands vorzunehmen. Zahlen können weitere Verstehensinseln bilden, wenn sich der Lerner fragt, worauf sie sich beziehen und welche Aussagen mit ihnen verknüpft sind.

Weiter sollte die Strategie geübt werden, diejenigen Informationen zu erkennen und als zentrale zu bearbeiten, die im Text selbst herausgehoben sind. Relativ leicht erkennbar sind hervorhebende Wörter und Wendungen wie *vor allem, besonders, gerade, nicht nur – sondern auch*; schwieriger ist es schon, die von ihnen fokussierten Elemente zu identifizieren. Wichtig sind auch verneinte Aussagen, denn negiert werden nur solche Sachverhalte, von denen der Textverfasser vermutet, dass sie vom Rezipienten angenommen werden könnten und die daher explizit zurückgewiesen werden. Dabei sind Negationen, die mit Negationswörtern wie *nein, nicht, kein, niemand, nirgends, nie* vollzogen werden, leichter zu erkennen als Negationen, die nur Teil von Wortbedeutungen sind wie *bezweifeln, Mangel an* usw.

Es wird auch vorgeschlagen, dass die Internationalismen in einem Text markiert und als Verstehenshilfen genutzt werden sollten. Das kann zweifellos hilfreich sein, zu beachten ist aber, dass mit Internationalismen im Gegensatz zu den o. a. Eigennamen, Orts- und Zeitangaben, Zahlen usw. nicht unbedingt auch Hinweise auf zentrale Informationen des Textes verbunden sein müssen und sich unter ihnen auch „falsche Freunde" befinden können (das deutsche *eventuell* bedeutet ‚vielleicht', das englische *eventually* dagegen ‚schließlich'). Diese muss der Lehrer thematisieren, damit die Strategie nicht in die Irre führt.

Stiefenhöfer (1986), Westhoff (1987, 1997), Solmecke (1993) und Storch (1999) u. a. schlagen weitere Aufgabentypen vor, die die Antizipationsfähigkeit der Lerner unterhalb der Textebene bezüglich der Wahrscheinlichkeit von Buchstaben- und Wortkombinationen und des wahrscheinlichen Verlaufs von Sätzen fördern sollen (vgl. den „Buchstabensalat" in 6.2.2). Auf solche Aufgaben wird hier nicht weiter eingegangen, da die angestrebten Fähigkeiten sich wohl leichter durch extensive Lektüre leichter Texte – eine zentrale Forderung Westhoffs – herausbilden als durch spezielle Aufgaben, die in der gleichen Zeit nicht den gleichen Umfang an Sprachkontakt ermöglichen. Für das Hörverstehen scheinen solche Komponentenübungen aber weniger verzichtbar (vgl. Kap. 6.5). Auf der Ebene der Buchstaben- und Wortkombinationen geht es um die Ausbildung von zielsprachlichen Automatismen, die der Bewusstheit weniger zugänglich sind als die Strategien des Herangehens an Texte, die Defizite der Sprachkompetenz und der Geläufigkeit in der Zielsprache kompensieren können. Eine solche Automatisierung ist nun aber wiederum eine wichtige Voraussetzung dafür, dass überhaupt Verstehensstrategien während des Lesens eingesetzt werden können, denn Letztere beanspruchen Gedächtnis- und Verarbeitungskapazität, die erst durch die Automatisierung unterer Prozesse in ausreichendem Maße frei wird.

Zusammenfassend: Die bisher vorgestellten Aufgabentypen zielen auf den Ausbau von Lesestrategien ab. Die Lernenden werden aufgefordert, sich über die Leseziele und -stile Klarheit zu verschaffen (Aufgabentyp 1), werden ermutigt, ihr Wissen zu aktivieren und an den Text heranzutragen (Aufgabentypen 2–3), u. U. nicht oder nicht gänzlich verstandene Textteile durch eigene Wissensbestände zu ergänzen (Aufgabentyp 4), auf die Kohärenz herstellenden und den Text gliedernden sprachlichen Signale zu achten (Aufgabentypen 5–6, z. T. auch 4), wichtige von unwichtiger Information zu unterscheiden (Aufgabentyp 7) und Verstehensinseln zu bilden. Solche Strategien sollten bewusst gemacht, besprochen und eingeübt werden, damit sie beim Lesen in zunehmendem Maße automatisiert eingesetzt werden. Ziel all dieser Aufgaben ist die Übertragbarkeit des durch sie Gelernten auf neue Texte.

6.3.3 Inhaltsbezogene Lehrerfragen – ein Fallbeispiel

Es mag vielleicht erstaunen, dass in der bisherigen Besprechung von Aufgaben zum Leseverstehen die Lehrerfragen oder Fragen des Lehrwerks noch nicht erwähnt wurden, dieses wohl gängigste und verbreitetste Instrument beim unterrichtlichen Umgang mit Lesetexten. Zu Lehrerfragen in einem weiteren Sinne sollen auch zählen: Ja/Nein- oder Multiple-Choice-Aufgaben, vorgegebene Inhaltsraster, in die Textinformationen einzutragen sind, und Zuordnungsübungen, wo zu vorgegebenen, meist vereinfachten und verallgemeinernden Aussagen die entsprechenden Textteile zu finden sind.

Solchen Fragen und Aufgaben ist gemeinsam, dass sie den Lerner bei der Rezeption steuern und weniger auf andere Texte übertragbar sind als die Aufgabentypen in 6.3.1–2, die eine Selbststeuerung anstreben. Bei solchen Vorgaben wird der Lerner seine Textrezeption abbrechen, wenn er die geforderten Antworten gefunden hat. Das kann ein Vorteil sein, wenn der zugrunde gelegte Text insgesamt sprachlich über dem Niveau der Lerner liegt, denn die Fragen signalisieren, worauf sich das Verstehen beschränken darf. Sie lotsen so durch den Text und vermitteln ein Gefühl erfolgreichen Lesens auch schwieriger Lektüre. Dies kann aber zum Nachteil werden, wenn Lerner auch bei leichteren Texten nicht weiter gehen, als es die Aufgaben nahe legen, und der Meinung sind, ein Text sei vollständig oder zumindest befriedigend verstanden, wenn die Fragen zu ihm beantwortet sind. Ein weiterer Nachteil solcher Lehrerfragen ist, dass sie nur auf den einen Text bezogen sind und nicht wie die oben besprochenen Aufgabentypen auf neue Texte übertragbar sind. Zudem sind sie lehrerzentrierter.

Da Fragen im engeren Sinne der häufigste Aufgabentyp im Zusammenhang mit Lesetexten sind, ist es nicht verwunderlich, dass angehende Lehrer besonders darauf fixiert sind, solche Fragen zu entwickeln und den Unterricht mit ihrer Hilfe zu gestalten. Was macht nun aber geglückte Fragen aus, und inwieweit können sie durch andere Verstehensaufgaben ersetzt werden?

Für einen Unterrichtsversuch hatte ein angehender Lehrer den Text „Warum reden Frauen und Männer eigentlich so oft aneinander vorbei?" ausgesucht. Die Zielgruppe war eine Oberstufe (auf C1-Niveau) mit etwa gleich vielen männlichen und weiblichen Teilnehmern aus unterschiedlichen Ländern und Kulturen; das Durchschnittsalter betrug 23 Jahre; der Text sollte im Detail verstanden werden.

Kommunikation: Das große Missverständnis
„Warum reden Frauen und Männer eigentlich so oft aneinander vorbei?"

Glaubt man John Gray, dem amerikanischen Familientherapeuten, dann „meinen Männer und Frauen nur selten dasselbe, wenn sie dieselben Wörter benutzen". Auch Deborah Tannen, Verfasserin des Verkaufsschlagers *„Du kannst mich einfach nicht verstehen"*, sieht in den beiden Geschlechtern Vertreter unterschiedlicher Kulturkreise: Ihre Sprachen existierten genauso neben- und unabhängig voneinander wie die eines Londoner Geschäftsmannes und die eines afrikanischen Häuptlings.

Die Linguistikprofessorin an der Georgetown University in Washington hat jahrelang Alltagsgespräche von Männern und Frauen auf Tonband aufgezeichnet und gängige Klischees bestätigt gefunden: Frauen haben eine *„Beziehungssprache"*, einen Gesprächsstil, bei dem es vor allem darum geht, Streit zu vermeiden und Einverständnis und Intimität herzustellen. Männer hingegen benutzen Sprache vorwiegend, um Informationen auszutauschen und Hierarchien auszuhandeln. Statt Fragen zu stellen, stellen sie fest. Sie lieben es, mit Wissen zu imponieren, vor Publikum Geschichten und Witze

6.3 Aufgaben zu Leseverstehenstexten

zu erzählen. Treffen *„Berichtssprache"* und *„Beziehungssprache"* aufeinander, kann es zu Missverständnissen zwischen den Geschlechterkulturen kommen.

Bestseller-Autoren wie Tannen und Gray können den Eindruck erwecken, die Ungleichheiten bezögen sich auf alle Männer und alle Frauen und drohen damit die enorme Variationsbreite im Verhalten Einzelner zu vernachlässigen – aber auch andere Sprachwissenschaftler stimmen darin überein, dass es tatsächlich nachweisbare Unterschiede in der Sprache der Geschlechter gibt: Männer stellen Fragen, um Informationen zu bekommen; Frauen, um Gespräche in Gang zu halten; Sprecherinnen beziehen sich explizit auf den Vorredner und signalisieren so Anerkennung und Solidarität.

Männer ignorieren vorangegangene Beiträge häufiger; während Frauen offene Aggression und Konfrontation eher vermeiden, sehen Männer darin ein Instrument, die Konversation voranzutreiben; Männer wechseln Themen abrupt; Frauen entwickeln sie während des Sprechens und verändern sie nur graduell; Frauen diskutieren eher miteinander, um Erfahrungen auszutauschen und seelische Unterstützung anzubieten; Männer interpretieren Gespräche über Probleme als unausgesprochene Bitte um pragmatische Lösungsvorschläge; in öffentlichen Redesituationen beanspruchen Männer mehr Redezeit und unterbrechen häufiger, sie beziehen Frauen seltener mit ein als umgekehrt.

Untersuchungen haben gezeigt, dass Frauen wesentlich mehr Schwierigkeiten haben, sich mit einem dominanten Gesprächsstil durchzusetzen, als Männer, die sich in Beziehungssprache versuchen – im Berufsleben wie in der Partnerschaft.

aus GEO WISSEN "Frau & Mann" Nr. 26, S. 142 ff

Was wären nun „gute" und „schlechte" Fragen zu diesem Text?

Aufgabe 6-3:
Die Kollegen des Lehrers, der den Text einsetzen wollte, wurden aufgefordert, in Gruppen „gute" und „schlechte" Fragen zu ihm zu stellen; eine Auswahl findet sich unten.
(a) Lesen Sie die vorgeschlagenen Fragen und beurteilen Sie ihre Geeignetheit in der 2. Spalte: *ja* – geeignet; *??* – ich bin mir nicht sicher, ob die Frage geeignet ist; *nein* – ungeeignet. Berücksichtigen Sie bei Ihrer Entscheidung die Ausführungen von Kap. 2.2.2 und überlegen Sie, in welchem Maße die Fragen dem Text gerecht werden.
(b) Wählen Sie in der 3. Spalte diejenigen Fragen aus, die Sie als Lehrer zu dem Text stellen würden; geben Sie für die gewählten Fragen eine begründete Reihenfolge an.

	Frage	ja – ?? – nein	Reihenfolge
1.	Worin besteht nach Meinung der Linguistikprofessorin der Unterschied zwischen dem Gesprächsstil der Männer und dem von Frauen?		
2.	Wie verhalten sich Männer und Frauen bei einem Gespräch?		
3.	Soll man John Gray und Deborah Tannen glauben?		
4.	Worum geht es in dem Text?		
5.	Warum kommt es zu Missverständnissen in der Kommunikation zwischen Männern und Frauen?		
6.	Gefällt Ihnen der Text?		
7.	Was ist der Titel des Buchs von Deborah Tannen?		
8.	Was bedeutet Kommunikation für Frauen und was für Männer?		
9.	Was erfahren wir über geschlechtsspezifisches Sprachverhalten?		
10.	Wo betreibt Tannen ihre Forschung?		

11. Warum haben die Frauen mehr Schwierigkeiten, sich mit einem dominanten Gesprächsstil durchzusetzen als Männer?		
12. Worin liegen die Unterschiede zwischen Männer- und Frauensprache?		
13. Was wollen Frauen und Männer mit ihrer jeweiligen Sprache bezwecken?		
14. Warum reden Männer und Frauen anders?		
15. Was ignorieren Männer?		
16. Können Sie uns einige Situationen nennen, in denen Missverständnisse zwischen Männern und Frauen entstehen?		
17. Was ist nach Meinung der Wissenschaftler das Ziel der Männer und der Frauen, wenn sie Fragen stellen?		
18. Die Untersuchungen haben Unterschiede im Gesprächsverhalten zwischen Männern und Frauen gezeigt. Haben Sie auch solche Unterschiede im Alltagsleben bemerkt?		
19. Was bedeutet der Begriff „Klischee"?		
20. Was verstehen Sie unter Berichtssprache und Beziehungssprache?		
21. Gibt es Unterschiede zwischen Männern und Frauen bei der Konversation?		
22. Wer benutzt häufiger Beziehungssprache, Männer oder Frauen?		
23. Womit haben Frauen mehr Schwierigkeiten beim Gespräch als Männer?		

Die Reflexion der vorangehenden Aufgabe, wie sie sich in den Lösungshinweisen spiegelt, lässt daran zweifeln, ob für den gegebenen Text Lehrerfragen im engeren Sinn wirklich der beste Weg zur Förderung des Verständnisses sind. Als Alternative bietet sich folgendes Inhaltsraster an, das im Anschluss an die Lektüre zuerst in Einzel- oder Partnerarbeit auszufüllen und danach im Plenum zu besprechen ist.

Wie Männer sprechen	Wie Frauen sprechen

Das Raster zielt mit den beiden Spaltenüberschriften auf dieselbe Information ab wie die Fragen (12) und (1); das stichwortartige Ausfüllen zwingt dazu, auch Detailinformationen, auf die Fragen wie (17) abzielen, zu notieren. Diskussionsfragen wie (11) oder (16) erübrigen sich durch das Raster nicht, gehören aber ohnehin einer anderen Phase der Textarbeit an.

Der angehende Lehrer entschied sich für dieses Raster, welches dann auch die Überlegungen zur Einstiegsphase prägte, für die es sich ebenfalls als geeignet erwies. Der Lehrer plante hier drei Kurzdialoge, deren Aussagen entweder einem Mann oder einer Frau zugeordnet werden sollten (Partnerarbeit).

6.4 Zum Umgang mit Leseverstehenstexten

> Drei kurze Dialoge zwischen einem Mann und einer Frau. Welche Sätze hat wohl der Mann, welche die Frau gesagt? Begründen Sie Ihre Entscheidung.
>
> 1 (a) Habe ich Dich glücklich gemacht?
>   (b) Mich erfreuen auch die kleinen Dinge des Lebens.
>
> 2 (a) Und was ist mit Deinen guten Vorsätzen?
>   (b) Scheiß auf gute Vorsätze, ich schaff' einfach nicht mehr.
>
> 3 (a) Du solltest mehr auf deinen Bauch hören.
>   (b) Das machst Du ja schon für mich.

Anschließend sollten die Zuordnungen im Plenum begründet werden, wobei das Raster an der Tafel erstellt und die von den Lernern genannten Eigenschaften von Männer- und Frauensprache eingetragen werden sollten. Die Überleitung zur zweiten Phase, der des Lesens, sollte dann über die Vorstellung des Textes erfolgen, der weitere Informationen über geschlechtsspezifisches Sprachverhalten gebe und mit dessen Hilfe das begonnene Raster vervollständigt werden könne. Bei einem solchen Vorgehen kann die Verstehensaufgabe schon in der Einstiegsphase etabliert werden, ebenso können hier schon relevante Wissensbestände aktiviert und Aspekte des Textinhalts vorweggenommen werden.

Um Missverständnissen vorzubeugen: Die Reflexion möglicher Lehrerfragen wie in der vorangehenden Aufgabe und den Lösungshinweisen hat zwar im vorliegenden Fall zu einer Entscheidung für ein Inhaltsraster geführt, dies wird aber nicht bei jedem Text so sein. Insgesamt sollen jedoch stets Alternativen bedacht werden, denn Lehrerfragen im engeren Sinne müssen nicht das dominante Mittel der lehrergesteuerten Textarbeit bleiben. Noch wichtiger aber ist es, die Lerner immer öfter dazu zu bringen, selbst strategische Fragen an Texte zu stellen, wie sie in 6.3.1–2 illustriert wurden, und so den Grad der Rezeptionssteuerung durch den Lehrer abzubauen.

6.4 Zum Umgang mit Leseverstehenstexten

6.4.1 Phasen bei der Arbeit mit Leseverstehenstexten

Die Arbeit mit Leseverstehenstexten gliedert sich in drei Phasen, von denen die letzte optional ist: die Hinführungs-, die Verstehens- und die Anschlussphase, wo auf den Text inhaltlich reagiert oder mit ihm sprachlich weitergearbeitet wird.

In der Hinführungsphase muss zum einen geklärt werden, um was für einen Text es geht und auf welche Weise und mit welchem Ziel er gelesen werden soll, damit angemessene Verstehensstrategien aktiviert und ein passender Lesestil (global, selektiv oder detailliert) gewählt werden. Gibt man einen Text ohne eine solche Klärung oder ohne vorherige Arbeitsaufträge ein, wird der Lerner davon ausgehen, dass alles in dem Text wichtig ist und ihn im Detail zu verstehen versuchen. In die Hinführungsphase gehört aber auch die Aktivierung des für das Verständnis notwendigen Vorwissens, sowohl auf der inhaltlichen wie auf der sprachlichen Ebene. Je ausführlicher solche Vorentlastungen ausfallen, desto mehr Hilfe erhalten die Lerner für die folgende Verstehensphase.

Im Anschluss an den Leseakt ist zuerst zu klären, inwiefern die vor dem Lesen formulierten Erwartungen an den Text eingetroffen sind, inwieweit die Verstehensziele erreicht bzw. die Verstehensaufgaben gelöst werden konnten und was ansonsten verstanden wurde. Wenn es nicht nur darum ging herauszufinden, wovon der Text handelt, oder bestimmte Informationen selektiv zu erfassen, wird man aus der Auswertung des ersten Lesedurchgangs weitere Fragestellungen und Aufgaben entwickeln, die während eines erneuten Lesens zu bearbeiten sind. Mehrere Verstehensdurchgänge mit jeweils anderen Lesezielen und Aufgabenstellungen sind ein Kennzeichen einer vom Textganzen ausgehenden, absteigenden Textarbeit. Die Bemühungen um das Textverständnis können – und sollten – abgebrochen werden, wenn die Verstehensziele erreicht sind, auch wenn der Text noch nicht vollständig „erarbeitet" ist.

Das Sprachlernen im Sinne des Erwerbs von syntaktischen Strukturen und von Vokabular vollzieht sich in Verstehensphasen – wie bei allen kommunikativen Aktivitäten – beiläufig. Im Anschluss an die Verstehensphase und getrennt von ihr können aber sprachliche Mittel fokussiert und zum Lern- oder Reflexionsgegenstand werden, z. B. Wortfelder, die mit dem Textthema in Zusammenhang stehen, oder auffällige Strukturen, die bestimmte Funktionen in dem Text erfüllen. Werden allerdings Verstehenstexte jedes Mal sprachlich ausgewertet und geschieht dies obendrein extensiv, dann werden aus Lesetexten unter der Hand Lerntexte, was das Ziel der Erhöhung der Lesefertigkeit in der Fremdsprache konterkarieren und sich auf die Motivation der Lernenden negativ auswirken kann. Wenn noch der interessanteste Text bis zum Überdruss behandelt wird, entwickelt sich leicht die Einstellung, dass Texte in der Schule (oder schlimmer noch: in der Fremdsprache) vornehmlich zum Lernen und nicht zum Lesen da sind. Auf die sprachliche Auswertung von Verstehenstexten sollte also im Interesse der Erhaltung der Lesemotivation und der Förderung der rezeptiven Fertigkeiten öfter verzichtet werden.

Weniger verzichten wird man dagegen auf „kommunikative Anschlussaktivitäten" (Storch 1999), in denen die Lerner auf das Verstandene mit Stellungnahmen, Vergleich oder Verknüpfung mit eigenem Wissens usw. reagieren oder kreativ mit dem Text umgehen, ihn fortschreiben, umschreiben usw. Doch auch kommunikative Anschlussaktivitäten sind nicht zwingend, solange die Verstehensziele erreicht sind.

6.4.2 Zur Präsentation von Lesetexten

Texte müssen präsentiert werden, und die Art der Präsentation muss den Zielen entsprechen, die mit ihnen verfolgt werden. Steht das Leseverstehen im Vordergrund, sind sie still zu lesen, denn die Lesegeschwindigkeit ist nicht nur je nach Individuum verschieden, Lesen ist auch beim Einzelnen kein gleichförmiger, linearer Vorgang, sondern vollzieht sich an unterschiedlichen Stellen mit unterschiedlicher Geschwindigkeit und mit vor- und zurückspringendem Erfassen. Will man diesem höchst individuellen Charakter des Lesens gerecht werden, verbietet sich die – im Fremdsprachenunterricht weit verbreitete – Textpräsentation in Form des *lauten Lesens* durch die Lerner. Jede Form des gemeinsamen Lesens zwingt zu einem fremden Tempo und ermöglicht kaum orientierendes oder sich vergewisserndes Springen an andere Textstellen und führt somit zu einem weniger optimalen Textverständnis als

6.4 Zum Umgang mit Leseverstehenstexten

das stille Lesen. Noch mehr wird das Textverständnis behindert, wenn die Lerner abwechselnd Satz für Satz einzeln laut vorlesen müssen. Das laute Vorlesen erfordert so viel Konzentration auf den Vortrag – auch bei einem Muttersprachler –, dass der Inhalt des betreffenden Satzes kaum noch verarbeitet werden kann und die Sinnentnahme, das eigentliche Ziel des Lesens, behindert wird. Noch beeinträchtigender ist es, wenn die Lerner abzählen können, wann sie an der Reihe sind. Dann wird schon der eigene Satz gesucht und still vorbereitet, so dass das Verstehen des gesamten Textes noch stärker leidet.

Das laute Lesen wird in der Regel mit dem Ziel der Ausspracheschulung begründet. Doch die Kapazität des Gedächtnisses lässt es – besonders im Anfängerunterricht, wo lautes Lesen am meisten praktiziert wird – nicht zu, zugleich einen unbekannten Text verstehen zu wollen und ihn auch korrekt vorzutragen, zumal wenn phonetische Korrekturen den Verstehensprozess wiederholt unterbrechen. Ein Lehrer, der beides gleichzeitig verlangt, überfordert nicht nur die Lerner, er reflektiert auch seine Lernziele nicht genau. Das laute Lesen ist als Ausspracheschulung bei geeigneten Texten (und dies können nicht Texte sein, die lediglich global oder selektiv angegangen werden) nur dann sinnvoll, wenn sich in ihm Verstehen und Interpretation des Textes niederschlagen können – also nach der Erarbeitung und nach einer ausreichenden Vorbereitungsphase, keineswegs aber bei der ersten Rezeption. Es ist somit eine der möglichen Aktivitäten der Anschlussphase.

Laut Solmecke (1993: 52) ist jedoch das nicht vortragende, halblaute Lesen anders einzuschätzen: „Viel wichtiger [als das Vorlesen, R. K.] ist – wie jeder beim Lesen muttersprachlicher, aber auch fremdsprachlicher Texte an sich selbst beobachten kann – das mehr oder weniger laute Lesen, durch das sich der Leser selbst hilft, einen für ihn schwierigen Text zu verstehen. Nicht selten geschieht es, daß uns die Bedeutung eines gelesenen Wortes in dem Moment einfällt, in dem wir es aussprechen." Wiederum anders einzuschätzen ist das laute Lesen durch den Lehrer; es kann eine Funktion für den Verstehensprozess haben, wenn er durch seinen sinntragenden Vortrag schon bei der ersten Rezeption ein bestimmtes Textverständnis eröffnen will; dieses Vorgehen wird aber nicht die Regel sein.

6.4.3 Unbekannte Wörter

In der Praxis wohl noch weiter verbreitet, aber ebenso problematisch wie das laute Lesen, ist die Tradition, dass während oder nach dem Lesen eines Textes die unbekannten Wörter unterstrichen werden sollen oder Lerner sich gleich zu Beginn eines Gesprächs über einen Text mit Fragen nach solchen Wörtern melden. Diese Tradition ist derartig robust, dass auch ihre Karikatur vorkommt: So forderte ein Lehrer in einem Unterrichtsversuch seine Schüler nach einem Hörtext auf, diejenigen Wörter aufzuschreiben, die sie nicht verstanden hatten!

Der rationale Kern dieses Verfahrens ist, dass es unbekannte Wörter gibt, die das vom Leseziel geforderte Textverstehen erschweren oder gar behindern können. Der Unterrichtende sollte solche Schwierigkeiten seiner Lerner aber antizipieren können und die betreffenden Wörter entweder schon in der Vorentlastungsphase einführen oder den Text so annotieren, dass bereits die erste Begegnung mit dem Text kommunikativ ist. Der Lerner wiederum sollte sich überlegen, ob ein unbekanntes Wort für das erste Verstehen notwendig ist; wenn ja, sollte er sich weiter überlegen, ob er das Wort aus dem Kontext, gegebenenfalls über Wortbildungsregularitäten oder über Analogien mit Wörtern ihm bekannter Sprachen erschließen kann und erst dann Mitschüler oder den Lehrer fragen bzw. – bei häuslicher Lektüre – das Wörterbuch konsultieren.

Dass Fragen nach unbekannten Wörtern aber weit über den letzten, berechtigten Fall hinaus eine so verbreitete Routine im Fremdsprachenunterricht darstellen, liegt an der dominierenden Tradition des Lernlesens, das sich über Lerntexte hinaus auch auf Leseverstehenstexte erstreckt, womit es aber die Ausbildung der fremdsprachlichen Lesefertigkeit eher behindert (s. o.). Es mag aber auch daran liegen, dass v. a. Schüler Verstehensprobleme unreflektiert auf die mangelnde Kenntnis gleich welchen Wortes im Text schieben. Solmecke (1993: 105) macht darauf aufmerksam, „daß Fremdsprachenlernende sehr häufig nicht in der Lage sind, das Textverstehen behindernde Schwierigkeiten angemessen zu identifizieren." Unbekannte Wörter bieten sich hier als Schuldige allzu leicht an.

Auch lernpsychologisch ist wenig plausibel, sich zuerst darauf zu konzentrieren, was man *nicht* versteht, statt sich darauf, was man versteht, und von diesem auszugehen, d. h. Verstehensinseln im oben ausgeführten Sinne aufzubauen. Dies schließt nicht aus, in einem zweiten Schritt – wenn Leseziel oder Interesse es nahe legen – zu fragen: Was möchte oder muss ich über das schon Verstandene hinaus verstehen?

Um Missverständnissen vorzubeugen: Das Plädoyer gegen eine Beschäftigung mit Vokabelfragen als erste und extensiv betriebene Aktivität im Zusammenhang mit Lesetexten wendet sich keineswegs gegen Vokabelarbeit als eine sinnvolle Anschlussaktivität an die Verständnissicherung. Die Vorteile einer solchen „späten" Vokabelarbeit nach einem zweiten oder in der Regel wohl dritten Lesedurchgang sind, dass die unbekannten Wörter nun stärker in einen verstandenen Kontext integriert und damit besser behalten werden können. Zudem lassen sich im Anschluss an die Verstehensdurchgänge textbezogene Wortfelder erstellen, was wiederum die Behaltbarkeit der neuen Wörter erhöht. In solchen lexikbezogenen Anschlussaktivitäten kommt es auf Systematizität und Themenbezogenheit an, nicht auf Exhaustivität, es muss hier also nicht jedes unbekannte Wort zum Gegenstand werden.

> **Aufgabe 6-4:**
> Storch bezeichnet folgende Verhaltensweisen von Lehrern als „Fehler bei Verstehensübungen":
>
> - Die Lernenden ... ohne Formulierung von Verstehenszielen und ohne Stimulierung durch Verstehenstechniken, einem Verstehenstext aussetzen ...
> - Die Gewohnheit, auf Unbekanntes hinzuweisen und sich vor allem auf das zu konzentrieren, was die Lernenden noch nicht verstehen ...
> - Verstehenstexte Wort für Wort bzw. Satz für Satz erarbeiten.
> - Schriftliche Verstehenstexte laut lesen lassen ...
> - Die oft anzutreffende Einstellung von Lehrern, die anhand von Verstehenstexten *überprüfen* möchten, was ihre Schüler (schon) verstehen ... (Storch 1999:125)
>
> Begründen Sie, warum diese Verhaltensweisen als problematisch anzusehen sind, und zeigen Sie Alternativen auf.

6.5 Lösungshinweise zu den Aufgaben

Zu Aufgabe 6-1:
Zentral für didaktische Überlegungen zum Leseverstehen ist, die sprachlichen Defizite, die das Lesen in der Fremdsprache erschweren, durch Stärkung der absteigenden Verstehensprozesse zu kompensieren. Dafür bedarf es zum einen vor dem Lesen einer Vorentlastung, welche das relevante Welt-, Textsorten- und Sprachwissen der Lerner aktiviert, zum anderen während des Lesens der Fähigkeiten und Strategien, aus dem Verstandenen auf Unverstandenes zu schließen und im Hinblick auf die Verstehensziele Wichtiges von Unwichtigem zu unterscheiden.

Ferner wird davon ausgegangen, dass die Fertigkeit Lesen sich am besten durch umfängliche Lektüre herausbildet. Damit interessegeleitet und einigermaßen flüssig gelesen werden kann, sollte die Lektüre sprachlich eher leicht sein und ein extensiver, von möglichst wenig Nachschlagen im Wörterbuch begleiteter Lesestil praktiziert werden.

Zu Aufgabe 6-2:
Der Text kann problemlos an den Stellen geschnitten werden, wo im Original die Absatzgrenzen liegen, dazu noch innerhalb des vorletzten Absatzes vor *Dieses Problem konnte im Deutschen Reich auch nur langsam abgeschafft werden*.
Bei der Rekonstruktion des gewürfelten Textes können folgende Mittel fokussiert werden:
- Die Verweiselemente *trotz all dieser „Gefahren" für die Wissenschaft ..., diese und andere herausragende Frauen ..., dieses Problem*. Ihre Bezüge müssen erkannt werden, wobei die von *Gefahren* und *Problem* nicht wörtlich aufzufinden sind, sondern auf zusammenfassenden Interpretationen der Leser beruhen müssen.
- Die Präposition *trotz* ... lässt nach einem vorangehenden Textteil suchen, den der Autor als unvereinbar mit dem durch *trotz* eingeleiteten Teil darstellt.
- Der erste und letzte Absatz sind von der Textsorte her identifizierbar, denn Titel und Untertitel weisen auf einen Bericht hin; an sprachlichen Hinweisen enthält der erste Absatz die situierende Zeitangabe und der letzte die zusammenfassende Formulierung *Heidelberg blieb im übrigen lange* ...

Der Ort von Absatz 2 und 4 ist eher aufgrund inhaltlicher Überlegungen als sprachlicher Signale zu bestimmen.

Zu Aufgabe 6-3:
In einer Gruppe von Lehrerstudenten bestand schnell Einigkeit über die ungeeigneten Fragen: (7) und (10) sind weitgehend irrelevant für das Textverständnis und lassen sich mit nur einer Phrase beantworten; (21) lässt sich mit nur *ja* oder *nein* beantworten und führt ebenfalls nicht zu einem vertieften Textverständnis; (15), (22), (23) verlangen zwar mehr Textverständnis, lassen sich aber, da sie syntaktisch geschlossen sind, mit einer einzigen Phrase beantworten: *vorangegangene Beiträge, Frauen* bzw. *mit einem dominanten Gesprächsstil*. Überdies müssen nur die Wörter der Frage im Text identifiziert werden, um genau an dieser Stelle die Antwort übernehmen zu können. (19) überprüft die Kenntnis eines für den Text sicherlich wichtigen und möglicherweise unbekannten Worts, ist aber keine Textverständnisfrage.

Als am geeignetsten wurden die Fragen (12), (1) und (17) bestimmt. (12) und (1) zielen auf das Verständnis des gesamten Textes, sie ermöglichen unterschiedliche und umfangreichere Lerneräußerungen, denn es können verschiedene Punkte aus dem Text genannt werden; jeder dieser Punkte kann dazu dienen, eine Verstehensinsel zu bilden. (12) wurde gegenüber (1) wegen der einfacheren Formulierung bevorzugt, die Frage verweist allerdings nicht explizit darauf, dass ihre Beantwortung alleine aufgrund des Textes und nicht aus dem Weltwissen erfolgen soll. Intendiert sind beide als semantisch geschlossene, aber syntaktisch offene Fragen. (5) hat dieselben Ziele wie (12) und (1), ermöglicht aber die einfache Antwort *Weil Männer und Frauen ein unterschiedliches Gesprächsverhalten haben*, fordert also weniger präzise dazu auf, die im Text behaupteten Unterschiede genau herauszuarbeiten. (17) unterscheidet sich von (12) und (1) dadurch, dass sich die Frage auf einen der Unterschiede im Gesprächsverhalten von Männern und Frauen bezieht, also das Verständnis eines Details fordert. Wenn aber nach diesem Detail gefragt wird, dann müsste auch nach anderen, gleich wichtigen Einzelinformationen gefragt werden, z. B. danach, was das Ansprechen von Problemen für Männer und Frauen bedeutet oder wie der Wechsel von Themen gehandhabt wird. (20) verlangt eine Begriffserklärung und bezieht sich auf ein wichtiges Textdetail.

Unsicherheiten, ob sie geeignet seien oder nicht, bestanden in der Einschätzung der Fragen (2) und (9): Mit ihnen ist vermutlich intendiert, dass die Lerner ihr Verständnis des Textes global wie im Detail verbalisieren müssen, sie sind aber wesentlich ungenauer gestellt als (12) oder (1) und erlauben auch wenig funktionale Antworten wie *Unterschiedlich* (2) oder *Dass Männer und Frauen unterschiedlich kommunizieren* (9), was (12) oder (1) durch die Art ihrer Formulierung ausschließen. Umstritten war auch (4); diese Frage ist sicherlich in vielen Fällen sinnvoll, um das erste Verständnis zu formulieren, beim vorliegenden Text wegen dessen Überschrift jedoch redundant und wenig motivierend.

(3) und (6) zielen wohl auf eine persönliche Stellungnahme zum Text, sie sind aber zu unpräzise, erlauben unbegründete subjektive Aussagen und sind überdies wegen ihrer syntaktischen Geschlossenheit auch nur mit ja oder nein beantwortbar. Zu begründeter oder explizierender Stellungnahme herausfordernd sind dagegen (18) und (16), Fragen, die sich gut eignen, wenn der Text geklärt ist und seine Aussagen an der eigenen Erfahrung überprüft werden sollen, es also am Ende zu einer Diskussion kommen soll. Ebenfalls nicht aus dem Text beantwortbar sind (11) und (14), v. a. letztere Frage erscheint indes weniger fruchtbar als (18) oder (16).

Trennt man zwischen Verständnis- und Diskussionsfragen, so benötigt man für Erstere lediglich die übergreifenden, semantisch geschlossenen Fragen (12) oder (1), um sowohl das Global- wie auch das Detailverständnis zu fördern. Sollten in Beantwortung der übergreifenden Fragen wichtige Einzelaspekte des Textes nicht verbalisiert werden, sind Fragen wie (17) notwendig, um „nachzuhaken". Dieses Ergebnis lässt nun aber daran zweifeln, ob Lehrerfragen im engeren Sinne das beste Mittel sind, um das Verständnis des vorliegenden Textes zu fördern.

Zu Aufgabe 6-4:
- Wenn die Lerner einen Text ohne Verstehensziele oder andere Aufgaben bekommen, werden sie auf alles achten und versuchen, ihn in jedem Detail zu verstehen, um für alles gewappnet zu sein, was im Unterricht nach dem Lesen von ihnen verlangt werden könnte. Dies entspricht nicht der Art, wie Texte in der L1 oder außerhalb von Unterricht gelesen werden. Die Alternative zu dem kritisierten Verfahren ist, den Lernern stets ein Leseziel anzugeben oder dies mit ihnen aufgrund von Vorinformationen oder Einstiegsaktivitäten gemeinsam zu setzen.
- Selbst in muttersprachlichen Kommunikationssituationen und erst recht im ungesteuerten Zweitspracherwerb versucht man immer erst einmal, das Verstandene zum Ausgangspunkt zu nehmen und eventuell Unverstandenes von daher zu (re)konstruieren. Die Konzentration auf das Unverstandene behindert das Verstehen und ist in motivationspsychologischer Sicht frustrierend. Die Alternative lautet: Zuerst sammeln, was verstanden worden ist und welche Fragen in einem zweiten Verstehensdurchgang oder durch Hilfen noch geklärt werden müssen. Fokussierung von Wortschatz ist eine mögliche, aber nicht immer zwingend gebotene Anschlussaktivität; im Übermaß praktiziert, kann sie dem Hauptziel, der Entwicklung des Leseverstehens, sogar im Wege stehen.
- Ein Satz-für-Satz-Vorgehen fördert das verstehende Lesen nicht; es beeinträchtigt die Wahrnehmung der textstrukturierenden und -verknüpfenden Merkmale und den Einsatz der absteigenden Verstehensprozesse.

6.5 Lösungshinweise zu den Aufgaben

- Lesen ist ein individueller Prozess, lautes Lesen zwingt aber alle zum gleichen Leserhythmus und ist so für das Verstehen nicht optimal. Noch weniger versteht der aufgerufene Lerner, da ein großer Teil seiner Aufmerksamkeit durch das Bemühen um die Aussprache in Anspruch genommen wird. Lautes Lesen ist jedoch vor allem in der Grundstufe eine sinnvolle Aktivität, aber nur unter der Voraussetzung, dass der Text vorher erarbeitet worden ist.
- Wenn die Beschäftigung mit Lesetexten zum Fremdsprachenlernen und zur Fertigkeitsentwicklung beitragen soll, müssen Lehrer solche Fragen, Aufgaben und Aktivitäten vorsehen, welche die Verstehensfähigkeit fördern und ausbauen oder sich auf andere Texte übertragen lassen. Kontrollfragen haben eine andere Funktion.

7 Hören

7.1 Hören und Lesen – Gemeinsamkeiten und Unterschiede

Was über Verstehensprozesse beim Lesen ausgeführt wurde, gilt für das Hören ebenso: Es findet ein komplexes Zusammenspiel sowohl daten- als auch wissensgeleiteter Prozesse statt. Doch werden Hören und Lesen in der Fremdsprache von den meisten Lernern nicht als gleich schwierig angesehen.

> **Aufgabe 7-1:**
> Was war bzw. ist für Sie in der Fremdsprache leichter, das Lesen oder das Hören?
> Warum haben Ihnen die beiden Fertigkeiten unterschiedliche Schwierigkeiten bereitet?

Die meisten Menschen entwickeln – in einem bekannten Schriftsystem – schneller ein mentales Schriftbild von Wörtern als ein Hörbild. Schriftbilder gedruckter Texte sind trotz Varianten in Schriftart, -größe und -stil konstanter als Hörbilder, die stark nach regionaler Herkunft des Sprechers, seinem Geschlecht, Alter, Sprechtempo und seiner emotionalen Befindlichkeit, aber auch dem Grad der Formalität der Sprechsituation variieren. Das Erkennen oder Wiedererkennen eines gesprochenen sprachlichen Zeichens ist also schwerer. Auch Muttersprachler haben zuweilen Mühe, ausschließlich gehörte Texte wie Kinderlieder, Verse, Gebete oder Schlager zu verstehen, wie sie gemeint waren. Der Sinn, den sie dem Gehörten dennoch unbekümmert zuordnen, kann so sehr Anlass zu Heiterkeit sein, dass „Verhörer" ihren Platz in der Literatur gefunden haben. Ein Kind missversteht das Grünen der Tanne in dem berühmten Weihnachtslied: „Oh Tannenbaum, oh Tannenbaum, / wie grinsen deine Blätter. / Du grinst nicht nur zur Sommerzeit, / nein, auch im Winter, wenn es schneit", ein Erwachsener hört die Schlagerzeile „Griechischer Wein – / das ist das Blut der Erde ..." als „Kriech nicht da rein! / Das ist das Blut der Erde ... ". (Hacke/Sowa 2004)

Geht man über das Einzelzeichen hinaus, so bietet die Schrift schon eine grammatische und textuelle Analyse der Äußerungen, indem sie Wortgrenzen markiert, im Deutschen Substantive durch Großschreibung auszeichnet, Satz- und Nebensatzgrenzen durch Punkte und Kommata abgrenzt und Textteile durch Absätze kenntlich macht. Dies unterstützt das Verstehen in hohem Maße, wie ein Vergleich mit dem Hören deutlich macht: Dort müssen Wörter im Lautkontinuum erst einmal aufgefunden werden, und auch die Satzgrenzen werden in normaler Sprechsprache nicht notwendigerweise hörbar abgesetzt. Dem stehen jedoch Verstehenshilfen entgegen, die das Gesprochene bietet: Die Stimmführung macht in der Regel deutlich, was zusammengehört und als Sinneinheit gelten soll, markiert Haupt- und Nebeninformation und hebt bestimmte Informationen durch Betonung hervor. Schließlich wird oft die Haltung des Sprechers zum Gesagten deutlich.

Eine weitere Schwierigkeit des mündlichen Mediums erwächst aus seiner Linearität und Flüchtigkeit. Beim Lesen kann man sich über die Daten beugen, eine Stelle mehrfach und im eigenen Tempo wiederholen, durch Vor- und Zurückspringen spezielle Informationen fokussieren oder sich einen orientierenden Überblick verschaffen, eventuell zum Wörterbuch greifen und sich so letztendlich fast jeden Text erarbeiten. Gehörtes ist dagegen „Schall und Rauch". In der direkten Interaktion bietet mündliche Kommunikation zwar die Möglichkeit der Rückkopplung (der Angesprochene kann sein Verstehen oder Nicht-Verstehen unmittelbar signalisieren, und ein geduldiger Gesprächspartner wird das Gesagte langsam und deutlich wiederholen, Unverstandenes paraphrasieren usw.), aber in der klassischen Unterrichtssituation gilt dies nur für die Interaktion mit dem Lehrer, ansonsten liegen hier Hörtexte als Tonaufzeichnungen vor, die sich nicht dem Lerner anpassen, sondern an die dieser sich in Tempo und Konzentration anpassen muss. Tonaufzeichnungen können allerdings wiederholt gehört werden, was wiederum ein Vorteil ist und sowohl innerhalb als auch außerhalb des Unterrichts ausgenutzt werden sollte. Wiederholtes Hören ermöglich in der Regel ein verbessertes Verständnis, dennoch bleiben häufig noch unverstandene Stellen, die nur durch Mitlernende, den Lehrer oder, so vorhanden, den schriftlichen Text geklärt werden können. Auch dies illustriert die größeren Schwierigkeiten beim Hörverstehen im Vergleich zum Leseverstehen.

Schließlich müssen der in jedem Moment des Hörens ablaufende sprachliche Dekodierungsprozess und die Integration des Dekodierten in die schon aufgebaute mentale Repräsentation der Textwelt sowie Antizipationen des weiteren Textverlaufs simultan stattfinden. Arbeitsgedächtnis und Verarbeitungskapazität sind daher stärker belastet als beim Lesen, wo diese Prozesse zeitlich gedehnt auch nacheinander ablaufen können.

Die bisherigen Ausführungen zum relativen Schwierigkeitsgrad der beiden rezeptiven Fertigkeiten basieren auf Überlegungen zu den kognitiven Prozessen der Verarbeitung gesprochener und geschriebener Sprache, berücksichtigen aber noch nicht affektive Faktoren, auf die Solmecke (1993) hinweist. Lerner können aufgrund unterrichtlicher wie außerunterrichtlicher Erfahrungen in der Fremdsprache oder aufgrund genereller Einstellungen zu Mündlichkeit und Schriftlichkeit und ihren Rezeptionsgewohnheiten in der Muttersprache unterschiedliche Einstellungen zum Hören und Lesen mitbringen, die sich erleichternd oder erschwerend auswirken.

Weitere Schwierigkeiten hängen mit der Textsorte und dem Zustandekommen des zu Hörenden zusammen. Monologische und dialogische, spontan oder geplant entstandene, authentische oder zu Sprachlehrzwecken verfasste Texte stellen unterschiedliche Anforderungen an das Hörverstehen. Diese Aspekte mündlicher Sprache werden im Zusammenhang mit Überlegungen zum Sprechen in Kap. 9.1 erörtert.

7.2 Didaktische Konsequenzen

Aus den größeren Schwierigkeiten, die das Hörverstehen bietet, sind folgende Konsequenzen zu ziehen: (1) ein Hörtext muss im Vergleich zu einem auf derselben Stufe eingesetzten Lesetext einfacher sein; (2) Rezeptionsziele und -stile müssen sich beim Hören und Lesen unterscheiden; (3) in noch höherem Maße als beim Leseverstehen müssen Vorentlastungen stattfinden, damit das Hören erfolgreich verlaufen kann – Bedeutung und Gewicht der einzelnen Phasen im Umgang mit einem Text verschieben sich so in Abhängigkeit von seiner Medialität; (4) die Ausbildung von Hörbildern

7.2 Didaktische Konsequenzen

muss besonders gefördert werden; (5) es sollten zudem Übungen zur Erweiterung der Aufmerksamkeitsspanne und der Gedächtniskapazität eingesetzt werden. Ansonsten gelten die didaktischen Überlegungen des vorangehenden Kapitels zum Lesen, denn Verstehensaktivitäten in beiden Medien weisen mehr Gemeinsamkeiten als Unterschiede auf, sobald die Ebene der rein sprachlichen Dekodierung verlassen wird.

Zum *Schwierigkeitsgrad* von Hörtexten: Hörtexte müssen kürzer und leichter sein als Lesetexte auf derselben Stufe. Genuin mündlich verfasste Texte sind strukturell in der Regel an sich schon einfacher als schriftlich verfasste; sie weisen typischerweise ein weniger gewähltes Vokabular auf, enthalten weniger komplexe Nominalgruppen und mehr parataktische als hypotaktische Satzstrukturen, verfahren also eher neben- als unterordnend. Wenig geeignet sind Texte, die – schriftlich konzipiert und verfasst – mündlich lediglich realisiert werden, ohne Umsetzung und Anpassung an die Bedingungen mündlicher Kommunikation; hierzu zählen z. B. abgelesene Vorträge.

Für die Zugänglichkeit ist es weiter wichtig, dass die Texte sprachlich und inhaltlich redundant sowie klar strukturiert sind. Eine inhaltliche Redundanz kann z. B. dadurch zustande kommen, dass ein Hörtext aus einer Menge themengleicher Teiltexte besteht, wie es in Mehrfachinterviews der Fall ist: Drei oder vier Sprecher berichten über ihre Hobbys (Anfängerunterricht); zwei Frauen und zwei Männer erzählen, wie sie ihre Ehepartner kennengelernt haben (Fortgeschrittene); ein Mediziner, ein Kirchenvertreter, ein Jurist, ein alter und ein junger Mensch äußern sich zum Thema Sterbehilfe (Oberstufe). Die Textstruktur sollte gut nachvollziehbar sein, sei es dadurch, dass sich der Text an bekannte Textsortenkonventionen hält, sei es dadurch, dass er deutliche und explizite Gliederungssignale einsetzt, bei monologischen Hörtexten z. B. *Was ist nun der Vorteil von ... ? Ich komme jetzt zum zweiten Einwand; Zusammenfassend lässt sich feststellen, dass ...* . Sofern Texte eingesetzt werden, die Stellen enthalten, die für die Lerner voraussichtlich schwer verständlich sein werden, ist darauf zu achten, dass dies nicht die Signalisierung von Textstruktur und Argumentationsgang betrifft.

Dialogische Texte mit kurzen, rasch wechselnden Redebeiträgen bieten, wie Desselmann (1983b) anführt, ebenfalls größere Schwierigkeiten, da der Hörer die Sprecherwechsel erkennen und sich schnell auf unterschiedliche Stimmen und ihre Besonderheiten einstellen muss, was noch schwieriger wird, wenn sich die Gesprächsbeiträge überlappen. Erleichternd ist es hier, wenn bei einem Zweiergespräch Männer- und Frauenstimme einander abwechseln, sofern dies inhaltlich passend ist. Als störend empfunden werden neben sonstigen akustischen Beeinträchtigungen oft auch Hintergrundgeräusche bei authentischen oder Authentizität anstrebenden Hörtexten. Geräusche können aber Informationen über die Sprechsituation und die Aktivitäten der Sprechenden oder Strukturierungshilfen geben und somit ein verständnisförderndes Potential besitzen, das im Unterricht gehoben werden sollte. Besonders hilfreich ist es, wenn ein Hörtext audiovisuell präsentiert wird, da hier zu dem akustischen Kanal der visuelle hinzutritt, der durch Mimik und Gestik, den gegebenenfalls sichtbaren Sprecherwechsel sowie durch die wahrnehmbare Sprechsituation in aller Regel stützende Information liefert. Dem Verstehen abträglich ist die visuelle Information allerdings dann, wenn sie von der akustischen ablenkt oder wenn Lerner unvorbereitet erstmals kulturelle Fremdheit in Mimik, Gestik und der Situation erfahren. (Zum Umgang mit dem Medium Film vgl. Kap. 10.2)

Zu den Hörzielen: Bei Hörverstehenstexten wird man in aller Regel auf ein Detailverständnis verzichten und sie nicht bis in alle Einzelheiten erarbeiten lassen – Letzteres geht mit vertretbarem Aufwand ohnehin nur über die spätere Eingabe ihres Transkripts. Statt dessen kommt es bei ihnen auf das Globalverstehen und/oder das selektive Verstehen bestimmter Informationen an. Bei den oben aufgeführten Mehrfachinterviews ist das – vor dem Hören zu setzende! – Verstehensziel erreicht, wenn die Lerner beispielsweise angeben können, welches Hobby welche Person wie häufig und seit wann betreibt (Anfängerunterricht) oder welche der Personen, die sich zur Sterbehilfe äußert, diese befürwortet oder ablehnt und welche Argumente sie dafür anbringt (Oberstufe). Bei einem Wetterbericht oder einer Staumeldung kommt es nur darauf an, festgelegte Informationen zu verstehen, z. B. ob es am folgenden Tag regnet oder ob es auf der Strecke, auf der man gerade unterwegs ist, einen Stau gibt, wie lang er ist und ob Ausweichrouten empfohlen werden.

Ein Hörstil wird je nach dem Interesse des Rezipienten gewählt; allerdings legen einige Textsorten ein detailliertes oder intensives Hören nahe, z. B. Wegbeschreibungen. Intensiv hört man auch solche Teilhandlungen von Texten wie die Angabe von Namen, Adressen, Telefonnummern; nicht umsonst greift auch der Muttersprachler hier oft zum Buchstabieren oder zum langsamen Diktieren (zum intensiven Hören vgl. Kap. 7.4).

Eine andere Art des intensiven oder detaillierten Hörens liegt bei solchen Hörtexten vor, die als Lerntexte gedacht sind, die also nicht nur bis ins letzte Detail zu verstehen, sondern auch zu reproduzieren sind und deren Elemente letztlich für die freie Produktion zur Verfügung stehen sollen. Sie werden daher im Unterricht mit den gleichen Zielen behandelt wie Lese-Lerntexte. Hör-Lerntexte werden immer auch im Medium der Schrift präsentiert; kontrovers ist aber, wann das Schriftbild zu präsentieren ist (vgl. Kap. 7.6).

> **Aufgabe 7-2:**
> Ob einem Lerner ein Hörtext leicht- oder schwerfällt, hängt zunächst vom Verhältnis des Sprach- und Weltwissens ab, das der Text voraussetzt und über das der Lerner verfügt oder nicht verfügt. Aber es gibt auch inhärente Eigenschaften des Textes, die seine Verständlichkeit prägen. Was macht einen Hörtext in diesem Sinne leicht, was schwer?

7.3 Aufgaben zu Hörverstehenstexten

Eine Aufgabengestaltung, die sowohl die Gemeinsamkeiten allen Verstehens, das Zusammenspiel daten- und wissensgeleiteter Prozesse, als auch die besonderen Anforderungen des Hörens berücksichtigt, legt einen besonderen Schwerpunkt auf die Hinführungsphase und versucht hier das Hören dem Stand und den Fähigkeiten der Lerner entsprechend stärker oder weniger stark vorzuentlasten. Pointiert formuliert: „Wollen Sie das Hören *üben*, muß der Schwerpunkt Ihrer methodischen Überlegungen vor dem ersten Anhören des Textes liegen." (Dahlhaus 1994: 52)

7.3 Aufgaben zu Hörverstehenstexten

7.3.1 Aufgaben vor dem Hören

Bestimmung der Kommunikationssituation. Vor allem bei dialogischen Texten muss für den Hörer klar sein, wer mit wem spricht und wo das Gespräch stattfindet; hilfreich ist darüber hinaus zu wissen, worüber gesprochen wird und welche Sprechintentionen die Kommunizierenden jeweils haben. Daher sollten Lehrwerke oder Hörverstehensmaterialien aussagekräftige Situationsbilder enthalten (was auch in neueren Lehrwerken nicht immer der Fall ist), und Lehrer wie Lernende sollten mit ihrer Hilfe die pragmatische Situierung des Dialogs klären. Ein frühes Beispiel bietet eine Visualisierung aus *Deutsch aktiv neu*.

Abbildung 1: Situationsbild aus *Deutsch aktiv neu*, Lehrbuch 1A (1986: 69)

Zu erkennen sind hier der Ort: Autowerkstatt; die Gesprächspartner: Automechaniker und Autofahrer (offensichtlich ein Geschäftsmann), der eine Panne hat; die Intentionen: der Geschäftsmann möchte sein Fahrzeug so schnell wie möglich repariert haben, der Mechaniker wird den Wunsch nicht so schnell erfüllen können oder wollen. Sind diese Informationen herausgearbeitet und verbalisiert worden, dürfte das Hören des nun zu präsentierenden Dialogs auf genügend aktiviertes Vorwissen und inhaltliche Antizipationen treffen, um ein erstes Verstehen zu ermöglichen.

Sind zu einem dialogischen Hörtext kein Situationsbild und oder keine einführende Situationsbeschreibung vorhanden, dann muss der Auftrag für das erste Hören darin bestehen, global die pragmatische Situierung des Dialogs herauszufinden, also den Ort des Gesprächs, die Gesprächspartner, ihre Rollen und Intentionen und das Thema. Sich Klarheit über die pragmatische Situierung zu verschaffen, sollte auch zu den Lernstrategien im Umgang mit dialogischen Texten gehören.

Zerschnittene Bilderfolge. Sofern zu einem Hörtext begleitendes Bildmaterial in Form einer Bildsequenz vorliegt, können die Bilder zerschnitten und die Lerner aufgefordert werden, die vermutete Reihenfolge wiederherzustellen. Durch die Beschreibung und Interpretation der Einzelbilder lässt sich eine Vorentlastung der Inhalte und des Vokabulars herbeiführen und durch die Begründung der Abfolge ein möglicher Handlungsverlauf konstruieren, was weitere Hörerwartungen aufbaut. Man kann eine solche Aufgabe selbst herstellen, indem man eine geeignete Bildgeschichte zerschneidet und ihre Sprechblasen tilgt. Als weitere Hilfe kann der Text der Sprechblasen zusammen mit den Bildern ungeordnet eingegeben werden und eine Text-Bild-Zuordnungsaufgabe vor dem Hören gestellt werden.

Assoziogramm. Assoziogramme eignen sich bei solchen Hörtexten, die ein durchgehendes Thema behandeln. Die Lerner sollen ihr Wissen zu einem zentralen Begriff oder zu mehreren Schlüsselwörtern des Textes zusammentragen. Der Sinn ist die Aktivierung sowohl relevanten Welt- und Schemawissens als auch bereits bekannten Vokabulars, das im Gespräch gegebenenfalls um neue Elemente zu bereichern ist, die im Text vorkommen werden. So kann das Erstellen von Assoziogrammen nicht nur die absteigenden Prozesse stärken, sondern gleichzeitig auch die datengeleiteten erleichtern. Da es sich bei dieser Hinführungstechnik um ein weitgehend bekanntes und nicht auf Hörtexte beschränktes Verfahren handelt, sei für ein Beispiel auf Kap. 11.2.2 verwiesen, wo ein Lesetext vorentlastet wird. Impulse für Assoziogramme müssen nicht sprachlicher Natur sein, möglich sind auch visuelle Impulse.

Stärker textorientiert ist die Vorentlastungsmöglichkeit durch *Satzkarten*. Der Lehrer verteilt Teile eines Dialogs oder eines monologischen Textes ungeordnet auf Karten; die Lerner sollen die Karten in eine sinnvolle Reihenfolge legen, gegebenenfalls auch versuchen, weitere Teile des Dialogs oder – im Falle eines erzählenden Textes – der Handlung vorherzusagen. Dieses Verfahren ermöglicht den Einsatz auch sprachlich oder inhaltlich komplexerer Hörtexte, da zentrale Teile erst einmal im schriftlichen Medium erarbeitet werden können (für ein Beispiel vgl. Kap. 10.1.3).

Weitere Möglichkeiten schriftlicher Vorentlastung sind die Vorgabe einer Strukturskizze des Hörtextes, ein zusammenfassender Lesetext oder die Besprechung eines Lesetextes mit ähnlicher Thematik. Die Nutzung von Paralleltexten bildet auch eine geeignete Strategie für das autonome Lernen: Wer vorhat, Radio- oder Fernsehnachrichten zu verstehen, kann sich vorher die Schlagzeilen und Themen einer Tageszeitung oder ihrer Internetausgabe ansehen und sich gegebenenfalls das Verstehen bestimmter Meldungen durch die genaue Lektüre entsprechender Artikel erarbeiten. Wer die Sportberichterstattung im Radio verfolgen lernen möchte, kann Sportberichte zuerst in der Zeitung rezipieren und sich auf Vokabular und Kollokationen vorbereiten.

In neueren Lehrwerken wird auch die *Vorentlastung durch vorangehende Textproduktion* praktiziert. Ein Beispiel bietet *Stufen International*, wo in einer Lektion zum Thema Krankheit die Patientin Weinert wegen einer Grippe eine Arztpraxis aufsucht (Abb. 2). Vorausgegangen sind Redemittel wie *Was fehlt Ihnen denn – Ich habe Halsschmerzen, Kopfschmerzen, der Bauch tut mir weh* etc. Vor dem Hören des Dialogs beim Arzt schreiben die Lerner selbst ein mögliches Gespräch zwischen Ärztin und Patientin anhand der Vorgaben in (a), welche Sprechintentionen, Gesprächsinhalte sowie Anzahl und Abfolge der Gesprächszüge nahezu vollständig festlegen. Die Höraufgabe besteht hier nicht mehr in einem inhaltlichen Verstehen des Dialogs – er ist schon weitestgehend verstanden – , sie besteht vielmehr im Wiedererkennen von bereits Versprachlichtem im auditiven Medium und in der vergleichenden Konzentration auf die sprachlichen Ausdrucksformen der vorgegebenen Inhalte (Aufgabe b), sowie in der Konzentration auf ihre suprasegmentale Realisierung (Aufgabe c). Im vorliegenden Beispiel entlastet die vorangehende Textproduktion das Hören derart, dass von einer Übung des sinnentnehmenden Hörverstehens nicht mehr die Rede sein kann, der Dialog wird vielmehr als *Lerntext* eingesetzt, was schließlich auch die Aufgaben (d) und (e) deutlich machen, die seine Reproduktion bzw. die mehr oder weniger freie Produktion seiner Elemente verlangen. Das Verfahren der vorangehen-

7.3 Aufgaben zu Hörverstehenstexten

den Textproduktion kann allerdings auch so eingesetzt werden, dass es Raum für inhaltliches Verstehen lässt.

---

3. Frau Weinert in der Arztpraxis
Sie ruft am nächsten Tag wieder an und bekommt einen Termin.
   a) Schreiben Sie aus den folgenden Vorgaben auf die linke Hälfte einer Seite einen Dialog zwischen der Ärztin und Frau Weinert und vergleichen Sie.

1. Die Ärztin begrüßt Frau Weinert und fragt sie nach ihrer Gesundheit.
2. Frau Weinert fühlt sich nicht wohl. Sie ist erkältet, hat starke Halsschmerzen und Fieber.
3. Die Ärztin fragt nach der Dauer der Beschwerden.
4. Frau Weinert hat sie schon drei Tage.
5. Die Ärztin will sich das mal ansehen. Frau Weinert soll den Mund weit aufmachen. Der Hals ist rot und entzündet.
6. Frau Weinert fragt, wie oft sie das nehmen soll.
   und die Nase ist verstopft. Sie verschreibt ihr Nasentropfen und ein Antibiotikum.
7. Die Nasentropfen alle drei bis vier Stunden und von den Tabletten eine pro Tag.
8. Frau Weinert bedankt sich und verabschiedet sich.
9. Die Ärztin wünscht ihr gute Besserung.

   b) Hören Sie, und schreiben Sie gehörte Varianten neben Ihren Dialog.
   c) Hören Sie, markieren Sie die Satzakzente, und setzen Sie Intonationspfeile.
   d) Hören Sie noch einmal, und sprechen Sie nach.
   e) Spielen Sie die Situation.

Abbildung 2: Hörübung aus *Stufen International* 2, 1. Auflage € (2003: 83)

Der Lehrer sollte über die vorgestellten Grundtechniken der Vorentlastung verfügen,[45] sich aber stets des Spannungsverhältnisses von Hilfestellung und Schulung des Hörverstehens bewusst sein. Die Besprechung eines Situationsbilds wie im ersten Beispiel versetzt den Lerner im Fremdsprachenunterricht lediglich in den Wissensstand, den ein Muttersprachler als Beteiligter in der realen Kommunikationssituation hätte; hier wird durch die Hilfe also nur ein Gleichstand erreicht. Im letzten Beispiel dagegen werden sehr weitreichende Hilfen gegeben. Die Hilfen sollten der Lerngruppe – und dem Schwierigkeitsgrad des Hörtextes – flexibel angepasst werden; Ziel der Schulung des Hörverstehens ist letztlich aber ihre Reduktion bzw. die Befähigung der Lerner, eigene Vorentlastungsstrategien für das Hören auszubilden.

Ferner ist bei der Entscheidung über den Einsatz der Vorentlastungstechniken zu berücksichtigen, dass die Hinführungsphase auch der Motivation der Lerner dient und Interesse an dem zu hörenden Text wecken soll. Deshalb sind die Aufgabenstellungen zu variieren; unter motivationalem Aspekt ist es auch wichtig, die Hilfestellung so zu dosieren, dass der Hörakt noch eine Herausforderung bleibt, die letztlich aber erfolgreich bewältigt werden kann. Vorentlastung sollte nicht zur Totentlastung führen.

---

[45] Weitere Aufgabentypen enthalten u. a. Dahlhaus (1994), Desselmann (1983b), Häussermann/ Piepho (1996), Solmecke (1993).

7.3.2 Aufgaben während des Hörens

Wegen der hohen Belastung der Verarbeitungskapazitäten beim Hören dürfen Aufgaben während der Textpräsentation keinesfalls zu viel Konzentration in Anspruch nehmen und vom Hören ablenken. Am wenigsten belasten Aktivitäten, die keine sprachlichen Reaktionen verlangen.[46] Dazu gehören das Ordnen von Bildern und Satzkarten, Ja-Nein-Entscheidungen oder das Ankreuzen von Mehrfachauswahlen auf einem Arbeitsblatt, die Zuordnung von Aussagen durch Pfeile usw. Für längere monologische Hörtexte schlägt Gibbons (2002) vor, zunächst schriftliche Fragen zum Text zu verteilen, die durchgelesen und besprochen werden. Während des anschließenden Hörens geben die Lerner immer dann ein Handzeichen, wenn sie die Antwort auf eine der Fragen wahrnehmen. (Für weitere nonverbale Reaktionen vgl. 7.5.1)

Schreibaktivitäten sollten stark beschränkt sein; bei globalem und selektivem Hören ist z. B. der Eintrag von Stichwörtern in ein Inhaltsraster angemessen. Im Falle des oben schon angeführten Mehrfachinterviews zum Thema Hobbys könnte ein Inhaltsraster wie folgt aussehen:

	Peter	Larissa	Ingo	Meike
Hobby(s)				
Wann hat er/sie Zeit für das Hobby?				
Seit wann betreibt er/sie das Hobby?				
Was gefällt ihm/ihr an dem Hobby besonders?				

Es gibt allerdings Hörsituationen, in denen umfangreiche Schreibaktivitäten erforderlich sind wie beim Konsekutivdolmetschen oder beim Mitschreiben einer Vorlesung. Das Dolmetschen setzt eine hoch entwickelte Sprachkompetenz voraus und ist normalerweise nicht Gegenstand des Fremdsprachenunterrichts; wo Dolmetschen Gegenstand der Vermittlung ist, wird die erforderliche Schreibaktivität als „Notizentechnik für Dolmetscher" eigens geübt (vgl. Matyssek ^{2}2006).

Das Mitschreiben von Vorlesungen fordert eine weniger hoch entwickelte Sprachkompetenz, doch immerhin Kenntnisse und Fertigkeiten auf Oberstufenniveau. Zudem verlangt es ein detaillierteres Hören, als es sonst im Fremdsprachenunterricht praktiziert wird. In Vorbereitungskursen auf die Deutsche Sprachprüfung für den Hochschulzugang (DSH) sind jedoch Mitschrift und Wiedergabe längerer wissenschaftsnaher Hörtexte zumindest in Teilen wichtige Lernziele. Wie beim Dolmetschen gilt, dass die Fähigkeit zum Anfertigen von zweckmäßigen Notizen nicht einfach voraus-

---

[46] Dahlhaus (1994: 25ff) regt zu einem aufschlussreichen Selbstversuch an: Ein für die Grundstufe durchaus geeigneter Text, eine Radioansage zu den Tourneedaten eines Popstars, wird dadurch, dass die Lerner einen Lückentext ausfüllen sollen, zu einer Aufgabe, an der selbst Muttersprachler scheitern können, denn neben dem Hören wird schnelles Schreiben verlangt. Andere – und Textsorte wie Hörstil angemessenere – Aufgabenstellungen für denselben Text würden dagegen weniger vom Hören ablenken.

gesetzt werden kann und sich auch schwerlich von alleine optimal herausbildet. Denn es kommt nicht nur oder nicht in erster Linie darauf an, möglichst schnell mitzuschreiben oder sich griffige Abkürzungen anzugewöhnen, vielmehr sollten sich erfasste Textstrukturen und Argumentationsgänge in den Notizen spiegeln. Die entsprechenden Techniken müssen daher erarbeitet, reflektiert, optimiert und geübt werden.

Aufgabe 7-3:
In der DSH werden Hörtexte zweimal präsentiert, wobei den Prüflingen die Aufgaben alternativ vor oder nach dem ersten Hören vorgelegt werden. Im folgenden Beispiel aus dem Übungsbuch *Mit Erfolg zur DSH* verlangt die dritte Aufgabe eine möglichst ausführliche textbasierte Antwort auf die Frage „Leben wir in einem Zeitparadies?" Zum Üben der Mitschrift wird dieses Beispiel gegeben (Fazlic-Walter u. a. 2007: 44):

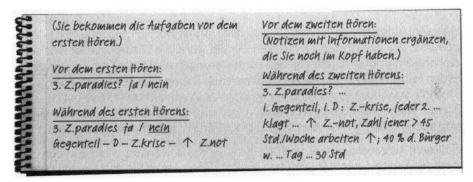

(a) Worin unterscheiden sich die Notizen während des ersten und zweiten Hörens?
(b) Versuchen Sie die Notizen unter „Während des zweiten Hörens" zu verbalisieren.
(c) Welches sind Abkürzungen, die textspezifisch sind, welche Abkürzungen und Symbole sind auch für andere Texte verwendbar?
(d) An anderer Stelle geben die Autoren noch diese Empfehlungen:

> Sparen Sie nicht am Papier! Lassen sie genügend Platz, um den Überblick zu behalten.
> Benutzen Sie für das Notieren beim ersten und zweiten Hören unterschiedliche Farben. Notieren Sie auf dasselbe Blatt, weil sonst die Gefahr besteht, dass Sie beide Male dieselben Dinge notieren. (Fazlic-Walter u. a. 2007: 21)

Inwiefern werden diese Empfehlungen im Beispiel umgesetzt?

7.3.3 Aufgaben nach dem Hören

Hörverstehenstexte werden in aller Regel mehrfach, mindestens aber zwei Mal präsentiert. Oft gilt also, in Abwandlung einer Fußballerweisheit: Nach dem Hören ist vor dem Hören. Aktivitäten in einer Phase zwischen zwei Hördurchgängen müssen zuerst in der Sicherung des bisher Verstandenen bestehen. Dies geschieht durch die Überprüfung der zuvor formulierten Erwartungen oder die Besprechung der Aufgaben, die während des Hörens zu erledigen waren, sowie durch das Sammeln dessen, was ansonsten verstanden wurde. Danach sollten aus diesen Auswertungen andere, in der Regel detailliertere Aufträge für den folgenden Hördurchgang entwickelt werden.

Eine besondere Situation zwischen zwei Verstehensdurchgängen liegt dann vor, wenn der Hörtext in verschiedenen Varianten vorliegt. Schon das Lehrwerk *Deutsch aktiv* enthielt Dialoge mit unterschiedlichem Ausgang bei gleichem Hauptteil oder Dialogvarianten, die sich im Grad der Höflichkeit oder Formalität zwischen den Beteiligten bei ansonsten gleichem Gesprächsverlauf unterschieden. Bei solchem Material, das in kreativer Weise der Forderung nach Redundanz von Hörtexten entgegenkommt, die linguistischen oder pragmatischen Schwierigkeiten dosiert steigert und für den „Ton" eines Gesprächs in der Fremdsprache sensibilisiert, besteht die Aktivität nach dem Hören im Vergleich der Varianten.

Aufgaben nach dem Hören im engeren Sinne verlangen häufig das Ankreuzen von zutreffenden Aussagen oder von Mehrfachantworten, das Ausfüllen eines Rasters, die Zuordnung von Bild und Text oder Text und Text (Typen von Arbeitsanweisungen, die auch als Aufgaben während des Hörens vorkommen) oder die Beantwortung von Fragen zum Text, das Schreiben einer Zusammenfassung oder das Formulieren einer Stellungnahme. Wie bei Lesetexten ist der Aufgabentyp „Fragen zum Text" der wohl verbreitetste; gerade er ist aber auch auf besondere Kritik gestoßen. „Wichtiger noch als Fragen zu beantworten ist, daß der Schüler lernt, dem Text Fragen zu stellen. Diese Technik ist eine wesentliche Voraussetzung dafür, Antworten zu erhalten." (Dahlhaus 1994: 118). Wie Westhoff (1987, 1997) für Lesetexte plädiert Dahlhaus dafür, dass die Lerner selbst die sogenannten 6-W-Fragen an Hörtexte herantragen (Wer hat was wann wo wie warum gemacht?). Diese Fragen lassen sich als strategische Fragen auf viele Texte anwenden, während die typischen Lehrerfragen zu einem Text meist nur auf diesen beschränkt bleiben.

Die üblichen Aufgaben nach dem Hören weisen funktional in unterschiedliche Richtungen. Zum einen dienen sie der Überprüfung des Verständnisses, zum anderen regen sie zu Anschlussaktivitäten an; Letzteres gilt z. B. für über den Text hinausweisende Fragen oder das Formulieren einer Stellungnahme. Für Anschlussaktivitäten wie für Überprüfungsfragen gilt aber, dass sie ohne weiteres entfallen können, wenn die Verstehensziele erreicht oder die Verstehensaufgaben gelöst sind. In der Unterrichtspraxis dürfte auch wohl eher auf Aufgaben nach dem Hören verzichtet werden als auf Aufgaben nach dem Lesen. Wie bei diesem sind aber kommunikative Anschlussaktivitäten möglich; schwerer vorstellbar ist dagegen eine sprachbezogene Auswertung, da diese meist der Stütze des schriftlichen Mediums bedarf. Selbst die auf die Merkmale mündlicher Sprache gerichtete Auswertung des Dialogs beim Arzt in *Stufen International* (Kap. 7.3.1), wo Satzakzente markiert und Intonationspfeile gesetzt werden sollten, bedurfte der schriftlichen Aufzeichnung des Dialogs.

Zu den Fehlern im Umgang mit Hörverstehenstexten gehört es, sie ohne Vorbereitung und ohne Verstehensziele hören zu lassen und erst danach Fragen einzugeben, denn dann müssten sich die Lerner sicherheitshalber auf alles konzentrieren und alles im Gedächtnis halten – beides eine Überforderung –, schließlich könnte ja nach allem gefragt werden. Fragen nach dem Text überprüfen so oft das Hörverstehen, ohne es aufzubauen und zu fördern. Letzteres aber sollten Aufgabentypen wie die oben vorgestellten leisten. Dabei ist noch einmal zu betonen, dass beim Hören im Vergleich zum Lesen der Schwerpunkt auf Aufgaben liegt, die der Rezeption vorangehen, und dass Aufgaben während des Hörens so gestaltet sein müssen, dass sie nur in geringem

Maße Verarbeitungskapazität von der unter Zeitdruck ablaufenden Höraktivität abziehen.

Abschließend soll die Didaktisierung eines Hörtextes aus *Sprachbrücke* Bd. 1 (1987, Lektion 15) vorgestellt werden, in der die Anschlussaktivitäten stark fokussiert werden. Der Hörtext mit dem Thema *Perfekte Aussprache – ja oder nein?* wird knapp eingeleitet mit der Information *Vier Teilnehmer eines Ferienkurses in der Bundesrepublik Deutschland diskutieren über die Frage: „Wie deutsch soll die Aussprache eines Ausländers klingen?"*. Zu Hören sind ein deutscher Sprecher, der das Problem noch weiter erläutert, und vier Nicht-Muttersprachler. Es handelt sich somit um einen Text vom Typ Mehrfachinterview. Für das erste Hören wird ein Raster vorgegeben, das auf ein globales Verständnis abzielt.

Ziel: Perfekte Aussprache. Wer ist dafür, wer ist dagegen? Kreuzen Sie bitte an!		Mitsuo (M) Japan	Nüket (N) Türkei	Luis (L) Kolumbien	Chantal (C) Frankreich
	dafür				
	dagegen				

Hier Teile des Transkripts:

Mitsuo:	Ja, also, das ist so. Früher dachte ich, wenn ich schneller und undeutlicher spreche, klingt das besser. Jetzt denke ich anders. Meine Aussprache ist nicht perfekt. Aber alle können mich gut verstehen. Darauf kommt es an. Außerdem will ich gar nicht, daß die Deutschen mich für einen Deutschen halten. Ich bin anders, sehe anders aus, denke und fühle anders, das soll man auch ruhig hören. Ich bin, wer ich bin.
Nüket:	Manchmal sind die Deutschen unfreundlich zu Ausländern. Sie haben kein Vertrauen und wollen von uns nichts wissen. Darum arbeite ich viel an meiner Aussprache. Wenn sie nicht mehr hören, daß ich Ausländerin bin, werden sie sicher netter.
Chantal:	Ich habe keine gute Aussprache. Trotzdem sind die Deutschen immer freundlich zu mir gewesen. Ich glaube, mein Akzent ist ihnen sympathisch. Manchmal verstehen sie mich nicht gleich. Aber dann lachen sie freundlich und sagen, sie finden mein Deutsch so charmant. Nur eine Sache ärgert mich. Wenn sie mich hören, fragen sie meistens sofort, woher ich komme. Und dann geht das Gespräch nur noch über Frankreich. Dabei möchte ich mich über Deutschland informieren.

Für das zweite Hören werden Argumente schriftlich vorgegeben, die den Sprechern zuzuordnen sind; dies zielt auf das Verstehen bestimmter Informationen ab.

Beispiel: Meine Aussprache ist den Deutschen sympathisch.		(C)
a)	Bei guter Aussprache denken Deutsche oft, daß man auch deutsche Sitten gut kennt.	( )
b)	Wenn Deutsche hören, daß man aus einem anderen Land kommt, sprechen sie nur noch darüber.	( )
c)	Deutsche werden netter, wenn man eine perfekte Aussprache hat.	( )
d)	Eine fremde Aussprache ist richtig, weil man ja kein Deutscher werden will.	( )
e)	Verständlichkeit ist wichtiger als eine perfekte Aussprache.	( )
f)	Deutsche achten weniger auf Grammatikfehler als auf eine gute Aussprache.	( )
g)	Eine schlechte Aussprache ist gut, wenn man Hilfe braucht.	( )
h)	Wenn Deutsche hören, daß man Ausländer ist, werden sie manchmal unfreundlich.	( )

Nach dem Hören werden weitere Argumente schriftlich präsentiert, die gelesen und den Positionen für bzw. gegen eine perfekte Aussprache zugeordnet werden sollen.

> i) Wenn man eine gute Aussprache hat, denken viele Deutsche, man kann gut Deutsch. Das ist ein Vorteil.
> j) Gute Aussprache kann aber auch ein Nachteil sein: Deutsche merken dann oft nicht, wenn man Hilfe braucht.
> k) Perfekte Aussprache ist wichtig für die Prüfung.
> l) Wenn man keine gute Aussprache hat, antworten viele Deutsche immer gleich auf englisch. Und dann lernt man überhaupt nichts mehr.
> m) Mit einer guten Aussprache fühlt man sich sicherer.
> n) Beides soll perfekt sein: die Grammatik und die Aussprache.
> o) Perfekte Aussprache bedeutet viel Arbeit für nichts.

Am Ende steht eine produktive Aufgabe („Wettbewerb"), in der zwei Gruppen gebildet werden, die nach einer Vorbereitungszeit je zweimal drei Minuten ihre Argumente für bzw. gegen eine perfekte Aussprache präsentieren sollen.

Nach der Verstehensphase folgt hier also eine kommunikative Anschlussphase. Man kann davon ausgehen, dass der Text die Lerner anspricht, da er etwas thematisiert, was sie als Deutschlernende unmittelbar betrifft. Als Alternative zu dem von *Sprachbrücke* vorgeschlagenen Vorgehen könnte man daher die Lerner nach der Verstehensphase auch selbst weitere Argumente für oder gegen eine perfekte Aussprache zusammentragen lassen und sie die Kontroverse vom persönlichen Standpunkt aus diskutieren lassen, statt ihnen im Zuge der Debattenform eine Position zuzuteilen.

Es wurde oben festgestellt, dass Hörtexte in der Anschlussphase in der Regel nicht sprachbezogen ausgewertet werden, weil dies die Schriftform voraussetzt. Im vorliegenden Fall wäre allerdings eine sprachbezogene Auswertung denkbar. Die Lerner könnten als Auftrag für ein weiteres Hören versuchen herauszufinden, worin Aussprachebesonderheiten oder „Akzent" der vier Sprecher bestehen und ob bzw. wie sich das auf die Verständlichkeit ihrer Beiträge auswirkt.

7.4 Aufgaben zum intensiven Hören

Die meisten Didaktiken stimmen darin überein, dass das verstehende Hören im Fremdsprachenunterricht in erster Linie mit dem Ziel eines globalen oder eines selektiven Verständnisses betrieben werden sollte. Doch es gibt Textsorten oder sprachliche Teilhandlungen innerhalb umfangreicherer Texte, die ein detailliertes oder intensives Verstehen erfordern. Mündlich mitgeteilte Telefonnummern, Email- oder Postadressen, buchstabierte Namen, Uhrzeiten und Datumsangaben zu verstehen und zu notieren oder einer Wegbeschreibung folgen zu können gehören zu den Lernzielen schon auf der Grundstufe. Das Notieren der Lottozahlen am Ende der Radionachrichten oder das Befolgen von Anweisungen einer Gymnastikinstruktion mögen für viele Lerner zwar weniger Alltagsrelevanz haben als eine Wegbeschreibung, sie lassen sich aber aufgrund des zu verarbeitenden Sprachmaterials ebenfalls als Lerngegenstände schon bei Anfängern begründen. An drei Beispielen von Dahlhaus (1994) seien Möglichkeiten der Durchführung von Übungen zum intensiven Hören illustriert.

Verstehen von Lottozahlen. Im Unterricht sind die Zahlen von 1–49 behandelt und unmittelbar vor der Übung wiederholt worden. Der Lehrer verteilt Kopien von Lottoscheinen und erklärt, gegebenenfalls in der Muttersprache, die Regeln für das Ausfüllen eines Lottoscheins in Deutschland und für das Spiel 77. Dann wird vereinbart, in wie viele der zehn Spielfelder die Lerner jeweils ihre sechs Zahlen und die Zusatzzahl eintragen dürfen. Nach dem Ausfüllen werden die Gewinnzahlen einschließlich der Gewinnzahl des Spiels 77 vom Lehrer vorgelesen oder vom Band abgespielt; die Lerner machen einen Kreis um jede gehörte Zahl. Dann wird festgestellt, wer zwei, drei oder sogar mehr richtige Zahlen getippt hat und wessen Endziffer(n) im Spiel 77 genannt wurde(n).

Verstehen einer Wegbeschreibung. Im Unterricht sind anhand eines Stadtplans oder eines vereinfachten Straßenschemas die Redemittel schriftlich eingeführt und geübt worden, welche in Wegbeschreibungen vorkommen. Die Lerner erhalten für die Hörübung ein Straßenschema, dessen Straßen-, Platz- und Gebäudenamen geklärt und phonetisch eingeübt werden; ein gemeinsamer Ausgangspunkt wird festgelegt. Die Lerner hören die Wegbeschreibung und zeichnen den Weg während des Hörens auf dem Plan ein. Wenn einer der Lerner das Schema auf einer Folie erhalten hat, lässt sich die Hörübung anhand dieser Folie auswerten. Bei einem zweiten oder dritten Hören mit projizierter Folie kann der Weg noch einmal gemeinsam nachverfolgt werden. In weiteren Übungsdurchgängen können auf demselben Plan weitere Wege in anderen Farben eingezeichnet werden.

Von den zahlreichen möglichen Varianten der Arbeit mit Wegbeschreibungen seien hier noch zwei erwähnt: Nach der ersten Beschreibung in der Sozialform Frontalunterricht werden weitere Wege in Partnerarbeit beschrieben. Dies geschieht abwechselnd durch beide Partner. Spannend ist es, wenn jemand an einem anderen Ziel angekommen ist als vom Sprecher beabsichtigt: Lag der Fehler dann beim Hörenden oder war die Beschreibung missverständlich oder falsch? Durch die Verlagerung der Übung in die Partnerarbeit werden die Intensität der Übung sowie die Rede- und Handlungsanteile der Lernenden erhöht – allerdings auf Kosten eines zielsprachlich oder nahezu zielsprachlich formulierten und artikulierten Hörtextes. In einer weiteren Variante werden der Wegbeschreibung Nebeninformationen hinzugefügt, z. B. wenn der Beschreibende die Landmarken nicht nur nennt *(am Café biegen Sie rechts ab)*, sondern funktional irrelevante Aussagen zu ihnen macht (– *wissen Sie, die haben den besten Kuchen weit und breit, und die Preise sind auch in Ordnung –*) oder Persönliches anführt *(da gehe ich auch immer entlang, da liegt wenigstens nicht so viel Hundedreck)*. Auf diese Weise verändert, verlangt der Hörtext nun nicht mehr detailliertes, intensives Hören, sondern selektives Hören; der Hörer lernt, im Hinblick auf sein Verstehensziel zwischen wichtigen und unwichtigen Informationen zu unterscheiden, eine Fähigkeit, zu der in der Fremdsprache ausdrücklich Mut gemacht werden muss.

Verstehen einer Gymnastikinstruktion. Im Unterricht sind die Körperteile, Bewegungsverben wie *strecken, beugen, heben, sich bücken* und Richtungsergänzungen wie *bis an ..., nach unten, zur Seite* behandelt und geübt worden. Die Lerner hören nun die Anweisungen einer Morgengymnastik mit Musik und führen die Bewegungen aus. Sie erhalten eine Rückmeldung ihres Verstehens durch die Bewegungen der Mitlerner, und der Lehrer kann beobachten, welche Instruktionen Schwierigkeiten bereiten und hier nacharbeiten.

Die drei vorgestellten Anregungen zum intensiven Hören weisen eine Reihe von Gemeinsamkeiten auf: In der Hinführungsphase werden Vokabular und einschlägige grammatische Strukturen wiederholt und damit aktiviert. Während des Hörens werden keine verbalen Tätigkeiten verlangt, die die Intensität des Hörens beeinträchtigen könnten, sondern nonverbale Aktivitäten wie Zahlen einkreisen, Wegstrecken einzeichnen, Körperbewegungen ausführen. Die Höraktivität besteht darin, Elemente eines genau abgegrenzten Bereichs (die Zahlen von 1 – 49, Landmarken und Richtungsangaben, Körperteile und Bewegungsverben) wiederzuerkennen und ihnen schnell Bedeutung zuzuordnen. Dabei kommt es zum Teil auch auf genaues diskriminierendes Hören auf der Phonemebene an (*zwei* vs. *drei*, *vierzehn* vs. *vierzig*). In diesen Anforderungen unterscheiden sich die vorgestellten Aufgaben nicht von Komponentenübungen, die im Folgenden eingehender dargestellt werden, sie sind aber im Gegensatz zu Letzteren kommunikative Aufgaben.

7.5 Komponenten- und Hilfsübungen

Zahlreiche didaktische Überlegungen zum Hören fordern wie Desselmann (1983b: 347) „spezielle Aufgaben und Übungen, mit deren Hilfe bestimmte Teilhandlungen aus dem Gesamtvorgang des Hörens herausgelöst und aus methodischen Gründen zeitweilig gesondert und akzentuiert geübt werden." Solche Komponentenübungen, die Desselmann auch als einer der ersten ausführlich beschrieben hat, sollen zum einen das diskriminierende Hören, das Wiedererkennen von Sprachzeichen und die schnelle Bedeutungszuordnung fördern. Weniger fertigkeitsspezifisch sind zum anderen die Förderung von Antizipationsprozessen und die Erweiterung der Speicherkapazität. Sie sind aber wichtige Voraussetzungen für erfolgreiches Hören, denn bereits Antizipiertes erleichtert die Dekodierung, eine große Hörmerkspanne erleichtert die Fähigkeit, mehrere sprachliche Elemente im Kurzzeitgedächtnis zu behalten, bis die durch sie vermittelte Information erfasst und in die aufgebaute Textwelt integriert ist.

7.5.1 Komponentenübungen

Komponentenübungen, die dem Wiedererkennen einer begrenzten Menge von Sprachzeichen dienen, lassen sich gut über das Prinzip des Bingo-Spiels realisieren.[47] Die Lerner zeichnen sich ein Quadrat mit neun Feldern, in das sie jeweils Zahlen aus einem vorbestimmten Bereich eintragen oder beliebige Buchstaben, beliebige Wörter aus der zuletzt behandelten Lektion, Wochentage und Monatsnamen usw. Der Lehrer trägt dann Zahlen, Buchstaben oder Wörter vor; die Lerner streichen die gehörten Elemente in ihren Quadraten durch. Das Spiel ist beendet, wenn ein Lerner alle Elemente in seinem Quadrat durchgestrichen hat und „Bingo" ruft.

---

[47] Für die folgende Spielidee und ihre Varianten vgl. u. a. Dahlhaus (1994).

7.5 Komponenten- und Hilfsübungen

Mit Zahlen gespielt, ähnelt diese Komponentenübung der authentischen Komplexübung „Verstehen von Lottozahlen", die unter den Aufgaben zum intensiven Hören vorgestellt wurde, sie erlaubt jedoch das Hören anderer Zahlenbereiche als den der Zahlen von 1 bis 49. Mit Buchstaben gespielt, handelt es sich um eine Vorbereitung auf das Buchstabieren von Namen, Adressen usw. In einer solchen nicht an authentische Hörtexte gebundenen Übung besteht die Möglichkeit, diskriminierendes Hören in kritischen Bereichen zu fokussieren, z. B. beim Buchstabieren /a:/ vs. /ha:/, /te:/ vs. /de:/, Sonnabend vs. Sonntag, Juni vs. Juli. (Für weitere Diskriminierungsübungen, die sich auf das Erkennen und die Unterscheidung von Phonemen, Wortakzenten und Intonationskurven beziehen, vgl. Kap. 3.3.1)

z	h	t
m	s	n
k	d	l

Kollege	bedienen	Schreiner
verdienen	Freizeit	Gleitzeit
selbständig	Überstunde	garantieren

Bingo mit Buchstaben   Bingo mit Wörtern einer Lektion (Thema Arbeit)

Für das Wiedererkennen von Wörtern eignet sich auch das Verfahren Wortliste, bei dem die Lerner aus einer festgelegten Menge von beispielsweise zwanzig Wörtern eines besprochenen Textes eine bestimmte Anzahl markieren; der Lehrer liest nun die Wörter der Liste in anderer Reihenfolge vor, bis ein Lerner sich meldet, dessen markierte Wörter sämtlich vorgelesen worden sind. – Anspruchsvoller ist es, wenn bei gleichem Ausgangspunkt (die Lerner haben je ihre Wortliste notiert) der Lehrer eine Geschichte vorliest und die Lerner solche Wörter ankreuzen, die in einer Beziehung zu der Geschichte stehen, welche sie später erläutern müssen. Hier gilt es, über das Wiedererkennen hinaus während des Hörens Beziehungen herzustellen.

Für die Entwicklung einer möglichst automatisierten Bedeutungszuordnung schlägt Solmecke (1993) Übungen vor, bei denen der Lehrer Wörter für Gegenstände und Sachverhalte nennt, die schnell in einem Bild identifiziert werden müssen. Im Grunde lässt sich fast jede Visualisierung eines Wortfelds wie z. B. der Körperteile oder der Möbelstücke, mit der ein Lehrwerk in der Präsentationsphase seines Wortschatzes arbeitet, in späteren Phasen zu einer Komponentenübung für das Hören umwidmen.

Ein weiterer Übungstyp sind visuelle Diktate. In einer der vielen möglichen Varianten dieses Typs gibt der Lehrer den Grundriss eines Raumes oder Hauses vor und beschreibt dann, was dort wo ist. Während des Vortrags zeichnen die Lerner die Gegenstände ein; im gegebenen Beispiel werden neben dem Hören auch die lokalen Präpositionen und Lokaladverbien geübt. Anspruchsvoller ist ein visuelles Diktat, bei dem ein Bild aufgrund seiner Beschreibung zeichnend rekonstruiert werden muss.

Nonverbale Reaktionen verlangen auch Bewegungsspiele und Pantomimenaufgaben, wo die Lerner ausführen, was sie hören: *Du schläfst tief und fest. Da klingelt der Wecker. Wo ist er denn? Ah, da. Du schaltest ihn aus und drehst dich noch einmal auf die Seite. Nein, schlafen geht jetzt nicht mehr. Es ist schon sieben Uhr. Du setzt dich auf die Bettkante, suchst nach den Schuhen. Jetzt gehst du ins Bad ...* Vergleicht man solche Aufgaben mit z. B. dem Verstehen einer Gymnastikinstruktion, wird die Nähe von Komponentenübungen und bestimmten kommunikativen Hörsituationen erneut deutlich. Die hier besprochenen Vorschläge können größtenteils auch in Partnerarbeit durchgeführt werden, was die Rede- und Handlungsanteile der Lerner erhöht. Eine Vielzahl weiterer Komponentenübungen findet sich bei Solmecke (1993).

7.5.2 Fertigkeitsunspezifische Hilfsübungen

Das schnelle und automatische Antizipieren kommender Textteile ist gerade bei der Flüchtigkeit des Gesprochenen und dem Zwang, dessen Tempo folgen zu müssen, von großer Bedeutung, denn es setzt Gedächtniskapazität für die gleichzeitig ablaufenden Dekodierungs- und Integrierungsprozesse frei. Da das automatische Antizipieren auch zum flüssigen Lesen gehört, ist es nicht fertigkeitsspezifisch; es ist aber für erfolgreiches Hören, das im Gegensatz zum Lesen nicht verlangsamt werden kann, wichtiger. Nun ist es aber sinnvoll, zwischen Antizipationen auf den Makroebenen des Textes und der Mikroebene unmittelbar benachbarter Sätze oder innerhalb von Sätzen zu unterscheiden. Antizipationen auf der Makroebene und ihnen zugeordnete Aufgaben wurden schon besprochen (u. a. Hypothesen über den Textinhalt bilden anhand von Überschriften oder Textanfängen, Hypothesen über den Verlauf eines Dialogs bilden anhand eines Situationsbilds, Fortsetzung eines unterbrochenen Lese- oder Hörtextes verfassen). Diese Aufgaben haben einen stark bewusstmachenden, reflexiven Charakter und werden ohne Zeitdruck, z. T. im langsamen Medium des Schreibens durchgeführt. Anders die Antizipationsübungen auf Mikroebene: Hier werden Geschwindigkeit und Automatisierung angestrebt; entsprechend sind sie durchzuführen.

Frühe Beispiele finden sich wiederum bei Desselmann (1983b). In einer Variante mit schriftlicher Unterstützung bekommen die Lerner auf einem Arbeitsblatt Auswahllösungen, z. B. *gekauft – abgeholt – bestellt – besorgt*. Dann hören sie den Textteil, zu dem eines der vorgegebenen Elemente die passende Ergänzung ist: *Das Computerspiel ist immer noch nicht gekommen. Wann hast Du es denn ... ?* Das passende Element wird markiert. Anspruchsvoller ist die Ergänzung des Fehlenden ohne schriftliche Vorgaben: *Die Schmerzen sind nicht weggegangen, ich denke, jetzt muss ich doch ... ; Entschuldigung, ich habe keine Münzen für den Automaten, nur einen 5-Euro-Schein. Können Sie ...?* Möglich ist auch das Ausnutzen üblicher Kollokationen durch die Vorgabe eines Worts, zu dem die Lerner schnell passende Wörter nennen: *die Hausaufgaben ...; eine schwierige ... ; ein berühmter ... .* Die verstehenssteuernde Kraft von Konnektoren machen sich Übungen zunutze wie: *Gestern war es noch schön und sonnig, aber heute ... . Obwohl es zur Halbzeit noch 0:2 stand, konnte die Heimmannschaft am Ende doch ... .*

7.5 Komponenten- und Hilfsübungen

Mit der Automatisierung von Antizipationen kann also Verarbeitungskapazität freigemacht und so eines der Probleme beim Hören angegangen werden. Zugleich kann man aber auch versuchen, die Kapazität des Kurzzeitgedächtnisses gezielt zu erweitern. „Während in der Muttersprache als durchschnittliches Fassungsvermögen etwa 12–13 Wörter angenommen werden, können die Lernenden in der Fremdsprache im Durchschnitt nur 5–9 Wörter kurzzeitig behalten und reproduzieren." (Desselmann 1983a: 7) Als eine Art von Speichererweiterungsübung, mit der sich die Gedächtnisspanne bis auf etwa 10–12 Wörter erweitern lasse, schlägt Desselmann vor, dass die Lerner immer längere Varianten eines Satzes nachsprechen.

> *Mein Onkel raucht.*
> *Mein Onkel Peter raucht.*
> *Mein Onkel Peter raucht schon seit Jahren.*
> *Mein Onkel Peter raucht schon seit Jahren Zigaretten.*
> *Mein Onkel Peter raucht schon seit Jahren ein Päckchen Zigaretten.*
> *Mein Onkel Peter raucht schon seit Jahren ein Päckchen Zigaretten am Tag.*
> *Mein Onkel Peter raucht schon seit Jahren ein Päckchen Zigaretten am Tag, obwohl es ungesund ist.*
> *Mein Onkel Peter raucht schon seit Jahren ein Päckchen Zigaretten am Tag, obwohl er weiß, dass es ungesund ist.*

Komponentenübungen sind nicht unumstritten. Arendt (1990: 490) kritisiert, sie hätten

> mit Hörverstehen, wie es in der Realität gefordert wird, nichts zu tun; dort geht es darum, Texten Informationen zu entnehmen ... Beim Hörverstehen muß man von vornherein auf Gesamtzusammenhänge achten. Wer in dem Ganzen einzelnen Wörtern Aufmerksamkeit schenkt, kann nur den Faden verlieren. Die Blickrichtung der Schüler auf Wörter zu lenken, weist also genau in die falsche Richtung.

Dieser Einwand ist dann berechtigt, wenn über den Komponentenübungen das Üben komplexer Hörsituationen vernachlässigt wird und somit die Gewichtung zwischen unterstützenden Aktivitäten und Zielaktivitäten bezogen auf eine Lerngruppe nicht mehr stimmt. Eine generelle Ablehnung berücksichtigt dagegen zu wenig die besonderen Schwierigkeiten beim Hören, die hauptsächlich in der hohen Variabilität der Lautbilder und der Notwendigkeit einer schnellen Bedeutungszuordnung bestehen. Hier, wie auch bei der Erweiterung der Hörmerkspanne, können Komponentenübungen ihren Platz haben. Zudem hat sich bei der Besprechung solcher Übungen wiederholt gezeigt, welche Nähe zumindest einige von ihnen zu kommunikativen Formen des Hörens aufweisen. Für die Herausbildung der Lesefertigkeit dagegen scheint es eher möglich, auf Komponentenübungen zu verzichten und die gewünschten Automatismen über extensive Lektüre sprachlich leichterer Texte zu erzielen.

Aufgabe 7-4:
Welche der vorgestellten Übungsformen zum Umgang mit Hörtexten eignen sich auch als Strategien, mit denen die Lerner autonom an ihrem Hörverstehen arbeiten können?

7.6 Zur Präsentation von Hörtexten und zum Einsatz des Schriftbilds

Hörtexte können vom Lehrer vorgetragen oder von einem Tonträger abgespielt werden. Der Vorteil des personalen Mediums Lehrer ist, dass er sich in vielfältiger Weise an seine Hörer anpassen kann, mit der Sprechgeschwindigkeit, der Hervorhebung wichtiger Textteile, bis hin zur (wiederholenden) Paraphrasierung von Textelementen. Da diese Anpassungen in unmittelbarer Rückkopplung erfolgen, können sich der erste und weitere Vorträge in Abhängigkeit vom Hörfortschritt und den Höraufgaben unterscheiden. Zum Gehörten tritt der visuelle Kanal hinzu; man sieht die Person sprechen und erhält Verstehenshinweise aus ihrer Mimik und Gestik, was über das für die normale Interaktion charakteristische Maß hinaus in didaktischer Funktion ausgenutzt werden kann. Der Nachteil ist, dass sich die Lerner stark an eine Aussprache (unter Umständen sogar an einen nicht zielsprachlichen Akzent) gewöhnen und nicht die erforderliche Breite an Hörbildern entwickeln, wie es Tonträger ermöglichen.

Kassetten, CDs oder Audiodateien können – und müssen, wenn sie ihre Vorteile ausspielen wollen – Stimmen unterschiedlichen Geschlechts und Alters, verschiedene Sprechweisen und Akzente enthalten. Die mangelnde Anpassung an die je konkreten Hörer kompensieren die technischen Medien durch die Möglichkeit wiederholter identischer Präsentation. Für die Schulung des Hörverstehens sind Tonträger somit unerlässlich, und sie sollten auch dann herangezogen werden, wenn technische Ausstattung und Unterrichtsräume ihren Einsatz beschwerlich machen.

Kontroverser diskutiert wird die Frage nach dem Einsatz der Schrift. Hör-Verstehenstexte sind stets zuerst und ausschließlich im gesprochenen Medium zu präsentieren, wie es Realsituationen entspricht. Nach einem oder mehreren Hördurchgängen kann der Text, soweit vorhanden, in seiner schriftlichen Form eingegeben werden, wobei unterschiedliche Funktionen zu unterscheiden sind: Die Lerner können sich selbst eine Rückmeldung über ihre Lösung der Höraufgaben verschaffen, der schriftliche Text kann die Basis von kommunikativen oder sprachbezogenen Anschlussaktivitäten sein, er kann aber auch allein der außerunterrichtlichen Nachbereitung dienen. Man sollte den Lernern allerdings nicht jeden Hör-Verstehenstext am Ende schriftlich geben, damit bei Schwierigkeiten der Versuch, hörend zu verstehen, nicht in Erwartung des geschriebenen Textes vorzeitig aufgegeben wird. Die Eingabe der Schriftform bei Hör-Verstehenstexten ist also optional und sparsam zu handhaben. Wenn die Lerner das Gefühl artikulieren, unbefriedigend verstanden zu haben, dann sollte der Lehrer überlegen, ob das Mängelempfinden auf den Schwierigkeitsgrad des Textes zurückzuführen ist (dann müsste er in der Tat auch schriftlich zur Verfügung gestellt werden) oder ob Unklarheiten über Hörstil und Hörziele bestehen; in letzterem Fall wäre der Lernern zu erläutern, wann sie mit ihrem Verständnis zufrieden sein können.

Anders bei Hör-Lerntexten: Hier bekommen die Lerner den Text immer auch schriftlich, denn die Schrift erleichtert das Detailverstehen und nur sie erlaubt es, sich Vokabeln, grammatische Strukturen, Redemittel usw. in ihrer Gesamtheit anzueignen. Es gibt aber divergierende Ansichten über den Zeitpunkt, zu dem das andere Medium hinzutreten soll. In der Audiolingualen Methode, die sich der besonderen Förderung des Hörens und Sprechens verschrieben hatte, kam das Schriftbild ganz am Ende: Zuvor wurde gehört, das Verstehen durch Fragen überprüft und der Text – meist ein

7.7 Lösungshinweise zu den Aufgaben

Dialog – nachgesprochen; es folgten mündliche Strukturmusterübungen, bevor der Text verteilt oder die Bücher aufgeschlagen werden durften. Durch lange ausschließlich mündliche Phasen wurden aber schwächere Lerner in ihrem Verständnis benachteiligt, und das Nachsprechen war oft mühsam und zeitraubend. Butzkamm (^{3}2002: 164) stellt fest:

... die Betrachtung der Fehler, die Lerner beim Nachsprechen machen, legt nahe, dass forciertes Nachsprechen unter Umständen das Lernen eher behindern als befördern kann. Der Schüler, der seinem Entwicklungsstand gemäß die Struktur des Satzes nicht durchschaut und den Satz trotzdem reproduziert, weil es der Lehrer so von ihm verlangt, muss mitunter alle Energie auf das Erfassen der Klangbilder und das Umsetzen in sprechmotorische Impulse verwenden, so dass keine freien Verarbeitungskapazitäten für die höheren Ebenen der Syntax und Semantik mehr da sind.

Es ist demnach sinnvoll, den Text vor der phonetischen Einübung auch schriftlich einzugeben; das Mitlesen stützt das Nachsprechen und entlastet das Gedächtnis. Durch die Segmentierungshilfen, die sie gibt, kann die Schrift aber auch schon das Verständnis erleichtern, wenn bei der zweiten oder dritten Präsentation des Lautbilds mitgelesen werden darf. Schließlich erhöht das Zusammenwirken der beiden Kanäle Laut und Schrift die Behaltensleistungen.

Die Frage, ob und wann bei der Schulung des Hörens das Schriftbild eingesetzt werden sollte, ist also differenziert zu beantworten. Der wichtigste Entscheidungsfaktor ist, ob es sich um einen Hör-Verstehenstext oder einen Hör-Lerntext handelt; es folgen die Faktoren Art des Hörstils und Hörziele; ferner der Schwierigkeitsgrad des Textes in Verbindung mit dem Stand der Hörfähigkeiten der Lerner; am Ende stehen Überlegungen, ob der Text im Anschluss an die Verstehensphase Basis weiterer Unterrichtsaktivitäten sein soll. Diese Überlegungen bestimmen auch, ob Laut und Schrift nacheinander oder simultan im Mitleseverfahren präsentiert werden.

Aufgabe 7-5:
Aus den Unterschieden zwischen Lesen und Hören wurden verschiedene Forderungen zur Art, zum Einsatz und zum Umgang mit Hörtexten abgeleitet. Versuchen Sie vier bis fünf der Forderungen zusammenzustellen und mit eigenen Worten zu begründen.

7.7 Lösungshinweise zu den Aufgaben

Zu Aufgabe 7-1:
Befragungen von Lehrerstudenten zeigen, dass eine große Mehrheit mehr Schwierigkeiten mit dem Hören hatte als mit dem Lesen. Gründe, die mit den kognitiven Prozessen der Verarbeitung gesprochener und geschriebener Sprache zu tun haben, geben die Ausführungen in 7.1.

Ergänzend seien hier noch einige häufig wiederkehrende Einschätzungen wiedergegeben: Viele Lerner fühlen sich beim Hören unter stärkerem Druck als beim Lesen, weil man beim Hören sehr konzentriert sein müsse; passe man einmal nicht auf, verstehe man oft den ganzen Text nicht mehr; manche Lerner verwechseln ähnlich klingende Wörter wie *nicht – nichts* oder *Text – Test*. Ein großer Teil des Drucks sei aber genommen, wenn man schon vor dem ersten Hören wisse, dass man den Text ein zweites oder drittes Mal hören werde. Die Schwierigkeiten, breite Hörbilder auszubilden, formuliert eine Lernerin so: „Manchmal erleichtert das wiederholte Hören tatsächlich das Verständnis, aber häufiger ist es so, dass ich dann nur diese wiederholten Texte besser verstehe, während ich weiterhin Schwierigkeiten habe, die bekannten Wörter in diesen Texten, die später in einem fremden Hörtext wieder auftauchen, wieder nicht erkennen zu können."

Zu Aufgabe 7-2:
Auf der syntaktischen Ebene ist ein Hörtext leichter verständlich, wenn er der typischen mündlichen Sprachgebung folgt, indem er kurze Sätze, viel Parataxe (Nebenordnung von Sätzen) und wenig Hypotaxe (Über- und Unterordnung von Sätzen) enthält. Schriftsprachliche Vorträge sind in Grund- und Mittelstufe noch nicht geeignet; Vorformen können bei entsprechenden Zielen (etwa DSH-Vorbereitung) aber schon in der Mittelstufe vorkommen.

Auf der Ebene der Textstruktur ist ein Hörtext leichter verständlich, der einen klaren, erwartbaren Aufbau hat (sich also eng an die Konventionen einer dem Lerner vertrauten Textsorte hält) und Redundanz aufweist, also wichtige Informationen wiederholt.

Ein Text darf unbekanntes Sprachmaterial enthalten, aber nicht an seinen zentralen Stellen, das heißt nicht im Bereich der Hauptinformation und nicht dann, wenn das unbekannte Material das Erkennen der Textstruktur erschweren würde.

Was die lautliche Realisierung betrifft, so sind standardnahes, langsames Sprechen mit noch natürlichem Sprechtempo, wenige oder doch zumindest nicht störende Hintergrundgeräusche, deutlich erkennbare Sprecherwechsel und möglichst wenige Äußerungsüberlappungen erleichternd.

Zu Aufgabe 7-3:
(a) Während des ersten Hörens wurde notiert, dass die Leitfrage „Leben wir in einem Zeitparadies?" im Text negativ beantwortet wird, dazu einige Hauptgedanken: „Im Gegenteil ist in Deutschland von Zeitkrise und wachsender Zeitnot die Rede." Dies sind Notizen zum globalen Inhalt, mehr Details zeigen die Notizen während des zweiten Hörens, die sich so verbalisieren lassen:
(b) „Im Gegenteil spricht man in Deutschland von einer Zeitkrise. Jeder zweite klagt über zunehmende Zeitnot. Die Zahl derjenigen, die mehr als 45 Stunde pro Woche arbeiten, steigt. 40 Prozent der Bürger wünschen sich, der Tag hätte 30 Stunden."
(c) Eine textspezifische Abkürzung ist Z. für *Zeit*, ein Schlüsselwort des vorliegenden Textes. Auch für andere Texte verwendbar sind u. a. der nach oben gerichtete Pfeil (↑) für *wachsend, zunehmend, zunehmen, steigen* usw., > für *größer/mehr als*, D für *Deutschland*, d. für den bestimmten Artikel, *Std* für *Stunde*.
(d) Die Empfehlungen werden – wohl auch Platzgründen – nicht umgesetzt; die Abbildung mag insofern sogar zu verwirren, als die Notizen des ersten und zweiten Hörens gerade nicht ineinander geführt sind, sondern manches zweimal notiert ist.

Zu Aufgabe 7-4:
Folgende Verfahren eignen sich als Strategien zur autonomen Arbeit am Hörverstehen: Der Lerner verschafft sich Klarheit über die pragmatische Situierung des Hörtextes (wer spricht mit wem worüber und mit welchen Zielen?), sucht sich zu Hörtexten schriftliche Texte ähnlichen Inhalts und Aufbaus, die er vor dem Hören als Vorentlastung oder nach dem Hören zur Überprüfung und Bestätigung lesen kann, und versucht an einen Hörtext die 6-W-Fragen zu richten. Zur Erweiterung der Hörmerkspanne kann er üben, Sätze in schriftlich vorliegenden Texten in schrittweise größer werdenden Teilen halblaut auswendig nachzusprechen. Auch das gelegentliche Auswendiglernen von Texten könnte die Merkfähigkeit in der Fremdsprache fördern.

Zu Aufgabe 7-5:
Aus den Unterschieden zwischen Lesen und Hören wurden bisher folgende Forderungen abgeleitet:

7.7 Lösungshinweise zu den Aufgaben

1. Hörtexte müssen leichter sein als ein entsprechender Lesetext, denn beim Lesen kann man sich ohne Zeitdruck intensiv mit dem Text beschäftigen und Hilfsmittel wie Wörterbücher benutzen.
2. Beim Hörverstehen wird man in der Regel weniger auf Detailverstehen aus sein, eher auf globales Verstehen oder das selektive Verstehen bestimmter Informationen.
3. Vor dem Hören im Unterricht müssen stärker noch als bei geschriebenen Texten vorentlastende und Hörerwartungen aufbauende Aufgaben stehen.
4. Aufgrund der großen Variabilität von Hörbildern im Vergleich zu Schriftbildern muss recht extensiv gehört werden; auf keinen Fall darf die Stimme des Lehrers alleine die Hörbilder prägen, sondern Hörtexte müssen mithilfe von Tonaufnahmen präsentiert werden mit möglichst vielen Sprechern unterschiedlichen Geschlechts, Alters und unterschiedlicher Herkunft.
5. Schließlich sind die Gedächtnisleistungen für das fremdsprachliche Hören gezielt zu erhöhen, weil Dekodierung, Informationseingliederung und Antizipation in der Fremdsprache weniger automatisch ablaufen als in der Muttersprache.

8 Schreiben

8.1 Gründe für das Schreiben im Fremdsprachenunterricht

Im Zusammenhang mit grundsätzlichen Überlegungen zur Frage, ob die Fertigkeiten überhaupt zum Gegenstand gemacht werden müssen oder ob sich der Unterricht damit begnügen kann, allein das sprachliche Fundament zu legen (6.1), wurde schon der Unterschied zwischen Mittler- und Zieltätigkeiten erläutert. Für das Schreiben ist diese Unterscheidung besonders relevant, denn ein Großteil der schriftlichen Aktivitäten im Fremdsprachenunterricht hat Mittlerfunktion: Man schreibt, um sich Vokabeln anzueignen und zu behalten, um Grammatik einzuüben, bei der Überprüfung von Lese- und Hörverstehen sowie bei einem Großteil der Prüfungen. Es ist ein Typ von Fremdsprachenunterricht denkbar, in dem das Schreiben fast nur Mittel zu anderen Zwecken ist und nicht die schriftliche Kommunikation selbst im Vordergrund steht.

In Geschichte und gegenwärtiger Praxis des Fremdsprachenunterrichts wurde und wird aus unterschiedlichen Gründen auf das Schreiben als Zieltätigkeit verzichtet. Ein solcher Verzicht scheint auf den ersten Blick verständlich, wenn als übergreifendes Lernziel die mündliche Kommunikationsfähigkeit in Alltagssituationen bestimmt wird wie in der Audiolingualen Methode und der frühen Kommunikativen Didaktik (für einen Überblick über die Entwicklung des Schreibens in dieser Methode vgl. Kast 1999). In diesem Rahmen bilden lediglich Vorbereitungskurse auf ein Studium in den deutschsprachigen Ländern eine Ausnahme. Im Falle der Audiolingualen Methode kamen aber auch linguistische und lerntheoretische Grundannahmen ins Spiel, die dem Schreiben nicht förderlich waren: Zum einen die Sicht auf die mündliche Erscheinungsform der Sprache als primär, der Schrift dagegen als sekundär und abgeleitet, zum anderen der Ansatz, Lerner nur produzieren zu lassen, was sie zuvor rezipiert und reproduziert hatten, um mögliche Fehler zu vermeiden. Der kreative Charakter des Schreibens widerspricht nun aber gerade solchen Steuerungsbemühungen.

Eine stiefmütterliche Behandlung des Schreibens scheint Bestätigung auch durch die relative Bedeutung der vier Fertigkeiten nach der Schulzeit oder außerhalb des Fremdsprachenunterrichts zu finden. Kast (1999) und Heyd (1990) zitieren Untersuchungen, nach denen das Schreiben hier die geringste Rolle spielt. Doch sind diese Untersuchungen schon älter, und es ist zu fragen, ob das neue Medium Internet mit der Kommunikationsform Email nicht zu einer Zunahme schriftlichen Austauschs, gerade über Sprach- und Ländergrenzen hinweg, geführt hat und schriftliche – wenn auch nicht immer im prototypischen Sinne schriftsprachliche – Kompetenzen wieder wichtiger werden lässt.

Unabhängig von der möglicherweise gestiegenen Bedeutung kommunikativen Schreibens außerhalb des Unterrichts ist in der gegenwärtigen Fremdsprachendidaktik eine verstärkte Hinwendung zu dieser Fertigkeit zu beobachten, die vor allem lernpsychologisch begründet wird. Das Schreiben ist wie das Lesen eine verlangsamte Tätigkeit, die es ermöglicht, bei Unsicherheiten Wörterbücher oder andere Hilfsmittel heranzuziehen; vom unmittelbaren Kommunikationsdruck befreit, kann das gesamte Sprach- und Weltwissen eingebracht werden. Durch die Möglichkeit des Überarbeitens wird die Selbstkorrektur gefördert. Die prototypische Schreibsituation stellt zudem hohe Ansprüche an die Versprachlichung. Wird in der prototypischen Sprechsituation, der sog. face-to-face-Situation, noch ein großer Teil der Kommunikation durch das gemeinsame Situations- und Kontextwissen getragen, so müssen in der schriftlichen Kommunikation Teile dieses Kontextes versprachlicht und die möglicherweise anderen Wissensbestände und -stände des Lesers berücksichtigt werden. So mag die mündliche Äußerung *Das machen wir nicht so gern* für den Adressaten aufgrund des Kontextes völlig verständlich sein, doch im Schriftlichen ist ein Teil dieses Kontextes zu verbalisieren, etwa: *Unsere Klasse schreibt nicht so gern Zusammenfassungen, wir setzen lieber Geschichten fort*. Schriftliche Kommunikation zwingt somit zu präziser, relativ situationsunabhängiger Benennung des Gemeinten und zu einem hohen Grad an Explizitheit. Da normalerweise – die Emailkommunikation bildet hier eine Ausnahme – keine unmittelbaren Rückfragen des Adressaten möglich sind, muss sich ein schriftlicher Text auch gegen mögliche Missverständnisse wappnen. Das Geschriebene muss also ausführlicher, elaborierter und sprachlich differenzierter sein, was eine tiefere, reflektiertere Sprachverarbeitung verlangt, die ihrerseits nun wieder die Lernwirksamkeit des Schreibens begründet.[48]

Die Lernwirksamkeit ist nun aber nicht allein auf die fremde Sprache beschränkt, sie kann sich auch auf die kulturellen und landeskundlichen Inhalte des Fremdsprachenunterrichts erstrecken. Denn nur in einer naiven Sichtweise ist Schreiben nichts als die Übermittlung von Information, die bereits vorher im Kopf des Verfassers besteht: Viele unserer Gedanken ordnen sich vielmehr erst beim Schreiben bzw. entstehen erst in seinem Verlauf. Dieser heuristische Aspekt des Schreibens kommt auch in der Fremdsprache zum Tragen (vgl. 9.6.2).

Was halten nun die Lernenden vom Schreiben? Chinesische Deutschstudierende am Ende ihres vierjährigen Grundstudiums nannten die folgenden Vor- und Nachteile; geordnet sind sie nach dem Grad der Zustimmung, die angehende DaF-Lehrer aus unterschiedlichen Ländern äußerten.

Vorteile des Schreibens	Nachteile des Schreibens
1. Man hat mehr Zeit als beim Sprechen und kann Hilfsmittel nutzen.	1. Beim Schreiben im Unterricht stehe ich oft unter Zeitdruck.
2. Man kann sich selbst kontrollieren und korrigiert werden.	2. Ich weiß manchmal nicht, was ich schreiben soll, wenn das Thema vorgegeben ist.
3. Man kann seine Lernfortschritte beobachten.	3. Ich kann manchmal nicht schreiben, was ich denke.
4. Manchmal kommen mir beim Schreiben Gedanken, die mir sonst vielleicht nicht gekommen wären.	4. Beim Schreiben stehe ich unter Perfektionszwang, das führt zu Hemmungen.
5. Es gibt wichtige schriftliche Textsorten, die man beherrschen muss, z. B. Bewerbungsschreiben.	5. Man ist beim Schreiben nicht so frei wie beim Sprechen, man muss sich an

---

[48] Untersuchungen, die einen förderlichen Einfluss des Schreibens auf das Sprechen festgestellt haben, werden in Henrici/Riemer (1996: 111) zitiert.

8.1 Gründe für das Schreiben im Fremdsprachenunterricht

6. Durch Schreiben entwickelt sich der Wortschatz.	Strukturen halten.
7. Schreiben unterstützt das systematische Lernen.	6. Beim Schreiben bekommt man keine Hilfe aus der Situation.
8. Man macht nicht so viele grammatische Fehler, denn man kann seinen Text überarbeiten.	7. Das Schreiben verlangt eine entwickelte Sprachkompetenz, um auszudrücken, was man denkt.
9. Man kann eine gehobene Sprache entwickeln und die Unterschiede zwischen Mutter- und Fremdsprache reflektieren.	8. Schreiben ist zeitintensiv, es ist eine Zeitvergeudung.
10. Der Lehrer hat genug Zeit zum Korrigieren.	
11. Schreiben erfordert mehr Vorwissen und Anstrengung.	

Aufgabe 8-1:
(a) Welche der im Vorangegangenen ausgeführten Gründe für das Schreiben werden in den Aussagen der Lerner bestätigt? Womit haben sie die meisten Schwierigkeiten?
(b) Wie würden Sie diese Aussage einordnen: „Schreiben ist individueller, man ist alleine" – als Vor- oder Nachteil?

Aus der Tabelle wird deutlich, dass die Befragten die lernförderliche Wirkung der Schreibaktivität in hohem Maße reflektierten und als positiv empfanden. Am fertigen Produkt ist für viele auch der eigene Lernfortschritt ablesbar. Weiter wurde die heuristische Funktion des Schreibens geschätzt. Erfahrungen mit der kommunikativen Funktion des Schreibens waren dagegen beschränkt (Bewerbungsschreiben). Die genannten Nachteile spiegeln vor allem inhaltliche Probleme mit dem Stoff und eine oft gespürte Sprachnot, danach aber auch ein Gefühl des Ungenügens gegenüber den als höher empfundenen Anforderungen des Schreibens. Die letzten Nennungen (7–8) sind nicht repräsentativ; ihnen wurde im Gegensatz zu den vorangehenden kaum zugestimmt.

Über die sich in der Tabelle spiegelnden rationalen Erwägungen der Vor- und Nachteile des Schreibens hinaus formulierten die Lerner auch recht eindeutige affektive Einstellungen: Schreiben wird entweder gemocht oder abgelehnt; ob man gerne schreibe, sei von der jeweiligen Persönlichkeit abhängig. So ist es auch nicht verwunderlich, dass die Aussage *Schreiben ist individueller, man ist alleine* teils als Vorteil, teils als Nachteil des Schreibens gewertet wird.

Eine Didaktik, die vom Wert des Schreibens überzeugt ist, muss die genannten Probleme und Schwierigkeiten ernst nehmen und aufzeigen, wie Schreiben auch für Lerner mit Schreibhemmungen zu einer positiv besetzten Erfahrung werden kann. Wege dahin weist eine prozessorientierte Schreibdidaktik.

8.2 Schreiben als Prozess

8.2.1 Produkt vs. Prozess

Das traditionelle Schreiben im Unterricht, sowohl in der L1 als auch in der L2, hat das fertige Produkt in den Mittelpunkt gestellt, den vom Lerner verfassten Text. Er entstand aufgrund einer vom Lehrer gestellten Schreibaufgabe. Einmal mit dieser konfrontiert, wurde der Schreibende „alleine" gelassen, sein Text wurde später eingesammelt und korrigiert oder vorgelesen. Hilfen wurden im Kontext der Aufgabe nicht gegeben. Auf diese Weise wurde die Schreibfertigkeit nicht planmäßig aufgebaut, sondern vorausgesetzt, und nur bestenfalls durch die Praxis des Schreibens geübt. Die Progression bestand in der Steigerung der wie auch immer bestimmten Schwierigkeit der Aufgabenstellung.

Eine solche Produktorientierung zwingt den Lehrer nicht dazu, zu reflektieren, ob bei den Lernern die Voraussetzungen für erfolgreiches Schreiben wirklich vorliegen: Ob die Schreibaufgabe verstanden wird, das nötige inhaltliche Wissen vorhanden ist, die zu produzierende Textsorte bekannt ist und die von Inhalt und Textsorte her erforderlichen lexikalischen und grammatischen Strukturen zur Verfügung stehen. Solche Fragen geraten aber zwangsläufig in den Blick, wenn das Interesse nicht dem fertigen Produkt, sondern dem Prozess seiner Entstehung gilt.

8.2.2 Was ist Schreiben?

Schreiben findet immer in einer bestimmten Situation statt. In einer naiven Sicht teilt ein Verfasser in dieser Situation einem Adressaten etwas über die Realität mit. Bei genauerer Betrachtung aber können sich diese scheinbar einfachen Bestandteile der Kommunikationssituation als problematisch erweisen. Am einleuchtendsten lässt sich das am Adressaten erläutern: Im Falle eines persönlichen Briefs kennt man ihn mehr oder weniger genau, aber in vielen öffentlichen und offiziellen Schreibsituationen kennt man ihn nicht, sondern muss sich einen Adressaten vorstellen, z. B. beim Verfassen eines Leserbriefs an eine Zeitung, bei der Vorstellung eines Buchs oder Films oder der Bewerbung um ein Stipendium. In einem solchen Fall entsteht zwischen den Zeilen eines Textes und durch ihn ein implizites Bild des Lesers. Auch der Schreibende ist nicht einfach er selbst, sondern er entwirft im Schreiben ein Bild von sich, das auch im Text seinen Niederschlag findet. Das Selbstbild des Verfassers in einem persönlichen Brief differiert dabei stark von dem Selbstbild, das z. B. beim akademischen Schreiben durchscheinen muss. Wer sich um letztere Art zu schreiben bemüht, hat nicht selten Schwierigkeiten, "… because conventional self-representation in the particular situation may not be compatible with the writer's self-image." (Silva/Matsuda 2002: 254)[49] Und auch die Realität ist oft nicht einfach gegeben, sondern muss durch den Text erst konstituiert werden. Dies gilt schon, wenn einer Partnerklasse das Schulleben geschildert oder die eigene Stadt beschrieben werden soll.

---

[49] … weil es sein kann, dass die konventionelle Selbstdarstellung in der jeweiligen Situation nicht mit dem Selbstbild des Schreibenden übereinstimmt. [eig. Übs.]

Hinsichtlich seiner Funktionen ist Schreiben etwas sehr Vielfältiges: Es kann sich primär auf den Verfasser richten und dessen Gefühle, Haltungen und Ansichten ausdrücken (expressive Funktion des Schreibens), sich primär auf den Adressaten richten und ihn zu bestimmten Haltungen, Einstellungen oder Handlungen bewegen wollen (persuasive Funktion), primär auf die Realität gerichtet sein (referentielle Funktion) oder auf den Text selbst (literarische Funktion). Schließlich wird das Schreiben vom jeweiligen Gegenstand und Thema bestimmt.

Für die jeweilige Konstellation von Faktoren der Kommunikationssituation, primärer Funktion des Textes und Thema haben sich in einer Sprachgemeinschaft konventionalisierte Muster für die Bewältigung der Schreibaufgabe herausgebildet, die Textsorten, deren Kenntnis das Schreiben wesentlich steuert und erleichtert.

8.2.3 Prozessmodell des kompetenten Schreibens

Ein häufig zitiertes Schreibmodell aus der kognitiven Psychologie ist das von Hayes/Flower (1980) in Abb. 1. Darin haben die Autoren den Schreibprozess kompetenter muttersprachlicher Schreiber modelliert, empirisch gestützt auf die Analyse des fertigen Textes, der Entwürfe und der ihm vorangehenden Notizen sowie auf die Auswertung begleitender Protokolle lauten Denkens.

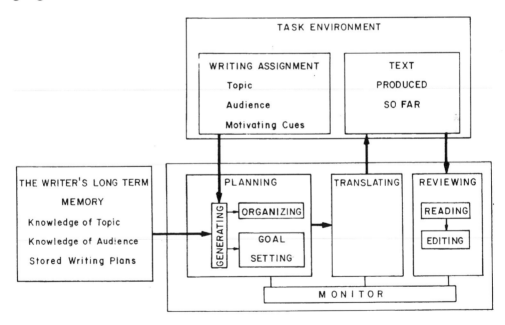

Abbildung 1: Schreibmodell aus Hayes/Flower (1980: 11)

Das Modell sieht den Schreibprozess als zunächst abhängig von der Schreibaufgabe (writing assignment), die das Thema, den Adressaten und die Gründe für das Schreiben umfasst. Auch wenn konkrete, vom Lehrer gestellte Schreibaufgaben hinsichtlich dieser Aspekte nicht immer explizit formuliert sind, ist ein angemessenes und kohärentes Schreiben nicht möglich, ohne sie erfasst zu haben. Beim Planen (planning) greift der Schreibende auf seine Wissensbestände hinsichtlich des Themas, des Adressaten und auf sein Textsortenwissen zurück. Während die Textproduktion voranschreitet, wird der Text – neben der Schreibaufgabe – selbst zu einem Teil der das Schreiben beeinflussenden Aufgabenumgebung (task environment).

Nun sei der Schreibprozess selbst genauer betrachtet (großer unterer Kasten). Er umfasst drei Teilprozesse, das Planen, Formulieren und Überarbeiten. Beim Planen werden Gedächtnisinformationen über Thema und Hörer in assoziativer Weise abgerufen (generating). Seinen Niederschlag findet das gewöhnlich als Notizen in Form einzelner Wörter oder Satzfragmente. Im Organisationsprozess (organizing) werden die so gesammelten Ideen ausgewählt und in eine zeitlich und/oder hierarchisch geordnete Reihenfolge gebracht. Dies kann sich in Spiegelstrichen, Nummerierungen oder graphischen Ordnungen der Notizen niederschlagen. Manche der produzierten Ideen sind keine Themenaspekte, über die geschrieben wird, sondern Kriterien zur Bearbeitung des Textes und zur Bestimmung der Zielangemessenheit des Textes. Der Teilprozess des Zielesetzens (goal setting) identifiziert solche Kriterien und bewahrt sie für das Überarbeiten auf.

Im Verlauf des zweiten großen Teilprozesses (Formulieren) werden die geordneten Ideen bzw. Notizen unter Leitung des Schreibplans versprachlicht. Hayes/Flower (1980) sprechen hier von translating, denn sie nehmen an, dass das gesammelte Material in der Regel noch in Form von – vorsprachlichen – Propositionen vorliegt, mithin erst in Sätze „übersetzt" werden muss. Beim fremdsprachlichen Schreiben kann in dieser Phase aber tatsächlich Übersetzen im wörtlichen Sinne vorkommen, denn hier ist damit zu rechnen, dass ein Teil der Planung in der L1 vorgenommen wird und beim Formulieren somit – auch – Übersetzungstätigkeiten in die L2 stattfinden. Das Resultat der Formulierungsprozesse ist die Niederschrift eines Entwurfs.

Den dritten Teilprozess bildet das Überarbeiten (reviewing). Wie bei dem editing genannten Prozess geht es hier darum, dass der Schreiber als sein erster Leser den Text verbessert. Der Unterschied zwischen reviewing und editing besteht aber darin, dass das editing quasi automatisch auch in anderen Phasen als der Überarbeitungsphase lokal bei Verstößen gegen die Sprachkonventionen oder bei Ungenauigkeiten in der Bedeutung einschreitet, während das Überarbeiten im Sinne des reviewing voraussetzt, dass der Schreibende die anderen Teilprozesse vorläufig abgeschlossen hat und sich nun voll auf die systematische Verbesserung des gesamten Textes und seine Bewertung im Hinblick auf die Schreibziele konzentriert.

Wie schon das Beispiel des editing zeigt, laufen die Teilprozesse des Schreibens nicht linear nacheinander ab, sondern es sind durch den Monitor kontrollierte rekursive Prozesse möglich. Wenn dem Schreiber bei der Überarbeitung bewusst wird, dass zwischen zwei Sätzen des Textes für den Leser kein Zusammenhang bestehen kann, sind Textinhalte nachzuliefern, womit die Teilprozesse des Planens und Formulierens für den fehlenden Teil erneut ablaufen müssen. Durch das Verhältnis der Teilprozesse zueinander lassen sich auch individuelle Schreibstile voneinander abgrenzen und bestimmen: Manche Verfasser bevorzugen es, den gesamten Text in einem Durchgang zu planen, zügig einen Entwurf zu verfassen und dann das ganze zu überarbeiten. Andere streben einen schon mehr oder weniger „perfekten Entwurf" an, was bedeutet, dass bereits formulierte Textteile überarbeitet werden, bevor der nächste Teil in Angriff genommen wird.

8.2.4 Schreiben in der L2 vs. L1

Das Modell von Hayes/Flower (1980) versucht die Schreibprozesse des kompetenten muttersprachlichen Schreibers zu erfassen. Diese bilden den Ausgangspunkt auch für das Schreiben in der L2, denn „Schreiben in der Fremdsprache erfolgt weitgehend vor dem Hintergrund muttersprachlich erworbener Kompetenzen." (Portmann 1991: 325) Nun hat es der Fremdsprachenunterricht, besonders an allgemeinbildenden Schulen, aber nicht immer mit Lernern zu tun, die in ihrer L1 bereits kompetent schreiben, sei es, dass die strategischen Komponenten des Schreibens noch nicht ausgebaut, sei es, dass die Teilprozesse noch wenig automatisiert sind, sei es, dass die Breite der Beherrschung unterschiedlicher Textsorten noch nicht gegeben ist. So ist es – je nach muttersprachlicher Schreibdidaktik – möglich, dass ein Schüler seinen ersten Leserbrief oder Lebenslauf in der Fremdsprache verfasst. Zum Teil weist die Zielsprachenkultur auch spezifische Textsorten oder andere Konventionen für vergleichbare Textsorten auf.

Der Fremdsprachenunterricht kann also nicht immer schon auf eine voll ausgebildete Schreibkompetenz zurückgreifen. Aber selbst wo er dies kann, ist angesichts der sich beim Schreiben in der Fremdsprache in den Vordergrund drängenden Sprach- und Formulierungsprobleme nicht unbedingt damit zu rechnen, dass kompetente Schreiber ihre erworbenen Fertigkeiten in optimaler Weise auf die neue Schreibsituation übertragen. Daher fordert Kast (1999: 125) in Bezug auf die muttersprachlichen Fertigkeiten, sie müssten „als Hilfe beim Schreiben in der Fremdsprache bewusst aktiviert werden." (Für parallele Beobachtungen zum fremdsprachlichen Lesen vgl. 6.2.3.)

Zu diesen Schwierigkeiten gesellt sich als offensichtlichste, dass oft themenbezogenes Vokabular fehlt und die sprachlichen Konventionen der für die Schreibaufgabe maßgeblichen Textsorte nicht bekannt sind: spezifische Floskeln und Wendungen, die typische Frequenz von Nominalisierungen, Passivstrukturen usw. und die textsortenspezifische Verwendung der Verweismittel, Konnektoren u. a. (vgl. 8.4).

Auf diese Schwierigkeiten gibt es im Prinzip zwei mögliche Antworten. Die eine besteht darin, dass vor und außerhalb einer Schreibaufgabe das notwendige sprachliche, inhaltliche und textsortenbezogene Wissen aufgebaut wird, z. B. durch Behandlung relevanter Themen und Texte und durch analytisches Herausarbeiten der Merkmale der relevanten Textsorte. Weiterhin lassen sich einige Aspekte von Vertextung allgemein unabhängig von konkreten Schreibaufgaben analysieren und einüben. Solche Aufgaben zur Verknüpfung von Sätzen zu Texten lehnen sich an Modelle und Erkenntnisse der frühen Textlinguistik an (für Beispiele und eine kritische Einschätzung vgl. 8.4).

Die andere Antwort besteht darin, sich der vollen Komplexität des Schreibprozesses zu stellen und die Teilprozesse, die – wie Hayes/Flower (1980) gezeigt haben – beim individuellen Schreiben rekursiv ablaufen, in eine didaktisch begründete Abfolge entsprechender Phasen zu überführen und so weit als möglich gemeinsam zu bewältigen und zu reflektieren. Aus den nicht linear ablaufenden kognitiven *Prozessen* Planen, Formulieren mit Niederschreiben, Überarbeiten werden für den Schreibunterricht also nacheinander angeordnete Planungs-, Formulierungs- und Überarbeitungs-*phasen*. Und möglichst viele Teile des in der Regel einsamen Schreibens werden in Plenums-, Gruppen- oder Partnerarbeitsphasen zu gemeinsamen Aktivitäten. Auftretende Schwierigkeiten und ihre möglichen Lösungen werden besprochen, um Schreibprozesse bewusst zu machen und zu optimieren (vgl. Portmann 1991: 369).

8.3 Prozessorientierte Schreibdidaktik im Fremdsprachenunterricht

8.3.1 Ein didaktisches Phasenmodell

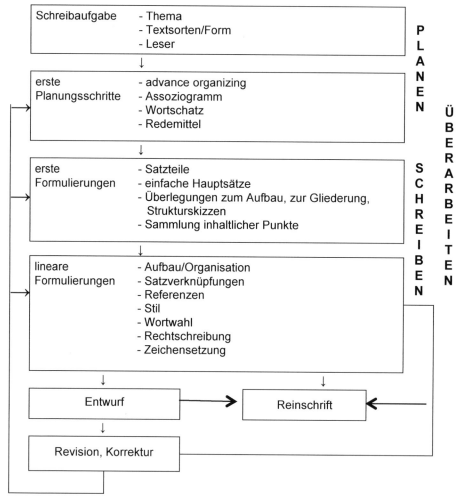

Abbildung 2: Modell zum Schreiblehrprozess von Kast (1999: 210)

Das Modell von Kast (Abb. 2) bezieht sich auf das schon diskutierte Prozessmodell von Hayes/Flower (1980) sowie auf Bereiter (1980) und Augst (1988). Es beginnt damit, dass die Lerner sich ausgehend von der Schreibaufgabe gemeinsam Gedanken über den realen oder fiktiven Leser machen und ihn sich möglichst konkret vorstellen. So können sie sammeln, was ihn an dem Thema interessieren könnte, was er vermutlich schon weiß bzw. über welche Themenaspekte zu schreiben sein wird.

Auch die ersten Planungsschritte lassen sich gut gemeinsam, also im Plenum oder in Gruppenarbeit tun: Anhand eines Assoziogramms, der Themenformulierung, eines Bildes oder anderen Impulses wird das vorhandene Wissen zum Thema aktiviert, neues Wissen aufgenommen, der notwendige Wortschatz durch Lehrer oder Wörterbuch bereitgestellt und unter Umständen auch ein Muster der Textsorte analysiert, der der geplante Text angehört, um die für sie typischen Redemittel herauszuarbeiten.

Das Ordnen des Materials erfolgt in der nächsten Phase, in der auch erstmals größere sprachliche Einheiten niedergeschrieben werden, nämlich Satzteile und einfache Sätze. Sie werden entweder beim Schreiben oder danach geordnet, wobei je nach Art von Thema, Textsorte und individuellem Herangehen unterschiedliche Abfolgen desselben Materials möglich sind.

Das geordnete sprachliche Material muss nun in eine lineare Form gebracht werden, bei der die einzelnen Sätze auch sprachlich miteinander verknüpft werden. Durch die Linearisierung entsteht ein erster Entwurf. Diese Phase, zum Teil auch schon die vorangehende, ist eine der Phasen, in der die Lerner in der Regel, aber nicht notwendigerweise (s. u.), „alleine" vorgehen müssen.

Im Vergleich zu dem Hayes/Flowerschen Modell sieht Kast an zwei Stellen sprachliche Ausarbeitungen vor, bei den „ersten" und den „linearen" Formulierungen. Storch (1999: 253) begründet eine solche Aufteilung der Textproduktion so: „Da es sich hierbei ... für in der Fremdsprache Schreibende um eine sehr komplexe Tätigkeit handelt, ist es sinnvoll, den Text in zwei „Durchgängen" schreiben zu lassen."

Ein für das Schreiben höchst bedeutsamer Akt ist das anschließende Überarbeiten des Entwurfs, das sich von den schon während der vorangegangenen Phasen erfolgten Revidierungen darin unterscheidet, dass die Aufmerksamkeit nun primär dem Überarbeiten gewidmet wird und auf den gesamten Text gerichtet ist. Es kann dazu führen, dass Teile des Textes neu geplant und formuliert werden müssen, worauf die rückläufigen Pfeile im Modell hinweisen. Angesichts der Bedeutung dieser Phase für das Entstehen guter Texte kommt sie oft zu kurz – der Lerner hat vielleicht keine Zeit zur Überarbeitung mehr, bevor er seinen Text abgeben muss oder die Schreibphase beendet ist – und wird didaktisch nicht immer ausreichend reflektiert. Zunächst spielt ein motivationaler Aspekt eine Rolle: Den Schreibenden muss deutlich gemacht werden, dass die Notwendigkeit des Überarbeitens nicht ein Zeichen ungenügender Planungs- und Formulierungsprozesse ist, sondern integraler Aspekt jedes anspruchsvollen Schreibens. Dazu kann man ihnen zeigen, dass und wie auch namhafte Schriftsteller ihre Texte überarbeitet haben oder dass auch der Lehrer dies mit seinen Texten tut.

Wenn professionelle Schreiber ihre Texte überarbeiten, legen sie stets Zeit zwischen Entwurf und Endfassung, denn unmittelbar nach der Niederschrift sind Gedankensprünge und Stellen, an denen der Leser nicht wird folgen können, schwer zu erkennen. Im Kopfe des Verfassers ist die Textwelt so präsent, dass noch nicht bemerkt werden kann, wenn sie sich nur lückenhaft im Text niederschlägt. Besteht nicht die Möglichkeit einer solchen zeitlichen Distanzierung, lassen professionelle Schreiber ihre Texte zumindest von anderen Personen gegenlesen. Wenn aus unterrichtsorganisatorischen Gründen nicht die Möglichkeit zur zeitlichen Distanzierung besteht, sollte zumindest stärker die Möglichkeit genutzt werden, dass die Lerner ihre Texte etwa in Partnerarbeit wechselseitig lesen und mögliche Verständnisprobleme anmerken oder Änderungsvorschläge machen, die miteinander zu besprechen sind. So muss auch die Überarbeitung nicht ein ausschließlich individueller Prozess bleiben, und der Lehrer muss nicht der erste fremde Leser sein. Die Möglichkeiten des Überarbeitens von Texten diskutiert 8.3.2.

Zusammenfassend stellt Kast (1999: 124-5) fest: „Der komplexe Schreiblehrprozess kann in überschaubare Teilfertigkeiten zerlegt werden und Übungen zu Wortschatz, Satzbau, Rechtschreibung, Konnektoren, Verweismittel u. a. können die Deutschlernenden auf der sprachlichen Ebene so fit machen, dass sie den Kopf frei(er) haben für übergreifende Prozesse der Textproduktion." Dem ist hinzuzufügen, dass die Mehrheit der Teilaufgaben nicht beim einsamen Schreiben gelöst werden muss, sondern nach außen, in die gemeinsame Verantwortung der gesamten Lerngruppe bzw. des Lerners und seines Partners verlagert werden kann. Dies entlastet den einzelnen Lerner und ist ein möglicher Weg, den eingangs des Kapitels von den Betroffenen genannten Nachteilen des Schreibens (Probleme mit dem Stoff, Sprachnot, die hohen Ansprüche an geschriebene Texte) zu begegnen und eine positive Einstellung zum Schreiben aufzubauen oder zu erhalten.

Das gemeinsame Schreiben als Entlastung der Lerner ist aber für die Phase des Formulierens, also des Schreibens im engsten Sinne, kontrovers. Während sich Faistauer (1997) unter bestimmten Bedingungen für das gemeinsame Formulieren ausspricht und als Vorteile hervorhebt, dass die entstehenden Schreibprodukte auch in sprachlicher Hinsicht besser sind als Einzelprodukte, dass es reflektierendes Sprechen über Grammatik, Stilistik und Textaufbau fördere und Fehler leichter anonymisiert würden, geben Huneke/Steinig (2002: 127) zu bedenken:

Hilfen beim Formulieren zu geben ist in vielen Fällen problematischer. ... die Probleme beim Formulieren können thematisiert werden, wenn z. B. mehrere Lerner einen Text in kooperativer Autorenschaft gemeinsam schreiben. Doch scheinen die Strategien der einzelnen Lerner und ihre Wünsche bezüglich solcher Verfahren individuell höchst unterschiedlich zu sein, manche wünschen sie, andere empfinden sie als Störung. Es sollte also differenzierend vorgegangen werden, die durchaus heterogenen Wünsche der Lerner sind zu berücksichtigen.

Zu den motivationalen Aspekten eines reflektierten Schreibunterrichts gehört neben der Erleichterung durch kooperatives Vorgehen, wo es sinnvoll und erwünscht ist, auch, dass das mühevoll erarbeitete Schreiberzeugnis in geeigneter Form ein Echo in der Klassenöffentlichkeit findet oder im weiteren Verlauf des Unterrichts als nützlich erfahren wird.

Progression in einem Schreibunterricht wie dem skizzierten kann sich in zweifacher Weise darstellen: Erstens wie im produktorientierten Unterricht als Steigerung des Anspruchs der Schreibaufgabe, zweitens in der Zurücknahme der Aufteilung der komplexen Schreibaufgabe in kleinere, mit Hilfe anderer Lerner oder des Lehrers zu bewältigende Teilaufgaben. Aber auch zu Beginn des Schreibens in der Fremdsprache sollte mit Blick auf die jeweilige Lerngruppe und die jeweilige Aufgabe bedacht werden, „dass es gerade die Komplexität des Schreibprozesses ist, die ihn reizvoll und für den Fremdsprachenunterricht nutzbar machen kann. Sie sollte deshalb nicht voreilig reduziert werden, um dem Lerner seine Aufgabe vermeintlich zu erleichtern." (Huneke/Steinig 2002: 128)

8.3.2 Unterrichtsbeispiel aus der Grundstufe

Die didaktische Phaseneinteilung, die das Schreibenlernen in der Fremdsprache erleichtert, soll anhand der folgenden Unterrichtsskizze illustriert werden.
Phase 1: (a) Der Lehrer gibt das Bild einer nutzlosen Erfindung vor (Abb. 3) und lässt sie von den Lernern besprechen.

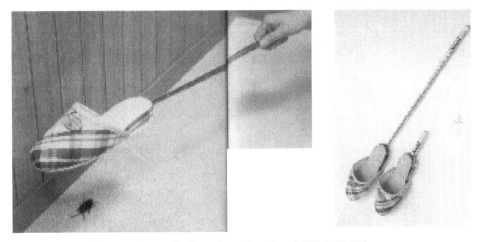

Abbildung 3: Eine nutzlose Erfindung (aus Kawakami 2005: 92-93)

(b) Der zu dem Bild gehörende Text wird verteilt und erarbeitet.

Der treffende Hausschuh

Untersuchungen haben es bewiesen: Die meisten Menschen bekämpfen ärgerliche Insekten in der Wohnung mit ihren Hausschuhen. Sie sind dafür beliebter als Zeitungen oder Bücher.
Doch wie oft sind Insekten zu weit entfernt, um sie sicher zu treffen? Wie oft fliehen sie unter das Sofa? Und den Schuh werfen hilft nicht, wenn man nicht trifft.
Die Lösung sind diese Hausschuhe mit Teleskopstange. Sie erlauben präzises Schlagen auch auf größere Entfernung und an Stellen, die sonst nicht erreichbar sind. Damit lassen Sie dem Insekt keine Chance. Und – seien wir ehrlich – viele von uns ekeln sich weniger, wenn sie auf Distanz gehen können.

Satirische Funktion und Makrostruktur des Textes werden bestimmt: Schilderung des Problems – Vorstellung der Abhilfe und Darstellung ihrer Eigenschaften und Vorzüge. Weiter sind typische Lexik (im Beispiel *r Hausschuh (e), e Teleskopstange (n), s Insekt (en), sich ekeln vor* + D) und geeignete Wendungen (*Insekten bekämpfen*) aus der Textvorlage zu isolieren. Phase 1 macht die Lerner so mit der „Textsorte", ihrem Aufbau, ihrem Vokabular und ihrer Funktion vertraut. Je nach Umständen und Lerngruppe kann eine weitere Erfindung in Bild und Text zur Verfügung gestellt werden, um die Vorlage inhaltlich und sprachlich zu erweitern.

Phase 2: (a) Die Lerner erhalten weitere Bilder von nutzlosen Erfindungen wie in Abb. 4 mit der Aufgabenstellung, dazu einen ähnlichen Text zu verfassen.

(b) Zu den Bildern werden inhaltliche Ideen, Wörter und Wendungen, vielleicht auch schon ein Titel gesammelt; ein Teil des Vokabulars zur Beschreibung der Erfindungen kann auch vom Lehrer vorgegeben werden. Phase 2 zielt so auf die gemeinsame Bewältigung der ersten Planungsschritte ab.

Abbildung 4: Weitere nutzlose Erfindungen (aus Kawakami 2005: 15, 72)

Phase 3: Jetzt beschäftigen sich die Lerner in Kleingruppen oder mit dem Partner nur noch mit einer Erfindung und beginnen mit den ersten Formulierungen.

Phase 4: Allein oder mit dem Partner wird ein Textentwurf verfasst.

Phase 5: Wurde der Text allein verfasst, sollen je zwei Lerner ihre Texte gegenseitig Korrektur lesen und besprechen. Das spätere Vorlesen des eigenen Texts wird halblaut geübt.

Phase 6: Während das Bild der jeweiligen Erfindung projiziert wird, tragen die Verfasser ihren überarbeiteten Text vor. Da in der Lerngruppe über unterschiedliche Erfindungen geschrieben wurde und die Schreibaufgabe Raum für kreative Einfälle bietet, ist mit interessierten Zuhörern zu rechnen. Diese Phase ist unverzichtbar, denn Schreiben soll ja Adressaten erreichen, und die Lerngruppe ist oft der erste Adressat.

Aufgabe 8-2:
In der Einheit „Auf Deutsch schreiben mit System" des zweiten Bands von *Eurolingua* werden einige Grundlagen des Schreibens in der Fremdsprache wie folgt vermittelt:

2 **Einen Text planen**
...
2.1 Sammeln: Hier finden Sie Stichwörter zu einem Text. Wie könnte der Titel heißen?

8.3 Prozessorientierte Schreibdidaktik im Fremdsprachenunterricht

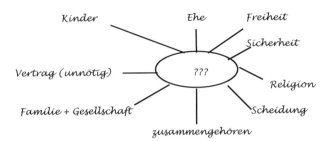

LERNTIPP
Erst sammeln, dann ordnen, dann schreiben. Das Wörternetz hilft Ihnen, Ihre Ideen zu ordnen.

2.2 Wählen Sie ein eigenes Thema. Sammeln Sie Stichwörter in einem Wörternetz wie in 2.1. Die anderen im Kurs finden heraus, zu welchem Thema Sie Notizen gemacht haben.

Eine Welt ohne Computer   *Mein Traumberuf*

2.3 Ordnen: So könnte man zum Beispiel die Stichwörter aus dem Wörternetz in 2.1 ordnen. Markieren Sie, was zur Einleitung, zum Hauptteil und zum Schluss gehört. Begründen Sie Ihre Meinung.

Frage: Heirat ja oder nein?
einerseits
zeigen: man gehört zusammen
wichtig in Familie und Gesellschaft
Religion
Sicherheit
Kinder

andererseits
Vertrag unnötig
Freiheit
evtl. nicht für immer zusammen
viele Scheidungen
jedes Paar: selber entscheiden

2.4 Ordnen Sie nun Ihre eigenen Stichwörter. Welche Punkte gehören zusammen?

LERNTIPP Drei Teile beachten: Einleitung – Hauptteil – Schluss

2.5 Der Fünf-Satz-Text. Schreiben Sie einen kurzen Text aus nur fünf Sätzen zu Ihrem Thema. Wählen Sie die wichtigsten Punkte aus. Orientieren Sie sich an unserem Modell.

Einleitung	Satz 1.	*Soll man heiraten oder nicht?*
Hauptteil	Satz 2.	*Einerseits zeigt man damit, dass man zusammengehört, und die Ehe gibt Sicherheit auch für die Kinder.*
	Satz 3.	*Andererseits muss man nicht heiraten, um zusammenzuleben, und viele Menschen glauben, dass sie so ihre Freiheit verlieren.*
	Satz 4.	*Außerdem gibt es viele Scheidungen, die die Menschen unglücklich machen.*
Schluss	Satz 5.	*Jedes Paar sollte heute selbst entscheiden, wie es leben möchte, verheiratet oder unverheiratet.*

Abbildung 5: *Eurolingua 2* (1998: 201–202); im Original anderes Layout

Welche Aspekte des Schreibprozesses werden hier bewusst gemacht und geübt? Beziehen Sie sich auf das Modell zum Schreiblehrprozess von Kast (1999) in Abb. 2.

Aufgabe 8-3:
Fassen Sie zusammen: Welche Vorteile bietet der prozessorientierte Schreibansatz gegenüber dem produktorientierten?

8.4 Zur Entwicklung von Teilfertigkeiten

8.4.1 Übungen zu den Vertextungsmitteln

Es wurde oben schon darauf hingewiesen, dass es zur Erleichterung des Schreibens zwei Wege gibt. Zum einen die im vorangegangenen beschriebene und illustrierte Aufteilung des komplexen Schreibprozesses in abgrenzbare Phasen, zum anderen das Einüben von Teilfertigkeiten außerhalb kommunikativer Schreibaufgaben.

Eine der wichtigsten Teilfertigkeiten ist die Fähigkeit, Sätze so zu verknüpfen, dass zusammenhängende Texte entstehen. Auch heute gehen Grammatikreflexion und sprachliches Üben im Fremdsprachenunterricht meist noch nicht über die Ebene des Satzes hinaus, obwohl die Textlinguistik schon seit Ende der 1960er Jahre die sprachlichen Mittel beschrieben hat, mit deren Hilfe Sätze miteinander verbunden werden. Auch wenn diese frühe Textlinguistik in ihrem theoretischen Ansatz noch stark auf textsyntaktische Aspekte beschränkt war und insbesondere die kommunikative Dimension von Texten noch nicht in den Blick nahm, verdanken sich ihr wertvolle Einsichten. Sie hat ferner den schreibdidaktischen Ansatz wesentlich beeinflusst, der der prozessorientierten Schreibdidaktik voranging; in dieser ist die textlinguistisch orientierte Schreibdidaktik letztlich aufgegangen.

Konnektoren

Das Deutsche besitzt eigens Wörter, die dazu dienen, Sätze miteinander zu verknüpfen und dem Leser mitzuteilen, in welcher Bedeutungsbeziehung die verknüpften Sätze zueinander stehen. Sie gehören unterschiedlichen Wortarten an und unterscheiden sich in ihrem grammatischen Verhalten stark voneinander, werden aber wegen ihrer gemeinsamen textuellen Funktion zusammenfassend als Konnektoren („Verknüpfer") bezeichnet. In den folgenden Beispielen signalisieren die fett gedruckten Konnektoren die kausale Beziehung.

   a. **Weil** ich starke Kopfschmerzen hatte, konnte ich die Hausaufgaben nicht machen. (Subordinierende Konjunktion)
   b. Ich konnte die Hausaufgaben nicht machen, **denn** ich hatte starke Kopfschmerzen. (Koordinierende Konjunktion)
   c. Ich hatte starke Kopfschmerzen. **Deshalb** konnte ich die Hausaufgaben nicht machen. (Adverb)
   d. Ich hatte starke Kopfschmerzen. Ich konnte **daher** die Hausaufgaben nicht machen. (Adverb)
   e. Ich konnte die Hausaufgaben leider nicht machen. Ich hatte **nämlich** starke Kopfschmerzen. (Partikel)

Die subordinierende Konjunktion *weil* bewirkt Nebensatzstellung, die koordinierende Konjunktion *denn* Hauptsatzstellung; beide verbinden Teilsätze zu einem komplexen Satz, womit sie noch im Rahmen des Satzes operieren. Diese Ebene wird mit den Adverbien *deshalb, daher* überschritten, denn sie verknüpfen Sätze, die grammatisch selbständig und unabhängig voneinander sind, was sich in der Schrift am Punkt zeigt. Die Adverbien können alleine das Vorfeld besetzen (also im Gegensatz zu den Konjunktionen alleine links vom finiten Verb stehen) oder im Mittelfeld stehen. Partikeln wie *nämlich* können den Satz weder einleiten noch allein im Vorfeld stehen. Wo aus textlinguistischer Sicht also eine gemeinsame Funktion vorliegt, ist das grammatische Verhalten höchst unterschiedlich und berührt Stellungsphänomene, mit denen die Lerner lange zu tun haben (vgl. Kap. 1.2.2)

Ein Konnektorenschema

Unterordnende Konjunktionen				Adverbien			
er hat ...	**,**	weil obwohl als so dass ...	er ... hat	**am Satzanfang** er hat ... **Hauptsatz**	**•**	Deshalb Trotzdem Danach ...	hat er ... **Hauptsatz mit Subjekt nach Verb**
Hauptsatz			**Nebensatz**				
Nebenordnende Konjunktionen				in der Satzmitte			
er hat ...	**(,)** **,**	und oder aber denn ...	er hat ... **Hauptsatz**	er hat ... **Hauptsatz**	**•**	Er hat **Hauptsatz**	deshalb trotzdem danach ...
Hauptsatz							

Im Stellungsverhalten liegt ein erstes Lernproblem im Zusammenhang mit Konnektoren; ein zweites ist, dass Lerner wie beim Erwerb der L1 einfache Form-Funktions-Beziehungen bevorzugen und somit in der Rezeption zum Teil blind für Synonyme sind und sich in der Produktion zunächst auf bestenfalls eine Konjunktion und ein Adverb pro Bedeutungsbeziehung beschränken: Warum soll man sich *dennoch* aneignen, wenn man doch schon *obwohl* kennt und vielleicht auch *trotzdem*? (vgl. Kap. 4.1.2) Drittens sind die Konnektoren für den Spracherwerbsmechanismus unauffällig und schlecht wahrnehmbar: Sie sind von ihrer Form her unflektierbar und in der Regel kurz, und sie sind fast immer unbetont. Was den Inhalt betrifft, sind sie – wie in den obigen Beispielen – oft redundant, der Leser hätte die kausale Relation zwischen den Sätzen ohnehin erschlossen. Die didaktische Konsequenz ist, dass man den Umfang der Konnektoren schrittweise aufbauen und dabei ihr jeweiliges grammatisches Verhalten bewusst machen muss. In der Literatur werden hierfür „Konnektorenschemata" vorgeschlagen; eine Variante eines solchen Schemas, welche die Partikel zunächst einmal unberücksichtigt lässt und mit wenig grammatischer Terminologie auszukommen versucht, findet sich oben.

Das Schema ist im Laufe eines Kurses kontinuierlich zu erweitern, am besten jeweils nach Phasen, in denen die Aufmerksamkeit bewusst auf Konnektoren gelenkt wurde; beim Schreiben sollte es stets benutzt werden. Eine einfache Möglichkeit der Bewusstmachung und eine rein analytische Übung ist, die Konnektoren in einem Text unterstreichen zu lassen; eine analytisch-synthetische Übungsform besteht darin, Lücken in einem Text durch Konnektoren füllen zu lassen, die vorher aus dem Text entfernt wurden. Illustriert sei dies am Beginn eines sprachlich vereinfachten Grimmschen Märchens (Abb. 6). Durch seine narrative Themenentfaltung rücken hier Konnektoren für temporale Beziehungen in den Fokus der Aufmerksamkeit; daneben kommen aber auch adversative (*aber, sondern*) und finale (*damit*) vor. Die weggelassenen Konnektoren wurden ungeordnet vorgegeben; die Aufgabe wird schwieriger, wenn ihre Zahl die der Lücken übersteigt oder die Lerner selbst passende finden müssen.

> **Die drei Federn**
> Ein Märchen der Brüder Grimm
>
> Es war einmal ein König, der hatte drei Söhne, davon waren zwei klug und gescheit, _____ der dritte sprach nicht viel, war einfältig und hieß nur der Dummling. _____ der König alt und schwach wurde und an sein Ende dachte, wusste er nicht, welcher von seinen Söhnen nach ihm das Reich erben sollte. _____ sprach er zu ihnen: „Ziehet aus, und wer mir den feinsten Teppich bringt, der soll nach meinem Tod König sein." Und _____ es keinen Streit unter ihnen gab, führte er sie vor sein Schloss, blies drei Federn in die Luft _____ sprach: „Wie die fliegen, so sollt ihr ziehen." Die eine Feder flog nach Osten, die andere nach Westen, die dritte flog _____ geradeaus, und flog nicht weit, _____ fiel bald zur Erde. _____ ging der eine Bruder rechts, der andere ging links, und sie lachten den Dummling aus, der bei der dritten Feder da, wo sie niedergefallen war, bleiben musste.
> Der Dummling setzte sich nieder und war traurig. _____ bemerkte er auf einmal, dass neben der Feder eine Falltür lag. Er hob sie in die Höhe, fand eine Treppe und stieg hinab. Da kam er vor eine andere Tür, klopfte an _____ hörte, wie es drinnen rief:
>   Jungfer grün und klein,
>   Hutzelbein,
>   Hutzelbeins Hündchen,
>   Hutzel hin und her,
>   lass geschwind sehen, wer draußen wär.
>
> **Aufgabe:** Welche Konnektoren passen in die Lücken?
>   *aber, aber, als, da, da, damit, nun, sondern, und, und*

Abbildung 6: Konnektorenübung anhand *Die drei Federn* (Teil 1)

Die verstehenssteuernde Kraft der Konnektoren wird durch einen anderen Übungstyp erfahrbar, in dem die Lerner einen Satz und einen Konnektor bekommen und sich eine Fortsetzung ausdenken müssen. Der Folgesatz muss dann einen Sachverhalt ausdrücken, der die signalisierte Beziehung zum Vorsatz hat.

> Ich habe meinen Wecker nicht gehört. Trotzdem ...
> Ich musste ein heißes Bad nehmen, nachdem ...
> Wenn ..., kann man nur noch lachen.

Eine interessante Dynamik erhält diese Übung, wenn sie in Partner- oder Gruppenarbeit durchgeführt wird, bei der ein Lerner den Anfangssatz und den Konnektor vorgibt, sein Blatt an den nächsten Lerner zur Vervollständigung weiterreicht und selbst eine fremde Vorgabe erhält.

Bei der Arbeit an Konnektoren ist zu beachten: Diese sprachlichen Mittel – in der Textlinguistik kohäsive Mittel genannt – machen alleine noch keinen zusammenhängenden Text, sie sind vielmehr Ausdruck eines inhaltlichen Zusammenhangs der Sachverhalte in der Textwelt, die von den Sätzen ausgedrückt werden – die Textlinguistik spricht hier von Kohärenz. Diese kann so stark sein, dass es keiner Konnektoren bedarf; statt der kohäsiv verknüpften Sätze (a)-(e) wäre auch (f) möglich und problemlos verständlich.

f. Ich konnte die Hausaufgaben nicht machen. Ich hatte starke Kopfschmerzen.

In manchen Fällen ist die übermäßige Verwendung von Konnektoren nachgerade ein Zeichen von Unbeholfenheit, etwa wenn Kinder beim Erzählen fast jeden Satz mit *Und dann ...* einleiten (ein wenig von dieser „Kindersprache" enthält übrigens auch das obige Märchen). Zunehmende Textbildungskompetenz führt im Falle des Erzählens sogar zu einem geringeren Konnektorengebrauch. In anderen Fällen kann die Nichtverwendung eines Konnektors effektiv sein, v. a. in persuasiven Texten, die den Leser zu etwas überreden wollen: Eine Folgerung, die dieser selbst zieht (auch wenn sie ihm vom Verfasser nahegelegt wurde), ist wirksamer als eine explizit formulierte Folgerung.

Es sind also auch Texte ohne Konnektoren möglich, allerdings kann der Schreibende dann nicht in jedem Fall davon ausgehen, dass der Leser Kohärenz in der beabsichtigten Richtung herstellt. Das Setzen von Konnektoren macht Texte daher expliziter, es weist den Leser genauer an. Aber auch den Schreibenden zwingen sie zu einem genaueren Durchdenken der Beziehungen in seinem Text und üben so gerade für den in der L2 Ungeübten einen heilsamen Zwang aus, was das Entstehen klarerer Texte fördern dürfte.

Wie explizit ein Text sein sollte, wird wesentlich von der Textsorte bestimmt: Die Erörterung von Argumenten für und gegen eine These muss expliziter, damit konnektorenhaltiger sein als ein persönlicher Brief. Die Textsorte bestimmt auch, ob mehr kausale und konzessive (z. B. in Erörterungen), mehr temporale (z. B. in Erzählungen) oder mehr konditionale und finale Konnektoren (z. B. in Anleitungen) vorkommen.

Notwendig sind Konnektoren allerdings in zwei Fällen; den ersten illustriert (g).

g. Ich hatte starke Kopfschmerzen. Ich habe die Hausaufgaben gemacht.

Diese beiden Sachverhalte passen in unserem Weltwissen – im Gegensatz zu den in Satz (f) ausgedrückten – nicht gut zusammen und werden deshalb nicht als kohärent empfunden. Sind solch widersprüchlich erscheinende Gegebenheiten dennoch wahr, muss dies durch konzessive (h) oder adversative Konnektoren (i) explizit ausgedrückt werden.

h. Obwohl ich starke Kopfschmerzen hatte, habe ich die Hausaufgaben gemacht.
i. Ich hatte starke Kopfschmerzen. Aber die Hausaufgaben habe ich gemacht!

Der zweite Fall betrifft zwei oder mehr Sachverhalte, von denen nur einer in der Textwelt wahr ist. Solche Disjunktionen müssen z. B. durch einen Konnektor wie *oder* ausgedrückt werden, sonst werden beide als gültig angenommen. Es ist schon ein Unterschied, ob die Arbeitsanweisung in einer Prüfung lautet *Fassen Sie den Text zusammen. Schreiben Sie ihn zu einem Dialog um* oder (!) *Fassen Sie den Text zusammen oder schreiben Sie ihn zu einem Dialog um.*

Verweisformen

Mehr noch als durch Konnektoren wird Kohärenz dadurch gesichert, dass im Verlauf eines Textes immer wieder auf bestimmte Personen, Gegenstände oder Sachverhalte referiert wird. Typisch ist die Einführung eines solchen Referenten durch ein Substantiv mit unbestimmtem Artikel (*eine Kröte*) und die Wiederaufnahme durch Pronomina (*sie*) oder das Substantiv mit bestimmtem Artikel (*die Kröte*). Die wiederaufnehmenden Ausdrücke, auch Verweisformen genannt, bilden zusammen mit der Ersterwähnung des Referenten, dem Bezugselement, eine Kette, die sich durch den Text zieht. Dies kann und sollte Lernern bewusst gemacht werden. Eine einleuchtende Möglichkeit bietet die Darstellungsidee aus dem Lehrwerk *Deutsch aktiv neu*, in der die Vertextungs- und Kettenmetapher anschaulich umgesetzt wird. Sie sei an der Fortsetzung des Märchens von den drei Federn illustriert (Abb. 7).

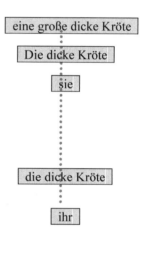

Abbildung 7: Bewusstmachung von Verweisketten anhand *Die drei Federn* (Teil 2)

Durch dieses Verfahren können dem Lerner einige grundlegende Aspekte von Verweisung in Texten bewusst gemacht werden: (1) der Wechsel von unbestimmtem zu bestimmtem Artikel, wenn mit der Nominalgruppe auf denselben Referenten verwiesen wird, (2) die Pronominalisierung als Standardfall der Wiederaufnahme, (3) die Renominalisierung, wenn Pronomina keinen eindeutigen Verweis mehr zulassen und (4) zusätzliche Attribute in der Nominalgruppe, wenn Artikel + Substantiv allein keine eindeutige Verweisung zulassen (*die dicke Kröte – die jüngste Kröte*).

Mehr Variation des Bezugselements enthält die sich auf den Dummling beziehende Kette im nächsten Abschnitt des Märchens (Abb. 8). An ihm soll eine Übung illustriert werden, die über die reine Analyse hinausgeht und einen halbproduktiven Umgang mit den Verweisformen verlangt. Die Lerner müssen hier entscheiden und besprechen, welche der ungeordnet vorgegebenen Verweisformen am besten in welche Lücke passt und warum dies so ist.

> Die beiden andern hatten aber ____ für dumm gehalten, dass sie glaubten, ____ würde gar nichts finden. „Was sollen wir uns mit Suchen große Mühe geben", sprachen sie, nahmen dem ersten besten Schäfersweib, das ihnen begegnete, die groben Tücher vom Leib und trugen sie dem König heim. Zu derselben Zeit kam auch ____ zurück, und brachte seinen schönen Teppich, und als der König den sah, erstaunte er, und sprach: „Wenn es dem Recht nach gehen soll, so gehört ____ das Königreich."
>
> **Aufgabe:** Welche Verweisform passt in welche Lücke?
>
> *dem jüngsten*
> *der Dummling*
> *er*
> *ihren jüngsten Bruder*

Abbildung 8: Übung zu Verweisformen anhand *Die drei Federn* (Teil 3)

Die hier auftretenden Varianten des Bezugselements *Dummling* sind nicht der Eindeutigkeit der Verweisung geschuldet, sondern zum einen dem Streben nach Variation, zum anderen der jeweiligen Perspektive: Für die beiden älteren Brüder ist der Dummling eben *ihr jüngster Bruder*.

Wie hinsichtlich der Konnektoren sind Übungen zu den Verweisformen immer wieder in sinnvollen Abständen anzusetzen. Die Progression solcher Übungen ergibt sich dabei einmal durch die Schwierigkeit der Aufgabenstellung (Werden Verweisformen wie in Abb. 8 vorgegeben oder müssen die Lerner selbst welche finden?), zum anderen dadurch, dass Verweisphänomene in Texten sich nicht auf die grundlegenden Aspekte Pronominalisierung und Renominalisierung beschränken. Sie umfassen zum einen auch implizite Verweisung: *die groben Tücher vom Leib* bezieht sich auf *dem ersten besten Schäfersweib*, ist aber nicht referenzidentisch mit dem Bezugselement. Diese Beziehung lässt uns das Weltwissen erschließen, nach dem Personen einen Körper haben und normalerweise bekleidet sind. Zum anderen umfassen sie das in Stilistik und Textlinguistik breit diskutierte Phänomen der Variation des Bezugselements. Dies ist ein ausgeprägtes Stilmittel journalistischer Texte, das dort aber nicht nur der Variation an sich dient, sondern differenziert dafür eingesetzt wird, um Nebenbei- und Zusatzinformation zu geben oder um Wertungen auszudrücken. So enthält ein Text über den Geburtsort des deutschen Papstes Benedikt XVI. folgende Bezeichnungen für den Ort bzw. den Papst: *ein vergessener Ort am Inn – sein Geburtsort Marktl am Inn – die 2700-Seelen-Gemeinde; durch seinen berühmten Sohn – der Heilige Vater – Joseph Alois Ratzinger – Ratzinger – vor dem Papst – der Papst*.

Die Beschäftigung mit solchen Aspekten der Verweisung in Texten ist der Arbeit mit Fortgeschrittenen vorbehalten, die Übungsformen können aber ähnlich bleiben wie im Anfängerunterricht. Nach der Analyse der Formen, die in einem Artikel über eine bekannte Person auftreten, bekommen die Lerner einen zweiten, veränderten Artikel über eine andere Person, in dem sie immer nur mit ihrem Namen benannt wird. Die Lerner „verbessern" den Text, indem sie die Verweisformen gemäß den Zielen journalistischer Texte variieren. Ein Übergang zum freieren Schreiben ist gegeben, wenn die Lerner selbst einen Artikel über eine ihnen bekannte Person verfassen, gestützt etwa auf die Vorgabe der Überschrift und des ersten zusammenfassenden Absatzes.

Wie bei der Arbeit mit Konnektoren ist darauf zu achten, dass über dem Üben etwa variationsreicher Verweisformen nicht vergessen wird, dass auch die dominierende Art der Verweisung textsortengebunden ist. Es wäre zum Beispiel unangemessen, wäre in diesem Buch einmal von *Substantiv*, ein andermal von *Nomen* die Rede, denn Konstanz von Bezeichnungen ist ein Prinzip wissenschaftlicher Texte.

Wortstellung

Die Wortstellung, genauer: Satzgliedstellung, trägt als dritter hier zu besprechender Faktor dazu bei, dass sich die einzelnen Sätze zu einem zusammenhängenden Text verbinden. Daran beteiligt sind diejenigen Satzglieder, deren Stellung nicht durch die Syntax mehr oder weniger stark festgelegt ist. Zu den stellungsfesten Satzteilen gehören die Verbteile, die – in Nebensätzen zusammen mit der subordinierenden Konjunktion – die Satzklammer bilden; relativ stellungsfest sind auch die Pronomina am linken Rand des Mittelfelds und am rechten Rand Präpositionalobjekte sowie mit dem Verb eng verbundene Elemente wie die Substantive von Funktionsverbgefügen. Alle anderen Satzglieder sind recht frei im Mittelfeld verschiebbar, und im Vorfeld können fast alle Satzglieder auftreten, auch die im Mittelfeld stellungsfesten. Der Faktor, der sowohl die Besetzung des Vorfelds als auch die Verschiebungen im Mittelfeld am stärksten beeinflusst, ist die Thema-Rhema-Gliederung, nach der das Thema normalerweise vor dem Rhema stehen muss. Das Thema wird als das definiert, worüber gesprochen wird oder was Teil einer expliziten oder impliziten Frage ist, und das Rhema als das, was über das Thema ausgesagt wird oder was die erfragte Information ist. Oft, aber nicht notwendigerweise, fällt das Thema mit dem bereits Bekannten oder Erschließbaren zusammen und das Rhema mit dem Neuen.

In den Anfangsphasen des fremdsprachlichen Schreibens sollte die Besetzung des Vorfelds fokussiert werden, denn erstens spielt es für die textuelle Verknüpfung von Sätzen im Deutschen eine bedeutsamere Rolle als die Abfolge der Satzglieder im Mittelfeld, und zweitens ist dies auch unter kontrastiv-typologischen Aspekten sinnvoll: Jede Besetzung des Vorfelds mit einem anderen Satzglied als dem Subjekt führt zu einer Wortstellung, die den Lernern der meisten Ausgangssprachen fremd sein dürfte, weil dann keine SVO-Stellung mehr vorliegt (zum Erwerb dieser Struktur vgl. Kap. 1.2.2). Das Subjekt steht im Deutschen nicht etwa standardmäßig, sondern in etwa 60 % aller Sätze im Vorfeld, und je komplexer Sätze und Texte werden, desto stärker sinkt der Anteil der Subjekte im Vorfeld.

Für die folgende Aufgabe zur Wortstellung wurde die Fortsetzung des schon bekannten Märchens ausgewählt und ein Teil seiner Sätze so geändert, dass sie zwar noch grammatisch sind, der Textzusammenhang aber nicht mehr optimal ist.

Die Arbeit an der Wortstellung ist insbesondere im Anfängerunterricht wichtig, wo Lerner bei Schreibaufgaben wie einem Bericht über ihren Tagesablauf, ihrem Lebenslauf, der Darstellung ihrer Hobbies u. ä. häufig nur monotone Ketten von Sätzen mit der gleichen Wortstellung verwenden und Umstellungen mit dem Ziel der Variation oder besserer Textgliederung scheuen.

8.4 Zur Entwicklung von Teilfertigkeiten

Aufgabe 8-4:
Ändern Sie die Wortstellung in den kursiven Teilen so, dass ein besserer Text entsteht.

Aber dem Vater ließen die zwei anderen keine Ruhe und sprachen, unmöglich könne der Dummling, dem es in allen Dingen an Verstand fehlte, König werden, *und baten ihn, eine neue Bedingung möchte er stellen*. Da sagte der Vater: „*Der soll das Reich erben, der den schönsten Ring mir bringt*", führte die drei Brüder hinaus, und blies drei Federn in die Luft, denen sie nachgehen sollten. *Nach Osten und Westen zogen die zwei ältesten wieder, und die Feder flog für den Dummling gerade aus* und fiel neben der Erdtür nieder. *Zu der dicken Kröte stieg er da wieder hinab* und sagte ihr, dass er den schönsten Ring brauchte.

Abbildung 9: Übung zur Wortstellung anhand *Die drei Federn* (Teil 4)

Tempora

Man kann darüber streiten, ob die Tempora zu den kohäsiven Mitteln zählen, denn – so Linke u. a. (^{5}2004: 252) – „die Kategorie Tempus hat keine besonders aktive textverknüpfende Kraft." Andererseits ist schwerlich ein längerer Text vorstellbar, in dem bei jedem Satz das Tempus wechselt. Texte sind vielmehr dadurch charakterisiert, dass es in ihnen ein Leittempus gibt, meist das Präsens oder das Präteritum, und dass zusammen mit ihm in der Regel nur bestimmte andere Tempora auftreten, sich also Tempusgruppen bilden (vgl. Weinrich ^{6}2001). Tempuswechsel, besonders ein Wechsel der Tempusgruppe hat meist spezielle textuelle Funktionen, auf die hier nicht weiter eingegangen werden kann. Zur genauen Charakterisierung der Sprachform von Textsorten gehört jedenfalls die Angabe des Leittempus und seiner Nebentempora sowie mit welchen Arten von Zeitadverbien sie sich verbinden.

Zu den in Lernertexten auftretenden Tempusproblemen gehört ein oft unmotivierter Übergang vom Präteritum zum Perfekt in Textsorten wie Erzählung, Bericht oder Protokoll. Deren Leittempus ist das Präteritum und deren Nebentempora sind das Plusquamperfekt für die Rückschau sowie Verbindungen von Infinitiv mit *würde* oder *sollte* für die Vorausschau (*Es war damals noch nicht ersichtlich, dass sich das bald ändern würde/sollte*). Der Wechsel in das Perfekt rührt wahrscheinlich daher, dass dieses Tempus im Mündlichen zum Erzählen und Berichten benutzt wird und von daher auch auf geschriebene Texte übertragen wird. Eine Übungsmöglichkeit besteht darin, in einem Text die Tempusformen der Verben durch ihre Infinitive zu ersetzen und die korrekten Tempora rekonstruieren zu lassen. Dieser Übungstyp, der auch für das Üben der Verbmorphologie bekannt ist, zielt im vorliegenden Kontext aber weit über die einzelne Verbform hinaus und beabsichtigt eine Verbesserung der Textbildungskompetenz.

Aufgabe 8-5:
Zum Ausbau der Teilfertigkeiten werden auch Übungen wie diese vorgeschlagen:

> Bilden Sie aus den einzelnen Sätzen der Übungsabschnitte einen einzigen Satz, der alle Teilinformationen der Einzelsätze enthält.
>
> Beispiel:
>
> **Ein Unfall**
>
> 1. Ein Auto fährt auf die Kreuzung.
>   a) Das Auto ist klein und schwarz.
>   b) Es ist kurz vor Mitternacht.
>   c) Das Auto hat eine Geschwindigkeit von 90 Stundenkilometern.
>   d) Es kommt von der Hauptstraße.
>
> | | |
> |---|---|
> | a) | Ein kleines schwarzes Auto fährt auf die Kreuzung. |
> | a) + b) | Kurz vor Mitternacht fährt ein kleines schwarzes Auto auf die Kreuzung. |
> | a) + b) + c) | Kurz vor Mitternacht fährt ein kleines schwarzes Auto mit einer Geschwindigkeit von 90 Stundenkilometern auf die Kreuzung. |
> | a) +b) +c) +d) | Von der Hauptstraße kommend fährt kurz vor Mitternacht ein kleines schwarzes Auto mit einer Geschwindigkeit von 90 Stundenkilometern auf die Kreuzung. |
> | Oder: | Kurz vor Mitternacht fährt ein kleines schwarzes Auto mit einer Geschwindigkeit von 90 km/h von der Hauptstraße auf die Kreuzung. |
>
> Bitte machen Sie nun mit den folgenden Übungssätzen weiter:
>
> 2. Eine Dame sieht die Lichter auf sich zukommen.
>   a) Die Dame ist alt.
>   b) Die Dame steht auf dem Zebrastreifen.
>   c) Die Dame ist entsetzt.
>   d) Es sind die Lichter des Autos.
>
> ...

Abbildung 10: Kast (1999: 72)

Worin bestehen die Gemeinsamkeiten und Unterschiede dieses Übungstyps und der bisher dargestellten Übungstypen?

Wenn das benutzte Lehrwerk keine Materialien anbietet, mit denen die besprochenen Teilfertigkeiten des Schreibens ausgebaut werden können – und dies wird nicht selten der Fall sein –, dann lassen sich nach dem Muster der vorgestellten Übungen unschwer selbst geeignete Materialien erstellen. Ein Text, der für die Lerngruppe höchstens einen durchschnittlichen Schwierigkeitsgrad bietet, wird je nach Lernziel und fokussiertem Vertextungsmittel in unterschiedlicher Weise verändert: Die Konnektoren oder Verweisformen werden durch Lücken ersetzt (und unter Umständen ungeordnet vorgegeben), die Formen, mit denen auf einen oder mehrere der Hauptreferenten des Textes verwiesen wird, werden durch die wortidentische Wiederholung des Bezugselements ersetzt, alle Sätze erhalten dieselbe Wortstellung (Subjekt-Finitum-Objekt ...) oder die Tempusformen werden durch Infinitive ersetzt. Es ist dann Aufgabe der Lerner, den Text zu optimieren bzw. zu rekonstruieren. Bei der Erstellung

8.4 Zur Entwicklung von Teilfertigkeiten 291

und Bearbeitung solcher Aufgaben ist aber stets zu berücksichtigen, dass die Vertextungsmittel auch textsortenspezifische Verwendungsaspekte aufweisen.

Neben diesem textlinguistisch begründeten einschränkenden Hinweis auf die Nützlichkeit des Übens textverknüpfender Mittel sei zum Schluss Portmanns kritische Einordnung solcher Übungen hinsichtlich der Ziele und Verfahren einer modernen Schreibdidaktik zitiert:

Das Resultat geglückter Schreibarbeit besteht in einem (klaren, verständlichen, gut gegliederten, interessanten, ...) Text, nicht in der Verwendung bestimmter Mittel in bestimmten Positionen. Auf dieser Basis lässt sich das Verhältnis von Üben und Schreiben so fassen: Ziel des Übens ist die Bereitstellung *zusätzlicher* Mittel oder Kenntnisse, welche in bezug auf eine in Aussicht genommene Schreibaufgabe unabdingbar oder zumindest hilfreich erscheinen; Ziel des Schreibens überhaupt und damit zentrales Thema der Schreibdidaktik ist die Integration und Anwendung potentiell *aller* vorhandenen Kenntnisse im Hinblick auf eine Äusserung, also das Schreiben im Hinblick auf eine Mitteilung. (Portmann 1991: 396)

8.4.2 Zum Überarbeiten von Texten; Schreiben und Überarbeiten per Computer

Angesichts der herausragenden Bedeutung, die das Überarbeiten für das professionelle Schreiben besitzt (vgl. 8.3), und der Bedeutung, die ihm aus didaktischer und spracherwerblicher Sicht auch beim Schreiben im Fremdsprachenunterricht zukommen sollte, ist es angebracht, noch einmal genauer auf Probleme und Möglichkeiten des Überarbeitens einzugehen und insbesondere die Möglichkeiten zu illustrieren, die hier der Computer als Werkzeug eröffnet (für weitere Funktionen des Computers vgl. 10.3.3).

Zu den Problemen gehört, dass man unmittelbar nach dem Schreibakt erst einmal „leer" und ohne genügend zeitliche Distanz auch nicht in der Lage ist, Gedankensprünge, Lücken im Text, Inkonsistenzen und schwer verständliche Stellen zu erkennen, da die Textwelt im Kopf, das Gemeinte, noch zu präsent ist, als dass mögliche Widersprüche zum Geschriebenen aufgedeckt werden könnten. Eine zeitliche Distanz ist also nötig, im Unterricht aus organisatorischen Gründen aber in der Regel nicht möglich. Als Ersatz bietet sich die personelle Distanz an, das Gegenlesen durch einen anderen Lerner. Aber auch hier verbleiben drei Probleme: Erstens haben Lerner – im Gegensatz zu den diesbezüglich geübten Lehrern – oft große Schwierigkeiten, die Handschrift anderer zu lesen, besonders in sprachlich heterogenen Gruppen. Zweitens muss vereinbart werden, welcher Art die Rückmeldungen durch den Lernpartner sein sollten, so dass dieser nicht zu einem schlecht verstandenen Zweitlehrer wird. Drittens müssen Schreibunerfahrene zum Überarbeiten erst einmal motiviert werden, was natürlich auch für das Überarbeiten ohne Partner gilt.

Als Lösung für das erste und dritte Problem bietet sich an, dass die erste Version eines Schreibprodukts nicht immer, aber doch gelegentlich und am besten in regelmäßigen Abständen am Computer eingetippt werden sollte, zu Hause oder in den Computerräumen am Unterrichtsort. Ein getipptes Dokument ist für den Lernpartner gut lesbar, und das spätere Überarbeiten (Umstellen, Einfügen, Streichen, Ersetzen usw.) ist am Computer schmerzloser und in seinen Auswirkungen besser kontrollierbar als Änderungen auf Papier. Durch das Medium Computer ist es leichter, Schreibungeübten die Qualitätssteigerung ihrer Texte erfahrbar zu machen, was eine Voraussetzung dafür ist, überhaupt die Bereitschaft zum Überarbeiten zu fördern, bis es wie bei Schreibgeübten zur Selbstverständlichkeit geworden ist. Dass das Medium generell die Motivation zum Verbessern erhöht, bestätigen Beobachtungen von Grüner/Hassert (2000: 24): „Die Tendenz zum Experimentieren und der Wunsch nach einem möglichst perfekten Resultat lassen die Benutzer oft länger am Text feilen als bei anderen Schreibwerkzeugen. Dies ist für das Sprachenlernen ein durchaus gewünschter Effekt."

Außerdem kann während oder kurz nach dem Eintippen schon ein erster Korrekturprozess auf den unteren formalen Ebenen ablaufen, denn die gängigen Textverarbeitungsprogramme lassen sich so einstellen, dass sie auch in der Fremdsprache auf Rechtschreib- und Zeichensetzungsfehler sowie auf problematische Grammatik (Morphosyntax) hinweisen bzw. Korrekturvorschläge anbieten. Natürlich muss auch der Umgang mit solchen Rückmeldungen gelernt werden, und vor allem die Grammatiküberprüfung ist noch nicht ausgereift. Doch wird der Lerner zumindest auf Stellen aufmerksam gemacht, bei denen er seine Referenzgrammatik konsultieren oder seinen Lernpartner befragen sollte. Über die formalen Korrekturen hinaus lässt sich auch der meist integrierte Thesaurus bei der Suche nach treffenderen Ausdrücken benutzen, der auf Anklicken eines Wortes Synonyme, sinnverwandte Wörter und Antonyme bietet. Die fremdsprachliche Schreibdidaktik muss die Lerner zu einer optimalen Nutzung dieser Ressourcen führen.[50]

Zum zweiten Problem: Wenn den Lernpartnern klar lesbare Texte ohne Rechtschreib- und einfache Grammatikfehler vorliegen, kann die wechselseitige Rückmeldung beginnen. Doch ist zu reflektieren, welche Arten von Reaktionen auf Texte generell möglich sind und zu welcher Art von Rückmeldung Lernende überhaupt fähig sind, wenn sie sich zu etwas äußern sollen, das in der Fremdsprache verfasst ist. Portmann (1991) unterschiedet vier Arten von Reaktionen auf einen Text: Antwort, Evaluation, Korrektur, Benotung.

Die Antwort auf einen Text ist eine primär inhaltliche Reaktion: Der Leser hebt Wichtiges hervor, fügt u. U. Eigenes hinzu, widerspricht Aussagen und stellt Fragen. Das Geschriebene wird also als Mitteilung gelesen, aber noch nicht als Text untersucht und bewertet. Dies geschieht erst in Form der Evaluation. Hier wird das Geschriebene an seinen Zielen gemessen; der Leser markiert Stellen, die er für besonders gelungen hält, und Stellen, die ihm unklar, lückenhaft, unangemessen, zu kurz oder zu lang erscheinen. Wenn möglich, werden Verbesserungsvorschläge gemacht. Korrekturen betreffen Fehler in Rechtschreibung, Morphologie, Syntax und Wortwahl. Portmann (1991: 502) warnt hier allerdings: „ ... die Beschäftigung mit solchen Fragen [ist] etwas heikel, da die Lernenden in vielem überfordert sind; abgesehen davon lenkt sie die Aufmerksamkeit vom Text und dem, was er mitteilt, weg. Darum ist Korrektur viel mehr als die Evaluation von Texten eine Domäne des Lehrers, wenn es auch nicht seine hauptsächliche und schon gar nicht seine einzige Aufgabe ist." Das Benoten

---

[50] Für weitere Ideen zum Einsatz des Computers für das fremdsprachliche Schreiben vgl. Grüner/Hassert (2000).

schließlich ist eine Reaktion auf den Text, die dem Lehrer vorbehalten ist. Es ist zudem eine im Hinblick auf das Ziel des Schreibenlernens fragwürdige Reaktion, denn sie fördert es in keiner Weise direkt, sondern kann diesem Ziel sogar hinderlich sein. „Es existiert keine Notwendigkeit, jeden Text zu benoten, wohl aber, Antworten und/oder Evaluationen zu ermöglichen." Portmann (1991: 503)

Realistische und förderliche Reaktionen von Lernern auf die Texte des Partners wären damit Antwort und Evaluation, eventuell auch die Korrektur. Damit ist immer noch ein breiter Rahmen abgesteckt, so dass es, um Überforderungen zu vermeiden, sinnvoll ist, wenn der Lehrer in Abhängigkeit von der Schreibaufgabe Schwerpunkte für das gemeinsame Überarbeiten setzt. Diese können in der Beachtung bestimmter Inhaltspunkte, in der Verwendung der Vertextungsmittel, im Textaufbau o. a. bestehen.

Obwohl die Kombination von schriftlichen Anmerkungen auf einem ausgedruckten Text und persönlichem Gespräch mit dem Partner die besten Anregungen für das Überarbeiten geben dürfte, ist mit Grüner/Hassert (2000) noch auf die Funktionen „Änderungen nachverfolgen" und „Dokumente vergleichen" von Textverarbeitungsprogrammen hinzuweisen. Bei ihrer Aktivierung werden Streichungen, Einfügungen, Umstellungen, die ein Bearbeiter an einem Text vorgenommen hat, für den ursprünglichen Verfasser in einer anderen Farbe kenntlich gemacht. Der Verfasser kann also seine und die veränderte Fassung vergleichen und die Änderungen Schritt für Schritt akzeptieren, verwerfen oder eine dritte Version erstellen, was beim Zurücksenden an den Partner wiederum sichtbar gemacht werden kann. Versieht der Partner den Text nicht noch mit zusätzlichen Fragen, Kommentaren usw., dann beschränkt sich diese Art der Rückmeldung auf Korrekturen im o. a. Sinne und ist damit schreibdidaktisch weniger optimal als das persönliche über einen Text gebeugte Gespräch. Trotzdem sollten die Lerner auch diese Form der Kooperation ausprobieren und reflektieren.

Als letzter Vorteil des Schreibens am Computer soll noch hervorgehoben werden, dass die in diesem Medium erstellten und gespeicherten Texte einfacher weiteren Lesern zur Verfügung gestellt werden können, denn schließlich wollen geschriebene Texte gelesen werden. Die Lernertexte können leichter gedruckt und vervielfältigt oder auf die (interne) Homepage einer Lerngruppe gestellt werden.

Wenn das Überarbeiten als Teilfertigkeit geübt wird, muss es nicht unbedingt an Texten erfolgen, die aus einem Schreibauftrag in der Lerngruppe entstanden sind. Auch fremde Texte können evaluiert, korrigiert, überarbeitet werden, wobei je nach Vorlage spezifische Aspekte thematisierbar sind.

8.5 Schreibanlässe

Damit das Schreiben seine lernwirksame Kraft entfaltet, bedarf es vielfältiger und motivierender Schreibanlässe, welche die Bereitschaft wecken und erhalten, die Anstrengungen des Planens, Formulierens und Überarbeitens auf sich zu nehmen. Die Anlässe müssen Texte entstehen lassen, die interessierte Leser oder Zuhörer finden. Überdies sollten sie so beschaffen sein, dass die Lerner durch Vorgaben genug

Schreibstoff haben oder ihn in gemeinsamen Planungsphasen zusammentragen können, doch dürfen die Hilfen das Schreiben nicht flach und anspruchslos machen.

In der mutter- wie fremdsprachlichen Didaktik wird zwischen kommunikativem, kreativem und personalem Schreiben unterschieden. Das kommunikative Schreiben wendet sich an reale Adressaten und erfüllt eine pragmatische Funktion; in der Fremdsprachendidaktik wird der Begriff aber auch ausgeweitet auf „Schreibaktivitäten, die gezielt auf Kommunikation in Realsituationen vorbereiten" (Kast 1999: 139). Im Anfängerunterricht spielen hier zunächst persönliche Briefe eine bedeutende Rolle; simuliert oder im Rahmen von Partnerschaften auch authentisch können in ihnen schon früh Informationen über die eigene Person oder Klasse, das Deutschlernen, die Hobbys usw. gegeben und ähnliche Informationen von den Partnern erfragt werden. Später folgen offizielle Briefe und E-Mails der Typen Anfrage, Reservation, Bitte um Informationsmaterial, Reklamation usw. mit der Erarbeitung der Unterschiede zwischen Privat- und Geschäftsbriefen. Da die meisten Lehrwerke heutzutage das Verfassen von Briefen – sie sind neben Kurzreferaten eine der beiden Textsorten, die Prüfungen wie die Zentrale Mittelstufenprüfung des Goethe-Instituts verlangen – in variantenreicher Weise vermitteln, soll es hier nicht weiter verfolgt werden (für Beispiele vgl. Kast 1999, Kap. 2.6.). Bei Fortgeschrittenen umfasst das kommunikative Schreiben Textsorten wie Berichte, Protokolle, Kommentare oder Leserbriefe.

Das kreative und personale Schreiben verfolgt keine pragmatischen Funktionen und ist in diesem Sinne zweckfrei. Dennoch ist es, wie die folgenden Beispiele zeigen sollen, oft besonders motivierend und bietet gerade im Fremdsprachenunterricht variantenreiche Schreibanlässe. Als kreativ wird Schreiben auch dann bezeichnet, wenn es auf Texten, Bildern, Gegenständen usw. als Impulsgebern beruht und wenn vor und zu dem Schreiben im gemeinsamen Gespräch Ideen gesammelt werden. Trotz solcher Vorgaben entstehen eigene Texte eines Lerners oder einer Lerngruppe, die immer auch etwas über die Individualität und Emotionalität des/der Schreibenden mitteilen. In diesem Sinne ist das kreative Schreiben immer auch ein personales. Personales Schreiben lässt allerdings auch der Privatbrief mit seiner pragmatischen Funktion zu.[51]

Auf der Basis einer textuellen Vorlage gibt es mehrere Möglichkeiten des kreativen Schreibens: das Fortschreiben und verschiedene Varianten des Umschreibens. Beim Fortschreiben werden Texte nicht zu Ende gelesen oder gehört, Filme oder Filmsequenzen nicht zu Ende gesehen, sondern von den Lernern fortgesetzt. Als Beispiel sei hier die Schreibaktivität einer Mittelstufe zu dem Grimmschen Märchen von den drei Federn angeführt, an dessen ersten Teilen in 8.4 bereits Übungen zu den Vertextungsmitteln illustriert wurden. Die Lerner hörten zunächst die beiden ersten Aufgaben des Königs, wobei nach jeder Aufgabe das Verständnis gesichert wurde, und mussten es dann in Gruppenarbeit fortsetzen, anschließend an den Satz „Die zwei ältesten ließen nicht ab, den König zu quälen, bis er noch eine dritte Bedingung machte und den Ausspruch tat, der sollte das Reich haben, der ...". Die erste Gruppe (asiatische Studenten aus unterschiedlichen Herkunftsländern) ließ den König den Wunsch äußern, er wolle einmal über den See vor dem Schloss fahren; diesen Wunsch erfüllte ihm der Dumm-

---

[51] Für die schwierige Abgrenzung der Begriffe, inhaltliche Überlappungen und unterschiedliche Verwendungsweisen der Termini vgl. Portmann (1991). Zum kreativen Schreiben vgl. auch Pommerin (1996).

ling mithilfe der Kröten, die ein riesiges Seerosenblatt zogen, und erbte so das Reich. In den beiden anderen Gruppen verlangte der König, die Söhne sollten sich eine Frau suchen, von denen die schönste Königin werden solle. In beiden Gruppen verhalf die Kröte dem Dummling zur schönsten Frau, doch nur in der einen Geschichte (Studenten aus Osteuropa und Lateinamerika) lebten sie fortan glücklich als König und Königin, in der anderen (Studenten aus England) verwandelte sie sich beim Hochzeitskuss in eine Kröte. Die Lösungen der Lerner zeigen zum einen die unterschiedlichen Herangehensweisen: Die erste Gruppe basierte die dritte Aufgabe stark auf den Figuren des vorangegangenen Textes und suchte sich eine typische „Krötenaufgabe", die beiden anderen nutzten wohl stärker ihr Textsortenwissen, dass der Held in zahlreichen Märchen am Ende sowohl Krone als auch Frau gewinnt. Die letzte Gruppe bezog sich darüber hinaus vermutlich noch auf ihre Kenntnis des Märchens vom Froschkönig, wo eine Prinzessin widerwillig einen Frosch küssen muss, der sich in einen Prinzen verwandelt, doch parodierten sie dieses Märchen, indem sie die Verwandlung umkehrten. Zum anderen wird die Individualität und Originalität der Lernenden in ihren Lösungen sichtbar, und im gegebenen Fall scheinen überdies wohl auch unterschiedliche kulturelle Prägungen und literarische Erfahrungen durch, die im Anschluss an die Vorstellung der Schreibprodukte diskutiert werden könnten. In jedem Fall bewirkt die Divergenz von Lösungen eines Problems, an dem alle gearbeitet haben, dass die Texte auch von allen aufmerksam rezipiert werden und die Schreibanstrengungen so ein lohnendes Echo finden.

Das Umschreiben kann verschiedene Formen annehmen. In einer Variante werden Inhalt und Textsorte beibehalten, aber die Perspektive geändert. So kann etwa der Lektionstext „Endlich ist mein Mann zu Hause" (Abb. 11) nach der üblichen Behandlung so umgeschrieben werden, dass die Sachverhalte in der Perspektive des Mannes erscheinen: „Endlich bin ich zu Hause".

In einer anderen Form des Umschreibens ändern die Lerner den Handlungsablauf einer Geschichte, indem sie beispielsweise eine neue Figur einführen. Nach Grüner/Hassert (2000: 171) kann „den Lernenden ... der Auftrag gegeben werden, in eine bestehende Geschichte bestimmte Personen, Szenen oder Aussagen möglichst raffiniert einzubauen." Methodisch empfehlen die Autoren hier das „Schreiben am Computer". Dabei gibt der Lehrer die Textvorlage als Datei vor, die im oberen Fenster des zweigeteilten Bildschirms erscheint, in das leere untere Fenster stellen die Lerner den veränderten Text. Dabei können sie Teile der Vorlage kopieren, was langes Eintippen erspart, und die Textteile immer wieder verschieben und ändern. Das Ergebnis kann von Mitlernenden bearbeitet werden und schließlich der gesamten Gruppe leichter zugänglich gemacht werden.

Sprachlich und strukturell noch größere Änderungen sind notwendig, wenn die Lerner die Textsorte einer Vorlage ändern sollen, beispielsweise aus einem Dialog eine Erzählung machen sollen (oder umgekehrt), aus einer Erzählung einen Bericht, aus einem Märchen eine Zeitungsnachricht usw. Voraussetzung ist allerdings, dass die textuellen und sprachlichen Konventionen der Zieltextsorte bekannt sind.

> **Endlich ist mein Mann zu Hause**
>
> Herr Bauer, 64, war Möbelschreiner. Vor einem Jahr ist er in Rente gegangen. Was tut ein Mann, wenn er endlich nicht mehr arbeiten muß? Er wird Chef im Haus, wo vorher die Frau regierte. Wie das aussieht, erzählt (nicht ganz ernst) Frau Bauer.
>
> So lebte ich, bevor mein Mann Rentner wurde: Neben dem Haushalt hatte ich viel Zeit zum Lesen, Klavier spielen und für alle anderen Dinge, die Spaß machen. Mit meinem alten Auto (extra für mich) fühlte ich mich frei. Ich konnte damit schnell ins Schwimmbad, in die Stadt zum Einkaufen oder zu einer Freundin fahren.
> Heute ist das alles anders: Wir haben natürlich nur noch ein Auto. Denn mein Mann meint, wir müssen jetzt sparen, weil wir weniger Geld haben. Deshalb bleibt das Auto auch meistens in der Garage.
> Meine Einkäufe mache ich jetzt mit dem Fahrrad oder zu Fuß. ... In der Küche muß ich mich beeilen, weil das Mittagessen um 12 Uhr fertig sein muß. Ich habe nur noch selten Zeit, morgens die Zeitung zu lesen. Das macht jetzt mein Mann. Während er schläft, backe ich nach dem Mittagessen noch einen Kuchen (mein Mann findet den Kuchen aus der Bäckerei zu teuer) und räume die Küche auf.
> Weil ihm als Rentner seine Arbeit fehlt, sucht er jetzt immer welche. ... Und als alter Handwerker repariert er natürlich ständig etwas: ... Aber leider braucht er wie in seinem alten Beruf einen Assistenten, der tun muß, was er sagt. Dieser Assistent bin jetzt ich. Den ganzen Tag höre ich: »Wo ist ...?«, »Wo hast du ...?«, »Komm doch mal!«, »Wo bist du denn?« Immer muß ich etwas für ihn tun. Eine Arbeit muß der Rentner haben!

Abbildung 11: Lesetext aus *Themen aktuell*, Kursbuch 2 (2003: 114); gekürzt

Motivierende Schreibanlässe bieten auch Bilder und Bildergeschichten. Bilder sollten möglichst offen sein, Fragen aufwerfen und zu Spekulationen einladen; einschlägige Hinweise geben Scherling/Schuckall (1992) und Macaire/Hosch (1996). Hier sollen nur einige Möglichkeiten der Arbeit mit Bildergeschichten angedeutet werden. Bildergeschichten können eingegeben werden, wie sie sind, oder aber in vielfältiger Weise verändert: Sie lassen sich zerschneiden und ungeordnet verteilen, eventuell vorhandene Sprechblasen ganz herausnehmen oder ungeordnet anfügen, das letzte Bild kann weggelassen werden usw. Diese Manipulationen zielen auf unterschiedliche gedankliche und sprachliche Aktivitäten ab, die allesamt das spätere Schreiben vorentlasten wollen. Wenn Lerner eine Menge von Bildern zu einer sinnvollen Geschichte ordnen (am besten in Partnerarbeit oder in Kleingruppen), dann müssen sie eine mögliche Geschichte schon im Kopf konstruieren und die gewählte Abfolge begründen, womit das Handlungsgerüst mündlich bereits einmal versprachlicht und so das spätere Schreiben vorentlastet wird. Werden Sprechblasen und Figuren einander zugeordnet, müssen Mimik, Gestik, Situationsbezüge und Stimmungen beachtet und in der Besprechung der Zuordnung verbalisiert werden. Die Arbeit an einem Einzelbild vor dem Verteilen der weiteren Bilder erlaubt das Sammeln notwendigen Vokabulars und die Beschreibung der statischen Situation vor der schwierigeren Darstellung der dynamischen Handlung. Je nach Art der Geschichte und sprachlichem Niveau der Lerngruppe können zu weiteren Bildern Vokabeln und Redemittel erarbeitet werden, bevor die Schreibaufgabe im engeren Sinne beginnt.

8.6 Lösungshinweise zu den Aufgaben

Zu Aufgabe 8-1:
Lösung im Text

Zu Aufgabe 8-2:
Die Schritte 2.1, 2.3 und 2.5 betreffen die ersten Planungsschritte, die ersten Formulierungen bzw. die linearen Formulierungen des Kastschen Modells, spezifiziert für die Textsorte Erörterung. Überlegungen zur Schreibaufgabe (Thema, Leser, Textsorte) finden sich in dem vorgestellten Abschnitt nicht, werden aber im vorangehenden Abschnitt der Einheit angesprochen. In 2.1 werden Stichwörter zum Thema gesammelt; in 2.3 werden sie geordnet, formuliert werden hier aber nur Phrasen, keine einfachen Sätze, allerdings werden schon Konnektoren für die Makrostruktur des Textes ausgewählt (*einerseits – andererseits*). Die erste Formulierung der Sätze erfolgt in 2.5 gleich in linearisierter Form. Dies ist möglich, weil zunächst nur ein kurzer Text mit fünf Sätzen geschrieben werden soll. Die Kürze ist vermutlich der Rücksichtnahme auf das Niveau der Lerner (A2 nach dem *Gemeinsamen Europäischen Referenzrahmen*) geschuldet.

Die Schritte 2.2 und 2.4 dienen dem Üben der Vorschläge an eigenen Beispielen. Eine Kooperation der Lerner ist hier nur in Schritt 2.2 vorgesehen, nicht beim Sammeln, Ordnen oder Formulieren.

Ausführlichere Tipps zum Schreiben gibt das Lernerhandbuch des Lehrwerks (1998: 43–46).

Zu Aufgabe 8-3:
Im produktorientierten Ansatz stellt der Lehrer die Schreibaufgabe und bewertet am Ende das fertige Produkt, während des Schreibens selbst wird der Lerner aber allein gelassen. Schlechtestenfalls wird so lediglich eine Fertigkeit überprüft, die vorher nicht aufgebaut wurde.

Ein prozessorientierter Ansatz fokussiert dagegen das, was zwischen Aufgabe und Text liegt. Zum einen beschäftigt er sich in kognitionspsychologischer Sicht mit den mentalen Vorgängen beim Schreiben, zum anderen eröffnet er in didaktischer Sicht Möglichkeiten, dem Lerner in den einzelnen Schreibphasen möglichst viel Unterstützung zu geben und ihn hier nicht allein zu lassen. Phasen, in denen gemeinsame Aktivitäten besonders hilfreich sind, sind das gemeinsame Durchdenken der Schreibaufgabe hinsichtlich Ziel, Adressat und Textsorte, das Sammeln von Ideen, Inhaltspunkten und Sprachmitteln sowie Überlegungen zu möglichen Gliederungen. Was das wichtige Überarbeiten betrifft, werden geeignete Strategien vermittelt. Die Möglichkeit, bei Schreibaufgaben jeweils andere Aspekte und Phasen zu betonen und die Hilfestellungen zu variieren, macht den Ansatz didaktisch und methodisch sehr flexibel.

Die Ziele einer prozessorientierten Schreibdidaktik sind, den Lernern das Schreiben zu erleichtern, ihnen zur Optimierung des Schreibprozesses notwendige Strategien zu vermitteln und insgesamt zu besseren Texten zu führen.

Zu Aufgabe 8-4:
Im Original lauten die kursiven Textteile wie folgt:
- (a) Aber die zwei anderen ließen dem Vater keine Ruhe ...
- (b) und baten ihn, er möchte eine neue Bedingung stellen.
- (c) „Der soll das Reich erben, der mir den schönsten Ring bringt"
- (d) Die zwei ältesten zogen wieder nach Osten und Westen, und für den Dummling flog die Feder gerade aus ...
- (e) Da stieg er wieder hinab zu der dicken Kröte ...

(a) Im vorangegangenen Text war von den drei Brüdern die Rede (Thema) und davon, wie sie die erste Probe bestanden haben. Mit den *zwei anderen* wird ein Teil des Themas wieder aufgegriffen und dann etwas Neues über sie gesagt bzw. die implizite Frage beantwortet „Was machten sie nun, nach ihrer Niederlage?": Sie *ließen dem Vater keine Ruhe*. Die veränderte Version knüpft weniger gut an und mischt thematische und rhematische Elemente, statt sie nacheinander anzuordnen.

(b) Der Vater ist gegeben, die Bedingung neu: Sie sollte daher am Ende des Satzes stehen.

(c) *den schönsten Ring bringen* ist die Antwort auf die implizite Frage „Was sollten die Brüder tun?", also Rhema, und gehört daher ans Satzende.

(d) *Die zwei ältesten* nimmt den einen Teil des Themas (die drei Brüder) wieder auf, *für den Dummling* nimmt den anderen Teil des Themas wieder auf, daher stehen diese beiden Satzglieder in den Teilsätzen, einen Parallelismus bildend, jeweils im Vorfeld, auch wenn *für den Dummling* nicht das Subjekt ist.

(e) Der vorangehende Satz spricht zuletzt vom Dummling; er könnte daher im Vorfeld stehen, doch betont das Temporaladverb *da* das Voranschreiten der Handlung und besetzt daher diese Position. Das Personalpronomen steht gleich links neben dem Finitum und damit immer noch in einem weiteren Sinn am Anfang des Satzes. Dass der Dummling wieder zur Kröte hinabsteigt, beantwortet die Frage „Was tat er dann?", ist also Rhema, und daher am Satzende zu erwarten.

Es mag bei oberflächlicher Betrachtung scheinen, als ob zur Begründung der tatsächlichen Wortstellung dieses Teils des Märchens die Begriffe Thema und Rhema und damit die Informationsstruktur des Textes nicht zwingend herangezogen werden müssten, sondern dass ein syntaktisches und ein formales Kriterium ausreichten: Das Subjekt bzw. die Pronomina stehen am Satzanfang. Dagegen sind zwei Einwände zu erheben: Erstens drücken Subjekt und Pronomina zwar in vielen, vor allem einfachen Texten, thematische Elemente aus, in komplexeren Texten muss dies aber nicht der Fall sein. Zweitens stehen im zweiten Teilsatz von (d) und in (e) die Subjekte aus Gründen, die allein mit der Informationsstruktur zu tun haben, gerade nicht im Vorfeld.

Zu Aufgabe 8-5:
Die Übung verfährt methodisch wie die bisher vorgestellten Typen, indem sie analytische Einsichten anstrebt und synthetische Aktivitäten fordert. Sie illustriert, dass in Texten Informationen integriert werden müssen. Der Unterschied besteht aber darin, dass die Integration hier innerhalb des Satzes geschieht, während die vorangegangenen Übungen Verknüpfungen jenseits des Satzes fokussieren. Beides sind erfolgversprechende Wege, die Komplexität und Kohärenz der Schreibprodukte zu steigern.

9 Sprechen

9.1 Sprechen und gesprochene Sprache in der jüngeren Fremdsprachendidaktik

Anders als das Schreiben muss das Sprechen im modernen Fremdsprachenunterricht nicht eigens begründet werden, so selbstverständlich scheint es. Mit der Ablösung der Grammatik-Übersetzungs-Methode wurden das Sprechen und mit ihm das Hören zum Teil sogar programmatisch als die primären Fertigkeiten betrachtet, so in der Direkten Methode, der Audiolingualen Methode und in der frühen Kommunikativen Didaktik. Doch wurde es in diesen Ansätzen weitgehend eingeschränkt auf das Sprechen in Alltagssituationen, und das Sprechenlernen wurde anfänglich auf die Imitation sorgsam konstruierter Modelldialoge reduziert. Die Kommunikative Didaktik erkannte demgegenüber, dass mechanische Dialogübungen nicht zu einer mündlichen kommunikativen Kompetenz führen, sondern dass Situationen auszuwählen und aufzubauen sind, in denen die Lerner Sprechabsichten verfolgen, für die sie mit geeigneten und sich in Differenziertheit und Komplexitätsgrad steigernden Redemitteln auszurüsten sind. So oft als möglich sollten die Lerner inhaltlich ungesteuert mit eigenen Intentionen als sie selbst sprechen. Wissenschaftlicher Bezugspunkt war dabei die sich Ende der 1960er Jahre entfaltende Sprechakttheorie, die ihrerseits als ein treibender Faktor der sog. pragmatischen Wende in der Linguistik gelten kann.

Die frühe Kommunikative Didaktik war aber noch zwei Beschränkungen verhaftet, zum einen der auf das Sprechen *in* Alltagssituationen. Erst in ihrer Fortentwicklung, und insbesondere im Interkulturellen Ansatz, rückten auch andere Situationen mündlicher Sprachverwendung in den Blick, so das Sprechen *über* den Alltag im fremden Land und damit ein Sprechen, das statt überwiegend in praktische Handlungsvollzüge eingebunden zu sein (beim Einkaufen, beim Arzt, auf der Suche nach dem richtigen Weg usw.) auch Mittel von Erkenntnis, Reflexion und Auseinandersetzung ist. Es war auch dieser Entwicklungsstufe vorbehalten, das monologische Sprechen (mündliche Erzählungen und Berichte, längere Stellungnahmen, Kurzvorträge) stärker einzubeziehen. Es hatte vorher kaum Beachtung gefunden, wohl auch deshalb nicht, weil sich hier enge Berührungspunkte mit dem Schreiben ergeben (s. u.), womit dessen weitgehende Ausklammerung theoretisch kaum noch zu halten gewesen wäre.

Die zweite Beschränkung kommt in einer Kritik von Speight zum Ausdruck, der noch 1995 fordert, dass beim Lernziel dialogisches Sprechen auch die „Konversation" zu berücksichtigen sei, deren Definition mindestens folgende Elemente enthalten müsse: „Gegenseitigkeit, Abwechslung der Sprecher, Flexibilität, Gebrauch von Diskursstrategien, ritualisierte Phasen und bestimmte Arten von Wortschatz, insbesondere Füllwörter ... und Verstärkungspartikeln ... sowie *gambits*[52]." (Speight 1995: 253)

---

[52] Gambits sind Gesprächszüge, mit denen Sprecher und Hörer ihre Beziehung zueinander gestalten und das Gespräch am Laufen halten. Der Sprecher versucht mit ihnen seinen Beitrag für den Hörer akzeptabel zu machen, der Hörer signalisiert mit ihnen sein Interesse, Verständnis oder seine Sicht auf das Gehörte. Sprachliche Realisierungen sind beispielsweise *Sieh mal ..., Was ich noch sagen wollte ..., Und?, Unglaublich!, Wirklich?*, deren Funktion aber ähnlich wie die der Partikeln stark kontextabhängig ist.

Trotz der Unklarheit des Begriffs Konversation verweist Speight zu Recht auf das Problem, dass in didaktischen Konzeptionen dialogischen Sprechens oft der Transaktionsaspekt, das Erreichen pragmatischer Ziele durch verbales Handeln, im Vordergrund steht, der Interaktionsaspekt dagegen vernachlässigt wird. Ein beträchtlicher Teil dialogischen Sprechens, auch des primär transaktionalen, ist auf die Etablierung, Aufrechterhaltung oder Veränderung der Beziehung zwischen den Kommunikationspartnern und auf das Gesprächsmanagement gerichtet. Letzteres umfasst die Art, wie die einzelnen Gesprächszüge verlaufen, und die Mittel, mit denen Sprecherwechsel angeboten oder angemeldet wird oder mit denen Themen eingeführt und gewechselt werden. All dies gibt dem Gesprochenen eine deutlich andere Erscheinung als dem Geschriebenen. Zu weiteren Abweichungen vom Geschriebenen kommt es durch die Produktionsbedingungen, unter denen Spontansprache entsteht (9.2).

Genuin Gesprochenes spiegelte sich nun aber trotz des behaupteten Primats des Mündlichen weder in den Lehrwerkdialogen der Audiolingualen Methode noch in denen der frühen Kommunikativen Didaktik. Dort kamen – und kommen zum Teil noch immer – Sprachformen vor, wie sie eher für das schriftliche Medium typisch sind, nämlich vollständige grammatische Sätze ohne Ellipsen, Abbrüche, Neuanfänge und ohne die Elemente, die interaktional bedeutsam sind wie Partikel, rückmeldende Hörersignale usw., die oben schon erwähnten *gambits*. In der Audiolingualen Methode potenzierte sich die Unnatürlichkeit der Dialoge noch dadurch, dass in ihnen bestimmte grammatische Strukturen verpackt und in einer vermeintlich lernwirksamen Weise gehäuft wurden. Erst in neueren Lehrwerken sind Dialoge zu finden, die sich tatsächlicher mündlicher Sprachverwendung annähern.

Aufgabe 9-1:
(a) Ordnen Sie zu: Welcher der drei abgedruckten Dialoge ist
- das Transkript eines aufgezeichneten authentischen Dialogs: *Dialog* ___
- aus einem Lehrwerk der Audiolingualen Methode: *Dialog* ___
- aus einem neueren kommunikativ orientierten Lehrwerk: *Dialog* ___

Dialog 1:

FRAU BRAUN: Ja, und dann ist es passiert!
FRAU SOMMER: Was denn?
FRAU BRAUN: Na, der Unfall. Also, der Skilehrer und Frau Frank sind abends in eine Disco gegangen und haben getanzt.
FRAU SOMMER: Nein, so was!
FRAU BRAUN: Aber ja doch! Man sagt, sie hat nur Augen für den Skilehrer gehabt. Sie hat eine Stufe nicht gesehen und bums, hat sie sich das Bein gebrochen.
FRAU SOMMER: Nein, wirklich? Das Bein?
FRAU BRAUN: Ja, genauso ist es gewesen. Drei Tage ist sie noch im Hotel geblieben und ihr Skilehrer hat sie jeden Tag besucht, mit Blumen!
FRAU SOMMER: Und was hat ihr Mann gesagt?
FRAU BRAUN: Ach der! Der weiß doch nichts. Frau Frank ist gestern zurückgekommen und hat erzählt, dass es ein Skiunfall war.
FRAU SOMMER: Unglaublich!
FRAU BRAUN: Aber wahr!

9.1 Sprechen und gesprochene Sprache in der jüngeren Fremdsprachendidaktik

Dialog 2:
A: das ist der Mörder. *(Pause)* das ist der Mörder, der *(Pause)* nachher hinter diesem Busch steht. und die Frau *(Pause)* bugsiert doch diesen ältlichen Liebhaber
B: (genau)
A: zu diesem Busch hin
B: +g+
A: und wird erschossen
B: ja ja).
A: (ja) und dieser Handlungsstrang ist nicht zu Ende geführt *(Pause)*. das ist ein blindes Motiv, daß der da rausläuft,
B: (ja ja)
A: (ja)
B: (ja).
A: und dieser Schauspieler war so verärgert, daß der ausgeplaudert hat,
B: warum?
A: und das haben sie veröffentlicht. *(Pause)* Antonioni hat dementiert.
B: (ja)
A: aber das leuchtet mir
B: war auch das Beste für ihn
A: (ja) aber das leuchtet mir sehr ein
B: (ja).
A: es war nämlich wirklich ein Krimi, der sich gewaschen hatte, aber *(Pause)* ... wie die diese Sachen wie der die Sachen entwickelt,

B: +g+ das war ganz toll.
A: so was hab ich noch nicht gesehen
B: obwohl es eigentlich also mit gar keinem standhalten konnte, was man so an Horrorsachen sonst sieht.
A: (ja) so was
B: aber das war so
A: (Mann) also der der Leser der
B: dieses Bild, wenn das wenn immer noch mal der Ausschnitt vergrößert wurde,
A: (ja ja)
B: besonders so ein schwarzweißes ... und also
A: (unwahrscheinlich)
B: man hält völlig den Atem an (nicht). es war wirklich toll
A: weil weil auch nicht erklärt wurde
B: (ja ja).
A: und der Zuschauer mußte genau dieselben Schlüsse machen wie er
B: +g+
A: um: zu erkennen, was da los war,
B: (ja ja *(Pause)* eben *(Pause)* ganz klar).
...
Unterstrichene Passagen werden simultan gesprochen; +g+ steht für Wortfragmente und für Artikulationen wie *mh*, die keinen Wortstatus haben; in Klammern stehen syntaktisch nicht in ihren Bezugssatz integrierte Interjektionen, Anreden, Partikeln.

Dialog 3:
Haben Sie alles?
A: Haben Sie meinen Paß?
B: Hier haben Sie ihn.
A: Und das Visum?
B: Da ist es.
A: Und wo ist meine Flugkarte?

B: Hier habe ich sie.
A: Haben Sie auch meinen Vertrag?
B: Hier bitte, nehmen Sie ihn.
A: Und wo sind die Pläne?
B: Wir bekommen sie morgen.

(b) Woran erkennen Sie den authentischen Dialog?
(c) Welche Charakteristika mündlicher Sprache finden sich in Dialog 1?

Der Vorwurf, sich trotz des theoretischen Primats der gesprochenen Sprache nicht auf tatsächliche mündliche Sprachverwendung eingelassen zu haben, ist allerdings nicht nur der Fremdsprachendidaktik, sondern auch der modernen Sprachwissenschaft zu machen. Obwohl diese seit de Saussure die gesprochene Sprache als ihren primären Gegenstand versteht, hat sie – außerhalb von Phonetik und Phonologie – ihre Daten doch in der Regel so weit abstrahiert und idealisiert, dass letztlich eher schriftsprachlich geprägte Strukturen untersucht wurden. Erst seit der Etablierung der Diskurs- oder Gesprächsanalyse rücken die formalen und funktionalen Eigenschaften gesprochener Sprache in Dialogsituationen in den Vordergrund und werden Kategorien und Instrumente entwickelt, mit denen mündliche Interaktion beschrieben und charakterisiert werden kann. Einige zentrale Kategorien dieser neuen sprachwissenschaftlichen Teildisziplin haben sich bei der vorangegangenen Diskussion der Beispieldialoge bereits als nützlich erwiesen. So ist es nicht verwunderlich, dass u. a. Burns/Seidlhofer (2002) fordern, die Ergebnisse von Diskurs- und Gesprächsanalyse müssten die linguistische Basis didaktischer Überlegungen zum Sprechen bilden, ergänzt durch Produktionsmodelle des Sprechens als sprachpsychologische Basis.

Der Vergleich der Dialoge aus Aufgabe 9-1 wirft die Frage auf, welche Rolle authentische Gespräche im Fremdsprachenunterricht spielen sollten. Da das Ziel letztlich darin besteht, Lerner zur Teilnahme an tatsächlichen Kommunikationssituationen zu befähigen, darf den Lernern die Komplexität realer Spontansprache nicht vorenthalten werden, vielmehr sind sie behutsam daran zu gewöhnen. Dabei können einige der sprachlichen Phänomene, die aus Sicht der schriftsprachlich orientierten Satzgrammatik Abweichungen darstellen, dem Hörer durchaus wertvolle Verstehenshilfen geben, andere Abweichungen jedoch, die den Produktionsbedingungen beim Sprechen geschuldet sind (erinnert sei hier an den Neuanfang *wie die diese Sachen wie der die Sachen entwickelt* und den Kollokationsfehler **Schlüsse machen*), dürften Lerner aber eher verwirren. Schatz (2006: 110) möchte nun aber selbst solche Fehler von Muttersprachlern positiv wenden, und zwar hinsichtlich der Lernmotivation: Die Beschäftigung mit authentischen Dialogen könne die Lerner „dazu ermutigen, sich ohne Angst vor Fehlern auch im Unterricht spontan zu äußern. Das setzt allerdings ein verändertes Korrekturverhalten der Lehrenden voraus ..." Zu den unzweifelhaften Nachteilen authentischer Spontansprache gehört jedoch, dass sie höchst kontextabhängig ist und viel kulturelles und soziales Wissen voraussetzt.

Wegen der oftmals fragmentarischen syntaktischen Strukturen und der schon erwähnten sprachlichen Fehler eignen sich authentische Dialoge nicht als Modelle für die eigene Sprachproduktion der Lerner und sollten daher nur auditiv oder audio-visuell mit dem Ziel der Erweiterung der Verstehensfähigkeit präsentiert werden, nicht aber in Schriftform. Diese sollte schriftlich konstituierten Dialogen vorbehalten bleiben, in denen Grammatik, Wortschatz und die Redemittel zur Versprachlichung der jeweiligen Sprechintentionen kontrolliert und grammatische Fehler vermieden werden können. In dieser Form liefern sie den Lernern Produktionsmodelle. Sie müssen aber wie Dialog 1 die typischen sprechsprachlichen Mittel enthalten und die interaktionale Konstitution gelingender Gespräche spiegeln.

9.2   Zum Prozess des Sprechens

9.2.1   Unterschiede zwischen Sprechen und Schreiben

Abbrüche, Neuanfänge sowie Versprecher und grammatische Fehler selbst von Muttersprachlern sind eine Folge der spezifischen Schwierigkeiten, die für das Sprechen in der prototypischen Situation des spontanen Gesprächs zwischen zwei oder mehr Personen charakteristisch sind. Sie lassen sich am besten durch einen Vergleich mit den Gegebenheiten beim Schreiben fassen.

Beim dialogischen Sprechen verlaufen Produktion und Rezeption von Sprache (der eigenen wie der Höreräußerungen) mehr oder weniger gleichzeitig ab, und beide Formen der Sprachverarbeitung finden unter hohem Zeitdruck statt. Dieser lässt kein Durchplanen einer Äußerung vor ihrer Realisierung zu, sondern fordert den Beginn der Realisierung, noch bevor der Planungsprozess zu seinem Ende gekommen ist. Planung nachfolgender und Realisierung laufender Teile der Äußerung vollziehen sich daher mehr oder weniger simultan.

Oft beginnt er [der Sprecher, R.K.] mit der Planung eines ersten Äußerungsfragments, das er sogleich verbalisiert, dann unternimmt er – allenfalls auch angesichts sofortiger Rückmeldungen des Partners – einen neuen Planungsanlauf und verklebt dessen Resultat mehr oder minder elegant mit dem ersten Element, usf. ... Nur im Extremfall produziert man in einem Zuge ein vollständiges Sprechplanungsresultat, das man dann nach und nach sprachlich verschlüsselt. (Herrmann/Grabowski 1994: 285)

Das Schreiben dagegen erlaubt ein zeitliches Nacheinander und eine wiederholte Korrektur des sprachlichen Produkts, bevor dieses seinen Empfänger erreicht. Ferner ist beim Sprechen nicht nur das verbale Verhalten zu planen, sondern zugleich das prosodische und paraverbale (der „Ton") und das nonverbale (Mimik und Gestik). Dies sind nicht nur bloße Beigaben zum verbalisierten Teil der Äußerungen, sondern steuern die Interpretation des Gesagten und können sich im Zweifelsfall auch gegen das Gesagte durchsetzen. Sprachplanung und -realisierung müssen zudem laufend an die verbalen und nicht verbalen Reaktionen der Hörer angepasst werden. Sofern sich ein Gespräch auf gerade ablaufende Handlungen und Ereignisse bezieht, sind auch vom Thema her schnelle Reaktionen und gegebenenfalls Änderungen des Geplanten notwendig.

Als erleichternd im Vergleich zum Schreiben wirkt sich aus, dass beim spontanen Gespräch oft ein starker Situationsbezug vorliegt, der mit einfachen referentiellen Mitteln wie den Demonstrativpronomina (*das ist ..., der hat ...*) zu bewältigen ist, und dass eher als beim Schreiben eingeschätzt werden kann, über welches relevante Wissen der Hörer verfügt, so dass weniger genau, explizit und folgerichtig als beim Schreiben formuliert werden muss, zumal der Hörer unmittelbar rückmelden kann, wenn ein Bezug oder ein Gedanke nicht nachvollziehbar sind. Die meisten Missverständnisse lassen sich also unmittelbar ausräumen, und am Gelingen der Kommunikation sind Sprecher und Hörer gleichermaßen beteiligt.

9.2.2 Ein Produktionsmodell des Sprechens

Wie bewältigen Muttersprachler die Anforderungen, die die mündliche Sprachproduktion in der prototypischen Situation des spontanen face-to-face Gesprächs an sie stellt? Allen Produktionsmodellen des Sprechens ist gemeinsam, dass sie unterschiedliche Planungs- und Ausführungsebenen annehmen, die nacheinander von oben nach unten durchlaufen werden. Bewusst kontrolliert werden dabei nur die obersten Ebenen, während die unteren weitgehend automatisch ablaufen und somit die knappe Ressource Aufmerksamkeit des Sprechers kaum belasten. Aufmerksamkeit kostet aber der Einsatz des Monitors, der überwacht, ob die ablaufende Sprachproduktion mit ihren bewussten und automatisierten Komponenten auch die Ziele der Kommunikation erreicht, und gegebenenfalls eingreift. Illustriert seien die Aufgaben der unterschiedlichen Komponenten bei der Sprachproduktion an einer Skizze des Modells von Herrmann/Grabowski (1994); einen Überblick über weitere Modelle aus fremdsprachendidaktischer Sicht bietet Schreiter (2001).

Zentrale Kontrolle, Hilfssysteme und Enkodierung bei Herrmann/Grabowski

Herrmann/Grabowski (1994) postulieren zunächst eine Ebene der **Zentralen Kontrolle**, auf der die Äußerung geplant wird. Der Sprecher legt hier fest, was er mit welchem Ziel sagen will und wie er dies aufgrund seiner Einschätzung der vorliegenden Situation und des Hörers diesem gegenüber am besten tut. Ist das Was beispielsweise die Herstellung eines Fischgerichts, so hat der Sprecher die Wahl zwischen einer ausführlichen Schilderung, wie er das Gericht einmal zubereitet hat, oder er kann schlicht das Kochrezept angeben. Die Entscheidung solcher Wie-Fragen ist vergleichbar mit der Wahl einer bestimmten Textsorte beim Schreiben. Nicht alles, was der Sprecher zu diesem Zeitpunkt der Äußerungsplanung aus seiner Wahrnehmung oder seinem Wissen aktiviert, und nicht alles, was an Wissen im Hörer entstehen soll, wird auch verbalisiert; es findet vielmehr eine Auswahl aus den Informationsbeständen statt, denn es kann damit gerechnet werden, dass der Hörer die verbalisierten und die in seiner Situationswahrnehmung und seinen Wissensbeständen vorhandenen Informationen zum Inhalt der Mitteilung zusammenfügt (vgl. Kap. 6.2.2). Es werden daher lediglich Teile der Ausgangsinformation selegiert und diese dann so aufbereitet, dass der Redegegenstand für den Hörer möglichst informativ und akzeptabel sowie für den Sprecher zielführend ist. Das so Aufbereitete muss schließlich linearisiert werden. Die selegierte, aufbereitete und linearisierte Information bildet den zu verbalisierenden Gedanken; sie ist von Ausnahmen abgesehen „noch nicht einzelsprachlicher Natur, sondern hat ‚gedanklichen', ‚konzeptuellen' Charakter" (Herrmann/Grabowski 1994: 286); sie liegt in Form von Propositionen vor.

Während in vielen Sprachproduktionsmodellen jetzt eine Stufe der Transformation des Was und Wie in Sätze bzw. die Stufe der sprachlichen Enkodierung folgt, deren Output auf der letzten Stufe in Form der Artikulation einer Lautfolge nur noch motorisch exekutiert wird, nehmen Herrmann/Grabowski zwischen der Erzeugung des Gedankens und seiner sprachlichen **Enkodierung** noch eine Ebene von **Hilfssystemen** an. Eine solche Annahme ist innerhalb ihres Modells notwendig, denn der Enkodiermechanismus ist hier so konzipiert, dass er seinen Input lediglich nach den Standardregeln des jeweiligen Sprachsystems verschlüsselt, es sei denn, es lägen besondere Anweisungen vor. So wird beispielsweise die Proposition, dass jemand jemanden schlägt, standardmäßig zu einem Aktivsatz mit der Abfolge Subjekt-Verb-Objekt. Dies ist aber nicht immer angemessen, denn in der konkreten Äußerungssituation ist vielleicht das Objekt Thema, womit ein Aktivsatz mit Objekt-Verb-Subjekt – gegebenenfalls mit einer Pronominalisierung des Objekts – angemessen wäre, oder im Kontext ist der Täter unbekannt, was einen Passivsatz passender machen würde. Eines der Hilfssysteme sorgt nun dafür, dass die Propositionen mit solchen Markierungen wie „Objekt voranstellen", „Passiv" oder „Pronomen" versehen werden, die den Enkodiermechanismus die entsprechenden kontextuell passenden Satzformen produzieren lassen. Die Autoren bezeichnen dieses Hilfssystem als Kohärenzgenerator. (Dass eine solche Komponente auch beim Schreiben notwendig ist und wie sie entwickelt werden kann, wurde bereits in 8.3.1 erläutert.)

Ein weiteres Hilfssystem ist der Emphasengenerator. Er sorgt u. a. für diejenigen Betonungen, die vom Standardfall abweichen, ferner für die Pausen, die Stellung von *nicht*, die Abtönungspartikeln und die Beimischung nicht-propositionaler Teile wie *du wirst es kaum glauben, ach Gott ...* in die Enkodierung des gedanklichen Inputs. Zuletzt werden ein Transformationsgenerator u. a. für Antwortellipsen benötigt – der Enkodiermechanismus würde sonst die Proposition in eine grammatisch vollständige Struktur umsetzen – und ein STM-Generator, der die Proposition für Satzart, Tempus und Modus markiert. Auf der Ebene der Zentralen Kontrolle wird zwar über die Frageintention entschieden, aber die Entscheidung, ob sie als Interrogativsatz oder als Deklarativsatz mit steigender Intonation realisiert wird, ist Aufgabe dieses Hilfssystems und fällt in der Regel nicht bewusst.

Die Hilfssysteme stehen nicht nur im Grad der verlangten Aufmerksamkeit und Bewusstheit zwischen der Zentralen Kontrolle und dem Enkodiermechanismus, sondern auch bezüglich der Sprachspezifität ihrer Mechanismen: Ist die Zentrale Kontrolle weitgehend unabhängig von einer Einzelsprache[53] und der Enkodiermechanismus gänzlich sprachspezifisch, so enthalten die Hilfssysteme sowohl sprachunabhängige als auch sprachspezifische Mechanismen. Das kann gut an der Kohärenzherstellung illustriert werden: Die Abfolge Thema vor Rhema ist eine generelle kognitive Präferenz, sprachspezifisch ist aber, über welche Art von Kohärenzmitteln eine Sprache verfügt (Nullanaphora, Pronomina, Teilnominalisierungen, Topikketten usw.) und in welchem Ausmaß jedes dieser Mittel genutzt wird, was über die selbstverständlich sprachgebundenen Formen weit hinausgeht. Ohne ausführlicher auf die Hilfssysteme einzugehen, seien ihre Leistungen abschließend noch einmal zusammengefasst:

Hilfssysteme sorgen für die Textkohärenz und nutzen dabei sprachliche Mittel, die die jeweils verwendete Einzelsprache zur Verfügung stellt. Sie versehen das Gesprochene mit ‚Emphase', ‚würzen' es mit nicht-propositionalen Redeteilen, sie wählen grammatische Strukturen aus, determinieren Satzarten, das Tempus und den Modus des Gesprochenen. Die so bearbeitete Information wird ... als Enkodierinput an den Enkodiermechanismus weitergegeben. (Herrmann/Grabowski 1994: 287)

Schema-, Reiz- und Ad hoc-Steuerung

Es ist nun eine Alltagserfahrung, dass nicht jedes Sprechen die gleiche Aufmerksamkeit und Konzentration verlangt. Herrmann/Grabowski (1994: 278) erkennen dies nicht nur ausdrücklich an, sondern sind innerhalb ihres Modells auch in der Lage, solche Unterschiede als Unterschiede in der Art der Kontrolle des Sprechens und des jeweiligen Zusammenspiels der o. a. Komponenten der Sprachproduktion zu beschreiben: „Es gibt nicht *die* Sprachproduktion. Es gibt vielmehr *strukturell verschiedene*

---

[53] Diese Sicht von Herrmann/Grabowski ist insofern zu relativieren, als Einzelsprachen beeinflussen können, welche Aspekte einer zu verbalisierenden Szene Sprecher bevorzugt wahrnehmen und mitteilen (vgl. Slobin 2006, von Stutterheim u. a. 2012).

Varianten der Sprachproduktion (und deren Abfolgen und Mischformen), die freilich allesamt Gemeinsamkeiten aufweisen." Die Autoren bestimmen dabei idealtypisch drei Arten der Steuerung des Sprechens, die Schema-Steuerung, Reiz-Steuerung und Ad hoc-Steuerung.

Bei der **Schema-Steuerung** nutzt der Sprecher aus, dass er nicht nur über Was-Schemata verfügt, z. B. was eine Wohnung ist, was man dort tut, wie sie aussehen und welche Zimmer sie enthalten kann (solche Schemata wurden in Kap. 6.2.2 bereits als wichtige Faktoren bei der Rezeption diskutiert), sondern auch über Wie-Schemata, hier: wie man eine Wohnung beschreibt, etwa durch einen virtuellen Rundgang durch die Wohnung. Der Sprecher kann bei einer entsprechenden kommunikativen Intention ein solches Wie-Schema aufrufen und als Sprachproduktionsprogramm starten. Seine bewusste Aufmerksamkeit muss dann nur zwei Aspekten gelten, zum einen der Überwachung des angemessenen Ablaufs des Schemas, zum anderen den Leerstellen, die Wie-Schemata in unterschiedlichem Ausmaß enthalten und die unter höherer Beteiligung von Aufmerksamkeit ausgefüllt werden müssen.

Bei der **Reiz-Steuerung** wird kein Wie-Schema gestartet, sondern entschieden, dass der Ausgangspunkt der eigenen Äußerungen die Äußerungen oder nicht-verbalen Handlungen des Partners sein sollen. Typisch für ein reizgesteuertes Sprachverhalten wäre die automatische Antwort *Danke gut. Und Ihnen?* auf ein partnerseitiges *Wie geht's?* Aufmerksamkeit und einen gewissen kognitiven Aufwand verlangen allenfalls Leerstellen, die auch hier auftreten können. Ansonsten gilt: „Die Äußerungsproduktion ist hier im Wesentlichen reine Routine und erfordert kaum Entscheidungen hoher Kontrollinstanzen." Herrmann/Grabowski (1994: 280)

Schema-Steuerung und Reiz-Steuerung ermöglichen eine beträchtliche Entlastung auf der Ebene der Zentralen Kontrolle. Doch ist ein so gesteuertes Sprechen nicht immer möglich, entweder weil entsprechende Schemata nicht zur Verfügung stehen oder weil die Kommunikationssituation so eingeschätzt wird, dass die Ziele nicht mit bloßem Reagieren oder unter Rückgriff auf ein Wie-Schema zu erreichen sind. Dann müssen ad hoc „Entscheidungen über den Fortgang der eigenen Sprachproduktion getroffen werden: Wie beginne ich? Wie gehe ich weiter vor? Was sage ich als nächstes? Wie reagiere ich auf den Einwand? Sollte ich das Gespräch jetzt nicht lieber beenden? Usf." (Herrmann/Grabowski 1994: 280-281) Ein solches Sprechen erfordert den höchsten Grad an Aufmerksamkeit und wird aufgrund der für die Planungsprozesse benötigten Zeit auch weniger flüssig verlaufen als schema- und reizgesteuertes Sprechen.

In längeren Gesprächen kommt es in der Regel zu einem Wechsel der Steuerungszustände, so dass sich weniger und stärker ritualisierte Phasen abwechseln. Viele Alltagsgespräche lassen sich aber alleine durch Reiz- und Schemasteuerung bewältigen.

Für den Lerner stellt das Sprechen in der L2 insofern eine besondere Herausforderung dar, als bei ihm die unterhalb der Zentralen Kontrolle ablaufenden Prozesse bei weitem nicht in dem Maße automatisiert ablaufen wie beim Muttersprachler und ihnen unter dem Produktions- und Rezeptionsdruck mündlicher Sprachverwendungssituationen – anders als beim Schreiben – nicht genügend Zeit gewidmet werden kann. Für die Ebene der sprachlichen Enkodierung muss dies nicht weiter erläutert werden, mangelnde Automatisierung ist aber auch ein Problem auf der Ebene der Hilfssysteme, deren Erwerb zudem vor nicht zu unterschätzende Lernprobleme stellt.

Der Aufbau zweitsprachenspezifischer Hilfssystemfunktionen ist ersichtlich schwieriger als der Aufbau eines elementaren Wortschatzes und einer Reihe grammatischer Schemata. Die Hilfssysteme sind der funktionale Bereich der sprachlichen *Verwendungsregeln*: Wie zum Beispiel greift man die letzte Partneräußerung auf und führt sie in kohärenter Weise fort? Wie stellt man in der Zweitsprache Textkohärenz her? Wie setzt man Emphasen, die in einer Zweitsprache ganz anders realisiert werden müssen als in der eigenen Sprache? (Herrmann/Grabowski 1994: 450)

9.2.3 Didaktische Konsequenzen

Welche Konsequenzen sind aus psycholinguistischen und kognitionspsychologischen Prozessmodellen des Sprechens wie dem vorgestellten zu ziehen? Skizziert wurde hier die mündliche Sprachproduktion in der prototypischen Situation des spontanen face-to-face Gesprächs, die didaktischen Überlegungen gelten folglich zunächst nur für diese Art des Sprechens. Das längere *monologische Sprechen*, das Berichten und Erzählen, der Vortrag, aber auch Diskussion, Debatte oder Streitgespräch zu einem vorher festgelegen Thema sind anders zu reflektieren, denn solches Sprechen unterliegt zum Teil anderen Produktionsbedingungen, in der L2 wie in der L1. Im Extremfall des Vortrags handelt es sich um Texte, die als schriftlich konstituierte lediglich mündlich realisiert werden, daher auch als Produkt weniger Merkmale des Gesprochenen als des Geschriebenen tragen. In den genannten Fällen spielt das vorbereitende Schreiben eine Rolle, doch in unterschiedlichem Ausmaß und in unterschiedlicher Form, von bloßen Stichwörtern über teilweise oder gänzlich vorformulierte einzelne Gedanken bis zum gänzlich schriftlich verfassten Text. Der Grad der schriftlichen Vorbereitung hängt davon ab, wie weit sich die jeweilige Sprechsituation vom prototypischen spontanen Sprechen entfernt und auf den Pol des Vortrags zubewegt. Im Fremdsprachenunterricht hängt es auch vom Stand der Lerner und ihrem Bedarf an Entlastung ab.

Zur Förderung des typischen *dialogischen Sprechens* sind für die jeweiligen Lerner diejenigen mündlichen Kommunikationssituationen zu definieren, in denen sie handlungsfähig werden sollen. In vielen dieser Situationen können sie jede darin mögliche Rolle einnehmen; in Situationen mit komplementär verteilten Rollen (Käufer – Verkäufer, Arzt – Patient) ist zu überlegen, welche Rollen auf welcher Stufe aktiv und welche lediglich rezeptiv zu beherrschen sind. Die genaue Reflexion der Rollen, die die Lerner einnehmen können sollen, ist deshalb wichtig, weil bestimmte Sprechintentionen an sie gebunden sind. Diese können je mit einer Reihe von Redemitteln realisiert werden, die sich in ihrer sprachlichen Komplexität unterscheiden. Zur sprachlichen Bewältigung der ausgewählten Situationen reichen zunächst die einfacheren Mittel aus; mit zunehmendem Lernfortschritt werden komplexere Mittel zur Realisierung derselben Sprechintentionen angeboten, was zu einer zyklischen Progression der Redemittel führt.

Für die ausgewählten Sprechsituationen sind auch alle charakteristischen Routinen und Formeln zu vermitteln und einzuüben. Der Lerner soll auf erwartbare Gesprächszüge und Reize schnell und ohne großen Einsatz bewusster Verarbeitungskapazität reagieren können (Reiz-Steuerung des Sprechens). Insofern als zu einer Sprechsituation typische Wie-Schemata gehören, sind auch sie einzubeziehen. Das Ziel all dieser

Bemühungen muss die Automatisierung möglichst vieler Teilprozesse der Sprachproduktion sein. In Anlehnung an die Metapher der Rezeptionsinseln beim Verstehen spricht Portmann (1991: 332) hier von Verarbeitungsinseln: „Sprachproduktion stützt sich auf feste Schemata, Wendungen, Aussageweisen usw., die kaum jeweils neu aufgearbeitet werden müssen, sondern als Blöcke zur Verfügung stehen." Die parallele Redeweise sollte aber die Unterschiede nicht verdecken: Während es bei der Rezeption durchaus möglich ist, von den Verstehensinseln ausgehend durch Hinzuziehen allen Welt-, Situations- und Textsortenwissens und durch Schlüsse das Unverstandene zu überbrücken oder gar zu rekonstruieren, geben Verarbeitungsinseln bei der Produktion dem Sprecher lediglich mehr Zeit, um die Leerstellen der Schemata und Formeln zu füllen, nach Worten für seine Gedanken zu suchen oder gegebenenfalls Mittel zu finden, seine Absichten auf anderen Wegen zu erreichen.

Die folgende Aufgabe soll verdeutlichen, wie stark ritualisiert und formelhaft das Sprechen in bestimmten Situationen ist.

> **Aufgabe 9-2**:
> Bestimmen Sie die Kommunikationssituationen, in denen man diese formelhaften Äußerungen hören kann. Unterstreichen Sie die variablen Stellen, die ein Teil der Formeln enthält.
> (1) Das macht dann eins zehn.
> (2) Am Donnerstag kann ich leider nicht, da muss ich ...
> (3) Kann ich etwas ausrichten?
> (4) Herzlichen Glückwunsch zum/zur ...
> (5) Entschuldigung, ist hier noch frei?
> (6) Es tut mir leid, ich bin auch nicht von hier.

Angesichts der Zeit- und Ausdrucksnöte der Lerner ist es auch sinnvoll, Kommunikations- bzw. Kompensationsstrategien (für eine Definition vgl. Kap. 2.3.1) bewusst zu machen. Das sind Strategien, mit denen Zeit gewonnen wird, Mittel, wie der kompetente Gesprächspartner um Hilfe gebeten werden kann, oder Umschreibungstechniken beim Fehlen eines Wortes.

Die hohen Anforderungen, die das Sprechen an die Sprachverarbeitungsmechanismen stellt, und die Tatsache, dass auch Muttersprachlern beim Sprechen Fehlgriffe unterlaufen, sollten zu einer veränderten Haltung gegenüber Leneräußerungen führen. Die traditionellen Reaktionen im Fremdsprachenunterricht rühren häufig noch von der Beurteilung schriftlicher Lernerprodukte her und fokussieren daher in der Regel die Sprachrichtigkeit. Reaktionen auf Leneräußerungen beim freien Sprechen und ihre Bewertung sollten sich aber zuletzt an der Korrektheit orientieren, im Vordergrund müssen Verständlichkeit, Geläufigkeit und Angemessenheit der Äußerung stehen. Rückmeldungen auf Sprechprodukte müssen also andere Schwerpunkte verfolgen und anders durchgeführt werden als Rückmeldungen auf Schreibprodukte.

Mangelnde Geläufigkeit äußert sich darin, dass der Lerner mühsam nach Worten ringt, in der Ausführung seiner Sätze stockt, vielleicht weil er bewusst nach dem korrekten Artikel oder der korrekten Endung sucht. Ein Übermaß solcher Verzögerungen strapaziert die Geduld des Gesprächspartners und behindert die Kommunikation stärker als die möglicherweise vermiedenen Fehler. Auch die sprachliche Unangemessenheit einer Äußerung kann erschweren oder gar verhindern, dass der Sprecher seine Ziele erreicht. Als unangemessen wird empfunden, wenn dem Grad der Formalität einer Situation nicht entsprochen wird, sei es dass der Lerner überhöflich, sogar unterwürfig oder im Gegenteil zu salopp wirkt. Oder der Gebrauch eines Wortes, das dem Lerner in einem anderen Kontext begegnet ist und dessen Stilwert ihm nicht bewusst ist, vermag in der gegebenen Situation den Partner zu brüskieren. Die Angemessenheit hat auch eine interkulturelle Dimension, auf die unten noch einzugehen ist. Geläufigkeit und Angemessenheit sind am ehesten durch vielfältige Erfahrung mit möglichst authentischem Sprechen, also durch häufiges Kommunizieren, zu erreichen. Der Unterricht muss solche Kommunikation initiieren, indem er für die Lerner interessante und relevante Themen anbietet, und er darf sie nicht durch einen falsch verstandenen Fokus auf Korrektheit ersticken. Es bedarf dazu auch eines ermunternden Unterrichtsklimas, das Sprechhemmungen abbaut und den Lernern Mut macht, sich mündlich zu beteiligen. Dennoch heißt dies nicht, dass bei Verstößen gegen die Sprachrichtigkeit gar nicht reagiert werden dürfe; Möglichkeiten finden sich in 9.5.

Insofern als die komplexe Fertigkeit Sprechen im Unterricht zuweilen auch – aber nicht ausschließlich – durch Komponentenübungen aufgebaut wird, ist genau zu reflektieren, ob mit einer Übung das Ziel der Korrektheit, der Geläufigkeit oder der Angemessenheit verfolgt wird; sie ist dann mit dem entsprechenden Fokus durchzuführen und zu evaluieren. So wird eine Konnektorenübung im Zusammenhang mit der Entwicklung der Fertigkeit Schreiben langsam und reflektierend durchgeführt, mit dem Ziel, die Menge der beherrschten Elemente zu erweitern, ihre Bedeutung genau zu verstehen, bedeutungsähnliche zu differenzieren, Alternativen anzugeben usw., doch im Zusammenhang mit der Entwicklung des Sprechens würde sie mit hoher Geschwindigkeit durchgeführt, etwa als Kettenübung.

Der Interkulturelle Ansatz hat seit den 1980er Jahren immer wieder darauf hingewiesen, dass Verstehensprobleme und Missverständnisse in Begegnungen von Menschen unterschiedlicher Sprache und Kultur oft nicht Verstößen gegen die Sprachregeln entspringen, sondern kulturell geprägten Regeln der Sprachverwendung und des kommunikativen Verhaltens. Die mehr oder weniger haarsträubenden Beispiele in der Literatur sind mittlerweile Legion,[54] und Lehrwerke enthalten schon seit langem Schilderungen von höflichen Austauschstudenten, die nach einer Einladung zu einem deutschen Abendessen hungrig nach Hause gingen, weil sie die Höflichkeitsregeln ihrer Ausgangskultur befolgend das angebotene Essen in Erwartung eines zweiten oder dritten Angebots des Gastgebers zuerst einmal ablehnten.

Solche Fälle misslungener Kommunikation machen es notwendig, je nach der Ausgangskultur der Lerner interkulturelle Unterschiede, wie sie sich im Verhalten in alltäglichen Sprechsituationen niederschlagen, zu thematisieren. Dies betrifft zum Beispiel die Art, wie man einlädt, etwas anbietet, etwas höflich ablehnt, die Direktheit

---

[54] Herrmann/Grabowski (1994: 445) führen den besonders tragischen Fall eines 16-jährigen japanischen Austauschschülers an, der in den USA ein fremdes Grundstück betrat, um sich nach einer Adresse zu erkundigen. Als er auf den Zuruf *Freeze!* (*Keine Bewegung!*) des Hausbesitzers nicht stehenblieb, wurde er von diesem erschossen. Der Hausbesitzer, der den Japaner für einen Einbrecher gehalten hatte, wurde von der Anklage des Mordes freigesprochen, weil der Schüler erstens das fremde Grundstück nicht hätte betreten und sich zweitens auf den Zuruf nicht mehr hätte bewegen dürfen.

oder Indirektheit vor allem von Sprechakten wie Bitte und Aufforderung, Geschwindigkeit und Lautstärke beim Sprechen, das nicht-verbale Verhalten wie den Abstand, den man zu einem Gesprächspartner einnimmt, Art und Intensität des Blickkontakts, die Frage, ob man den Partner beim Gespräch berühren darf, die Themenwahl beim informellen Gespräch (Was sind sichere Themen, was ist tabu?) oder wie Sprecherwechsel angeboten bzw. angemeldet wird, um nur einige der interkulturell geprägten Aspekte des Sprachverhaltens zu nennen. Genau diese Kulturspezifik des Verhaltens ist dem Laien, der mit einem Nicht-Muttersprachler zu tun hat, oft nicht bewusst. Unterschiede erwartet er lediglich hinsichtlich der Sprachform, weshalb er Fehler in Aussprache, Morphologie, Syntax und in der Regel auch eine falsche Wortwahl verzeiht, die Regeln des sprachlichen Verhaltens jedoch hält er für universal. Verstöße dagegen, „wie man sich verhält", werden daher dem Charakter einer Person angelastet und können über das Missverständnis in der Kommunikationssituation hinaus zu einer negativen Einschätzung des Gegenübers führen.

Im Einbezug der kulturellen Normen, die das verbale und nicht-verbale Kommunikationsverhalten steuern, liegt somit eine weitere, in ihrer Bedeutung nicht zu unterschätzende Aufgabe einer fremdsprachlichen Sprechdidaktik. Allerdings überschreitet das deutlich den Rahmen dessen, was üblicherweise unter Förderung der Sprechfertigkeit verstanden wird, denn neben das unauffällige und erwartungsgemäße Ausfüllen von Sprecherrollen in der Zielsprache tritt nun notwendigerweise auch das Nachdenken über kulturelle Normen und ihre Gültigkeit, also ein reflexives Sprechen, Diskutieren oder auch Schreiben. Auch die Lernziele bleiben dann nicht beim Funktionieren in mündlichen Alltagssituationen stehen, sondern müssen eine Sensibilisierung für das Fremde und damit zugleich eine Bewusstmachung des Eigenen einschließen, was das rein technische „So macht man das im Land der Zielsprache" weit übersteigt und eine Aufgabe aller Arbeitsbereiche des Fremdsprachenunterrichts ist.

9.3 Dialogisches Sprechen in Alltagssituationen

Dialoge des Typs „Beim Bäcker" sind für die Grundstufe einschlägig. Sie simulieren das Sprechen in Situationen, die für die Lernenden relevant werden dürften, sind in der Regel handlungsbegleitend, enthalten festgelegte Rollen und weisen teilweise ritualisierte Abläufe mit einem hohen Anteil an Reiz-Steuerung und Wie-Schemata auf.

Bäcker:	Guten Morgen, Sie wünschen?
Kundin:	Guten Tag. Ich hätte gern sechs Brötchen. Was kosten denn diese hier?
Bäcker:	Welche denn? Wir haben diese hier für 40 Cent und diese für 55 Cent.
Kundin:	Sind die für 40 Cent ganz frisch?
Bäcker:	Ja, alle Brötchen sind von heute.
Kundin:	Dann nehme ich die für 40 Cent.
Bäcker:	Sonst noch was?
Kundin:	Nein, danke, das ist alles.
Bäcker:	2 Euro 40 bitte. – Danke.
Kundin:	Danke, auf Wiedersehen.
Bäcker:	Auf Wiedersehen.

Abbildung 1: *Studienweg Deutsch 1*, Kursbuch (2004: 224)

9.3 Dialogisches Sprechen in Alltagssituationen

Verständnissicherung, lautes Nachsprechen oder gar Auswendiglernen führen aber noch nicht direkt zur Fähigkeit, in solchen und ähnlichen Situationen frei sprechen zu können, auch nicht ein einfaches „Spielen Sie ähnliche Dialoge". Vielmehr hat sich gezeigt, dass zwischen Modelldialog und freier Sprachverwendung variierende Aktivitäten zwischenzuschalten sind, die das freie Sprechen erst aufbauen.

Dialoggeländer

Ein erstes wichtiges Mittel dafür sind Dialoggeländer, auch Dialogskizzen oder -graphiken genannt.

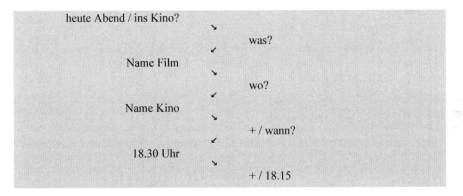

Abbildung 2: *Eurolingua Deutsch 1* (1996: 59)

Die Reduktion eines Dialogs auf sein inhaltliches Gerüst ist zum einen Ausgangspunkt seiner anschließenden Rekonstruktion, zum anderen Ausgangspunkt inhaltlicher Variation. Die Rekonstruktion ist psycholinguistisch eine andere Aktivität als das auswendige Nachsprechen, denn ihr Stimulus ist abstrakter, konzeptueller Natur. Durch die Änderung einzelner Bestandteile des Gerüsts lösen sich die Lerner in produktiver Weise von Teilen der sprachlichen Form des Modelldialogs. Neuere Lehrwerke wie *Eurolingua* oder *Studienweg Deutsch* fordern die Lerner dazu auf, Dialoggeländer zu erstellen oder zu verändern, diese mit Lernpartnern auszutauschen und die Dialoge dann zu spielen.

Redemittellisten

Eine zweite Art von Variation ergibt sich, wenn die Lerner zum Ausdruck einer Sprechintention wie höfliche Ablehnung oder Unterbreitung eines alternativen Vorschlags unterschiedliche Redemittel verwenden. Die Einführung solcher Redemittel muss Komplexitätskriterien folgen, nicht aber zwingend der grammatischen Progression, denn sie sind oft holistisch, als unanalysierte Chunks verwendbar. So kann etwa *wie wär's mit ...* zum Ausdruck eines Vorschlags eingeführt werden, ohne dass vorher der Konjunktiv II behandelt werden müsste.

Sprechintention	Redemittel
Höfliche Ablehnung	*Ich kann heute leider nicht, ich muss noch arbeiten.* *Heute, das geht leider nicht.* *Leider habe ich da keine Zeit.*
Alternativer Vorschlag	*Vielleicht morgen?* *Geht es auch morgen?* *Wie wär's mit morgen?*

Der Aufbau einer Redemittelkartei analog zu einer Wortschatzkartei im engeren Sinne (vgl. 4.3.2 und 2.3.3) ist als Strategie für die Fertigkeit Sprechen zu vermitteln; dies gilt bis in die Oberstufe für Diskursmittel zum Diskutieren und Debattieren.

Methodische Varianten der Präsentation eines Modelldialogs wurden bereits im Kapitel Hören vorgestellt. Hier sei noch einmal auf die Alternative hingewiesen, dass Dialoge durch die Lerner anhand aussagekräftiger Situationsbilder und vorgegebener Dialogelemente vor ihrer Präsentation erst konstruiert werden können. Auch kann dem wortgetreuen Nachspielen bei geeigneten Dialogen ein pantomimisches Agieren vorausgehen, um die Verbindung von Gestik und Mimik mit dem verbalen Teil der Äußerungen zu stärken und eine intentionsangemessene Intonation zu fördern.

Was sagen Sie?

A   Ihre Freunde gehen zusammen zum Essen. Sie wollen arbeiten.
1. Ich kann heute leider nicht essen.
2. Entschuldigung, aber ich will nicht.
3. Ich esse gern zu Hause.
4. Tut mir leid, ich habe keine Zeit.

...

C   Sie bestellen Kaffee.
1. Ich trinke lieber Kaffee, bitte.
2. Einen Kaffee, bitte!
3. Bitte, die Speisekarte.
4. Nein, ich möchte keinen Tee.

...

F   Der Ober bringt das Essen und sagt: „Guten Appetit!"
1. Guten Appetit!
2. Danke!
3. Danke, gleichfalls.
4. Bitte sehr.

...

H   Sie essen mit einem Kollegen. Er sagt: „Guten Appetit!"
1. Das Essen schmeckt gut.
2. Danke, gleichfalls.
3. Danke, auf Ihr Wohl.
4. Essen Sie bitte noch etwas!

...

Abbildung 3: *Grundstudium Deutsch* 1, Lehrbuch (1991: 202)

Es ist zuweilen angebracht, Teile von Dialogen in Komponentenübungen zu fokussieren; sie sind wie entsprechende Übungen zum Schreiben vorkommunikativ. Im Beispiel aus Abb. 3 muss unter vier Alternativen die angemessene Reaktion auf einen Gesprächszug des Partners oder einen anderen Stimulus aus der Gesprächssituation *Im Restaurant* ausgewählt werden.

Bei der Auswahl zwischen den sprachlich oder pragmatisch oft eng beieinander liegenden Alternativen geht es um Aspekte der Höflichkeit (Situation A), die Differenzierung der Reaktion auf *Guten Appetit!* in Abhängigkeit davon, wer einem dies

9.3 Dialogisches Sprechen in Alltagssituationen

wünscht (Situationen F und H), oder darum, situationsübliche Floskeln nicht zu verwechseln. Führt man die vorliegende Übung – wie an dieser Stelle auch vom Lehrwerk intendiert – schriftlich durch, wird der Aspekt der Angemessenheit des Sprachverhaltens fokussiert. Man kann aber auf die Übung zurückkommen und sie mit einem anderen Ziel durchführen, dem der Erhöhung der Geläufigkeit. Dann würde man nur den linken Teil mündlich vorgeben, und die Lerner müssten spontan antworten. So durchgeführt, wird die Reiz-Steuerung des Sprechens automatisiert, mit der sich beträchtliche Strecken der Kommunikationssituation *Im Restaurant* bewältigen lassen.

Aufgabe 9-3:
(a) Erstellen Sie ein Dialoggeländer für das Verkaufsgespräch *Beim Bäcker* in Abb. 1. Versuchen Sie das Geländer zu variieren.
(b) Vergleichen Sie das Gespräch *Beim Bäcker* mit dem folgenden Gespräch aus *Stufen International* 1 (1. Auflage €) (2001: 94). Welches würden Sie vor dem wortgetreuen Nachspielen erst einmal pantomimisch (einzelne Wörter wären aber erlaubt) darbieten lassen? Warum?

> Δ   Mensch, Tobias, mach schnell!
> o   Wieso? Wie spät ist es denn?
> Δ   Schon zehn nach halb acht. Du hast noch fünf Minuten.
> o   Aber heute ist Donnerstag. Da habe ich erst um Viertel vor neun Unterricht.
> Δ   Was? Donnerstag? Gestern war Donnerstag! Heute ist Freitag, mein Lieber.
> o   Das gibt's nicht!
> Δ   Warte mal. Hier ist die Zeitung von heute: Freitag, der 13. Juli.
> o   Was? Freitag, der Dreizehnte? Jetzt verstehe ich alles!

(c) Ein weit verbreitetes Mittel, Modelldialoge zu variieren, ist die Vorgabe von Alternativen wie in *Lagune* 1 (2006: 142). Was sind die Vor- und Nachteile solcher Variationsübungen gegenüber der Variation über das Erstellen eines Dialoggeländers?

> „Das habe ich schon gemacht."
>
> **a. Hören Sie das Gespräch.**
> o   Hast du die Koffer schon ins Auto gebracht?
> ♦   Ja, das habe ich vorhin schon gemacht.
> o   Schön! Dann können wir ja jetzt abfahren.
> ♦   Halt! Nicht so schnell! Ich muss die Haustür noch abschließen.
> o   Das brauchst du nicht. Die Haustür habe ich schon abgeschlossen.
> ♦   Prima, dann können wir wirklich abfahren.
>
> **b. Spielen Sie das Gespräch mit einem Partner im Kurs nach.**
>
> **c. Verändern Sie das Gespräch und spielen Sie es dann.**
> o   *Hast du ... schon ins Auto gebracht?*
> ♦   *Ja, das habe ich ... schon gemacht.*
> o   *Schön! Dann können wir ja jetzt abfahren.*
> ♦   *Halt! Nicht so schnell! Ich muss noch ...*
> o   *Das ist nicht nötig. ... habe ich schon ...*
> ♦   *Prima, dann können wir wirklich abfahren.*
>
> | • die Taschen | • heute Morgen | • die Fenster zumachen |
> | • die Jacken | • um 7 Uhr | • den Kühlschrank ausmachen |
> | • die Mäntel | • vorhin schon | • die Fische füttern |

Partikeln

Neben Antwortpartikeln wie *ja, nein, doch*, Interjektionen wie *ach, na, oh* prägen die Abtönungspartikeln *denn, doch, ja, aber, mal, eigentlich* ... die mündliche Sprache. Beispiele für Letztere aus den vorangegangen Dialogen sind: *Was kosten denn diese hier? Warte mal. Ach der! Der weiß doch nichts.* Die Abtönungspartikeln sind für das Deutsche typisch und finden sich in vielen Ausgangssprachen nicht. Allein dies macht sie schon zu einem Lernproblem. Ihre Verarbeitung wird weiter dadurch erschwert, dass sie stets unbetont sind und an einer perzeptuell wenig auffälligen Stelle im Mittelfeld stehen, und zwar nach den unbetonten Personalpronomina oder dem Subjekt. Ferner haben sie keine leicht fassliche und zudem je nach Satztyp variierende Bedeutung, und schließlich treten dieselben Formen auch als Mitglieder anderer Wortarten mit wiederum unterschiedlicher Bedeutung auf: *Ja* und *doch* sind auch Antwortpartikeln, *denn* und *aber* auch Konjunktionen, *mal* und *vielleicht* auch Adverbien.

Es ist zum Teil diesen Schwierigkeiten geschuldet, dass ältere Lehrwerke die Abtönungspartikeln nicht oder erst spät einführen, zum Teil ihrer Orientierung an der Schriftsprache, in der sie ja kaum vorkommen. Neuere Lehrwerke, die sich am tatsächlichen mündlichen Sprachgebrauch orientieren, enthalten dagegen die Partikeln, unterscheiden sich aber darin, ob sie sie in den Dialogen nur enthalten oder darüber hinaus auch bewusst machen und gezielte Übungen anbieten.

denn in Fragesätzen	*doch* in Imperativsätzen
Was suchst du **denn**?	Frage **doch** (mal)!
Wann habt ihr **denn** Zeit?	Kommt **doch** mit!
Wo arbeiten Sie **denn**?	Nehmen Sie **doch** Platz!
Die Partikeln *denn* und *doch* machen Fragen oder Aufforderungen oft freundlicher. Sie stehen nie am Satzanfang und tragen nie den Satzakzent. ...	

Abbildung 4: Partikeln in *Studienweg Deutsch 1* (2004: 94)

Abb. 4 illustriert eine schon frühe explizite Behandlung. Daran schließen sich als Übungen ein Lückentext an, in dem zwischen *denn* und *doch* zu wählen ist (*Lernen Sie _____ zusammen. Lernen Sie _____ zusammen?*), und vorgegebene Sätze ohne Partikeln, in die sie an der richtigen Stelle einzutragen sind.

Der Verwendungsbereich der Abtönungspartikeln ist sicherlich nicht so einfach zu fassen, wie oben nahelegt; viele Lehrwerke überlassen deshalb ihren Erwerb unausgesprochen dem impliziten Lernen und sich entwickelnden Sprachgefühl. Für analytische Lerner sind Regeln und Übungen wie die vorgestellten aber eine Hilfestellung.

Telefonieren

Für einen Lerner, der das Zielsprachenland besuchen wird oder sich dort schon aufhält, ist die Fähigkeit zu telefonieren unumgänglich. Doch stellt es ihn gegenüber Face-to-face-Gesprächen vor besondere Schwierigkeiten. Kann er sich dort noch auf Gestik und Mimik oder das Beobachten der Mundbewegungen stützen, ist er am

9.3 Dialogisches Sprechen in Alltagssituationen

Telefon allein auf den akustischen Kanal angewiesen, der zudem in seiner Bandbreite reduziert ist. Bei Nicht-Privatgesprächen ist der Lerner darüber hinaus oft mit routinierten, schnell sprechenden Gesprächspartnern verbunden, etwa beim Anruf in einer Arztpraxis, bei der Auskunft, Bestellungen, einer Beratungsstelle oder Firma.

Zudem müssen die medienspezifischen sprachlichen Mittel und Rituale gründlich eingeübt werden, etwa wie man sich meldet, sich den gewünschten Gesprächspartner geben, etwas ausrichten lässt, auf technische Störungen reagiert oder ein Telefonat beendet (vgl. die Wortschatzübung in 4.2.2.2). Daneben muss die Reflexion interkultureller Unterschiede der Telefonrituale treten: Meldet man sich mit dem Namen, der eigenen Nummer oder einer Begrüßung wie *Hallo*? Innerhalb deutschsprachiger Länder ist darüber hinaus intrakulturell zu differenzieren zwischen privaten und offiziellen bzw. geschäftlichen Telefonaten, Telefonaten unter Erwachsenen vs. Jugendlichen usw. Zu den (sub)kulturspezifischen Regeln der Höflichkeit gehört ferner, dass man beachtet, zu welchen Zeiten man anrufen darf und wann besser nicht.

Angesichts der Schwierigkeiten für Lerner, ein Telefongespräch angemessen und erfolgreich zu führen, regt das Lehrwerk *Optimal* neben der Vermittlung des sprachlichen und interkulturellen Wissens in seinen Bänden A2 (2005) und B1 (2006) auch die Herausbildung von Strategien an, wie ein Telefonat vorbereitet werden kann und welche Strategien während oder nach dem Anruf möglich sind.

„Sichere" Themen in der Konversation

Drängen sich beim Telefonieren schon interkulturelle Unterschiede auf, so gilt dies verstärkt für jenes Sprechen, das nicht allein handlungsbegleitend und überwiegend transaktional ist, sondern wo Interesse an der anderen Person und Interaktionales, die Beziehungsanbahnung oder -pflege, im Vordergrund stehen. Solches Sprechen wurde oben als „Konversation" bezeichnet. Es birgt zahlreiche Fallstricke, denn es ist kulturspezifisch, über welche Themen man bei einer ersten Begegnung „sicher" sprechen kann, welche Anstoß erregen oder tabu sind. Die in manchen Ländern bald aufkommende Frage nach dem Alter wird in Deutschland oft selbst bei langjährigen Bekannten nicht gestellt. Auch die Direktheit oder Indirektheit des Sprechens unterliegt kulturellen Konventionen. Der Verfasser fand es beispielsweise befremdlich, wenn er in China so angesprochen wurde: "Hello, I want to practise my English on you." Für solche Aspekte versuchen neuerdings Aufgaben wie folgende zu sensibilisieren.

Andere Länder, andere Sitten
a) Was meinen Sie? Was kann man beim ersten Gespräch in D / A / CH nicht fragen? Streichen Sie die Sätze weg.

> 1. Wie geht es Ihnen?
> 2. Was machen Sie eigentlich beruflich.
> 3. Wie lange wollen Sie denn hier bleiben?
> 4. Was finden Sie hier besonders interessant?
> 5. Woher kommen Sie?
> 6. Sind Sie verheiratet?
> 7. Gefällt es Ihnen hier?
> 8. Wie alt sind Sie?
> 9. Wie ist Ihre Adresse und Ihre Telefonnummer?

b) Vergleichen Sie mit Ihrem Heimatland.
c) In D / A / CH : Was fragt man Sie als Ausländer oft beim ersten Gespräch?
   In Ihrem Heimatland: Was fragen Sie Ausländer beim ersten Kontakt?

Abbildung 5: *Stufen International 1* (1. Auflage €) (2001: 128); im Original andere graphische Gestaltung

Bei der Behandlung solcher Aufgaben kommt es darauf an, dass die Lehrperson über interkulturelle Erfahrung verfügt und mit den Lernern ein reflektierendes Gespräch führen kann. Wird lediglich dekretiert, was „richtig" und was „falsch" sei, ist die gewünschte Sensibilisierung für mögliche kulturelle Unterschiede nicht zu erreichen.

Kompensationsstrategien

Unter den Produktionsbedingungen des Sprechens „fehlen" selbst dem Muttersprachler zuweilen die Worte, was ihn zu strategischem Verhalten greifen lässt, etwa zum Einsatz von Platzhaltern wie *so ein Dingsbums* oder zu Floskeln, mit denen er Zeit gewinnen kann. Dem Fremdsprachenlerner fehlen die Worte oft im ganz realen Sinne: Er verfügt noch nicht über eine Bezeichnung, die er in der aktuellen Situation benötigen würde. Nachschlagen während eines Gesprächs scheidet in aller Regel aus, und so bleiben ihm nur der Ausdruck des Gemeinten durch Gestik und Mimik, der Rekurs auf eine eventuell gemeinsame dritte Sprache, der Versuch eines Internationalismus oder der Kognatenbildung – im Verlauf des Lernprozesses bildet sich ein Gefühl für mögliche Gemeinsamkeiten von L1 und L2 heraus –, die Bitte um Hilfe und schließlich als die vielleicht nützlichste Technik die Umschreibung des Gemeinten.

Die genannten Strategien sind keine Sprachlernstrategien, sondern dienen der Bewältigung eines aktuellen Problems und der erfolgreichen Fortführung der Kommunikation. Wie schon in Kap. 2.3.1 erwähnt, werden sie deshalb Kommunikations-, Gebrauchs- oder Kompensationsstrategien genannt. Sie sollten bei Sprachnot im Unterricht nicht negativ sanktioniert werden; inwiefern sie aber gelehrt werden sollten, ist im Einzelnen genauer zu diskutieren. So scheint es nicht sinnvoll, den Lernern eine Hilfskarte *‚Fillers' benutzen* anzubieten, wie in Schatz (2006: 91) vorgeschlagen.

> - Ich suche eine ... eh .... na ... wie sagt man das doch ... einen ... eh ... Bleistift
> - Haben Sie ... eh ... einen ... ja, also ... einen ...

Sinnvoll dagegen erscheint das gelegentliche Einüben von Umschreibungen, das auf einer Lernstufe beginnen sollte, wo der individuelle Wortschatz einerseits noch so wenig ausgebaut ist, dass die Technik hilfreich ist, andererseits aber schon genügend Wortschatz und grammatische Mittel zum Umschreiben vorhanden sind. In entsprechenden Übungen sollen die Lerner nach einem Muster weitere Wörter umschreiben; in einem zweiten Schritt werden sie von den Mitlernenden erraten, wobei die Umschreibung gegebenenfalls zu präzisieren ist, oder es werden die Paraphrasen miteinander verglichen.

9.3 Dialogisches Sprechen in Alltagssituationen

> **Was ist das?**
> Erraten Sie den Begriff und schreiben Sie die Kurzdialoge richtig zu Ende.
> ...
>
> a) Student: Also, du weißt schon ..., ich will so was ... Na, man kann damit – (macht eine Geste: *schreiben*). Auf Papier. Nein, ich will keinen Bleistift, sondern einen ...
> Wie heißt das nur?
> Studentin: Meinst du einen ... _____
> Student: Ja, hast du mal bitte einen ... für mich? _____
>
> b) Studentin: Hm. Wie heißt das auf Deutsch. Man braucht es in der Mensa. Man braucht dann kein Geld. Nein, Ticket heißt es nicht. – Man kann damit das Essen bezahlen.
> Mitstudent: _____
> Studentin: _____
>
> ...
>
> **Spiel**
> Jemand umschreibt etwas oder spricht mit Händen und Füßen. Die anderen raten den Begriff. ...

Abbildung 6: *Studienweg Deutsch 1*, Kursbuch (2004: 222–223)

Im Sinne des Strategietrainings ist es ratsam, im Anschluss an solche Übungen die verwendeten Techniken und sprachlichen Mittel zu sammeln und zu systematisieren, damit sie später leichter zur Verfügung stehen. Das kann folgende Form annehmen (vgl. Bimmel/Rampillon 2000: 176):

- Sagen, wie es aussieht: *Es ist rund, blau ...*
- Sagen, wozu es dient: *Ich brauche es für ..., man kann damit ...*
- Sagen, wo man es findet: *Es steht/liegt in ...*
- Sagen, wann man es findet: *Man sieht es am frühen Morgen.*
- Sagen, aus welchem Material oder welchen Bestandteilen es ist: *Es ist aus Plastik/aus Holz/aus ..., es besteht aus ...*

Wie alle Strategieübungen sind auch Umschreibungstechniken nicht massiert durchzuführen, sondern über längere Zeiträume verteilt immer wieder mal aufzugreifen. Eine Wiederholungsmöglichkeit bietet sich, wenn die Relativsätze eingeführt worden sind. Sie erlauben kompakte Charakterisierungen mit dem Oberbegriff als Bezugswort im Hauptsatz und dem unterscheidenden Merkmal im Relativsatz; ein Beispiel wurde bereits in 4.2.2.3 vorgestellt.

Um den Zeit- und Produktionsdruck realer Sprechsituationen abzubilden, lassen sich solche Aufgaben in Form eines Wettbewerbs durchführen. Die Klasse wird in zwei Gruppen geteilt, von denen jede fünf bislang unbekannte Substantive für Gegenstände aus einem Wörterbuch sucht und ihr Denotat auf eine Karte zeichnet oder das L1-Äquivalent darauf schreibt. Ein Mitglied der anderen Gruppe zieht eine solche Karte und muss das Gemeinte für seine Gruppe so definieren, dass sie das gesuchte Wort innerhalb eines festgelegten Zeitraums in der L1 nennen kann. Gelingt das, bekommt die Gruppe einen Punkt, wenn nicht, bekommt die andere Gruppe einen Punkt.

Aufgabe 9-4:
Butzkamm empfiehlt, dass Schüler lernen sollten, „Echo-Fragen" in Form von Gegen- und Rückfragen zu Aufforderungen zu stellen. Inwiefern können solche Echo-Fragen kompensatorisch eingesetzt werden?

Gegenfragen	Rückfragen zu Aufforderungen
L: Haben Sie alle Fragen bearbeitet? S: Ob ich alle Fragen bearbeitet habe? Ja, hm ...	Sie wollen, dass wir das auswendig lernen?
L: Haben Sie sich das auch notiert? S: Ob ich mir das auch notiert habe? Ja, natürlich.	Heißt das, dass wir das jetzt abschreiben sollen? Sollen wir das schriftlich beantworten?
L: Hat die Geschichte einen klaren Wendepunkt? S: Sie möchten wissen, ob die Geschichte einen Wendepunkt hat?	

Abbildung 7: Gegen- und Rückfragen bei Butzkamm (^{2}2007: 20)

9.4 Unterricht und Lernen als authentische Sprechanlässe

Das dialogische Sprechen des vorangegangenen Abschnitts ist kein authentisches, sondern simuliert lediglich mögliche Kommunikationssituationen, denen die Lerner nach bzw. außerhalb des Kurses gewachsen sein sollen. Doch ermöglicht auch die künstliche Situation des Fremdsprachenunterrichts authentische Kommunikation, nämlich dann, wenn es um die Interaktion im Unterricht selbst oder den Austausch über das Lernen geht (vgl. Kap. 2.3.3). Die fremde Sprache wird hier Mittel der Bewältigung eines Ausschnitts der Lebenssituation der Lerner, der Befriedigung eigener Bedürfnisse und der Auseinandersetzung mit Lehrern, Mitlernenden und der „Sache". Sie wird mitteilungsbezogen eingesetzt, nicht sprachbezogen wie bei der bloß übenden oder simulierenden Sprachverwendung. Solches Sprechen hat eine besondere Bedeutung für die Herausbildung der L2 und sollte daher gezielt gefördert werden.

Nun ist der Griff zur Fremdsprache als Kommunikationsmittel nicht in jeder Unterrichtskonstellation psychologisch gleich plausibel. Auf dem Kontinuum möglicher Konstellationen sind zwei prototypische Situationen gesondert zu betrachten. Erstens der Unterricht im Zielsprachenland mit Teilnehmern unterschiedlicher Ausgangssprachen und einem muttersprachlichen Lehrer, zweitens der Unterricht in sprachlich homogenen Gruppen im Land der Ausgangssprache mit einem Lehrer, für den Deutsch selbst eine Fremdsprache ist. Im ersten Fall ist die Fremdsprache für alle Beteiligten natürliches Verständigungsmittel – in der Anfangsphase vielleicht unterbrochen durch Rückgriff auf eine zuvor gelernte Fremdsprache oder lingua franca wie Englisch. Insofern als die noch nicht voll beherrschte Sprache bereits unabdingbares Kommunikationsmittel ist, entsteht eine partiell zweisprachliche Erwerbssituation.

Im zweiten Fall dagegen bleibt die Verwendung der Fremdsprache zur Bewältigung der kommunikativen Bedürfnisse stets künstlich (nicht aber die verhandelten Inhalte!),

9.4 Unterricht und Lernen als authentische Sprechanlässe 319

und ein Wechsel in die L1 liegt psychologisch stets nahe. Boócz-Barna (2007) hat in ihrer Untersuchung zum schulischen Deutschunterricht in Ungarn untersucht, welche Faktoren einen Sprachwechsel begünstigen und welche Intentionen Schüler und Lehrer mit ihnen verbinden. Zu einer Faktorengruppe für den Wechsel in die L1 gehören die emotionale Beteiligtheit der Schüler und der Übergang vom didaktischen zum „echten", mitteilungsbezogenen Gespräch. Das wird in dem folgenden, durchaus repräsentativen, Ausschnitt aus dem zweiten Lernjahr Deutsch ersichtlich.

L.:	Alle kennt ihr das Märchen Rotkäppchen, oder? (4 sec.) Rotkäppchen.	
B.:	Én a Rotkäppchen-ben én voltam a föszereplö. [Ich war in Rotkäppchen die Hauptdarstellerin]	
L.:	(lacht) Na & dann können wir das Rotkäppchen erzählen vielleicht?	
M.:	Te voltál a nagymama? (alle lachen) [Warst du die Großmutter?]	
B.:	Nem, én voltam a Piroska. [Nein, ich war das Rotkäppchen]	
L.:	⎧ Na, es war einmal ein ... ? Rotkäppchen, ja und?	
Ss.:	⎩ Rotkäppchen.	
Zs.:	Er ...	
L.:	Er? (alle lachen) Sie	
Zs.:	Rotkäppchen hatte eine Großeltern. ... Und ...	
L.:	⎧ Egy nagyszülöket? [eine Großeltern?] hatte Großeltern.	
M:	⎩ Hatte eine (lacht)	
Zs.:	Rotkäppchen ging einmal zu den Großeltern ...	

Abbildung 8: Boócz-Barna (2007: 113–114); L.: Lehrer, B., M., Zs.: Schülerinnen, Ss: mehrere Schüler zusammen; geschweifte Klammern: gleichzeitig Gesprochenes

Die Autorin charakterisiert die Szene so: „Hier laufen ... zwei Gespräche nebeneinander: Das didaktische Gespräch zwischen L. und Klasse (bzw. einzelnen Schülern) und das echte Gespräch zwischen B. und M., wobei das Letztere in der Muttersprache geführt wird. Der Grund für den Sprachwechsel ... ist die starke emotionale Betroffenheit und der Mitteilungsdrang." (Boócz-Barna 2007: 115) Aus längerer Beobachtung der Klasse und insbesondere der Schülerinnen B. und M. konnte ausgeschlossen werden, dass der Sprachwechsel an mangelnder Kompetenz im Deutschen lag. Gesprächsanalytisch kommt Boócz-Barna zu der Einschätzung, es sei „bedauerlich ..., dass die Intentionen von B. und M. durch die Lehrerin nicht erkannt wurden, und dadurch die Chance, über das Thema ein echtes Gespräch zu führen, nicht ausgenutzt werden konnte." (ebd.) Auch aus spracherwerblicher Sicht ist ein solcher Wechsel in die L1 bedauerlich, denn gerade wenn die fremde Sprache als Mittel der Weltbemächtigung und des persönlichen Ausdrucks erfahren wird, kann sie – in einer Metapher Butzkamms – besser einwurzeln. Hier sind noch Lernpotentiale zu heben.

Um Missverständnissen vorzubeugen: Mit der Betonung, dass Unterrichtssituation und Lernprozesse selbst erwerbsfördernde Möglichkeiten authentischer Kommunikation bieten, ist keinesfalls ein Plädoyer für eine strikte Einsprachigkeit und eine Verbannung der Muttersprache aus dem Unterrichtsgeschehen verbunden. Butzkamm hat in verschiedenen Veröffentlichungen, am ausführlichsten in *Aufgeklärte Einsprachigkeit* (1973) immer wieder darauf hingewiesen, dass eine dogmatische Einsprachigkeit des Unterrichts unnötige Lernschwierigkeiten aufwirft und dass der Rückgriff auf die gemeinsame L1 das Lernen erleichtern kann. Dies gilt für die als notwendig erachteten Grammatikerklärungen, die Spiegelung der fremden Strukturen in der Muttersprache oder die Erkenntnisvermittlung durch idiomatische Übersetzung (vgl. Kap. 5.2.3.2), es gilt für die Wortschatzarbeit und den Prozess des Aufbaus des mentalen Lexikons, aus dem sich die L1 ohnehin nur an der Oberfläche verdrängen ließe (vgl. Kap. 4.2.2.1), und es gilt schließlich für die Vermittlung interkulturellen Wissens und die Reflexion der über die sprachlichen Unterschiede hinausgehenden Andersartigkeit des Sprechens und Handelns in beiden Sprachen, die den Erwerb der fremden Sprache von Anfang an begleiten müssen, aber zu einem frühen Zeitpunkt noch nicht in ihr zu bewältigen sind. Gegebenenfalls ist auch die Aktivierung inhaltlicher Vorerfahrungen in der L1 etwa zur Vorbereitung von Lese- oder Hörverstehensaktivitäten sinnvoll.

Auf keinen Fall aber sollte – wie Boócz-Barna (2007) ebenfalls feststellen musste – ein beträchtlicher Teil der echten Kommunikation im Unterricht, über Organisatorisches, die Hausaufgaben, Disziplinprobleme oder ob das Fenster geöffnet werden dürfe etc., in der L1 ablaufen. Vielmehr sind von Anfang an die Sprachmittel bereitzustellen, mit denen solch wiederkehrende Themen und Situationen in der Fremdsprache bewältigt werden können. Dies gilt natürlich umso mehr für die Unterrichtssituation, in der es keine gemeinsame L1 gibt. Wie andere neuere Lehrwerke widmet *studio d A1* der „Sprache im Kurs" deshalb eine eigene Einheit.

9.4 Unterricht und Lernen als authentische Sprechanlässe 321

> Können Sie das bitte anschreiben?
> Was ist das auf Deutsch?
> Wie heißt das auf Deutsch?
> Was heißt ... auf Deutsch?

Abbildung 9: *studio d A1* (2005: 30); im Original farbig

In Abb. 9 werden einschlägige Redemittel angeboten und die Situation visualisiert, in der sie Verwendung finden können. Daneben muss das Vokabular der Gegenstände und Vorgänge im Klassenzimmer und der zum Lernen notwendigen Materialien und Handlungen erarbeitet werden; Abb. 10 zeigt ein Beispiel aus derselben Einheit. Ferner müssen die Lerner zur unterrichtsbezogenen Kommunikation untereinander befähigt werden (*Kannst du mir mal deinen Kuli geben? Wie hast du Aufgabe 3 gelöst?*) und vor allem zu solchen Sprechakten, mit denen sie im Sinne der Interaktionshypothese (vgl. 1.3.2) in den Stand gesetzt werden, an modifizierten Input zu gelangen und Bedeutungen auszuhandeln.

Solche der Sprache im Unterricht gewidmete Einheiten findet man in neueren Lehrwerken zunehmend. Selbstverständlich muss sich das Angebot anfangs auf einige zentrale Sprechintentionen und ihre Ausdrucksmöglichkeiten beschränken. Zu bedenken ist allerdings, dass zur Förderung der Gesprächsfähigkeit der Lerner nicht nur gehört, dass ihnen Redemittel an die Hand gegeben werden, mit denen sie asymmetrisch verteilte Sprechakte vollziehen können wie im gegebenen Fall das reaktive Stellen von Verständnisfragen und das Bitten um Wiederholung. Vielmehr müssen sie auch zu initiativen Sprechakten bezüglich der Unterrichtsorganisation, des Lernverlaufs und der Themensetzung befähigt werden, jenseits eines *Können wir Pause machen?* Im Sinne einer Veränderung der qualitativen Handlungsanteile von Lernern und Lehrern, für die schon in Kap. 2.2 argumentiert wurde, sollen die Lerner sprachlich und inhaltlich auch solche Sprechakte übernehmen können, die traditionell dem Lehrer zugeschrieben werden. Hier wird man aber auch bei neueren Lehrwerken kaum mehr fündig.

Fragen, Bitten, Arbeitsanweisungen.
Wer sagt was? Was sagen beide?
Kreuzen Sie an.

	Kursteilnehmer/in	Kursleiter/in
Was ist das?	■	■
Kreuzen Sie an!	■	■
Wie heißt das auf Deutsch?	■	■
Erklären Sie das bitte!	■	■
Sprechen Sie bitte langsamer!	■	■
Buchstabieren Sie das bitte!	■	■
Können wir eine Pause machen?	■	■
Lesen Sie den Text!	■	■
Schreiben Sie das bitte an die Tafel!	■	■
Ordnen Sie die Wörter!	■	■
Machen Sie Ihre Hausaufgaben!	■	■

Abbildung 10: *studio d A1* (2005: 37)

Für den nicht-muttersprachlichen Lehrer reicht das sprachliche Angebot, das Lehrwerke für die Unterrichtskommunikation in der Fremdsprache machen, ohnehin nicht aus. Butzkamm hat sowohl für den Englisch- als auch für den Deutschunterricht (1996 bzw. ^{2}2007) darauf hingewiesen, dass der Lehrer, selbst wenn er seine Fremdsprache ausgezeichnet beherrscht, noch lange nicht mit Fachterminologie und Berufssprache des Lehrens vertraut sein muss. In der Regel ist er hiermit weder in der Ausbildung noch während eventueller Aufenthalte im Zielsprachenland konfrontiert worden. Butzkamm hat daher eine Fundgrube der einschlägigen sprachlichen Mittel und Interaktionsrituale zusammengestellt, die auch neuere Entwicklungen der Unterrichtsmedien einbezieht: *Der Beamer zeigt kein Bild. Drück doch bitte die Tastenkombination ...* (Butzkamm ^{2}2007: 101).

Um die Lernenden ihrerseits zu initiierenden Sprechakten und zur Mitgestaltung des Unterrichts zu befähigen, werden ferner Musterdialoge und Redemittel wie in Abb. 11 und 12 empfohlen.

> S: Wir haben schon so viel für Französisch auf. Können Sie uns nicht etwas weniger aufgeben?
> L: Hab' ich euch denn so viel aufgegeben? Ihr braucht doch nur die neuen Vokabeln zu lernen.
> S: Wir schaffen das nicht. Dazu brauchen wir fast eine Stunde.
> L: Also gut, für morgen braucht ihr nur die Hälfte der neuen Vokabeln zu lernen.

Abbildung 11: Butzkamm (^{2}2007: 72)

> Schüler brauchen auch sprachliche Mittel, um eigene Vorschläge machen und den Unterricht mitsteuern zu können.
>
> Könnten wir jetzt nicht was anderes machen?
> Könnten wir nicht stattdessen unsere Stücke vorspielen?
> Warum können wir jetzt nicht ...?
> Ich habe eine bessere Idee: Können wir nicht ...?
> Darf ich einen (anderen) Vorschlag machen: Könnten wir nicht jetzt schon einen Teil der Hausaufgaben erledigen?
> Müssen wir das wirklich machen? Das ist doch so langweilig!

Abbildung 12: Butzkamm (^{2}2007: 23)

Fundierte Mitgestaltung setzt jedoch mehr voraus als nur die Redemittel für den Vollzug von Vorschlägen, sie verlangt auch die Auseinandersetzung mit den Inhalten und Vorgehensweisen des Unterrichts. Hierfür schlägt Butzkamm den Einsatz von Fragebögen vor, auf denen die Lerner zuerst nur ihre Meinungen ankreuzen, um danach über die Unterrichtssituation mithilfe der bereitgestellten Mittel zu sprechen. Einige Fragen und ihre Vorgaben, die natürlich an die jeweilige Situation anzupassen sind, seien hier vorgestellt (vgl. Butzkamm ^{2}2007: 123–126).

Wie gefallen dir die folgenden Übungsarten?

a. Lieder singen
b. Tests schreiben
c. Diktate schreiben
d. Kleine Stücke aufführen
e. Neue Texte anhören

h. Videos anschauen
i. Neue Wörter abschreiben
j. Texte auswendig lernen
k. Texte vorlesen
l. Hausaufgaben kontrollieren

  f. Aufgaben / Übungen aus dem Arbeitsbuch machen   m. Probleme diskutieren
  g. Grammatikübungen   n. Mit Partnern arbeiten

Zur Auswahl stehen *mag ich sehr / mag ich weniger / egal / mag ich nicht / mag ich gar nicht.*

Welche Themen und Texte, die wir behandelt haben, gefielen dir am besten? ...

  a. Text über Berlin: c. Deutsche Liedermacher:
  b. Ferien in Deutschland: ...

Zur Auswahl stehen *gefiel mir sehr / gefiel mir / keine Meinung / gefiel mir nicht besonders / gefiel mir gar nicht.*

Und nun zu den Hausaufgaben. Nenn bitte vier verschiedene Arten von Hausaufgaben und kreuze jeweils an, wie nützlich du sie findest.

  1. _____   3. _____
  2. _____   4. _____

Zur Auswahl stehen *sehr nützlich / nützlich / nicht sehr nützlich.*

Solche Fragebögen stimmen nun in ihrer Anlage nicht zufällig mit den Materialien zur Förderung der Lernbewusstheit und des Autonomen Lernens überein, die in Kap. 2.3 vorgestellt wurden. Wer sich seiner Lernprozesse und seiner Lernumgebung bewusst ist, lernt effektiv, Reflexion und Diskussion des Lernprozesses wiederum sind authentische Gesprächsanlässe.

9.5 Monologisches Sprechen und Diskussionsbeiträge

Monologisches Sprechen, d. h. eine längere, zusammenhängende mündliche Darstellung von Sachverhalten, ist lange auch von denen nicht reflektiert worden, die für eine besondere Förderung der Sprechfertigkeit eintreten. Dabei geht es hier um so gängige kommunikative Aktivitäten wie das Berichten von einer Reise oder vom letzten Wochenende, das Nacherzählen der Handlung eines Films oder Buchs, um eine begründete Meinung zu einem Thema oder – auf Fortgeschrittenenniveau – um die Darstellung von Arbeitsergebnissen oder für den Hörer unbekannten Sachverhalten, um Kurzreferate usw.

  Bei diesen Aktivitäten liegt auch in der Muttersprache oft kein rein spontanes Sprechen vor, sondern Bericht oder Vortrag können in unterschiedlichem Ausmaß vorbereitet sein. Am einen Ende stehen bloße Stichwörter, am anderen ein schriftlich ausformulierter Text, der mündlich lediglich realisiert wird. So berühren sich beim monologischen Sprechen schon in der L1 Mündlichkeit und Schriftlichkeit. Unter den erschwerten Bedingungen der Sprachproduktion in der L2 ist es didaktisch geboten, die Möglichkeit schriftlicher Vorbereitung mündlicher Äußerungen verstärkt zu nutzen. Sie kann zu sprachlich und inhaltlich besserem und komplexerem Sprechen führen.

  Das Berichten wird auf der Grundstufe oft über tabellarisch geordnete Stichwörter gestützt, indem die Lerner beispielsweise einen Tagesablauf, den Plan für eine Geburtstagsfeier oder ein Besichtigungsprogramm erhalten. Auf diese Weise sind sie von der Planung der Inhaltspunkte und ihrer Abfolge entlastet, doch müssen sie die Informationseinheiten noch auf Sätze verteilen, diese korrekt bilden und textsortenspezifisch miteinander verknüpfen. Wie beim Schreiben kommt der Herstellung des Zusammenhangs große Bedeutung zu, und so geben Lehrwerke hier auch oft Konnektoren wie in Abb. 13 vor, die beim Sprechen verwendet werden sollen.[55]

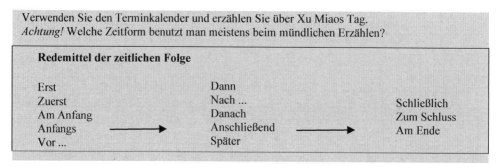

Abbildung 13: *Studienweg Deutsch* 2 (2005: 142)

Stichwörter für das monologische Sprechen können auch von den Lernern selbst erstellt werden, indem sie etwa einen erzählenden (Lektions)Text auf strukturierte Stichwörter reduzieren, um ihn auf dieser Basis wiederzugeben. Vorträge im Plenum sollten stets in Einzelarbeit oder als Hausaufgabe vorbereitet werden, damit alle Lerner aktiv sind und diejenigen, die zum Vortrag kommen, mit größerem Vertrauen vor die Gruppe treten können. Das Verfahren, Texte auf Stichwörter zu reduzieren und dann wieder zu expandieren, sollte auch als Lernstrategie zur Förderung zusammenhängenden Sprechens empfohlen werden.

Vorgabenorientiertes monologisches Sprechen ist mittlerweile auch Teil mündlicher Prüfungen. So bietet das Lehrwerk *Lagune* am Ende seines ersten Bandes, der zum Niveau A1 des Europäischen Referenzrahmens führt, einen Übungstest für die Prüfung „Start Deutsch 1" an. Der mündliche Teil verlangt, dass sich die Prüflinge vorstellen. Zur Vorbereitung dürfen sie eine gute Minute auf ein Aufgabenblatt mit Stichworten schauen, das während der Prüfung liegen bleibt (vgl. *Lagune 1* 2006: 162):

SICH VORSTELLEN

Name?
Alter?
Land?
Wohnort?
Sprachen?
Beruf/Schule?
Hobby?

---

[55] Soweit Konnektoren oder die anderen Kohäsionsmittel wie Verweisformen, Wortstellung und Tempora isoliert zum Gegenstand mündlicher Komponentenübungen werden, sind sie anders durchzuführen als die entsprechenden schriftlichen Übungen aus Kap. 8.3.1, nämlich mit dem Fokus auf Geschwindigkeit.

9.5 Monologisches Sprechen und Diskussionsbeiträge

Für weiter Fortgeschrittene eignen sich sach- und problembezogene Darstellungen, etwa das Verbalisieren von Diagrammen mit landeskundlichen Informationen. Lehrmaterialien bieten zu solchen Diagrammen in der Regel passende Redemittel an. Ein möglicher Unterrichtsablauf zum Thema „Essen und Trinken in Deutschland" sieht so aus: In der Einstiegsphase nennen die Lerner Speisen und Getränke, von denen sie glauben, dass Deutsche sie häufig konsumieren. Zur Überprüfung ihrer Annahmen wird das folgende Diagramm verteilt. Nach der Erarbeitung der Redemittel bereiten die Lerner schriftlich einen Vortrag zu dem Thema vor, der sich auf die Informationen des Diagramms stützt. Einige Kursteilnehmer tragen vor.

Was Deutsche essen und trinken

Essen	Pro-Kopf-Verbrauch in Kilogramm	Trinken	Pro-Kopf-Verbrauch in Liter
Frischobst	128	Kaffee	162
Fleisch	94	Bier	128
Gemüse	88	Mineralwasser	104
Brot & Brötchen	85	Erfrischungsgetränke	104
Kartoffeln	71	Milch	82
Zucker	34	Fruchtsaft	41

Mögliche Redemittel:
In dem Diagramm sieht man, dass ...
Aus dem Diagramm kann man erkennen, dass ...
Das Diagramm zeigt, dass ...

... die Deutschen im Durchschnitt ...
... die Deutschen durchschnittlich ...
... die Deutschen am meisten ...

... ___ Kilo/Liter ___ im Jahr ...
... ___ Kilo/Liter ___ pro Jahr ...
... ___ Kilo/Liter ___ jährlich ...

... essen.
... konsumieren.
... trinken.
... zu sich nehmen.

Danach lässt der Lehrer problematisieren, ob und inwiefern das Konsumverhalten in Deutschland von dem in anderen Ländern abweicht. Zuerst sollten die Lerner wieder ihre Erfahrungen und Einschätzungen formulieren, um sie dann anhand eines zweiten Diagramms zu überprüfen. Diesmal sollen die Informationen nach kurzer Verarbeitungszeit ohne schriftliche Vorbereitung verbalisiert werden. Eine solche Aufgabe ist auch üblich in der mündlichen Prüfung des *Zertifikats Deutsch* am Ende der Niveaustufe B1.

Fleischverbrauch in Europa	
Verbrauch pro Kopf im letzten Jahr in Kilogramm	
Spanien	128
Frankreich	109
Dänemark	107
Irland	106
Portugal	104
Österreich	98
Belgien, Luxemburg	95
Deutschland	94
Italien	90
Niederlande	84
Griechenland	83
Großbritannien	77
Schweden	72
Finnland	69

Auf der Oberstufe ab Niveaustufe C1 steht beim monologischen Sprechen im Vordergrund, dass die Gliederungssignale und aufmerksamkeitssteuernden Mittel von Vortrag und Rede erarbeitet und verwendet werden; Storch (1999: 239) stellt einige dieser „makrostrukturellen Redemittel" vor. Antos (1982: 58f) hat zu Demonstrationszwecken eine Redewiedergabe verfasst, die – bar jeden propositionalen Inhalts und jeder illokutiver Funktion – die von ihm so genannten textorganisierenden Ausdrücke illustriert. Aus dem Beispiel wird deutlich, dass diese Mittel nicht nur der Gliederung und Rezeptionssteuerung in monologischen Redebeiträgen, sondern auch deren Wiedergabe sowie dem Eingreifen in Diskussionen dienen können.

In einer gestern vor ABC gehaltenen brisanten Rede hat XYZ ausführlich und offen Stellung zu den gegenwärtig heiß diskutierten Fragen genommen.
Zunächst schickte er einige kritische Bemerkungen über die Art und Weise voran, wie im Moment die brisanten Themen öffentlich diskutiert werden. Dann begann er mit der Erörterung der aktuellen Lage und betonte die Aktualität der Probleme, wobei er sich eine bis ins Detail gehende Begründung ersparte. Allerdings müsse er ... einige ... verbreitete Vorstellungen mit der gebotenen Klarheit richtigstellen. Dann stellte XYZ zwei Thesen auf und erläuterte sie ausführlich anhand von plastischen Beispielen. Anschließend beleuchtete er die Konsequenzen der Thesen, wobei er besonders die zweite These klar herausarbeitete. Er versuchte dann, in mehrere Abschnitte gegliedert, einen Fünf-Punkte-Plan zu entwickeln, auf den er in gewohnt überzeugender Weise näher einging. Er präzisierte und ergänzte ihn schließlich mit einigen Bemerkungen zu seiner Realisierung. Zum Schluß faßte er die wichtigsten Punkte zusammen, wiederholte nochmals die zentralen Forderungen und unterstrich die Relevanz der ganzen Angelegenheit.

Diskussionsbeiträge

Es mag auf den ersten Blick erstaunen, dass in diesem Teilkapitel Diskussions- und Debattenbeiträge zusammen mit dem monologischen Sprechen angesprochen werden, obwohl sie konstitutiver Teil dialogischen Sprechens sind. Der Grund ist, dass es sich bei Diskussionen und Debatten nicht um Alltagsgespräche handelt, die in der Regel handlungsbegleitend oder interaktional im Sinne der Etablierung oder Aufrechterhaltung von Kontakt sind. Sie bilden vielmehr einen eigenen Handlungstyp, in dem es darum geht, Erkenntnis zu gewinnen und zu verarbeiten oder Entscheidungen aufgrund des Abwägens von Argumenten vorzubereiten. Wie das monologische Sprechen sind sie auch in der L1 oftmals nicht spontan, sondern geplant. Diskussionsbeiträge werden vorbereitet, wobei auch hier die schriftliche Fixierung eine bedeutende Rolle spielt, wenn auch in ihrem Umfang schwankend zwischen Notizen und wortwörtlicher Ausformulierung. Fundierte und substantielle Diskussionsbeiträge basieren zudem meist auf geschriebenen Texten.

Diskussionen und Debatten in der Fremdsprache zu führen ist noch einmal herausfordernder als in der L1. Umso mehr muss bei ihnen gesichert sein, dass sich die Lerner zur Gewinnung ihrer Argumente auf Texte stützen sowie sprachlich und inhaltlich im Medium der Schrift vorbereiten können. Portmann (1991) plädiert eindringlich für eine solche Vorbereitung von Diskussionsbeiträgen, für die er vier Vorteile aufführt:

1. „Die Lernenden werden instand gesetzt, mit grösserer Zuversicht und mit mehr Chancen darauf, verstanden zu werden, ihren Beitrag zum Unterricht zu machen." (Portmann 1991: 555) Dem ist hinzuzufügen, dass auch die Äußerungsbereitschaft langsamerer und zurückhaltender Lerner steigt, die Beteiligung an der Diskussion mithin breiter wird.
2. Ein unterrichtsorganisatorischer Vorteil besteht darin, dass schriftliche Vorbereitungen leichter in einer Folgestunde wieder aufgegriffen und genauere Vergleiche zwischen Beiträgen verschiedener Lerner vorgenommen werden können.
3. Eine mündliche Vorbereitung kann vage bleiben, eine schriftliche fordert zur Festlegung dessen auf, was genau als Resultat einer Auseinandersetzung mit einem Thema gelten soll.
4. Eine schriftliche Vorbereitung führt zu genauerer Auseinandersetzung mit der Zielsprache, so dass „Ausdrucksprobleme wahrgenommen und bewusst Mittel gesucht werden, die dem Ausdruck dessen dienen, was man sagen will. Damit kommen Wachstumszonen der Sprachkompetenz, deren Erweiterungsgebiete in den Blick." (Portmann 1991: 556)

Zusammenfassend kann sowohl für substantielle Diskussionsbeiträge als auch für das monologische Sprechen die These vertreten werden, dass das Ziel des freien Sprechens nicht auch sein Weg ist:

Wird das Ziel, dass im Unterricht sinnvolle Mitteilungen ermöglicht werden sollen, ernst genommen, so müssen die Beiträge einem gewissen minimalen Stand der Klarheit und Verständlichkeit entsprechen. Auf dieser Basis ist es wohl konsequenter ... , die Forderung nach freiem Sprechen als Zielforderung zu betrachten, sie nicht zum Ausgangspunkt der didaktischen Planung zu machen. Die Fähigkeit zu freiem Vortrag ist, vor allem in der Fremdsprache, aufzubauen, nicht vorauszusetzen. (Portmann 1991: 559–560)

Die Schwierigkeiten monologischen Sprechens, aber auch die Lernchancen, die seine Einbettung in die unterrichtliche Interaktion bietet, soll ein Transkript einer Phase aus einer Unterrichtsstunde illustrieren. Gegen Ende eines studienvorbereitenden Grundstufenkurses im Zielsprachenland mit erwachsenen Teilnehmern unterschiedlicher Ausgangssprachen (Niveau A2) zeigte die Lehrerin einen Fernsehwerbespot für ein Handy, und zwar zunächst ohne dessen überraschendes Ende. Zwei Gruppen von etwa vier Lernern sollten beschreiben, was sie gesehen hatten, zwei andere Gruppen sollten Spekulationen über den Fortgang des Spots anstellen. Von den beiden Gruppen mit der Beschreibungsaufgabe gelang es einer, ihre Beschreibung vollständig schriftlich auszuformulieren und in einem Zuge vorzutragen, die zweite Gruppe war nicht zu einer schriftlichen Ausformulierung, sondern nur zu Stichworten gelangt. Der mündliche Vortrag des Ergebnisses dieser Gruppe durch eine Studentin (S1) ist im Folgenden transkribiert; zuweilen schaltet sich eine zweite Studentin (S2) ein, ebenso der einzige männliche Student der Gruppe (Sm); geschweifte Klammern bezeichnen gleichzeitig Gesprochenes.

L.:	(an den Gruppentisch gewandt) Ja, was haben Sie denn geschrieben, was haben Sie im Werbespot gesehen?
S1:	{ Ehm, das ist eine Person ... er war in de ... Kaufhof und ... das Handy
	... hat geklingelt
Sm:	Plötzlich, plötzlich
S1:	Das Handy hat geklingelt.
L.:	Das Handy hat geklingelt, ja.
S1:	Er hat gesehen, dass eine Person dich anrufen, angerufen, eine Person sich angerufen hat.
S2:	(halb vor sich hin) Ihn angerufen hat.
S1:	Ehm, er war sehr nervos ...
L.:	War sein Boss?
S1:	Nervos.
S2:	{ Nervös.
L:	{ Nervös? Aha, nervös. Gut.
S1:	{ Nervös.
S1:	Ehm, also ehm ... er ist so schnell zu den ganze Kau- Hauptbahnhof
S2:	Kaufhof, Kaufhof, Hauptbahnhof? (lacht)
S1:	Hauptbahnhof? (lacht) Kaufhof! (lacht), Kaufhof, oi, das ist zu kompliziert! Er ist, er ist so schnell durch die ganze Kaufhof gelauft, er ist auf die ...
L.:	Aha, ... gelaufen, ja? Er ist dann durch den ganzen Kaufhof gelaufen.
S1:	Gelaufen?
L.:	(bestätigt)
S1:	Und dann, und dann hat er ins Bett gepuckt, geprungen ...
L.:	Gesprungen.
S1:	(langsam und deutlich) Gesprungen.
L.:	Ja. Gut, sehr gut, sehr schön, danke. (zu den anderen Gruppen gewandt) Möchtest du, möchten Sie noch etwas hinzufügen? (andere Gruppen reagieren nicht)
Sm:	(zur Lehrerin, fragend) Laufen als toll, als toll ... laufen, wie toll
L.:	Wie toll, ja, sehr schnell, wie toll.
	...
	Gut, danke schön ...

Aufgabe 9-5:
(a) Identifizieren Sie die Stellen, an denen S1 bei ihrem Vortrag Schwierigkeiten hat. Von wem erhält sie welche Art von Hilfe? Kommt es in der Interaktion zwischen S1 und den anderen Gruppenmitgliedern bzw. der Lehrerin zu vertikalen Strukturen und *Scaffolding* im Sinne von Kap. 1.3.2?
(b) Versuchen Sie den Einfluss der vorangegangenen Gruppenarbeitsphase auf die transkribierte Szene zu bestimmen.
(c) Charakterisieren Sie das Korrekturverhalten der Lehrerin.

9.6 Zum Abschluss noch einmal: Sprechen und Schreiben

9.6.1 Wider eine Hierarchisierung der produktiven Fertigkeiten

Anlässlich der Reflexion über die Eigenheiten des Schreibens (8.1) und der didaktischen Überlegungen zu einem Phasenmodell für den Unterricht (8.2.4) wurde dargelegt, dass eine komplexe Schreibaufgabe erheblich vorentlastet werden kann. Die Entlastungsvorschläge setzten dabei in hohem Maße auf das Sprechen: Sei es, dass die Lerner die genaue Situierung der Schreibaufgabe besprechen und mögliche Schreibziele diskutieren sollten, sei es, dass in Partner-, Gruppenarbeit oder Plenum Inhaltspunkte mündlich gesammelt und dann stichwortartig fixiert werden sollten. Ein solches Vorgehen scheint auf eine Abstufung der Schwierigkeiten beider Fertigkeiten hinzuweisen. Nimmt man dann noch die Tatsache hinzu, dass sich die Sprechfertigkeit in der L1 durch Interaktion mit der sprechenden Umwelt ohne unterrichtliche Steuerung entwickelt, das Schreiben aber in aller Regel erst auf der Basis einer fortgeschrittenen mündlichen Kompetenz und in einem lange andauernden Prozess der Unterweisung angeeignet wird, dann liegt der Schluss nahe, das Sprechen sei leichter als das Schreiben und habe ihm auch im Fremdsprachenunterricht in der didaktischen Progression voranzugehen.

Dies kann jedoch lediglich für eingrenzbare Sprechsituationen gelten, nämlich solche, in denen das Sprechen situationsgebunden und vornehmlich transaktional ist, die einen hohen Anteil von erwartbaren Sprechhandlungen und Handlungssequenzen aufweisen und im Übrigen stark ritualisiert sind. Wie schon im vorangehenden Abschnitt (9.5) gezeigt, gilt die Hierarchie der Schwierigkeiten nicht für das Sprechen jenseits von Alltagssituationen, wie es sich in Diskussionen, Debatten, Klärungs- oder Instruktionsgesprächen vollzieht. Diese Arten der mündlichen Sprachverwendung werden auch in der L1 vorbereitet, bloß gedanklich oder auch schriftlich, und sie sind oft von Notizen begleitet. Dies berücksichtigend, ist Portmanns Kritik an didaktischen Positionen zuzustimmen, die generell eine Progression vom Sprechen zum Schreiben annehmen – ganz abgesehen davon, dass die vier Fertigkeiten stets gemeinsam, wenn auch in unterschiedlichen Anteilen, das Gesamt der Kommunikationsfähigkeit ausmachen, die von den Lernern erreicht werden soll. „Je nach Umständen kann Schreiben eine einfachere und leichter beherrschbare Weise des Sprachgebrauchs darstellen als das Sprechen. Die klare Sukzession, die man traditionell fürs Sprechen und Schreiben vorsieht, ist ... nicht zu halten ..." (Portmann 1991: 564)

9.6.2 Unterrichtsgespräch über einen literarischen Text

Als Beispiel dafür, wie früh gehaltvolles Sprechen möglich ist, wenn es unter anderem durch Schreiben vorbereitet wird, sei kurz von einer Unterrichtsstunde berichtet. Sie fand gegen Ende eines einsemestrigen Grundstufenkurses im Zielsprachenland statt, die Teilnehmer, etwa zur Hälfte männlich und weiblich, kamen aus Europa, Afrika, Amerika und Asien, waren zwischen 20 und 24 Jahre alt und beabsichtigten, nach Abschluss der Grundstufe und einem weiteren Halbjahreskurs die DSH abzulegen; es unterrichtete eine DaF-Studentin. Den Gegenstand bildete ein Gedicht von E. Jandl, das der konkreten Poesie zuzuordnen ist;[56] das Grobziel bestand in einem Interpretationsgespräch.

```
    eins

    gemeinsamen
    gemeinsame
    gemeinsam
    gemein
      mein
       ein
       einsam
       einsame
       einsamen
         samen
           amen
       eins
```

Aus dem letzten Viertel des 45-minütigen Unterrichts seien nun zwei Lernerbeiträge angeführt. Der erste fiel in eine Phase des Gesprächs, in der es um Leben in Einsamkeit oder in Gemeinschaft und um die diesbezüglichen Unterschiede zwischen Deutschland und dem Heimatland ging:

> Zum Beispiel die Deutschen, die wohnen, also alle sind gemeinsam, weil normalerweise die Häuser, da wohnen tausend Familien in einem Haus, und die sind sehr einsam, also eigentlich, die wohnen alle zusammen, aber alle haben ein eigenes Leben, also, niemand weiß, was von dem Nachbarn ist, oder – zum Beispiel in Argentinien (unverständlich) nicht so, normalerweise die haben alle ein eigenes Haus, aber die wissen alle von den anderen, was weiß ich, „dabadabada", aber hier – ich denke das Gegenteil, also es wohnen alle zusammen, aber (unverständlich) den Nachbarn, wie er heißt, oder also den Briefkasten (unverständlich) habe den Namen gelesen, aber sonst nichts.

Der zweite Beitrag stand in diesem Kontext: Die Lehrerin hatte in provokativer Absicht nach Zeilen gefragt, die inhaltlich nicht zu dem Gedicht passten, und die Gruppe hatte *Amen* und *Samen* genannt. Auf den weiterführenden Impuls „Seht ihr keinen Zusammenhang?" sagte ein Lerner:

> Doch, doch. Ich denke, Samen hat etwas mit Amen zu tun, vielleicht Samen bedeutet, wir kommen aus irgendwo, und deswegen musst du beten. Du musst einsehen, dass vielleicht Gott hat uns geschöpft für Gemeinschaft und nicht für Einsamkeit.

---

[56] Zitiert nach Ernst Jandl: poetische Werke. Hrsg. von Klaus Siblewski. © 1997 Luchterhand Literaturverlag München.

Die beiden Äußerungen können als gedanklich und sprachlich komplexe Beiträge gelten, die jeweils das Ihre zu dem Gespräch über das Gedicht beisteuerten. (Der Aspekt der Sprachrichtigkeit soll hier ausgeklammert bleiben; vor allem der erste Beitrag wirkt in seiner schriftlichen Fixierung befremdlicher als in seiner mündlichen Realisierung. Es sei an den authentischen Dialog zweier Muttersprachler aus Aufgabe 9-1 erinnert, der ebenso Abbrüche, Neuanfänge und Verschmelzungen inkongruenter Strukturen enthielt und damit unter satzgrammatischen Aspekten auch nicht fehlerfrei war.) Ein wenig Unterrichtserfahrung lehrt, dass solche Beiträge selbst bei noch so guter Gesprächsführung durch den Lehrer und trotz ausgefeilter Impulse spontan kaum zustande kommen, zumal in einer Grundstufe. Es bedarf dazu einer sprachlichen Vorbereitung und einer vertieften gedanklichen Auseinandersetzung mit dem Gegenstand. Einen solchen Boden hatte in der vorliegenden Unterrichtsstunde eine Kette von Aktivitäten bereitet:

Phase 1: Die Lehrerin legte eine Folie mit dem Gedicht auf den Overheadprojektor und ließ die Lerner die Art des Textes bestimmen und begründen. Die Nennungen umfassten u. a. Gedicht, Witz, Werbung.
Phase 2: Die Lehrerin verdeckte den Text und ließ ihn Zeile für Zeile mündlich rekonstruieren, wobei sie die rekonstruierten Teile aufdeckte. Dabei wurde die Bedeutung der Wörter *gemeinsam, gemein, mein, einsam, Samen, Amen* so weit als möglich von den Lernern geklärt.
Phase 3: Die Lerner erhielten dann den Text und bildeten mit jedem seiner Wörter in Einzelarbeit je einen Satz. Die Sätze wurden anschließend im Plenum vorgelesen.
Phase 4: Interpretationsgespräch.

Es ist dieses gestufte Vorgehen und die genaue Auseinandersetzung mit dem Text, die zunächst nicht analytisch-interpretatorisch vonstatten ging, sondern über die – als herausfordernd und motivierend empfundene – Rekonstruktion des Wortlauts, und die Anbahnung von Interpretation durch die Schreibaufgabe in Phase 3, die schließlich gehaltvolles Sprechen möglich machte, selbst auf dem gegebenen Niveau der Sprachbeherrschung. Das Schreiben hatte hier eine heuristische, Gedanken erst hervorbringende Funktion.

9.7 Lösungshinweise zu den Aufgaben

Zu Aufgabe 9-1:
(a) Dialog 1 stammt aus dem Lehrwerk *Eurolingua Deutsch* 1 (1996: 181), das der weiterentwickelten kommunikativen Didaktik zugerechnet werden kann; Dialog 2 ist ein Transkript eines authentischen Gesprächs über den Film *Blow Up* aus *Texte gesprochener deutscher Standardsprache* (1971), bei dem der Lesbarkeit halber metasprachliche Markierungen entfernt und Pausen etc. im Klartext bezeichnet wurden; Dialog 3 stammt aus dem audiolingual beeinflussten Lehrwerk *Deutsch als Fremdsprache* (1978: 41).
(b) Das Transkript des authentischen Dialogs ist schon auf den ersten Blick an seiner Form zu erkennen, die von den üblichen schriftsprachlichen Konventionen abweicht. Das Transkript versucht, Pausen, Unverständliches, gleichzeitig Gesprochenes und andere Eigenschaften von Gesprächen zu fixieren. Es enthält auch diejenigen Phänomene, die auf Probleme der Sprachplanung und -realisierung hinweisen und die in einem schriftlich konstituierten Dialog nicht anzutreffen wären. Dazu gehören Wiederholungen und Pausen (*das ist der Mörder. (Pause)*

das ist der Mörder, der (Pause)), Neuansätze (*wie die diese Sachen wie der die Sachen entwickelt; dieses Bild, wenn das wenn immer noch mal der Ausschnitt vergrößert wurde*), Abbrüche (*also der der Leser der*) und falsche Kollokationen wie **Schlüsse machen*. Typische Kennzeichen mündlich konstituierter Sprache sind Ellipsen (*war auch das Beste für ihn*), unvollständige Sätze und Parataxen (*und die Frau (Pause) bugsiert doch diesen ältlichen Liebhaber*) ebenso wie die zahlreichen referierenden Ausdrücke, deren Referenz nur durch die Kenntnis des situativen Kontexts und des den Kommunikationspartnern gemeinsamen Wissens erschließbar ist (*das ist der Mörder; dieses Bild*). Die ständigen verbalen und nicht-verbalen bestätigenden Hörersignale seitens B und die Fortsetzung des von A begonnenen Satzes durch B (*A: wie die diese Sachen wie der die Sachen entwickelt, B: +g+ das war ganz toll*) ermuntern A zum Weitererzählen und dienen somit der Interaktion.

(c) Dialog 1 ist als Lehrwerktext schriftlich konzipiert und enthält daher keine den Produktionsbedingungen mündlicher Sprache geschuldeten Wiederholungen, Abbrüche, Neuansätze und keine lexikalischen oder grammatischen Fehler. Andere Aspekte mündlicher Sprache sind aber vorhanden und lassen den Dialog als weitgehend authentisch erscheinen. Die zahlreichen äußerungseinleitenden Partikeln (*ja, nein, na, ach*), die äußerungsinternen Abtönungspartikeln (*denn, doch*), die ermutigenden Hörersignale und die Wiederaufnahme von Teilen der Partneräußerung (*Nein, wirklich? Das Bein?*) illustrieren sämtlich den „interaktionalen Schmierstoff", der das Gespräch am Laufen hält. Mündlich ist auch die für die Hörerin zunächst nicht erschließbare Referenz *und dann ist es passiert*, die von der Sprecherin erst aufgrund der Nachfrage *Was denn?* nachvollziehbar gestaltet wird: *Na, der Unfall*. Typisch für das gesprochene Deutsch ist ferner die Verwendung des Demonstrativartikels statt des Personalpronomens: *Ach der! Der weiß doch nichts!* – Dialog 3 weist demgegenüber keines dieser Merkmale der Mündlichkeit auf und ist als völlig unauthentisch zu bezeichnen. Kein normales Gespräch reduziert sich alleine auf den transaktionalen Aspekt und lässt das Interaktionale so vermissen wie Dialog 3, dessen didaktischer Funktion, den Akkusativ der Personalpronomina einzuüben, sprachliche Natürlichkeit wie kommunikative Angemessenheit geopfert wurden. Begegnete man Dialog 3 tatsächlich außerhalb eines Lehrbuchs, würde man aus dem Fehlen der üblichen interaktionalen Signale auf eine bestimmte Art von Beziehung schließen, nämlich eine Beziehung kalter Feindseligkeit.

Zu Aufgabe 9-2:

Formel	Sprechsituation
1. Das macht dann *eins zehn*.	In jedem Geschäft bei einem Einkauf, gegen Ende des Gesprächs.
2. *Am Donnerstag* kann ich leider nicht, da muss ich ...	Höfliche Ablehnung einer Einladung, einer Verabredung oder eines Vorschlags mit Nennung des Grunds.
3. Kann ich etwas ausrichten?	Bei einem Telefonat, wo der Anrufer den gewünschten Gesprächspartner nicht erreicht hat.
4. Herzlichen Glückwunsch *zum/zur* ...	In einer Situation des Gratulierens: Geburtstag, Examen ...
5. Entschuldigung, ist hier noch frei?	In der Mensa, in der Bibliothek, im Zug ..., um einen Platz einnehmen zu können.
6. Es tut mir leid, ich bin auch nicht von hier.	In der Situation des Nach-dem-Weg-Fragens, wenn der Angesprochene keine Auskunft geben kann.

9.7 Lösungshinweise zu den Aufgaben

Zu Aufgabe 9-3:
(a) Ein mögliches Dialoggeländer für das Verkaufsgespräch *Beim Bäcker* wäre:

```
Begrüßung / Wunsch?        ↘
                               6 Brötchen / Preis?
                           ↙
Welche? / ... oder ...?    ↘
                               Brötchen für ... / frisch?
                           ↙
+ / alle Brötchen von ... heute
                           ↘
                               Wahl der Brötchen
                           ↙
weiterer Wunsch?           ↘
                               -
                           ↙
Preis                      ↘
                               Verabschiedung
                           ↙
Verabschiedung
```

Variiert werden können u. a. der Kaufgegenstand *Brötchen* → *Brot, Kuchen, Sandwich* ..., die Eigenschaften *frisch* → *salzig/süß, hell/dunkel, mit Sesam, Mohn* ...
(b) Bei einem pantomimischen Vorspielen des Gesprächs aus *Stufen International* können das Drängen des einen Partners und die anfängliche Ruhe des anderen sowie dessen plötzliche Erkenntnis herausgearbeitet werden. Dies dürfte einer nachfolgenden emotionalen und ausdrucksstarken Realisierung des Dialogs förderlich sein.
(c) Das Erstellen eines Dialoggeländers ist die anspruchsvollere Aufgabe. Die Lerner müssen selbst festlegen, welches die variablen bzw. die festen Teile des Dialogs sein sollen, und sie können die Varianten selber bestimmen; allerdings müssen die Sprachmittel schon zur Verfügung stehen. Dagegen steuern vorgegebene Alternativen wie in dem Abreisedialog die Lerner stärker. Zudem besteht die Gefahr, dass solche Übungen rein mechanisch durchgeführt werden. Die Variation des Dialoggeländers bereitet besser auf reale Kommunikationssituationen vor.

Zu Aufgabe 9-4:
Echo-Fragen ermöglichen dem Lerner zum einen, sich zu vergewissern, ob er die Frage oder Aufforderung des Gesprächspartners sprachlich oder in ihrer Intention richtig verstanden hat. Zum anderen gewinnt er, sofern er sie automatisiert einsetzen kann, Planungszeit, um seine Antwort sprachlich zu formulieren oder inhaltlich zu durchdenken. In dem gegebenen Beispiel wird diese Strategie auch für authentische Kommunikation im Unterricht empfohlen (vgl. 9. 4).

Zu Aufgabe 9-5:
(a) S1 zögert zuerst beim Übergang von der Angabe des Orts und der Person zum Beginn der Handlung. Das einzige männliche Gruppenmitglied bietet hier mit *plötzlich* eine Hilfe an, die aber nicht aufgegriffen wird. Die mögliche vertikale Struktur *Plötzlich hat das Handy geklingelt* entsteht so nicht. Die Wiederholungen *dich anrufen, angerufen, eine Person sich angerufen hat* signalisieren eine weitere Schwierigkeit von S1; S2 bietet hier die korrekte Lösung an, die S1 aber nicht aufgreift. Anders aber bei dem lautlich bedingten lexikalischen Fehlgriff *Kau- Hauptbahnhof*: Hier nimmt S1 die Korrektur ihrer Kommilitonin an. Bei der Suche nach dem Partizip II von *springen* kommt die Lehrerin mit der Form *gesprungen* zu Hilfe, die S1 auch bewusst und deutlich wiederholt.

(b) Die vorbereitende Gruppenarbeit ermöglichte es erstens, dass S1 – wenn auch stockend – länger zusammenhängend sprechen konnte. Zweitens fühlte sich die gesamte Gruppe offensichtlich angesprochen und für die Präsentation ihres Ergebnisses verantwortlich, weshalb die Mitlernenden spontan Korrekturen und Vorschläge anbrachten. Dies wiederum reduzierte die Anzahl der Korrekturen durch die Lehrerin. Drittens suchte Sm jenseits der eigentlichen Präsentation der Gruppenaufgabe unaufgefordert nach einer Auskunft bezüglich Formulierungsvarianten für das Verhalten des Protagonisten des Werbespots: Rannte er *wie toll* oder *als toll* durch das Kaufhaus?

(c) Die Lehrerin nimmt eine die Aussagen von S1 positiv bestätigende Haltung ein und wiederholt grammatisch fehlerhafte Sätze in zielsprachlich korrekter Form. S1 greift diese impliziten Korrekturen im Falle von *gelaufen* und *gesprungen* bewusst auf. In der Sequenz S1: *Ehm, er war sehr nervos ...* – L: *War sein Boss?* – S1: *Nervos.* – S2: *Nervös.* – L: *Nervös?* – S1: *Nervos.* – L: *Aha, nervös. Gut* bleibt unklar, ob L nachfragt, weil sie *nervos* aufgrund der falschen Aussprache nicht versteht und weil aufgrund der Handlung des Werbespots auch *Er war sein Boss* möglich wäre, oder ob sie einen Korrekturversuch unternimmt, der der Intention von S1 nicht entspricht. S1 lässt sich hier aber nicht von ihrer Aussageabsicht abbringen und bleibt bei dem nicht zielsprachlichen *nervos* – ein Kommunikationsproblem, das erst durch S2 gelöst wird. Dass es überhaupt zu dieser kooperativen Lösung kommt, dürfte zwei Ursachen haben: Zum einen die behutsame und ermutigende Art, in der L korrigiert, zum anderen scheinen die Lerner das Interesse der Lehrerin am Inhalt und nicht nur an der sprachlichen Form des Gesagten wahrzunehmen, so dass sie bereit sind, die Inhalte „auszuhandeln".

MEDIENEINSATZ UND UNTERRICHTSPLANUNG

10 Medien im Fremdsprachenunterricht

Es vergeht wohl keine Unterrichtsstunde, in der nicht eines der Medien **Lehrbuch, Arbeitsblatt** oder **Tafel** eingesetzt wird. Mit ihrer Fähigkeit, Texte oder Bilder zu tragen, gehören sie zu den Basismedien des Unterrichts, zu denen – trotz der nicht immer gegebenen Verfügbarkeit – auch der Tageslichtprojektor mit der **Overheadfolie** bzw. neuerdings **Beamer mit Visualizer** und das **Smartboard** zu zählen sind. Besonders im Hinblick auf die Bedürfnisse des Fremdsprachenunterrichts müssten auch **Wort- und Satzkarten** zu den Basismedien gerechnet werden, was aber ihrer tatsächlichen Rolle im Unterrichtsgeschehen nicht entspricht. Da Entscheidungen bezüglich der Basismedien bei der Planung jeder Unterrichtsstunde zu treffen sind, soll ihnen der erste Teil des Kapitels gewidmet werden (10.1).

Für die Entwicklung des Hörverstehens unverzichtbar sind seit den Zeiten der Audiolingualen Methode Hörtexte auf **Kassette, CD** oder als **Audiodatei**, damit die Lernenden ihre Hörschemata nicht nur an der Lehrerstimme entwickeln, sondern an einer Vielzahl von Sprechern beiden Geschlechts, jeden Alters und unterschiedlicher mundartlicher Färbung bzw. unterschiedlicher Varietäten der Zielsprache. Ihr Einsatz wurde bereits im Kapitel Hörverstehen ausführlich besprochen und wird daher hier nicht mehr thematisiert.

Der Einsatz von audiovisuellen Medien wie **Fernseh- und Videosprachkursen, Filmen** oder **Fernsehsendungen** (Nachrichten, Wetterbericht, Werbespots, Features, Kindersendungen, Talkshows) ist nicht für jede Unterrichtsstunde, nicht einmal für jede Unterrichtseinheit, zu reflektieren; aber ein gesamter Sprachkurs ohne diese Medien würde nicht nur die so genannte fünfte Fertigkeit des Hör-Seh-Verstehens vernachlässigen, sondern wäre auch landeskundlich lückenhaft, denn die zielsprachliche Welt ist auch eine medial geprägte Welt, und gerade die audiovisuellen Medien bringen ein Stück fremdsprachlicher Realität in das Klassenzimmer (10.2).

Der Einsatz des **Computers** ist wieder anders zu reflektieren als jener der bisher genannten Medien, denn die Arbeit damit wird nicht nur und nicht einmal überwiegend innerhalb der normalen Unterrichtsstunden stattfinden, sondern je nach Zielen und Aufgabenstellungen den Unterricht entweder individualisierend begleiten oder in ähnlicher Form wie die Ergebnisse von Hausaufgaben und Projektarbeit einfließen.

Der Computer mit seinen multimedialen Fähigkeiten erfordert weiterhin, dass die bisherige Redeweise vom Medium differenziert werden muss: Im engeren Sinne ist der Computer nur „Träger" von Medien wie Texten, Bildern, gesprochener Sprache, Musik oder Filmen. Das gilt auch für das *interaktive Whiteboard*, einem Verbund von Computer, weißer Tafel in Verbindung mit einem Beamer als seinem Ausgabegerät und Tafel-Sensorik oder Sensorstiften als Eingabegeräten. Als griffige Bezeichnung scheint sich zur Zeit **Smartboard** durchzusetzen neben *interaktiver Tafel*.

In Kap. 10.3 wird ausführlicher geklärt, was mit „Computer" genau gemeint sein kann, denn die Lern- und Arbeitsmöglichkeiten an einem Computer mit oder ohne Internetzugang unterscheiden sich erheblich.

Erzeugnisse aller genannten Gruppen von Medien können je für Unterrichtszwecke erstellt sein, so der traditionelle Lehrbuchtext oder -dialog mit Situationszeichnung und Hörtext auf einem Trägermedium, der Videosprachkurs, das computergestützte Lernprogramm. Sie können aber auch authentisch, d. h. nicht mit Blick auf Unterricht entstanden sein. Dies trifft zu auf authentische Texte im Lehrbuch oder als Kopie auf dem Arbeitsblatt; authentische Bilder; Hörtexte mit Durchsagen, mitgeschnittenen Gesprächen, aufgenommenen Radiosendungen; Lieder; Filme, Fernsehsendungen; fremdsprachliche Seiten im Internet.

Neben den genannten Medien werden zuweilen auch Realien und der Lehrer selbst unter einen weiten Medienbegriff subsumiert. Realien sind aus dem Zielsprachenland mitgebrachte Gegenstände, etwa Geld, Briefmarken, Fahrkarten, typische Lebensmittel oder charakteristische Erzeugnisse. Der Lehrer kann insofern als „personales Medium" (Faber 1981) bezeichnet werden, als es zentrale Funktionen von Medien sind, den Lerngegenstand, hier die fremde Sprache, zu präsentieren oder die Bedeutung des Lernmaterials zu veranschaulichen. Ersteres tut der Lehrer für die gesprochene Sprache mit seiner Stimme, Letzteres tut er, wenn er mit Mimik, Gestik oder seinen Handlungen die Bedeutung von Sätzen oder Wörtern illustriert. Obwohl der sprachliche Input durch den Lehrer und seine Veranschaulichungsfähigkeiten für den Sprachlernprozess nicht zu unterschätzen sind, sollen im Folgenden nur noch die sächlichen Medien im Zentrum des Interesses stehen.

Medien sind für den Fremdsprachenunterricht aber nicht nur ihrer wörtlichen Bedeutung entsprechend „Mittel" des Lernens, sie müssen in verschiedener Hinsicht auch Gegenstand der Reflexion werden. In landeskundlicher Hinsicht zeichnet sich die Zielkultur vielleicht durch andere Ausformungen und Nutzungen von Print- und audiovisuellen Medien, Computer und Internet aus. In seinem privaten, schulischen oder beruflichen Alltag wird von dem Lernenden ein hohes Maß an Medienkompetenz gefordert. Diese zu erweitern und den Umgang mit Medien kritisch zu reflektieren ist eine weitere – wenn auch fachübergreifende – Aufgabe des Fremdsprachenunterrichts, der hier durch die Kontrastierung mit den Verhältnissen im Zielsprachenland besondere Zugänge erlaubt.

10.1 Die Basismedien des Unterrichts

10.1.1 Lehrbuch und Arbeitsblatt

Auch in einem modernen Fremdsprachenunterricht nimmt das Lehrwerk ungeachtet der Individualisierungsbestrebungen und ungeachtet der Tatsache, dass es in einer medial vernetzten Welt für die Lernenden nicht mehr den einzigen Zugang zur Fremdsprache darstellt, eine zentrale Stellung ein, zumindest in der Grund- und Mittelstufe. Kern fast aller Lehrwerke ist das **Lehrbuch**, das die Themen und Kommunikationssituationen, die Strukturen, die Lexik und die Redemittel enthält, die für die anvisierte Zielgruppe als notwendig erachtet werden, und das Anlässe bietet, die Fertigkeiten in dem Maße und in der relativen Gewichtung auszubilden, wie es ihren vermuteten Bedürfnissen entspricht. Dabei sind die genannten Aspekte des „Stoffs" in einer bestimmten Progression angeordnet. Unter der Voraussetzung, dass die Stoffauswahl für die Zielgruppe stimmig ist und die Progression spracherwerblich und lernpsychologisch begründet ist, kann das Medium Lehrbuch seine Vorteile ausspielen: Es entlastet

10.1 Die Basismedien des Unterrichts

den Lehrer bei der Beschaffung und Strukturierung des Sprachmaterials und bei der Erstellung von Übungen und Aufgaben, gibt den Lernenden einen Überblick über das im Rahmen eines Kurses oder Schuljahres zu Bewältigende und erlaubt selbständige Vor- und Nacharbeit. Lehrbücher und Lehrwerke können aber kaum je genau auf ihre Zielgruppe zugeschnitten werden und erst recht nicht die konkrete Lerngruppe in ihrer Lernumgebung und mit ihren Lernvoraussetzungen berücksichtigen, weshalb sich gute Lehrer immer auch vom Lehrbuch lösen, um Lernprozesse zu optimieren und für die Lerngruppe relevante Themen und Gesprächsanlässe zu schaffen. Hier spielt das Medium Arbeitsblatt eine wichtige Rolle.

Als Ergänzung, Erweiterung, aber auch partieller oder gänzlicher Ersatz des Lehrbuchs hat das **Arbeitsblatt** die Funktion der Informationsvermittlung; es stellt u. a. aktuelle und die Lernenden interessierende Texte und notwendige sprachliche Strukturen bereit. Ein Vorteil der Informationsvermittlung durch das Arbeitsblatt ist, dass der Lehrer den Informationsfluss steuern kann. Er kann den Kursteilnehmern z. B. unterschiedliche Texte zu demselben Thema verteilen mit der Aufgabenstellung, den anderen Teilnehmern die eigenen Informationen zu vermitteln, was die Kommunikationsfähigkeit und Lernerzentriertheit fördert (ein Beispiel findet sich in Kap. 2.2.3). Der Lehrer kann auch entscheiden, wie viel Information er den Lernern geben will. Nach einigen Absätzen spekulieren lassen, wie eine Geschichte weitergeht, die Moral zu einer Fabel formulieren lassen, einem Text und seinen Teilen Überschriften geben lassen usw. sind Möglichkeiten, die das Lehrbuch mit seinen in der Regel vollständigen Texten nicht bietet. Hier zeigt sich auch eine zweite Funktion des Arbeitsblatts: Es ermöglicht – stärker als das Lehrbuch – die Erarbeitung von Inhalten, entdeckendes und forschendes Lernen und hat generell einen aktivierenden und durch seine umfangmäßige Beschränktheit auch schneller Erfolgserlebnisse vermittelnden Charakter. Schließlich kann das Arbeitsblatt der Sicherung des Gelernten und der Lernzielkontrolle dienen. Im Gegensatz zum Lehrbuch erlaubt das Arbeitsblatt auch eine Individualisierung in dem Sinne, dass nicht alle Mitglieder der Lerngruppe dieselben Aufgaben erhalten müssen, womit der Inneren Differenzierung gedient ist, d. h. stärkere Lerner oder Lerner mit besonderen Interessen erhalten andere Aufgaben als schwächere, wodurch alle motiviert bleiben.

Die Vorteile des Arbeitsblatts können sich dann in Nachteile verwandeln, wenn eine zu starke Steuerung des Informationsflusses durch den Lehrer die Lerner gängelt und ihnen die Übersicht über den gesamten Stoff, seine Struktur und seine Progression genommen wird. Zur Desinformation der Lerner kann aber auch das Aufbewahrungsproblem der losen Blätter führen. Was den motivierenden Effekt betrifft, so kann sich dieser durch zu häufigen Einsatz abnutzen.

10.1.2 Tafel, Overheadprojektor, Beamer/Visualizer und Smartboard

Der **Tafelanschrieb** kann – ebenfalls in Ergänzung des Lehrbuchs – der Informationsvermittlung dienen, hat diese Funktion aber in dem Maße an das Arbeitsblatt abgegeben, wie dessen Herstellung leichter und kostengünstiger geworden ist. Größere Mengen an Information über die Tafel zu vermitteln, birgt außerdem die Gefahr in sich, dass viel Zeit für das Abschreiben benötigt wird und wenig Raum für lernerzentrierten Unterricht übrig bleibt.

Die Stärken der Tafel liegen in ihrer Flexibilität (sie kann textliche wie bildliche Informationen vermitteln) und in ihrer einfachen, schnellen Handhabbarkeit, die sie für spontane Anschriebe geeignet macht. Dennoch sollte das Tafelbild bei der Vorbereitung mit geplant werden (für ein Beispiel siehe Kap. 11.2.2), was spontane Nutzung ja nicht ausschließt; am besten reserviert man für Letztere einen bestimmten Ort. Auch wenn der Tafelanschrieb weitgehend geplant ist, wird er den Lernenden nicht als fertiger präsentiert, sondern wird in der Regel synchron zum Unterrichtsgeschehen entwickelt und spiegelt somit die Arbeits- und Erkenntnisprozesse, die in der Lerngruppe ablaufen. In dieser orientierenden Funktion sollte der Tafelanschrieb nicht aus Einzelheiten bestehen, sondern Strukturen sichtbar machen. Strukturierungsmittel und Hervorhebungsmöglichkeiten sind der Ort, wo etwas an der Tafel steht, Schriftgröße, Unterstreichungen, Kästen, Pfeile, weitere Symbole und Farbe. Am wirksamsten und einprägsamsten ist dabei die Aufteilung der Tafelfläche – daher, und nicht nur wegen der Möglichkeit, Zeichnungen und Graphiken an der Tafel zu erstellen – spricht man auch vom Tafel*bild*, das immer auch als ganzes wahrgenommen wird und bei mangelnder innerer Logik seiner Erkenntnisfunktion nicht mehr gerecht werden kann. Was die Verwendung farbiger Kreide betrifft, so sollte man eher vorsichtig sein: Benutzt man nur zwei Farben, dürfte die Kontrastfunktion überwiegen, benutzt man mehrere Farben, dann stellt sich die Frage nach ihrer jeweiligen Bedeutung. Wird diese nicht explizit erläutert und konsequent durchgehalten, auch über längere Zeiträume hinweg, trägt Farbe eher zu Verwirrung als Klarheit bei.

Neben der Informationsfunktion kann der Tafelanschrieb auch Denk- und Gesprächsimpulse setzen, etwa wenn zu einem angeschriebenen Wort Assoziationen gefunden werden sollen oder wenn auf eine Frage oder These an der Tafel reagiert werden soll. Tafelanschriebe tragen oft weiter als nur mündlich gesetzte Impulse, ihr Impulscharakter ist nicht flüchtig wie das gesprochene Wort und bleibt auch während der Bearbeitung präsent.

Im Fremdsprachenunterricht ist auch die Hilfe, die das Geschriebene gegenüber dem nur Gehörten für den Lerner bietet, nicht zu unterschätzen. Visuell werden Wörter oft leichter erkannt als akustisch, und die Analyse in ihre Bestandteile fällt ebenfalls in der Schrift leichter. Auch erhöht sich der Behaltenseffekt, wenn zu dem akustischen Kanal der visuelle hinzutritt.

Darf auch Falsches an der Tafel stehen? Wenn man davon ausgeht, dass das Denken oft Um- und Irrwege geht und dass der Tafelanschrieb auch Ausdruck und Stütze solcher Denkprozesse ist, dann wird er zwangsläufig auch Unvollständiges und Falsches enthalten. Dieses sollte aber nur so lange stehen bleiben, bis eine Lösung für ein Problem oder eine Aufgabe gefunden ist. Dann sollte das Falsche weggewischt werden, denn Lerner, vor allem Schüler, tendieren dazu, das Tafelbild abzuschreiben und die Abschrift bei Wiederholungen und Prüfungsvorbereitungen zu verwenden. Ein falscher Tafelanschrieb kann also, vor allem wenn eine starke Tradition tafelorientierten Unterrichtens besteht, Schaden anrichten. In Phasen möglicherweise fehlerhaltiger Arbeit an der Tafel sollte der Lehrer daher dazu auffordern, zunächst nicht abzuschreiben, aber auch nicht vergessen darauf hinzuweisen, ab wann wieder abgeschrieben werden kann, und die notwendige Zeit dafür einräumen.

Der **Overheadprojektor** oder neuerdings die Kombination von Visualizer und Beamer lässt sich zunächst einmal genau so einsetzen wie die Tafel – Folien können beschriftet und wieder ganz oder teilweise abgewischt werden –, nur dass der Lehrer sich beim Schreiben nicht von der Klasse abwenden muss. Er bietet aber auch Möglichkeiten, die mit der Tafel nur schwer oder gar nicht zu realisieren sind, und ist von daher als ein neues Medium zu betrachten. Manche Tafeln können zwar in der Pause vor dem Unterricht beschriftet, zugeklappt und an der gewünschten Stelle im Unterrichtsverlauf aufgeklappt werden, dies ist aber recht mühsam im Vergleich zu einer schon vorbereiteten Folie, die nur noch aufzulegen ist. Der leichte Einsatz von ganz oder teilweise vorgefertigten Folien ist also einer der Vorteile des Overheadprojektors; ein anderer ist, dass auch im Unterricht erstellte Folien aufbewahrt und zu Anknüpfungs- oder Wiederholungszwecken in der nächsten Stunde wieder aufgelegt oder sogar fotokopiert als Arbeitsblätter zur Verfügung gestellt werden können. Ferner können mit einer Folie, da auf sie auch fotokopiert werden kann, viel komplexere Visualisierungen präsentiert werden als mit der Tafel, z. B. Bilder. Dieselben Vorteile gelten auch für **Smartboards**, für die sich Dateien anlegen lassen.

Vorgefertigte Folien lassen sich schrittweise auf- bzw. umgekehrt schrittweise abdecken, was didaktisch verschiedene Möglichkeiten eröffnet. Im Aufdeckverfahren lässt sich immer nur genau die Information zeigen, die im Moment benötigt wird, z. B. bei einem Lehrervortrag oder bei einer Übung, wo das Aufgedeckte den Stimulus bildet. Nachteile vorgefertigter Folien sind aber, dass im Vergleich zu einer entstehenden Folie oder einem entstehenden Tafelbild den Lernern das Entwicklungserlebnis verloren geht und unvorhergesehene Schritte nur noch schwer einzuarbeiten sind; somit besteht die Gefahr einer stärkeren Lehrerzentriertheit. Vorgefertigte Folien verführen den Lehrer auch, zu schnell voranzugehen – eine Gefahr, die sich bei den digitalen „Folien" von Präsentationsprogrammen noch vergrößert (vgl. 10.3.3.1).

Das Aufdeckverfahren in der Funktion, Äußerungsanlässe zu schaffen, kann durch Vorschläge zum Umgang mit Bildern (vgl. Eichheim/Wilms 1981 und Scherling/ Schuckall 1992) illustriert werden. Ein auf Folie kopiertes Bild wird schrittweise freigegeben, wobei bei jeder Teilansicht über das vermutete Gesamtbild spekuliert wird; die aufzudeckenden Ausschnitte sind so zu wählen, dass sich stets neue Aspekte ergeben, die zu erneuter Sprechaktivität führen. Damit Bilder zum Sprechen anregen, müssen sie als ganze und in ihren Teilen offen sein und Fragen aufwerfen wie *Was befindet sich im Rest des Bildes/außerhalb des Bildes? Was ist passiert, bevor es zu der dargestellten Situation kam? Was wird danach passieren? Welche Beziehung besteht zwischen den dargestellten Personen? Was könnten sie sagen?*

Die Transparenz der Folien ermöglicht ein Übereinanderlegen, was in vielfältiger Weise ausnutzbar ist. So kann z. B. ein Dialog so auf zwei Folien verteilt werden, dass die Äußerungen von Sprecher A auf der einen, die von Sprecher B auf der anderen Folie stehen. Nach der Erarbeitung des Dialogs mit übereinander gelegten Folien wird zuerst Folie A weggenommen, so dass nur noch die Äußerungen von B stehen bleiben und die Lerner die von A ergänzen müssen, dann wird Folie A wieder aufgelegt und Folie B weggenommen mit der Aufgabe, nun B's Äußerungen zu rekonstruieren.

Eine gerade im Fremdsprachenunterricht weitere wichtige Funktion von Folien ist, dass Lerner ebenso leicht auf sie schreiben können wie auf ein Blatt Papier und dass damit ihre Arbeitsleistungen der gesamten Lerngruppe präsentiert werden können. Auch in dieser Funktion gibt es unterschiedliche Einsatzmöglichkeiten des Mediums. Man kann etwa ein Arbeitsblatt auf eine Folie kopieren; einer der Lerner bearbeitet die Aufgaben auf der Folie, die anderen auf dem Arbeitsblatt. Die Auswertung erfolgt dann so, dass die Folie aufgelegt wird und die anderen Lerner die Korrektheit der Lösungen beurteilen bzw. andere Lösungen anbieten. Besonders gut eignen sich Folien aber zur Präsentation der Ergebnisse komplexerer Aufgabenstellungen, z. B. aus Gruppenarbeitsphasen, die in Form kürzerer Texte vorliegen. Ohne Folie oder Visualizer könnten solche Texte nur vorgelesen werden; die anderen Lerner würden auf diese Weise zwar mehr oder weniger gut verstehen, zu welchen Ergebnissen die vortragende Gruppe gekommen ist, es wäre ihnen aber kaum möglich, die inhaltliche Richtigkeit, Angemessenheit, Vollständigkeit und Kohärenz des Textes zu beurteilen – dazu muss er auch schriftlich vorliegen und wiederholt rezipierbar sein. Auch sprachliche Korrekturen oder Verbesserungsvorschläge können leichter auf Basis des schriftlichen Mediums vorgenommen werden. Die Möglichkeit, Arbeitsergebnisse einzelner Lerner oder von Arbeitsgruppen über den Overheadprojektor zeigen und gemeinsam besprechen zu können, führt also zu mehr Lerneraktivität und -zentriertheit.

Die Entwicklung der Funktionen der Overheadfolie ist charakteristisch für die Evolution von Medien allgemein: Anfangs noch als moderneres Medium mit mehr oder weniger den alten Funktionen der Tafel genutzt, hat sie sich neue Funktionen erobert und gleichzeitig zur Spezialisierung des älteren Mediums geführt, das nun bei Wahlmöglichkeit nur noch dort eingesetzt wird, wo seine spezifischen Stärken liegen.

Die Anschaffung teurer **Smartboards** ist didaktisch zu rechtfertigen, wenn sie nicht nur wie alte Tafeln oder Overheadfolien, sondern in ihren spezifischen Vorteilen genutzt werden. Zur Speicherung des Tafelbilds und eventueller Weiterleitung an die Lerner per E-Mail kommt hier die Möglichkeit, dass verschiedene Medien (auch audio-visuelle) eingearbeitet und in der Klasse bearbeitet werden können. Auch wo schnelles Reagieren Ziel ist (etwa bei Benennungsaufgaben), spielen Smartboards ihre Stärke aus.

10.1.3 Karten

Karten werden in Darstellungen der Medien des Fremdsprachenunterrichts selten erwähnt, obwohl sie vielfältig einsetzbar sind. Sie werden entweder aus dickerem Papier oder Karton unterschiedlicher Größe selbst hergestellt, meist in ganzer oder halber Postkartengröße, selten in Größen über DIN A4, oder es werden Karteikarten benutzt. Vom Lehrer oder den Lernern mit der Hand beschriftet oder mit Kopiertem beklebt, können sie sowohl Wörter, Wortgruppen, Sätze, Textteile als auch Bilder tragen. Man kann mit Karten Ziele auf allen Ebenen des Sprachsystems verfolgen und sie in den unterschiedlichsten Phasen des Sprachlernens einsetzen, als langsames Medium des reflektierten Lernens und Erarbeitens oder als Medium des schnellen sprachlichen Reagierens. Hier können nur einige Beispiele genannt werden, geordnet nach den fokussierten Sprachebenen.

10.1 Die Basismedien des Unterrichts

Lexik: Karten in halber Postkartengröße, hergestellt vom Lerner selbst, eignen sich in Verbindung mit einer Wortschatzdatei hervorragend zum individuellen Lernen und Wiederholen von Vokabeln (zur Arbeit mit einer Wortschatzdatei siehe Kap. 2.3.2). Der Vorteil gegenüber dem Medium Vokabelheft ist, dass sich die Intensität der Wiederholung nach dem Grad der Beherrschung der jeweiligen Vokabel richtet. Zudem sind die Rückseiten „sicherer" vor dem Blick auf das Übersetzungsäquivalent als die rechte Spalte eines Heftes oder Blattes.

Im Anfängerunterricht können Bildkarten dem schnellen Abruf von Vokabeln aus dem Gedächtnis dienen; in manchen Lehrwerken sind solche Flashcards Teil des Medienverbunds, neuerdings als Software für Smartboards.

Grammatik: Hier lassen sich u. a. Wortgruppen zu Sätzen legen. Das folgende Beispiel bezieht sich auf einen Lektionstext, der beschreibt, wie zwei Personen ein Zimmer einrichten, und der dabei die Wechselpräpositionen einführt. Im Anschluss an die Textarbeit sollen Sätze aus diesen Karten gelegt werden:

Mit Hilfe dieser Übung wird die Aufmerksamkeit auf den Zusammenhang von Verb oder Verbbedeutung und Präposition mit Dativ bzw. Akkusativ gelenkt. Unterstützt durch unterschiedliche Farben der Karten mit den Präpositionalphrasen im Dativ bzw. Akkusativ können die Lerner u. U. auch die grammatische Regel erkennen.

Eine weitere Einsatzmöglichkeit besteht darin, dass die Lerner je eine unterschiedliche Satzkarte bekommen, deren Sätze gleiche oder ähnliche Bedeutung, aber verschiedene Strukturen aufweisen wie im folgenden Beispiel:

Die Türen sind nach dem Unterricht abzuschließen.

Die Türen werden nach dem Unterricht abgeschlossen.

Die Türen können nach dem Unterricht abgeschlossen werden.

Die Türen müssen nach dem Unterricht abgeschlossen werden.

Der Lerner mit der ersten Karte liest seinen Satz vor; die Person mit einem Satz der gleichen Bedeutung reagiert schnell mit dem Lesen ihrer Karte. Der Vorteil des Mediums Karte gegenüber dem Medium Arbeitsblatt oder Lehrbuch liegt hier darin, dass schnell auf einen nur gehörten Sprachreiz reagiert werden muss.

Sprechintentionen und Dialogkompetenz: Karten können Rollenvorgaben und Sprechintentionen enthalten, nach deren Vorgaben sprachlich gehandelt werden muss. Beispiel: Eine festgelegte Anzahl von Lernern, etwa vier oder fünf, muss abwechselnd eine Karte von einem geordneten Stapel ziehen. Darauf erfahren sie, welche Identität sie haben und was ihre Intentionen sind. Diese müssen sie im Gespräch versprachlichen, ebenso müssen sie angemessen auf die Äußerungen ihrer Gesprächspartner reagieren. Kartenvermittelte Kommunikationsaufgaben können so angelegt werden, dass das Gespräch zu einem bestimmten Ergebnis führen muss – etwa wenn sich alte Freunde zufällig auf der Straße begegnen und beschließen, sich an einem Abend der nächsten Woche zum Essen zu verabreden, ihre jeweiligen Termine aber nur einen bestimmten Tag erlauben, der im Gespräch herausgefunden werden muss. Das Medium fördert hier zielgerichtetes Sprechen, genaues Zuhören, spontanes Reagieren, Nachfragen und Klärungen.

Textbildungskompetenz: Man lässt Satzkarten oder Karten mit mehreren Sätzen zu Texten legen. Solche Übungen finden sich zwar auch in Lehrbüchern oder sind auch auf Arbeitsblättern realisierbar, dort müssen die Teile dann aber entweder mit Pfeilen verbunden oder nummeriert werden, was weniger übersichtlich ist als untereinander gelegte Karten. Außerdem können dadurch, dass bei Karten die als zusammengehörig bestimmten Teile dann auch beisammen liegen, die textverknüpfenden Mittel besser fokussiert werden. Schließlich lassen sich falsche Reihenfolgen durch Umschieben schneller korrigieren. Letzteres ist wichtig, wenn Karten in der folgenden Funktion eingesetzt werden:

Vorentlastung der Textrezeption: Bei schwierigeren oder umfangreicheren Hörtexten oder Videosequenzen kann man Satzkarten vor dem Hören oder Hör-Sehen zu Texten bzw. Dialogen legen lassen. Während des Hörens kann die Abfolge gegebenenfalls schnell entsprechend den aufgenommenen Informationen korrigiert werden.

Schon die Basismedien des Unterrichts, die mit Ausnahme von Overheadprojektor und Beamer/Visualizer keine größeren Ansprüche an die technische Ausrüstung im Klassenzimmer stellen, weisen eine große Vielfalt auf und erfüllen unterschiedliche Funktionen: Vermittlung von Information, Präsentation von Sprachmaterial, Mittel der Erarbeitung und des Übens und schließlich Impulsgeber für die Sprachanwendung. Gerade wo funktionale Überlappungen zwischen den einzelnen Medien bestehen, sollten in der Unterrichtsplanung die jeweiligen Vor- und Nachteile in der skizzierten Weise reflektiert werden, um einen optimalen Medieneinsatz zu erreichen.

Aufgabe 10-1:
Eine geplante Unterrichtsstunde hat als Grobziel die Vermittlung und Übung irrealer Vergleichssätze anhand von optischen Täuschungen; sie soll die folgenden vier Phasen enthalten. Welche Basismedien würden Sie einsetzen, welche Sozialformen wählen?

Phase 1: Die Lerner schätzen ab, welche Strecke länger ist, a oder b, und welcher Bogen stärker gekrümmt ist, c oder d.

10.2 Zum Einsatz von Filmen

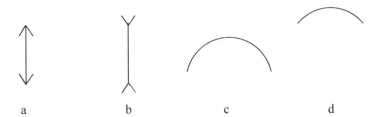

a   b   c   d

Phase 2: Die Strecken a, b und die Bögen c, d werden gemessen, wobei sich herausstellt, dass sie gleich lang bzw. gleich stark gekrümmt sind. Der Begriff „optische Täuschung" wird eingeführt.

Phase 3: Der Lehrer gibt den Satz vor *Es sieht so aus, als ob die Strecke b länger sei/wäre als die Strecke a. Aber in Wirklichkeit sind sie gleich lang.* Die Lerner sollen die konstitutiven Bestandteile der Struktur erkennen, die nebensatzeinleitende Konjunktion *als ob* und die Verwendung des Konjunktivs I oder II beim Verb im Nebensatz.

Phase 4: Die Lerner beschreiben weitere optische Täuschungen mit Hilfe der eingeführten Struktur.

Begründen Sie Ihre Wahl der Medien und Sozialformen.

10.2 Zum Einsatz von Filmen

Filmisches Material wird schon lange im Fremdsprachenunterricht verwendet. Gewandelt haben sich aber das Ausmaß, in dem dies geschieht, und die Zielsetzungen, die damit verfolgt werden. Zu den Zeiten, als das Vorführen eines Films nur in eigens ausgestatteten Räumen und durch einen umständlich zu bedienenden Projektor mit Filmrollen möglich war, war er oft nur dem letzten Schultag vor den Ferien vorbehalten; soweit didaktische Begründungen überhaupt vorlagen, bezogen sie sich bestenfalls auf motivationale Aspekte. Mit dem Film gearbeitet wurde dann aber meist nicht mehr. Stärker in das Unterrichtsgeschehen integriert waren Filme, wenn sie ganz oder in Ausschnitten gezeigt wurden, um über das dargestellte Problem oder die enthaltene landeskundliche Information zu diskutieren. Es war auch mit dem übrigen Unterrichtsgeschehen eng verbunden, wenn nach der Lektüre eines literarischen Werks seine Verfilmung einbezogen und die Unterschiede thematisiert wurden. Solcher Einsatz von Filmen verlangt aber eine recht hohe Sprachkompetenz der Lerner.

Seither hat sich nicht nur die Praktikabilität des Umgangs mit Filmmaterial durch die Videokassette oder neuerdings durch DVD und Videodateien erhöht, sondern es sind auch didaktische Modelle entwickelt worden, die – jenseits von Fernseh- oder Videosprachkursen – den Einsatz von authentischen Filmen mit dem Ziel der Erweiterung der Sprachkompetenz oder des Ausbaus der rezeptiven und produktiven Fertigkeiten anstreben, auch schon in Grund- und Mittelstufe.

Ein Teil der für diesen Zweck entwickelten Aufgaben soll zunächst an einem Beispiel illustriert werden. Eine angehende Lehrerin hatte für einen Oberstufenkurs im Zielsprachenland mit Teilnehmern unterschiedlicher sprachlicher und kultureller Herkunft (Niveau C1) die Komödie *Eins, zwei, drei* (1961) von Billy Wilder ausgesucht. Deren Handlung wird in der Beilage zur DVD wie folgt skizziert:

C. R. MacNamara ... leitet die deutsche Filiale des Coca-Cola-Konzerns in Westberlin, zu deren ... Mitarbeiterteam auch ... der unentwegt salutierende Chauffeur Fritz und der ölige Assistent Schlemmer gehören. MacNamaras großer Traum ist, das amerikanische Getränkeimperium nach Osten auszudehnen – immerhin steht er dazu bereits in Verhandlungen mit den Herren Peripetchikoff, Mischkin und Borodenko von der russischen Handelskommission. In seine Karriereplanungen hinein platzt jedoch Scarlett ..., die aufgedrehte und mannstolle Tochter des Chefs aus der amerikanischen Konzernzentrale. Scarlett macht einen Europa-Trip, und MacNamara soll den Aufpasser spielen. Trotz aller Bemühungen kann er jedoch nicht verhindern, daß sich das Mädchen verliebt – ausgerechnet in den strammen ostdeutschen Jungkommunisten Otto Ludwig Pifflf ... Als MacNamara erfährt, daß Scarlett ihren Otto heimlich geheiratet hat und ihre Eltern auf dem Weg nach Berlin sind, steht er kurz vor dem Nervenzusammenbruch. Zunächst denkt er sich eine List aus, um Otto in Ostberlin verhaften zu lassen und so die Ehe mit Scarlett zu annullieren. Als er jedoch erfährt, daß Scarlett schwanger ist, muß er Otto wieder aus der Gewalt der ostdeutschen Behörden befreien, denn ihm bleibt nichts anderes übrig, als Otto noch vor der Ankunft des Schwiegervaters im Eilverfahren auf „westlich" umzupolen ... (www.videotheken.at, Stand 12.10.05)

Wegen seiner Kritik am Kommunismus und den Russen in Ostberlin durfte der Film in der DDR nicht gezeigt werden, und in der Bundesrepublik wollte kurz nach dem Mauerbau niemand über die Verhältnisse in Berlin lachen; die *Berliner Zeitung* schrieb nach der Uraufführung: „Was uns das Herz zerreißt, das findet Billy Wilder komisch." Auch in den USA hatte der Film trotz des Hauptdarstellers James Cagney und anderer amerikanischer Darsteller und obwohl der Emigrant Billy Wilder mittlerweile ein bekannter Hollywoodregisseur war, keinen Erfolg. Erst in den achtziger Jahren, und dann noch einmal nach dem Fall der Mauer, erlangte der Film bei einem Teil des deutschen Publikums Kultstatus.

Hier ein Protokoll der Unterrichtsstunde:

Phasen-Nr. & Dauer	Lehreraktivität – Lerneraktivitäten	Sozialformen & Medien	Didaktischer Kommentar
1a	L gibt bekannt, dass in der Stunde mit Ausschnitten aus einem Spielfilm gearbeitet werden soll und dass die Hauptziele Hören und Sprechen sind. Um was für einen Film es geht, sollen die Ss selbst herausfinden.	Frontal	L gibt keine weiteren Informationen zu dem Film, denn die Ss sollen sie sich anhand der Titelmusik und in der 2. Phase selbst erarbeiten.
1b 4'	L spielt die Titelmusik vor (35''), die während des Vorspanns läuft, schaltet aber das Bild aus. AA vor dem Hören: Die Ss sollen bewusst auf die Musik achten. Nach dem Hören: „Wie finden Sie diese Musik? Welche Gefühle weckt die Musik bei Ihnen?" Antworten: „schnell, laut, witzig, komisch, nicht modern" Nachfrage: „Um was für einen Film könnte es sich handeln?"	Plenum / Ton ohne Bild	Durch den Einstieg über die Musik haben die Lerner das Genre des Films erfasst, was die weitere Rezeption erleichtern und steuern wird. Weiteres wird nicht verraten,

10.2 Zum Einsatz von Filmen

Phasen-Nr. & Dauer	Lehreraktivität – Lerneraktivitäten	Sozialformen & Medien	Didaktischer Kommentar
	Ss vermuten, dass es sich um eine ältere Komödie handeln könnte, was L bestätigt.		sondern soll in der 2. Phase erarbeitet werden.
2 5'	L zeigt die 1. Sequenz des Films ohne Ton (2'13''): Die Kamera fährt durch das Brandenburger Tor nach Ostberlin, zeigt dort verschiedene Szenen und danach Szenen aus Westberlin. AA vor dem Sehen: Die Ss sollen notieren, was sie sehen. Die Ss identifizieren die gesehene Stadt als das geteilte Berlin; in Ostberlin haben sie in den Straßen u. a. marschierende Menschenmassen mit Krustschow-Plakaten und antiamerikanischen Parolen gesehen, in Westberlin Straßen voller Autos, den Mercedes-Stern auf einem Hochhaus, Coca-Cola-Werbung mit leichtbekleideten Mädchen und eine Schlange von Coca-Cola-Lastern. Auf die Frage des L nach der Zeit, zu der der Film spielt, arbeiten die Ss den Zeitraum kurz vor dem Mauerbau heraus: Berlin ist geteilt, das Brandenburger Tor aber noch offen, Krustschow hat Stalin abgelöst und Westberlin zeigt schon beträchtlichen Wohlstand. L lässt noch einmal zusammenfassen, was in dem Film als für Ost- bzw. Westberlin typisch gezeigt wird.	Plenum / Bild ohne Ton, Notizzettel	Der Ton ist für die Aufgabenstellung zum einen nicht wichtig, zum anderen ist die Sprache hier schwer zu verstehen, denn der Hauptdarsteller beschreibt im Off seine sehr subjektive Sicht von Berlin, die gespickt ist mit Sprachwitzen, z. B. „Ein Teil der östlichen Volkspolizisten war bösartig und unwillig. Dafür waren andere unartig und böswillig." Der Versuch, Bild- und Toninformation zugleich zu verstehen, würde die Ss überfordern, zumal sich Bild und Ton hier nicht gegenseitig stützen, sondern in einem kontrastiven Verhältnis zueinander stehen. Es gelingt den Ss leicht, den Ort der Handlung zu identifizieren. Ein recht umfängliches Gespräch löst die Aufgabe aus, die Zeit zu bestimmen; hier werden Beobachtungen und das sehr unterschiedliche historische Vorwissen zusammengetragen und Schlussfolgerungen gezogen. Am Ende der Phase sind der gesamten Gruppe der Ort und die spannungsgeladene Zeit kurz vor dem Mauerbau präsent.
3 9'	L zeigt eine Sequenz, in der MacNamara morgens von seinem deutschen Fahrer ins Büro gebracht wird und in der sich zeigt, wie die deutschen Angestellten von Coca-Cola sich ihrem Chef gegenüber verhalten. (2'14'') AA vor dem Hör-Sehen: „Welche Personen sieht man im Film? Wer sind sie? Wie verhalten sie sich?" Die Ss vermuten, dass MacNamara der Chef von Coca-Cola Berlin ist und beschreiben das Verhalten des Fahrers als servil; das der deutschen Angestellten erinnert sie an militärische Disziplin. MacNamara ist dieses Verhalten unangenehm.	Plenum / Bild und Ton	Erstmals wird eine Szene mit Bild und Ton gezeigt. Die Verhaltensweisen der Personen zeigen sich deutlich in den Bildern, so dass ein detailliertes Verständnis der wenigen Dialoge nicht notwendig ist, um den AA zu bewältigen. In dieser Phase wird die Hauptperson eingeführt und ihre Beziehung zu den deutschen Untergebenen charakterisiert.
4	L erzählt: „MacNamara wird vom obersten Chef von Coca-Cola aus Atlanta angerufen (Atlanta ist der Hauptsitz von Coca-Cola in den USA) und	Plenum /	Da die folgende Sequenz zeitlich später liegt als die ersten zwei Sequenzen, wird das dazwischen

Phasen-Nr. & Dauer	Lehreraktivität – Lerneraktivitäten	Sozialformen & Medien	Didaktischer Kommentar
6'	gebeten, zwei Wochen lang auf seine Tochter aufzupassen. Sie ist gerade auf einer Europareise und möchte gern Berlin sehen. Die Tochter heißt Scarlett und ist 17 Jahre alt. Eines Morgens ist sie verschwunden. Alle beginnen sie zu suchen. Nach ein paar Stunden kommt sie selbst in MacNamaras Büro und sagt, sie habe einen jungen Mann kennengelernt …" AA vor dem Hör-Sehen: „Was ist passiert und was bedeutet das für MacNamara?" L zeigt Sequenz. (2'10'') Die Ss stellen fest, dass Scarlett einen ostdeutschen Kommunisten geheiratet hat und dass dies das Ende der Karriere MacNamaras wäre, wenn sein Chef, der ihm die Tochter anvertraut hatte, davon erführe.	Bild und Ton	liegende Geschehen vom L zusammengefasst.
5 4'	L zeigt die folgende Sequenz mit der ersten Begegnung von MacNamara und Otto Piffl (1'; ohne Ton). AA vor dem Sehen: „Was könnte Scarletts Mann Otto von Beruf sein? Wie verhält er sich? Wie ist die Beziehung zwischen ihm und MacNamara?" Als der erste S Otto als Maler bezeichnet, entsteht in der Gruppe eine Diskussion darüber, ob er Handwerker oder Künstler ist. Die Ss vermuten, dass MacNamara etwas gegen die Heirat unternehmen wird.	Plenum / Bild ohne Ton	Die Bilder zeigen einen proletarisch angezogenen und Verachtung ausdrückenden, provozierenden Otto. Es kommt fast zu Handgreiflichkeiten zwischen den Männern.
6a b c	L lässt dieselbe Szene noch einmal mit Ton abspielen, damit die Ss ihre Vermutungen überprüfen können. (1') Die Sequenz wird nun ein Stück weiter gezeigt (1'10''), bis zu der Stelle, wo MacNamara seine Strategie, die Ehe ungeschehen zu machen, ändert und Otto das Angebot macht, ihm eine hohe Summe Geld zu geben, wenn er wieder nach Ostberlin verschwände und Scarlett einfach vergesse. AA nach dem Hör-Sehen: Die Ss sollen sich in PA eine Fortsetzung der Handlung überlegen: „Wird Otto das Angebot annehmen?" Ein Teil der Ss vermutet, dass Otto das Angebot nicht annehmen wird, da er Idealist sei, und wütend reagieren werde, ein anderer Teil vermutet, dass Otto wegen der schlechten wirtschaftlichen Lage in Ostberlin oder aus Geldgier auf den Vorschlag eingehen werde. L zeigt die Fortsetzung der Sequenz (1'30''), damit die Ss ihre Voraussagen mit dem tatsächli-	Plenum / Bild und Ton PA Plenum	Die Ss aus den ehemaligen Ostblockländern waren einhellig der Meinung, Otto werde sich mit dem Geld begnügen (!) Eine Alternative zur Behandlung dieser Sequenz wird unten disku-

10.2 Zum Einsatz von Filmen

Phasen-Nr. & Dauer	Lehreraktivität – Lerneraktivitäten	Sozialformen & Medien	Didaktischer Kommentar
9'	chen Fortgang der Handlung vergleichen können (Otto lehnt entrüstet ab, die Parteien scheiden im Streit).		tiert.
7 7'	L fasst kurz die weitere Handlung zusammen (siehe Inhaltsangabe oben) und zeigt die Schluss-szenen des Films, wo aus Otto noch im Wagen auf der Fahrt zum Flughafen ein Adliger gemacht wird, so dass er dort Scarletts Eltern als würdiger Schwiegersohn vorgestellt werden kann. (6'10'')		L gibt hier keine Arbeitsaufträge mehr; die Ss sollen den Schluss zum Spaß sehen.

Abkürzungen: L = Lehrer; S und Ss = Lerner (Sg. bzw. Pl.); AB = Arbeitsblatt; AA = Arbeitsauftrag; PA = Partnerarbeit

In Phase 6 kam es der Lehrerin auf eine Charakterisierung der Personen aufgrund ihrer Handlungen und ihres Verhaltens an, und es war ihr wichtig, dass die Lerner an dieser Stelle eine Fortsetzung antizipieren und aus dem bisher Verstandenen begründen sollten. Dabei wurde das Gewicht auf das Globalverständnis des Konflikts zwischen Otto und MacNamara gelegt. Nun könnte aber – bei Veränderung des Feinziels der Phase – auch mehr Wert auf ein detailliertes Verständnis der gegenseitigen Anwürfe der Streitenden gelegt werden, nicht zuletzt deshalb, weil sich hier auch das Komödienhafte des Films zeigt. Durch die Schnelligkeit der Abfolge der Pointen und Gags wäre jedoch ein detailliertes Verständnis allein durch mehrmaliges Hören sehr mühsam. Deshalb bietet sich das Verfahren an, nach dem ersten Sehen ohne Ton und der Auswertung des Gesehenen einige Aussagen der Kontrahenten in Schriftform ungeordnet vorzugeben mit dem Auftrag, die Aussagen MacNamara oder Otto zuzuordnen und in die richtige Reihenfolge zu bringen; als Medium am besten geeignet wären Satzkarten, denkbar ist aber auch das folgende Arbeitsblatt (Partnerarbeit). Während des zweiten Vorspielens der Szene überprüfen die Lerner ihre Zuordnung. Eine mögliche, doch nicht notwendige, Anschlussphase könnte das Einüben des Streits in kleinen Gruppen mit anschließender Vorführung im Plenum sein.

Hier finden Sie einige Aussagen aus dem Streit zwischen Mr. MacNamara (M) und Otto Piffl (P). Ordnen Sie sie einer der beiden Personen zu.

M	P	Aussage
x		Er ist nicht dein Mann. Erstens ist sie noch minderjährig, zweitens erkennen wir die ostdeutsche Regierung nicht an, und drittens gibt sie zu, daß Sie sie einer Gehirnwäsche unterzogen haben, während sie Ihre Socken gewaschen hat.
		Gestanzt aus dem Stahl einer tapferen Kanone, die bei Stalingrad gekämpft hat.

		Seine Haare müssen geschnitten werden, wenn es ginge, würde ich sie selbst schneiden, und zwar mit Hammer und Sichel.
		Sie sind hier nicht in Ostdeutschland, sondern in Westberlin, und ich kann Sie verhaften lassen, weil Sie sich aufs Dach gelegt haben mit einer Minderjährigen.
		Wo hast du denn den aufgegabelt? Der trägt ja nicht mal Socken!
		Runter mit der Mütze!
		Ihre Ansicht, aber nach den republikanischen Paragraphen der deutschen Demokratie sind wir Mann und Frau.
		Ich pfeife auf den Juwelier, der die Dinger hergestellt hat.
		Ich verbiete Ihnen, so mit meiner Frau zu sprechen.
		An Lenins Grab nehm ich meine Mütze ab, wenn von Kleiber Tschaikowsky spielt, nehm ich meine Mütze ab, aber in so 'nem Coca-Cola Laden, pfui!
		Natürlich können Sie das, ich kenne Ihre Taktik, Sie können mich einsperren lassen, sie können mich foltern lassen, Sie können mich erschießen lassen – so wie Lumumba im Kongo.

Das Ziel des 45-minütigen Unterrichts bestand schwerpunktmäßig darin, die Fertigkeiten Sprechen und Hören zu üben, daneben aber auch in der Vermittlung landeskundlicher Information. Es war nicht beabsichtigt, und angesichts der Gesamtdauer der ausgewählten Sequenzen von etwa zehn Minuten (ohne die letzte Sequenz) auch nicht möglich, dem Film als ganzem gerecht zu werden oder auch nur die Klischees zu diskutieren, die er von Deutschen, Amerikanern und Kommunisten zeichnet. Die Lerner haben die Anlässe zum Sprechen engagiert aufgenommen, und es kam zu häufigem Miteinander-Sprechen unter ihnen, denn die Sprechanlässe waren erstens motivierend, zweitens offen und ermöglichten zahlreiche Beobachtungen, Vermutungen und das Einbringen von Wissen und erforderten drittens doch eine Konvergenz der Schlüsse, die aus dem Gehörten und Gesehenen zu ziehen waren. Die Aktivität der Lerner war auch deshalb so hoch, weil sie jeweils wussten, worauf zu achten war, bevor sie eine Sequenz sahen, hörten bzw. sahen und hörten.

Brandi (^{2}1998) hat eine umfangreiche Übungstypologie zur Arbeit mit fiktionalen Videofilmen vorgelegt, die dem Ausbau der kommunikativen Fertigkeiten dienen soll. Sie unterteilt die Übungen in solche vor dem Sehen, während des Sehens und nach dem Sehen. Bevor ihre Übungstypologie vorgestellt wird, sollten die in der protokollierten Unterrichtsstunde eingesetzten Aufgaben gesammelt und nach den genannten Kriterien klassifiziert werden.

Aufgabe 10-2:
Welche Arbeitsaufträge werden in der protokollierten Unterrichtsstunde zu den Filmsequenzen gegeben? Berücksichtigen Sie auch die Alternative zu Phase 6.

Vor dem Sehen

10.2 Zum Einsatz von Filmen

Während des Sehens
Die Lerner notieren, was sie in der Sequenz über die Beziehungen zwischen zwei Personen erfahren. (Phase 5)
Nach dem Sehen

Weitere Aufgaben nach der Typologie von Brandi (^{2}1998) enthält folgende Liste:

vor dem Sehen	1	Einstieg über den Ton	
		nur Musik:	- Woran denken Sie? - Welche Handlung, welcher Ort sind vorstellbar? - Kreuzen Sie charakterisierende Adjektive aus der Liste an.
		nur Ton:	- Welche Bilder, Farben könnten passen? - Wo und wann spielt die Handlung? - Was passiert? - Wer ist an der Handlung beteiligt? - Wie ist die Stimmung?
	2	Einstieg über Assoziogramm	
	3	Einstieg über Bildmaterial	
		Abbildungen (als Alternative zum Assoziogramm)	
		Standfotos	
		Bildkarten: Ordnen lassen; Bilder und Titel bzw. Kurztexte einander zuordnen lassen.	
	4	Einstieg über schriftliche Vorgaben	
		Transkript eines Dialogs (Ziel: Den Personen über den geschriebenen Dialog ein Profil geben. Voraussetzung: Alter, Herkunft, Milieu, Intentionen, Gefühle der Personen müssen aus dem Transkript herauslesbar sein; besonders geeignet, wenn der Ton in der Sequenz zu schnell wäre).	
		Bei Dokumentarfilmen: Paralleltexte, Informationstexte	
		Wortkarten mit Schlüsselwörtern, die von den Lernern geordnet werden oder anhand derer sie eine Geschichte erzählen.	

während des Sehens	1	Aufgaben zur Bildinformation (ohne Ton!)
		a Die Lerner finden landeskundliche Informationen heraus, indem sie Auffälliges notieren.
		b Die Lerner sammeln Informationen über den Handlungsort.
		c Die Lerner sammeln Informationen über Beziehungen zwischen Personen.
		d Die Lerner notieren Auffälliges über Bildinformationen.
		e Die Lerner sammeln die Handlungsstationen.
		f Die Lerner sortieren vorher verteilte Handlungskarten.
		g Die Lerner überlegen, welche sprachlichen Informationen zu erwarten wären.

	2	Aufgaben zur sprachlich-inhaltlichen Information
		Vorgegebene Textkarten ordnen
	3	Aufgaben zu filmischen Aspekten
		L gibt eine Liste mit den Einstellungen der zu analysierenden Sequenz schriftlich vor. Während des Sehens sollen die Lerner Einstellungsgrößen, Kamerabewegungen etc. eintragen und die Wirkungen beschreiben. Bei Dokumentarfilmen sollen sie auch Längen von Einstellungen messen; daraus Schwerpunkte/Bewertungen eines Dokumentarfilms ableiten.

	1	Filmfortsetzung schreiben
		Nach einer Sequenz
	2	Fragebogen zur Hauptperson ausfüllen
nach dem Sehen		Fragen mit Auswahlantworten vorgeben, Ss begründen die Auswahl; Fragen mit Antwort, Ss begründen sie.
	3	Filmkritik verfassen
		Vorübung: Bewertungsskala oder Adjektive ankreuzen lassen; Vorgabe von Redemitteln
	4	Eine Filmkritik verstehen
	5	Bei Konflikten: Ss schildern das Geschehen aus der Perspektive eines der Beteiligten.
	6	Bei Dokumentarfilmen: Diskussion des Verhältnisses von Bild und Ton

Tabelle 1: Übungstypologie zur Arbeit mit Videofilmen nach Brandi (^{2}1998)

Einige Übungsmöglichkeiten seien hier noch kommentiert; ansonsten finden sich bei Brandi (^{2}1998) ausführliche Erläuterungen und Beispiele.

Der Einstieg über ein Assoziogramm ist – wie manch anderer Übungstyp der Liste – eine wohlbekannte Möglichkeit, die nicht nur bei Filmen, sondern auch bei Hör- und Lesetexten eingesetzt werden kann. Bei Filmen ist das Assoziogramm aber häufig ersetzbar durch ein Standbild, das den Schülern verteilt oder projiziert wird. Möglich sind u. a. die Besprechung der Personen, ihrer Beziehungen, möglichen Intentionen, ihrer Handlungen, von Ort und Zeit der Handlung, der Atmosphäre sowie gegebenenfalls von Fragen, die das Bild aufwirft. Zu älteren Filmen gibt es teilweise aussagekräftige Standfotos, die sich aus dem Internet herunterladen lassen. Man kann aber auch selbst am Computer Standbilder von einer DVD oder Videodatei erstellen bzw. beim Videoband eine Szene einfrieren. Bei Zeichentrickfilmen kann es sinnvoll sein, eine Reihe von Standbildern zu erstellen, diese gewürfelt in ein Arbeitsblatt zu kopieren und die Lerner aufzufordern, die Bilder zu beschreiben, in eine plausible Reihenfolge zu bringen und eine mögliche Geschichte zu ihnen zu entwerfen. In der Grund- und Mittelstufe kann über Bilder aus einem Film auch Vokabular eingeführt werden: Man kopiert in die linke Spalte eines Arbeitsblatts das Bild oder die Bilder, in die rechte Spalte trägt man Vokabeln ein, die für die Arbeit mit dem Bild notwendig sind.

In dem Selbstlernprogramm des Goethe-Instituts „... *wir können auch anders"* – *Die neue deutsche Filmkomödie* (1998) finden sich weitere Aufgabentypen, die abgewandelt auch im Präsenzunterricht eingesetzt werden können und die o. a. Aufgaben

10.2 Zum Einsatz von Filmen

sinnvoll ergänzen. So wird eine Sequenz, in der es zu einem Konflikt zwischen zwei Ehepartnern kommt, zuerst ohne Ton gezeigt, gefolgt von der Aufgabe:

> Bei welchem Bild ändert sich die Stimmung?
> - bei der Übergabe der Kette
> - bei der Entdeckung des Knutschflecks
> - beim Einlegen der Musikkassette
> - bei der Übergabe der roten Rosen

Danach sehen die Lerner dieselbe Sequenz noch einmal mit Ton; danach ist folgende Aufgabe zu lösen:

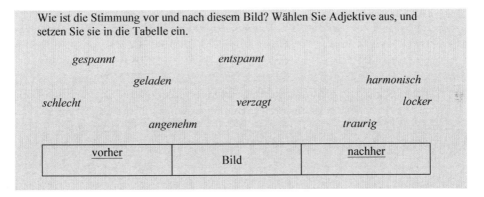

Mit solchen und ähnlichen Übungen lässt sich gezielt Sprachmaterial einführen.

Einige Aufgaben bei Brandi (²1998) beinhalten eine Beschäftigung mit filmischen Mitteln. So könnten die Lerner z. B. festhalten, dass eine Einstellung als Nahaufnahme aus der Froschperspektive gefilmt wurde und wie die Einstellung auf sie wirkt. Bei einem Dokumentarfilm könnte festgehalten werden, welchem Teilthema wie viel Zeit gewidmet ist, ob Kameraeinstellung und -fahrt eher distanzierend oder emotionalisierend wirken und wie sich Bild und Ton zueinander verhalten; aus all dem wäre dann auf implizite Bewertungen der Filmemacher zu schließen.

Solche Aufgaben, die meist Fortgeschrittenen vorbehalten bleiben, obwohl die notwendigen Termini und Wortfelder überschaubar sind, haben als primäres Ziel die Reflexion filmischer Mittel und ihrer Absichten und Wirkungen. Sie tragen damit zu einer Medienkompetenz bei, die zwar kein spezifisches Lernziel des Fremdsprachenunterrichts bildet, aber angesichts des hohen Umfangs medial vermittelter Erfahrung ein fächerübergreifendes Lernziel allgemeiner Bildung sein sollte. Dass der Fremdsprachenunterricht nun aber nicht bloß ein beliebiger weiterer, sondern ein besonders geeigneter Ort der Erweiterung der Medienkompetenz ist, hat zwei Gründe: Verstehen und Fremdverstehen sowie die Reflexion von Verstehensprozessen gehören zu seinen zentralen Zielen. Zweitens kennt die Kultur der Zielsprache oft andere Formate, Medien und Medienentwicklungen oder pflegt einen Umgang mit Medien, die der Ausgangskultur (noch) fremd sind. Der Erwerb entsprechender Kenntnisse trägt ebenfalls zur Medienkompetenz bei.

Soll die Beschäftigung mit Filmen im Fremdsprachenunterricht der Erhöhung der Sprachkompetenz oder auch der Medienkompetenz in der beschriebenen Weise dienen, so hat dies Konsequenzen für die Auswahl des Materials. In erster Linie darf es nicht zu lang sein; im besprochenen Beispiel betrug die Gesamtlänge der Sequenzen, mit denen gearbeitet wurde, zehn Minuten. Bei Spielfilmen ist also eine Auswahl zu treffen; Kurzfilme, Beiträge in Fernsehmagazinen, Werbespots o. ä. können in der Regel ungekürzt übernommen werden. Alte Stummfilme sind gut für die Entwicklung der produktiven Fertigkeiten geeignet, da sie, medial bedingt, das zum Verständnis Notwendige allein durch ihre Bilder und gelegentliche Zwischentitel vermitteln und gleichzeitig genügend Verbalisierungsdruck herbeiführen, so dass vielfältige Sprech- und Schreibanlässe entstehen.

Filmmaterial ist auch geeignet, die Kommunikation der Lerner untereinander zu fördern, wenn seine Zweikanaligkeit didaktisch genutzt wird, indem man z. B. einem Teil der Lerngruppe nur den Ton vorspielt, dem anderen nur das Bild. Danach müssen beide Gruppen einander über das Gesehene bzw. Gehörte informieren, um gemeinsam herauszufinden, worum es in der Sequenz geht.

Zum Schluss seien noch Möglichkeiten des autonomen Lernens mit Filmen angedeutet. Hat man durch eine ausschnitthafte Behandlung wie die von B. Wilders Komödie *Eins, zwei, drei* einer Lerngruppe einen Film schmackhaft gemacht und ihr das Vertrauen gegeben, genügend verstehen bzw. bei Schwierigkeiten Verstehensstrategien einsetzen zu können, dann kann man Kassette oder DVD unter den Lernern herumgehen lassen oder den gesamten Film außerhalb des Unterrichts zeigen. Butzkamm (^{2}2007a: 87ff) sieht in den technischen Möglichkeiten der DVD, die in der Regel Tonspuren und Untertitel in mehreren Sprachen enthält, eine weitere didaktische Chance: Die Lerner sehen sich eine DVD in ihrer Muttersprache oder einer gut beherrschten anderen Sprache an. Da sie den Film nun verstanden haben, können sie sich an die deutsche Version wagen, die sie ganz oder in ausgewählten Szenen anschauen, zuerst mit muttersprachlichen Untertiteln, dann mit deutschen Untertiteln, dann ganz ohne Untertitel.

10.3 Computer

10.3.1 „Computer" – Was ist eigentlich gemeint?

Seit einem Vierteljahrhundert finden sich Publikationen zur Rolle „des Computers" für das Lernen und den Unterricht von Fremdsprachen. Ähnlich lautende Titel aus diesem Zeitraum wie „Computergestützter Unterricht" (Langenscheidt-Redaktion 1985) oder „Computer im Deutschunterricht" (Grüner/Hassert 2000) legen nahe, es handle sich um denselben Gegenstand. Doch haben die technische Entwicklung von Hard- wie Software, die Verfügbarkeit der sich rapide wandelnden Geräte und Programme in Bildungseinrichtungen wie Privathaushalten und die Entwicklung der Mediendidaktik zu einer Verlagerung der Diskussionsschwerpunkte geführt und so zu einer nur noch schwer zu überblickenden und zu ordnenden Vielfalt von Einsatzmöglichkeiten für das Fremdsprachenlernen.

10.3 Computer

In den frühen Veröffentlichungen waren Computer noch große, teure Geräte, die eher in speziell ausgestatteten Räumen von Bildungseinrichtungen mit den nötigen finanziellen Mitteln standen als in jedem Klassenzimmer, und es konnte auch nicht für jedes Land davon ausgegangen werden, dass viele oder gar eine Mehrheit der Lerner privat Zugang zu einem Computer hatten; von Internet war noch keine Rede. Für Lernzwecke wurden die Geräte mit Disketten bestückt, welche die Lernprogramme trugen, meist schriftbasierte Übungen zu Wortschatz und Grammatik, die bis auf u. U. schon eingebaute einfache Feedback-Funktionen in der Regel entsprechenden Übungen des traditionellen Mediums Arbeitsblatt ähnelten. In dieser Phase wurde erstmals von „CALL" gesprochen, dem computergestützten Sprachenlernen (computer assisted language learning), das lange die didaktische Diskussion um die Rolle des Computers im Fremdsprachenunterricht dominiert hat.

Einen Entwicklungsschritt bedeuteten Multimedia-Computer, auf denen auch Hörtexte und Videosequenzen abgespielt werden konnten, denn hiermit entfiel die Beschränkung auf textbasiertes Lernmaterial zugunsten des Einbezugs des akustischen und visuellen Kanals, die in der authentischen mündlichen Kommunikation zentral sind und nun über die Datenträger CD- oder DVD-ROM in Verstehens- und Übungsaktivitäten eingeholt werden konnten. Anfangs die analogen Medien gedruckter Text, Hör- und Videokassette lediglich digital vereinheitlichend und bestehende didaktische Modelle im Umgang mit ihnen übernehmend, konnten sich in der Folge durch die Integration und leichtere Handhabarkeit der unterschiedlichen Medien neue Übungsformen entwickeln; exemplarisch ist das Multmedia-Lernprogramm *Einblicke* des Goethe-Instituts, das in seiner didaktischen Konzeption ausführlich in Grüner/Hassert (2000) vorgestellt und besprochen wird.

Den qualitativ bedeutsamsten Entwicklungsschritt stellt jedoch die Vernetzung des Computers mit dem Internet dar. Damit eröffnet sich dem Lernenden neben speziellen Sprachlernprogrammen ein Teil authentischer zielsprachlicher Kommunikation; die Grenze zwischen dem prototypischen Fremd- vs. Zweitsprachenlernen in diesem Kommunikationsbereich auflösend, besteht nun die Möglichkeit, ins Meer der fremden Sprache einzutauchen. Über die Teilnahme an Foren und Chaträumen oder per E-Mail kann der Lerner in einer Weise interaktiv tätig werden, welche die von Lernprogrammen auf nicht vernetzten Computern vorgegebene Interaktivität in ihrer extremen Beschränktheit deutlich werden lässt. Heute meist standardmäßig eingebaute Mikrophone und Kameras erlauben Videokonferenzen über das Internet und damit Kommunikationssituationen, die sich der prototypischen Sprechsituation in den Merkmalen Vorhandensein des akustischen wie visuellen Kanals und Simultaneität des Sprechens annähern. Netzbasierte Programme und Informationen drängen die Speichermedien CD- oder DVD-ROM zunehmend zurück. Wichtigster mobiler Datenträger sind zurzeit die USB-Sticks, die Lerner wie Lehrer am heimischen Computer oder sonstwo Erstelltes im Klassenzimmer präsentieren lassen.

Parallel zu dieser Entwicklung sind die Preise für die nötige Hardware und die Internetanschlüsse so weit gefallen, dass didaktische Überlegungen zur Rolle des Computers im Lehr- und Lernprozess davon ausgehen dürfen, dass Lehrende wie Lernende privat oder über ihre Bildungseinrichtungen Zugang zu einem vernetzten Computer haben. In Unterrichtsräumen wird es in der Regel möglich sein, über fest installierte oder tragbare Beamer der gesamten Lerngruppe Informationen zu präsentieren.

10.3.2 Computer in / neben / statt Fremdsprachenunterricht

Selbst als vernetzte, multimediafähige und Videokonferenzen erlaubende Computer noch nicht zur Verfügung standen, wurden schon euphorische Voraussagen über die Rolle des neuen Mediums für das Sprachenlernen gemacht. Manche dieser Aussagen erinnern an die Versprechungen, die mit der Einführung des Sprachlabors verbunden worden waren und sicherlich dazu dienen sollten, die hohen Investitionskosten zu rechtfertigen. Doch während die Erwartungen an das Sprachlabor sehr bald enttäuscht wurden, deckt der Computer, wie unten deutlich werden soll, eine ungleich breitere Fülle von Funktionen ab und ist in seinem Einsatz nicht an eine einzige Lerntheorie gebunden, wie es beim Sprachlabor und seiner Begründung in der behavioristischen Theorie des Imitations- und Reiz-Reaktions-Lernens der Fall war. Vielmehr ist er als neues Medium zentral sowohl für instruktivistische wie konstruktivistische Ansätze. Was die Versprechungen des neuen Mediums betrifft, so sollte gemäß weitgehenden „Visionen" das E-Learning Sprachkurse oder Sprachunterricht gänzlich ersetzen, in weniger weitgehenden Visionen gibt es daneben noch Präsenzkurse oder -phasen – nun aber als „markierte" Form des Lernens (vgl. Rösler ^{2}2007: 18).

Es würde den Rahmen einer Didaktik des Fremdsprachenunterrichts sprengen, auf E-Learning im Sinne des Selbstlernens anstelle von Unterricht oder eines Selbstlernens, das unkoordiniert neben ihm stattfindet, einzugehen. Zudem ist Rösler (^{2}2007: 19) zuzustimmen, wenn er Euphorien hinsichtlich eines gänzlich virtuellen Fremdsprachenlernens dämpft: „Vollvirtuelle Kurse sind bisher noch am einfachsten für die Vermittlung von deklarativem Wissen erstellbar ..." Es sei aber fraglich, wie hoch der Anteil solchen Wissens am Fremdsprachenerwerb ist und ob dieser nicht in viel höherem Maße auf gelingende Kommunikation angewiesen ist (vgl. die Diskussion in Kap. 1). Zur Sprachverwendung in kommunikativer Absicht und mit kommunikativer Rückmeldung taugen nun aber traditionelle Lernprogramme nicht; eine unumgängliche Notwendigkeit stellen, wenn das sogenannte Blended Learning, der Wechsel zwischen virtuellem und Präsenzlernen, nicht möglich ist, das Initiieren und Betreuen kooperativen Lernens über Lernplattformen dar. Davon ist zu fordern,

> dass kooperative Aufgaben auch tatsächlich Bestandteil des Curriculums (und der Bewertungen) sind und nicht nur schmückendes Beiwerk und dass Prinzipien wie Selbststeuerung nicht nur Begriffe aus konstruktivistischen ... Sonntagsreden sind, die in digitalen Materialien nur sehr oberflächlich realisiert sind, sondern dass diese Prinzipien tatsächlich zu problemorientiertem Lernen in authentischen Kontexten mit virtuell vermittelten sozialen Kontakten zwischen den Lernenden führen. (Rösler ^{2}2007: 20)

Doch ist es um solche Formen computergestützten Lernens bedeutend schlechter bestellt als um eng steuernde Übungen im Sinne von CALL-Programmen.

Den hohen Anforderungen an die Kursgestalter, das interaktive Potential vernetzter Computer für das Sprachenlernen fruchtbar zu machen und die entsprechenden Kommunikationsprozesse zu begleiten, entsprechen die nicht minder hohen Anforderungen an die Nutzer: Sie müssen lernerfahren sein und ihr Lernen selbst organisieren, über-

10.3 Computer 357

wachen und evaluieren können, denn im Kontext des Selbstlernens fehlen die sozialen Kontroll- und Regelungsmechanismen, wie sie sich in Klassen oder Kursen herausbilden.

Mit den Freiheiten und Optionen können diejenigen Lernenden am besten umgehen, die engagiert und effektiv und nachhaltig lernen, die also ‚Lernprofis' sind. Damit besteht zumindest die Gefahr, dass eine Ausbreitung des E-Learning in traditionelle Lerndomänen hinein am ehesten Lernerfahrenen hilft, ihr stärker eigenverantwortliches Lernverhalten optimal ausspielen zu können. Für schwache Lernende mit unterentwickeltem Lernmanagement wäre dies ein eher bedrohliches Szenario. (Rösler [2]2007: 10-11)

Ein moderner Fremdsprachenunterricht hat daher auch die Aufgabe, die mit dem E-Learning verbundenen Voraussetzungen auf Seiten des Lerners aufzubauen. Dies tut er, indem er die Befähigung zu autonomem Sprachenlernen zu einem seiner Ziele macht, innerhalb des Unterrichts den Computer als Medium einsetzt und den Umgang damit gemeinsam mit den Lernern reflektiert (vgl. Kap. 2.3). Aufgrund solcher Hinführung in einem veränderten Fremdsprachenunterricht wäre ein höherer Anteil von E-Learning für erfahrene Lerner beim Ausbau ihrer Sprachfertigkeiten oder beim Erlernen weiterer Fremdsprachen durchaus denkbar.

Die folgenden Ausführungen beschränken sich auf den Einsatz des Computers im Unterricht, den durch ihn beauftragten Einsatz im Medienraum und seine häusliche Nutzung durch Lernende wie Lehrende, soweit sie aus dem Unterricht erwächst, auf ihn bezogen ist oder wieder in ihn eingeholt wird. Nicht berücksichtigt wird das selbstinitiierte Lernen und Kommunizieren außerhalb und ohne Veranlassung des Unterrichts. Unberücksichtigt bleiben auch diejenigen Aktivitäten der Lernenden, die ihnen zwar von Bildungsinstitution oder einzelnem Lehrer vorgeschrieben werden, ohne jedoch begleitet, weiter thematisiert oder reflektiert zu werden. Ein Beispiel wäre die obligatorische Teilnahme an einem E-Mail-Tandem, das unverbunden neben dem sonstigen Kursprogramm herläuft. Die Grenzen zwischen Computernutzung mit Bezug auf Unterricht einerseits und neben Unterricht andererseits werden aber dann durchlässig, wenn Ergebnisse und Erfahrungen solcher Aktivitäten explizit in den Kurs eingebracht werden.

10.3.3 Funktionen der Arbeit mit dem Computer

Die vielfältigen Funktionen computergestützten Arbeitens innerhalb des Rahmens des Fremdsprachenunterrichts werden in der Literatur unterschiedlich klassifiziert. Funk (1999: 5) bestimmt als Leistungsbereiche Training, Kommunikation, Kognition, Information und Textverarbeitung; Huneke/Steinig ([3]2002) nennen drei Nutzungsmöglichkeiten: (1) den Computer als Lehrmittel, (2) als Werkzeug und (3) als Kommunikationsmittel. Unter (1) fassen die Autoren die Verwendung von Vokabel- und Grammatiktrainern, von Programmen zur Förderung der Lesefertigkeit, des Hörverstehens, Hör-Sehverstehens oder von Aussprachetrainern einerseits sowie den Einsatz von Autorenprogrammen für Lehrer zur Herstellung solcher Lernsoftware andererseits – all dies entspricht etwa Funks „Training". Zu (2): Der Computer fungiert als Werkzeug, wenn Wörterbücher auf CD-ROM (ein Teil von Funks „Kognition"), Enzyklopädien auf CD-ROM wie *Encarta*, *Brockhaus* oder online wie *Wikipedia* zur Beschaffung vor allem landeskundlicher Informationen genutzt werden oder in Jahrgängen von deutschsprachigen Zeitungen und Zeitschriften themenbezogen recherchiert wird (Funks „Information"), schließlich wenn der Computer als Schreibwerkzeug dient (Funks „Textverarbeitung"). Zu (3): Als Kommunikationsmittel kommt der Computer ins Spiel, wenn die Lerner in authentischer Sprachumgebung surfend lesen, sich an Foren und Chats beteiligen, per E-Mail Klassenpartnerschaften und -korrespondenzen pflegen, das Netz zum Tandemlernen nutzen oder Projektarbeitsergebnisse elektronisch publizieren, was weitgehend Funks „Kommunikation" entspricht.

In ähnlicher Weise wie Huneke/Steinig gruppieren auch Grüner/Hassert (2000) die bisher erwähnten Funktionen, fügen aber noch einen weiteren Aspekt hinzu: Jede Nutzung des Computers für das Fremdsprachenlernen erhöht zugleich die allgemeine Kompetenz im Umgang mit ihm, die Kulturtechnik *computer literacy*, und verlangt gleichzeitig den Ausbau des entsprechenden Wortschatzes. Wenn darüber hinaus bei passender Gelegenheit die Möglichkeiten und Grenzen des Mediums für das Fremdsprachenlernen reflektiert werden und weiterhin der eigene Umgang mit Computern außerhalb des Unterrichts, dann wird ein fachübergreifendes emanzipatorisches Lernziel im Sinne einer allgemeinen Mediendidaktik verfolgt. Hinzuzufügen ist noch, dass, wie im Zusammenhang mit dem Einsatz von Videofilmen bereits erwähnt, Nutzung, Einschätzungen und Vorstellungen vom angemessenen Umgang mit einem Medium sich in Ausgangs- und Zielkultur durchaus unterscheiden können und so auch eine landeskundliche Dimension ins Spiel kommt.

Um ausführlicher und differenzierter auf die im engeren Sinne fachbezogenen Funktionsbereiche einzugehen, die Huneke/Steinig (^{3}2002) unterscheiden, ist es sinnvoll, die Einsatzmöglichkeiten des Computers für Lehrende und Lernende getrennt zu betrachten, auch wenn sich in einzelnen Aspekten Überschneidungen ergeben.

10.3.3.1 Funktionen aus Sicht des Lehrenden

Die wohl häufigsten und zugleich unspezifischsten Aktivitäten am Computer sind das Surfen im Internet, das Schreiben und die gelegentliche Verwaltung von Daten in Form einfacher Listen; sie können auf einer gleitenden Skala von privater zu beruflicher Nutzung angesiedelt sein. Am beruflichen Ende stehen das Erstellen von Texten, Aufgaben, Tests für den Unterricht mit Schreibprogrammen oder das Führen und Auswerten von Notenlisten mit Tabellenkalkulations- oder Datenbankprogrammen. Die Online-Recherche ist ein Mittel, um Texte und Themen eines Lehrwerks zu aktualisieren oder zu ersetzen und das jeweils erforderliche Hintergrundwissen zu erweitern.

Fachspezifische Recherche

Für recherchierende Deutschlehrer finden sich speziell auf ihre Bedürfnisse zugeschnittene Angebote, so u. a. die Seiten des Goethe-Instituts (www.goethe.de) oder die des Mannheimer Instituts für Deutsche Sprache (www.ids-mannheim.de), welche Auskunft zu allgemeinen Fragen zur deutschen Sprache oder zu speziellen grammatischen Fragen geben. Außerdem wird hier die Möglichkeit geboten, in Sprachkorpora zu recherchieren, ein Arbeitsmittel, auf das unten noch ausführlicher einzugehen ist.

10.3 Computer 359

Auch die Verlage, in denen DaF-Lehrwerke erscheinen, bieten einschlägige Materialien bis hin zu fertigen Arbeitsblättern und Tests zum Download. Noch handelt es sich um Zusatzangebote von Verlagen, es ist aber absehbar, dass sich in einer neuen Lehrwerkgeneration das Verhältnis von Lehrbuch und zugehörigen Webseiten ändern wird; Thesen zu der neuen Rollenverteilung stellt Funk (1999) auf. Jenseits von Recherchen lassen Online-Foren der Verlage Lehrende ihre Erfahrungen zu bestimmten Lehrwerken untereinander austauschen und zusammenarbeiten, also in Interaktion treten, so *Stufen International* unter www.stufen.de oder *Berliner Platz* unter www.langenscheidt-unterrichtsportal.de/forum_648.html.

Lexikanalyse und Übungserstellung mit Autorenprogrammen

Spezielle Werkzeuge für die Unterrichtsvorbereitung sind die schon länger auf dem Markt befindlichen *Autorenprogramme* sowie in neuerer Zeit *Hilfsmittel zur Lexik*. Zunächst zu Letzteren: Konnte ein Lehrer bislang den lexikalischen Schwierigkeitsgrad eines gefundenen Textes nur intuitiv einschätzen, erlauben Programme wie *Sprachtext* oder *Toolbox* der Verlage Klett bzw. Cornelsen den Abgleich seiner Wörter mit vorgegebenen Wortlisten. Bei beiden Programmen sind dies die Vokabulare der in den Verlagen erscheinenden Lehrwerke, die Wortlisten sind aber erweiterbar. Das Lehrwerk *Studio d* integriert diese Art von Werkzeug bereits in seine Lehrerhandreichungen, die auf einer CD-ROM mit dem programmatischen Namen *Unterrichtsvorbereitung interaktiv* vorliegen. Am nützlichsten für allgemeinsprachliche Kurse ist die Information, welche Wörter nicht zum Zertifikatswortschatz gehören, eine Funktion, die auch im Autorenprogramm *Lingofox* enthalten ist. Mit der automatischen Kennzeichnung noch unbekannter oder jenseits der lexikalischen Lernziele liegenden Wortschatzeinheiten sind natürlich noch keine didaktischen Handlungsanweisungen verbunden, denn diese ergeben sich erst aus den Zielen und Arten der Rezeption und der Rolle der betreffenden Wörter in ihrem Text. Sind sie zentral, sollten sie auf jeden Fall auf eine der in Kapitel 4 beschriebenen Weisen fokussiert werden.

Eine rein quantitative Bestimmung des Gewichts der Wörter in einem Text erlauben als weiteres Hilfsmittel *Schlüsselwortprogramme*, welche die lexikalischen Wörter eines Texts nach ihrer Häufigkeit ordnen. Mit *Konkordanzprogrammen* können dann die Kontexte der Wörter im vorliegenden Text und in ausgewählten Korpora eingesehen werden. Da Konkordanzprogramme auch zu den wichtigsten Hilfsmitteln für Lerner gehören, werden sie erst in 10.3.3.2 genauer beschrieben.[57]

Autorenprogramme erlauben Lehrenden, auf recht einfache Weise Übungen zu erstellen, die an die Bedürfnisse ihrer Lerngruppe angepasst sind, vor allem, aber nicht ausschließlich, zu Lexik und Grammatik. Programmierwissen ist dabei nicht vonnöten, die für den Umgang mit Textverarbeitungsprogrammen erforderlichen Kenntnisse reichen in der Regel aus. Komplizierter wird es erst, wenn Aufgaben zu Hörtexten,

---

[57] Quellenangaben für kostenfreie oder günstige Schlüsselwort- und Konkordanzprogramme veralten schnell; am besten findet man solche Programme mit Suchmaschinen im Internet. Daneben enthalten einige der kommerziellen Autorenprogramme solche Funktionen (z. B. *Lingofox*) bzw. sind dabei, sie zu integrieren. Einfache Programme erkennen nur isolierte Wortformen, ausgefeiltere die Zugehörigkeit von Wortformen zu Lexemen und listen letztere auf.

Bildern oder Videosequenzen erstellt werden, denn dann sind die entsprechenden Medien erst einmal zu digitalisieren und in das Programm einzufügen. Solche Übungen sind nur am Computer zu bearbeiten, die textbasierten dagegen können auch gedruckt und als Arbeitsblatt verteilt werden. Zu den bekanntesten textbasierten Programmen gehören das kostenfreie, für verschiedene Sprachen verwendbare *Hot Potatoes* (http://hotpot.uvic.ca/reg/register.htm), das ebenfalls kostenlose *Übungsblätter selbstgemacht* des Goethe-Instituts (www.goethe.de/lhr/prj/usg/deindex.htm) u. a.; daneben gibt es kommerzielle Angebote wie *ZARB*, welches in das Textverarbeitungsprogramm *Word* integriert werden muss, oder den Übungsgenerator *Lingofox*.

Das mit Autorenprogrammen Erstellbare hat eng steuernden Charakter; die Übungstypen umfassen Lückentexte, Schütteltexte, -sätze und -wörter, Zuordnungsübungen, Multiple-Choice-Aufgaben, Wörtersuche, Kreuzworträtsel u. ä. In vielen Fällen genügt das Eintippen oder Kopieren von Textvorlagen, auf deren Grundlage dann die gewünschte Übung erstellt wird. Das Resultat textbasierter Übungen entspricht weitgehend den geschlossenen Übungen, wie sie vom Medium Lehr- oder Arbeitsbuch und dem Arbeitsblatt her bekannt sind. Auf eine der interessanten Ausnahmen, die Textrekonstruktion, wird in 10.3.3.2 eingegangen.

Sollen die erstellten Materialien dem Selbstlernen dienen, sind differenzierte Rückmeldungen jenseits eines „richtig" oder „falsch" und bei falschen Antworten Erklärungen und Hilfestellungen angebracht. Doch dann erhöht sich der Aufwand für den Lehrenden beträchtlich, und die Bedienung der Programme, sofern sie differenzierte Rückmeldungen überhaupt zulassen, übersteigt den „Mausklick".

Grüner/Hassert (2000: 132-4) formulieren eine Reihe von Kriterien zur Einschätzung und Beurteilung von Autorenprogrammen. Angesichts ihrer aber insgesamt attraktiv erscheinenden Möglichkeiten sind einige grundsätzliche Bemerkungen zu den Grenzen solcher Programme und der durch sie entstehenden Materialien angebracht. Gerade die Leichtigkeit, mit der nun Übungen erstellbar sind, kann dazu führen, dass ein sinnvoller Anteil geschlossener Sprachübungen im Ganzen des Lernprozesses überschritten wird. Wie bereits in Kapitel 1 ausgeführt wurde, kommt solchem Üben im Vergleich zum kommunikativen Handeln eine eher begrenzte Rolle im Spracherwerb zu. Ferner besteht die Gefahr, dass nur noch solche Übungen erstellt werden, für die Autorenprogramme die Schablonen liefern, und nur solche Sprachelemente fokussiert werden, die für die Programme erkennbar sind, womit bestimmte Lernziele unter den Tisch fallen würden. Dies kann an einer schon im Kapitel Wortschatz vorgestellten Übung illustriert werden. Lücken, mit denen die Fähigkeit zum Erschließen unbekannter Wörter erprobt und geübt werden soll, haben nach Westhoff (1997) in dem Sinne „lehrreich" zu sein, als die weggelassenen Wörter im Textzusammenhang wichtig sind, erratbar sind und die entscheidenden Hinweise auf sie nach der Auslassung kommen (4.3.1). Dies verlangt eine sprachliche und inhaltliche Analyse, die Autorenprogramme nicht leisten – und in der Auswertung ein reflektierendes Gespräch über die Texthinweise und Lösungswege, keine einfache „Rückmeldung", zumal es eindeutige Lösungen nicht gibt.

Insgesamt sind an Übungen, die von Lehrenden mit Hilfe von Autorenprogrammen selbst verfasst werden, nicht so hohe Anforderungen zu stellen wie an professionelle Lernprogramme, denn sie gleichen ihre in der Regel geringere Komplexität durch ihre größere Nähe zu den Bedürfnissen der konkreten Lerngruppe aus. Werden Arbeitsblätter für den Unterricht erstellt, ist mangelndes computergestütztes Feedback kein Problem, denn sie werden ja in der Regel im Unterricht besprochen.

Präsentation

Als letztes ist auf die *Präsentationsfunktion* im Unterricht einzugehen. Technische Voraussetzungen sind neben einem im Unterrichtsraum installierten oder tragbaren Computer die Verbindung zu Beamer und Lautsprecheranlage. Dann sind sowohl Texte und Bilder projizierbar als auch Hörtexte und Videosequenzen abspielbar. Wer schon einmal zu einer bestimmten Stelle einer Audio- oder Videokassette, aber auch einer CD/DVD wiederholt springen wollte, weiß, wie viel einfacher das Auffinden der gesuchten Stellen am Computer ist. Außerdem kann man Dateien schon in der Vorbereitung in leichter handhabbare Einzeldateien verwandeln. Von großem praktischem Vorteil ist auch, dass man es nur noch mit einem einzigen Gerät statt einem ganzen Gerätepark (Overheadprojektor, Kassettengerät, Videogerät) zu tun hat, unabhängig davon, welches Medium man einsetzen möchte. Hier erweist sich aufs Neue, dass der Computer nicht als Medium im engeren Sinne, sondern als Medienträger zu fassen ist.

Was die Präsentation von vornehmlich schriftbasiertem Material betrifft, ist allerdings eher auf Grenzen als auf Möglichkeiten hinzuweisen. Mit PowerPoint oder ähnlichen Programmen erstellte Präsentationen vermögen, wenn sie durchdacht und nicht im Hinblick auf Effekte gestaltet sind, in sinnfälliger Weise Informationen und Strukturen auf mehreren Wahrnehmungskanälen zu vermitteln. Ihr Einsatzbereich ist aber der deklarativen Wissens, auf dessen begrenzte Rolle im Spracherwerbsprozess schon mehrfach hingewiesen wurde. Übersteigt zudem die zu vermittelnde Information nur ein geringes Maß, ist das Arbeitsblatt das geeignetere Medium. Wie schon beim Vergleich der Basismedien Tafel und Overheadfolie betont, verführen vorbereitete Folien dazu, auf Kosten der Aufnahmefähigkeit der Adressaten zu schnell vorzugehen; dies gilt noch mehr für Programme wie PowerPoint, die sich ja explizit auf die Metapher der Folie berufen. Im Gegensatz zu vorbereiteten Overheadfolien, die im Unterricht aufgrund von Denk- und Diskussionsprozessen noch ergänzt und verändert werden können, sind es PowerPoint-Folien mit vertretbarem Aufwand nicht, sie sind also weniger „interaktiv" als das ältere Medium oder gar die Tafel. Zum Erarbeiten oder Spiegeln von Denkprozessen, Funktionen, in denen eine Stärke der beiden letzten Medien liegt, sind Präsentationen nicht geeignet. Die Funktion des Sprechanlasses kann digital Projiziertes aber durchaus haben.

Wo Grüner/Hassert (2000: Kap. 5.5) Präsentationsprogramme vorstellen, erwähnen sie vornehmlich Präsentationen durch Lernende, die zum Abschluss eines Projektes oder als Resultat einer Aufgabe erarbeitet wurden. Diese sind sicherlich anders zu beurteilen als Präsentationen durch Lehrende, denn es handelt sich um aktiv gestaltete Kommunikationsmittel. Nur sollte darauf geachtet werden, dass wegen des von der Größe des Bildschirms ausgehenden Zwangs zur Kürze nicht das Stichwortartige zu Lasten ausformulierter logischer Beziehungen überhand nimmt. Die Grammatik nominaler Einheiten steht nämlich Lernern auf Grund- und Mittelstufe noch nicht zur Verfügung und ist auch später erst eigens zu erarbeiten.

Aufgabe 10-3:
Die folgende Aufgabe soll den Umgang mit einem Autorenprogramm illustrieren und ein Beispiel für einen ihrer unterschiedlichen Aufgabentypen geben. Sie wurde mit *Lingofox* in vier Schritten erstellt:

Schritt 1: Eintippen bzw. Kopieren von sieben Wörtern in ein leeres Textdokument des Programms. (Im Beispiel bezeichnen die Wörter die Funktionen des Computers für das Fremdsprachenlernen und einige Programmgattungen aus dem vorangehenden Abschnitt, von diesen allerdings nur das Bestimmungswort, also nur *Textverarbeitung*, nicht *Textverarbeitungs-Programm*.)
Schritt 2: Wahl der Art des zu erstellenden Arbeitsblatts, hier „Wortversteck".
Schritt 3: Angabe der gewünschten Anzahl von Spalten und Zeilen und der Ausrichtung der Suchwörter (waagrecht, senkrecht, diagonal).
Schritt 4: Anklicken des Erstellungsbefehls, der sowohl das Arbeitsblatt mit Anweisung (Letztere ist hier gelöscht) als auch ein Kontrollblatt erzeugt (siehe Lösungshinweise).

Programmgattungen und Funktionen des Computers im Fremdsprachenunterricht

C	W	E	Y	H	O	B	F	I	P	X	H	K	O	N	K	O	R	D	A	N	Z
H	U	G	B	Q	P	B	I	G	J	R	V	M	J	P	M	P	C	A	D	V	M
R	T	Y	K	T	S	T	F	Q	K	X	M	J	I	W	E	R	K	Z	E	U	G
S	C	H	L	Ü	S	S	E	L	W	O	R	T	I	O	U	Ä	V	Y	U	R	Y
C	H	G	S	W	D	X	G	X	E	A	T	C	M	Q	J	S	A	I	X	M	U
W	L	E	H	R	M	I	T	T	E	L	X	B	R	K	X	E	K	U	B	Q	Y
O	O	T	C	D	S	G	T	S	H	C	C	G	N	K	N	H	D	M	N	L	
K	O	M	M	U	N	I	K	A	T	I	O	N	S	M	I	T	T	E	L	D	A
V	K	D	T	A	V	U	V	C	U	Z	K	A	N	V	O	A	L	Q	J	X	U
T	H	M	I	I	Z	V	O	K	Z	B	D	P	X	K	P	T	N	M	U	G	T
Q	Z	Q	C	L	S	B	L	B	W	V	K	L	Q	O	S	I	C	Z	K	D	O
H	V	B	W	F	B	B	H	J	U	L	V	R	J	U	N	O	S	T	A	J	R
X	Q	E	E	X	S	H	D	I	L	P	V	L	C	H	R	N	U	J	H	I	E
U	P	C	G	R	A	Y	G	N	O	H	E	S	E	U	G	S	X	T	R	Y	N

Finden Sie die versteckten Wörter!

Aufgabe 10-4:
Die folgenden drei Übungen wurden auf der Webseite des Goethe-Instituts mit dem kostenfreien Programm *Übungsblätter selbstgemacht* erstellt. Gehen Sie auf die Webseite (www.goethe.de/lhr/prj/usg/deindex.htm).
(a) Welche Schritte waren nötig, um die Übungen zu erstellen?
(b) Welche Lernziele lassen sich mit ihnen verfolgen?

	Übung 1	Übung 2	Übung 3
Schritt 1			
Schritt 2			
Schritt 3			

10.3 Computer

Schritt 4			
Bemerkungen			

(c) Wie entstehen die Arbeitsanweisungen?
(d) Welche weiteren Übungstypen lassen sich mit dem Programm erstellen?

Übung 1:

In welcher Reihenfolge ergeben die Abschnitte einen sinnvollen Text? Tragen Sie die Reihenfolge in die Kästchen ein.

☐ Alternde Goldhamster – Kinder, Haustiere und Verantwortung

☐ Der Goldhamster läuft also munter in seinem Käfig umher und frisst Gemüse. Nach zwei Wochen sieht sein Käfig aus wie ein Slum. Wenn man das Kind dazu auffordert, den Käfig sauberzumachen, antwortet es: „Morgen. Morgen tue ich es ganz bestimmt. Morgen." Die Mutter tut es. Es gibt Streit. So vergeht die Zeit. Der Hamster wird immer dicker, wie ältere Männer dicker werden. An seinem Fell kleben Speisereste. Er riecht schlecht. Mehr Zeit vergeht. Nun fallen dem Hamster die Haare aus. Er wird wieder dünner. Sehr dünn, mit nackten Stellen im Fell. Er geht vorsichtig, manchmal fällt er um und steht mühsam wieder auf. Die Mutter sagt: „Traurig. Genau wie ein alter Mensch."

☐ Das Kind aber ekelt sich vor dem alten Hamster und mag ihn nicht mehr anfassen. Ich sage: „Wir werden auch mal so! Schau es dir nur an! Willst du von uns auch nichts mehr wissen, wenn wir mal alt sind?" Das Kind sagt: „Nein. Um euch werde ich mich kümmern. Ganz bestimmt." Die Mutter und ich, wir schauen uns betroffen an. Dann holen wir ein Nüsschen für den Hamster. Hat er überhaupt noch Zähne?

Das Kind wollte ein Tier haben. Unbedingt. Ich sage: „Du musst dich um das Tier aber auch kümmern." Das Kind sagt: „Oh ja. Ja, ganz bestimmt. Ganz, ganz sicher." Die Mutter sagt: „Das bleibt bestimmt wieder alles an mir hängen." Nun schaut man sich im Internet die Tiere an, die es so gibt.

☐ Der Wellensittich lebt normalerweise zwölf Jahre. Das Meerschweinchen lebt normalerweise acht Jahre. Der Goldhamster lebt zwei Jahre. Die Mutter sagt: „Wenn überhaupt etwas, dann den Goldhamster." Der Goldhamster verdankt einen Teil seiner Popularität der Tatsache, dass er, kaum angeschafft, auch schon bald wieder stirbt.

Übung 2:

Setzen Sie die folgenden Wörter (bzw. Wortteile) in die Lücken im Text:

für   Um   von   vor

Das Kind aber ekelt sich _____ dem alten Hamster und mag ihn nicht mehr anfassen. Ich sage: „Wir werden auch mal so! Schau es dir nur an! Willst du _____ uns auch nichts mehr wissen, wenn wir mal alt sind?" Das Kind sagt: „Nein. ____ euch werde ich mich kümmern. Ganz bestimmt." Die Mutter und ich, wir schauen uns betroffen an. Dann holen wir ein Nüsschen _____ den Hamster. Hat er überhaupt noch Zähne?

Übung 3:

Setzen Sie die folgenden Wörter in die Lücken im Text:
alles an dich Mutter Goldhamster Goldhamster." haben Ja kaum kümmern." man Meerschweinchen sagt seiner stirbt Wellensittich

Das Kind wollte ein Tier _____ . Unbedingt. Ich sage: „Du musst _____ um das Tier aber auch _____ Das Kind sagt: „Oh ja. ____ , ganz bestimmt. Ganz, ganz sicher." Die _____ sagt: „Das bleibt bestimmt wieder _____ an mir hängen." Nun schaut _____ sich im Internet die Tiere ____ , die es so gibt. Der _____ _____ lebt normalerweise zwölf Jahre. Das _____ lebt normalerweise acht Jahre. Der _____ lebt zwei Jahre. Die Mutter _____ : „Wenn überhaupt etwas, dann den _____ Der Goldhamster verdankt einen Teil _____ Popularität der Tatsache, dass er, _____ angeschafft, auch schon bald wieder _____ .

10.3.3.2 Funktionen aus Sicht des Lernenden

Die Diskussion der Funktion des Computers für Lernende soll mit der Frage beginnen, wie Computer im Unterricht selbst eingesetzt und welche Aktivitäten unterrichtsbegleitend oder für das häusliche Lernen angeregt oder gefordert werden können.

In diesem Rahmen war das Medium lange ausschließlich Lehrmittel. *Lernprogramme* boten geschlossene Übungen, überwiegend zu Grammatik und Lexik, die in ihrer Art von der Grammatik-Übersetzungs- und vor allem Audiolingualen Methode her bekannt waren und sich nur durch die Möglichkeit des Feedbacks von entsprechenden Übungen der Medien Arbeitsblatt oder -buch unterschieden. Nicht umsonst konnte in dieser Phase dem neuen Medium der Vorwurf gemacht werden, es verkaufe weitgehend alten Wein in neuen Schläuchen und die Euphorie hinsichtlich seiner Möglichkeiten werde genau so schnell verfliegen wie die vormals mit dem Sprachlabor verbundenen Hoffnungen auf eine entscheidende Verbesserung des Fremdsprachenlernens. Noch über 15 Jahre nach den ersten Lernprogrammen für PCs konnte Funk (1999: 7) im Blick auf neuere Lehrwerke oder das Aufgabenhandbuch von Häussermann/Piepho (1996) feststellen, „welche Vielfalt von differenzierten Aufgabenformen hier inzwischen zur Verfügung stehen. Vergleicht man sie mit dem Angebot in den CD-ROM-Programmen oder im Internet, so fällt die Variantenarmut der Aufgabenformen in den neuen Medien auf."

Doch hat es seit den frühen Tagen der Lernprogramme technische und didaktische Weiterentwicklungen zum Vorteil des Lernenden gegeben. Zuerst ist die Individualisierung vorangeschritten: Innerhalb eines Programms können verstärkt Übungsschwerpunkte und Aufgabentypen entsprechend den eigenen Bedürfnissen ausgewählt werden. Sodann hat sich die Qualität der Rückmeldungen erhöht. Jenseits eines einfachen „richtig" oder „falsch" geben gute Programme heute Hinweise bei falschen Antworten, Begründungen bei korrekten und stellen direkt aufrufbare Hilfen in Form von Glossaren, Grammatikregeln o. ä. bereit. Längst übersteigt das Übungsangebot auch Grammatik und Lexis, indem nun auch das Training der rezeptiven Fertigkeiten geübt werden kann, des Leseverstehens und, seitdem Computer multimediafähig sind, auch des Hör- und Hör-Sehverstehens, wodurch das Üben besser auf reale mündliche Kommunikation vorbereitet. Bei falschen Antworten auf Verständnisfragen werden die Lerner direkt zu der fraglichen Textstelle oder Stelle der Audio- oder Videodatei geleitet und können sich diese erneut zeigen bzw. abspielen lassen, so bei dem schon erwähnten Lernprogramm *Einblicke*. Eine weitere Hilfe beim Hör- und Hör-Sehverstehen ist das Einblenden von transkribierten Passagen oder Untertiteln. So lässt sich insbesondere das intensive Hören individuell üben.

Im Zusammenhang mit dem Schlagwort Multimedia ist allerdings einschränkend anzumerken, dass die Vielkanaligkeit allein noch nicht für bessere Lernergebnisse sorgt. Der Zwang, gleichzeitig optische und akustische Information aufzunehmen, lässt teilweise nur noch automatisierte Verarbeitung zu (vgl. Weidenmann 1997) und somit nur eine geringe Verarbeitungstiefe. Da Sprachenlernen aber, wie in Kap. 1.3.1 diskutiert, immer ein gewisses Maß an Aufmerksamkeit auf die sprachliche Form verlangt, müssen multimediale Lernprogramme durch ihre Aufgabenstellung für die jeweils notwendige Fokussierung sorgen. Hier lag bereits eine der Begründungen für die didaktische Trennung der Kanäle als eine Form der Arbeit mit Filmen (vgl. 10.2).

Aus den schon gegebenen und noch zu erwartenden Möglichkeiten von Lernprogrammen lässt sich schließen, dass Vergleiche mit den Ansprüchen und der tatsächlichen Rolle des Sprachlabors für das Fremdsprachenlernen nicht (mehr) gerechtfertigt sind, zumal die Funktionen des Computers keinesfalls auf die eines Lehrmittels beschränkt sind. In seiner Funktion als *Werkzeug* genügt das Medium vielmehr den Forderungen konstruktivistischer Lerntheorien, dass Lerner geeignete Umgebungen und Mittel benötigen, um optimal Wissen aufbauen zu können. Als *Kommunikationsmittel* schließlich ermöglicht es authentischen Sprachkontakt auch außerhalb des Zielsprachengebiets.

Arbeiten mit Lernprogrammen

Was zunächst die *Lernprogramme* betrifft, so ist es dem vorliegenden Medium Buch geschuldet, dass als Beispiele nur schriftbasierte besprochen werden können. Zuerst sei ein Programm vorgestellt, das schon für Anfänger geeignet ist, dann eins für Fortgeschrittene. Beim ersten handelt es sich um die völlige Textrekonstruktion (ausführlich beschrieben bei Rüschoff/Wolff 1999: 96-101 & 208-213). Sie gehört zu den frühesten und einfachsten Übungstypen, ist im Gegensatz zu anderen frühen Übungen aber schon medienspezifisch, indem sie sich nur am Computer durchführen lässt, und spricht trotz ihrer Geschlossenheit die Kreativität und das strategische Handeln der Lerner an. Das Programm setzt einen Ausgangstext voraus, dessen Wörter es durch Platzhalter für jeden seiner Buchstaben ersetzt. Vom Original bleiben lediglich die Wort- und Absatzgrenzen sowie die Interpunktion übrig. Aufgabe der Lerner ist es, den Text zu rekonstruieren, indem sie jeweils ein Wort vorschlagen, das im Text vorkommen könnte. Trifft die Vermutung zu, macht das Programm das Wort überall dort sichtbar, wo es im Original steht. Eine Version des Märchens Rotkäppchen sieht nach der Eingabe von *es, war, einmal, Mädchen, Großmutter, krank* und *rotes* wie in Abb. 1 aus – es müssen jedoch die korrekten Wortformen eingegeben werden, bei *rot, rote* erscheint eine Fehlermeldung. Kommt man nicht weiter, gibt eine Hilfefunktion auf Aufforderung jeweils einen Buchstaben des ersten noch nicht rekonstruierten Wortes.

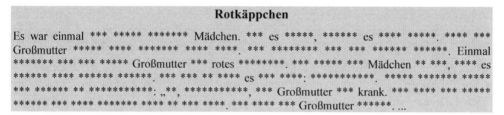

Abbildung 1: Frühes Stadium der Bearbeitung einer Textrekonstruktionsaufgabe; die Aufgabe wurde mit *TexToys* erstellt.

Was wie ein Worträtespiel aussieht, verlangt eine Reflexion des Lerners darüber, was von Thema oder anderen Vorgaben her seinen sprachlichen Niederschlag im Text finden könnte, und fördert das Ausnutzen des impliziten Wissens der Lerner über häufige Wörter im Deutschen wie Artikel, Pronomina, Präpositionen usw. Je mehr sich der Text mit Wörtern füllt, desto mehr kommen Texterschließungsstrategien auf lokaler wie globaler Ebene und grammatisches Wissen ins Spiel.

Die notwendigen Vorgaben für eine solche Textrekonstruktion können höchst unterschiedlich sein. Im Beispiel wurde davon ausgegangen, dass wohl jedem Lerner das Märchen vom Rotkäppchen bekannt sein dürfte. In Bezug auf eine konkrete Gruppe würde man aber eher von Texten und Themen ausgehen, die aus dem Unterricht bekannt sind, womit die Übung eine weitere Funktion annähme, nämlich den Lernstoff zu vertiefen. Direkt mit der Aufgabe verbundene Vorgaben können sein ein Hörtext, eine Videosequenz, eine Bildergeschichte oder größere intakte Teile des Textes. Bei fortgeschrittenen Lernern lassen sich mit einer solchen Übung sogar der formale Aufbau und die sprachlichen Mittel bestimmter Textsorten wie Geschäftsbriefe fokussieren.

Als zweites Beispiel für ein Lernprogramm soll das an der Universität Heidelberg entwickelte *ProGram* (Ströde o. J.) dienen, das sich zum Ziel setzt, schriftsprachliche Kompetenzen bezüglich wissenschaftssprachlicher Strukturen aufzubauen (http://mmtux.idf.uni-heidelberg.de; Stand 11.03.09). Zentrale Zielgruppen sind Lernende auf C1-Niveau und Studienanfänger an deutschsprachigen Hochschulen. Von seinen Übungstypen her ist das Programm repräsentativ für grammatikorientierte CALL-Programme, denn es enthält v. a. Lücken-, Multiple-Choice-, Transformations- sowie Drag&Drop-Übungen. Es unterscheidet sich aber von älteren Programmen zum einen durch seinen Bezug auf wissenschaftsnahe Sachtexte, welche die Lerner auch unabhängig von den Übungen lesen können und die für Zusammenhang und Kontextualisierung der Übungsitems sorgen, zum anderen durch die Fortschritte bei den Rückmeldungen auf Eingaben der Lerner. Reagierten die frühen Lernprogramme nur mit „richtig" oder „falsch", so ist *ProGram* zunächst in der Lage, Rechtschreib- und morphologische Fehler von anderen Fehlern zu unterscheiden und entsprechende Rückmeldungen zu geben. Sodann erlaubt es unterschiedliche Lösungen und gibt bei möglichen, aber nicht präferierten Varianten Hinweise auf die bessere; bei abgelehnten Lösungen kann der Lerner helfende Hinweise einblenden. Bei Bedarf können im Vorfeld eines Lösungsversuchs über einen Link „Regel" jeweils einschlägige Passagen aus der integrierten Grammatik aufgerufen werden. Schließlich soll eine Datenbank in

10.3 Computer

Verbindung mit der maschinellen Fehlerkommentierung dem Lerner Fehleranalysen anbieten und ein individuelles Fehlerprofil erstellen.

Eine der Übungssequenzen fokussiert das Passiv; sie beginnt mit einer textbezogenen rezeptiven Übung zum Erkennen von Passivstrukturen und ihrer Differenzierung nach Vorgangspassiv, Zustandspassiv und Passiversatz mit oder ohne Modalfaktor (Abb. 2). Ein entsprechendes Multiple-Choice-Feld öffnet sich, wenn man auf einen (Teil)Satz klickt; hat man einen Aktivsatz angeklickt, erfolgt die Rückmeldung „Hier handelt es sich *nicht* um eine Passivform!"

> **Klicken Sie die (Teil)Sätze an, bei denen es sich um ein Vorgangspassiv, ein Zustandspassiv oder einen Passiversatz handelt. Wählen Sie dann aus, um welche Passivform es sich handelt.**
>
> <u>Mit Computern erziehen wir die Kinder zu phantasielosen Befehlsempfängern</u>
>
> Dies ist die richtige Zeit, darüber zu spekulieren, was uns das neue Jahrhundert bringen wird. Projiziere ich in die Zukunft, was bereits jetzt zu beobachten ist, so sehe ich, dass der größere Teil der Massen in den so genannten fortschrittlichen Ländern in zunehmendem Maße seinen Arbeitstag damit verbringen wird, den Befehlen der Maschine Folge zu leisten, während er für den Rest der Zeit am Busen der großen Bestie Unterhaltung saugt.
>
> Das ist eine fürchterliche Vision, und sie lässt die drängende Frage aufkommen, ob Eltern ihre Kinder wirklich dazu erziehen wollen, als Erwachsene so zu leben. Denn genau das wird geschehen, wenn Kinder zu früh dem Computerunterricht an der Schule ausgesetzt sind. Es steht außer Frage, dass der Computer kreativ genutzt werden kann. ...

Abbildung 2: Übung 3.1 aus *ProGram* (gekürzt)

Es folgt eine ebenfalls noch rezeptive Übung, in der man diejenigen Teilsätze eines Textes anklicken soll, die passiviert werden können. Passivierbare erscheinen dann in grün, nicht passivierbare in rot. Bei grün kann man auf „Beispiel" klicken, um den möglichen Passivsatz zu lesen.

> Der vorliegende Text behandelt die Sprache des Menschen. [...] Ich schreibe [...] über den Instinkt, Sprache zu erlernen, zu sprechen und zu verstehen. Zum ersten Mal in der Geschichte lässt sich darüber schreiben, denn vor etwa 35 Jahren entstand eine neue Wissenschaft. Unter dem heute gebräuchlichen Oberbegriff "Kognitionswissenschaft" bedient sie sich verschiedener Hilfsmittel aus der Psychologie, Informatik, Linguistik, Philosophie und Neurobiologie, um die Funktionsweisen der menschlichen Intelligenz zu erklären ...

Abbildung 3: Übung 3.2 aus *ProGram* (gekürzt)

Klickt man beispielsweise den zweiten Satz an (*Ich schreibe [...] über den Instinkt, Sprache zu erlernen ...*), erhält man eine Rückmeldung, die über die Grammatik des isolierten Satzes hinausgeht und den Zusammenhang von Struktur und Textfunktion anspricht: „Prinzipiell ist ein Passivsatz möglich. Beachten Sie jedoch die Perspektive. In diesem Kontext wäre eine Umformung in: *Von mir wird über den Instinkt, ..., geschrieben* unüblich."

Die Übungssequenz endet mit der Aufgabe, einen Text „so weit möglich, ins Passiv, ggf. Zustandspassiv oder einen Passiversatz" umzuformen. Der Hinweis „Nennen Sie das Agens nur, wenn es für das Textverständnis von Bedeutung ist" soll einem mechanischen Transformieren entgegenwirken, vielmehr sind Entscheidungen über die jeweilige Angemessenheit der Agensnennung zu treffen.

Da für das selbständige Arbeiten mit Lernprogrammen die Art der Rückmeldung entscheidend ist, soll anhand von *ProGram* abschließend auf Möglichkeiten und Probleme von Rückmeldungen eingegangen werden. Wie schon erwähnt, kann das Programm Rechtsschreibfehler und Fehler in den Wortformen erkennen, und es akzeptiert unterschiedliche Antworten. Dies sei an einer Übung zur Transformation von Nebensätzen in Präpositionen mit einem nominalisierten Kern illustriert. Vorgegeben sind (i) und (ii):

(i) Ähnliche oder vertraute Elemente oder Strukturen einer Zielsprache ermöglichen dem Lerner den Rückgriff auf Fertigkeiten, die er entwickelt hat, während er die Erstsprache erworben hat.
(ii) Ähnliche oder vertraute Elemente oder Strukturen einer Zielsprache ermöglichen dem Lerner den Rückgriff auf Fertigkeiten, die er _____ entwickelt hat.

Bei Eingabe von *während seines Erstspracherwerbs* erscheint die Rückmeldung „Korrekt", bei Eingabe von *während seines Erwerbs der Erstsprache* ebenfalls, jedoch ergänzt durch einen optionalen Kommentar „Sie können auch ein Nominalkompositum aus Erstsprache + Erwerb, d. h. aus einem Nomen + Genitivattribut bilden." Dagegen wird *während des Erstspracherwerbs* als inkorrekt bewertet, die Kommentarfunktion erläutert „Ihre Eingabe entspricht nicht der vorgesehenen Lösung! Fehlerprognose: *des*". Expliziter ist die Erläuterung zu dem ebenfalls als inkorrekt zurückgewiesenen *während des Erwerbs der Erstsprache*: „Sie können auch ein Nominalkompositum aus Erstsprache + Erwerb, d. h. aus einem Nomen + Genitivattribut bilden. Bedenken Sie, dass das Personalpronomen hier zum Possessivpronomen wird." *Während des Erwerbs seiner Erstsprache* wird wiederum als „mögliche Variante" akzeptiert.

Das Beispiel illustriert die Schwierigkeit und Herausforderung, stets angemessene und hilfreiche Rückmeldungen in Lernprogrammen zu implementieren. Für variantenreiche und differenziert auf die jeweilige Eingabe reagierende Rückmeldungen wird gerne der Begriff der intelligenten Korrektur in Anspruch genommen, aus CALL soll ICALL (intelligent computer-assisted language learning) werden. Doch findet sich in der Literatur eine große begriffliche Unschärfe hinsichtlich des Intelligenzbegriffs, so dass sich der Eindruck aufdrängt, dass das attraktive Adjektiv von Anbietern kommerzieller Lernsoftware eher werbesprachlich verwendet wird. Eine restriktive Auffassung von „intelligent" vertritt Rösler (2007: 188): „Weitergehendes Feedback wird man erst produzieren können, wenn das Lernprogramm die Antwort nicht einfach mit vorher festgelegten Antwortmöglichkeiten (Mustern) vergleicht, sondern wenn das Lernprogramm selbst eine Art von intelligentem Umgang mit der Lernerantwort hat." Dies setzt eine maschinelle Analyse der sprachlichen Eingaben der Lerner voraus, die trotz aller Anstrengungen von Computerlinguistik und Forschung zur Künstlichen Intelligenz außerhalb sorgfältig eingegrenzter Kontexte noch keine zufriedenstellenden Ergebnisse zeitigt. Jenseits einer Prüfung von Rechtschreibung, von Wortformen und Kongruenzbeziehungen, wie sie schon von Textverarbeitungsprogrammen bekannt sind, bleibt beim jetzigen Stand der Entwicklung letztlich nur der Abgleich der Lernerantwort mit möglichst vielen hinterlegten möglichen und nicht möglichen Antworten, wobei Letztere mit jeweils angepassten Hilfestellungen verbunden werden.

Zum gegenwärtigen Zeitpunkt darf also bezweifelt werden, ob Aufwand und Ertrag bei den Versuchen, über einen Listenabgleich hinausgehende programmgesteuerte Tutorierung des individuellen Lerners zu erzielen, in einem angemessenen Verhältnis stehen, zumal sie den Blick auf andere Formen von Rückmeldung und Hilfe als den programmbasierten verstellen könnten. Schließlich ist der Computer heute nicht mehr wie zu den frühen CALL-Zeiten ein alleinstehendes Gerät, sondern ein vernetztes, und dies eröffnet nicht maschinellen Formen des Feedbacks neue Chancen. Sofern Lernprogramme kursbegleitend eingesetzt werden und das programmierte Feedback unverstanden oder unbefriedigend bleibt, können über ein Soziales Netzwerk wie ICQ oder eine Lernplattform für den Kurs Fragen und Probleme mit anderen Kursteilnehmern geklärt werden. Eine weitere Möglichkeit bilden Online-Sprechstunden des Kursleiters oder der Institution, die den Sprachkurs anbietet. Sofern ein Lerner außerhalb jeden Sprachkurses mit Lernsoftware arbeitet, ist es denkbar, dass die Verlage ihre Programme in einer Premiumversion mit einem bestimmten Zeitkontingent für Online-Beratung und -Betreuung anbieten oder Tutorierungszeit ähnlich manchen Beratungshotlines in Rechnung stellen.

In den immer stärker genutzten so genannten Sozialen Netzwerken äußert sich zur Zeit ein tiefgreifender Wandel im Kommunikationsverhalten vor allem von Schülern und Studenten, so dass unterschiedliche Formen computervermittelter menschlicher Rückmeldung realistischer erscheinen als bedeutsame schnelle Fortschritte bei maschinellem Feedback. Zudem könnte die Integration menschlicher Rückmeldung in elektronische Lernangebote einen ihrer spracherwerblich gravierendsten Einschränkungen abmildern: Das Angebot müsste sich nicht mehr auf geschlossene Übungen beschränken, sondern könnte auch zumindest halboffene Formen enthalten.

Die Verlagerung bestimmter Teilaspekte des Übens in die häusliche Arbeit am Computer oder in besondere Computerpoolstunden schafft für die eigentliche Unterrichtszeit mehr Gelegenheit zu dem, was unter gleichzeitig anwesenden Personen am leichtesten entsteht und zentraler als alles andere für Sprachenlernen ist: möglichst authentische Kommunikation. Daneben gehören solche Übungs- und sprachbewusstseinsfördernden Aktivitäten in die Unterrichtszeit, die offen sind und vielfältiger, nicht planbarer Rückmeldungen bedürfen, natürlich auch die im weiteren zu besprechenden Formen der Arbeit mit dem Computer jenseits der Lernprogramme.

Mit Lernprogrammen ist dann im Unterricht zu arbeiten, wenn in die Arbeit mit ihnen eingeführt oder die angestoßenen Lernprozesse besprochen werden sollen. Zum Umgang mit Lernprogrammen gehört schließlich die Anregung, dass die Lernenden mit Hilfe der kostenfreien Autorenprogramme oder der Mittel von Textverarbeitungsprogrammen wie in 10.3.3.3 beschrieben selbst Übungen erstellen, entweder für den persönlichen Gebrauch oder – nach Durchsicht durch den Lehrer – für die Mitlerner. Nur sind dann, ähnlich wie bei von den Lehrenden erstellten Übungen, nicht differenzierte und elaborierte Rückmeldungen zu erwarten, ein Nachteil, den aber der stärkere Gruppenbezug des selbst erstellten Materials ausgleichen sollte.

Computer als Werkzeug

In weniger beschränkter und inhaltlich offenerer Weise wird der Computer da benutzt, wo er als *Werkzeug* dient, zum Schreiben, als elektronisches Wörterbuch, als Mittel der Suche in Korpora oder um grammatische Informationen zu erhalten.

Die überaus förderliche Rolle von **Textverarbeitungsprogrammen** beim Schreiben wurde bereits in Kap. 8.4.2 herausgestellt. Rechtschreib- und Grammatikkorrektur geben schon während des Eintippens Hilfen auf den unteren formalen Ebenen, integrierte Synonymenwörterbücher oder Thesauri bei der Suche nach dem treffenden Wort. Vor allem aber beim besonders lernwirksamen Überarbeiten spielt das Medium seine Stärken aus: Umstellungen, Ergänzungen, Streichungen oder Veränderungen lassen sich einfach bewerkstelligen. So wird selbst Schreibungeübten die Qualitätssteigerung ihrer Texte erfahrbar, was wiederum zu weiterem Überarbeiten motiviert. Da die Lesbarkeit des Getippten im Gegensatz zur Handschrift unproblematisch ist, können die Schreibenden ihre Texte leichter gegenseitig lesen, kommentieren und bearbeiten. Änderungsvorschläge eines Partners können durch die Funktion „Änderungen nachvollziehen" oder „Textvergleich" von Standard-Textverarbeitungsprogrammen sichtbar und weiter verarbeitbar gemacht werden. Schließlich erfährt das Schreiben eine besondere Motivation, wenn es neben Lehrer und eventuellem Lernpartner weitere Leser findet. Am Computer entstandene Texte können im Rahmen von Lernplattformen der gesamten Lerngruppe zur Lektüre angeboten werden und darüber hinaus im Rahmen von Klassenpartnerschaften oder sonstigen Kooperationen einen größeren Leserkreis finden. So eingesetzt, ist der Computer nicht mehr allein Werkzeug, sondern bereits Kommunikationsmittel.

Während Textverarbeitungsprogramme zu den am verbreitetsten und allgemeinsten Nutzungen des Computers gehören, sind die nun zu besprechenden Werkzeuge und die Korpusrecherche spezifisch für das Fremdsprachenlernen oder stammen aus der Korpuslinguistik, deren Verfahren erst durch die jüngste technische Entwicklung auch direkt für Lernzwecke fruchtbar gemacht werden können und eine echte Neuerung darstellen. Es handelt sich um Online-Lexika, Online-Grammatiken sowie Programme zur Textanalyse und -aufbereitung. Die Hauptfunktionen dieser Werkzeuge liegen in Erwerb oder Absicherung deklarativen Wissens und involvieren Sprachbewusstheit.

Wörterbücher treten heutzutage in vier Formen auf, als gedrucktes Buch, elektronisches Taschenwörterbuch, CD-ROM (oft ebenfalls elektronisches Wörterbuch genannt) und Datei im Internet. In didaktischer Hinsicht ist der Vergleich des Printmediums mit dem Online-Medium am aufschlussreichsten, die anderen Formen nehmen eine Mittelstellung ein und dürften nur eine Übergangslösung darstellen. Im ersten Zugriff bieten die neuen Medien dieselben Informationen wie ihr gedrucktes Pendant, das in den meisten Fällen noch die Basis bildet. Die Suche erfolgt allerdings durch Eintippen schneller und bequemer als durch Nachschlagen im Buch. Diese Bequemlichkeit und Geschwindigkeit führt nach ersten Untersuchungen jedoch dazu, dass die Wörter nur mit geringer Tiefe verarbeitet werden und dasselbe Wort, wenn es wieder auftaucht, erneut gesucht wird (vgl. Rüschoff/Wolff 1999: 117-8) – offensichtlich entfallen hier der Blick auf die benachbarten Lexikoneinträge und das gelegentliche „Schmökern" im Lexikon.

Zur Arbeit mit dem Digitalen Wörterbuch der deutschen Sprache (DWDS)

Der inhaltliche Mehrwert eines Online-Wörterbuchs besteht zunächst in seiner Multimedialität. Man kann die Aussprache eines Wortes anhören, und für die Semantisierung geeigneter Wörter stehen Bilder und Videoclips zur Verfügung. Die Hypertextstruktur erlaubt umfangreiche vertiefende Informationen, für die es dem linearen gedruckten Medium an Platz mangelt, und den Zugriff auf die zugrundegelegten Sprachkorpora – ein weiterer Mehrwert, der am DWDS erläutert werden soll.

Das Digitale Wörterbuch der deutschen Sprache, kurz DWDS (www.dwds.de), wurde an der Berlin-Brandenburgischen Akademie der Wissenschaften als gegenwartsbezogenes Gemeinsprachliches Wörterbuch konzipiert und erarbeitet. Es ist kein Lerner-Wörterbuch, lässt sich aber für Lehr- und Lernzwecke gewinnbringend nutzen. Anfänglich lag ihm ein über 100 Millionen Wortformen umfassendes Referenzkorpus aus geschriebenen und gesprochenen Texten des 20. Jahrhunderts zugrunde; mittlerweile lässt sich auch in Texten dieses Jahrhunderts recherchieren, ferner ist nun auch ein Etymologisches Wörterbuch integriert. Die Möglichkeiten der Abfrage erweitern sich ständig, ebenso die der Darstellung der Rechercheergebnisse. Das DWDS ist somit kein abgeschlossenes Wörterbuch. Den Vorteilen solcher Weiterentwicklung steht jedoch als Nachteil entgegen, dass der Benutzer sich in recht kurzen Abständen anpassen muss. Die im Folgenden erläuterten Möglichkeiten können sich daher inzwischen anders präsentieren.

Im DWDS kann man zunächst unter „Wortverlauf" feststellen, mit welcher Häufigkeit ein Wort während der einzelnen Jahrzehnte in welchen Textkorpora erscheint; Abb. 4 illustriert den Verlauf von *hübsch*. Man erhält so u. a. die Information, dass die allgemeine Gebräuchlichkeit von *hübsch* im Rückgang begriffen ist.

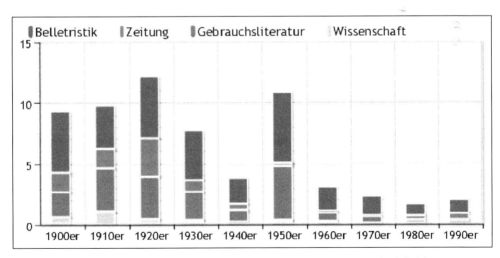

Abbildung 4: Wortverlauf für *hübsch* im DWDS-Kernkorpus, im Original farbig

Ein weiterer Link führt zu automatisch berechneten Kollokationen, wobei unterschiedliche Parameter eingestellt und verschiedene Korpora abgefragt werden können; die Ergebnisdarstellung ist zudem oft wählbar; Abb. 5 zeigt die Ergebnisse für *hübsch* und *attraktiv* im Kernkorpus. Neben den automatisch berechneten finden sich auch die traditionellen, von Lexikographen erstellten Kollokationen unter „Detailansicht", die den vom Printmedium bekannten Angaben entsprechen.

Kollokationsangaben für *hübsch* im Lexikoneintrag:
„ein hübsches Mädchen, Kind; sie ist eine hübsche Frau; ein hübsches Ding umgangssprachlich; ein hübscher Kerl umgangssprachlich; ein hübscher Junge, Mensch; jmd. sieht hübsch aus; sie ist auffallend, recht hübsch; sie hat ein hübsches Gesicht, hübsche Augen ..."

Kollokationsangaben für *attraktiv*:
„ein attraktives Mädchen; eine attraktive Erscheinung; sie sah attraktiv aus; die Dekoration des Schaufensters wirkt sehr attraktiv."

Wortprofil 2012 für **hübsch**	Wortprofil 2012 für **attraktiv**
ist Adjektivattribut von	ist Adjektivattribut von
Bild Blondine Dame Einfall Frau Freund Geschichte Gesicht Haus Idee Mädchen Name Stadt Summe Tochter	Alternative Angebot Frau Fußball Gegner Kondition Mann Markt Modell Preis Produkt Programm Rendite Spiel Standort

Abbildung 5: Automatisch berechnete Kollokationen aus dem DWDS

Wie einige andere Online-Wörterbücher bietet das DWDS Zugriff auf die zugrundegelegten Korpora und lässt das Suchwort in seinen Kontexten betrachten; auf einen weiteren Mausklick erscheint der größere Kontext. Man kann eins der Teilkorpora oder das Gesamtkorpus auswählen und den Zeitraum der Belege eingrenzen. Abb. 6 zeigt die ersten 10 Belege für das Suchwort *attraktiv* im Korpus „ZEIT & ZEIT online" des Jahres 2009.

Listen wie in Abb. 6 heißen in der computergestützten Korpusanalyse KWIC-Darstellung (key word in context – Schlüsselwort im Kontext). Sie werden durch sogenannte Konkordanzprogramme erzeugt, die in der Wortschatzdidaktik seit Tribble/Jones (1990) viel Beachtung gefunden haben und auf die unten noch eingegangen wird.

1	...nnte Skibbe den "Fehler-Flüsterer". In Frankfurt kündigte Skibbe nun "	attraktiven	und offensiven" Fußball an. So wie ihn sein Vorgänger Friedhelm Fun...
2	...lich sei. Wir haben ein Angebot vorgelegt, das für alle Seiten sehr	attraktiv	ist », sagte er. Dies betreffe auch die Zukunft aller deutschen Ope...
3	...e Strombedarf in Nordafrika und im Nahen Osten machen das Projekt sehr	attraktiv	. Greenpeace begrüßte das Vorhaben und forderte die Bundesregierung au...
4	...eufer Mit dem Investitionsprojekt Mediaspree will die Stadt Berlin den	attraktiven	, zentralen Spreeraum umgestalten. Doch viele Bürger und die ansäss...
5	...ren. Dann könnte für Nordafrika und den Nahen Osten die Atomenergie	attraktiv	werden, um den wachsenden Energiebedarf zu decken. Der Missbrauch s...
6	... Menschen weg als hin: Diese Regionen müssen versuchen, für Zuwanderer	attraktiverer	zu werden. ILLUSTRATION: Anne Gerdes/ DIE ZEIT Quelle: Berlin Insti...
7	...iphone - rim - apps Extras machen das iPhone	attraktiv	Smartphones Von Witold Pryjda Extras machen das iphone attraktiv Für T...
8	...rtphone. Die zusätzliche und oft kostenlose Software ist es, die es	attraktiv	macht. Ein Überblick über die Welt der "Apps" Mal ehrlich: Zum Tele...

10.3 Computer

| 9 | ...as anders. Umgekehrt machten ihre Dienste schließlich das Netz erst | **attraktiv** | und kurbelten so das Geschäft der Zugangsdienste an. Die Netzbetrei... |
| 10 | ...ohen Treppenstufen hinter den Türen. Straßenbahnen sind für uns das | **attraktivste** | und ökonomischste Verkehrsmittel «, sagt Martin Schlegel... |

Abbildung 6: Belegstellen für *attraktiv* aus dem Korpus „ZEIT & ZEIT online" 2009

Von besonderer Bedeutung sind Korpussuchen für die Textproduktion. Wenn ein Lerner sich nicht sicher ist, ob eine Verbindung von Adjektiv und Substantiv oder Verb und Substantiv üblich ist, kann er durch den Suchbefehl „Wort1 && Wort2" in einem geeigneten Teilkorpus des DWDS nach allen Stellen suchen lassen, an denen die beiden Wörter vorkommen. Wird er fündig, muss er natürlich noch überprüfen, ob die Kookkurrenz auch seiner Mitteilungsabsicht entspricht.

Mithilfe des DWDS lassen sich ferner landeskundliche Informationen und kulturspezifische Gebrauchsweisen von Wörtern herausfinden und für weitere Aktivitäten nutzen. Dies sei an dem Wort *Mauer* illustriert, dessen Verlauf Abb. 7 darstellt.

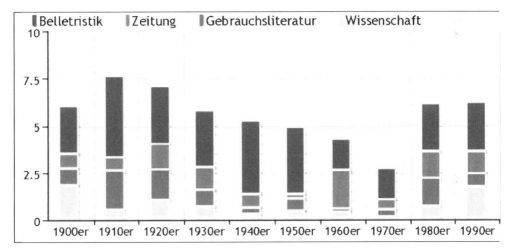

Abbildung 7: Wortverlauf für *Mauer* im DWDS-Kernkorpus, im Original farbig

Die erhöhte Frequenz in Zeitungstexten (zweites Segment in den Balken von oben) der 1960er und dann wieder 1980-90er Jahre spiegelt zwei entscheidende Ereignisse der deutschen Nachkriegsgeschichte, den Bau und Fall der Berliner Mauer. Sie finden ihren Niederschlag auch in den automatischen Kollokationen aus Abb. 8.

Mit dem Material lässt sich landeskundlich in der Weise weiterarbeiten, dass überlegt wird, welche der Assoziationen zu *Mauer* kulturspezifisch sein könnten. Hieran wären landeskundliche Informationen anschließbar und schließlich eine Schreibaufgabe, der die entsprechenden Wörter in Abb. 8 als Skelett dienen könnten.

Schließlich zeichnen sich Online-Wörterbücher gegenüber ihren gedruckten Pendants durch die Möglichkeit der Interaktivität aus. Bei LEO etwa (www.leo.org) kann man andere Nutzer nach Übersetzungen problematischer Textstellen oder nach Gebrauchsweisen bestimmter Wörter und Wendungen fragen, Lexikoneinträge unter „Falscher Eintrag?" diskutieren oder Vorschläge für neue Einträge unterbreiten.

> Bau Bresche in Dächern Fall Fenstern Festung Gefängnisses Gitter Grenze Gräben Hecken Palastes Schießbefehl Schweigens Stacheldraht Todesstreifen Toren Türme Vorhang Wachtürmen Wällen Wände Zinnen Zonengrenze Zäune bröckelnde chinesische dicken durchbrechen eingerissen eingestürzte einreißt einstürzten fiel gebaut geborstenen meterdicken undurchdringliche unsichtbare Öffnung

Abbildung 8: Automatische Kollokationen für *Mauer* aus dem DWDS[58]

Aufgabe 10-5:
Gehen Sie auf die Webseite des DWDS (www.dwds.de).
(a) Lassen Sie sich den Wortverlauf von *attraktiv* anzeigen. Vergleichen Sie die Wortverläufe von *hübsch* und *attraktiv*.
(b) Können Männer hübsch sein? Laut den Kollokationsangaben im obigen Lexikoneintrag ja: *ein hübscher Junge*. Suchen Sie (i) aber mal nach „hübsch && Frau" und „hübsch && Mann", (ii) nach „hübsche Frau" und „hübscher Mann". Wie beantwortet sich die Frage aufgrund der Korpora?
(c) Vergleichen Sie die Kollokationsangaben für *attraktiv* im Lexikoneintrag und in der Teilkorpusabfrage in Abb. 6. Was fällt auf?

Online-Wörterbücher sind, so kann zusammengefasst werden, ein mächtiges Werkzeug, in dessen optimalen Gebrauch allerdings ebenso eingeführt werden muss wie in die Benutzung traditioneller Wörterbücher. Dafür eignen sich ähnliche Übungen wie sie für Letztere in 4.3.3 vorgestellt wurden. Zudem ist gemeinsam mit den Lernern zu reflektieren, wie mit der größeren Menge und Vielfalt an Daten, die Online-Wörterbücher zur Verfügung stellen, sinnvoll umgegangen werden kann. Auf einige Herausforderungen sollte Aufgabe 5 aufmerksam machen.

Konkordanzprogramme sind Programme, die in einem Text oder Textkorpus nach einem Wort oder einer bestimmten Form eines Wortes suchen und alle Fundstellen mit einem Kontext von in der Regel 80 Zeichen um das Suchwort herum darstellen. In das oben vorgestellte DWDS ist ein Konkordanzprogramm integriert – Abb. 6 ist somit eine typische Ausgabe –, solche Programme sind aber auch als alleinstehende Anwendungen erhältlich und damit auf jedes Korpus anwendbar, das ein Lehrender oder Lernender durchsuchen lassen möchte. Auf der Basis wenig umfangreicher Korpora lassen sich aber auch mit Textverarbeitungsprogrammen Konkordanzen erstellen. Allerdings muss man dann eigens nach allen Formen eines Wortes (*Wald, Walds, Waldes, Wälder, Wäldern*) suchen.

Die Einsatzmöglichkeiten von Konkordanzprogrammen werden in Rüschoff/Wolff (1999) eingehend beschrieben, die wichtigsten seien hier daher nur erwähnt.

---

[58] Die Wortwolke in Abb. 8 erschien noch bis Mitte 2012 in dieser Form; seither werden die kookkurrenten Wörter nach der jeweiligen syntaktischen Beziehung zum Suchwort gefiltert wie in Abb. 5. So muss man sich zur Zeit (Nov. 2012) die Informationen, die in Abb. 8 noch versammelt sind, aus Einzelwolken zusammensuchen, was für das Erschließen kulturspezifischer Bedeutungen kein Fortschritt ist.

- Konkordanzen – gleich ob am Bildschirm oder als ausgedruckte Liste auf einem Arbeitsblatt – erlauben das induktive Erschließen der Grammatik eines Worts, besonders der Verben. Der Lerner kann über vorgegebene oder selbst erstellte Konkordanzlisten selbst die Valenz eines Verbs herausfinden, besonders, welche Präposition(en) es regiert; ähnliches gilt für die grammatischen Unterschiede zwischen den eng verwandten Verben *wissen* und *kennen*.
- Im Bereich Wortschatz lässt sich üben, die Bedeutung(en) des Suchworts zu erschließen. Die Lerner können ferner aus den Kontexten denjenigen auswählen, der ihnen am typischsten und geeignetsten scheint, um sich das Wort einzuprägen.
- Register- und Stilunterschiede, etwa von *kriegen* vs. *bekommen*, können erarbeitet werden.
- Zur Wiederholung und Vertiefung bereits gelernter Vokabeln werden Konkordanzlisten mit weggelassenem Suchwort vorgegeben; dieses ist zu erraten. Einen Wettbewerbscharakter erhält die Übung, wenn der Lehrer über Beamer oder Overheadprojektor die Kontexte langsam nacheinander projiziert; wer das Wort zuerst errät, erhält einen Punkt.
- Zweisprachige Konkordanzen zu falschen Freunden wie dt. *eventuell* vs. engl. *eventually* durchzugehen, ist sicherlich einprägsamer als kontrastive Hinweise durch den Lehrer.
- Zweisprachige Konkordanzen zu Übersetzungsäquivalenten können deutlich machen, wo die Übersetzbarkeit endet, d. h. wo Kern und Peripherie des deutschen Worts und seines Äquivalents liegen.
- Schließlich können über die Suche nach Wortbestandteilen Wortbildungsprozesse bewusst gemacht werden.

Solche Aufgaben fördern nicht nur die Fähigkeit zur Bedeutungserschließung, deren wichtige Rolle für den Wortschatzerwerb bereits in Kap. 4.3.1 angesprochen wurde, sondern auch die Konstruktion wortbezogenen grammatischen Wissens und die Vernetzung des Wortschatzes. Ihr Schwierigkeitsgrad hängt von den Texten bzw. Korpora ab, auf deren Basis die Suche stattfindet.

Zusammenfassend betonen Rüschoff/Wolff (1999: 206–7) an der Arbeit mit Konkordanzprogrammen die „Charakteristika konstruktivistischen Wissenserwerbs"; sie „kommen einer solchen Didaktik und Methodik des Spracherwerbs, bei der es nicht ausnahmslos um das bloße Üben und Umsetzen von Fertigkeiten, sondern um die Aktivierung von Sprachverarbeitungs- und -verstehensprozessen und die Umsetzung entsprechender Erwerbsstrategien geht, sehr entgegen."

Aufgabe 10-6:
(a) Bei nicht-muttersprachlichen Deutschlehrern hört man zuweilen diesen Arbeitsauftrag: *Formuliert die Argumente des Autors mit euren eigenen Wörtern*. Erstellen Sie mit Hilfe des DWDS Konkordanzlisten für die Wortformen **Worte, *Worten* und **Wörter, *Wörtern* (www.dwds.de). Versuchen Sie aus den Kontexten zu begründen, warum *mit euren eigenen Wörtern* unpassend ist. (Der Asterisk in der Abfrage teilt dem Programm mit, dass nur nach der angegebenen, nicht auch nach anderen Formen des Worts gesucht werden soll.)
(b) Welche Pluralform ist häufiger, *Worte* oder *Wörter*?

(c) Klären Sie mit Hilfe einer Korpusabfrage im DWDS, ob es heißt *etwas an der Tafel schreiben* oder *etwas an die Tafel schreiben*. Wie sind Sie vorgegangen? Welche Angaben haben Sie erhalten?

Aufgabe 10-7:
Fassen Sie zusammen: Worin besteht Ihrer Ansicht nach der Mehrwert eines Online-Wörterbuchs im Vergleich zu einem gedruckten Wörterbuch?

Als letztes wichtiges Werkzeug soll auf **Online-Grammatiken** eingegangen werden, und zwar am Beispiel von *ProGr@mm*. Diese propädeutische Grammatik wurde am Institut für Deutsche Sprache in Mannheim entwickelt (http://hypermedia.ids-mannheim.de/programm/), basiert konzeptuell auf der umfangreichen *Grammatik der deutschen Sprache* von Zifonun u. a. (1997) und profitiert von Erfahrungen mit der älteren Online-Grammatik *Grammis* aus dem gleichen Hause, mit der sie einige Komponenten teilt. Ihr Einsatz wurde unter verschiedenen Bedingungen erprobt und verfolgt, und so liegen Veröffentlichungen zu Konzeption, Nutzungserfahrungen und ersten Bewertungen vor, u. a. Schwinn/Vorderwülbecke (2004), Cölfen/Waldenberger (2004), Breindl (2008). *ProGr@mm* ist allerdings keine dezidierte Lernergrammatik, und schon gar keine für Anfänger, denn sie wendet sich vornehmlich an interessierte Muttersprachler und Germanistikstudenten im In- und Ausland, berücksichtigt in der Komponente „Kontrastiv" jedoch fremdsprachliche Perspektiven auf das Deutsche. *ProGr@mm* ist damit für den Lehrer und für fortgeschrittene Lerner des Deutschen geeignet. Auf Online-Grammatiken für Anfänger verweist eine Seite des Goethe-Instituts (www.goethe.de/ lhr/lks/gra/deindex. htm); das Angebot lässt sich zur Zeit aber von seiner Qualität her nicht mit den in 5.3.2 vorgestellten buchbasierten Lernergrammatiken für Anfänger vergleichen.

Online-Grammatiken bieten gegenüber ihren gedruckten Pendants Vorteile, die in ihrer Hypertext-Struktur, ihrer Multimedialität und ihrer Interaktivität begründet sind. Die Hypertext-Struktur kommt der Art entgegen, wie Grammatiken üblicherweise gelesen werden, nämlich nicht linear, sondern in der Suche nach begrenzten Antworten auf bestimmte Fragen. Die Suche kann schneller und vielfältiger als im Medium Buch erfolgen, im Fall von *ProGr@mm* über das Inhaltsverzeichnis, das Terminologische Wörterbuch, das Grammatische Wörterbuch oder die Volltextsuche. Wird man fündig, kann man den in der Textsorte Grammatik üblichen Verweisen durch Hyperlinks schneller und bequemer folgen als Verweisungen im Printmedium; vor allem die Erläuterungen von Termini sind einfacher verfügbar. Ähnlich wie beim besprochenen Online-Lexikon kann auf einen Teil der Datenbasis der Grammatik zugegriffen werden. Die für Nachschlagewerke wie Grammatiken nicht untypische Mehrfachadressierung an Mutter- und Fremdsprachler, Experten und Laien oder Lerner lässt sich durch je an die Benutzergruppe gerichtete Teiltexte gezielter umsetzen als in Buchform. *ProGr@mm* enthält zu den meisten seiner Themen eine Ebene der Kompakt-, Detail- und vertiefenden Information. Zudem erlaubt es den Zugriff auf grammatische Phänomene von zwei Seiten, nämlich unter der formalen und der funktionalen Perspektive. Schließlich ist ein Hypertextgebilde durch Erweiterung oder Ersatz einzelner Texte leichter aktualisierbar, wenn neue sprachwissenschaftliche Erkenntnisse vorliegen,

10.3 Computer

Veränderungen im Sprachverhalten in den Blick rücken oder weitere Benutzerbedürfnisse an die Grammatik herangetragen werden.

Für die Nachteile des Umgangs mit weit vernetzten Hypertexten steht die Wehklage *lost in cyberspace*. Daher ist es von großer Bedeutung, dass Online-Grammatiken in ihrem Aufbau und gesamten Informationsangebot transparent sind, Einführungstexte in ein Thema über dessen Umfang und Aufgliederung informieren und die Benutzer instruiert werden, wie sie sich in der Grammatik orientieren können.

Die Multimedialität elektronischer Grammatiken ist zunächst von Vorteil, wo die Form mündlicher Sprache Gegenstand ist und man sich etwa unterschiedliche Intonationsverläufe anhören kann. Weiter können Videosequenzen von Gesprächen Aspekte von Diskursorganisation und Sprecherwechsel veranschaulichen, animierte Graphiken solche Bereiche von Sprache näher bringen, die sich am besten kompositionell oder transformationell darstellen lassen.

Schließlich bietet auch die Interaktivität des Mediums verschiedene Vorteile. In *ProGr@mm* ermöglichen interaktive Übungen eine Überprüfung des Gelernten und eine differenziertere Rückmeldung als in Buchform. Mailkontakt mit den Verfassern erlaubt Fragen und Anregungen, und die Komponente „Forum" lässt die Benutzer Diskussionen zu bestimmten Themen verfolgen oder sich selbst daran beteiligen.

Für den Umgang mit Online-Grammatiken gilt, was in 5.3.2 schon zum Umgang mit buchbasierten Grammatiken gesagt wurde – die künftigen Benutzer müssen zu ihrem Gebrauch motiviert werden, und ihre Fähigkeit zu einem befriedigenden und erfolgreichen Arbeiten ist in kleinen Schritten kontinuierlich aufzubauen, was mit den gleichen Aufgabentypen geschehen kann:

- Arbeitsaufträge zum Kennenlernen der Grammatik
- Aufgaben, bestimmte Informationen zu finden und die Wege zu ihnen zu reflektieren
- Auseinandersetzung mit den Darstellungskonventionen und Verweisstrukturen
- Lösung grammatischer Probleme

Stärker zu gewichten ist allerdings die Fähigkeit zur Beurteilung, wann die für eine Fragestellung relevanten Teiltexte innerhalb des Hypertextgebildes gefunden sind. Die folgenden Aufgaben sollen Möglichkeiten illustrieren, wie auf das spätere Problemlösen mit *ProGr@mm* vorbereitet werden kann.

Aufgabe 10-8:
(a) Gehen Sie auf die Startseite von ProGr@mm (http://hypermedia.ids-mannheim.de/programm/). Worauf verweist die horizontale Führungsleiste? Inwiefern ist das Inhaltsverzeichnis der Komponente Grammatisches Grundwissen „dynamisch"? Wie unterscheidet es sich vom Inhaltsverzeichnis einer Grammatik in Buchform? Was ist seine Funktion?
(b) Gehen Sie zu der ersten Seite des Kapitels Wortarten. Was ist die Funktion dieses Textes? Welche Texte des Kapitels würden Sie den Informationsniveaus Kompakt, Detail, Vertiefung zuordnen?
(c) Was unterscheidet die Links in den Farben Blau, Lila, Grün?
(d) Probieren Sie möglichst viele Wege aus, um zu einer Funktions- oder Bedeutungsbeschreibung von *aber* in dem Satz *Das ist aber schön!* zu gelangen.
(e) Ordnen Sie (a) – (d) den im Text genannten Aufgabentypen zu.

Computer als Kommunikationsmittel

Den dritten großen Funktionsbereich besetzt der Computer als Kommunikationsmittel. Im Rahmen des Unterrichts können Lernende ihre Schreibprodukte oder das zu einem Thema Gesammelte und Bearbeitete mit Hilfe von Textverarbeitungs- oder Präsentationsprogrammen der gesamten Gruppe vorstellen. Auch schon vor dem Aufkommen der digitalen Medien hatte eine handlungsorientierte Didaktik gefordert, dass Lernende im Rahmen von Projekten selbst zu Produzenten von Medien werden sollten, z. B. indem sie Tonaufnahmen auf Kassette machen oder Videofilme drehen. Doch digital aufgenommen lässt sich das Gesammelte erheblich leichter bearbeiten und schließlich über Präsentationsprogramme anordnen und einbetten, so dass die Hürden für das selbständige Erstellen von Medieninhalten niedriger geworden sind. Was bei solchen *Präsentationen* aus didaktischer Sicht zu beachten ist, wurde bereits am Ende von 10.3.3.1 angesprochen.

Ein ebenfalls schon älteres Verfahren des Fremdsprachenunterrichts sind **Klassenkorrespondenzen**, die sich nun aber über das Medium der E-Mail durchführen lassen. Für solche Korrespondenzen spricht, dass reale Kommunikationspartner die Motivation erhöhen, dass die Lernenden die fremde Sprache rezeptiv wie produktiv gebrauchen und dass Anlass und Chance für interkulturelles Verstehen gegeben sind. Der Mehrwert des neuen Mediums besteht darin, dass die elektronische Post einfacher, billiger und vor allem schneller ist als Auslandspost. Außerdem muss sie nicht allein schriftbasiert erfolgen: Bilder, etwa der Klasse, des Klassenraums, der Schule usw., die ihrerseits vielleicht die Adressaten zu Fragen einladen, können beigefügt und kommentiert werden, ebenso Tondokumente. Da die ein- und ausgehenden Mails einfach zu speichern und leicht weiter zu verarbeiten sind, lassen sie sich besser für Lernzwecke nutzen als der Inhalt traditioneller Briefe. Diese Vorteile lassen eine Belebung der bereits praktizierten Kommunikationsmöglichkeit Klassenpartnerschaft erwarten.

Damit Klassenkorrespondenzen auch die mit ihnen verfolgten motivationalen, sprachlichen und landeskundlichen Ziele erreichen, sind im Vorfeld bereits Entscheidungen zu treffen und zahlreiche Faktoren zu beachten, die Donath (1998, 2000) ausführlich darlegt. Zu den unabdingbaren Voraussetzungen gehört, dass sich die beteiligten Lehrer über den Rahmen der Korrespondenz einigen und sich auch während ihres Verlaufs abstimmen. Zum Rahmen gehört, wie oft und in welchem Umfang mindestens korrespondiert werden soll, eine Liste der möglichen Themen und gegebenenfalls die Wahl der Sprache, in der geschrieben wird. Umsichtig zu behandeln ist die Frage der Korrektur: Wie stark sollte der Lehrer vor dem Abschicken einer Mail eingreifen, wie viel kann unter Umständen Rückfragen der Partnergruppe überlassen bleiben, wenn sie Verständnisprobleme hat? Solche Überlegungen und Entscheidungen sind nun aber nicht medienspezifisch, sie betreffen im Prinzip auch Kontakte über den Briefversand, obwohl die schnellere Rückfragemöglichkeit bei Verständnisproblemen wohl Art und Umfang der Korrektur durch den Lehrer verschieben dürfte. Auf jeden Fall ist am Ende des Korrespondenzzeitraums mit der Lerngruppe zu reflektieren, welche Erfahrungen sie während und aufgrund des Austauschs gemacht haben. Das gilt umso mehr, wenn Erwartungen enttäuscht wurden. Dass dies nicht selten vorkommt und angesichts der Begegnung mit einer möglicherweise anderen Lernkultur und anderen Vorstellungen von Projekten, Schreiben, Angemessenheit usw. nicht erstaunlich sein sollte, darauf verweist Rösler (^{2}2007, Kap. 2.2). Vermittlungshilfen für die Anbahnung und Organisation von Klassenkorrespondenzen per E-Mail geben die Webseiten des Goethe-Instituts. Private E-Mail-Brieffreundschaften und die potentiell sehr fruchtbaren E-Mail-Tandems bieten Lernmöglichkeiten neben oder statt Unterricht und sollen daher hier nicht weiter berücksichtigt werden.

Rechercheaufgaben, gestellt von Lehrer oder Lehrwerk, können die Lernenden veranlassen, im Internet nach bestimmten Informationen zu suchen, diese auszuwerten und zu präsentieren. Während solche Aufgaben für Fortgeschrittene eher unproblematisch erscheinen, ist für Anfänger zu bedenken, dass authentisches Material leicht überfordert, motivationshemmend wirken und so dem Lernen entgegenstehen kann. Dennoch sind bei eingeschränkten Aufgabenstellungen Erfolgserlebnisse schon für Anfänger möglich. Nach Rüschoff/Wolff (1999: 232) sind solche Informationen für eine Suche geeignet, „die in Form von Listen, Karten und Bildern angeboten werden: Fahrpläne, Flugpläne, Landkarten, Stadtpläne etc. ..." Mit solchen Materialien lassen sich Themen der Lehrwerke aktualisieren, für die Gruppe personalisieren, erweitern oder ersetzen. Den Interessen der jeweiligen Lerner entsprechend können Fußballmannschaften, Tabellenstände, Spielorte recherchiert, die Seiten beliebter Popgruppen, Schauspieler oder Sportler besucht, nach Rezepten gesucht werden usw. Für weltweit vertriebene Produkte wie Handys, Computer oder Autos lassen sich leicht Paralleltexte in Fremd- und Muttersprache finden, an denen beispielsweise Vokabulare (Teile eines Computers, Autos ...) erstellt werden können. Die Webseiten neuerer Lehrwerke empfehlen zu den Themen ihrer Lektionen jeweils passende Links, allerdings oft ohne eine Aufgabenstellung. Dabei ist die Art der Aufgabenstellung neben der Auswahl der Links ein Mittel, die Komplexität von Rechercheaufgaben zu reduzieren. Ein Beispiel für eine beschränkte Aufgabenstellung, die zudem eng auf das Lehrwerk bezogen ist, findet sich im Internetangebot zu *Stufen International*:

Wie teuer sind in Deutschland
   http://www.deutschepost.de
der Schweiz
   http://www.post.ch
und Österreich
   http://www.post.at
Briefe, Postkarten, Pakete usw.? Suchen Sie die aktuellen Preise und lesen Sie die Preise laut vor. Achten Sie dabei auf die richtige Aussprache. Gestalten Sie in Partnerarbeit kurze Dialoge am Postschalter (Beispieldialog auf Seite 82, Übung 12), in denen diese Preise verwendet werden. Spielen Sie die Dialoge vor. (www.stufen.de/index.php?name=EZCMS&menu=1&page_id=136; Stand vom 09.12.09)

Aufgabe 10-9:
Die Online-Materialien von *Studio d* und von *Stufen International* verweisen in ihrer ersten (!) Lektion auf die Webseite www.kindername.de. Entwerfen Sie eine Aufgabenstellung zu dieser Seite, die nach etwa einer Woche Deutschunterricht zu bewältigen ist.

Nicht nur die Aufgabenstellungen für Online-Recherchen, auch ihre Auswertung sind didaktisch zu reflektieren. So hebt Funk (1999: 6) die Bedeutung dieser Frage für den Lehrer hervor: „Wie organisiere ich den möglichen Rücklauf an Produkten und Erfahrungen aus der individuellen Arbeit an Computer und Internet in die Klasse?"

Der Übergang von offenen Rechercheaufgaben zum **Surfen** auf fremdsprachlichen Seiten aus eigenem Antrieb und Interesse ist fließend. Surfen ist heute für Lernende außerhalb des Zielsprachenlandes die einfachste Art, in das Meer der fremden Sprache einzutauchen. Wird das Kommunikationsmittel Internet hier noch rezeptiv genutzt, so bestehen mit Foren, Chaträumen usw. darüber hinaus Möglichkeiten zu produktiver Sprachverwendung. Die Teilnahme an **Chats** stellt allerdings hohe Anforderungen an die Lernenden, denn um an einem synchron ablaufenden „Gespräch" über das Netz teilnehmen zu können, muss man schnell und treffend auf die Beiträge anderer reagieren können, um dem Gesprächsverlauf nicht hinterherzuhinken. Wie hoch die Lernwirksamkeit des Chattens ist, lässt sich nur schwer abschätzen und bedarf genauerer Untersuchungen, denn dem Vorteil authentischer Kommunikation steht gegenüber, dass Chats zwar in schriftlicher Form durchgeführt werden, konzeptionell aber mündlich sind. Um überhaupt der Geschwindigkeit synchroner Kommunikation zu genügen, enthalten sie Ellipsen, Abkürzungen und sprachliche Fehler (nicht nur Tippfehler) und bieten dem Lerner daher kaum Modelle. Eine mögliche Lösung stellen tutorierte Chats dar, die dem Umstand Rechnung tragen, dass manche Teilnehmer Nicht-Muttersprachler sind. Solche geschützten Chaträume finden sich zum Beispiel über das Goethe-Institut (www.goethe.de/Z/jetzt/dejchat/dejlehr2.htm). Die Tutoren sind zurzeit muttersprachliche Studenten der Universität Gießen; ihre Aufgabe ist es, zu bestimmten Tageszeiten die Chats zu moderieren, wobei sie für ein ruhiges Tempo und die Sicherung der Verständlichkeit sorgen und sich – durchaus abweichend von normalem Chatverhalten – ihrer sprachlichen Vorbildfunktion bewusst sein sollen (vgl. Rösler [2]2007, Kap. 2.3).

Durch Chats oder Surfen entstehen partiell Sprachgebrauchssituationen, wie sie für den ungesteuerten Zweitspracherwerb typisch sind und die das früher prototypische Fremdsprachenlernen mit seinem ausschließlich gefilterten Input immer seltener werden lassen. Damit erhöht sich der Anteil impliziter Lernprozesse, die der Fremdsprachenunterricht in Rechnung zu stellen hat.

Mit seinen Funktionen Kommunikation, Werkzeug und Lehrmittel bietet der vernetzte Computer dem Fremdsprachenlernen Chancen wie noch kein technisches Medium vor ihm. Ob diese ausgeschöpft werden, hängt – so sollte hier gezeigt werden – allerdings davon ab, wie er im Unterricht eingesetzt wird und wie Lerner außerhalb oder in Ergänzung des Unterrichts mit ihm umgehen. Das individuelle Lernen ist wiederum durch einen Unterricht optimierbar, der die ganze Breite der Nutzungsmöglichkeiten bewusst macht, vielfältige Anwendungserfahrungen ermöglicht und diese kritisch reflektiert, damit die Lernenden je für sie geeignete Strategien einer optimalen Nutzung entwickeln können. Geschieht dies nicht, besteht die Gefahr, dass neben einem unverbindlichen Surfen die kommerziell angebotenen und beworbenen Lernprogramme den Umgang mit dem Computer dominieren und ihn auf die Funktion des Lehrmittels reduzieren und hier weiter auf das eng gesteuerte individuelle Üben. Demgegenüber muss der Fremdsprachenunterricht das ganze Potential des Mediums auf-

10.4 Lösungshinweise zu den Aufgaben

zeigen, das Potential für kooperatives und für entdeckendes Lernen, die Reichhaltigkeit der Werkzeuge und die Kommunikationsmöglichkeiten.

10.4 Lösungshinweise zu den Aufgaben

Zu Aufgabe 10-1:
Phase 1: Hier ist eine vorbereitete Folie am besten geeignet, denn freihändiges Zeichnen an der Tafel wäre nicht genau genug. Außerdem würde sich die Schätzaufgabe erübrigen, könnte das Anzeichnen der Figuren mitverfolgt werden.
Phase 2: Mit einem transparenten Lineal kann ein Lerner die Strecken a und b auf der Folie vor den Augen der gesamten Gruppe vermessen. Ebenso lässt sich der runde Gegenstand, mit dem die Bögen c und d gezeichnet wurden, so an sie heranlegen, dass ihr gleicher Radius deutlich wird. Das Erkannte festhaltend, kann die vorbereitete Folie nun um die Überschrift „Optische Täuschungen" erweitert werden.
Phase 3: Wenn nur ein Satz als Induktionsbasis vorgegeben wird, ist das langsame Medium Tafel geeignet. Dort kann dann auch die Analyse der grammatischen Struktur vorgenommen werden, wobei die Konjunktion und der Modus des Verbs im Nebensatz graphisch unterschiedlich hervorgehoben werden sollten, etwa durch Unterstreichen, Einrahmung oder durch Wegwischen und Neuschreiben mit Großbuchstaben. Auf diese Weise lassen sich das Bilden oder auch Verwerfen von Hypothesen über die Struktur leicht an der Tafel nachverfolgen. Ein anderer Medieneinsatz empfiehlt sich, wenn die Lerner die Regeln an mehreren Beispielsätzen induzieren oder nicht nur die genannte Struktur lernen sollen, sondern auch die Alternative mit der Konjunktion *als* und Hauptsatzstellung (*als sei/wäre die Strecke b länger als a*). Dann wäre eine vorbereitete Folie in Kombination mit der Sozialform Plenum oder ein Arbeitsblatt mit der Sozialform Einzel- oder Partnerarbeit angebrachter.
Phase 4: In dieser Übungsphase ist das Medium Arbeitsblatt einzusetzen; die angebrachte Sozialform ist Einzelarbeit, u. U. auch Partnerarbeit.

Zu Aufgabe 10-2:

Vor dem Sehen
Die Lerner hören Musik aus dem Film und sollen ihre Assoziationen und Gefühle nennen. (Phase 1b)
Die Lerner lesen ein Arbeitsblatt mit Aussagen der Personen des Films, ordnen sie zu und bringen sie in eine sinnvolle Reihenfolge. (Alternative zu Phase 6)
Während des Sehens
Die Lerner notieren, was sie in der Sequenz über Handlungsort und -zeit erfahren, und versuchen dadurch, landeskundliche Informationen zu gewinnen. (Phase 2) Die Lerner notieren, was sie in der Sequenz über die Beziehungen zwischen zwei Personen erfahren. (Phase 5)
Die Lerner überprüfen Vorhersagen, Vermutungen, vorgenommene Zuordnungen. (Phase 6c)
Nach dem Sehen
Die Lerner spekulieren über den weiteren Handlungsverlauf. (Phase 6b)

Zu Aufgabe 10-3:

C	W	E	Y	H	O	B	F	I	P	X	H	K	O	N	K	O	R	D	A	N	Z
H	U	G	B	Q	P	B	I	G	J	R	V	M	J	P	M	P	C	A	D	V	M
R	T	Y	K	T	S	T	F	Q	K	X	M	J	I	W	E	R	K	Z	E	U	G
S	C	H	L	Ü	S	S	E	L	W	O	R	T	I	O	U	Ä	V	Y	U	R	Y
C	H	G	S	W	D	X	G	X	E	A	T	C	M	Q	J	S	A	I	X	M	U
W	L	E	H	R	M	I	T	T	E	L	X	B	R	K	X	E	K	U	B	Q	Y
O	O	T	C	D	S	G	T	S	H	C	C	G	N	G	K	N	H	D	M	N	L
K	O	M	M	U	N	I	K	A	T	I	O	N	S	M	I	T	T	E	L	D	A
V	K	D	T	A	V	U	V	C	U	Z	K	A	N	V	O	A	L	Q	J	X	U
T	H	M	I	I	Z	V	O	K	Z	B	D	P	X	K	P	T	N	M	U	G	T
Q	Z	Q	C	L	S	B	L	B	W	V	K	L	Q	O	S	I	C	Z	K	D	O
H	V	B	W	F	B	B	H	J	U	L	V	R	J	U	N	O	S	T	A	J	R
X	Q	E	E	X	S	H	D	I	L	P	V	L	C	H	R	N	U	J	H	I	E
U	P	C	G	R	A	Y	G	N	O	H	E	S	E	U	G	S	X	T	R	Y	N

Zu Aufgabe 10-4:

(a)

		Übung 1	Übung 2	Übung 3
	Schritt 1	Zu bearbeitenden Text in das Fenster kopieren oder tippen.		
	Schritt 2	„Textabschnitte in die richtige Reihenfolge bringen" auswählen.	„Lückentext" auswählen.	„Lückentext" auswählen.
	Schritt 3	Vor jeden Absatz das Zeichen „#" setzen.	Vor jede Präposition das Zeichen „#" setzen.	„Jedes xte Wort auslassen" wählen und die Zahl auf „6" setzen
	Schritt 4	Schaltfläche „Übungsblatt erstellen" drücken.		
	Bemerkungen	Es ist auf dem vom Programm erstellten Arbeitsblatt nicht möglich, die Überschrift als ersten Absatz stehen zu lassen und zu formatieren.	Das Programm erkennt – im Gegensatz zu manchen kommerziellen Programmen – Präpositionen nicht automatisch.	

(b) Mit Übung 1 lässt sich das Leseverstehen fördern. Die Aufgabe, die Absätze sinnvoll anzuordnen, verlangt eine Fokussierung der sprachlichen Mittel, die für die Textverknüpfung sorgen (Artikel, Konnektoren) und eine bewusstere Verarbeitung der Inhalte. Übung 2 fokussiert das grammatische Phänomen Präpositionen, Übung 3 Grammatik (die Wortart der Lücken muss erkannt werden) und Lexik, Letztere durch das mechanische Weglassen jedes 6. Wortes aber nur in unsystematischer Weise. Die mit den Übungen verfolgbaren Ziele sind jedenfalls so unterschiedlich, dass es nicht sinnvoll ist, sie sämtlich einer Lerngruppe zu stellen, nur weil sie technisch so einfach zu erzeugen sind. Auch unterscheiden sich die Übungen in ihrem Verhältnis zu dem Basistext: Die erste kann anstelle des Basistextes eingesetzt werden, die zweite und dritte werden in der Regel zeitversetzt nach dem Basistext eingesetzt, gegebenenfalls auch in leichter Abwandlung.

10.4 Lösungshinweise zu den Aufgaben

(c) Die Arbeitsanweisungen erstellt das Programm automatisch, sie sind aber bearbeitbar. Dadurch lässt sich u. a. der Schwierigkeitsgrad variieren, etwa wenn die Lösungswörter bei Lückenaufgaben gelöscht werden.

(d) Das Programm erstellt außer den gezeigten Übungen noch Lücken mit Artikeln – im Gegensatz zu Lücken mit Präpositionen sogar automatisch –, und Übungen zur Zuordnung unterschiedlicher Elemente, etwa von Satzanfängen und -enden, Überschriften und Absätzen.

Zu Aufgabe 10-5:
(a) Die Karriere des Wortes *attraktiv* beginnt mit einem nennenswerten Gebrauch erst in den 50er Jahren, um sich von Jahrzehnt zu Jahrzehnt stark zu steigern. Sein Verlauf verhält sich komplementär zu dem von *hübsch*, das seitdem im Rückgang begriffen ist.

(b) Die Abfrage (i) nach gemeinsamen Kontexten von *hübsch* und *Frau* bzw. *hübsch* und *Mann* ergibt wesentlich mehr Ergebnisse für die erste Kombination. Ein genauer Blick auf die Belege zeigt, dass sich aber auch in den anderen Fällen *hübsch* oft nicht auf einen Mann bezieht: „ ...Frau Pastorin sitzt bei der Häkelarbeit. Die hübsche Schwiegertochter und ihr Mann schaun...". Die Abfrage (ii) ergibt wieder deutlich mehr Ergebnisse für *hübsche Frau*.

(c) Entgegen den Kollokationsangaben im Lexikoneintrag mit ihrem Bezug auf weibliche Personen in zwei der vier Beispiele enthalten die 10 Zeitungsbelege aus dem Jahr 2009 *attraktiv* fast nur in wirtschaftlichen und finanziellen Zusammenhängen. Der Befund bestätigt sich, wenn die Belegstellen für andere Jahre hinzugezogen werden.

Zu Aufgabe 10-6:
(a) und (b) Im Kernkorpus 20 des DWDS kommen die Pluralformen auf *-e(n)* 1686 Mal vor, die auf *-er(n)* + Umlaut 98 Mal. Typische Kontexte des selteneren Plurals sind metasprachliche Kontexte, in denen z. B. Wörter gezählt oder zitiert werden (Beleg 59: *fünfzehn Wörter* bzw. Beleg 72: *Wir sollten die Wörter „glücklich" und „unglücklich" ersetzen durch ...*). Ist von dem ausgedrückten Sinn die Rede, wird der *-e*-Plural verwendet. Daher entspricht *mit eigenen Worten* dem Gemeinten. Bestätigt wird dieses Ergebnis, wenn man nach Kombinationen von *eigen* und *Wort* suchen lässt: Man erhält dann nur Verbindungen mit dem Plural *Worte(n)*.

(c) Gibt man „Tafel && schreiben" als Suchbegriffe ein, erhält man sieben Belegstellen:

1	Ze	1915	... des Nollendorfplatzes - steht auf einer schwarzen	**Tafel**	mit weißer Kreide **geschrieben**: ...
2	Ze	1916	... Sparkasse, Postamt - in Deutschbuchstaben	**geschrieben,**	so wird wahrscheinlich zu lesen sein: - ...
3	Ze	1920	... ist - ist vom Uebel. Und so hat er auf seine	**Tafel**	die ehernen Sätze **geschrieben**: - Tor Ruf ...
4	Ze	1928	... korrigieren die andern hinein. Inzwischen	**schreibt**	ein Mädel an die **Tafel**: "Der Ernst ist oJ ...
5	Wi	1939	... Die Miniaturen dieser drei Hss.	**schreibt**	R. (mit zwei Ausnahmen) unter entschiedener ...
6	Ze	1996	... auf dem Plakat, das Antje hochhält. Rebekka	**schreibt**	die Zahlen der Aids-Kranken in Deutschland an die **Tafel** ...
7	Ze	1999	... ein Lied und beherrscht nur wenige Zeilen, sie	**schreibt**	Zeichen an die **Tafel**, die keiner versteht. ...

Nr. 3, 4, 6, 7 zeigen, dass in der gesuchten Kombination *an* mit dem Akkusativ verwendet wird. Der einzige Beleg mit dem Dativ hängt von dem statischen Verb *stehen* ab, *geschrieben* ist hier nicht Verform, sondern Kern eines Prädikativs. Klickt man die Belege 2 und 5 an, um den größeren Kontext lesen zu können, wird ersichtlich, dass hier zwischen *Tafel* und *schreiben* keine syntaktischen Beziehungen bestehen, weil sie zu verschiedenen Sätzen gehören.

Zu Aufgabe 10-7:
Der Mehrwert eines Online-Wörterbuchs ist vielschichtig: Zunächst ist die gewünschte Information durch Eintippen in der Regel schneller auffindbar als durch Nachschlagen. Weiter sind Online-Wörterbücher schneller aktualisiert als ihre gedruckten Pendants. Spezifisch ist die Multimedialität, die es erlaubt, die Aussprache von Wörtern und Wendungen anzuhören oder sich Bilder und Videoclips bei der Bedeutungserklärung vorspielen zu lassen. Der Hypertextcharakter ermöglicht vertiefende Information hinsichtlich der Häufigkeit eines Worts durch die Darstellung des Wortverlaufs oder hinsichtlich seiner Verwendungskontexte. Besonders mächtig ist der bei manchen Online-Wörterbüchern gegebene Zugriff auf Korpora und Konkordanzlisten mit einem Suchwort. Die Suche nach zwei Wörtern gleichzeitig gibt Auskunft über ihre Kollokabilität. Schließlich eröffnen Foren zum Teil Interaktivität mit den Verfassern oder anderen Nutzern eines solchen Wörterbuchs.

Zu Aufgabe 10-8:
(a) Die stets sichtbare horizontale Führungsleiste präsentiert die unterschiedlichen Komponenten der Grammatik einschließlich des Links zum Forum, mit dem das Informationsangebot der Grammatik im engeren Sinne überschritten wird. Das vertikale Inhaltsverzeichnis links ändert sich mit dem ausgewählten Kapitel oder Teilkapitel. Es gibt für jede Auswahl die Untergliederung auf der nächsten Hierarchiestufe an, behält aber sämtliche übergeordneten Gliederungspunkte zum jeweiligen Teil bei. Von den anderen Kapiteln bleiben nur die Titel. Das Inhaltsverzeichnis wird so mit jedem Eindringen in tiefere Ebenen des Hypertextes umfangreicher, verliert aber nicht an Übersichtlichkeit. Der Benutzer ist so trotz des beschränkten Rahmens über den Ort des gerade bearbeiteten Teiltextes im Gesamt der Grammatik orientiert.
(b) Die erste Seite leitet in das Thema des Kapitels ein, hier die Wortarten, verortet es im Rahmen der gesamten Grammatik und gibt einen kompakten Überblick mit eigens hervorgehobenen zentralen Aussagen. Gleichzeitig reißt der Einleitungstext die Hauptaspekte des Themas an, die im Detail unter den weiterführenden Links dargestellt werden, hier zu den einzelnen Wortarten, und erfüllt damit eine Verteilerfunktion. Vertiefenden Charakter hat etwa der Text unter dem Link *Einige begründende Bemerkungen zu unserer Wortartenklassifikation*. Die Links zu den interaktiven Übungen informieren den Benutzer, wie er sein Vorwissen oder sein Verständnis nach der Lektüre überprüfen kann.
(c) Ein Link in Blau verweist auf einen Teiltext der Grammatik, einer in Lila auf einen Eintrag im „Terminologischen Wörterbuch", einer in Grün auf eine Literaturangabe in der Komponente „Grammatische Bibliografie".
(d) Wer die Wortartzugehörigkeit von *aber* in dem Satz *Das ist aber schön!* kennt, findet unter der Komponente „Grammatisches Grundwissen" im Kapitel Wortarten unter Partikel und dann unter Abtönungspartikel *aber* in der Liste der unbetonbaren Partikeln, erhält dort jedoch nur eine generelle Funktionsbeschreibung der Partikeln insgesamt. Unter der Komponente „Terminologisches Wörterbuch" findet man den Eintrag „Abtönungspartikel" mit einer kurzen allgemeinen Charakterisierung der Klasse sowie einen Link auf den eben genannten Text des Grammatischen Grundwissens. In der Komponente „Grammatisches Wörterbuch" ist *aber* nur in seiner Verwendung als Konnektor verzeichnet und beschrieben, man erfährt lediglich, dass Informationen zu Partikeln in Arbeit sind. Die Volltextsuche funktioniert nur innerhalb dieser Komponente. (Die Lösungen für (a) – (d) beruhen auf dem Stand von Januar 2009.)
(e) Aufgabe (a) dient dem Kennenlernen und der formalen Orientierung in der Grammatik, (b) der inhaltlichen Orientierung, (c) betrifft einen Aspekt der Darstellungskonventionen, (d) die unterschiedlichen Suchwege zu gewünschter Information.

10.4 Lösungshinweise zu den Aufgaben

Zu Aufgabe 10-9:
Eine mögliche Aufgabenstellung könnte lauten:

1. Suchen Sie auf der Webseite www.kindername.de nach fünf Vornamen. Darunter kann Ihr Name sein, der Name eines anderen Kursteilnehmers oder ein Name aus dem Lehrbuch. Erstellen Sie eine Tabelle:

Name	Herkunft	Bedeutung	andere Formen des Namens

   Berichten Sie, was Sie gefunden haben. Benutzen Sie diese Redemittel:

   Redemittel: *Der Name _____ ist _____ .*
   Er bedeutet _____ .
   Es gibt auch die Form(en) _____ .

   Beispiel: *Der Name Boris ist slawisch. Er bedeutet „der Krieger".*
   Der Name Monika ist lateinisch. Er bedeutet „ermahnen". Es gibt auch die Formen Monica, Mone, Moni.

2. Welche Namen sind im Moment Mode?

11 Unterrichtsplanung

11.1 Prinzipien der Unterrichtsplanung

Unterricht zu planen bedeutet nicht, sich zu überlegen, welche Seiten in einem Lehrbuch man in der nächsten Stunde oder Woche „durchnehmen" möchte. Damit würde man nämlich unreflektiert didaktischen und methodischen Entscheidungen folgen, die von den Lehrwerkautoren getroffen wurden. Es ist aber das Wesen solcher Entscheidungen, dass sie sich auf eine konkrete Lerngruppe und auf die genauen Umstände ihres Lernens beziehen müssen, d. h. in den Begriffen des Modells der Berliner Schule von Heimann/Otto/Schulz (s. u.), dass sie die soziokulturellen und anthropologisch-psychologischen Voraussetzungen der jeweiligen Lerner zu berücksichtigen haben.

Vor allem solche Lehrwerke für Deutsch als Fremdsprache, die in deutschen Verlagen erscheinen und für den weltweiten Einsatz gedacht sind, können keine Rücksicht auf den sprachlichen und kulturellen Hintergrund der Lerner, ihre Lerntraditionen und andere schon erworbene Fremdsprachen nehmen. Meist differenzieren diese Lehrwerke ihre Zielgruppen nur nach Alter (jüngere Schüler, Schüler im Jugendalter, Studenten und Erwachsene) und nach den Zielen, die mit dem Deutschlernen verbunden sind (obligatorische Schulfremdsprache, kommunikative Bewältigung von Alltagssituationen, Vorbereitung auf einen Studien- oder Weiterbildungsaufenthalt, spezifische berufliche Bedürfnisse). Bei Lehrwerken für Erwachsene wird oft nicht einmal zwischen ihrem Einsatz im Heimat- oder Zielsprachenland unterschieden. Regionalspezifische Lehrwerke können genauer auf ihre Zielgruppen eingehen, denn hier sind Ausgangssprache und -kultur, Lerntraditionen und die institutionellen Kontexte des Lernens bekannt, und hier besteht die Möglichkeit, auch auf weitere Faktoren wie mit dem Sprachenlernen verbundene Ziele, schon vorher erworbene Sprachen usw. einzugehen, wobei aber einer allzu großen Ausrichtung auf ganz bestimmte Lernergruppen wiederum das Interesse der Verlage entgegensteht, ihr Lehrwerk möglichst breit absetzen zu können. Doch auch im besten Fall können die Autoren nur einen idealtypischen Durchschnittslerner vor Augen haben, nicht aber die Lerner, mit denen es der Lehrer im Unterricht zu tun hat.

Zudem veralten Lehrwerke, wie Beispiele aus den neunziger Jahren besonders deutlich zeigen, oft recht schnell. Der Fall der Mauer und die Vereinigung der beiden deutschen Staaten ließen Lehrwerke in ihrer geographischen und politischen Landeskunde von heute auf morgen unaktuell werden; die langfristigen wirtschaftlichen, demographischen und sozialen Folgen der Vereinigung sind seitdem unverzichtbarer Bestandteil der deutschen Landeskunde. In die neunziger Jahre fällt auch die Einrichtung der europäischen Währungsunion, die später zur Ablösung der D-Mark durch den Euro führte, sowie die Rechtschreibreform, die das Schriftbild zum Teil verändert hat. Gegenwärtig sind es vor allem elektronische Medien und Internet, die Alltags- und Berufleben in Ausgangs- und Zielkultur sowie die Medien des Lernens und Lehrens verändern; ihre Auswirkungen auf das Fremdsprachenlernen wurden im vorangehenden Kapitel diskutiert.

Was die Bezugswissenschaften des Fremdsprachenunterrichts betrifft, so lagen im angesprochenen Zeitraum die größten Veränderungen in der Entwicklung der Zweitspracherwerbsforschung (vgl. Kap. 1), der Betonung des konstruktivistischen Charakters eines Großteils des Lernens (vgl. Kap. 2.1) und der Forderung nach einer Reflexion des Lernprozesses als integralem Bestandteil des Unterrichts nebst der Vermittlung von fremdsprachlichen Lerntechniken und -strategien (vgl. Kap. 2.3).

Auf solche Entwicklungen können Lehrwerke nur in größeren Zeitabständen reagieren; sie bilden aber Faktoren, die auf den Unterricht mehr oder weniger direkt einwirken und die vom Lehrer bei seiner Unterrichtsplanung zu berücksichtigen sind.[59]

Auch die Suche eigenen Materials kann noch nicht als Unterrichtsplanung gelten. Angenommen, ein Lehrer entscheidet sich für einige Szenen aus Friedrich Dürrenmatts Komödie *Die Physiker* (1962). Er kann daran im Rahmen des Literaturunterrichts die Diskussion um die Verantwortung des Naturwissenschaftlers, wie sie unter dem Eindruck des Totalitarismus, des Zweiten Weltkriegs und des atomaren Wettrüstens geführt wurde, nachvollziehbar machen und gegebenenfalls auf die Gegenwart übertragen, er kann an den Szenen aber auch die Funktionen der Abtönungspartikel in der gesprochenen Sprache erarbeiten lassen oder eine Szene benutzen, um Strategien zur Entschlüsselung unbekannter Wörter in ihrem Kontext zu vermitteln – letzteres Ziel verfolgt etwa das Lehrwerk *Grundstudium Deutsch 2* (1993, Lektion 9). Das Beispiel macht deutlich, dass sich aus dem Material oder aus Stoffplänen, wie sie vor den lernzielorientierten Curricula gängig waren und für den fremdsprachlichen Literaturunterricht z. T. immer noch in Form eines Kanons vorliegen, noch keineswegs folgt, welche Ziele im Unterricht verfolgt werden, geschweige denn, wie er zu gestalten ist.

In diesem Zusammenhang ist es aufschlussreich, genauer zu betrachten, wie das Verb *lernen* im Deutschen konstruiert wird: Laut *Duden – Deutsches Universalwörterbuch* (2001) kann man eine Sprache lernen, Vokabeln lernen, eine Fertigkeit lernen, einen Beruf lernen, nicht aber eine Lektion in einem Lehrbuch oder einen Text lernen (wie beispielsweise manche chinesische Muttersprachler im Deutschen gerne sagen). Einen Text kann man auswendig lernen, man kann bestimmte grammatische Konstruktionen an ihm lernen, man kann an ihm lernen, wie man einen Geschäftsbrief verfasst, oder man kann aus ihm etwas über Deutschland, Österreich oder die Schweiz lernen, aber man kann nicht den Text selbst „lernen" (*durchnehmen* oder *behandeln* wären hier die korrekte, wenn auch wenig aussagekräftige Alternative). Das Objekt des Lernens ist also nicht der Stoff, das Material oder der Text selbst, sondern das, was an ihm oder durch ihn an Einsichten, Wissen, Fähigkeiten oder Fertigkeiten gewonnen wird, und dies ist für den Unterricht mit dem Material eben nicht einfach mitgegeben, sondern Gegenstand didaktischer Entscheidungen.

Nachdem bisher dargestellt wurde, was Unterrichtsplanung *nicht* ist, sollen nun zwei Modelle vorgestellt werden, die Verfahren der Unterrichtsplanung vorstellen – einmal aus der Sicht der allgemeinen Didaktik (11.1.1), zum anderen aus spezifisch fremdsprachendidaktischer Sicht (11.1.2).

---

[59] Zu den Faktoren, die Entstehung und Veralten von Lehrwerken bestimmen, vgl. Kast/Neuner (1994, Kap. 1)

11.1 Prinzipien der Unterrichtsplanung

11.1.1 Ein Modell der Unterrichtsplanung aus der allgemeinen Didaktik

Geht man von dem schon erwähnten Modell der Berliner Schule (Heimann/Otto/ Schulz [10]1979) aus, so besteht die Planungstätigkeit des Lehrers darin, in Abhängigkeit von den soziokulturellen und anthropologisch-psychologischen Voraussetzungen Entscheidungen hinsichtlich Intentionen/Zielen, Inhalten/Themen/Gegenständen, Methoden und Medien zu treffen. Obwohl sich diese Entscheidungsfelder wechselseitig bedingen, ist es sinnvoll, sie bei der Unterrichtsplanung in einer bestimmten Reihenfolge abzuarbeiten. Hier wird zunächst in Anlehnung an Hagmüller ([2]1982) ein Vorgehen dargestellt, das sich auf die Planung von Unterrichtseinheiten an Schulen bezieht und für alle Fächer Gültigkeit beansprucht, aber offen ist hinsichtlich Modifikationen für die einzelnen Fächer. Ein solches zunächst nicht fachgebundenes Vorgehen lässt sich zum einen damit begründen, dass es Gemeinsamkeiten allen Unterrichtens gibt, zum anderen damit, dass auch im Fremdsprachenunterricht nicht nur Sprache vermittelt wird, sondern auch thematische Entscheidungen zu treffen sind und vor allem bei den fortgeschrittenen Lernern zunehmend Landeskunde, Literatur, gegebenenfalls auch wirtschaftliche, juristische, technische oder sonstige Sachbereiche in den Vordergrund treten. Gerade hier bewähren sich die Planungskriterien der allgemeinen Didaktik. Deren Schritte sind Sachanalyse, didaktische Analyse, Lernzielanalyse und Analyse von Methoden und Medien.

Sachanalyse

Im ersten Vorbereitungsschritt steht die Sache, der Gegenstand des Unterrichts im Vordergrund. Dies kann eine grammatische Struktur, eine kommunikative Fertigkeit, eine Textsorte, ein landeskundliches Phänomen, ein literarischer Text oder anderes sein. Der Lehrer sammelt, was er zu dem Gegenstand selbst weiß, vertieft gegebenenfalls sein Wissen anhand von Fachliteratur, Grammatiken oder anderen Medien, vergleicht, was das Curriculum zu dem Gegenstand ausführt, und überprüft, wie verfügbare Lehrwerke oder Unterrichtsmaterialien den Gegenstand behandeln. Dies hat für den Lehrer die Funktion, eine fachliche Sicherheit zu gewinnen, die es ihm ermöglicht, „über der Sache zu stehen" – was kaum möglich ist, wenn sich die eigenen Kenntnisse lediglich aus dem Lehrbuch speisen – und bei Bedarf unvorhergesehene oder weiterführende Fragen und Anregungen der Schüler fundiert aufgreifen zu können. Es hat auch die Funktion, Lehrwerke oder Curricula, wo sie nicht mehr dem Stand der Wissenschaft entsprechen, sinnvoll abändern, ergänzen oder aktualisieren zu können. Eine umfassende Sachanalyse ist nicht zuletzt auch die Voraussetzung für die folgende didaktische Analyse, in der es darum geht, aus dem komplexen Sachverhalt im Hinblick auf die Lerngruppe bestimmte Aspekte zur Behandlung herauszugreifen, andere beiseite zu lassen und die ausgewählten Aspekte des Gegenstands in eine sachlogisch wie lernpsychologisch begründete Abfolge zu bringen. Im Hinblick auf den Kernbereich des Fremdsprachenunterrichts, die Sprachvermittlung, werden hier Entscheidungen über die grammatische und lexikalische Progression sowie die rezeptiv oder produktiv, im Medium der Mündlichkeit oder Schriftlichkeit zu beherrschenden Situationen und Textsorten getroffen.

Didaktische Analyse

Es gibt zahlreiche Modelle der didaktischen Analyse, die sich letztlich aber meist auf Wolfgang Klafki beziehen, dessen Gedanken sie im Einzelnen modifizieren, erweitern oder an jeweils fachspezifische Gegebenheiten anpassen. In einem Aufsatz von 1958 macht Klafki in knapper Form deutlich, welche Fragen sich die allgemeine Didaktik stellt und welche Funktion didaktische Überlegungen haben – der Titel des Aufsatzes war hier Programm: „Didaktische Analyse als Kern der Unterrichtsvorbereitung". Für Klafki ist es Aufgabe der didaktischen Analyse, den Bildungswert oder Bildungsgehalt eines vom Lehrplan vorgeschriebenen Gegenstands oder Inhalts im Hinblick auf die zu unterrichtenden Schüler und deren geschichtlich-geistige Situation zu ermitteln. Dies geschieht mit Hilfe von fünf Gruppen von Fragen (Klafki 1958: 135–140):

I. Welchen größeren bzw. welchen allgemeinen Sinn- oder Sachzusammenhang vertritt und erschließt dieser Inhalt? ... Wofür soll das geplante Thema exemplarisch, repräsentativ, typisch sein? ... Wo läßt sich das an diesem Thema zu Gewinnende als Ganzes oder in einzelnen Elementen ... später als Moment fruchtbar machen?
II. Welche Bedeutung hat der betreffende Inhalt ... bereits im geistigen Leben der Kinder meiner Klasse, welche Bedeutung sollte er ... darin haben?
III. Worin liegt die Bedeutung des Themas für die Zukunft der Kinder?
IV. Welches ist die Struktur des ... Inhaltes?
   1 Welches sind die einzelnen Momente des Inhaltes als eines Sinnzusammenhangs?
   2 In welchem Zusammenhang stehen diese einzelnen Momente?
   3 Ist der betreffende Inhalt geschichtet? Hat er verschiedene Sinn- und Bedeutungsschichten?
   4 In welchem größeren sachlichen Zusammenhang steht dieser Inhalt? Was muß sachlich vorausgegangen sein?
   5 Welche Eigentümlichkeiten des Inhaltes werden den Kindern den Zugang zur Sache vermutlich schwer machen?
   6 Was hat als notwendiger, festzuhaltender Wissensbesitz („Mindestwissen") zu gelten ...?
V. Welches sind die besonderen Fälle, Phänomene, Situationen, Versuche, Personen, Ereignisse, Formelemente, in oder an denen die Struktur des jeweiligen Inhaltes den Kindern ... interessant, fragwürdig, zugänglich, begreiflich, „anschaulich" werden kann?

Wie diese Fragen fruchtbar gemacht werden können, soll an einem Beispiel illustriert werden. In einer Praktikumssituation stand zur Diskussion, ob eine angehende Lehrerin in der Lerngruppe, in der sie einen Probeunterricht halten sollte, einen zusammenfassenden Radiobericht über ein Fußballspiel einsetzen könne. Es war die Zeit einer Fußballweltmeisterschaft, und die Lerngruppe, ein Intensivkurs am Ende der Grundstufe, mehrheitlich Männer zwischen 22 und 27 Jahren, verfolgte in ihrer Freizeit begeistert jedes Spiel. Der Gegenstand Spielbericht hatte also für die Lerner bereits Bedeutung und war ihnen außerunterrichtlich bekannt (Klafkis Frage II), wenn auch in der Muttersprache und in Form der Fernsehreportage oder des Spielberichts in der Tageszeitung. Aber würde man wertvolle Unterrichtszeit für einen Spielbericht in deutscher Sprache verschwenden dürfen? Dieser Frage liegt Klafkis Frage III nach der zukünftigen Bedeutung des Inhalts für die Lerner zugrunde. Da große Sportereignisse schon lange nicht mehr bloß Hobby einiger Interessierter sind, sondern wirtschaftliche und politische Dimensionen haben, da die Ausrichtung internationaler sportlicher

Großveranstaltungen ein Zeichen für die Leistungsfähigkeit eines Landes ist und in der Regel auch Anlass für die Nachfrage nach Deutschkenntnissen bietet, da schließlich Sportereignisse, besonders Fußball, beliebte Gesprächsthemen im informellen Umgang mit Muttersprachlern sind, musste dem Gegenstand zweifellos auch eine zukünftige Bedeutung für die Lerner zugesprochen werden.

Überlegungen zur Struktur des Inhalts (Klafkis Frage IV) führten zu dem Ergebnis, dass es sich bei einem Spielbericht um einen wenig komplexen Gegenstand handelt, der keine unterschiedlichen Sinn- und Bedeutungsebenen aufweist. Die lexikalischen Bestandteile eines Spielberichts sind v. a. Namen von Spielern, Bezeichnungen der Rollen von Spielern und anderen Akteuren, Verben für die Aktionen auf dem Spielfeld sowie Bezeichnungen für Ergebnisstände. Gegenüber anderen Textsorten ist für solche Berichte aber eine hohe Anzahl von Synonymen typisch (z.B. *der Ball, das Leder, die Kugel* ...), so dass das Verständnis dieser Textsorte die Beherrschung einer recht großen Menge an bislang unbekanntem Vokabular voraussetzt. Doch ist dies nicht die einzige „Eigentümlichkeit des Inhalts", die „den Schülern den Zugang vermutlich erschweren" wird (Frage IV.6), sondern darüber hinaus das in der Regel schnelle Sprechtempo eines solchen Radioberichts, dazu eventuell noch laute Hintergrundgeräusche, wenn die Stadionatmosphäre mit eingeblendet wird. Somit ergab sich als Voraussetzung für das Gelingen des Hörverstehens die vorherige Erarbeitung des notwendigen Vokabulars; dies sollte im vorliegenden Fall an der verwandten, aber vom Medium her unterschiedlichen Textsorte Spielbericht aus einer Tageszeitung oder einem Internet-Sportportal erfolgen – möglichst an einem Bericht über ein vorangegangenes Spiel einer der oder beider Mannschaften, um auch mit der deutschen Aussprache der Spielernamen bekanntzumachen. Klafkis Frage V bedurfte im vorliegenden Fall keiner besonderen Überlegung, da der geplante Inhalt den Schülern auch ohne die Bemühungen der Lehrperson interessant, begreifbar und anschaulich war.

Die didaktische Analyse des möglichen Unterrichtsgegenstands Radiobericht über ein Fußballspiel führte in dem skizzierten Fall aufgrund der Abarbeitung der Klafkischen Fragen zur dem Ergebnis, dass er für die gegebene Lerngruppe mit ihrer Zusammensetzung und ihren Interessen und angesichts der konkreten Situation einer laufenden Weltmeisterschaft ein geeigneter Gegenstand sei. Die Bearbeitung der gleichen Fragen würde einen Bericht über eine Kreismeisterschaft im Ringen – ganz abgesehen davon, dass Ringwettkämpfe weniger exemplarisch für Sportereignisse sein dürften als Fußballmeisterschaften – in einer Gruppe von nicht sportinteressierten Krankenschwestern, die sich auf die Arbeit in einem deutschsprachigen Krankenhaus vorbereiten, als ungeeignet erweisen.

Die Klafkischen Fragen lassen sich an alle potentiellen Unterrichtsgegenstände herantragen, wobei sich aber nicht alle Fragen für jeden Gegenstand als gleich ergiebig erweisen dürften und sie je anders gewichtet werden müssen, was der relativ großen Offenheit der Fragen geschuldet ist. Das grundsätzliche Vorgehen der didaktischen Analyse ist aber stets dasselbe: Es wird gefragt, *was* ein Unterrichtsgegenstand sein kann und *warum* dies so ist, bzw. was einen durch Stoffpläne vorgegebenen Inhalt (dies war die vorherrschende Situation im deutschen Schulwesen zur Zeit Klafkis) für eine konkrete Lerngruppe zu einem Unterrichtsgegenstand macht, worin sein Bildungsgehalt oder Bildungswert besteht. Solche Was- und Warum-Fragen mussten sich auch die Lehrplankonstrukteure stellen, und insoweit ist die didaktische Analyse auch ein Werkzeug der Curriculumentwicklung. Konstitutiv für die didaktische Analyse ist auch das Spannungsverhältnis zwischen den Fragen II und III: Es schließt ein Lernen „auf Vorrat" aus, bei dem den Schülern Inhalte vermittelt werden, zu denen sie keinen Zugang haben und die ihnen nichts bedeuten – es reicht auch nicht aus, wenn der Lehrer den Schülern versichert, sie würden später einmal verstehen, wozu das Gelernte nütze war. An diesen Fragen erweist sich die Lernerzentriertheit des Klafkischen Ansatzes. Konstitutiv ist weiterhin, dass genau reflektiert wird, was im Lernen vorausgegangen und für die Stunde wieder verfügbar sein muss und inwiefern das Gelernte seinerseits wieder Voraussetzung für weiteres Lernen werden kann – Überlegungen, die dem Planen isolierter Stunden entgegenwirken. Konstitutiv ist schließlich auch, dass Wie-Fragen zunächst einmal bewusst hinter die Was- und Warum-Fragen zurückgestellt werden; aus einer gründlichen didaktischen Analyse, v. a. anhand der Teilfragen unter IV und der Frage V, folgen oft schon methodische Entscheidungen, wie auch die letzten Überlegungen zum Beispiel des Radio-Fußballberichts illustrieren. In Klafkis Teilfrage IV.6 (Was hat als notwendiger, festzuhaltender Wissensbesitz („Mindestwissen") zu gelten?) steckt die Frage nach den Lernzielen, die in den 60er und 70er Jahren in den Vordergrund der didaktischen Diskussion trat und diese lange Zeit dominierte. In dem hier vorgestellten Modell der Unterrichtsplanung bilden solche Überlegungen den nächsten Schritt.

Lernzielanalyse

Als die Didaktik begann, sich vom zu bewältigenden „Stoff" ab- und den zu erreichenden Zielen zuzuwenden, sprach sie zuerst von „Lernzielen", später auch von „Lehrzielen". Dieser Terminus soll auf die Tatsache hinweisen, dass Gelehrtes nicht einfach mit Gelerntem gleichzusetzen ist, und betonen, dass in der Unterrichtsplanung zwar notwendigerweise die Lehrperspektive im Vordergrund steht, sie aber noch durch die Lernperspektive zu ergänzen ist. Hier wird weiterhin der ältere Terminus verwendet, denn sowohl in der allgemeinen wie der fremdsprachlichen Didaktik wird immer noch, ja sogar wieder häufiger von Lernzielen gesprochen, allerdings stets eingedenk der Beschränkung auf die Lehrperspektive.

Ziele des Unterrichts unterscheiden sich hinsichtlich (1) der Dimensionen, auf denen sie angesiedelt sind, (2) ihrem fachspezifischen, fachübergreifenden oder das Lernen selbst betreffenden Charakter, (3) ihrem Abstraktionsgrad und schließlich (4) ihrem Anspruchsniveau (vgl. u. a. Bloom 1956, Hagmüller ^{2}1982, Kap. 3.4, Edmondson/House ^{3}2006, Kap. 15).

Bezüglich der *Dimensionen* unterscheidet man (a) Fähigkeiten und Fertigkeiten, also ein Können, (b) Wissen und (c) Einstellungen. Dass Fertigkeiten und Wissen nicht dasselbe sein müssen, lässt sich in der allgemeinen Didaktik leicht anhand des Fachs Mathematik zeigen. Für eine bestimmte Klassenstufe wird das Lernziel gesetzt, dass die Schüler die Zahlen von 1–100 addieren und die Zahlen von 1–9 miteinander multiplizieren können. Diese Fertigkeit ist unabhängig von dem Wissensziel, das Kommutativgesetz ($a + b = b + a$ und $a \cdot b = b \cdot a$) nennen zu können. Im DaF-Unterricht werden Unterschiedlichkeit und Relevanz dieser beiden Dimensionen immer wieder sichtbar: Ein Lerner weiß etwa, dass das Verb im Hauptsatz an der zweiten

Stelle steht, hat also ein wichtiges Lernziel auf der Wissensebene erreicht, stellt in seiner Spontansprache aber dennoch das Verb oft an die dritte Stelle, wenn er den Satz mit einem Adverbial beginnt. In Kap. 1.3.1 wurden die Kontroversen um die Rolle von einerseits explizitem oder deklarativem Wissen und andererseits implizitem oder prozeduralem Wissen im Sinne von Können für den Grammatikerwerb ausführlich dargestellt, besonders die Frage, inwiefern grammatisches Wissen zu Sprachkönnen führt. Je nach fremdsprachendidaktischer Position und Lerngruppe werden für diesen Erwerbsbereich mal mehr, mal weniger Ziele im Bereich des expliziten Wissens gesetzt. Die dritte Dimension der affektiven Einstellungen wird oft nicht reflektiert, obwohl sie für erfolgreiches Lernen ganz entscheidend ist. Wer aufgrund von Vorurteilen oder ersten Unterrichtserfahrungen die Einstellung entwickelt hat, dass Deutsch hart und unschön klingt, in den Wortformen nur aus Ausnahmen besteht und eine undurchschaubare Grammatik besitzt, wird nur mühsam Fortschritte beim Erlernen dieser Sprache machen. Einstellungen sind oft Voraussetzungen von erfolgreichem Lernen, sind andererseits aber durch Lernprozesse wieder veränderbar. Allerdings zeigen sich Lerneffekte hier weniger unmittelbar als im Bereich des Wissens; Lerneffekte bei den Fertigkeiten verlaufen, wie schon in 1.3.1.2 besprochen wurde, langsamer als beim deklarativen Wissen, aber immer noch schneller als bei den Einstellungen.

Auf jeder der drei Dimensionen gibt es Ziele unterschiedlichen *Abstraktionsgrads*: den höchsten haben die Richtziele, einen mittleren die Grobziele und den niedrigsten die Feinziele. Als Richtziel im Bereich der Fähigkeiten und Fertigkeiten gilt heutzutage meist der Erwerb sprachlicher und kommunikativer Kompetenz in Bezug auf die Handlungsbereiche und Situationen, in denen die Lerner kompetent werden sollen, im Bereich des Wissens grammatische, landeskundliche und kulturelle Kenntnisse, im Bereich der Einstellungen die Entwicklung einer positiven Einstellung zu oder eines Interesses an Zielsprache und -kultur sowie die Bereitschaft, auf Fremdes einzugehen und Eigenes zu relativieren. Ziele dieser Allgemeinheit sind relevant für sprachenpolitische Entscheidungen, die Ausrichtung eines gesamten Kurses oder die Legitimation einer Schulfremdsprache, beeinflussen die tägliche Unterrichtsplanung aber nur indirekt. Für die Planung einer Stunde oder Unterrichtseinheit sind Grobziele anzusetzen, etwa die Fähigkeit, die deutschen Modalverben in ihrer objektiven Bedeutung verstehen und gebrauchen zu können. Dieses Grobziel setzt wiederum das Erreichen untergeordneter Feinziele voraus, etwa das Wissen um die Besonderheiten der Person-Numerus-Endungen und den Vokalwechsel zwischen Singular und Plural bei *können, dürfen, müssen, wollen* oder die Bedeutungsunterschiede zwischen *können* und *dürfen, müssen* und *sollen*. Zwischen der Ebene der Richt- und der Grobziele kann man noch eine der Globalziele annehmen, wie sie sich etwa bei der Umsetzung der Nivaubeschreibungen des *Gemeinsamen Europäischen Referenzrahmens* (2001) in Lernziele ergeben (vgl. den folgenden Exkurs).

Die bislang genannten Lernziele beziehen sich auf den Kontext des *Fachs*; daneben ergeben sich im Unterricht aber auch immer *fachübergreifende* Lernziele, auch wenn sie von den Lehrenden nicht immer mit derselben Gründlichkeit wie die fachspezifischen reflektiert und geplant werden. Im Bereich des Wissens vertieft ein Fremdsprachenunterricht stets auch die Kenntnisse darüber, was Sprache im Allgemeinen ist, wie sie funktioniert und wie sie für bestimmte Zwecke eingesetzt wird. Im Bereich der

Einstellungen erhoffen sich Bildungssysteme vom Fremdsprachenlernen die Entwicklung von Toleranz und Offenheit. In Kap. 10 wurde wiederholt darauf hingewiesen, dass sich durch einen vielfältigen Einsatz von Medien sowohl als Gegenstand als auch als Instrument des Fremdsprachenlernens auch die allgemeine Medienkompetenz jenseits des Fachs erhöht. Wieder andere Ziele wie „Der Lerner ist bereit und in der Lage, ein Lerntagebuch zu führen" beziehen sich auf Lernstrategien und -techniken und sind daher ebenfalls nicht fachspezifisch.

Hinsichtlich des *Anspruchsniveaus* unterscheidet sich etwa das Lernziel, in der Situation „Auf der Post" passende Briefmarken kaufen zu können, von dem Ziel, das Problem XY erörtern zu können; eine ausgefeilte fachunabhängige Lernziel-Taxonomie findet sich bei Bloom (1972), eine Skalierung sprachlicher und kommunikativer Kompetenzen in den Niveaustufen des *Gemeinsamen Europäischen Referenzrahmens* (2001).

Die allgemeine Didaktik hat lange besonderen Wort darauf gelegt, dass die für eine Stunde gesetzten Lernziele so formuliert werden, dass das Verhalten des Lerners, an dem sich ihr Erreichen zeigt, konkret und aussagekräftig beschrieben wird (vgl. Meyer [12]1991). Ungeeignet wäre beispielsweise die Formulierung „Der Lerner kennt die drei Hauptbedeutungen des Modalverbs *können*", denn hier wird ein mentaler Zustand beschrieben, der nicht beobachtbar ist; beobachtbar wäre aber „Der Lerner ist in der Lage, die Bedeutung von *X kann Y* je nach Kontext mit *X hat die Fähigkeit/Möglichkeit/Erlaubnis zu Y* zu umschreiben" oder „Der Lerner ist in der Lage, zehn Sätze mit unterschiedlichen Bedeutungen von *können* in drei Gruppen zu sortieren". Nur bei solchen Verhaltensbeschreibungen ist es möglich, dass Lehrer, Lerner oder Beobachter der Stunde feststellen können, ob die gesetzten Lernziele erreicht wurden.

Welche Lernziele lassen sich nun mit dem Fußballbericht im Radio verfolgen? Die Lerner sollen in der Lage sein, einen solchen Radiobericht zu verstehen, sie sollen später auch selbst mündlich oder schriftlich über ein Spiel berichten können, das sie im Fernsehen verfolgt haben, die Rollen von Spielern und anderen Akteuren, Aktionen auf dem Spielfeld sowie Ergebnisstände auf Deutsch benennen können und schließlich die Bereitschaft entwickeln, Sportereignisse, für die sie sich interessieren, auch in der Freizeit öfter mal auf Deutsch zu verfolgen, in (Satelliten- oder Kabel)Fernsehen, (Internet)Radio oder (der Internetausgabe) einer deutschsprachigen Tageszeitung.

Der Nutzen einer Lernzielanalyse für die Unterrichtsplanung ist vielfältig. Erstens gewinnt der Lehrer damit Kriterien für die Ausarbeitung unterrichtsorganisatorischer Maßnahmen; zweitens können die Schüler im Sinne eines transparenten Unterrichts über die von ihnen erwarteten Leistungen informiert werden; drittens trägt die Formulierung von Lernzielen wesentlich zur Evaluation des Unterrichts bei, indem sie einen Vergleich zwischen den angestrebten und den erreichten Lernergebnissen ermöglicht (Rückmeldung für den Lehrer) und indem die Schüler Kriterien zur Beurteilung ihres Lernfortschritts bekommen (Rückmeldung für die Schüler). Allerdings ist der Wert einer auf Stundenbasis durchgeführten Lernzielevaluation dadurch eingeschränkt, dass ein dem Lernziel entsprechendes einmal beobachtbares Lernerverhalten noch nichts über Dauerhaftigkeit und Transferierbarkeit des Gelernten aussagt. Außerdem liegt einem kleinschrittigen Lernzielsetzen und -überprüfen eine lineare und inkrementelle

11.1 Prinzipien der Unterrichtsplanung 395

Konzeption von Lernen zugrunde, die sich gerade in vielen Bereichen des Sprachenlernens als nicht haltbar erwiesen hat, wo sich Phasen graduellen Fortschritts mit Phasen scheinbaren Rückschritts abwechseln, wenn der Lerner sein internes System restrukturiert und es zu vorher nicht aufgetretenen Fehlern kommt. Wenn auch diese Einwände den Wert von Lernzielbestimmungen relativieren, bleiben sie doch ein unerlässliches Mittel der Unterrichtsplanung.

Exkurs: Lernziele und der *Gemeinsame Europäische Referenzrahmen*

Der Europarat hat mit der Zielsetzung, Mehrsprachigkeit und gegenseitiges kulturelles Verständnis in einem zusammenwachsenden, mobilen Europa zu fördern, erstmals einheitliche Anspruchsniveaus und mögliche Ziele des Erlernens moderner europäischer Fremdsprachen formuliert. Ein wichtiges Anliegen dabei war die Vergleichbarkeit der Anforderungen an die Lernenden und der Bescheinigungen über erworbene Sprachkompetenzen, unabhängig davon, ob die Fremdsprachen im schulischen oder außerschulischen Kontext unterrichtet werden; die Leistungsbescheinigungen sollen zudem unabhängig davon sein, wie die Kompetenzen erworben wurden, gesteuert oder ungesteuert.

Die Anspruchsniveaus sind im *Gemeinsamen Europäischen Referenzrahmen* in Form von Kompetenzskalen festgelegt; in Abbildung 1 findet sich die Globalskala, die an anderer Stelle des *Referenzrahmens* in detaillierteren Skalen weiter differenziert wird, u. a. nach den einzelnen Fertigkeiten. Seitdem geben neue DaF-Lehrwerke und Bearbeitungen bestehender Lehrwerke an, auf welche Niveaustufen des *Referenzrahmens* sie sich beziehen.

Der *Referenzrahmen* unterscheidet wie die allgemeine Didaktik die Dimensionen Wissen, Fertigkeiten und Einstellungen. Allerdings wird die letzte Dimension umfassender als „persönlichkeitsbezogene Kompetenz" gefasst, die neben Einstellungen auch Persönlichkeitsmerkmale und bevorzugte kognitive Stile (analytisch oder holistisch) enthält. Auch wird die oben als fachübergreifend bezeichnete Fähigkeit zu Lernen den drei ersten Kompetenzbereichen als vierte nebengeordnet.

Die Globalskala in Abb. 1 beschreibt nun in erster Linie Kompetenzen der Dimension kommunikative Fertigkeiten, wie sie auf den einzelnen Niveaus zu erwarten sind, in sich jeweils gegliedert nach rezeptiven, interaktiven und monologischen bzw. komplexen produktiven Tätigkeiten. Diese Kompetenzbeschreibungen können laut *Gemeinsamem Europäischem Referenzrahmen* (2001: 27) „zur Entwicklung von transparenten und realistischen Beschreibungen von globalen Lernzielen beitragen." Dazu muss dann auch die Lernzielbestimmung in den Bereichen des Wissens und der Einstellungen gehören. Für die Festlegung unmittelbar unterrichtsrelevanter Grobziele sind die Tätigkeiten noch auf konkrete Kontexte, Themen und Situationen zu beziehen und die sprachlichen Mittel ihrer Umsetzung zu spezifizieren.

Kompetente Sprachverwendung	C2	Kann praktisch alles, was er/sie liest oder hört, mühelos verstehen. Kann Informationen aus verschiedenen schriftlichen und mündlichen Quellen zusammenfassen und dabei Begründungen und Erklärungen in einer zusammenhängenden Darstellung wiedergeben. Kann sich spontan, sehr flüssig und genau ausdrücken und auch bei komplexeren Sachverhalten feinere Bedeutungsnuancen deutlich machen.
	C1	Kann ein breites Spektrum anspruchsvoller, längerer Texte verstehen und auch implizite Bedeutungen erfassen. Kann sich spontan und fließend ausdrücken, ohne öfter deutlich erkennbar nach Worten suchen zu müssen. Kann die Sprache im gesellschaftlichen und beruflichen Leben oder in Ausbildung und Studium wirksam und flexibel gebrauchen. Kann sich klar, strukturiert und ausführlich zu komplexen Sachverhalten äußern und dabei verschiedene Mittel zur Textverknüpfung angemessen verwenden.
Selbstständige Sprachverwendung	B2	Kann die Hauptinhalte komplexer Texte zu konkreten und abstrakten Themen verstehen; versteht im eigenen Spezialgebiet auch Fachdiskussionen. Kann sich so spontan und fließend verständigen, dass ein normales Gespräch mit Muttersprachlern ohne größere Anstrengung auf beiden Seiten gut möglich ist. Kann sich zu einem breiten Themenspektrum klar und detailliert ausdrücken, einen Standpunkt zu einer aktuellen Frage erläutern und die Vor- und Nachteile verschiedener Möglichkeiten angeben.
	B1	Kann die Hauptpunkte verstehen, wenn klare Standardsprache verwendet wird und wenn es um vertraute Dinge aus Arbeit, Schule, Freizeit usw. geht. Kann die meisten Situationen bewältigen, denen man auf Reisen im Sprachgebiet begegnet. Kann sich einfach und zusammenhängend über vertraute Themen und persönliche Interessengebiete äußern. Kann über Erfahrungen und Ereignisse berichten, Träume, Hoffnungen und Ziele beschreiben und zu Plänen und Ansichten kurze Begründungen oder Erklärungen geben.
Elementare Sprachverwendung	A2	Kann Sätze und häufig gebrauchte Ausdrücke verstehen, die mit Bereichen von ganz unmittelbarer Bedeutung zusammenhängen (z. B. Informationen zur Person und zur Familie, Einkaufen, Arbeit, nähere Umgebung). Kann sich in einfachen, routinemäßigen Situationen verständigen, in denen es um einen einfachen und direkten Austausch von Informationen über vertraute und geläufige Dinge geht. Kann mit einfachen Mitteln die eigene Herkunft und Ausbildung, die direkte Umgebung und Dinge im Zusammenhang mit unmittelbaren Bedürfnissen beschreiben.
	A1	Kann vertraute, alltägliche Ausdrücke und ganz einfache Sätze verstehen und verwenden, die auf die Befriedigung konkreter Bedürfnisse zielen. Kann sich und andere vorstellen und anderen Leuten Fragen zu ihrer Person stellen – z. B. wo sie wohnen, was für Leute sie kennen oder was für Dinge sie haben – und kann auf Fragen dieser Art Antwort geben. Kann sich auf einfache Art verständigen, wenn die Gesprächspartnerinnen oder Gesprächspartner langsam und deutlich sprechen und bereit sind zu helfen.

Abbildung 1: Globalskala des *Gemeinsamen Europäischen Referenzrahmens* (2001: 35)

11.1 Prinzipien der Unterrichtsplanung

Methodische Analyse: Phasen, Lehrverfahren, Arbeits- und Sozialformen

Stehen die Lernziele im Sinne von Grob- und Feinzielen einer Stunde fest, muss der Lehrer im nächsten Schritt des Planungsmodells von Hagmüller (^{2}1982) methodische Entscheidungen treffen, die ihrerseits eine Reihe von Teilentscheidungen umfassen, die hier auf drei Bereiche reduziert werden sollen: die Phasierung des Unterrichts, die Wahl der Lehrverfahren und die Wahl der Arbeits- und Sozialformen.

Zunächst muss der Lehrer für die geplante Stunde eine *Einteilung in Phasen* vornehmen. Phaseneinteilungen von Unterricht beruhen auf der Vorstellung, „daß eine menschliche Tätigkeit wie das Lernen in Stufen aufgeteilt werden kann, Lernen also in einer festgelegten Reihenfolge abläuft." (Hagmüller ^{2}1982: 78). Die unterschiedlichen Bezeichnungen für solche Gliederungen machen deutlich, dass hier mal mehr vom Lerner und seinen Aneignungsprozessen her gedacht wird („Lernphase", „Lernstufe", „Lernschritte"), mal von der Gliederung einer Stunde durch den Lehrer (die Bezeichnungen „Verlaufsformen" oder „Artikulation" erscheinen zumeist mit dem Genitiv „des Unterrichts"). In der Geschichte der Didaktik im deutschsprachigen Raum waren die Formalstufen der Herbartianer (vgl. Kap. 2.1) besonders einflussreich. In einer Variante dieser Theorie werden die fünf Stufen *Vorbereitung, Darbietung, Verknüpfung, Zusammenfassung und Anwendung* unterschieden.

In bewusster Absetzung von dieser Konzeption der Lernphasen stehen Ansätze wie die der Reformpädagogik (ca. 1890-1930), der Arbeitsschulbewegung (Kerschensteiner 1854-1932) und der Projektmethode. Nach diesen Konzepten sollen die Schüler frei, selbsttätig und selbständig ein praktisches Ziel erreichen und durch diese „Arbeit" Erkenntnisgewinne erzielen. Bei Scheibner, einem Vertreter der Reformpädagogik, sind die Stufen eines solchen Vorgangs *Arbeitszielsetzung, Arbeitsmittel suchen-prüfen-ordnen, Arbeitsplan entwerfen, Arbeitsschritte ausführen, Arbeitsergebnis besehen-prüfen-beurteilen, Arbeit auswerten*. Wie schon in Kap. 2.1 erwähnt, bilden diese Ansätze die Traditionslinien des Autonomen Lernens und des Handlungsorientierten Unterrichts, die gegenwärtig durch konstruktivistische Lerntheorien unterfüttert werden. Im vorliegenden Zusammenhang der Planung einer weniger offenen Unterrichtseinheit oder -stunde soll nicht weiter auf sie eingegangen werden.

Zurzeit werden in der allgemeinen Didaktik meist Stufenkonzepte auf lernpsychologischer Grundlage vertreten. Roth (1971) unterscheidet drei Lernarten, das unbewusste (gelegentliche, natürliche, zufällige oder indirekte) Lernen, das bewusste (beabsichtigte, selbständige oder direkte) Lernen und das vermittelte (angeleitete) Lernen, d.h. das Lernen durch Lehren. Für alle drei Lernarten setzt er dieselben sechs Stufen an (linke Spalte der folgenden Tabelle), wobei für Fragen der Unterrichtsplanung v. a. die Aktivitäten wichtig sind, welche das vermittelte Lernen kennzeichnen (rechte Spalte der Tabelle).

Lernstufen nach H. Roth (^{13}1971)

Stufe	vermitteltes Lernen
1 Motivation	Anstoß eines Lernprozesses, Aufgabenstellung, Wecken eines Lernmotivs

2 Schwierigkeit	Lehrer entdeckt die Schwierigkeit der Aufgabe für die Schüler bzw. die Unzulänglichkeit einer schnellen Lösung durch die Schüler
3 Lösungsversuche	Vorzeigen oder Findenlassen des Lösungswegs durch den Lehrer
4 Tun und Ausführung	Veranlassung der Durchführung oder Ausgestaltung der neuen Leistungsform/Fertigkeit durch den Lehrer
5 Behalten und Einüben	Einprägen und Einüben der neuen Verhaltens- und Leistungsform an variierenden Anwendungsbeispielen; Automatisierung des Gelernten
6 Bereitstellen, Übertragung, Integration des Gelernten	Das Gelernte wird von der Schul- auf die Lebenssituation übertragen

Fachspezifische Lernstufenkonzepte können sich z. T. stark von den bisher dargestellten allgemeinen Stufenkonzepten unterscheiden, weil sie die lernpsychologischen Abläufe mit der jeweiligen Sachlogik zu verbinden suchen. Aber selbst innerhalb eines Faches gibt es unterschiedliche Lernstufenkonzepte, wie sich auch in der Geschichte der Fremdsprachendidaktik zeigt. Ein gegenwärtig weit verbreitetes Phasenmodell aus der Kommunikativen Didaktik wird in Abschnitt 11.1.2 vorgestellt.

Im nächsten Schritt der methodischen Analyse ist über die Wahl der Lehrverfahren und die Wahl der Arbeits- und Sozialformen zu entscheiden. Die *Lehrverfahren* bestimmen nach Hagmüller (^{2}1982), wie der Kommunikationsprozess zwischen Lehrer und Lernern organisiert ist. Die Grundtypen sind darstellende und erarbeitende Verfahren, die sich durch größere Lehrer- bzw. Lernerzentriertheit unterscheiden. Die wichtigsten Formen dieser Verfahren wurden in Kap. 2 dargestellt, wo auch für den verstärkten Einsatz lernerzentrierter Verfahren argumentiert wurde; dies heißt aber nicht, dass die methodische Möglichkeit des Darstellens durch den Lehrer keinen Platz im Unterricht hätte, nur muss der Einsatz dieses Lehrverfahrens im Hinblick auf die Lernphase und das jeweilige Lernziel in der Unterrichtsplanung begründet werden, keinesfalls darf es das Standardverfahren sein. Dass das darstellende Lehrverfahren eng an die Sozialform Frontalunterricht gebunden ist, diese aber wiederum kaum für das selbständige Erarbeiten von Wissen oder Fähigkeiten durch die Lerner geeignet ist, zeigt den engen Zusammenhang von Lehrverfahren und Sozialformen.

Mit der stärkeren Betonung der Selbsttätigkeit der Lerner sowohl beim entdeckenden Lernen als auch beim Üben sind die *Sozialformen* Einzel-, Partner- und Gruppenarbeit stärker in den Vordergrund gerückt. Gab es Einzelarbeit auch schon im traditionell vermittlungsorientierten Unterricht, so ist Partnerarbeit besonders im Fremdsprachenunterricht eine Arbeitsform, die sich sehr gut zur angeleiteten Erarbeitung und zum Üben dialogischen Sprechens eignet. Sie führt in der Regel zu reflektierteren und komplexeren Ergebnissen als Einzelarbeit und ist, da schnell etabliert, auch für kürzere Phasen geeignet. Gegenstand von Gruppenarbeit werden in der Regel komplexere Aufgabenstellungen sein, die mit einem hohen Grad an Selbständigkeit in Inhalten und Lernwegen einhergehen und bei denen Ideen mehrerer Lerner zusammenkommen müssen. Nachteile sind, dass es oft länger dauert, bis die Gruppe arbeitsfähig wird und dass sich nicht immer alle Mitglieder in gleicher Weise aktiv beteiligen. Gruppenarbeit ist meist auf die Vorstellung ihrer Ergebnisse im Plenum angelegt. Diese Sozialform mag äußerlich dem Frontalunterricht ähneln, doch werden hier andere Kommunikationsstrukturen angestrebt; die Lerner haben hier selbst etwas zu sagen, sollen untereinander ins Gespräch kommen, Richtung und Inhalte des Gesprächs bestimmen, der Lehrer nurmehr moderieren. Aber auch diese Rolle kann an einen der Lerner vergeben werden. Durch Einzel-, Partner- oder Gruppenarbeit vorbereitete Plenumsphasen führen zu vielfältigerer und sprachlich reicherer Kommunikation als der Versuch, Plenumsgespräche aus dem Frontalunterricht heraus ohne Vorbereitung zustande zu bringen (vgl. Kap. 9.6).

Zu den je nach Gegenstand zu treffenden methodischen Entscheidungen gehört auch, ob induktiv oder deduktiv[60], analytisch oder synthetisch, historisch-genetisch, durch Analogie oder am Modell vorgegangen werden soll.

Mediale Analyse

Schließlich ist für jede Unterrichtsstunde zum einen zu entscheiden, in welchem Medium der Lerngegenstand, im Fremdsprachenunterricht typischerweise das Sprachmaterial, präsentiert werden soll. Zum anderen ist je nach Gegebenheiten zu entscheiden, welches Medium als Impuls für Lernaktivitäten, z. B. als Äußerungsimpuls, dienen, welches den Lernprozess unterstützen, Mittel des Erarbeitens oder Einübens sein soll und in welchem Arbeitsergebnisse festzuhalten sind. Die Entscheidung für ein bestimmtes Medium oder bestimmte Medien kann dabei oft mit den Lernzielen mehr oder weniger gegeben sein – so lässt sich Hörverstehen authentischer Sprecher nur mit Ton- oder Bild-Ton-Aufzeichnungen (Kassette, CD/DVD, Audio- oder Videodatei) erreichen. Bei anderen Medien, vor allem solchen wie Arbeitsblatt, Tafelanschrieb, Overheadfolie, computergestützten Präsentationen, die sich in ihren Funktionen beträchtlich überlappen können, sind die jeweiligen Vorzüge und Nachteile (vgl. Kap. 10.1) genau im Hinblick auf die Unterrichtsphasen, Lernziele und das Lernverhalten der unterrichteten Gruppe abzuwägen.

Wie die methodischen Entscheidungen sind auch die medienbezogenen am zweckmäßigsten in der Planung des Stundenverlaufs zu fixieren, in dem auch die Ergebnisse von Sachanalyse, didaktischer Analyse und Lernzielbestimmung kumulieren, soweit sich Letztere auf die Einzelstunde und nicht auf die größere Unterrichtseinheit beziehen, deren Teil die Stunde ist; ein Schema für die Planung eines Stundenverlaufs wird in 11.2 vorgeschlagen. Überlegungen zur Kontrolle des Lernerfolgs schließen die Unterrichtsplanung ab, sind aber in der Regel weniger auf die einzelne Stunde als auf die gesamte Unterrichtseinheit bezogen.

---

[60] Vgl. die gegensätzlichen Vorgehensweisen von Grammatik-Übersetzungs-Methode, die die deduktive Methode bevorzugte, und Audiolingualer/Audiovisueller Methode, die ein streng induktives Vorgehen propagierte.

Aufgabe 11-1:
(a) Ordnen Sie die im Vorangegangenen bestimmten Lernziele, die mit dem Fußballbericht verfolgt werden sollen, den unterschiedenen Dimensionen und Abstraktionsniveaus zu.
(b) In welchem Medium/welchen Medien sollte der Lerngegenstand präsentiert werden? Welche Mittel könnten zur Erarbeitung der Feinziele eingesetzt werden?

11.1.2 Ein Modell der Unterrichtsplanung für den Fremdsprachenunterricht

Im Folgenden soll mit dem Modell von Bimmel u. a. (2003) ein Planungsvorschlag für den Fremdsprachenunterricht vorgestellt werden, welcher der Kommunikativen Didaktik verpflichtet ist und wie das oben vorgestellte Modell aus der allgemeinen Didaktik zum Ziel hat, dem angehenden oder jungen Lehrer Kriterien an die Hand zu geben, mit denen er Entscheidungen für seinen Unterricht schrittweise und begründet treffen kann, auch und gerade wenn er mit einem Lehrwerk arbeitet. In Übernahme des Klafkischen Begriffs nennen die Autoren ihren Ansatz „Modell Didaktische Analyse". Aus dem reichen Beispielmaterial seien hier die Überlegungen der Autoren zu einer Unterrichtsstunde mit dem Thema „Wegbeschreibung" ausgewählt.

11.1.2.1 Planungsschritte

Der erste von sechs Planungsschritten besteht in der *Bestimmung des Lernziels*, hier: „Die Schüler können am Ende der Stunde auf Deutsch nach dem Weg fragen." (Bimmel u. a. 2003: 34) Dies ist ein konkretes, fertigkeitsbezogenes Lernziel (Grobziel), das sich am Verhalten der Schüler beobachten und somit gut überprüfen lässt. Ein Lernziel (Feinziel) ist auch für jede Phase der Stunde zu formulieren, was hier an der Phase illustriert werden soll, wo den Schülern erstmals ein Beispieldialog präsentiert wird, in dem eine Person eine andere nach dem Weg fragt. Das Lernziel dieser Phase wird bestimmt als „Die Schüler verstehen den Text global." Für die folgende Phase ist als Lernziel dagegen das detaillierte Verständnis zu bestimmen, als Vorbereitung der letzten, produktiven Phase, in der das Grobziel der Stunde erreicht werden soll.

Im 2. Schritt sind die *Lernaktivitäten* zu beschreiben, also das, was die Schüler tun müssen, um das gesetzte Lernziel zu erreichen, hier: den Dialog hören, die Wegbeschreibung auf dem Stadtplan einzeichnen.

Im 3. Schritt wird die *Sozialform* festgelegt, die sich aus Lernziel und Lernaktivität ergibt und damit noch vor Fragen des Materials steht. Im Beispiel kann das globale Verständnis des Dialogs nur in Einzelarbeit stattfinden, das spätere Üben aber am besten in Partnerarbeit.

Im 4. Schritt wird das *Material* bestimmt, durch das die Lernaktivitäten in Gang gesetzt werden, hier: der Beispieldialog und der Plan der Stadt, auf die sich Ziel und beschriebener Weg beziehen.

Im 5. Schritt sind die *Medien* zu bestimmen. Wege erfragt man typischerweise mündlich, also muss das Material, der Dialog, auch im Medium der Mündlichkeit präsentiert werden, z. B. von Kassette, CD oder über Multimedia-Computer. Die Orientierung in der Stadt erfolgt visuell, also ist das Medium Stadtplan erforderlich. Dieser könnte an der Tafel präsentiert werden, als Overheadfolie oder über Beamer projiziert, als Arbeitsblatt verteilt oder, falls vorhanden, im Lehrbuch aufgeschlagen werden. Gegen den Tafelanschrieb spricht, dass das Anzeichnen relativ lange dauert und trotzdem weniger detailliert wäre als in der Präsentation durch andere Medien. Mit Rücksicht auf die Verwendung in anderen Phasen fällt im Beispiel die Entscheidung für sowohl Arbeitsblatt als auch Folie bzw. Projektion.

Im 6. Schritt werden die *Aktivitäten des Lehrers* geplant, die sich in dieser Phase auf die Bedienung des Abspielgeräts beschränken. Die Aktivitäten des Lehrers werden von Bimmel u. a. bewusst an das Ende der Überlegungen gestellt und bewusst auch hinter die Überlegungen zu den Lernaktivitäten der Schüler (2. Schritt), denn im Sinne eines lernerzentrierten Unterrichts soll nicht gefragt werden: „Was mache ich als Lehrer?", vielmehr „Was bleibt mir noch als Lehrer zu tun, wenn ich auf die oben beschriebene Weise meinen Unterricht geplant habe?"

Unterrichten bedeutet nicht automatisch, dass gelernt wird. Im Gegenteil: Manchmal verhindern Unterrichtsaktivitäten des Lehrers/der Lehrerin, dass die Schüler lernen. So kann man sagen: Je mehr Zeit der Lehrer/die Lehrerin darauf verwendet zu unterrichten, desto weniger Zeit bleibt den Schülern übrig, um zu lernen. (Bimmel u. a. 2003: 53)

11.1.2.2 Einführungs-, Präsentations-, Semantisierungs- und Übungsphase

Die hier nach dem Modell Didaktische Analyse abgearbeitete Phase kann nun aber noch nicht die erste Phase der Unterrichtsstunde sein, denn ein unvermitteltes Anhören des Dialogs würde kaum zum Verständnis, nicht einmal zum Globalverständnis der Wegbeschreibung führen. Notwendig ist eine vorangehende *Einführungs- oder Hinführungsphase*, die das Lernziel verfolgt, die Schüler zum Thema hinzuführen, ihr Vorwissen zu aktivieren und ihnen die Schlüsselwörter (*links, rechts, geradeaus*) zu vermitteln. Dazu projiziert der Lehrer einen Stadtplan und ein Situationsbild (eine Person fragt eine andere nach dem Weg) und lässt die Schüler – gegebenenfalls in der Muttersprache – die Situation beschreiben und eine Wegbeschreibung geben. Die hierfür in der Fremdsprache notwendigen Ausdrücke werden dann an der Tafel festgehalten (Lernaktivitäten und Aktivitäten des Lehrers). Die Sozialform ist das Unterrichtsgespräch im Plenum, das Material bilden Stadtplan und Situationsbild. Die Funktion der Einstiegsphase ist, Motivation und Neugier zu erwecken, relevantes Vorwissen der Schüler zu aktivieren und sprachlich wie inhaltlich das Folgende vorzuentlasten. Auch für diese Phase werden die Entscheidungen gemäß Didaktischer Analyse getroffen, wobei die Aktivität des Lehrers hier allerdings ein größeres Gewicht erhält als in der Präsentationsphase.

Die *Präsentationsphase* allein genügt noch nicht, um das aufgenommene Sprachmaterial für die produktive Verwendung verfügbar zu machen, denn sie beschränkt sich auf das Lernziel Globalverstehen. Es muss sich die *Semantisierungsphase* anschließen, die ein detailliertes Verstehen und die Erarbeitung der neuen sprachlichen Mittel des Textes anstrebt; für das Detailverstehen bietet sich der Wechsel zum schriftlichen Medium (Dialog auf Arbeitsblatt oder im Lehrbuch) an. Schematisch sieht die Planung für diese Phase wie folgt aus (Bimmel u. a. 2003: 130):

Lernziel	Die Schüler verstehen den Text auf der Satz- und Wortebene. Die Schüler lernen neue Wörter und Strukturen kennen und verstehen.
Lernaktivitäten	Die Schüler lesen den Text noch einmal und fragen nach der Bedeutung von unbekannten Wörtern und Strukturen. Die Schüler leiten Wortbedeutungen aus dem Kontext ab.
Sozialform(en)	Klassengespräch oder Gruppengespräch (zum kontextuellen Erschließen bzw. Erraten der Wörter und Strukturen)
Materialien	Fotokopie (Stadtplan)
Medien/Hilfsmittel	Tafel
Aktivitäten des Lehrers/der Lehrerin	Tafelanschrieb, Fragen stellen und/oder beantworten, Ermunterung zu Ratestrategien

Als wichtigste und zeitintensivste Phase des Unterrichtsgeschehens folgt die *Übungsphase*, in der die Schüler die eingeführten, präsentierten und semantisierten sprachlichen Mittel zu gebrauchen lernen. Je nach Lerngruppe möglicherweise notwendige vorkommunikative Übungen (z. B. zum Gebrauch von *Entschuldigung, wie komme ich zur Bushaltestelle?* gegenüber *Entschuldigung, wie komme ich zum Bahnhof?*) beiseite lassend, könnte eine erste kommunikative Übung so aussehen, dass die Schüler in Partnerarbeit einen kurzen Dialog nach dem Vorbild des schriftlich vorliegenden Dialogs, aber mit anderen Zielen und Wegen, verfassen. Eine zweite, anspruchsvollere Übung wäre im mündlichen Medium zu vollziehen. Schüler A jeder Zweiergruppe bekommt von dem Lehrer einen Stadtplan ohne Gebäude und Einrichtungen. A fragt nach dem Weg zu einem von ihm zu nennenden Ziel; B beschreibt ihm mit dem vollständigen Stadtplan den Weg, den A dann einträgt. A und B tauschen dann Stadtpläne und Rollen. Bei erfolgreicher Bewältigung dieser Übung wird das Lernziel der Stunde realisiert. Die Aktivität des Lehrers beschränkt sich darauf, die Übungen zu organisieren, den übenden Schülern zuzuhören, ihnen gegebenenfalls Hilfestellungen zu geben und eventuell Fehler für eine nachfolgende Besprechung im Plenum zu notieren.

An dem vorgestellten Beispiel sollte nicht nur das Modell der Didaktischen Analyse von Bimmel u. a. (2003) deutlich werden, sondern auch ihr Modell der Lernphasen für den Fremdsprachenunterricht, das Einführungs-, Präsentations-, Semantisierungs- und Übungsphase vorsieht. Es ist ein Charakteristikum dieser Phasierung, dass sie von rezeptiven Handlungen ausgeht und über reproduktives Lernhandeln zu sprachlich produktiven Handlungen gelangt. Grammatikarbeit wird bei den Autoren in die Übungsphase eingebettet, wodurch sich ihr Modell von anderen fremdsprachendidaktischen Phasierungsmodellen unterscheidet (zur Grammatikarbeit vgl. Kap. 5).

Ein idealtypischer Unterricht enthält alle vier Phasen; in der Realität, so räumen die Autoren ein, müssen aber oft noch die Hausaufgaben besprochen werden, eine angefangene Übungsphase beendet werden oder ein Phänomen aus vorangegangenen Stunden wiederholend geübt werden. Auch müssen die Phasen nicht immer alle bis zum Ende durchlaufen werden: „Bei den rezeptiven Fertigkeiten (Lesen, Hören) zum Beispiel kann der Lernprozess oft schon nach der Semantisierungsphase abgeschlossen werden." (Bimmel u. a. 2003: 104) Die Autoren deuten aber nicht an, wie mögliche andere Anschlussphasen an ein Textverstehen bezeichnet werden sollen, z. B. die Diskussion eines vom Text aufgeworfenen Problems durch die Schüler, der Vergleich eines im Text dargestellten Sachverhalts mit ähnlichen Sachverhalten im eigenen Land oder die Internetrecherche der Schüler nach anderen Texten zu demselben Thema mit der Präsentation von deren wichtigsten Aussagen in der nächsten Stunde. Solche Phasen bilden die produktiven Fertigkeiten der Schüler aus, sie aber als Übungsphasen zu bezeichnen, würde den Begriff von Übung unnötigerweise ausdehnen und verwässern, zudem hier auch die inhaltliche Komponente in den Vordergrund treten oder schon vom Lernziel her den Schwerpunkt bilden kann. Vielmehr liegen hier Transfer- oder kommunikative Anschlussphasen vor.

11.1.3 Fachübergreifende und fachspezifische Phasenmodelle im Vergleich

Das Planungsmodell der allgemeinen Didaktik nach Hagmüller (^{2}1982) und das fremdsprachendidaktische Planungsmodell von Bimmel u. a. (2003) weisen in zentralen Punkten Gemeinsamkeiten auf. Beide betonen die Unabhängigkeit von Material und dem, was an ihm gelernt werden soll, und stellen die Lernziele in den Mittelpunkt der Planungsüberlegungen. Beide argumentieren explizit dagegen, den Ausgangspunkt einer Stundenplanung bei methodischen Einfällen zu nehmen, damit nicht das, was gelernt wird, zufälliges Ergebnis von Entscheidungen ist, die der Lehrer ohne klare Begründungen getroffen hat. Methodisches hat vielmehr aus der genauen Analyse des Lerngegenstands und der Lernziele zu folgen.

Unterschiede ergeben sich beim Umfang des Begriffs didaktische Analyse. Bei Klafki, auf den sich Bimmel u. a. beziehen, ist die didaktische Analyse nur mit den Was- und Warum-Fragen beschäftigt, die im Hinblick auf die je konkreten Lerner, ihre Voraussetzungen und die konkrete Lehr-Lernsituation an den Lerngegenstand gerichtet sind. Bei Bimmel u. a. dagegen umfasst die didaktische Analyse auch die methodischen und medialen Entscheidungen, und reicht mit den Fragen nach der Lernaktivität und der Aktivität des Lehrers bis weit in die Planung des Stundenverlaufs hinein. Fragen nach der Begründung eines Lerngegenstands oder eines Lernziels wie Wegbeschreibung werden indessen nicht explizit gestellt – was sich wohl durch die Zielsetzung der Autoren erklären lässt, zur Arbeit mit Lehrwerkslektionen anzuleiten, die ja entsprechende Vorgaben machen. Überdies versuchen Bimmel u. a. in ihrem Modell der vier Lernphasen, und hier insbesondere in ihren Ausführungen zur Übungsphase, Spezifika des Fremdsprachenlernens zu erfassen.

Bei aller Einschlägigkeit und breiter Anwendbarkeit des Ansatzes von Bimmel u. a. darf sich der Fremdsprachenlehrer aber nicht auf dieses Modell beschränken, denn Sprachunterricht besteht nicht allein in der Vermittlung sprachlichen Wissens und Könnens sowie kommunikativer Fertigkeiten, sondern hat auch eine inhaltliche Dimension, die bei fortgeschrittenem Spracherwerb immer stärker in den Vordergrund rückt und bei entsprechenden Themen oder Zielen auch diejenigen Planungskriterien relevant werden lässt, welche die allgemeine Didaktik zur Verfügung stellt.

11.2 Der Unterrichtsentwurf

Die in 11.1 erläuterten didaktischen und methodischen Entscheidungen kumulieren in der Erstellung einer Stundenplanung. Besonders für den Anfänger empfiehlt es sich, sie mit Hilfe eines Schemas vorzunehmen. Das hier vorgeschlagene Schema (Abb. 2) findet sich in dieser oder ähnlicher Form in zahlreichen Handreichungen für angehende Lehrer[61] und hat sich in der Praxis bewährt, denn es veranlasst dazu, sich die wichtigsten der in den Planungsmodellen ausgeführten didaktischen und methodischen Entscheidungen für eine Unterrichtsstunde zu notieren und damit bewusst zu machen.

Lerngruppe / Klasse:					Datum:
Thema der Unterrichtsstunde / (Thema der Unterrichtsreihe):					
Grobziel(e) der Stunde:					
Feinziele der Stunde:					
Stundenverlauf:					
Phasen-Nr. und Dauer	Lernziel-Nr.	Geplante Lehreraktivität – erwartete Lerneraktivitäten	Sozialformen und Medien	Didaktischer Kommentar	
Anlagen: Geplantes Tafelbild Zugrunde gelegtes Material					

Abbildung 2: Schema für die Stundenplanung

Das Schema ist so flexibel, dass es für die Planung einer Grammatikstunde, einer Stunde mit Textarbeit und Diskussion, einer Konversationsstunde oder für Stunden in Landeskunde und Literatur verwendet werden kann, ja es ist auch für andere Fächer als den Fremdsprachenunterricht geeignet. Es ist zudem übersichtlich genug, um am fertigen Entwurf schnell zu erkennen, ob wichtige allgemeine Prinzipien der Unterrichtsgestaltung wie Phasenwechsel, Vielfalt der Sozialformen und angemessener Medieneinsatz befolgt sind und ob der geplante Unterricht eine folgerichtige Entwicklung aufweist. Mit wenigen Änderungen ist das Schema auch dazu geeignet, eine Unterrichtsstunde zu protokollieren. (vgl. 11.3)

Nach der Formulierung des Themas der Stunde, gegebenenfalls auch des Themas der Unterrichtsreihe, falls die Stunde Teil einer thematisch festgelegten größeren Einheit ist, bestimmt man Grobziel bzw. Grobziele der gesamten Stunde. Auf dieser Planungsebene eines inhaltsorientierten kommunikativen Fremdsprachenunterrichts gehen oft die verschiedenen Dimensionen gemeinsam in die Lernzielformulierung ein.

---

[61] Vgl. u. a. Hagmüller (^{2}1982, Kap. 3.7), der aber auch alternative Schemata anführt; Heyd (1991); Henrici/Riemer (1996: 3.); Huneke/Steinig (2002: 220)

Beispiele für komplexe Grobziele:
Die Schüler sollen darstellen (kommunikative Fertigkeit), welche bekannten deutschen Produkte in welchen Teilen des Landes produziert werden (landeskundliches Wissen), indem sie das Vorgangspassiv im Präsens benutzen (sprachliche Mittel).
Die Schüler sollen berichten (kommunikative Fertigkeit), wie sie das letzte Wochenende verbracht haben (inhaltliche Dimension), indem sie bei den Vollverben das Perfekt und bei *haben* und *sein* das Präteritum benutzen (sprachliche Mittel).

Schließlich werden die Feinziele der einzelnen Unterrichtsphasen bestimmt, wobei – zumindest in den frühen Phasen einer Stunde – die Ziele bedeutend enger gesteckt werden als bei den Grobzielen.

11.2.1 Planung des Stundenverlaufs

Die Formulierung der Feinziele entlastet die Erstellung des Stundenverlaufs, die mit Hilfe der Tabelle in der Mitte des Schemas vorgenommen wird. Denn sie können direkt in der 2. Spalte den einzelnen Unterrichtsphasen zugeordnet werden, am einfachsten über ihre Nummer („FZ 2"). In der 1. Spalte nummeriert man die Phasen und hält fest, wie lange sie jeweils dauern können. Eine tabellarische Verlaufsplanung enthält also so viele Zeilen wie geplante Phasen.

Die ausführlichsten Notizen werden in die 3. Spalte eingetragen, denn hier hält der Lehrer alles fest, was er zu tun und zu sagen vorhat. Besonders Anfänger sollten hier ihre geplanten verbalen Impulse, das sind die Arbeitsanweisungen an die Schüler, die Aufforderungen und die Fragen, wortwörtlich niederschreiben. Dies mag zunächst als unnötig aufwendig erscheinen, aber wer hat nicht schon einmal Lehrer erlebt, deren Anweisungen oder Erklärungen unklar blieben oder zu Missverständnissen führten? Oft hätten besser durchdachte Anweisungen und Erklärungen zu mehr Transparenz und Klarheit führen können. Dies gilt besonders für die Gelenkstellen des Unterrichts wie die Aktivitäten des Lehrers beim Phasenwechsel. Und wenn, wie in Kapitel 2 ausgeführt wurde, Lehrerfragen ein Mittel sind, die Qualität des Unterrichts zu steigern (oder zu senken), dann ist es sicherlich auch besser, über verschiedene Formulierungen nachzudenken – wie es ja auch beim Verfassen eines wichtigen Briefes oder eines Aufsatzes üblich ist –, um eine möglichst klare, sprachlich korrekte und die Lerner ansprechende und anregende Formulierung zu erreichen. Unter dem Druck der Unterrichtssituation fallen einem nicht unbedingt die glücklichsten Impulse ein.

Die 3. Spalte enthält in ihrer Überschrift nicht nur die Aufforderung, die eigenen Aktivitäten zu fixieren, sondern auch die Aktivitäten der Lerner und deren mögliche Reaktionen und Antworten. Auch wenn die Antizipation Letzterer immer mit Unsicherheiten behaftet ist, führt doch allein der Versuch, sich in die Lerner hineinzuversetzen, erfahrungsgemäß oft schon zu einer Revision der geplanten Impulse und Arbeitsaufträge. In diesem Zusammenhang ist zu fordern, was eigentlich selbstverständlich sein sollte: Der Lehrer muss die von ihm selbst gestellten Aufgaben oder die aus Lehrwerken übernommenen Übungen und Aufgaben selbst lösen, um ihren Schwierigkeitsgrad einzuschätzen und mögliche Unklarheiten der Aufgabenstellung, eventuell unterschiedliche oder nicht eindeutige Lösungen berücksichtigen zu können – ein Blick auf den vielleicht vorhandenen Lösungsschlüssel eines Lehrwerks ist hier nicht ausreichend; gar nicht hilfreich ist es, Probleme und Unklarheiten der Lerner mit einem einfachen „So ist es aber richtig!" zu bescheiden.

In die 4. Spalte trägt man ein, mit welchen Medien – etwa Tafel, Arbeitsblatt, Overheadfolie, Lehrbuchtext, Präsentation, Hör- oder Videoaufzeichnung – in einer Phase gearbeitet werden und in welcher Sozialform sie durchgeführt werden soll, in Plenumsgespräch, Stillarbeit, Partner- bzw. Gruppenarbeit oder frontal im Lehrervortrag.

Eine inhaltlich viel offenere Spalte, die auch nicht für jede Phase ausgeführt werden muss, ist die für den didaktischen Kommentar. Hier kann man besondere Überlegungen und Begründungen zu einem geplanten Schritt notieren. Ist die Verlaufsplanung nur für den eigenen Gebrauch, wird man solche Überlegungen eher selten notieren. Ist sie aber auch für Dritte bestimmt, wenn z. B. Kollegen, der Mentor in der Lehreraus- und -fortbildung oder der Ausbilder den eigenen Unterricht besuchen, dann werden die Begründungen einen breiteren Raum einnehmen. Besonders bei einem Vorgehen, das im Rahmen eines Bildungssystems oder einer Institution ungewöhnlich ist, kann man sich hier argumentativ absichern. Auf jeden Fall sollten in dieser Spalte Alternativen zu dem geplanten Verlauf notiert werden, auf die man bei anderem als dem antizipierten Unterrichtsgeschehen zurückgreifen kann. Für die letzten Phasen sollte man notieren, an welcher Stelle man den Unterricht zu einem runden Abschluss bringen kann, wenn die Zeitplanung nicht einzuhalten ist, und welche Hausaufgaben man bei welchem Ende geben sollte.

11.2.2 Planung des Tafelbilds

Bei der Planung des Stundenverlaufs wird in der 4. Spalte der Tabelle vermerkt, wenn in einer Phase beispielsweise die Tafel als Medium dienen soll. Das folgende Beispiel aus der Praxis soll belegen, dass dies noch nicht ausreicht, sondern auch die Form des geplanten Tafelanschriebs, das gesamte Tafelbild, zu reflektieren ist.

Ein angehender Lehrer hatte für seinen Unterricht in einer Mittelstufe den Text in Abb. 3 als Gegenstand ausgewählt. Das Grobziel der Stunde bestand darin, dass die Lerner die gegensätzlichen Argumentationen von Arbeitgebern und Arbeitnehmern aus dem Lesetext herausarbeiten, mit eigenen Worten wiedergeben und schließlich diskutieren sollten, welchen Weg zum Abbau der Arbeitslosigkeit sie für den geeigneteren hielten. Als Einstieg in das Thema und zur Vorentlastung des zentralen Wortschatzes des Textes hatte der Lehrer für die 1. Phase ein Assoziogramm geplant, bei dem die Lerner alle ihnen bekannten Wörter mit dem Bestandteil *Arbeit-* nennen sollten. In seiner Unterrichtsstunde schrieb er dann die ihm genannten Wörter nacheinander kreisförmig um das Zentrum *Arbeit-*, was das Tafelbild in Abb. 4 ergab. Der Lehrer verwies dann auf den Begriff *Arbeitslosigkeit* und erklärte, dass dies auch das Thema der Stunde wie des folgenden Lesetextes sein würde, und ließ die Lerner diejenigen Wörter des Assoziogramms streichen, die nicht zum Thema gehörten.

11.2 Der Unterrichtsentwurf

Arbeitslosigkeit und ihre Ursachen

Es gibt zur Zeit in Deutschland über vier Millionen Arbeitslose. Immer häufiger kommt es vor, dass Menschen, die eine Arbeit haben, diese verlieren, weil ein Unternehmen schließen muss, besonders in den neuen Bundesländern. Dann verschwinden entsprechend viele Arbeitsplätze.

Über die Ursachen der Arbeitslosigkeit bestehen verschiedene Auffassungen. Die Arbeitgeber machen immer wieder deutlich, dass die Arbeiter und Angestellten zuviel verdienen. Die Lohnkosten seien einfach zu hoch. Man müsse auch bedenken, dass die Unternehmer nicht nur Lohn, sondern auch Beiträge für die Krankenkasse, Rentenversicherung und Unfallversicherung zahlen müssten. In anderen Ländern seien die Kosten nicht so hoch. Deshalb könnten vergleichbare Produkte in anderen Ländern billiger hergestellt werden. Die in Deutschland produzierten Waren seien also nicht mehr konkurrenzfähig.

Die Gewerkschaften sehen die Lage anders. Sie sagen, die Unternehmer dächten nur an die Gewinne und wollten die Produktionskosten immer weiter senken. Aber die Arbeitnehmer könnten auf die Erhöhung ihrer Löhne nicht verzichten, außerdem würden höhere Löhne die Nachfrage ankurbeln. Mit anderen Worten: Wenn die Arbeitnehmer mehr verdienten, könnten sie auch mehr kaufen, und das müsste doch auch im Interesse der Arbeitgeber liegen.

Andere sehen für die Arbeitslosigkeit wiederum andere Gründe, vor allem die technische Entwicklung. Durch den Einsatz moderner Maschinen braucht man immer weniger Arbeiter. Mit modernen Maschinen erhöht sich die Zahl der produzierten Güter. Im Vergleich zu früher produzieren also weniger Menschen mehr.

Zurzeit scheint es keine eindeutige Antwort darauf zu geben, wie man die Arbeitslosigkeit erfolgreich bekämpfen könnte.

Abbildung 3: Textgrundlage für eine Stunde in der Mittelstufe

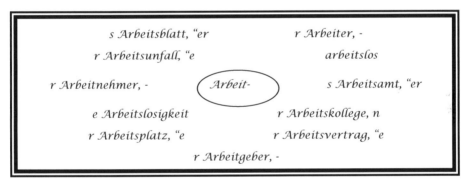

Abbildung 4: Assoziogramm zu *Arbeit-* aus der Stunde zum o. a. Text (Tafelbild)

Die wesentlichen Ziele der Einstiegsphase (Aktivierung von Wissen und Vokabeln zum Thema des Textes) wurden mit diesem Tafelbild sicherlich erreicht, optimaler wäre es aber gewesen, wenn auch Strukturen innerhalb der Menge der Wörter deutlich geworden wären. Das Tafelbild wäre übrigens nicht zu kritisieren, wenn es in einem anderen didaktischen Kontext gestanden hätte, zum Beispiel diesem: Der Lehrer schreibt die Wörter mit Absicht unstrukturiert an, um die Lerner danach aufzufordern, die Wörter unter der Überschrift *Arbeitslosigkeit* möglichst sinnvoll zu ordnen.

Aufgabe 11-2:
Überlegen Sie, wie der Lehrer die ihm zugerufenen Wörter so hätte anschreiben können, dass Strukturen sichtbar geworden wären und eine bessere Vorentlastung des Textes stattgefunden hätte.

Die Überlegungen zum vorangegangenen Tafelanschrieb und seiner Verbesserung zeigen, dass die Struktur eines Tafelbilds (*was* steht *wo*) im Hinblick auf die mit ihm verbundenen Ziele genau zu planen ist. Ebenso ist vorauszuplanen, ob Hervorhebungen verwendet werden sollen und wie hervorgehoben werden soll, z. B. durch Großbuchstaben, Unterstreichungen, Ovale und Rechtecke oder farbige Kreide. Werden unterschiedliche Mittel der Hervorhebung verwendet, müssen sie auch unterschiedliche Bedeutungen tragen; zu viele Hervorhebungen sind aber letztlich verwirrend.

Soweit wurden Aspekte eines phasenbezogenen Tafelbilds besprochen. Im Hinblick auf die Planung der gesamten Unterrichtsstunde ist darüber hinaus zu überlegen, ob Anzahl und Umfang aller geplanten Tafelbilder keine Überfrachtung darstellen – dann wäre ein Arbeitsblatt wahrscheinlich das geeignetere Medium – und ob das Tafelbild einer früheren Phase noch einmal in späteren Phasen benötigt wird – dann wäre vielleicht eine wieder aufzulegende Overhead-Folie geeigneter. (vgl. Kap. 10.1)

Durchdachte Tafelbilder sind besonders dann unerlässlich, wenn in der unterrichteten Gruppe die Lerngewohnheit besteht, Tafelbilder generell abzuschreiben und mit ihrer Hilfe den Stoff zu wiederholen oder sich sogar auf Prüfungen vorzubereiten. Je mehr die Erinnerung des Lerners an die Unterrichtsstunde und das Zustandekommen des Tafelbilds verblasst, desto wichtiger ist es, dass das Angeschriebene allein aus sich heraus verständlich ist oder zumindest nicht missverstanden werden kann.

11.2.3 Planung einer Stunde „Farben und ihre interkulturelle Bedeutung"

Die vorangegangenen Ausführungen zur Unterrichtsvorbereitung mit dem Schema in Abb. 2 sollen nun an einem Beispiel illustriert werden, dem Unterrichtsentwurf einer DaF-Studentin. Die Lerngruppe bestand aus etwa 20 Studierenden an der Universität Heidelberg mit unterschiedlichen Muttersprachen aus Europa, Afrika, Asien und Amerika im Alter von 21 bis 25 Jahren mit unterschiedlichen Vorkenntnissen im Deutschen, die zu einer fortgeschrittenen Grundstufe zusammengefasst worden waren. Ihr Ziel bestand darin, nach Bestehen der Grundstufe im folgenden Semester in einen Aufbaukurs zu wechseln, der auf die DSH (Deutsche Sprachprüfung für den Hochschulzugang ausländischer Studienbewerber) vorbereitet. Das Thema der Stunde war Farben und ihre symbolische Bedeutung in interkultureller Perspektive; die Stunde war nicht Teil einer Unterrichtsreihe.
Grobziele der Stunde:
Kennenlernen von symbolischen Bedeutungen der Farbausdrücke im Deutschen, insbesondere als Teil von Redensarten; interkultureller Vergleich der symbolischen Bedeutungen der Farbausdrücke.

11.2 Der Unterrichtsentwurf

Feinziele der Stunde:
1. Die Lerner sollen deutsche Farbadjektive nennen können.
2. Die Lerner sollen die symbolischen Bedeutungen der Farbadjektive im Deutschen (2a) und in anderen Sprachen (2b) nennen können.
3. Die Lerner sollen deutsche Redewendungen mit Farbadjektiven erkennen und die Bedeutung dieser Redewendungen erläutern können.
4. Die Lerner sollen die Redewendungen in einer selbst verfassten Geschichte angemessen verwenden können.

Als Material für diese Ziele legte die Unterrichtende einen kurzen lexikonartigen Text nach *Tangram, Lehrbuch 1 B* (Abb. 5) und eine Seite aus dem *Lehrwerk Eurolingua Deutsch 1* (Abb. 6) zugrunde.

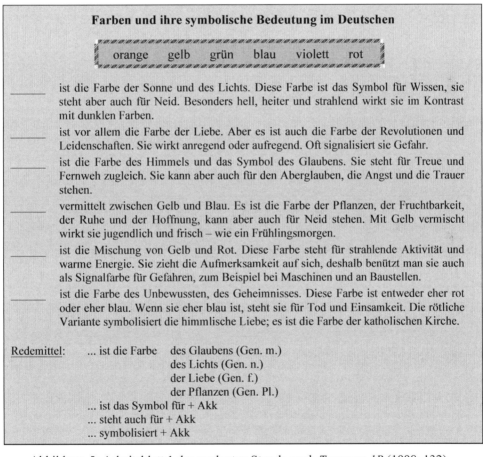

Abbildung 5: Arbeitsblatt 1 der geplanten Stunde nach *Tangram 1B* (1998: 132)

Abbildung 6: Folie für Phase 4 (Farben des Originals handschriftlich angedeutet); als Kopie für die Lerner zugleich Arbeitsblatt 2. Quelle: *Eurolingua Deutsch 1* (1996: 76)

Geplanter Stundenverlauf „Farben und ihre interkulturelle Bedeutung"

Phasen-Nr. Dauer	Lehreraktivität – Lerneraktivitäten	Sozialformen & Medien	Didaktischer Kommentar
1 5′ FZ 1	L erläutert kurz das Thema des Unterrichts: „Wir werden in dieser Stunde über die Farben und ihre Bedeutungen sprechen." „Ich möchte, dass Sie mir zuerst sagen, welche Farben Sie kennen." Ss nennen Farben, L befestigt die entsprechenden Farbkärtchen an der Tafel.	Frontal Tafel, Farbkärtchen	Bekanntmachen mit dem Grobziel der Stunde. Wiederholung der Farbadjektive als Einstieg.
2 17′	„Ich habe einen kurzen Text wie aus einem Lexikon vorbereitet, der von der Bedeutung und Symbolik der Farben im deutschsprachigen Raum handelt. Ich möchte, dass Sie die	Frontal, Einzel-	Den Ss werden kulturell geprägte Bedeutungen bewusst. Der sie bezeichnende Wortschatz ist abstrakt und sicherlich

11.2 Der Unterrichtsentwurf

Phasen-Nr. Dauer	Lehreraktivität – Lerneraktivitäten	Sozialformen & Medien	Didaktischer Kommentar
FZ 2a	Abschnitte selbst lesen und die Lücken mit den richtigen Farben aus dem Kasten oben füllen." Ss lesen den Text leise und füllen die Lücken aus. „Lesen Sie jetzt bitte die Abschnitte laut vor, die anderen sagen, ob die gefundene Farbe richtig ist oder nicht. Wenn Sie in einem Abschnitt etwas nicht verstehen, fragen Sie bitte nach." L lässt je einen S einen Abschnitt vorlesen, die anderen bestätigen oder korrigieren. Bei Fragen sollen zuerst andere Ss zu erklären versuchen; ist das nicht möglich, erklärt L. „Wir fassen die Assoziationen zu den Farben und ihre symbolische Bedeutung jetzt an der Tafel zusammen, indem ich sie jeweils unter die Farbkärtchen an die Tafel schreibe. Bitte sagen Sie mir, was ich anschreiben muss. Benutzen Sie dabei die Redemittel auf dem Arbeitsblatt unten." Ss nennen die symbolischen Bedeutungen, L schreibt sie unter die Farbkärtchen.	arbeit AB 1, später Tafel	nicht allen Ss bekannt. Nach Möglichkeit die Ss selbst erklären lassen. Darauf achten, dass die Ss nicht nur einzelne Wörter nennen, sondern ganze Sätze benutzen wie „X ist die Farbe des ___".
3 10´ FZ 2b	„Wenn wir an die Tafel schauen: Was ist überraschend für Sie? Welche Bedeutung haben diese Farben in Ihrem Heimatland? Wo gibt es Unterschiede?" Ss äußern sich frei, L schreibt die Unterschiede an die Tafel.	Plenum Tafel	Hier wird ein interkultureller Vergleich angestrebt. Die Ss sollen frei miteinander sprechen. Möglicherweise muss L mit dem treffenden Begriff helfen, wenn die Ss die symbolische Bedeutung nur umschreiben können.
4 10´ FZ 3	L leitet über. „Die Farben kommen mit ihren symbolischen Bedeutungen auch in deutschen Redewendungen vor. Ich zeige Ihnen nun ein Bild mit verschiedenen Situationen, die immer eine Redewendung illustrieren. Die Redewendungen finden Sie auf der linken Seite. Versuchen Sie die Situationen den Redewendungen zuzuordnen." L projiziert die farbige Folie, verteilt gleichzeitig die schwarz-weißen Kopien der Folie. Ss nennen L die Zuordnungen, L notiert die Nummern der Situationen in den Kästchen	Plenum OH-Folie, AB 2	Die Zuordnung von Farben und Redewendungen dürfte aufgrund der Farbigkeit der Folie keine Schwierigkeiten bereiten; etwas schwieriger könnte es sein, aus den abgebildeten Situationen die Bedeutungen abzuleiten. Falsche oder unvollkommene Lösungen könnten aber ein guter Gesprächsanlass sein. Vielleicht nennen Ss spontan

Phasen-Nr. Dauer	Lehreraktivität – Lerneraktivitäten	Sozialformen & Medien	Didaktischer Kommentar
	vor den Redewendungen auf der Folie. „Versuchen Sie jetzt, die Bedeutungen der Redewendungen zu umschreiben." Erwartet z.B.: weiß wie der Schnee – sehr/leuchtend weiß; grün vor Neid – sehr neidisch; er sieht alles rosa – er ist ein Optimist. „Um den Tafelanschrieb zu vervollständigen, nennen Sie mir jetzt bitte noch die Redewendungen, die zu den Farben gehören." L schreibt auf Zuruf an die Tafel.	Tafel	ähnliche Redewendungen aus ihren Sprachen. Wiederholt noch einmal die Wendungen, rundet das Tafelbild ab. Sollte die Zeit schon um sein, wird der für Phase 5 geplante AA als HA gegeben.
5 15′ FZ 4	„Zum Schluss sollten wir die Redewendungen aktiv gebrauchen. Jeder soll eine kurze Geschichte schreiben, in der mindestens drei der Redewendungen vorkommen. Sie haben dafür 10 Minuten Zeit." L lässt die Ss auf freiwilliger Basis vorlesen. Am Ende der Stunde sammelt L die Texte ein, um sie zu korrigieren.	Einzelarbeit Plenum	Kreatives Schreiben, Einbettung der neuen Redewendungen in selbst erdachte Situationen. Ss werden vermutlich ein großes Interesse haben, die Geschichten der anderen Ss anzuhören. L wird nur bei verständnisbehindernden Fehlern eingreifen, doch bei Fehlern mit den Redewendungen sofort korrigieren. – Je nach Zeit können unterschiedlich viele Ss ihre Geschichten vorlesen.

Abkürzungen: L = Lehrer; S/Ss = Schüler (Sg./Pl.); AB = Arbeitsblatt; AA = Arbeitsauftrag; HA = Hausaufgabe; FZ = Feinziel

		GRÜN	BLAU	WEISS	...
Anschrift in Phase 1					
Phase 2	BEDEUTUNG IN D/A/CH	Ruhe Hoffnung	Treue Fernweh Glauben	Unschuld	
Phase 3	BEDEUTUNG IN HEIMATLÄNDERN	... ...	... ...	... ...	
Phase 4	REDENSARTEN	grün vor Neid	blau machen blau sein	weiß wie der Schnee	

Abbildung 7: Geplantes Tafelbild

Das Tafelbild dieser Stunde – aus Platzgründen ist die geplante rechte Tafelhälfte in Abb. 7 weggelassen – war in seiner Struktur gut planbar, nicht aber in allen inhaltlichen Einzelheiten. So musste in der Planung offen bleiben, welche symbolischen Bedeutungen die Kursteilnehmer für die Farbausdrücke ihrer Muttersprachen nennen würden. Im Unterricht selbst wurden dann genannt „weiß als Farbe der Trauer bei Tod" in China, „grün als Farbe des Islam" in arabischen Ländern usw. Im vorliegenden Fall spiegelt das gesamte Tafelbild, das in den ersten vier Phasen des Unterrichts schrittweise entwickelt wird, die wichtigsten Lernziele der Stunde; dies muss aber nicht in jeder Stunde der Fall sein.

Die geplante Stunde weist einen systematischen Aufbau auf, einen sinnvollen Wechsel zwischen gelenkten und freien Phasen und strebt sowohl die Erweiterung von Wissen an als auch die Verwendung des Wissens in der letzten, kreativen Phase. Aufgrund neuerer Lerntheorien wie des Konstruktivismus ist zu vermuten, dass die Redewendungen, die die Lerner in selbst konstruierte Geschichten sinnvoll einbetten, besser behalten werden, als wenn sie lediglich als Liste von Wendungen und Bedeutungen auswendig gelernt würden. Das gewählte Verfahren ist also vermutlich lernwirksam. Außerdem dürften die individuellen Geschichten und Problemlösungen jedes einzelnen Lerners bei den anderen Lernern Interesse wecken und somit zu einem wichtigen Ziel lernerzentrierten Unterrichts führen: Dass die Lerner nicht nur dem Lehrer, sondern auch einander zuhören und miteinander ins Gespräch kommen.

Eingangs des Kapitels wurde schon betont, dass eine Unterrichtsplanung immer für eine bestimmte Lerngruppe vorgenommen wird und somit von deren Voraussetzungen, Zielen, und Lernerfahrungen bestimmt wird. Deshalb soll hier gefragt werden, inwieweit der vorliegende Unterrichtsentwurf für andere Lerngruppen, z. B. für chinesische Studenten im ersten Jahr des Germanistikstudiums übernommen werden könnte. Lernziele und Materialien wären für eine solche Gruppe sicherlich ebenso gut geeignet, mit dem Unterschied, dass in Phase 3 nur ein deutsch-chinesischer Kulturvergleich hinsichtlich der Konnotationen der Farbadjektive angestrebt würde. In Phase 2 wäre zudem mit homogeneren Voraussetzungen im Wortschatz zu rechnen. Weitere Anpassungen wären im Hinblick auf die je konkrete Lerngruppe vorzunehmen.

11.2.4 Stundenplanung und Lernerzentriertheit

Die Ausarbeitung eines Unterrichtsentwurfs wie des oben vorgestellten ist, besonders für Anfänger, mühsam und höchst zeitaufwendig. Weiter entsteht die Frage, ob der so Vorbereitete sich überhaupt noch von seinem Entwurf lösen und flexibel auf die Lerner eingehen kann, ja ob es überhaupt noch zu einem lernerzentrierten Unterricht kommen kann. In der Lehrerausbildung, in der ein Unterrichtsentwurf häufig auch für Dritte gedacht ist – für die hospitierenden Kollegen, die sich auch in der Aus- oder Fortbildung befinden, für den Mentor oder den Ausbilder – , entsteht darüber hinaus auch die Frage, ob sich der Unterrichtende überhaupt von seinem Entwurf lösen darf und ob das nicht gleich eine negative Beurteilung nach sich zieht. Im Sinne der Maxime der Lernerzentriertheit sind begründete Abweichungen vom Entwurf kein Mangel, sondern Zeichen der Flexibilität des Lehrers und somit keinesfalls negativ zu bewerten. Im Gegenteil, wenn bei Schwierigkeiten mit bestimmten Übungen und Aufgaben oder bei lebhaftem Interesse an einem Thema oder einer Aufgabe der Zeitplan rigide eingehalten würde oder wenn Hausaufgaben gegeben würden, nur weil sie geplant waren, obwohl ihre Voraussetzungen noch nicht geschaffen wurden, wäre ein Festhalten am Plan sogar negativ zu bewerten.

Worin besteht dann aber der Sinn einer ausführlichen Unterrichtsplanung? Auf der psychologischen Ebene gibt sie dem Unterrichtenden Sicherheit, besonders dem Anfänger, der für die simultanen Anforderungen der komplexen Fertigkeit Unterrichten noch keine entlastenden automatisierten Teilroutinen entwickelt hat und der bei Bedarf auf seinen geplanten Stundenverlauf zurückgreifen kann. Unter didaktischem Aspekt ist der Prozess des Durchdenkens von Lernzielen, Materialien, Phasen, Übungen und Aufgaben, Sozialformen und Medien, also der Klärungs- und Reflexionsprozess, vielleicht wichtiger als das Ergebnis selbst, die fixierte Verlaufsplanung. Ohne den Zwang zur Explizierung der Gedanken, den die Niederschrift der Planung erfordert, bestünde die Gefahr, dass das Unterrichtsvorhaben lediglich angedacht, aber nicht bis in seine Konsequenzen durchdacht würde. Ein vorwegnehmendes Durchdenken schafft sogar eine verlässliche Basis für flexibles Handeln, das etwas anderes ist als sprunghaftes Verfolgen spontaner Einfälle.

Zudem ist das Verlaufsschema recht offen. Betrachtet man noch einmal den exemplarischen Unterrichtsentwurf, so wird deutlich, dass die Phase 3 – abgesehen von der Aufforderung an die Lerner, die symbolische Bedeutung der Farben in ihren Heimatländern zu nennen – offen ist. Hier wird nicht vorausgeplant, was die Lerner sagen sollen; in der Spalte „Didaktischer Kommentar" wird sogar darauf reflektiert, dass die Lerner Schwierigkeiten mit der sprachlichen Formulierung der Bedeutungen haben könnten und als Möglichkeit antizipiert, dass der Lehrer hier das Gemeinte erst erschließen muss und dann sprachlich zu helfen hat. Noch offener ist die 5. Phase.

Die Spalte „Didaktischer Kommentar" wurde – und dies ist eine wichtige Funktion dieser Spalte – auch dahingehend genutzt, dass der Lehrer sich Alternativen notiert hat: Nicht nur, was das mögliche Stundenende und die jeweiligen Hausaufgaben betrifft (vgl. den Kommentar zu den Phasen 4 und 5), für Phase 4 wurde auch notiert, dass die Lerner eventuell spontan Redewendungen aus ihren Sprachen nennen könnten, die den deutschen Wendungen ähneln. Ein Lehrer, der bei seiner Planung diese Möglichkeit antizipiert hat und erkennt, dass auch ein interkultureller Vergleich von Redewendungen mit Farbausdrücken eine lernzielgemäße Fortführung seines Themas wäre, könnte auf einen entsprechenden Beitrag eines Lerners und wenn ein deutliches Interesse der gesamten Gruppe an einem solchen Vergleich zu erkennen ist, an dieser Stelle durchaus von seiner Planung abweichen.

Lernerzentriert wäre auch, wenn der Lehrer an einer solchen Stelle seine Unterrichtsplanung transparent machte und die Lerner über den Fortgang der Stunde entscheiden ließe, etwa so: „Ich hatte geplant, dass Sie nach dem Kennenlernen der Redewendungen diese in selbst erfundenen Geschichten verwenden, wir können aber auch die deutschen Redewendungen mit Redewendungen aus Ihren Muttersprachen vergleichen. Was möchten Sie jetzt lieber tun?"

Generell gilt: Wenn ein Lehrer bei seiner Planung an Gelenkstellen des Unterrichts Alternativen sieht, sollte er die Möglichkeit nutzen, die Lerner zwischen ihnen begründet wählen zu lassen. Dies erhöht die Lernbewusstheit, die Mitverantwortung für das, was in der Stunde geschieht, und führt zu authentischer Kommunikation. Je transparenter und folgerichtiger die eigene Planung ist, desto leichter ist es, die Lerner zu Mitplanern ihres Unterrichts werden zu lassen.

11.3 Unterrichtsplanung und Unterrichtsbeobachtung

In der Lehrerausbildung ist es gängige Praxis, dass die angehenden Lehrer Unterricht sowohl planen und durchführen als auch parallel dazu beobachten und protokollieren. Eigenes Unterrichten wirft Fragen für die Beobachtung fremden Unterrichts auf und schärft den Blick für Aspekte des Unterrichtsgeschehens, die man aus Schülersicht kaum wahrnimmt, und die Beobachtung kann wiederum Änderungen an Planung und Durchführung eigenen Unterrichts bewirken.

Die Unterrichtsbeobachtung kann zwei Formen annehmen, man kann sich eine mitgeschnittene Stunde anschauen oder direkt in einem Unterricht hospitieren. Die Vorteile des Mitschnitts sind: Auch größere Gruppen können die Stunde beobachten, die Aufnahmen lassen sich beliebig anhalten, einzelne Szenen wiederholt ansehen, und die Beobachtung kann sich auf bestimmte Phasen von Unterricht beschränken, wie auf Einstiege, Arbeitsanweisungen für Gruppenarbeiten o. a.; die Mitschnitte lassen sich also didaktisieren. Die Nachteile sind: Die Kamera zeichnet nur einen Ausschnitt des gesamten Geschehens auf, der zudem durch die subjektive Fokussierung des Filmenden bestimmt ist, und die Atmosphäre im Klassenzimmer teilt sich im Mitschnitt nur begrenzt mit. Schließlich lassen sich die Beteiligten, der Lehrer wie die Lerner, in aller Regel nicht mehr befragen, warum sie bestimmte Handlungen durchgeführt haben oder was sie bei bestimmten Aufgaben gedacht und empfunden haben; für den Beobachter besteht damit auch keine Möglichkeit, das aus dem Beobachteten Erschlossene im Gespräch mit den Beteiligten zu bestätigen oder zu revidieren.

Genau diese „kommunikative Validierung" (Krumm 2001: 1143) ist aber bei einer Hospitation möglich und sollte im Anschluss an den Unterricht auf jeden Fall genutzt werden. Zudem ist die Unterrichtsatmosphäre direkt erlebbar. Der Nachteil der Hospitation besteht darin, dass eine größere Zahl von Beobachtern keine normale Klassenatmosphäre aufkommen lässt, also den Gegenstand der Beobachtung verändert. Natürlich verändert auch für die Anwesenheit einer Kamera das, was man beobachten möchte; sie wird aber – zumindest von den Lernern – oft schon nach kurzer Zeit nicht mehr bemerkt. Schließlich ist das Unterrichtsgeschehen ein einmaliges, nicht wiederholbares Ereignis. Immer wieder analysierbar ist nur das, was in den Aufzeichnungen der Beobachter festgehalten ist. Die Kombination beider Verfahren, eine Hospitation bei gleichzeitigem Mitschnitt, der dann immer wieder betrachtbar ist, vermag aber einen großen Teil der jeweiligen Nachteile aufzuheben.

Als Ziele der Unterrichtsbeobachtung sind grundsätzlich zu trennen die Beurteilung des Unterrichts oder des Unterrichtenden (etwa am Ende einer Lehrerausbildung) und das Lernen, das sich sowohl auf den Erkenntnisgewinn des Hospitierenden wie auch auf die Beratung des Unterrichtenden beziehen kann. Im Folgenden soll das Lernen im Mittelpunkt stehen.

Eine auf Lernen zielende Unterrichtsbeobachtung kann auf verschiedene Weise erfolgen: Es gibt zum einen das globale, ungesteuerte Beobachten mit dem Vorteil der ganzheitlichen Wahrnehmung und dem offenen Blick für die Vielfalt der im Unterricht wirkenden Faktoren, aber mit dem Nachteil, dass oft nur ungeordnete Eindrücke gesammelt werden und einheitliche Kategorien für die Beobachtung und Einschätzung des Unterrichtsgeschehens fehlen. Zum anderen gibt es das vorbereitete, gezielte Beobachten, das den Vorteil hat, dass nicht alles auf einmal beobachtet werden muss und die Beobachtungskriterien bewusst gemacht werden. Für das gezielte Beobachten können, je nach Interesse, sehr unterschiedliche Beobachtungsraster eingesetzt werden. Ziebell (2002) stellt eine Vielzahl solcher Raster mit u. a. diesen Beobachtungsschwerpunkten vor: Vorbereitungsphase einer Textarbeit, Förderung des Hörverstehens, Förderung des freien Sprechens, Fehlerkorrektur bei mündlichen Äußerungen, Initiierung, Durchführung und Auswertung von Gruppenarbeit, Lehrerverhalten.

Da der Gegenstand dieses Kapitels allgemeine Strukturen von Unterricht und die Entwicklung der Kompetenz zur Unterrichtsplanung sind, sind zunächst weniger spezifische Beobachtungsraster sinnvoll. Wie oben schon erwähnt, lässt sich das Planungsschema für den Stundenverlauf mit geringen Änderungen auch als Raster für ein Verlaufsprotokoll übernehmen (Abb. 8).

Verlaufsprotokoll:			
Phasen-Nr. und Dauer	Lehreraktivität – Lerneraktivitäten	Sozialformen und Medien	Didaktischer Kommentar

Abbildung 8: Beobachtungsraster für ein Verlaufsprotokoll

In der 1. Spalte werden die erkannten Unterrichtsphasen nummeriert und ihre Dauer notiert. Die Überschrift der 2. Spalte ist gegenüber dem geplanten Stundenverlauf so zu verändern, dass sie „Lehrer- und Lerneraktivitäten" oder kurz „Interaktion" lautet. Die Interaktion lässt sich in unterschiedlicher Genauigkeit protokollieren; so kann man lediglich berichten, was der Lehrer getan hat, z. B. „L forderte die Lerner zu dem und dem auf", oder man protokolliert seine Aufforderung wortwörtlich. Dasselbe gilt für die Äußerungshandlungen der Lerner. Welchen Weg man hier wählt, hängt von den Zielsetzungen des Protokolls ab. Will man neben den Strukturen des Unterrichts auch bestimmte Aspekte des verbalen Verhaltens des Lehrers beobachten oder die Ausdrucksfähigkeit der Lerner, so wird man sich von vornherein für möglichst wortwörtliches Protokollieren entscheiden. Man kann aber auch punktuell von zusammenfassend-berichtendem zu wörtlichem Protokollieren wechseln, wenn sich z. B. zeigt, dass die Lerner einen Impuls des Lehrers missverstanden haben oder dass im Gegenteil ein Impuls besonders gut getragen hat. In beiden Fällen lohnt eine Reflexion auf die Formulierung. In der 3. Spalte werden die eingesetzten Sozialformen und Medien notiert.

Die größten Änderungen gegenüber dem Planungsschema ergeben sich für die Einträge unter der Spalte „Didaktischer Kommentar". Hier sollte man zunächst für jede erkannte Phase das Lernziel oder die Lernziele zu erschließen versuchen und notieren. Sodann sollte man festhalten, was in irgendeiner Weise als bemerkenswert oder diskussionswürdig erscheint. Sinnvoll ist es auch, die folgenden Fragen Ziebells (2002: 147), die sie als globale Fragen zum gesehenen Unterricht versteht, auf die einzelnen Phasen zu beziehen und gegebenenfalls entsprechende Einträge vorzunehmen.

1. Was halten Sie in dem gesehenen Unterricht/Unterrichtsausschnitt für so gut und anregend, dass Sie es gern selbst nachahmen oder ausprobieren würden?
2. Was ist Ihnen an dem gesehenen Unterricht/Unterrichtsausschnitt unklar, sodass Sie von der oder dem Unterrichtenden gern weitere Auskünfte hätten?
   Welche Fragen würden Sie gern an die Unterrichtende/den Unterrichtenden stellen? (oder an die Lernenden?)
3. Zu welchen Aspekten oder Situationen des gesehenen Unterrichts fallen Ihnen Vorschläge ein, wie Sie es anders machen würden? Warum? (Varianten, Gegenvorschläge, Kritik usw.)

Aus den Fragen wird ersichtlich, dass diese Spalte des Unterrichtsprotokolls durchaus persönliche Eindrücke enthalten darf. Die Fragen können Lernprozesse sowohl bei den Hospitierenden wie auch beim Unterrichtenden auslösen, besonders dann, wenn im Anschluss an die Hospitation die Möglichkeit zum Gespräch besteht. Dabei muss das Nachdenken über Alternativen, zu dem Frage 3 auffordert, nicht immer eine Kritik am Beobachteten implizieren; es soll v. a. die didaktischen Möglichkeiten erweitern.

Der Bezug auf das gesamte Verlaufsprotokoll erlaubt die Reflexion folgender Gesichtspunkte, die schon stärker in eine Evaluation des Unterrichts übergehen:
- Waren Lernziele, Materialien und Vorgehen der Lerngruppe angemessen?
- War der Unterricht für die Lerner transparent? Wussten sie, was insgesamt und in den einzelnen Phasen gelernt werden sollte?
- Wurden Sozialformen und Medien variiert und war ihr Einsatz funktional?
- Zur Lernerzentriertheit: Wurden die Lerner aktiviert? Ging der Lehrer auf die Lerneräußerungen ein? Konnten die Lerner den Unterricht mitgestalten?
- War das sprachbezogene Feedbackverhalten des Lehrers den jeweiligen Lernzielen, Phasen und der je ablaufenden Interaktion angemessen?
- Waren Lernfortschritte zu beobachten?

Mit diesen Fragen – dessen sollte man sich bewusst sein – ist die reine Unterrichtsbeobachtung schon weit überschritten; hinter ihnen stehen Vorstellungen von „gutem Unterricht", wie sie in dieser Form v. a. von einem lernerzentrierten kommunikativen Ansatz vertreten werden.

Mit den vorangegangenen Überlegungen zur Rolle von Unterrichtsbeobachtung in der Lehreraus- und -fortbildung ist ihr Beitrag zur Wissenschaft vom Lehren und Lernen einer Fremdsprache keinesfalls erschöpft; für weitere Einsatzmöglichkeiten sei auf Krumm (2001) verwiesen.

11.4 Lösungshinweise zu den Aufgaben

Zu Aufgabe 11-1:

(a)

Ziele	Zuordnungen
Radiobericht über ein Fußballspiel verstehen	Grobziel der Stunde auf der Dimension kommunikative Fertigkeit, rezeptiv
mündlich oder schriftlich über ein Spiel berichten können	Grobziel auf der Dimension kommunikative Fertigkeit, produktiv
Rollen von Spielern und anderen Akteuren, Aktionen auf dem Spielfeld, Ergebnisstände benennen können	Feinziel auf der Dimension sprachliches Wissen
Bereitschaft entwickeln, Sportereignisse, für die man sich interessiert, auch in der Freizeit auf Deutsch zu verfolgen	Grobziel auf der Dimension affektiver Einstellungen

(b) Das rezeptive Grobziel der Stunde verlangt die Präsentation des Materials in Form eines Hörtexts, somit als Medium Kassette, CD oder Audiodatei. Bei den Feinzielen geht es hauptsächlich um Vokabelkenntnisse. Der bereits bekannte Teil des relevanten Wortschatzes kann mit Hilfe von Tafel oder Folie gesammelt und aktiviert werden, der noch unbekannte Teil ist in der Modalität der Schriftlichkeit zu erarbeiten. Dafür eignet sich das Medium Arbeitsblatt. Offen im Hinblick auf die jeweilige Lerngruppe ist die methodische Entscheidung, ob schriftlicher und mündlicher Spielbericht identisch sein sollten (dann müsste das Hören dem Lesen vorangehen) oder ob die schriftgebundene Erarbeitung des Vokabulars an einem anderen Spielbericht erfolgen sollte (dann geht das schriftliche Medium dem mündlichen besser voran).

Zu Aufgabe 11-2:
In dem folgenden verbesserten Tafelbild stehen *Arbeitgeber* und *Arbeitnehmer* einander als Antonyme an der Tafel gegenüber, und enger zusammengehörige Wörter wie *Arbeiter* als Unterbegriff zu *Arbeitnehmer* stehen zusammen und werden gleichzeitig in ihrer Hierarchie zueinander deutlich. Dieses Tafelbild würde auch insofern besser der beabsichtigten Vorentlastung des Textes dienen, als es im unteren Teil dessen weitgehend polare Struktur visuell vorwegnimmt.

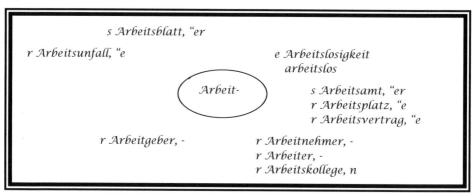

12 Gute Ratschläge

Unterrichten leicht gemacht – Ratschläge für angehende Lehrer

Unterrichten ist nicht schwer, beherzigt man nur einige bewährte Regeln, an die sich erfahrene Kolleginnen und Kollegen überall auf der Welt halten.

Nehmen wir einmal an, Sie wollen in einer Unterrichtsstunde den Text einer neuen Lektion durchnehmen, der *Die deutsche Familie* als Thema hat. Sie verteilen den Text – bzw. lassen die Seite im Buch aufschlagen – und sagen: „Heute nehmen wir diesen Text durch." Das ist gut, denn damit kennt die Klasse das Thema der Stunde und weiß, wo es langgeht.

Nun lassen Sie Ihre Schüler einen nach dem anderen immer einen Satz laut vorlesen. Danach sollen die Schüler alle unbekannten Wörter unterstreichen. Damit wird ihnen deutlich, was sie alles noch nicht wissen und dass sie weiter fleißig Deutsch lernen müssen, um die Sprache einmal so gut zu beherrschen wie Sie, der Lehrer. Sie zeigen den Schülern nun also, wie gut Ihr Deutsch ist, indem Sie alle erfragten Wörter geduldig erklären, nachdem Sie sie an die Tafel geschrieben haben, z. B. *Kindergarten* oder *anmelden*. Zusammen mit dem Lesen sind mittlerweile 20 Minuten vergangen.

Jetzt sagen Sie: „Und nun machen wir eine Übung" – das macht den Aufbau Ihres Unterrichts für die Klasse deutlich. Sie lassen die drei Passivsätze, die Sie in dem Text gefunden haben, unterstreichen und fordern einen Schüler auf, den ersten sofort in einen Aktivsatz zu verwandeln, am besten einen, der das beim letzten Mal nicht konnte. So überprüfen Sie, ob er es nun gelernt hat. Wenn nicht, schreiben Sie Aktiv- und Passivsatz an die Tafel und erklären ausführlich das Verhältnis beider. Natürlich können Sie auch alle vorangestellten Nebensätze nachstellen oder durch Präposition mit Substantivierung ersetzen lassen oder alle Sätze in ein anderes Tempus setzen lassen, am besten in das Plusquamperfekt, das übt.

Für die Grammatikübung benötigen Sie sicherlich wieder 20 Minuten – Zeit also, näher auf den Text einzugehen, durch Fragen. Sie sagen: „Und jetzt kommt noch eine Übung" und stellen Fragen wie: „Wer steht jeden Morgen um 7.45 Uhr auf?", „Wie lautet der Vorname des Vaters?", „Wo kauft Frau Müller ein?", „Hat die Familie ein oder zwei Kinder?", „Wohnen die Müllers in einem Vorort?" So überprüfen Sie, ob der Text wirklich verstanden wurde.

Die Stunde ist nun schon fast um, doch Sie sagen aufmunternd: „Jetzt kommt unsere letzte Übung. Wir diskutieren über Familie. Wer möchte dazu etwas sagen?" Erfahrungsgemäß ist die Klasse mittlerweile schon sehr müde, deshalb sprechen Sie einen Schüler oder eine Schülerin direkt an: „Glauben Sie nicht auch, dass ein verheiratetes Paar ohne Kinder eigentlich gar keine Familie ist?" In der Regel sind die Schüler zu scheu, um ihre Meinung zu sagen, aber direkt angesprochen, werden sie ihre Meinung schon durch Nicken oder Kopfschütteln äußern. Als guter Sprachlehrer bestehen Sie aber darauf, dass der Schüler den vollständigen Satz sagt: „Ja/Nein, ich glaube auch/nicht, dass ein verheiratetes Paar ohne Kinder eigentlich gar keine Familie ist." Sind – je nach Zeit – drei bis vier Schüler befragt, können Sie die Diskussion mit Ihrer vorbildlich formulierten Meinung abschließen und den Unterricht mit der Hausaufgabe beenden: den Text auswendig lernen und einen Aufsatz schreiben mit dem Thema *Meine Familie und ich*.

Sie können die Klasse nun befriedigt verlassen. Sie haben als Pädagoge alles gegeben, und hätte der Direktor einmal überraschend den Klassenraum betreten, so hätte er gesehen, dass Ihre Schüler stets ruhig waren und Sie immer engagiert gesprochen haben. Dem Aufstieg eines solchen Kollegen kann dann nichts mehr im Wege stehen.

Unterrichten ist also gar nicht schwer, sogar ausgesprochen leicht, wenn Sie sich an diese gut gemeinten Ratschläge halten. Sollten einige Schüler nichts gelernt haben, so waren sie faul und verdienen eine schlechte Note.

Aufgabe 12-1:
Gegen welche didaktischen und methodischen Prinzipien verstoßen die „Guten Ratschläge" im Allgemeinen, gegen welche Überlegungen zum Umgang mit Texten im Besonderen?
Begründen Sie Ihre Kritik und entwickeln Sie Alternativen.

Lösungshinweise zur Aufgabe

Bei dem empfohlenen Unterrichtsablauf ist nicht zu erkennen, welches *Lernziel* verfolgt wird. Während der Stunde werden das Leseverstehen geübt, aber auch lautes Lesen, Wortschatz und Grammatik. Das Vorgehen ist dadurch bestenfalls als stofforientiert zu bezeichnen – aus dem Stoff, dem Text, wird alles Mögliche herausgeholt –, nicht als lernzielorientiert. Diese Ausrichtung zeigt sich bereits deutlich an der Ankündigung „Heute nehmen wir diesen Text durch", die nicht zu einer *Transparenz* der Stunde für die Schüler beiträgt. Auch in seinen einzelnen Schritten bleibt der Unterricht intransparent: Zwar zeigen „Und nun machen wir eine Übung" oder „Jetzt kommt unsere letzte Übung" einen Phasenwechsel an, lassen aber eine Logik des Unterrichtsablaufs im Sinne eines „Was haben wir bisher getan und erreicht? – Was wäre als nächster Schritt zu tun?" nicht deutlich werden. Dadurch wird auf jede Art intrinsischer, aus Sache und Thema hergeleiteter Motivation verzichtet; stattdessen findet sich mit dem Hinweis auf die „letzte Übung" lediglich ein extrinsisches Motivationssignal, hinter dem man das Aufatmen von Lehrer und Schülern zu hören vermeint.

Der Unterricht ist in extremer Weise *lehrerzentriert*, den Lernern werden keinerlei Möglichkeiten der Mitsteuerung gegeben und nur minimale Äußerungsanlässe geboten. Es ist der Lehrer, der die Fragen stellt und unbekannte Wörter erklärt; diese von der Gruppe erklären zu lassen, wird gar nicht erst versucht. (Was den Tafelanschrieb betrifft, so erscheinen Substantive ohne Artikel und Pluralform, Verben wie *anmelden* ohne ihre Valenz *jdn bei einer Institution anmelden*.) Weiter werden nur syntaktisch und semantisch geschlossene Fragen gestellt, auf welche die Schüler mit einem bis drei Wörtern antworten können. Dass von dieser begrenzten Sprechaktivität und Passivität der Schritt zur Diskussion zu groß ist, belegt ihr Scheitern; ohnehin waren ihr nur die letzten Minuten der Stunde eingeräumt. Die Lehrerzentriertheit spiegelt sich auch darin, dass die gesamte Stunde frontal abläuft, nicht einmal das Lesen findet in einer anderen *Sozialform* statt.

Der Unterricht verstößt drittens gegen sämtliche Erkenntnisse der Lernpsychologie. Er beginnt nicht mit dem, was die Lerner verstanden haben, sondern konzentriert sich auf das, was sie nicht verstanden haben. Zudem verhindert er dadurch, dass bei der ersten Begegnung mit dem Text der Reihe nach laut gelesen werden muss, ein befriedigendes Inhaltsverstehen, denn die Vorlesenden können sich nur auf die Aussprache konzentrieren, die Mitlesenden werden in einen fremden und in der Regel stockenden Leserhythmus gezwungen.

Die Hausaufgabe lässt sich so kommentieren: Die Aktivität, die im Unterricht nicht stattfand, soll wohl durch das häusliche Schreiben eines Aufsatzes kompensiert werden, eine Aufgabe, auf welche die Lerner in keinster Weise vorbereitet wurden und die daher überfordern muss.

Hinsichtlich des *Umgangs mit Texten* werden folgende Fehler begangen: Es findet keine Einführung und Vorentlastung statt; es werden keine Leseziele gesetzt, das Vorgehen legt vielmehr nahe, es sei jede Information gleich wichtig; die Fragen dienen der Überprüfung des Verständnisses, bauen es aber nicht auf; das laute Lesen steht am Anfang.

Als *Alternative* zu dem persiflierten – dem Leser aber wohl nicht ganz unbekannten – Vorgehen ist im ersten Schritt das Grobziel der Stunde zu bestimmen und den Lernern mitzuteilen, angesichts des gegebenen Textes etwa das Ziel, ihn global wie im Detail zu verstehen und das Thema „Deutsche Familie" unter landeskundlichen oder interkulturellen Aspekten zu diskutieren. Dem muss eine Einstiegsphase folgen, die die Lerner etwa anhand der Überschrift des Textes, eventuell vorhandener Bilder oder einer anderen Vorgabe inhaltlich und sprachlich auf den kommenden Text vorbereitet. Dazu gehört auch, dass der Lehrer die vermutlich unbekannten und gleichzeitig für das Verständnis wichtigen Wörter vor der Lektüre einführt. Weitere unbekannte Wörter werden – je nach Leseziel – nicht oder erst nach dem Gesamtverständnis des Textes geklärt.

Die Fragen zum Text sollten offen gestellt werden, um den Lernenden Gelegenheit zu komplexen Äußerungen und Diskussion untereinander zu geben. Die Arbeit an grammatischen Strukturen kann – sofern es nicht einen engen Zusammenhang zwischen Textinhalt und einer bestimmten Struktur gibt – nur eine Anschlussaktivität sein, die einer eigenen Begründung bedarf. Das laute Lesen sollte erst erfolgen, nachdem der Text erarbeitet und besprochen ist.

Die Übergänge zwischen den Phasen sollten motivierend sein und den Aufbau des Unterrichts transparent machen, mit dem Ziel, die Lerner zu befähigen und zu ermutigen, den Unterrichtsablauf mitzusteuern und ihnen Strategien für den autonomen Umgang mit fremdsprachlichen Texten an die Hand zu geben.

13 Literaturverzeichnis

Lehr- und Lernmaterialien, Nachschlagewerke und Autorenprogramme sind im Gesamtverzeichnis (13.1) unter den Autoren aufgeführt und zur leichteren Auffindbarkeit ein weiteres Mal in einem eigenen Verzeichnis (13.2) unter ihrem Titel.

13.1 Gesamtverzeichnis

Aguado, K. (2008): „Wie beeinflussbar ist die lernersprachliche Entwicklung?" In: *Fremdsprache Deutsch* 38. 53–58.
Ahrenholz, B. (Hg.) (2007): *Kinder mit Migrationshintergrund*. Freiburg: Fillibach.
Aitchison, J. (1987, ^{3}2005): *Words in the mind: An introduction to the mental lexicon*. Oxford: Blackwell.
Albrecht, U. u. a. (2001): *Passwort Deutsch 1*. Stuttgart: Klett.
Ammon, U. u. a. (Hg.) (^{2}2004): *Soziolinguistik/Sociolinguistics. Ein Internationales Handbuch zur Wissenschaft von Sprache und Gesellschaft*. Berlin u. a.: de Gruyter.
Anglin, J. (1970): *The growth of word meaning*. Cambridge, MA: MIT-Press.
Antos, G. (1982): *Grundlagen einer Theorie des Formulierens: Textherstellung in geschriebener und gesprochener Sprache*. Tübingen: Niemeyer.
Arendt, M. (1990): „Ganzheitliche Schulung des Hörverstehens." In: *Fremdsprachenunterricht* 34. 489–493.
Aufderstraße, H. u. a. (2002): *Delfin. Arbeitsbuch*. Ismaning: Hueber.
Aufderstraße, H. u. a. (2003): *Themen aktuell, Kursbuch 2*. Ismaning: Hueber.
Aufderstraße, H./Müller, J./Storz, T. (2006): *Lagune 1*. Ismaning: Hueber.
Augst, G. (1988): „Schreiben als Überarbeiten – Writing ist (!) rewriting oder Hilfe! Wie kann ich den Nippel durch die Lasche ziehen?" In: *Der Deutschunterricht* 3. 51–62.
Bachmann, S. u. a. (1996): *Sichtwechsel neu 2*. Stuttgart: Klett 1996.
Bahns, J. (1985): „Schülerspezifische vs. entwicklungsspezifische Fehler." In: *Linguistische Berichte* 95. 4–18.
Baldegger, M./Müller, M./Schneider, G. (^{3}1989): *Kontaktschwelle Deutsch als Fremdsprache*. Berlin u. a.: Langenscheidt.
Barkowski, H./Krumm, H.-J. (Hg.) (2010): *Fachlexikon Deutsch als Fremd- und Zweitsprache*. Tübingen u. a.: Francke.
Barthel, U. (1994): „Die Logik der Adjektivdeklination: eine Unterrichtseinheit." In: *Zielsprache Deutsch* 25,1. 34–41.
Barz, I./Schröder, M. (Hg.) (1996): *Das Lernerwörterbuch Deutsch als Fremdsprache in der Diskussion*. Heidelberg: Winter.
Bausch, K.-R. /Königs, E. (1983): „‚Lernt' oder ‚erwirbt' man Fremdsprachen im Unterricht? Zum Verhältnis von Sprachlehrforschung und Zweitspracherwerbsforschung." In: *Die Neueren Sprachen*. 82, 4. 308–336.
Bausch, K.-R. /Königs, E. (Hg.) (1986): *Sprachlehrforschung in der Diskussion*. Tübingen: Narr.
Bausch, K.-R./Christ, H. u. a. (Hg.) (^{3}1995): *Handbuch Fremdsprachenunterricht*. Tübingen: Francke.
Becker, G. (^{3}1988): *Durchführung von Unterricht. Handlungsorientierte Didaktik III*. Weinheim: Beltz.
Bereiter, C. (1980): „Development in writing". In: Gregg, L./Steinberg, E. (Hg.). 73–92.

Bialystok, E. (1978): „A theoretical model of second language learning." In: *Language learning* 28. 69–84.
Biechele, M./Rösler, D./Ulrich, S./Würffel, N. (2003): *Internet-Aufgaben Deutsch als Fremdsprache*. Stuttgart: Klett.
Bimmel, P. (1993): „Lernstrategien im Deutschunterricht". In: *Fremdsprache Deutsch* 8. 4–11.
Bimmel, P./Rampillon, U. (2000): *Lernerautonomie und Lernstrategien*. Berlin u. a.: Langenscheidt.
Bimmel, P./Kast, B./Neuner, G. (2003): *Deutschunterricht planen. Arbeit mit Lehrwerkslektionen*. Berlin u. a.: Langenscheidt.
Black, C./Butzkamm, W. (1977): *Klassengespräche. Kommunikativer Englischunterricht: Beispiel und Anleitung*. Heidelberg: Quelle & Meyer.
Bloom, B. (1972): Taxonomie von Lernzielen im kognitiven Bereich. Weinheim: Beltz.
Bloom, B. (Hg.) (1956): *Taxonomy of Educational Objectives: the Classification of the Linguistic Society of America*. Baltimore.
Bohn, R. (1999): *Probleme der Wortschatzarbeit*. Berlin u. a.: Langenscheidt.
Boócz-Barna, K. (2007): *Formen des Sprachwechsels im Unterricht des Deutschen als L2 und L3. Psycholinguistische und fremdsprachendidaktische Aspekte der Mehrsprachigkeit*. Budapest: ELTE.
Börner, W. (1997): „Implizites und explizites Wissen im fremdsprachlichen Wortschatz". In: *Fremdsprachen Lehren und Lernen* 26. 44–67.
Börner, W./Vogel, K. (Hg.) (2002): *Grammatik und Fremdsprachenerwerb*. Tübingen: Narr.
Bovermann, M. u. a. (2003): *Schritte 1*. Ismaning: Hueber.
Brandi, M.-L. (^{2}1998): *Video im Deutschunterricht. Eine Übungstypologie zur Arbeit mit fiktionalen und dokumentarischen Filmsequenzen*. Berlin u .a.: Langenscheidt.
Braun, K./Nieder, L./Schmöe, F. (1978): *Deutsch als Fremdsprache. Neubearbeitung 1*. Stuttgart: Klett.
Breindl, E. (2008): „Grammatik im WWW." In: www.ids-mannheim.de/ grammis/orbis/ tswww/tsindex.html, eingesehen 28.04.08.
Brinitzer, M./Damm, V. (1999): *Grammatik sehen*. Ismaning: Hueber.
Brinker, K. (^{6}2005): *Linguistische Textanalyse*. Berlin: Schmidt.
Brinker, K./Sager, S. (^{4}2006): *Linguistische Gesprächsanalyse*. Berlin.
Burger, H. (^{4}2010): *Phraseologie. Eine Einführung am Beispiel des Deutschen*. Berlin: Erich Schmidt Verlag.
Burger, H. u. a. (Hg.) (2007): *Phraseologie/Phraseology. Ein internationales Handbuch zeitgenössischer Forschung*. 2 Halbbände. (HSK 28.1/2). Berlin u. a.: de Gruyter.
Burns, A./Seidlhofer, B. (2002): „Speaking and pronunciation". In: Schmitt, N. (Hg.). 211–232.
Butzkamm, W. (1973): *Aufgeklärte Einsprachigkeit. Zur Entdogmatisierung der Methode im Fremdsprachenunterricht*. Heidelberg: Quelle & Meyer.
Butzkamm, W. (^{3}2002): *Psycholinguistik des Fremdsprachenunterrichts*. Tübingen: Francke.
Butzkamm, W. (^{2}2007a): *Lust zum Lehren, Lust zum Lernen. Eine neue Methodik für den Fremdsprachenunterricht*. Tübingen: Francke.
Butzkamm, W. (^{2}2007b): *Unterrichtssprache Deutsch. Wörter und Wendungen für Lehrer und Schüler. Qualifiziert Unterrichten*. 2., aktualisierte Aufl. Ismaning: Hueber.
Butzkamm, W./Butzkamm, J. (1999): *Wie Kinder sprechen lernen. Kindliche Entwicklung und die Sprachlichkeit des Menschen*. Tübingen: Francke.
Celce-Murcia, M. (1978): „The simultaneous acquisition of English and French in a two-year-old child." In: Hatch, E. (Hg.). 38–53.
Chaudron, C. (1988): *Second language classrooms. Research on teaching and learning*. Cambridge: Cambridge University Press.

Clahsen, H./Meisel, J./Pienemann, M. (1983): *Deutsch als Zweitsprache: Der Spracherwerb ausländischer Arbeiter.* Tübingen: Narr.
Clark, E. (1993): *The lexicon in acquisition.* Cambridge: Cambridge University Press.
Cölfen, H./Waldenberger, S. (2004): „Die Ruhrmeisterschaft Grammatik mit *ProGr@mm* – ein Erfahrungsbericht." In: Schmitz, U. (Hg.). 245–256.
Corder, P. (1967): „The significance of learner's errors." In: *International review of applied linguistics* 5. 161–169.
Coxhead, A. (2000): „A new academic word list". In: *TESOL Quarterly* 34. 213–238.
Dahl, J./Weis, B. (1988): *Handbuch Grammatik im Unterricht.* Bd. 1. München: Goethe-Institut.
Dahlhaus, B. (1994): *Fertigkeit Hören.* Berlin u. a.: Langenscheidt.
Dallapiazza, R.-M./Jan, E. von/Blüggel, B./Schümann, A. (2001): *Tangram Z. Zertifikat Deutsch. Kursbuch und Arbeitsbuch.* Ismaning: Hueber.
Dallapiazza, R.-M./Jan, E. von/Schönherr, T. (1998): *Tangram 1 Kursbuch.* Ismaning: Hueber.
De Boor, H./Moser, H./Winkler, C. (Hg.) (1969): *Siebs/Deutsche Aussprache/Reine und gemäßigte Hochlautung mit Aussprachewörterbuch.* 19. Aufl. Berlin: de Gruyter.
De Bot, K./Ginsberg, R./Kramsch, C. (Hg.) (1991): *Foreign language research in cross-cultural perspective.* Amsterdam: Benjamins.
De Groot, A. (1995): „Determinants of bilingual lexicosemantic organisation." In: *Computer Assisted Language Learning* 8. 151–180.
Desselmann, G. (1983a): „Innere und äußere Bedingungen des auditiven Sprachverstehens im Fremdsprachenunterricht." In: *Deutsch als Fremdsprache* 20,1. 4–14.
Desselmann, G. (1983b): „Aufgaben und Übungsgestaltung zur auditiven Sprachrezeption." In: *Deutsch als Fremdsprache* 20,6. 345–350.
Deutscher Volkshochschulverband/Goethe-Institut (Hg.) ([4]1991): *Das Zertifikat Deutsch als Fremdsprache.* Bonn: Deutscher Volkshochschulverband.
Diehl, E. u. a. (2000): *Grammatikunterricht: Alles für der Katz?* Tübingen: Niemeyer.
Dieling, H. (1993): „Probleme der deutschen Phonetik für Sprecher asiatischer Tonsprachen". In: *Deutsch als Fremdsprache* 30,1. 35–39.
Dieling, H./Hirschfeld, U. (2000): *Phonetik lehren und lernen.* Berlin u. a.: Langenscheidt.
Dietrich, R. (2004a): „Erstsprache – Muttersprache." In: Ammon, U. u. a. (Hg.) ([2]2004). 305–311.
Dietrich, R. (2004b): „Zweitsprache – Fremdsprache." In: Ammon, U. u. a. (Hg.) ([2]2004). 311–313.
Dietrich, Rainer ([2]2007): *Psycholinguistik.* Stuttgart: Metzler.
Donath, R. (Hg.) (1998): *Deutsch als Fremdsprache – Projekte im Internet.* Stuttgart: Klett.
Donath, R. (Hg.) (2000): *Das transatlantische Klassenzimmer – Tipps und Ideen für Online-Projekte in der Schule.* Hamburg: Körber-Stiftung.
Donato, R. (1994): „Collective scaffolding in second language learning." In: Lantolf, J./Appel, G. (Hg.). 33–56.
Doughty, C./Long, M. (Hg.) (2003): *The handbook of second language acquisition.* Oxford: Blackwell.
Dudenredaktion (2001): *Duden – Deutsches Universalwörterbuch.* Herausgegeben von der Dudenredaktion. Mannheim: Dudenverlag.
Dudenredaktion (2002): *Duden – Standardwörterbuch Deutsch als Fremdsprache.* Herausgegeben von Wermke, M. Mannheim: Dudenverlag.
Dudenredaktion (2005): *Duden – Aussprachewörterbuch. Wörterbuch der deutschen Standardaussprache.* 6., überarbeitete und aktualisierte Auflage. Bearbeitet von Max Mangold in Zusammenarbeit mit der Dudenredaktion. Mannheim: Dudenverlag.
Dudenredaktion (2009): *Duden – Die Grammatik.* 8., überarbeitete Auflage. Herausgegeben von P. Eisenberg. Mannheim: Dudenverlag.

Dulay, H./Burt, M. (1973): „Should we teach children syntax?" In: *Language learning* 23. 245–258.
DWDS. *Das Digitale Wörterbuch der deutschen Sprache des 20. Jh.* (o. J.). Erarbeitet an der Berlin-Brandenburgischen Akademie der Wissenschaften; www.dwds.de.
Ecke, P. (2004): „Die Schlüsselwort-Mnemonik für den fremdsprachigen Wortschatzerwerb: Zum Stand der Forschung." In: *Fremdsprachen Lernen und Lehren* 33. 213–230.
Edmondson, W. (2002): „Wissen, Können, Lernen – kognitive Verarbeitung und Grammatikentwicklung". In: Börner, W./Vogel, K. (Hg.). 54–70.
Edmondson, W./House, J. (^{3}2006): *Einführung in die Sprachlehrforschung.* Tübingen: Francke.
Edwards, M. (1979): „Phonological processes in fricative acquisition". In: *Papers and reports on child language development* 17. 98–105.
Eggers, D./Neuf-Münkel, G. (1980): *Hören und Verstehen. Wiedergabe gesprochener wissenschaftlicher Texte.* Dortmund: Lensing.
Eggert, S. (1996): „Wer sucht, der findet. Zur Arbeit mit dem Lernerwörterbuch aus didaktischer Sicht". In: Barz, I./Schröder, M. (Hg.). 1–26.
Eichheim, H./Wilms, H. (1981): „Das Bild im Unterricht". In: Sturm, D. (Hg.). 105–120.
Eichinger, L. (2000): *Deutsche Wortbildung. Eine Einführung.* Tübingen: Narr.
Eisenberg, P. (2006a): *Grundriss der deutschen Grammatik: Das Wort.* Stuttgart: Metzler.
Eisenberg, P. (2006b): *Grundriss der deutschen Grammatik: Der Satz.* Stuttgart: Metzler.
Eismann, V. u. a. (1994): *Die Suche. Das andere Lehrwerk für Deutsch als Fremdsprache.* Arbeitsbuch 1. Berlin u. a.: Langenscheidt.
Ellis, G./Sinclair, B. (1989): *Learning to learn English. A course in learner training.* Cambridge: Cambridge University Press.
Ellis, N. (1994): „Vocabulary acquisition: the implicit ins and outs of explicit cognitive mediation". In: Ellis, N. 211–282.
Ellis, N. (1994): *Implicit and explicit learning of languages.* London: Academic Press.
Ellis, N. (2005): „At the interface: Dynamic interactions of explicit and implicit language knowledge." In: *Studies in second language acquisition* 27. 305–352.
Ellis, R. (1989): „Are classroom and naturalistic acquisition the same? A study of the classroom acquisition of German word order rules." In: *Studies in second language acquisition*, 11. 305–328.
Ellis, R. (1994): *The Study of Second Language Acquisition.* Oxford: Oxford University Press.
Engel, U. (2004): *Deutsche Grammatik – Neubearbeitung.* München: Iudicium.
Europarat, Rat für kulturelle Zusammenarbeit (2001) (Hg.): *Gemeinsamer europäischer Referenzrahmen für Sprachen: lernen, lehren, beurteilen.* Berlin u. a.: Langenscheidt.
Faber, H. von (1981): „Didaktik des Medientextes im Fremdsprachenunterricht". In: Wierlacher, A. (Hg.): *Jahrbuch Deutsch als Fremdsprache* 1981. 137–147.
Faistauer, R. (1997): *Wir müssen zusammen schreiben! Kooperatives Schreiben im fremdsprachlichen Deutschunterricht.* Innsbruck: Studien-Verlag.
Fandrych, C./Tallowitz, U. (2000): *Klipp und Klar. Übungsgrammatik Grundstufe Deutsch.* Stuttgart: Klett.
Fazlic-Walter, K./Lohmann, A./Wegner, W. (2007): *Mit Erfolg zur DSH. Übungsbuch.* Stuttgart: Klett.
Ferenbach, M./Schüßler, I. (1970): *Wörter zur Wahl.* Stuttgart. Nachdruck 2001.
Flege, J. E. u. a. (1999): "Age constraints on second-language acquisition." In: *Journal of Memory and Language* (41). 78–104.
Frey, E. (1995): *Kursbuch Phonetik.* Ismaning: Hueber.
Frühwirth, F./Holthaus, H. (1988): *Mittelstufe Deutsch Arbeitsbuch.* Ismaning: Hueber.
Funk, H. (1994): „Wortschatzarbeit" In: Kast, B./Neuner, G. (Hg.). 56–60.

Funk, H. (1999): „Lehrwerke und andere Medien. Zur Integration rechnergestützter Verfahren in den Unterrichtsalltag." In: *Fremdsprache Deutsch* 21. 5–12.
Funk, H. u. a. (o. J.): *Studio d. Deutsch als Fremdsprache. Band 1. Unterrichtsvorbereitung interaktiv.* CD-ROM. Berlin: Cornelsen.
Funk, H./Koenig, M. (1991): *Grammatik lehren und lernen.* Berlin u.a.: Langenscheidt.
Funk, H./Koenig, M. (1996f): *Eurolingua Deutsch. 1 – 3.* Berlin: Cornelsen.
Funk, H./ Kuhn, C./Demme, S. (2005f): *Studio d. Deutsch als Fremdsprache. A1 – B1.* Berlin: Cornelsen.
Gallaway, C./Richards, B. (1994): *Input and interaction in language acquisition.* Cambridge: Cambridge University Press.
Gass, S. (1999): „Discussion: incidental vocabulary acquisition". In: *Studies in Second Language Acquisition* 21. 319–333.
Gass, S./Madden, C. (Hg.) (1985): *Input in second language acquisition.* Rowley: Newbury House.
Gass, S./Selinker, L (^{3}2008): *Second Language Acquisition. An introductory course.* New York: Routledge.
Gasser, P. (2001): *Lehrbuch Didaktik.* Bern: h.e.p.-Verlag.
Gathercole, S./Baddeley, A. (1989): „Evaluation of the role of phonological STM in the development of vocabulary in children: a longitudinal study." In: *Journal of Memory and Language* 29. 336–360.
Gelhaus, H. (1975): *Das Futur in ausgewählten Texten der geschriebenen deutschen Sprache der Gegenwart.* München: Hueber.
Gibbons, P. (2002): *Scaffolding language, scaffolding learning: Teaching second language learners in the mainstream classroom.* Portsmouth: Heinemann.
Giest, H. (^{2}2008): „Handlungsorientiertes Lernen." In: Pech, D./Kaiser, A. (Hg.) 90–98.
Goethe-Institut (Hg.) (1997): *Einblicke. Lernprogramm Deutsch auf CD-ROM. Folge 1: Miteinander.* München: Goethe-Institut.
Goethe-Institut (Hg.) (1998): *„… wir können auch anders" – Die neue deutsche Filmkomödie.* CD-ROM. München: Goethe-Institut.
Götz, D. (1993, ^{4}2006): *Langenscheidt Großwörterbuch Deutsch als Fremdsprache.* Berlin u. a.: Langenscheidt.
Götz, D. (^{2}2007): *Langenscheidt Taschenwörterbuch Deutsch als Fremdsprache.* Berlin u. a.: Langenscheidt.
Götze, L. (1994): Kapitel „Grammatik". In: Kast/Neuner (Hg.). 66–70.
Gregg, L./Steinberg, E. (Hg.) (1980): *Cognitive processes in writing.* Hillsdale: Lawrence Erlbaum Associates.
Griesbach, H./Schulz, D. (1955): *Deutsche Sprachlehre für Ausländer.* München: Hueber.
Gross, H./Fischer, K. (Hg.) (1990): *Grammatikarbeit im Deutsch-als-Fremdsprache-Unterricht.* München: Iudicium.
Grüner, M./Hassert, T. (2000): *Computer im Deutschunterricht.* Berlin u. a.: Langenscheidt.
Hacke, A./Sowa, M. (2004): *Der weiße Neger Wumbaba. Kleines Handbuch des Verhörens.* München: Kunstmann.
Hagmüller, P. (^{2}1982): *Einführung in die Unterrichtsvorbereitung.* Düsseldorf: Schwann.
Hall, K./Scheiner, B. (2001): *Übungsgrammatik DaF für Fortgeschrittene.* Ismaning: Hueber.
Hall, T. A. (2000): *Phonologie. Eine Einführung.* Berlin u. a.: de Gruyter.
Handwerker, B. (2009): „Sprachunterricht als Instruktion zur Inputverarbeitung." In: *Zeitschrift für Literaturwissenschaft und Linguistik* 153 (200). 96–111.
Handwerker, B. (Hg.) (1995): *Fremde Sprache Deutsch.* Tübingen: Narr.
Handwerker, B./Madlener, K. (2009): *Chunks für DaF. Theoretischer Hintergrund und Prototyp einer multimedialen Lernumgebung.* Baltmannsweiler: Schneider-Verlag.

Harden, T. (1990): "Interkulturelle Aspekte des Grammatikunterrichtes". In: Gross/Fischer (Hg.). 219–234.
Harden, T. (2006): *Angewandte Linguistik und Fremdsprachendidaktik*. Tübingen: Narr.
Harst, E. u. a. (2012): *Berliner Platz 4 Neu*. Berlin u. a.: Langenscheidt.
Hasenkamp, G. (1995): *Leselandschaft 1*. Ismaning: Hueber.
Hasenkamp, G. (1997): *Leselandschaft 2*. Ismaning: Hueber.
Hatch, E. (Hg.) (1978): *Second language acquisition. A book of readings*. Rowley: Newbury House.
Häublein, G. (1995): *Memo. Wortschatz- und Fertigkeitstraining zum Zertifikat Deutsch als Fremdsprache*. Berlin u. a.: Langenscheidt.
Häussermann, U. (1991): "Die Adjektivdeklination – Diskussion eines höchst empfindlichen Lernproblems". In: *Zielsprache Deutsch* 22/4. 198–205.
Häussermann, U./Piepho, H.-E. (1996): *Aufgaben-Handbuch Deutsch als Fremdsprache. Abriß einer Aufgaben- und Übungstypologie*. München: Iudicium.
Hayes, J./Flower, L. (1980): "Identifying the organization of writing processes." In: Gregg, L./Steinberg, E. (Hg.). 3–30.
Hecht, D. (1999): *Pons Basiswörterbuch Deutsch als Fremdsprache*. Stuttgart: Klett.
Heidolph, K. E./Flämig, W./Motsch, W. (1981): *Grundzüge einer deutschen Grammatik*. Berlin: Akademie-Verlag.
Heimann, P./Otto, G./Schulz, W. ([10]1979): *Unterricht. Analyse und Planung*. Hannover: Schroedel.
Heinemann, W./Viehweger, W. (1991): *Textlinguistik. Eine Einführung*. Tübingen: Niemeyer.
Helbig, G. (1981): *Sprachwissenschaft – Konfrontation – Fremdsprachenunterricht*. Leipzig: Verlag Enzyklopädie.
Helbig, G. (2001): "Arten und Typen von Grammatiken". In: Helbig, G. u. a. (Hg.). 175–185.
Helbig, G. u. a. (Hg.) (2001): *Deutsch als Fremdsprache. Ein internationales Handbuch. 1. und 2. Halbband*. Berlin: de Gruyter.
Helbig, G./Buscha, J. ([18]1998): *Deutsche Grammatik. Ein Handbuch für den Ausländerunterricht*. Berlin u. a.: Langenscheidt.
Henrici, G. (1986): "Gegen Ausschließlichkeitsansprüche in der Erforschung des Erwerbs von Fremdsprachen". In: Bausch/Königs (Hg.). 38–49.
Henrici, G./Riemer, C. (Hg.) (1996): *Einführung in die Didaktik des Unterrichts Deutsch als Fremdsprache mit Videobeispielen*. 2 Bd.e. Baltmannsweiler: Schneider-Verlag.
Henzl, V. (1979): "Foreigner talk in the classroom". In: *IRAL* 17. 159–167.
Heringer, H. J. (1987): *Wege zum verstehenden Lesen. Lesegrammatik für Deutsch als Fremdsprache*. München: Hueber.
Heringer, H. J. (1995): *"Prinzipien der Genuszuweisung"*. In: Popp, H. (Hg.). 203–216.
Herrmann, Th./Grabowski, J. (1994): *Sprechen. Psychologie der Sprachproduktion*. Heidelberg: Spektrum Akademischer Verlag.
Heyd, G. (1990): *Deutsch lehren. Grundwissen für den Unterricht in Deutsch als Fremdsprache*. Frankfurt a. M.: Diesterweg.
Heyd, G. (1997): *Aufbauwissen für den Fremdsprachenunterricht (DaF). Ein Arbeitsbuch. Kognition und Konstruktion*. Tübingen: Narr.
Hilpert, S. u. a. (2004): *Schritte*. Bd 3. Ismaning: Hueber.
Hirschfeld, U. (1995): "Grammatik und Phonetik". In: Popp, H. (Hg.). 11–22.
Hirschfeld, U. (2001): "Vermittlung der Phonetik". In: Helbig, G. u. a. (Hg.). 872–879.
Hoberg, U. (2004): *Grammatik des Deutschen im europäischen Vergleich: Das Genus des Substantivs*. Mannheim: Institut für Deutsche Sprache.
Hofstede, G. H. ([3]2006) *Lokales Denken, globales Handeln. Interkulturelle Zusammenarbeit und globales Management*. München: DTB.

Hörmann, H. (^{3}1994): *Meinen und Verstehen. Grundzüge einer psychologischen Semantik.* Frankfurt a. M.: Suhrkamp.
Housen, A./Pierrard M. (2005): „Investigating Instructed Second Language Acquisition". In: Housen, A./Pierrard M. (Hg.). 1–27.
Housen, A./Pierrard M. (Hg.) (2005): *Investigations in instructed second language acquisition.* Berlin: Mouton de Gruyter.
Hufeisen, B. (2001): „Deutsch als Tertiärsprache". In: Helbig u. a. (Hg.). 648–653.
Hulst, H. van der (1999) (Hg.): *Word Prosodic Systems.* Berlin u. a.: Mouton de Gruyter.
Hulstijn, J. (2005): „Theoretical and empirical issues in the study of implicit and explicit second-language learning." In: *Studies in second language acquisition* 27. 129–140.
Huneke, H.-W./Steinig, W. (^{3}2002): *Deutsch als Fremdsprache. Eine Einführung.* Berlin: Schmidt-Verlag.
Hutchinson, T. (1987): *Using Grammar Books in the Classroom.* Oxford: Oxford University Press.
Hyltenstam, K./Abrahamsson, N. (2003): „Maturational Constraints in SLA". In: Doughty/Long (Hg.). 539–588.
Hyltenstam, K./Pienemann, M. (Hg.) (1985): *Modelling and assessing second language acquisition.* Clevedon: Multilingual Matters.
Issing, L./Klimsa, P. (Hg.) (^{2}1997): *Information und Lernen mit Multimedia.* Weinheim: Beltz.
Jessen, M. (1999): „German" In: Hulst, H. van der (Hg.). 515–545.
Jiang, N. (2000): „Lexical representation and development in a second language." In: *Applied Linguistics* 21. 47–77.
Jones, R. (2004): „Corpus-based word frequency analysis and the teaching of German vocabulary". In: *Fremdsprachen Lernen und Lehren* 33. 165–175.
Jones, R./Tschirner, E. (2006): *Frequency dictionary of German. Core vocabulary for learners.* London: Routledge.
Jung, U. (2006): *Praktische Handreichung für Fremdsprachenlehrer.* Frankfurt a. M. u. a.: Lang.
Kaltenbacher, E. (1990): *Strategien beim frühkindlichen Syntaxerwerb. Eine Entwicklungsstudie.* Tübingen: Narr.
Kaltenbacher, E. (unveröff. Manuskript): „Transfer between distant languages: Word-stress patterns in the interlanguage of Chinese learners of German".
Kaltenbacher, E./Klages, H. (2007): „Sprachprofil und Sprachförderung bei Vorschulkindern mit Migrationshintergrund." In: Ahrenholz, Bernt (Hg.). 80–97.
Kars, J./Häussermann, U. (1988): *Grundgrammatik Deutsch.* Frankfurt a. M.: Diesterweg.
Kast, B. (1999): *Fertigkeit Schreiben.* Berlin u. a.: Langenscheidt.
Kast, B./Neuner, G. (1994): *Zur Analyse, Begutachtung und Entwicklung von Lehrwerken für den fremdsprachlichen Deutschunterricht.* Berlin u. a.: Langenscheidt.
Kawakami, K. (2005): *The Big Bento Box of Unuseless Japanese Inventions.* New York, London: W W Norton & Co.
Kelz, H. (2001): „Das deutsche Lautsystem". In: Helbig, G. u. a. (Hg.). 152–162.
Kempcke, G. (2000): *Wörterbuch Deutsch als Fremdsprache.* Berlin: de Gruyter.
Kirsner, K. u. a. (1993): „The bilingual lexicon: exercise, meaning and morphology." In: Schreuder, R./Weltens, B. (Hg.). 215–248.
Klafki, W. (1958): „Didaktische Analyse als Kern der Unterrichtsvorbereitung". In: *Die Deutsche Schule*, 10/1958. 450–471.
Klein, W. (1984): *Zweitspracherwerb.* Königstein: Athenäum.
Klein, W. (2001): „Typen und Konzepte des Spracherwerbs". In: Helbig u. a. (Hg.) 604–617.
Klein, W./Dittmar, N. (1979): *Developing grammars. The acquisition of German syntax by foreign workers.* Berlin u. a.: Springer.
Kleppin, K. (1998): *Fehler und Fehlerkorrektur.* Berlin u. a.: Langenscheidt.

Koithan, U. u. a. (2007f): *Aspekte. Mittelstufe Deutsch. 1 – 3*. Berlin u. a.: Langenscheidt.
Knapp-Potthoff, A./Knapp, K. (1982): *Fremdsprachenlernen und -lehren. Eine Einführung in die Didaktik der Fremdsprachen vom Standpunkt der Zweitsprachenerwerbsforschung*. Stuttgart.
Koithan, U. u. a. (2008): *Aspekte 2. Arbeitsbuch*. Berlin u. a.: Langenscheidt.
Koker, A. (2002): *Berliner Platz 1 – Lehrerhandreichungen Deutsch im Alltag für Erwachsene*. Berlin u. a.: Langenscheidt.
Königs, F. (2001): „Übersetzen" In: Helbig, G. u. a. (Hg.). 955–962.
Köpcke, K.-M./ Zubin, D. A. (1997): „Sechs Prinzipien für die Genuszuweisung im Deutschen: Ein Beitrag zur natürlichen Klassifikation." In: Sieburg, H. (Hg.). 86–115.
Krashen, S. (1982): *Principles and Practice in Second Language Acquisition*. Oxford: Pergamon.
Krech, E.-M. u. a. (2009): *Deutsches Aussprachewörterbuch*. Berlin u. a.: de Gruyter.
Krumm, H.-J. (2001): „Unterrichtsbeobachtung und Unterrichtsanalyse." In: Helbig, G. u. a. (Hg.). 1139–1150.
Krusche, D./Krechel, R. (1984): *Anspiel. Konkrete Poesie im Unterricht Deutsch als Fremdsprache*. Bonn: Inter Nationes.
Kuhberg, H. (2001): „Zweitspracherwerb als prädeterminierte Entwicklung III: der behavioristische Ansatz." In: Helbig u. a. (Hg.). 654–663.
Kühn, P. (Hg.) (1996): *Hörverstehen im Unterricht Deutsch als Fremdsprache*. Frankfurt a. M. u. a.: Lang.
Kurtz, G. (2012): „Bildungswortschatz trainieren – Robusten Wortschatz aufbauen." In: Merten, S./Kuhs, K (Hg.) *Perspektiven empirischer Sprachdidaktik*. Trier: WVT
Kwakernaak, E. (1996): *Grammatik im Fremdsprachenunterricht. Geschichte und Innovationsmöglichkeiten am Beispiel Deutsch als Fremdsprache in den Niederlanden*. Amsterdam: Editions Rodopi.
Lado, R. (1967): *Moderner Sprachunterricht*. München: Hueber.
Langenscheidt-Redaktion (Hg.) (1985): *Computergestützter Fremdsprachenunterricht. Ein Handbuch*. Berlin u. a.: Langenscheidt.
Lantolf, J./Appel, G. (Hg.) (1994): *Vygotskian approaches to second language research*. Norwood: Greenwood.
Lemcke, C./Rohrmann, L./Scherling, T. (2002f): *Berliner Platz. 1 – 3*. Berlin u. a.: Langenscheidt.
Lemnitzer, L./Zinsmeister, H. (^{2}2010): *Korpuslinguistik. Eine Einführung*. Tübingen: Narr.
Levelt, W. (1989): *Speaking – from intention to articulation*. Cambridge: MIT-Press.
Lewis, M. (^{4}2003): *The lexical approach*. Boston: Thomson, Heinle.
Liang, M./Zhao, D./Wang, S./Nerlich, M. (1992): Grundstudium Deutsch 1. Lehrbuch. Peking: Beijing University Press.
Liang, M./Zhao, D./Wang, S./Nerlich, M. (1993): Grundstudium Deutsch 2. Lehrbuch. Peking: Beijing University Press.
Liang, M./Nerlich, M. (2004): *Studienweg Deutsch 1*. Peking: Foreign Language Teaching and Research Press.
Linke, A. u. a. (^{5}2004): *Studienbuch Linguistik*. Tübingen: Niemeyer.
Long, M. (1983): „Does second language instruction make a difference? A review of the research." In: *TESOL Quarterly* 18. 409–425.
Long, M. (1990): „Maturational constraints on language development". In: *Studies in second language acquisition* 12. 251–86.
Long, M. (1991): „Focus on Form: A design feature in language teaching methodology." In: De Bot, K./Ginsberg, R./Kramsch, C. (Hg.). 39–52.
Long, M. (1996): „The role of linguistic environment in second language acquisition." In: Ritchie/Bhatia (Hg.). 413–468.

Lörscher, W. (1983): *Linguistische Beschreibung und Analyse von Fremdsprachenunterricht als Diskurs*. Tübingen: Narr.
Lüger, Heinz-Helmut (1993): *Routinen und Rituale in der Alltagskommunikation*. Berlin u. a.: Langenscheidt.
Lutjeharms, M. (2004): „Der Zugriff auf das mentale Lexikon und der Wortschatzerwerb in der Fremdsprache." In: *Fremdsprachen Lehren und Lernen* 33. 10–26.
Lyons, J. (1977): *Semantics*. 2 Bde. Cambridge: Cambridge University Press.
Macaire, D./Hosch, W. (1996): *Bilder in der Landeskunde*. Berlin u. a.: Langenscheidt.
Maddieson, I. (1984): *Patterns of Sounds*. Cambridge: Cambridge University Press.
Markman, E. (1990): „Constraints children place on word meanings." In: *Cognitive Science* 14. 57–77.
Matyssek, H. (^{2}2006): *Handbuch der Notizentechnik für Dolmetscher. Ein Weg zur sprachunabhängigen Notation*. 2 Bd.e. Heidelberg: Groos.
McLaughlin, B. (1987): *Theories of second language learning*. London: Arnold.
Mebus, G. u. a. (1987f): *Sprachbrücke 1 – 2*. Stuttgart: Klett.
Mertens, M./Thierbach, P. (o. J.): *Lingofox. Kreative Übungen für den Sprachunterricht selbst erstellen*. DVD. Ludwigsburg.
Meyer, H. (^{12}1991): *Trainingsprogramm zur Lernzielanalyse*. Frankfurt a. M.: Hain.
Meyer, H. (2007): *Leitfaden Unterrichtsvorbereitung*. Berlin: Cornelsen.
Mitchell, R./Myles, F. (^{2}2004): *Second Language Learning Theories*. London: Arnold.
Müller, B.-D. (1994): *Wortschatzarbeit und Bedeutungsvermittlung*. Berlin u. a.: Langenscheidt.
Müller, M. u. a. (2004f): *Optimal. A1 – A2 – A3*. Berlin u. a.: Langenscheidt.
Nation, P./Carter, R. (Hg.) (1989): *Vocabulary acquisition*. Amsterdam: Free University Press.
Nation, Paul (2001): *Learning vocabulary in another language*. Cambridge.
Nation, P./Meara, P. (2002): „Vocabulary". In: Schmitt, N. (Hg.). 35–54.
Nelson, K. (1973): *Structure and strategy in learning to talk*. Monographs of the Society for Research in Child Development 38.
Neuner, G./ Krüger, M./ Grewer, U. (1981): *Übungstypologie zum kommunikativen Deutschunterricht*. Berlin u. a.: Langenscheidt. Nachdruck 1996.
Neuner, G. u. a.(1983f): *Deutsch konkret. Ein Lehrwerk für Jugendliche*. Berlin u. a.: Langenscheidt.
Neuner, G. u. a. (1986): *Deutsch aktiv neu. Lehrbuch 1 A*. Berlin u. a.: Langenscheidt.
Neuner, G. u. a. (1987): *Deutsch aktiv neu. Lehrbuch 1 B*. Berlin u. a.: Langenscheidt.
Neuner, G./Hunfeld, H. (1993): *Methoden des fremdsprachlichen Deutschunterrichts. Eine Einführung*. Berlin u. a.: Langenscheidt.
Neuner, G./Hufeisen, B. u. a. (Hg.) (2009): *Deutsch als zweite Fremdsprache*. Berlin u. a.: Langenscheidt.
Niebisch, D. u. a. (2009): *Schritte plus. Bd. 1*. Ismaning: Hueber.
Norris, J./Ortega, L. (2000): „Effectiveness of L2 instruction: a research synthesis and quantitative meta-analysis." In: *Language Learning* 50 (3). 417–528.
O'Malley, J. M./Chamot, A. U. (1990): *Learning Strategies in second language acquisition*. Cambridge: Cambridge University Press.
Oehler, H. (Hg.) (1966): *Grundwortschatz Deutsch*. Stuttgart: Klett.
Oliver, R. (1995): „Negative feedback in child NS-NNS conversation." In: *Studies in second language acquisition* 17. 459–481.
Oxford, R. (1990): *Language Learning Strategies. What every teacher should know*. Boston: Newbury House.
Papagano, C./Valentine, T./Baddeley, A. (1991): „Phonological short-term memory and foreign-language vocabulary learning". In: *Journal of Memory and Language* 30. 331–347.

Pech, D./Kaiser, A. (Hg.) (^{2}2008): *Neuere Konzeptionen und Zielsetzungen im Sachunterricht. Basiswissen Sachunterricht.* Bd. 2. Baltmannsweiler: Schneider-Verlag.
Piaget, J. (1975): *Das Erwachen der Intelligenz beim Kinde.* Stuttgart: Klett. (franz. Original 1936)
Pica, T./Young, R./Doughty, C. (1987): „The impact of interaction on comprehension." In: *TESOL Quarterly,* 21. 737–758.
Pienemann, M. (1985): „Learnability and syllabus construction." In: Hyltenstam, K./Pienemann, M. (Hg.). 23–75.
Pienemann, M. (1998): *Language processing and second language development. Processability theory.* Amsterdam: Benjamins.
Plank, I. (1996): „Was nützt das schönste Wörterbuch ...". In: Barz, I./Schröder, M. (Hg.). 165–187.
Plieger, P. (2006). *Struktur und Erwerb des bilingualen Lexikons. Konzepte für die mediengestützte Wortschatzarbeit.* Berlin: LIT-Verlag.
Pommerin, G. (1997): *Tanzen die Wörter in meinem Kopf. Kreatives Schreiben für den DaF-Unterricht.* Ismaning: Hueber.
Popp, H. (Hg.) (1995): *Deutsch als Fremdsprache: An den Quellen eines Faches. Festschrift für Gerhard Helbig zum 65. Geburtstag.* München: Iudicium.
Portmann, P. (1991): *Schreiben und Lernen. Grundlagen der fremdsprachlichen Schreibdidaktik.* Tübingen: Niemeyer.
Rall, M. u. a. (1990): *Sprachbrücke 1. Handbuch für den Unterricht.* Stuttgart: Klett.
Rampillon, U. (1985): *Lerntechniken im Fremdsprachenunterricht. Handbuch.* München: Hueber.
Rampillon, U. (1995): *Lernen leichter machen. Deutsch als Fremdsprache.* Ismaning: Hueber.
Reder, A. (2006): *Kollokationen in der Wortschatzarbeit.* Wien: Praesens Verlag.
Richter, J. (2008): *Phonetische Reduktion im Deutschen als L2.* Hohengehren: Schneider Verlag.
Rieder, A. (2004): „Der Aufbau von Wortbedeutungswissen beim Lesen fremdsprachiger Texte". In: *Fremdsprachen Lernen und Lehren* 33. 52–71.
Ritchie, W./Bhatia,T. (Hg.) (2009): *The new handbook of second language acquisition.* San Diego: Academic Press.
Roche, J. (2005): *Fremdsprachenerwerb – Fremdsprachendidaktik.* Tübingen: Francke.
Rösch, H. (2011): *Deutsch als Zweit- und Fremdsprache.* Berlin: Akademie Verlag.
Röhr, G. (1993): *Erschließen aus dem Kontext. Lehren, Lernen, Trainieren.* Berlin u. a.: Langenscheidt.
Rohrmann, L. u. a. (1998): *Eurolingua Deutsch Lernerhandbuch.* Berlin: Cornelsen.
Rosch, E. u. a. (1976): „Basic objects in natural categories." In: *Cognitive Psychology* 8. 382–439.
Rösler, D. (1994): *Deutsch als Fremdsprache.* Stuttgart: Metzler.
Rösler, D. (^{2}2007): *E-Learning Fremdsprachen – eine kritische Einführung.* Tübingen: Stauffenburg.
Roth, H. (^{13}1971): *Pädagogische Psychologie des Lehrens und Lernens.* Hannover: Schroedel.
Rubin, J. (1995): „A review of second language listening comprehension research." In: *The Modern Language Journal* 78. 199–221.
Rüschoff, B./Wolff, D. (1999): *Fremdsprachenlernen in der Wissensgesellschaft. Zum Einsatz der neuen Technologien in Schule und Unterricht.* Ismaning: Hueber.
Rug, W. (2012): *77 Klangbilder gesprochenes Hochdeutsch, m. CD-ROM. Übungen, Spiele, Tipps und Tricks zum phonetischen Training Deutsch als Fremdsprache.* Leipzig: Schubert.
Rutherford, W. (1989): „Preemption and the learning of L2 grammars." In: *Studies in second language acquisition* 11. 441–457.
Schäpers, R. u. a. (1980): *Grundkurs Deutsch.* München: Verlag für Deutsch.
Schatz, H. (2006): *Fertigkeit Sprechen.* Berlin u. a.: Langenscheidt.

Scherling, T./Schuckall, H. (1992): *Mit Bildern lernen. Handbuch für den Fremdsprachenunterricht.* Berlin u. a.: Langenscheidt.
Schmidt, C. (2004): „Wörter lernen durch Lesen: eine empirische Untersuchung zum Strategieeinsatz des indirekten Lernens bei fortgeschrittenen japanischen DaF-Lernern/-innen". In: *Fremdsprachen Lernen und Lehren* 33. 72–82.
Schmidt, Reiner (1990): „Das Konzept einer Lerner-Grammatik". In: Gross/Fischer (Hg.) (1990). 153–161.
Schmidt, Richard (1990): „The role of consciousness in second language learning." In: *Applied Linguistics* 11. 129–158.
Schmidt, Richard (1994): „Deconstructing consciousness in search of useful definitions for applied linguistics," In: *AILA Review* 11. 11–26.
Schmitt, N. (2000): *Vocabulary in language teaching.* Cambridge: Cambridge University Press.
Schmitt, N. (Hg.) (2002): *An Introduction to Applied Linguistics.* London: Arnold.
Schmitz, U. (Hg.) (2004): *Linguistik lernen im Internet.* Tübingen: Narr.
Schouten-van Parreren, C. (1989): „Vocabulary learning through reading: which conditions should be met when presenting words in texts?" In: Nation/Carter (Hg.). 75–85.
Schreiter, I. (2001): „Mündliche Sprachproduktion". In: Helbig, G. u. a. (Hg.). 908–920.
Schreuder, R./Weltens, B. (Hg.) (1993): *The bilingual lexicon.* Amsterdam: Benjamins.
Schulz, D./Griesbach, H. (^{11}1995): *Grammatik der deutschen Sprache.* München: Hueber.
Schwarz, M./Chur, J. (^{4}2004): *Semantik. Ein Arbeitsbuch.* Tübingen: Narr.
Schwerdtfeger, I. (1989): *Sehen und Verstehen. Arbeit mit Filmen im Unterricht Deutsch als Fremdsprache.* Berlin u. a.: Langenscheidt.
Schwinn, H./Vorderwülbecke, K. (2004): „Das grammatische Lernsystem ProGr@mm." In: Schmitz, U. (Hg.). 87–100.
Scovel, T. (1988): *A time to speak: a psycholinguistic enquiry into the critical period for human speech.* Rowley: Wadsworth.
Selinker, L. (1972): „Interlanguage." In: *International review of applied linguistics* 10. 209–231.
Service, E. (1992): „Phonology, working memory and foreign-language learning." In: *Quarterly Journal of Experimental Psychology* 45A. 21–50.
Sharwood Smith, M. (1993): „Input enhancement in instructed SLA: theoretical bases." In: *Studies in second language acquisition* 15. 165–179.
Sieburg, H. (Hg.) (1997): *Sprache – Genus/Sexus.* Frankfurt a. M. u. a.: Lang.
Silva, T./Matsuda, P. (2002): „Writing". In: Schmitt, N. (Hg.). 251–266.
Singleton, David (1999): *Exploring the second language mental lexicon.* Cambridge: Cambridge University Press.
Slobin, D. I. (2006): „What makes manner of motion salient?" In: Hickmann, M. (Hg.): *Space in languages.* Amsterdam: Benjamin.
Snow, C. (1994): „Beginning from Baby Talk: twenty years of research on input and interaction". In: Gallaway, C./Richards, B. (Hg.). 3–12.
Söderman, T. (1989): „Word associations of foreign language learners and native speakers – a shift in response type and its relevance for a theory of lexical development". In: *Scandinavian Working Papers on Bilingualism* 8. 114–121.
Solmecke, G. (1993): *Texte hören, lesen und verstehen.* Berlin u. a.: Langenscheidt.
Speight, S. (1995): „Konversationsübungen". In: Bausch, K.-R./Christ, H. u. a. (Hg.). 253–255.
Sperber, H. (1989): *Mnemotechniken im Fremdsprachenerwerb mit Schwerpunkt „Deutsch als Fremdsprache".* München: Iudicium.
Steger, H. u. a. (Hg.) (1971): *Texte gesprochener deutscher Standardsprache I. Erarbeitet im Institut für deutsche Sprache Forschungsstelle Freiburg i. Br.* München: Hueber.
Stiefenhöfer, H. (1986): *Lesen als Handlung. Didaktisch-methodische Überlegungen und unterrichtspraktische Versuche zur fremdsprachlichen Lesefähigkeit.* Weinheim u. a.: Beltz.

Storch, G. (1999): *Deutsch als Fremdsprache – Eine Didaktik*. München: Fink.

Strank, W. (2010): *Da fehlen mir die Worte. Systematischer Wortschatzerwerb für fortgeschrittene Lerner in Deutsch als Fremdsprache*. Leipzig: Schubert.

Strauss, D. (1984): *Didaktik und Methodik Deutsch als Fremdsprache*. Berlin u. a.: Langenscheidt.

Ströde, B. (2008): *ProGram. ProGram. Ein computergestütztes Lernprogramm zur Verbesserung der fachsprachlichen Schreibkompetenz im Bereich Deutsch als Fremdsprache*. http://www.idf.uni-heidelberg.de/program.

Sturm, D. (Hg.) (1981): *Deutsch als Fremdsprache heute. Lehren – Lernen – Informieren*. München: Goethe-Institut.

Stutterheim, C. von (1986): *Temporalität in der Zweitsprache*. Berlin: de Gruyter.

Stutterheim, C. von/Andermann, M./Carroll, M./Flecken, M./Schmiedtová, B. (2012): „How grammaticized concepts shape event conceptualization in language production: Insights from linguistic analysis, eye tracking data and memory performance." In: *Linguistics* 4. 833-867.

Swain, M. (1985): „Communicative competence: some roles of comprehensible input and comprehensible output in its development." In: Gass, S./Madden, C. (Hg.). 235–253.

Szagun, G. (^{6}1996): *Sprachentwicklung beim Kind*. Weinheim: Beltz.

Szagun, G. (^{2}2008): *Sprachentwicklung beim Kind*. Vollst. überarb. Neuausgabe. Weinheim: Beltz.

Thornbury, S. (2002): *How to teach vocabulary*. Harlow: Longman.

Tomasello, M. (2005): *Constructing a language. A usage-based theory of language acquisition*. Harvard: Harvard University Press.

Tomasello, M. (2006): „Acquiring linguistic constructions." In: Kuhn, D./Siegler, R. (Hg.): *Handbook of Child Psychology*. New York: Wiley. 256-298.

Trahey, M. (1996). „Positive evidence and preemption in the second language classroom." In: *Studies in second language acquisition* 15. 181–204.

Tribble, C./Jones, G. (1990): *Concordances in the Classroom*. Harlow: Longman.

Tschirner, E. (2008): *Grund- und Aufbauwortschatz Deutsch als Fremdsprache nach Themen*. Berlin: Cornelsen.

Van Eunen, K. u. a. (1989): *Deutsch aktiv neu*, Lehrbuch 1 C. Berlin.

VanPatten, B./Cadierno, T. (1993): „Explicit instruction and input processing". In: *Studies in second language acquisition* 15. 225–243.

Vorderwülbecke, A. & K. (2001f): *Stufen International. 1 – 3*. Stuttgart: Klett 1995f., Auflage € 2001f.

Wegener, H. (1995a): *Die Nominalflexion des Deutschen – verstanden als Lerngegenstand*. Tübingen: Niemeyer.

Wegener, H. (1995b): „Das Genus im DaZ-Erwerb. Beobachtungen an Kindern aus Polen, Russland und der Türkei." In: Handwerker, B. (Hg.). 1–24.

Weidenmann, B. (1997): „Multicodierung und Multimodalität im Lernprozess." In: Issing, L./Klimsa, P. (Hg.). 65–84.

Weinreich, U. (^{2}1963): *Languages in contact*. The Hague u. a.: Mouton.

Weinrich, H. (1964, ^{6}2001): *Tempus. Besprochene und erzählte Welt*. München: Kohlhammer.

Weinrich, H. (1993): *Textgrammatik der deutschen Sprache*. Mannheim: Dudenverlag.

Wermke, M. (Hg.) (2002): *Duden Standardwörterbuch Deutsch als Fremdsprache*. Mannheim: Dudenverlag.

Westhoff, G. (1987): *Didaktik des Leseverstehens. Strategien des voraussagenden Lesens*. Ismaning: Hueber.

Westhoff, G. (1997): *Fertigkeit Lesen*. Berlin u. a.: Langenscheidt.

White, L. (1991): „Adverb placement in second language acquisition: some effects of positive and negative evidence in the classroom." In: *Second language research* 7. 133–61.
Widdowson, H. G. (1978, [13]2004): *Teaching language as communication*. Oxford: Oxford University Press.
Wierlacher, A. (Hg.): *Jahrbuch Deutsch als Fremdsprache 7*. Heidelberg: Groos.
Williams, John (2009): „Implicit learning in second language acquisition." In: Ritchie, W./ Bhatia,T. (Hg.) (2009). 319–353.
Wode, H. (1985): „Die Revolution frißt ihre Kinder. Eine Erwiderung auf Bausch/Königs „‚Lernt' oder ‚erwirbt' man Fremdsprachen im Unterricht? ..." In: *Die Neueren Sprachen*. 84, 2. 206–218.
Wode, H. (1993): *Psycholinguistik. Eine Einführung in die Lehr- und Lernbarkeit von Sprachen*. Ismaning: Hueber.
Wolff, D. (1983): „Überlegungen zum Hörverstehen im Fremdsprachenunterricht." In: *Die Neueren Sprachen* 82. 282–297.
Wolff, D. (1990): „Zur Bedeutung des prozeduralen Wissens bei Verstehens- und Lernprozessen im schulischen Fremdsprachenunterricht." In: *Die Neueren Sprachen* 89,6. 610–625.
Wolff, D. (1996): „Kognitionspsychologische Grundlagen neuer Ansätze in der Fremdsprachendidaktik." In: *Info DaF* 23, 5. 541–560.
Woodworth, R. (1938): *Experimental psychology*. New York: Holt.
Woutersen, M. (1996): "Proficiency and the bilingual lexicon." Paper presented at the Eighteenth Annual Conference of the American Association for Applied Linguistics. Chicago.
Wray, A. (2007): „Set phrases in SLA." In: Burger, H. u. a. (Hg.). 870–881.
Wygotski, L. S. (1974): *Denken und Sprechen*. Frankfurt a. M.: Fischer (erste russische Ausgabe 1934).
Ziebell, B. (2002): *Unterrichtsbeobachtung und Lehrerverhalten*. Berlin u. a.: Langenscheidt.
Zifonun, G. u. a. (1997): *Grammatik der deutschen Sprache*. 3 Bände. Berlin u. a.: de Gruyter.
Zybura, H. (o. J.): *ZARB. Arbeitsblätter kreativ und schnell erstellen*. www.zybura.com.

13.2 Zitierte Lehr- und Lernmaterialien, Nachschlagewerke, Autorenprogramme

Aspekte 2. Arbeitsbuch. Von Koithan, U. u. a.; Berlin u. a.: Langenscheidt 2008.
Aspekte. Mittelstufe Deutsch. 1 – 3. Von Koithan, U. u. a.; Berlin u. a.: Langenscheidt 2007f.
Aussprachewörterbuch. Duden – Wörterbuch der deutschen Standardaussprache. Bearbeitet von Max Mangold in Zusammenarbeit mit der Dudenredaktion; Mannheim: Dudenverlag. 6., überarbeitete und aktualisierte Auflage. 2005.
Berliner Platz 1 – Lehrerhandreichungen Deutsch im Alltag für Erwachsene. Von Koker, A.; Berlin u. a.: Langenscheidt 2002.
Berliner Platz. 1 – 3. Von Lemcke, C./Rohrmann, L./Scherling, T.; Berlin u. a.: Langenscheidt 2002f.
Berliner Platz 4 Neu. Von Harst, E. u. a.; Berlin u. a.: Langenscheidt 2012.
Da fehlen mir die Worte. Systematischer Wortschatzerwerb für fortgeschrittene Lerner in Deutsch als Fremdsprache. Von Strank, W.; Leipzig: Schubert 2010.
Das Zertifikat Deutsch als Fremdsprache. Herausgegeben vom Deutschen Volkshochschulverband/Goethe-Institut; Bonn: Deutscher Volkshochschulverband [4]1991.
Delfin. Arbeitsbuch. Von Aufderstraße, H. u. a.; Ismaning: Hueber 2002.
Deutsch aktiv neu. Lehrbuch 1 A. Von Neuner, G. u. a.; Berlin u. a.: Langenscheidt 1986.
Deutsch aktiv neu. Lehrbuch 1 B. Von Neuner, G. u. a.; Berlin u. a.: Langenscheidt 1987.
Deutsch aktiv neu. Lehrbuch 1 C. Von Van Eunen, K. u. a.; Berlin u. a.: Langenscheidt 1989.

Deutsch als Fremdsprache. Neubearbeitung. Bd. 1. Von Braun, K./Nieder, L./Schmöe, F.; Stuttgart: Klett 1978.
Deutsch konkret. Ein Lehrwerk für Jugendliche. Von Neuner, G. u. a.; Berlin u. a.: Langenscheidt 1983f.
Deutsche Sprachlehre für Ausländer. Von Griesbach, H./Schulz, D.; München: Hueber 1955.
Deutsches Aussprachewörterbuch. Herausgegeben von Krech, E.-M. u. a.; Berlin u. a.: de Gruyter 2009.
Die Suche. Das andere Lehrwerk für Deutsch als Fremdsprache. Arbeitsbuch 1. Von Eismann, V. u. a.; Berlin u. a.: Langenscheidt 1994.
Duden – Deutsches Universalwörterbuch. Herausgegeben von der Dudenredaktion; Mannheim: Dudenverlag 2001.
Duden Standardwörterbuch Deutsch als Fremdsprache. Herausgegeben von Wermke, M.; Mannheim: Dudenverlag 2002.
Duden – Die Grammatik. Herausgegeben von P. Eisenberg; Mannheim: Dudenverlag, 8., überarbeitete Auflage 2009.
DWDS. Das Digitale Wörterbuch der deutschen Sprache des 20. Jh. Erarbeitet an der Berlin-Brandenburgischen Akademie der Wissenschaften; www.dwds.de. o. J.
Einblicke. Lernprogramm Deutsch auf CD-ROM. Folge 1: Miteinander. Herausgegeben vom Goethe-Institut; München: Goethe-Institut 1997.
Eurolingua Deutsch Lernerhandbuch. Von Rohrmann, L. u. a.; Berlin: Cornelsen 1998.
Eurolingua Deutsch. 1 – 3. Von Funk, H./Koenig, M.; Berlin: Cornelsen 1996f.
Frequency dictionary of German. Core vocabulary for learners. Herausgegeben von Jones, R./Tschirner, E.; London: Routledge 2006.
Gemeinsamer europäischer Referenzrahmen für Sprachen: lernen, lehren, beurteilen. Herausgegeben vom Europarat, Rat für kulturelle Zusammenarbeit; Berlin u. a.: Langenscheidt 2001.
Grammatik sehen. Von Brinitzer, M./Damm, V.; Ismaning: Hueber 1999.
Großwörterbuch Deutsch als Fremdsprache. Herausgegeben von Götz, D.; Berlin u. a.: Langenscheidt 1993, [4]2006.
Grund- und Aufbauwortschatz Deutsch als Fremdsprache nach Themen. Herausgegeben von Tschirner, E.; Berlin: Cornelsen 2008.
Grundgrammatik Deutsch. Von Kars, J./Häussermann, U.; Frankfurt a. M.: Diesterweg 1988.
Grundkurs Deutsch. Von Schäpers, R. u. a.; München: Verlag für Deutsch 1980.
Grundstudium Deutsch 1. Lehrbuch. Von Liang, M./Zhao, D./Wang, S./Nerlich, M.; Peking: Beijing University Press 1992.
Grundstudium Deutsch 2. Lehrbuch. Von Liang, M./Zhao, D./Wang, S./Nerlich, M.; Peking: Beijing University Press 1993.
Grundwortschatz Deutsch. Herausgegeben von Oehler, H.; Stuttgart: Klett 1966.
Klipp und Klar. Übungsgrammatik Grundstufe Deutsch. Von Fandrych, C./Tallowitz, U.; Stuttgart: Klett 2000.
Kontaktschwelle Deutsch als Fremdsprache. Von Baldegger, M./Müller, M./Schneider, G.; Berlin u. a.: Langenscheidt [3]1989.
Lagune 1. Von Aufderstraße, H./Müller, J./Storz, T.; Ismaning: Hueber 2006.
Leselandschaft 1 – 2. Von Hasenkamp, G.; Ismaning: Hueber 1995f.
Lingofox. Kreative Übungen für den Sprachunterricht selbst erstellen. Von Mertens, M./Thierbach, P.; DVD. Ludwigsburg. o. J.
Memo. Wortschatz- und Fertigkeitstraining zum Zertifikat Deutsch als Fremdsprache. Von Häublein, G.; Berlin u. a.: Langenscheidt 1995.
Mit Erfolg zur DSH. Übungsbuch. Von Fazlic-Walter, K./Lohmann, A./Wegner, W.; Stuttgart: Klett 2007.
Mittelstufe Deutsch Arbeitsbuch. Von Frühwirth, F./Holthaus, H.; Ismaning: Hueber 1988.

Optimal. A1 – A2 – A3. Von Müller, M. u. a.; Berlin u. a.: Langenscheidt 2004f.
Passwort Deutsch 1. Von Albrecht, U. u. a.; Stuttgart: Klett 2001.
Pons Basiswörterbuch Deutsch als Fremdsprache Herausgegeben von Hecht, D.; Stuttgart: Klett 1999.
ProGram. Ein computergestütztes Lernprogramm zur Verbesserung der fachsprachlichen Schreibkompetenz im Bereich Deutsch als Fremdsprache. Von Ströde, B.; http://www.idf.uni-heidelberg.de/program, 2008.
Schritte. Bd 1. Von Bovermann, M. u. a.; Ismaning: Hueber 2003.
Schritte. Bd 3. Von Hilpert, S. u. a.; Ismaning: Hueber 2004.
Schritte plus. Bd. 1. Von Niebisch, D. u. a.; Ismaning: Hueber 2009.
Sichtwechsel neu 2. Von Bachmann, S. u. a.; Stuttgart: Klett 1996.
Sprachbrücke 1 – 2. Von Mebus, G. u. a. Stuttgart: Klett 1987f.
Sprachbrücke 1. Handbuch für den Unterricht. Von Rall, M. u. a.; Stuttgart: Klett 1990.
Studienweg Deutsch 1. Von Liang, M./Nerlich, M.; Peking: Foreign Language Teaching and Research Press 2004.
Studio d. Deutsch als Fremdsprache. A1 – B1. Von Funk, H. u. a.; Berlin: Cornelsen 2005f.
Studio d. Deutsch als Fremdsprache. Band 1. Unterrichtsvorbereitung interaktiv. Von Funk, H. u. a.; CD-ROM. Berlin: Cornelsen o. J.
Stufen International. 1 – 3. Von Vorderwülbecke, A. & K.; Stuttgart: Klett 1995f., Auflage € 2001f.
Tangram 1 Kursbuch. Von Dallapiazza, R.-M./Jan, E. von/Schönherr, T.; Ismaning: Hueber 1998.
Tangram Z. Zertifikat Deutsch. Kursbuch und Arbeitsbuch. Von Dallapiazza, R.-M. u. a.; Ismaning: Hueber 2001.
Taschenwörterbuch Deutsch als Fremdsprache. Von Götz, D.; Berlin u. a.: Langenscheidt [2]2007.
TexToys. Von Holmes, M./Higgins, J./Higgins, M.; www.cict.co.uk/software/textoys/index.htm.
Themen aktuell, Kursbuch 2. Von Aufderstraße, H. u. a.; Ismaning: Hueber 2003.
Übungsgrammatik DaF für Fortgeschrittene. Von Hall, K./Scheiner, B.; Ismaning: Hueber 2001.
„... wir können auch anders" – Die neue deutsche Filmkomödie. Herausgegeben vom Goethe-Institut. CD-ROM; München: Goethe-Institut 1998.
Wörter zur Wahl. Von Ferenbach, M./Schüßler, I.; Stuttgart: Klett 1970. Nachdruck 2001.
Wörterbuch Deutsch als Fremdsprache. Herausgegeben von Kempcke, G.; Berlin: de Gruyter 2000.
ZARB. Arbeitsblätter kreativ und schnell erstellen. Von Zybura, H.; www.zybura.com. o. J.

14 Sachregister

A

Abrufbarkeit · 125, 137, 141, 145
Affekte/Emotionen · 25–27, 29, 62, 71–73, 83, 88, 113, 114, 144, 248, 271, 294, 319, 393, 418
akzentzählende Sprache · 89, 95, 112
analytischer Lernstil · 40, 181, 314, 395
Angemessenheit · 53, 308, 309, 312, 313, 315, 342, 367
Antizipation · 235, 248, 251, 260, 262, 263, 267
Audiolinguale Methode · 12, 23, 28, 29, 38, 39, 42, 52, 67, 88, 135, 138, 139, 179, 185, 205, 264, 269, 299, 300, 337, 364, 399
aufgabenorientierter Unterricht · 59, 57–59, 62
Aufmerksamkeit auf die Sprachform · 35, 43, 47, 50, 51, 54, 71, 148, 159, 190, 365
Aufmerksamkeitshypothese · 24, 33, 36, 48, 190
Auswendiglernen · 60, 81, 82, 266, 311, 413
authentische(r/s)
 Input · 23, 28, 47, 88, 249, 261, 302, 331, 338, 345, 379, 399
 Kommunikation · 54, 65, 187, 294, 300, 309, 355, 356, 358, 365, 369, 380
 Sprechen im Unterricht · 62, 65, 80, 83, 318, 319, 323, 415
 Texte · 42, 108, 185, 223, 224, 248
automatisierte Sprachverarbeitung · 31, 222, 227, 235, 261, 263, 275, 304, 306, 365
Automatisierung · 31, 48, 53, 67, 70, 114, 115, 181, 186, 229, 235, 262, 263, 306, 308, 313, 398
autonomes Lernen · 57, 69, 114, 115, 159, 166, 207, 211, 216, 252, 263, 323, 354, 357, 397, 422
Autorenprogramm · 79, 357–61, 362

B

Bedeutung
 denotative · 118, 126, 136, 157, 317
 konnotative · 118, 124, 126, 128, 157, 158, 171, 413
 kulturspezifische · 118, 124, 128, 136, 157
Bedeutungserschließung · 160, 162, 164, 232, 375
Bewusstheit · 3, 35, 37, 47, 99, 144, 159, 181, 182, 191, 207, 303
Bewusstmachung · 50, 77, 87, 100, 109, 113, 150, 152, 154, 157, 181, 182, 186, 189, 191, 222, 228, 230, 231, 235, 262, 276, 283, 286, 310, 314
Bühnenaussprache · 89

C

CALL · 355, 356, 368, 369
 ICALL · 368
chunks · 40, 41, 117, 188, 311
Computer · 291–93, 295, 337, 352, 354, 355, 356, 400
Curriculum · 8, 15, 356, 388, 389, 392

D

darbietendes Lehrverfahren · 57, 58, 59
darstellendes Lehrverfahren · 57, 398
deduktives Verfahren · 26, 28, 29, 39, 191, 208, 210, 399
Deutsch
 nach Englisch · 5, 99
Didaktische Analyse · 389–92, 400–403
didaktische Grammatik (*siehe auch* pädagogische Grammatik) · 182
Direkte Methode · 42, 88, 135, 299

E

Einsprachigkeit · 138, 205, 319
Emotionen · *siehe* Affekte/Emotionen
entdecken-lassendes Lehrverfahren · 57, 60, 208, 209, 210, 339, 381, 398

Entwicklungssequenzen · *Siehe* Erwerbssequenzen
erarbeitendes Lehrverfahren · 57–60, 210, 217, 342, 361, 398
Erstsprache (*siehe auch* Muttersprache) · 4, 5, 90, 119, 123, 124, 222
Erwerbssequenzen · 8, 13, 14, 15, 17, 21, 22, 25, 30, 32, 36, 37, 179, 190

F

Feedback · 23, 45, 46, 47, 50, 54, 148, 355, 364, 368, 369, 417
Fehler · 12, 13, 35, 39, 52
Fehleranalyse · 10, 14, 22, 55
Fossilierung · 9, 10, 13, 14, 16, 31, 48, 56, 131, 179
Fremdsprache · 3–5, 6, 9, 13, 55, 62, 65

G

Geläufigkeit · 27, 53, 115, 145, 173, 235, 308, 309, 313
Gemeinsamer Europäischer Referenzrahmen · 80, 117, 133, 393, 394, 395, 396
Grammatikarbeit · 9, 21, 23–26, 27–29, 33, 36, 37, 38, 44, 47, 50, 179–82, 185, 186, 190, 191, 206, 213, 218
Grammatik-Übersetzungs-Methode · 23, 29, 37, 39, 52, 179, 197, 202, 299, 364, 399
Grundwortschatz · 133, 166, 204, 205

H

Handlungsanteile der Lerner · 140, 259, 262, 321
Handlungsorientierter Unterricht · 59, 378, 397
Hinführungsphase · 239, 250, 260, 401
holistischer Lernstil · 16, 40, 41, 56, 181, 188, 311, 395
Hören · 53, 187, 221, 247, 248, 250, 251, 255, 256, 264, 350, 365
 Hör-Lerntext · 265
 Hörstil · 250, 264
 Hörverstehen · 320
 Hör-Verstehenstext · 264, 265
 Hörziel · 250

I

Identitätshypothese · 12, 13, 14
Immersion · 47, 180
induktives Verfahren · 26, 28, 29, 179, 184, 204, 375, 399
Innere Differenzierung · 339
Input · 10, 12, 14, 17, 23, 24–28, 33, 35–36, 37, 38, 41–48, 49, 50, 52, 55, 56, 68, 82, 87, 121, 125, 159, 179, 180, 190, 211, 213, 321, 380
input processing · 33, 35, 52, 190
Inputhypothese · 44, 45, 48
instruktivistische Lerntheorien · 60, 356
Interaktionshypothese · 44, 45, 47, 321
interaktives Whiteboard · 337
interkulturelle(s)
 (Miss)Verstehen · 157, 180, 378
 Unterschiede · 133, 158, 165, 194, 309, 315, 316, 408
 Wissen · 320, 408
Interkultureller Ansatz · 133, 157, 299, 309

K

kognitivierende Verfahren (*siehe auch* Bewusstmachung) · 88, 98
Kollokationen · 117, 118, 140, 166, 171, 173, 175, 178, 262, 371
Kommunikationsstrategie · 12, 28, 55, 70, 71, 82, 121, 153, 308, 316
Kommunikative Didaktik · 18, 23, 42, 52, 88, 138, 185, 187, 202, 205, 223, 269, 299, 300, 398, 400
Kompensationsstrategie (*siehe auch* Kommunikationsstrategie) · 308, 316, 317
Konkordanzprogramm · 359, 372, 374
Konnektor · 275, 282–88, 309, 324
konstruktivistische Lerntheorien · 59, 60, 356, 365, 375, 388, 397, 413
Kontaktschwelle Deutsch als Fremdsprache · 133
kontrastive(s)
 Analyse · 28, 90, 149, 288
 Grammatik · 184
 Wissen · 118, 375
Kontrastivhypothese · 11–14, 90

Sachregister

Korrektheit · 3, 16, 27, 35, 49, 53, 65, 308, 309, 342
Korrektur · 6, 23, 24, 25, 27, 33, 36, 39, 45, 46, 50, 54, 62, 71, 73, 83, 280, 292, 303, 378
　Korrekturverhalten · 68, 329
Kultur
　kulturelle Fremdheit · 250
　kulturelle Prägung · 112, 295, 309
　Kulturspezifik · 151, 221, 228, 310, 315, 373
　Kulturvergleich · 413
　Zielsprachenkultur · 275, 353

L

Lehrbarkeitshypothese · 24, 32, 33, 36
Lehrerfragen · 63–66, 236, 238, 239, 256, 405
Lehrersprache (*siehe auch* Schülerregister) · 43
Lehrerzentriertheit · 60, 61, 236, 341, 421
Lernbewusstheit · 323, 414
Lernen
　beiläufiges · 3, 165, 240
　explizites · 27, 33, 159, 165
　implizites · 7, 37, 156, 314, 380
Lernergrammatik · 182–85, 212, 376
Lernersprache (*siehe auch* Lernervarietät) · 9, 11–14, 15, 22, 31, 33, 35, 37, 39, 47, 55, 70
Lernervarietät (*siehe auch* Lernersprache · 9, 10, 11, 24, 55
Lernerzentriertheit · 60–62, 63, 339, 340, 342, 398, 413, 414, 417
Lernplattform · 370
Lernprogramm · 338, 352, 355, 356, 360, 364, 365, 366, 368, 369, 364–69, 380
Lernstil · 38, 83, 128, 181
Lernstrategien · 5, 12, 69–77, 80–83, 110, 113, 115, 116, 132, 134, 148, 159, 161, 166, 251, 263, 312, 324, 380, 388, 394
Lerntext · 134, 223, 240, 242, 250, 252
Lernziel · 353, 392–95, 397, 398–403, 417, 421
　Lernzielformulierung · 404
　Lernzielkontrolle · 339
Lesen · 187, 221, 247, 249, 256, 269
　lautes · 240
　Lernlesen · 222, 223, 224, 228

Lesestil · 222, 224, 230, 239
Leseverstehen · 222, 320, 364
Leseverstehenstext · 188, 230, 242
Leseziel · 235, 422

M

Markiertheit · 12, 38, 90–91, 93, 95, 102, 108, 140, 176, 181, 183, 201
Mediendidaktik · 354, 358
Medienkompetenz · 338, 353, 354, 394
moderiertes Lernen · 57
Monitorhypothese · 4
　Monitor · 24, 26, 32, 44, 198
　Monitorgebrauch · 27
　Monitoring · 115
　Monitormodell · 25
Muttersprache · 90, 94, 97, 98, 99, 100, 110, 118, 126, 135, 138, 160, 167, 180, 185, 202, 205–7, 208, 213, 222

N

noticing (*siehe auch* Aufmerksamkeit auf die Sprachform) · 35, 37, 47, 50, 54

O

Outputhypothese · 47, 48

P

pädagogische Grammatik · 183, 184, 197
pattern drill · 28, 39, 51, 179
phonologisches Gedächtnis · 119, 123, 125, 139, 167
Präsentationsphase · 135, 261, 401
Präsentationsprogramm · 341
Priming · 127, 128
Progression · 12, 18, 28, 42, 100–103, 145, 149, 153, 177, 180, 187, 188, 200, 201, 212, 223, 224, 272, 278, 287, 307, 311, 329, 338, 339, 389
Projektarbeit · 57, 59, 337, 358, 361, 378, 397
Protokolle lauten Denkens · 163, 273
Prozessorientierung · 60, 271, 276
Prüfungen
　DSH · 254, 255, 266, 408
　Zentrale Mittelstufenprüfung · 294
　Zertifikat Deutsch · 189, 325

Zertifikat Deutsch als Fremdsprache · 133

R

Reformpädagogik · 59, 397
Restrukturierung · 9, 11, 24, 31, 33, 35, 39, 123, 395

S

Scaffolding · 49, 329
Schema-Wissen · 225–29, 252, 306–8, 310
Schlüsselwortprogramm · 359
Schreiben · 80, 145, 164, 221, 269–79, 299, 303, 305, 306, 307, 309, 324, 329, 330, 370
    kommunikatives · 294
    kreatives · 294
    personales · 294
Schülerregister (*siehe auch* Lehrersprache) · 43, 123
Semantisierungsphase · 401, 402
silbenzählende Sprache · 95
Sozialform · 57–58, 59, 66, 259, 344, 397–402, 404, 406, 414, 417, 421
Spontansprache · 21, 27, 108, 190, 300, 302, 323, 327, 393
Sprachbewusstheit · 6, 370
Sprechen · 26, 27, 32, 41, 53, 62, 115, 145, 164, 187, 221, 248, 264, 270, 299, 302, 303, 306, 308, 309, 310, 312, 315, 327, 329, 330, 341, 350, 355
    dialogisches · 80, 299, 303, 310, 318, 398
    monologisches · 80, 299, 307, 323, 324, 326, 327, 328
Standardaussprache · 89
subjektive Theorien · 87

T

Tertiärsprache · 3, 5, 6, 136
Textsorte · 42, 63, 185, 222, 223, 227, 228, 229, 234, 248, 249, 250, 258, 272–76, 277, 279, 285, 287, 289, 291, 391
Total Physical Response · 136
Transfer · 5, 10, 11–14, 28, 55, 56, 90, 101
Transparenz des Unterrichts · 62, 222, 421
typologische Charakteristik · 5, 37, 91, 149, 288

Ü

Üben · 11, 23, 32, 36, 50–54, 71, 72, 81, 114, 150, 160, 186, 196, 291, 360, 365, 369, 380, 398
Übungen · 26, 34, 59, 98, 102, 153, 181
    Komponentenübungen · 53, 235, 260–62, 263, 309, 312
Übungsphase · 402
Überarbeiten von Texten · 291, 293, 370
Übungstypen · 52, 53, 88, 103, 106, 113, 135, 187, 360, 366
Unterrichtsbeobachtung · 415, 417

V

Verstehensstrategien · 134, 228, 234, 235, 239, 256, 366
Verstehenstext · 42, 134
Vertikale Strukturen · 49, 329
Vorentlastung · 239, 248, 252–53, 266

W

Wissen
    deklaratives · 24, 29, 356, 361, 370, 393
    explizites · 19, 24, 26, 27, 29–32, 33, 35, 37, 44, 52, 114, 119, 130, 179, 181, 191, 207, 393
    implizites · 18, 24, 26, 29–32, 33, 35, 52, 53, 119, 130, 179, 181, 182, 191, 366, 393
    prozedurales · 24, 29, 129, 393
Wörterbuch · 134, 139, 168–74, 229, 248, 370, 373, 376
    Wörterbucharbeit · 132, 167–74, 216, 370–74
Wortfamilie · 118, 159
Wortfeld · 75, 77, 117, 144, 145, 154, 169, 242
Wortschatzlernen
    beiläufiges · 125, 132, 159, 164, 166
    explizites · 135, 159, 166

Z

Zertifikat Deutsch als Fremdsprache · 133
Zweitsprache · 3, 4, 6, 7, 8, 49, 55, 82, 123
Zweitspracherwerbsforschung · 6, 7–15, 20, 36, 38, 117, 179, 180, 388